mecânica dos

FLUIDOS

2ª edição • revisada

mecânica dos FLUIDOS

2ª edição • revisada

Franco Brunetti

Pearson

Diretor editorial: Roger Trimer
Gerente editorial: Sabrina Cairo
Supervisor de produção: Marcelo Françozo
Editora: Eugênia Pessotti
Revisão: Maria Luiza Favret
Capa: Alexandre Mieda
Composição editorial: ERJ Composição Editorial

Printed in Brazil by Reproset RPSA 228376

Dados Internacionais de Catalogação na Publicação (CIP)
(Câmara Brasileira do Livro, SP, Brasil)

Brunetti, Franco
Mecânica dos fluidos / Franco Brunetti. —
2. ed. rev. — São Paulo : Pearson Prentice Hall, 2008.

ISBN 978-85-7605-182-4

1. Mecânica dos fluidos I. Título.

08-01989 CDD-620.106

Índice para catálogo sistemático:

1. Mecânica dos fluidos aplicada: Engenharia 620.106

Direitos exclusivos cedidos à
Pearson Education do Brasil Ltda.,
uma empresa do grupo Pearson Education
Avenida Santa Marina, 1193
CEP 05036-001 - São Paulo - SP - Brasil
Fone: 11 2178-8609 e 11 2178-8653
pearsonuniversidades@pearson.com

Distribuição
Grupo A Educação
www.grupoa.com.br
Fone: 0800 703 3444

MISTO
Papel | Apoiando o manejo florestal responsável
FSC® C103535

A minha esposa Ana Maria,

a minhas filhas Claudia e Angela,
a meus netos Alice, Andrey e Ariane
de quem subtraí horas de convívio para este trabalho.

A meus colegas professores,
pelo incentivo, pelo auxílio
e pelas sugestões.

A meus ex-alunos, alunos, futuros alunos
e para todos os que utilizam este livro,
esperando que seja útil durante o período escolar
e na vida profissional.

SUMÁRIO

PREFÁCIO

Transcorreram-se três anos desde a primeira edição deste livro. Durante esse tempo, pelo uso durante as aulas e pela contribuição dos colegas professores e dos próprios alunos, localizamos algumas falhas.

Nesta nova edição foi realizada uma revisão, mas, mesmo assim, não temos a esperança de ter atingido a perfeição, continuando a aceitar sugestões e correções.

Visando enriquecer ainda mais o conteúdo apresentado, foi acrescentada nesta nova edição, no final do livro, uma seção de exercícios selecionados, que ajudarão o leitor a verificar se compreendeu a teoria globalmente. Esses exercícios pertencem ao acervo das questões de provas realizadas por nossos alunos que, em geral, foram bem-sucedidos, demonstrando o real aprendizado da disciplina.

O livro continua mantendo o método inovador de apresentar o conteúdo em uma seqüência que difere da maioria dos livros de Mecânica dos Fluidos. Em vez de estabelecer, desde o início, modelos abrangentes, nos capítulos iniciais estabelecem-se situações regidas por hipóteses simplificadoras para que o leitor compreenda e acostume-se mais facilmente com as principais variáveis e efeitos, para depois eliminar gradualmente as simplificações e chegar a equações mais abrangentes.

Os capítulos 3 a 9 são dedicados ao regime permanente, eliminando as variações em função do tempo. Entretanto, após o tirocínio desses capítulos, no Capítulo 10 são estabelecidas as equações para o regime variado.

O leitor poderá verificar que, nessa situação, chega-se a equações diferenciais de solução demorada e complexa e, muitas vezes, esta somente poderá ser obtida por métodos numéricos.

O Capítulo 6 trata de análise dimensional como suporte fundamental à análise empírica.

Até o Capítulo 10 estuda-se o movimento do sistema fluido, isto é, porções da substância em que as partículas têm, em média, um comportamento semelhante. Esse método pode ser denominado "análise integral".

No Capítulo 11 analisa-se o movimento individual das partículas, o que constitui a "análise diferencial".

No Capítulo 12, por sua vez, estuda-se brevemente o escoamento compressível, em que a variação da massa específica ao longo do escoamento desempenha papel muito importante na interpretação dos fenômenos e na solução dos problemas.

Todos os capítulos contêm algum exercício típico resolvido para orientar o leitor ao encadeamento lógico no uso da teoria para a solução de problemas.

No final de cada capítulo há uma série de exercícios com respostas. O leitor deverá resolvê-los, trabalhando com as situações propostas até obter as respostas, o que exigirá a leitura da teoria tantas vezes quantas forem necessárias para atingir a compreensão de todos os conceitos. É importante lembrar o leitor de que a partir da teoria pode ser criada uma infinidade de exercícios, e que a solução de alguns modelos, sem compreender todos os conceitos teóricos, não significará o sucesso na solução de outros modelos diferentes.

O site www.grupoa.com.br, oferece aos professores, apresentações em PowerPoint e resoluções dos exercícios. Esse material é de uso exclusivo para professores e está protegido por senha. Para ter acesso a ele, os professores que adotam o livro devem entrar em contato através do e-mail divulgacao@grupoa.com.br.

Como a edição anterior já comprovou sua utilidade, acreditamos que essa edição revisada, com mais exercícios e uma nova apresentação visual, será ainda mais valiosa para estudantes e profissionais.

Prof. Eng. Franco Brunetti

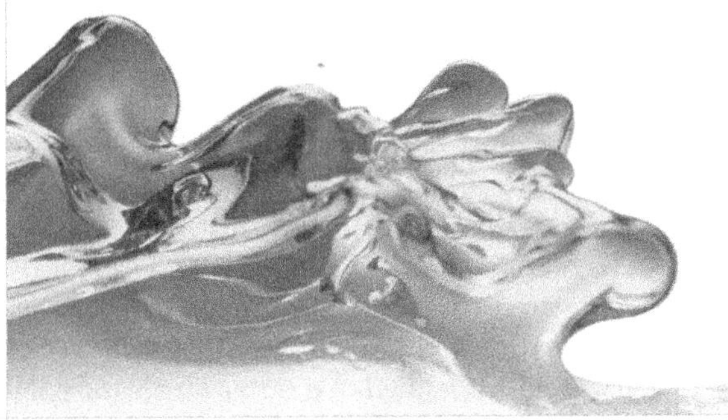

CAPÍTULO 1

Introdução, definição e propriedade dos fluidos

1.1 Introdução

Mecânica dos Fluidos é a ciência que estuda o comportamento físico dos fluidos, assim como as leis que regem esse comportamento.

As bases lançadas pela Mecânica dos Fluidos são fundamentais para muitos ramos de aplicação da engenharia. Dessa forma, o escoamento de fluidos em canais e condutos, a lubrificação, os esforços em barragens, os corpos flutuantes, as máquinas hidráulicas, a ventilação, a aerodinâmica e muitos outros assuntos lançam mão das leis da Mecânica dos Fluidos para obter resultados de aplicação prática.

Como se pode observar, pelo exposto, poucos são os ramos da engenharia que escapam totalmente do conhecimento dessa ciência que se torna, assim, uma das de maior importância entre as que devem fazer parte dos conhecimentos básicos do engenheiro.

1.2 Conceitos fundamentais e definição de fluido

A definição de fluido é introduzida, normalmente, pela comparação dessa substância com um sólido. A definição mais elementar diz: *Fluido é uma substância que não tem uma forma própria, assume o formato do recipiente.* A Figura 1.1 ilustra o significado desse enunciado.

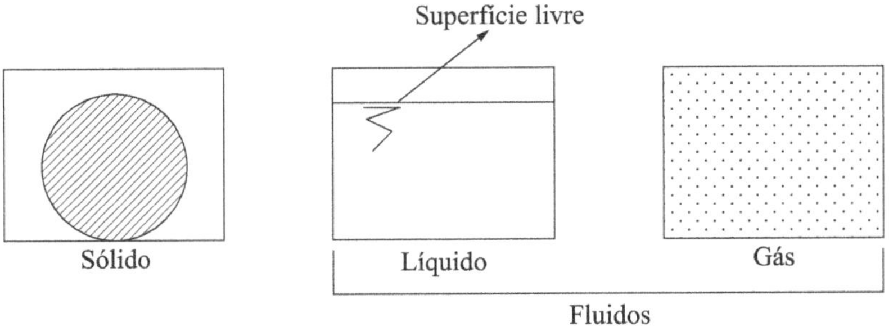

Figura 1.1

Os fluidos são, portanto, os líquidos e os gases, sendo que estes ainda se distinguem dos primeiros por ocuparem todo o recipiente, enquanto os líquidos apresentam uma superfície livre.

Se o problema fundamental fosse apenas reconhecer os fluidos, a definição apresentada seria perfeitamente suficiente para essa finalidade. Entretanto, é possível introduzir uma outra que, apesar de ser mais complexa, permite construir uma estrutura lógica que será de grande utilidade para o desenvolvimento da Mecânica dos Fluidos.

Essa definição está novamente ligada à comparação de comportamento entre um sólido e um fluido, por uma observação prática denominada "Experiência das Duas Placas", descrita a seguir.

Seja um sólido preso entre duas placas planas, uma inferior fixa e outra superior solicitada por uma força tangencial F_t (na direção do plano da placa) (Figura 1.2a).

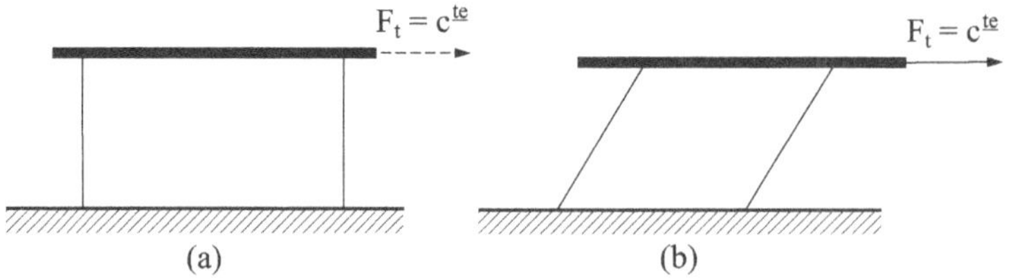

Figura 1.2

Mantida a força F_t constante, nota-se que o sólido se deforma angularmente (Figura 1.2b) até alcançar uma nova posição de equilíbrio estático. Nessa posição, as tensões internas equilibram a força externa aplicada e somente uma variação da força F_t faria com que houvesse uma modificação da nova configuração do sólido.

Pode-se dizer, então, que um sólido, solicitado por uma força tangencial constante, deforma-se angularmente, mas atinge uma nova configuração de equilíbrio estático (Figura 1.2b).

A mesma experiência será agora realizada colocando-se um fluido entre as placas. Suponha que seja possível, por exemplo, por meio de um corante, visualizar um certo volume ABCD do fluido (Figura 1.3a). Sendo a placa inferior fixa e a superior móvel, ao se aplicar a força tangencial F_t na placa superior, esta irá se deslocar.

A primeira observação importante nessa experiência é que pontos correspondentes do fluido e da placa continuam em correspondência durante o movimento; assim, se a placa superior adquire uma velocidade $\vec{v}$, os pontos do fluido em contato com ela terão a mesma velocidade $\vec{v}$, e os pontos do fluido em contato com a placa fixa ficarão parados junto dela. Tal observação conduz ao chamado princípio da aderência: *Os pontos de um fluido, em contato com uma superfície sólida, aderem aos pontos dela, com os quais estão em contato.*

Então, o que se observa é que o volume ABCD de fluido, sob a ação da força F_t, deforma-se continuamente, não alcançando uma nova posição de equilíbrio estático, supondo-se as placas de comprimento infinito.

Essa experiência permite a distinção entre sólidos e fluidos, pois, enquanto aqueles se deformam limitadamente sob a ação de esforços tangenciais pequenos, estes se deformam continuamente sem alcançar uma nova posição de equilíbrio estático.

Pode-se então dizer que: *Fluido é uma substância que se deforma continuamente, quando submetida a uma força tangencial constante qualquer ou, em outras palavras, fluido é uma substância que, submetida a uma força tangencial constante, não atinge uma nova configuração de equilíbrio estático.*

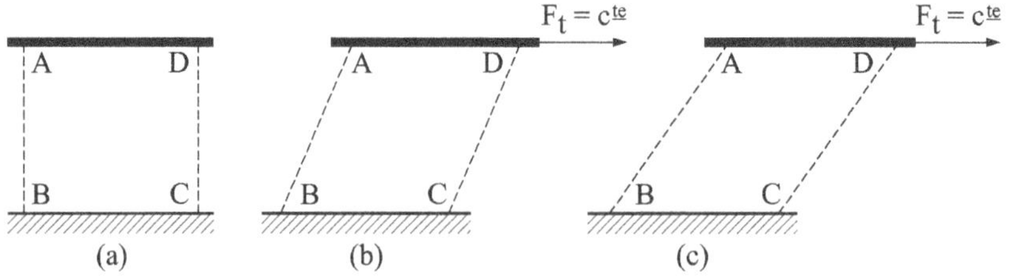

Figura 1.3

1.3 Tensão de cisalhamento — Lei de Newton da viscosidade

Da experiência realizada para definir fluido podem-se obter outras importantes conclusões que serão descritas neste item. Antes de tudo, será definida a tensão de cisalhamento.

Seja uma força $\vec{F}$ aplicada sobre uma superfície de área A (Figura 1.4). Essa força pode ser decomposta segundo a direção da normal à superfície e a da tangente, dando origem a uma componente normal e outra tangencial.

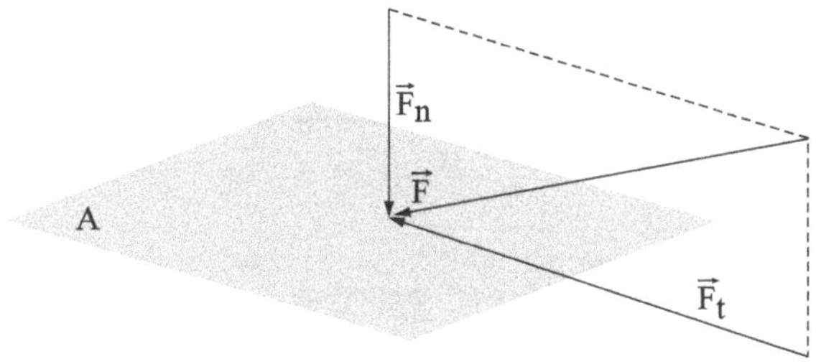

Figura 1.4

Define-se tensão de cisalhamento média como sendo o quociente entre o módulo da componente tangencial da força e a área sobre a qual está aplicada.

$$\tau = \frac{F_t}{A} \qquad (1.1)$$

Em outras palavras: tensão de cisalhamento τ é a força tangencial por unidade de área. As unidades mais utilizadas para essa grandeza serão o kgf/m^2 do sistema MK*S (Técnico), o $dina/cm^2$ (CGS) e o N/m^2 (SI).

A seguir será descrito outro fato notável que pode ser observado na experiência das duas placas.

A placa superior é inicialmente acelerada pela força F_t, fato facilmente observável, já que passa da velocidade nula para uma velocidade finita. Nota-se, porém, que a partir de um certo instante a placa superior adquire uma velocidade v_0 constante. Isso demonstra que a força externa F_t aplicada na placa é equilibrada por forças internas ao fluido, visto que, não existindo aceleração, pela segunda lei de Newton da dinâmica, a resultante das forças deverá ser nula (equilíbrio dinâmico).

Como aparecem essas forças internas? Para responder a essa pergunta, deve-se relembrar o princípio da aderência. Segundo ele, o fluido junto à placa superior irá se deslocar com velocidade v_0, enquanto aquele junto à placa inferior estará com velocidade nula. As camadas intermediárias deverão se adaptar às extremas, adquirindo velocidades que variam desde v_0 até zero (Figura 1.5).

Em cada seção normal às placas, como a seção AB genérica, irá se formar um diagrama de velocidades, onde cada camada do fluido desliza sobre a adjacente com uma certa velocidade relativa. Como o leitor já deve ter percebido, esse fato cria uma espécie de atrito entre as diversas camadas do fluido.

Tal deslizamento entre camadas origina tensões de cisalhamento, que, multiplicadas pela área da placa, originam uma força tangencial interna ao fluido, responsável pelo equilíbrio da força F_t externa, o que fará com que a placa superior assuma uma velocidade constante v_0.

A Figura 1.5b mostra o aparecimento de τ devido à velocidade relativa $v_1 - v_2$, que cria um escorregamento entre as duas camadas indicadas.

Newton descobriu que em muitos fluidos a tensão de cisalhamento é proporcional (α) ao gradiente da velocidade, isto é, à variação da velocidade com y.

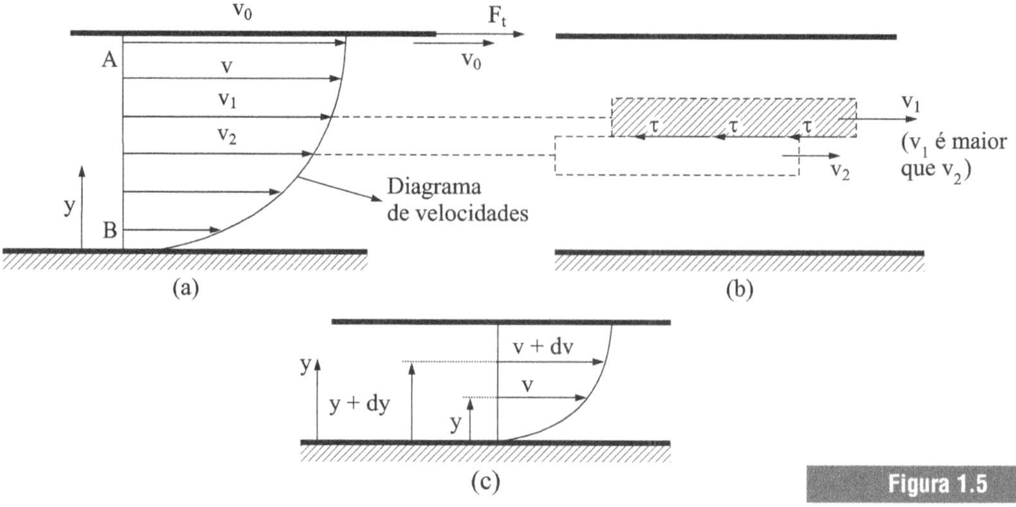

Figura 1.5

Disso pode-se traduzir a lei de Newton da viscosidade:

$$\tau \alpha \frac{dv}{dy} \qquad \text{ou} \qquad \frac{\tau}{\frac{dv}{dy}} = c^{te} \tag{1.2}$$

Os fluidos que obedecem a essa lei são ditos fluidos newtonianos.

Os fluidos que se comportam de forma a obedecer à Equação 1.2 são a grande maioria, como água, ar, óleos etc., e os restantes, chamados não-newtonianos, não serão abordados neste estudo, pois são de pequeno interesse geral, sendo objeto apenas de estudos muito especializados.

1.4 Viscosidade absoluta ou dinâmica

A lei de Newton da viscosidade impõe uma proporcionalidade entre a tensão de cisalhamento e o gradiente da velocidade. Tal fato leva à introdução de um coeficiente de proporcionalidade na Equação 1.2. Tal coeficiente será indicado por μ e denomina-se viscosidade dinâmica ou absoluta.

A Equação 1.2 ficará então:

$$\tau = \mu \frac{dv}{dy} \tag{1.3}$$

Essa grandeza μ é uma propriedade de cada fluido e de suas condições, como, por exemplo, a pressão e, principalmente, a temperatura.

A origem da viscosidade nos fluidos mereceria uma análise microscópica que não será feita neste estudo. De forma simplificada, pode-se dizer que a viscosidade dos fluidos é originada por uma coesão entre as moléculas e pelos choques entre elas. Uma forma de visualizar a existência da viscosidade é retornar à Experiência das Duas Placas. Verificou-se que, após um certo tempo de aplicação da força F_t (c^{te}) na placa superior, esta assume uma velocidade v_0 constante, pelo equilíbrio dinâmico da força externa por forças desenvolvidas internamente.

A viscosidade, portanto, não é uma propriedade observável num fluido em repouso, pois, qualquer que seja a força tangencial, ele se deforma. Com o movimento do fluido, porém, ela faz sentir seu efeito, criando as condições para equilibrar a força F_t externa.

Pode-se dizer, então, que viscosidade dinâmica é a propriedade dos fluidos que permite equilibrar, dinamicamente, forças tangenciais externas quando os fluidos estão em movimento. Matematicamente, μ é a constante de proporcionalidade da lei de Newton da viscosidade. De uma forma mais prática: *Viscosidade é a propriedade que indica a maior ou a menor dificuldade de o fluido escoar (escorrer).*

As unidades da viscosidade podem ser obtidas por análise dimensional a partir da lei de Newton da viscosidade. Adotando como grandezas fundamentais FLT:

$$[\tau] = \frac{\text{Força}}{\text{Área}} = \frac{F}{L^2} = FL^{-2}$$

$$\left[\frac{dv}{dy}\right] = \frac{\frac{L}{T}}{L} = T^{-1} \qquad \text{mas} \qquad \tau = \mu\frac{dv}{dy} \qquad \text{e} \qquad \mu = \frac{\tau}{\frac{dv}{dy}}$$

logo: $[\mu] = \frac{FL^{-2}}{T^{-1}} = FL^{-2}T$

MK*S (Técnico) $\longrightarrow$ un $\mu = \frac{kgf \cdot s}{m^2}$

MKS Giorgi ou SI $\longrightarrow$ un $\mu = \frac{N \cdot s}{m^2}$

CGS $\longrightarrow$ un $\mu = \frac{dina \cdot s}{cm^2}$ = poise

Utiliza-se ainda o centipoise: 1 cpoise = 0,01 poise.

Note-se que a viscosidade dinâmica possui um valor diferente para cada fluido e varia, para um mesmo fluido, principalmente em relação à temperatura. Os gases e os líquidos comportam-se de maneiras diferentes quanto a esse aspecto.

Nos líquidos, a viscosidade diminui com o aumento da temperatura, enquanto nos gases a viscosidade aumenta com o aumento da temperatura. A razão desse comportamento exige uma análise microscópica que não será abordada.

1.5 Simplificação prática

Viu-se que a lei de Newton da viscosidade é escrita da seguinte forma:

$$\tau = \mu\frac{dv}{dy}$$

onde $\frac{dv}{dy}$ é o gradiente da velocidade ou variação de v com y (Figura 1.6).

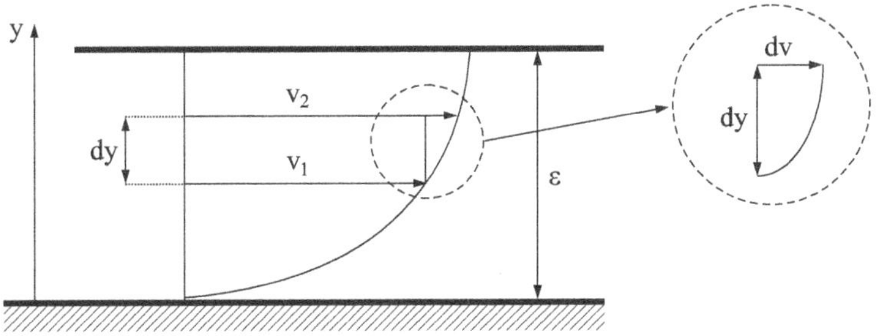

Figura 1.6

Pela figura, observa-se que, a um deslocamento dy, na direção do eixo y, corresponde uma variação dv da velocidade.

Quando a distância ε é pequena, pode-se considerar, sem muito erro, que a variação de v com y seja linear (Figura 1.7).

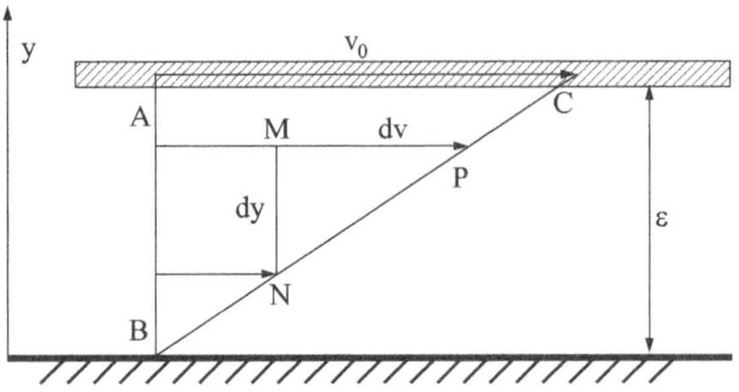

Figura 1.7

A simplificação que resulta desse fato é a seguinte: o $\Delta ABC \approx \Delta MNP$. Logo:

$$\frac{dv}{dy} = \frac{v_0}{\varepsilon}$$

ou, de uma forma mais geral:

$$\frac{dv}{dy} = \frac{\Delta v}{\Delta y}$$

ficando a lei de Newton:

$$\tau = \mu \frac{\Delta v}{\Delta y} = \mu \frac{v_0}{\varepsilon} \quad (1.4)$$

Esse fato leva a simplificações importantes nos problemas, evitando hipóteses e integrações às vezes complicadas.

EXEMPLO

Um pistão de peso G = 4 N cai dentro de um cilindro com uma velocidade constante de 2 m/s. O diâmetro do cilindro é 10,1 cm e o do pistão é 10,0 cm. Determinar a viscosidade do lubrificante colocado na folga entre o pistão e o cilindro.

Solução

Se $\vec{v} = c^{te} \Rightarrow \vec{a} = 0$, logo, o pistão está em equilíbrio dinâmico, isto é:

$$\sum \vec{F} = m\vec{a} = 0$$

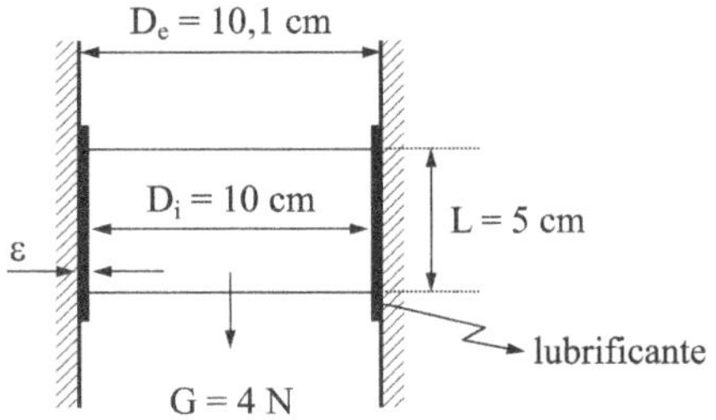

Na direção do movimento, a força causada pelas tensões de cisalhamento F_μ deve equilibrar o peso G, na velocidade dada.

Logo, $F_\mu = G$

ou $\tau A = G$

ou $\mu \dfrac{dv}{dy} \pi D_i L = G$

Sendo a distância $\varepsilon = \dfrac{D_e - D_i}{2} = \dfrac{10,1 - 10}{2} = 0,05$ cm muito pequena, adota-se um diagrama linear de velocidades.

Nesse caso, $\mu \frac{v}{\varepsilon} \pi D_i L = G$

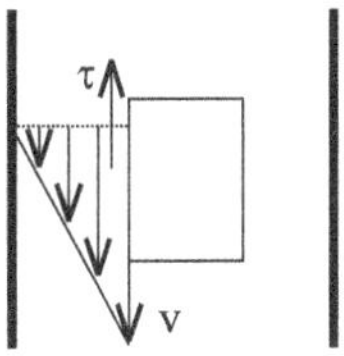

logo,

$$\mu = \frac{\varepsilon G}{v \pi D_i L}$$

$$\mu = \frac{0{,}05 \times 10^{-2} \times 4}{2\pi \times 0{,}1 \times 0{,}05} = 6{,}37 \times 10^{-2}\ \text{N.s/m}^2$$

A seguir, o problema será resolvido também para o caso em que o diagrama não é linear.

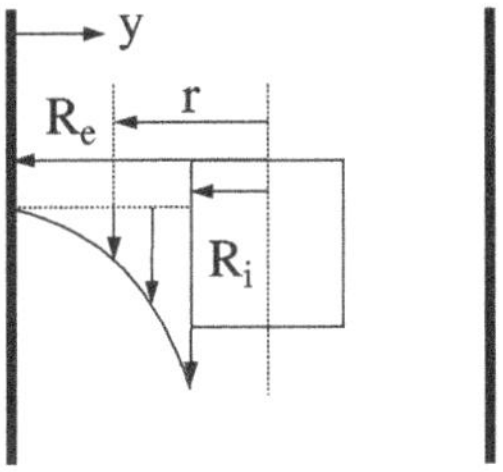

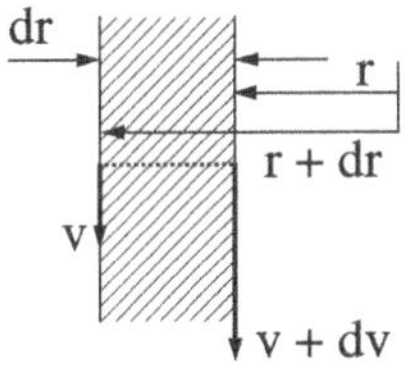

Adotando-se uma coordenada polar $R_i \leq r \leq R_e$, para uma camada de espessura dr, a velocidade varia de v + dv para v, criando o escorregamento que gera as tensões de cisalhamento.

Logo, $\tau = -\mu \frac{dv}{dr}$, pois para um dr positivo o v varia de um dv negativo.

Como cada camada se desloca com $v = c^{te}$, isso significa que o peso, transmitido no contato com a primeira camada, equilibra-se com as tensões de cisalhamento um dr adiante.

Assim, para uma camada genérica:

$$\tau A = G \qquad \text{ou} \qquad -\mu \frac{dv}{dr} 2\pi r L = G$$

ou, separando as variáveis:

$$2\pi L \mu dv = -\frac{G dr}{r}$$

Integrando de R_i a R_e, quando v varia de v a 0:

$$\int_v^0 2\pi L \mu dv = -\int_{R_i}^{R_e} G \frac{dr}{r}$$

$$-2\pi L \mu v = -G \ln \frac{R_e}{R_i}$$

$$\mu = \frac{G}{2\pi L v} \ln \frac{R_e}{R_i}$$

ou

$$\mu = \frac{G}{2\pi L v} \ln \frac{D_e}{D_i}$$

$$\mu = \frac{4}{2\pi \times 0{,}05 \times 2} \ln \frac{10{,}1}{10} = 6{,}33 \times 10^{-2}\ \text{N.s/m}^2$$

Note-se que esse seria o resultado correto. Então, o erro ao considerar o diagrama linear seria:

$$\text{Erro} = \frac{\mu_{\text{linear}} - \mu_{\text{real}}}{\mu_{\text{real}}} \times 100$$

$$\text{Erro} = \frac{6{,}37 \times 10^{-2} - 6{,}33 \times 10^{-2}}{6{,}33 \times 10^{-2}} \times 100 = 0{,}63\%$$

que é um erro desprezível, comprovando que, quando a espessura do fluido é pequena, pode-se utilizar um diagrama linear.

1.6 Massa específica (ρ)

No estudo realizado será considerado, salvo menção contrária, que os fluidos são um meio contínuo e homogêneo, de forma que as propriedades médias definidas coincidam com as propriedades nos pontos. Tal hipótese facilita o estudo e permite introduzir definições simples para todas as propriedades dos fluidos.

Massa específica é a massa de fluido por unidade de volume.

$$\rho = \frac{m}{V} \qquad \text{onde} \qquad \begin{array}{l} m = \text{massa} \\ V = \text{volume} \end{array} \tag{1.5}$$

Unidades

Por análise dimensional, utilizando FLT:

lei de Newton $\quad m = \frac{F}{a}$

$$[m] = \frac{F}{LT^{-2}} = FL^{-1}T^2$$

$$[V] = L^3$$

$$[\rho] = \frac{FL^{-1}T^2}{L^3} = FL^{-4}T^2$$

Sistema MK*S $\longrightarrow$ $\text{un}\,\rho = \frac{kgf \cdot s^2}{m^4} = \frac{utm}{m^3}$

Sistema MKS Giorgi ou SI $\longrightarrow$ $\text{un}\,\rho = \frac{N \cdot s^2}{m^4} = \frac{kg}{m^3}$

Sistema CGS $\longrightarrow$ $\text{un}\,\rho = \frac{dina \cdot s^2}{cm^4} = \frac{g}{cm^3}$

1.7 Peso específico (γ)

Peso específico é o peso de fluido por unidade de volume.

$$\gamma = \frac{G}{V} \qquad \text{onde} \qquad \begin{array}{l} G = \text{peso} \\ V = \text{volume} \end{array} \tag{1.6}$$

Unidades

Por análise dimensional, tem-se:

$$[G] = F \qquad\qquad [V] = L^3$$

$$[\gamma] = \frac{F}{L^3} = FL^{-3}$$

Sistema MK*S $\longrightarrow$ $\text{un}\,\gamma = \frac{kgf}{m^3}$

Sistema MKS Giorgi ou SI $\longrightarrow$ $\text{un}\,\gamma = \frac{N}{m^3}$

Sistema CGS $\longrightarrow$ $\text{un}\,\gamma = \frac{dina}{cm^3}$

Pode-se deduzir uma relação simples entre peso específico e massa específica:

$$\gamma = \frac{G}{V} \qquad \text{mas} \qquad G = mg$$

$$\text{ou} \qquad \gamma = \frac{mg}{V} \qquad \text{e} \qquad \gamma = \rho g \qquad (1.7)$$

1.8 Peso específico relativo para líquidos (γ_r)

É a relação entre o peso específico do líquido e o peso específico da água em condições padrão. Será adotado que

$$\gamma_{H_2O} = 1.000\ \text{kgf/m}^3 \cong 10.000\ \text{N/m}^3$$

Como a massa específica e o peso específico diferem por uma constante, conclui-se que a massa específica relativa e o peso específico relativo coincidem.

EXEMPLO

O peso específico relativo de uma substância é 0,8. Qual será seu peso específico?

Solução

$$\gamma_r = \frac{\gamma}{\gamma_{H_2O}} \rightarrow \gamma = \gamma_r \gamma_{H_2O} = 0{,}8 \times 1.000 = 800\ \text{kgf/m}^3 \cong 8.000\ \text{N/m}^3$$

1.9 Viscosidade cinemática (ν)

Por comodidade e por outras razões que aqui não serão expostas, convém dar um nome ao quociente μ/ρ que, muitas vezes, aparecerá no decorrer do estudo.

Viscosidade cinemática é o quociente entre a viscosidade dinâmica e a massa específica.

$$\nu = \frac{\mu}{\rho} \qquad (1.8)$$

Unidades

Por análise dimensional, utilizando FLT, teremos:

$$[\mu] = FL^{-2}T$$
$$[\rho] = FL^{-4}T^2$$

Logo,

$$[\nu] = \frac{FL^{-2}T}{FL^{-4}T^2} = L^2T^{-1}$$

Sistema MK*S $\longrightarrow$ $\text{un}\ \nu = \frac{m^2}{s}$

Sistema MKS Giorgi ou SI $\longrightarrow$ $\text{un}\ \nu = \frac{m^2}{s}$

Sistema CGS $\longrightarrow$ $\text{un}\ \nu = \frac{cm^2}{s}$ = stoke (St)

Utiliza-se ainda o centistoke: 1 cSt = 0,01 St.

Das unidades, verifica-se que o nome — viscosidade cinemática — deve-se ao fato de essa grandeza não envolver força, mas somente comprimento e tempo, que são as grandezas fundamentais da Cinemática.

1.10 Fluido ideal

Fluido ideal é aquele cuja viscosidade é nula. Por essa definição conclui-se que é um fluido que escoa sem perdas de energia por atrito. É claro que nenhum fluido possui essa propriedade; no entanto, será visto no decorrer do estudo que algumas vezes será interessante admitir essa hipótese, ou por razões didáticas ou pelo fato de a viscosidade ser um efeito secundário do fenômeno.

1.11 Fluido ou escoamento incompressível

Diz-se que um fluido é incompressível se o seu volume não varia ao modificar a pressão. Isso implica o fato de que, se o fluido for incompressível, a sua massa específica não variará com a pressão.

É claro que na prática não existem fluidos nessas condições. Os líquidos, porém, têm um comportamento muito próximo a esse e na prática, normalmente, são considerados como tais. Mesmo os gases em certas condições, em que não são submetidos a variações de pressão muito grandes, podem ser considerados incompressíveis. Um dos exemplos práticos é o estudo de ventilação, em que, em geral, essa hipótese é aceitável.

É importante compreender que nenhum fluido deve ser julgado de antemão. Sempre que ao longo do escoamento a variação da massa específica ρ for desprezível, o estudo do fluido será efetuado pelas leis estabelecidas para fluidos incompressíveis.

1.12 Equação de estado dos gases

Quando o fluido não puder ser considerado incompressível e, ao mesmo tempo, houver efeitos térmicos, haverá necessidade de determinar as variações da massa específica ρ em função da pressão e da temperatura. De uma maneira geral, essas variações obedecem, para os gases, a leis do tipo

$$f(\rho, p, T) = 0$$

denominadas equações de estado.

Para as finalidades desse desenvolvimento, sempre que for necessário, o gás envolvido será suposto como 'gás perfeito', obedecendo à equação de estado:

$$\frac{p}{\rho} = RT \qquad \text{ou} \qquad \rho = \frac{p}{RT} \tag{1.9}$$

onde:

p = pressão absoluta
R = constante cujo valor depende do gás
T = temperatura absoluta (lembrar que a escala absoluta é a escala Kelvin e K = °C + 273)

Para o ar, por exemplo, $R \cong 287\ m^2/s^2\ K$.

Numa mudança do estado de um gás:

$$\frac{p_1}{p_2}\frac{\rho_2}{\rho_1} = \frac{T_1}{T_2} \tag{1.10}$$

O processo é dito isotérmico quando na transformação não há variação de temperatura. Nesse caso:

$$\frac{p_1}{\rho_1} = \frac{p_2}{\rho_2} = c^{te} \tag{1.11}$$

O processo é dito isobárico quando na transformação não há variação de pressão. Nesse caso:

$$\rho_1 T_1 = \rho_2 T_2 = c^{te} \tag{1.12}$$

O processo é dito isocórico ou isométrico quando na transformação não há variação de volume. Nesse caso:

$$\frac{p_1}{T_1} = \frac{p_2}{T_2} = c^{te} \tag{1.13}$$

O processo é dito adiabático quando na transformação não há troca de calor. Nesse caso:

$$\frac{p_1}{\rho_1^k} = \frac{p_2}{\rho_2^k} = c^{te} \tag{1.14}$$

onde k é a chamada constante adiabática cujo valor depende do gás. No caso do ar, k = 1,4.

EXEMPLO

Numa tubulação escoa hidrogênio (k = 1,4, R = 4.122 m^2/s^2K). Numa seção (1), $p_1 = 3 \times 10^5\ N/m^2$(abs) e T_1 = 30°C. Ao longo da tubulação, a temperatura mantém-se constante. Qual é a massa específica do gás numa seção (2), em que $p_2 = 1{,}5 \times 10^5\ N/m^2$ (abs)?

Solução

$$\frac{p_1}{\rho_1} = RT_1 \qquad \text{Logo:} \qquad \rho_1 = \frac{p_1}{RT_1}$$

$$T_1 = 30 + 273 = 303K$$

Logo: $\rho_1 = \dfrac{3 \times 10^5}{4122 \times 303} = 0{,}24 kg/m^3$

Como: $T_1 = T_2 \rightarrow \dfrac{p_1}{\rho_1} = \dfrac{p_2}{\rho_2}$ ou $\rho_2 = \rho_1 \dfrac{p_2}{p_1}$

Portanto: $\rho_2 = 0{,}24 \times \dfrac{1{,}5 \times 10^5}{3 \times 10^5} = 0{,}12 kg/m^3$

EXERCÍCIOS

1.1 A viscosidade cinemática de um óleo é 0,028 m^2/s e o seu peso específico relativo é 0,85. Determinar a viscosidade dinâmica em unidades dos sistemas MK*S, CGS e SI (g = 10 m/s^2).

Resp.: $\mu_{MK^*S} = 2{,}38 kgf.s/m^2$; $\mu_{CGS} = 233\ dina.s/cm^2$; $\mu_{SI} = 23{,}3\ N.s/m^2$.

1.2 A viscosidade dinâmica de um óleo é $5 \times 10^{-4}\ kgf.s/m^2$ e o peso específico relativo é 0,82. Determinar a viscosidade cinemática nos sistemas MK*S, SI e CGS (g = 10 m/s^2; $\gamma_{H_2O} = 1.000\ kgf/m^3$).

Resp.: $\nu = 6 \times 10^{-6}\ m^2/s = 6 \times 10^{-2}\ St$

1.3 O peso de 3 dm^3 de uma substância é 23,5 N. A viscosidade cinemática é $10^{-5}\ m^2/s$. Se g = 10 m/s^2, qual será a viscosidade dinâmica nos sistemas CGS, MK*S, SI e em $N.min/km^2$?

Resp.: $7{,}83 \times 10^{-2}$ poise $= 8 \times 10^{-4}\ kgf.s/m^2 = 7{,}83 \times 10^{-3}\ N.s/m^2 = 130{,}5\ N.min/km^2$

1.4 São dadas duas placas planas paralelas à distância de 2 mm. A placa superior move-se com velocidade de 4 m/s, enquanto a inferior é fixa. Se o espaço entre as duas placas for preenchido com óleo (ν = 0,1St; ρ = 830 kg/m^3), qual será a tensão de cisalhamento que agirá no óleo?

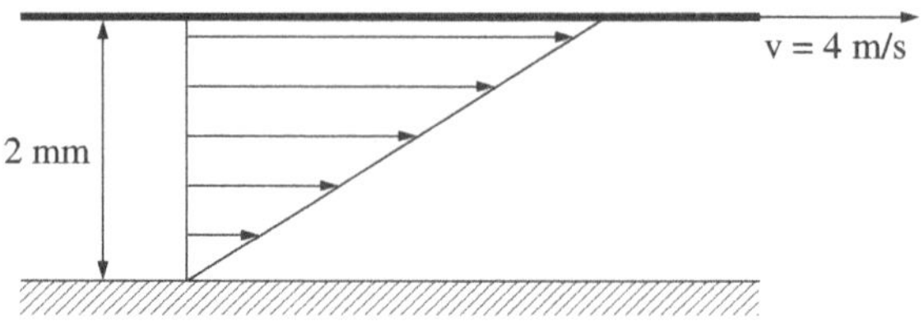

Resp.: τ = 16,6 N/m^2

1.5 Uma placa quadrada de 1,0 m de lado e 20 N de peso desliza sobre um plano inclinado de 30°, sobre uma película de óleo. A velocidade da placa é 2 m/s constante. Qual é a viscosidade dinâmica do óleo, se a espessura da película é 2 mm?

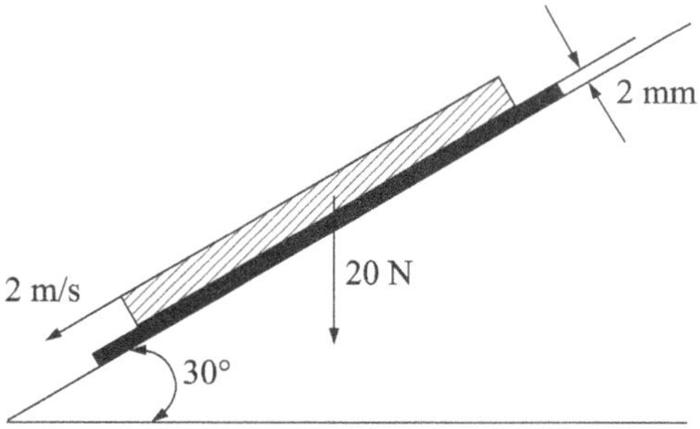

Resp.: $\mu = 10^{-2}$ N.s/m^2

1.6 O pistão da figura tem uma massa de 0,5 kg. O cilindro de comprimento ilimitado é puxado para cima com velocidade constante. O diâmetro do cilindro é 10 cm e do pistão é 9 cm e entre os dois existe um óleo de $\nu = 10^{-4}$ m^2/s e γ = 8.000 N/m^3. Com que velocidade deve subir o cilindro para que o pistão permaneça em repouso? (Supor diagrama linear e g = 10 m/s^2.)

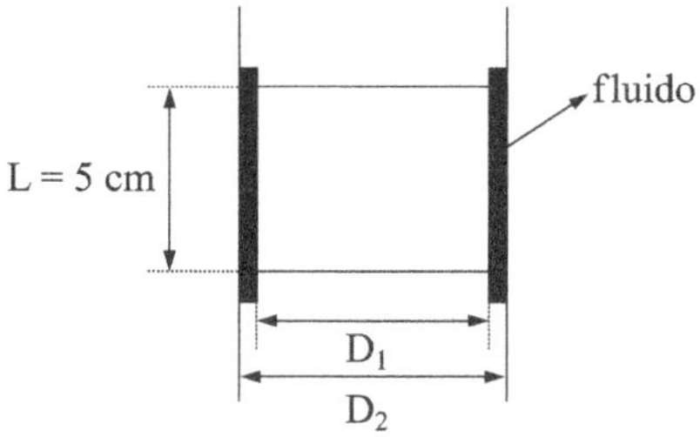

Resp.: v = 22,1 m/s

1.7 Num tear, o fio é esticado passando por uma fieira e é enrolado num tambor com velocidade constante, como mostra a figura. Na fieira, o fio é lubrificado e tingido por uma substância. A máxima força que pode ser aplicada no fio é 1 N, pois, ultrapassando-a, ele rompe. Sendo o diâmetro do fio 0,5 mm e o diâmetro da fieira 0,6 mm, e sendo a rotação do tambor 30 rpm, qual é a máxima viscosidade do lubrificante e qual é o momento necessário no eixo do tambor? (Lembrar que $\omega = 2\pi n$.)

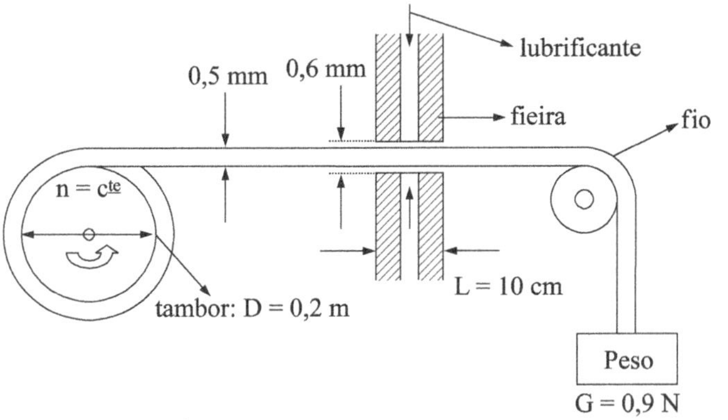

Resp.: M = 0,1 N.m; μ = 0,1 N.s/m^2

1.8 O dispositivo da figura é constituído de dois pistões de mesmas dimensões geométricas que se deslocam em dois cilindros de mesmas dimensões. Entre os pistões e os cilindros existe um lubrificante de viscosidade dinâmica 10^{-2} N.s/m^2. O peso específico do pistão (1) é 20.000 N/m^3. Qual é o peso específico do pistão (2) para que o conjunto se desloque na direção indicada com uma velocidade de 2 m/s constante? Desprezar o atrito na corda e nas roldanas.

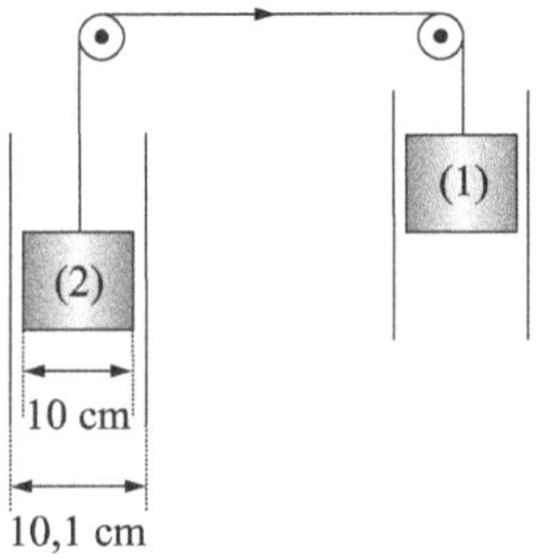

Resp.: γ_2 = 16.800 N/m^3

1.9 O eixo da figura, ao girar, provoca a rotação do tambor. Este enrola a corda, que levanta um peso de 10 N com uma velocidade constante de 0,5 m/s. O fluido existente entre o eixo e o tambor tem μ = 0,1 N.s/m^2 e apresenta um diagrama linear de velocidades. Pede-se:

a) a rotação do eixo em rpm;

b) o momento provocado pelo fluido contra a rotação do eixo.

Dados: R_1 = 10 cm; R_2 = 10,1 cm; R_3 = 20 cm; $\omega = 2\pi n$.

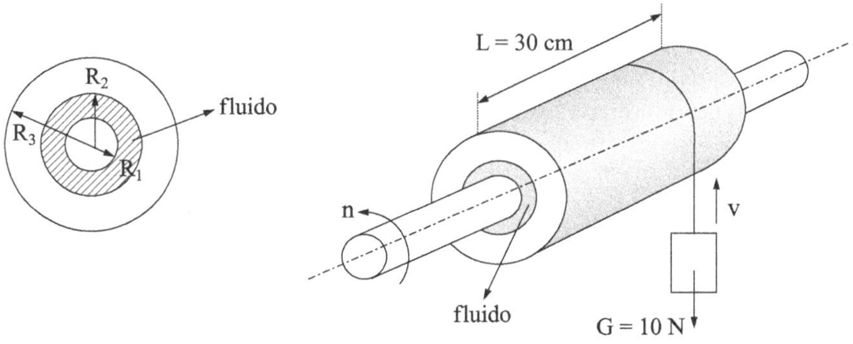

Resp.: a) n = 123,5 rpm; b) M_{eixo} = 1,96 N.m

1.10 No viscosímetro da figura, o cilindro externo gira com uma rotação de 100 rpm constante. O cilindro interno é oco, sua parede tem espessura desprezível e está preso a um fio calibrado à torção. Esse cilindro gira torcendo o fio até que nele se atinja um momento de 10 N.m. Supondo o diagrama de velocidades linear e um líquido de viscosidade cinemática $\nu = 10^{-4}\ m^2/s$ e $\rho = 800\ kg/m^3$, qual é a altura do líquido?

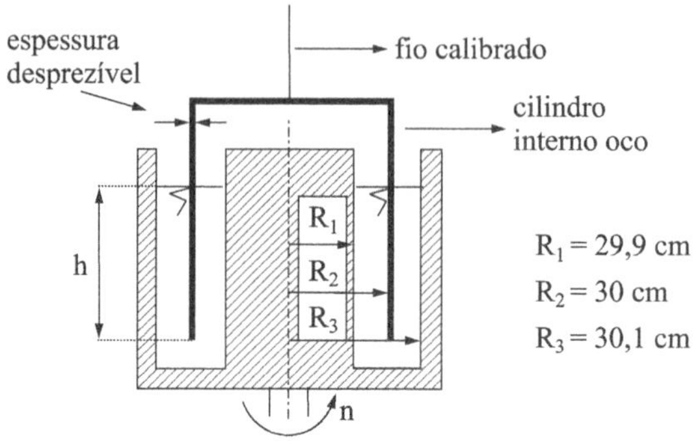

Resp.: h = 3,5 cm

1.11 O turbocompressor de um motor de combustão interna tem uma rotação de 120.000 rpm ($\omega = 2\pi n$). Os mancais do eixo são flutuantes e giram com uma certa rotação. São dados: $\mu = 8 \times 10^{-3}\ N.s/m^2$; $D_1 = 12$ mm; $D_2 = 12{,}05$ mm; $D_3 = 15{,}05$ mm; $D_4 = 15{,}1$ mm; L = 20 mm. Na condição de equilíbrio dinâmico, na rotação dada, pede-se:

a) a rotação do mancal flutuante;

b) o momento resistente à rotação que age no eixo do turbocompressor relativo aos mancais.

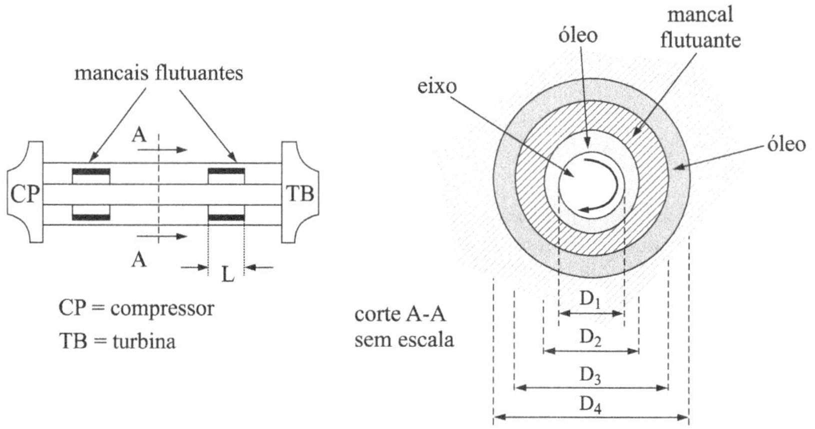

Resp.: a) 40.533 rpm; b) 0,14 N.m

1.12 No sistema da figura, o corpo cilíndrico de peso G desce com velocidade constante v = 2 m/s, fazendo o eixo girar. Dados $\mu = 10^{-3}\ N.s/m^2$; $L = 2/\pi$ m; $D_e = 50{,}2$ cm; $D_i = 50$ cm; d = 10 cm; G = 50 N, qual é o momento aplicado por um agente externo no eixo? É motor ou resistente?

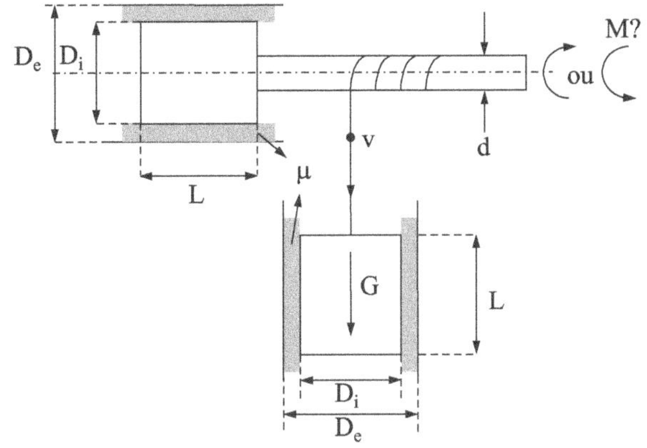

Resp.: M = 0,1 N.m (motor)

1.13 Dois discos são dispostos coaxialmente face a face, separados por um filme de óleo lubrificante de espessura ε pequena. Aplicando-se um momento no disco (1), ele inicia um movimento em torno de seu eixo e, através do fluido viscoso, estabelece-se o regime, de forma que as velocidades angulares ω_1 e ω_2 ficam constantes. Admitindo o regime estabelecido, determinar a função $\omega_1 - \omega_2 = f(M_t, \varepsilon, D, \mu)$.

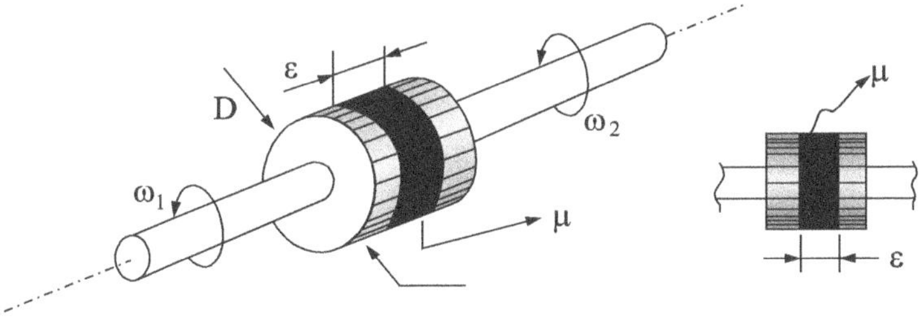

Resp.: $\omega_1 - \omega_2 = \dfrac{32\,\varepsilon M_t}{\pi D^4 \mu}$

1.14 Assumindo o diagrama de velocidades indicado na figura, em que a parábola tem seu vértice a 10 cm do fundo, calcular o gradiente de velocidade e a tensão de cisalhamento para y = 0; 5; 10 cm. Adotar μ = 400 centipoises.

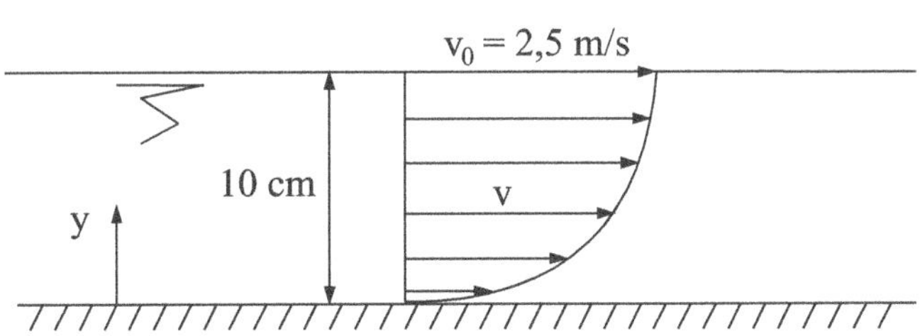

Resp.: (50 s^{-1}; 200 dina/cm^2); (25 s^{-1}; 100 dina/cm^2); (0; 0)

1.15 A placa da figura tem uma área de 4 m^2 e espessura desprezível. Entre a placa e o solo existe um fluido que escoa, formando um diagrama de velocidades dado por $v = 20y\, v_{máx}(1-5y)$. A viscosidade dinâmica do fluido é 10^{-2} N.s/m^2 e a velocidade máxima do escoamento é 4 m/s. Pede-se:

a) o gradiente de velocidades junto ao solo;

b) a força necessária para manter a placa em equilíbrio.

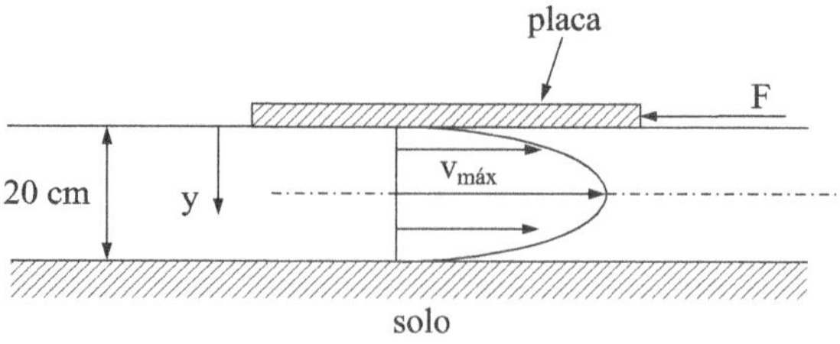

Resp.: a) $-80\ s^{-1}$; b) 3,2 N

1.16 Um fluido escoa sobre uma placa com o diagrama dado. Pede-se:

a) v = f (y);

b) a tensão de cisalhamento junto à placa.

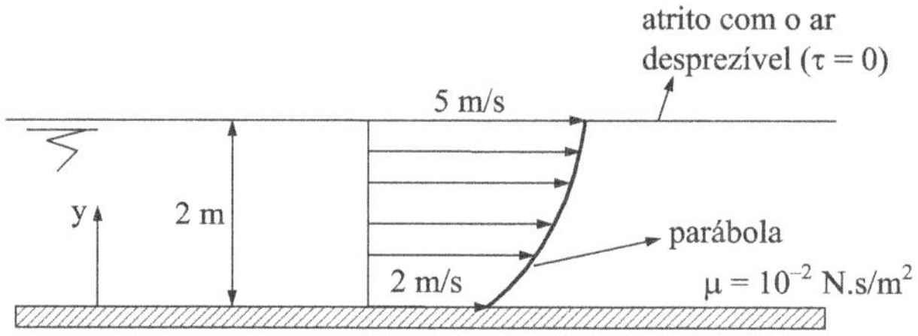

Resp.: a) $v = -0{,}75y^2 + 3y + 2$; b) $t = 0{,}03\ N/m^2$

1.17 Na figura, uma placa de espessura desprezível e área $A_1 = 2\ m^2$ desloca-se com v = 5 m/s constante, na interface de dois fluidos, tracionada por uma força F = 400 N. Na parte superior, ε = 1 mm e o diagrama de velocidades é considerado linear. Na parte inferior, o diagrama é dado por $v = ay^2 + by + c$. Pede-se:

a) a tensão de cisalhamento na parte superior da placa em movimento;

b) a tensão de cisalhamento na face inferior da mesma placa;

c) a expressão do diagrama de velocidades v = f (Y) no fluido superior;

d) a expressão do diagrama de velocidades no fluido inferior (v = f (y));

e) a força R que mantém a placa da base em repouso.

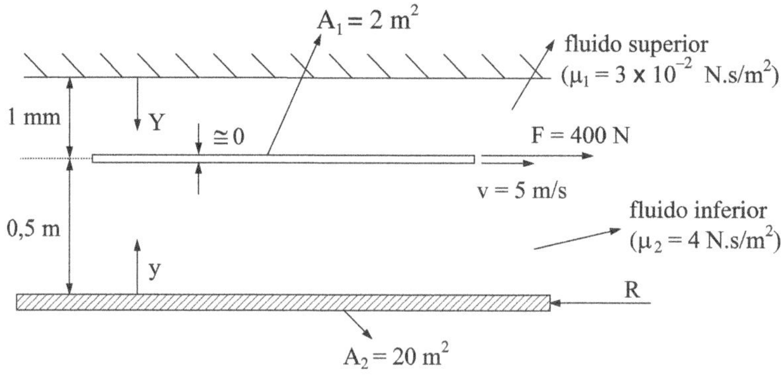

Resp.: a) $150\ N/m^2$; b) $50\ N/m^2$; c) v = 5.000Y; d) $v = 5y^2 + 7{,}5y$; e) 60 N

1.18 Ar escoa ao longo de uma tubulação. Em uma seção (1), $p_1 = 200.000\ N/m^2$ (abs) e $T_1 = 50°C$. Em uma seção (2), $p_2 = 150.000\ N/m^2$ (abs) e $T_2 = 20°C$. Determinar a variação porcentual da massa específica de (1) para (2).

Resp.: 17,3%

1.19 Um gás natural tem peso específico relativo 0,6 em relação ao ar a $9{,}8 \times 10^4$ Pa (abs) e 15°C. Qual é o peso específico desse gás nas mesmas condições de pressão e temperatura? Qual é a constante R desse gás? ($R_{ar} = 287\ m^2/s^2K$; $g = 9{,}8\ m/s^2$)

Resp.: $\gamma = 7\ N/m^3$; $R = 478\ m^2/s^2K$

1.20 Calcular o peso específico do ar a 441 kPa (abs) e 38°C.

Resp.: $\gamma = 49{,}4\ N/m^3$

1.21 Um volume de $10\ m^3$ de dióxido de carbono (k = 1,28) a 27°C e 133,3 kPa (abs) é comprimido até se obter $2\ m^3$. Se a compressão for isotérmica, qual será a pressão final? Qual seria a pressão final se o processo fosse adiabático?

Resp.: 666,5 kPa (abs); 1,046 MPa (abs)

CAPÍTULO 2

Estática dos fluidos

2.1 Pressão

No Capítulo 1 foi visto que uma força aplicada sobre uma superfície pode ser decomposta em dois efeitos: um tangencial, que origina tensões de cisalhamento, e outro normal, que dará origem às pressões.

Se F_n representa a força normal que age numa superfície de área A, e dF_n a força normal que age num infinitésimo de área dA, a pressão num ponto será:

$$p = \frac{dF_n}{dA} \tag{2.1}$$

Se a pressão for uniforme, sobre toda a área, ou se o interesse for na pressão média, então:

$$p = \frac{F_n}{A} \tag{2.2}$$

O leitor não deve confundir pressão com força. Veja o exemplo da Figura 2.1.

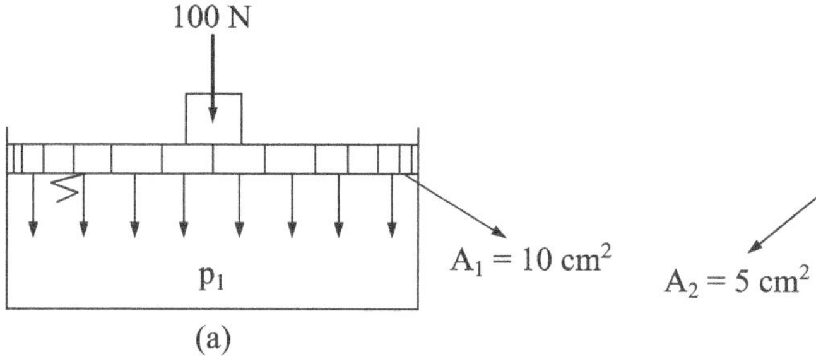

Figura 2.1

Note-se que a força aplicada em ambos os recipientes é a mesma; entretanto, a pressão será diferente. De fato:

Recipiente (a): $$p_1 = \frac{F_1}{A_1} = \frac{100\ N}{10\ cm^2} = 10\frac{N}{cm^2}$$

Recipiente (b): $$p_2 = \frac{F_2}{A_2} = \frac{100\ N}{5\ cm^2} = 20\frac{N}{cm^2}$$

2.2 Teorema de Stevin

A diferença de pressão entre dois pontos de um fluido em repouso é igual ao produto do peso específico do fluido pela diferença de cotas dos dois pontos.

Sejam um recipiente que contém um fluido e dois pontos genéricos M e N. Unindo os pontos M e N constrói-se um cilindro, cuja área da base é dA, em torno do eixo MN.

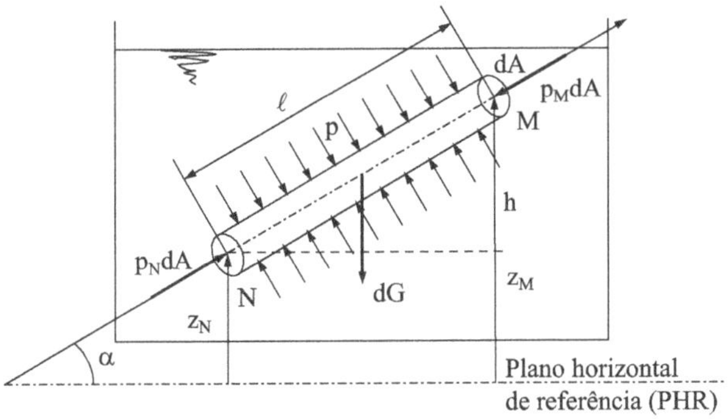

Figura 2.2

Orienta-se o eixo MN de N para M, e seja α o ângulo formado com a horizontal.

Seja z_N a cota do ponto N e z_M a cota do ponto M, em relação a um plano horizontal qualquer, adotado como referência.

Seja h a diferença de cotas dos dois pontos, isto é, $h = z_M - z_N$.

Como, por hipótese, o fluido está em repouso, a resultante das forças que agem sobre o cilindro em qualquer direção deve ser nula, ou haveria um deslocamento nessa direção, contrariando a hipótese.

As forças que agem são:

$dF_N = p_N dA$ no ponto N
$dF_M = p_M dA$ no ponto M
$F = \int p dA_\ell$ na superfície lateral
dG = peso do fluido contido no cilindro = volume de fluido × peso específico = $\ell.dA.\gamma$

Todas essas forças são projetadas na direção do eixo NM. Deve-se lembrar que, como as forças devidas à pressão são normais à superfície, então as que agem na superfície lateral terão componente nula sobre o eixo.

As outras forças projetadas, respeitando o sentido do eixo, resultam:

$$p_N dA - p_M dA - dG \text{ sen } \alpha = 0$$

ou

$$p_N dA - p_M dA - \gamma \ell dA \text{ sen } \alpha = 0$$

$$p_N - p_M = \gamma \ell \text{ sen } \alpha$$

mas $$\ell \text{ sen } \alpha = h = z_M - z_N$$

ou $$p_N - p_M = \gamma h = \gamma (z_M - z_N) \qquad (2.3)$$

Logo, a diferença de pressão entre dois pontos genéricos é igual ao produto do peso específico do fluido pela diferença de cotas entre os dois pontos, como se queria demonstrar.

O que é importante notar ainda nesse teorema é que:

a) na diferença de pressão entre dois pontos não interessa a distância entre eles, mas a diferença de cotas;
b) a pressão dos pontos num mesmo plano ou nível horizontal é a mesma;
c) o formato do recipiente não é importante para o cálculo da pressão em algum ponto. Na Figura 2.3, em qualquer ponto do nível A, tem-se a mesma pressão p_A, e em qualquer ponto do nível B, tem-se a pressão p_B, desde que o fluido seja o mesmo em todos os ramos;

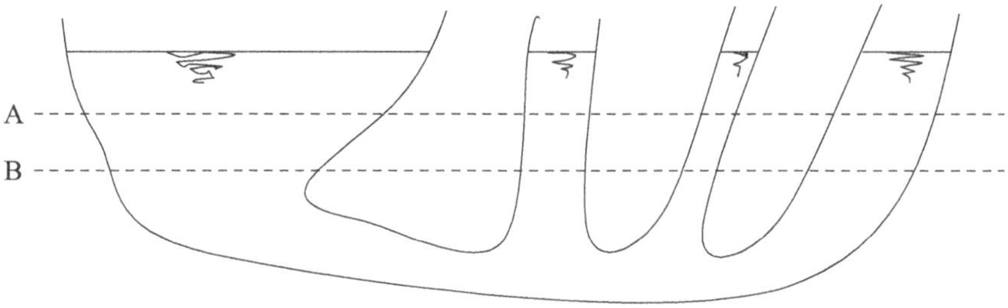

Figura 2.3

d) se a pressão na superfície livre de um líquido contido num recipiente for nula, a pressão num ponto à profundidade h dentro do líquido será dada por: $p = \gamma h$;

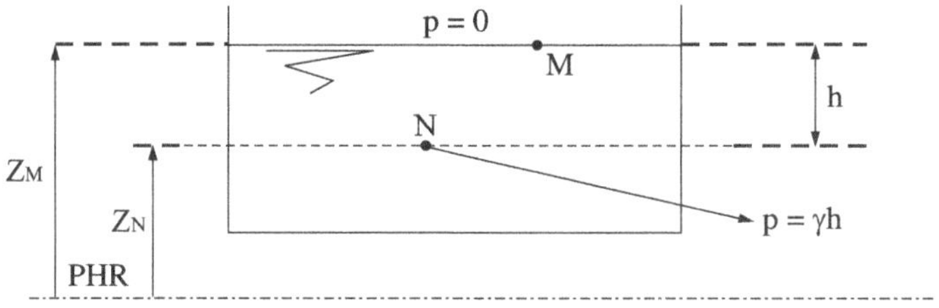

Figura 2.4

e) nos gases, como o peso específico é pequeno, se a diferença de cota entre dois pontos não é muito grande, pode-se desprezar a diferença de pressão entre eles.

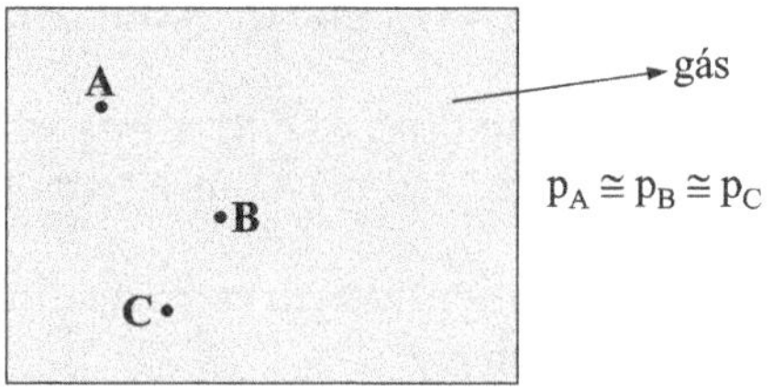

Figura 2.5

2.3 Pressão em torno de um ponto de um fluido em repouso

A pressão num ponto de um fluido em repouso é a mesma em qualquer direção.

Existem demonstrações rebuscadas para esse enunciado; como, porém, tais demonstrações não trazem nenhum subsídio aos conhecimentos, prefere-se apelar para a intuição do leitor.

Se o fluido está em repouso, todos os seus pontos também deverão estar. Se a pressão fosse diferente em alguma direção, haveria um desequilíbrio no ponto, fazendo com que este se deslocasse nessa direção, contrariando a hipótese. Logo, se o fluido está em repouso, a pressão em torno de um ponto deve ser a mesma em qualquer direção (Figura 2.6).

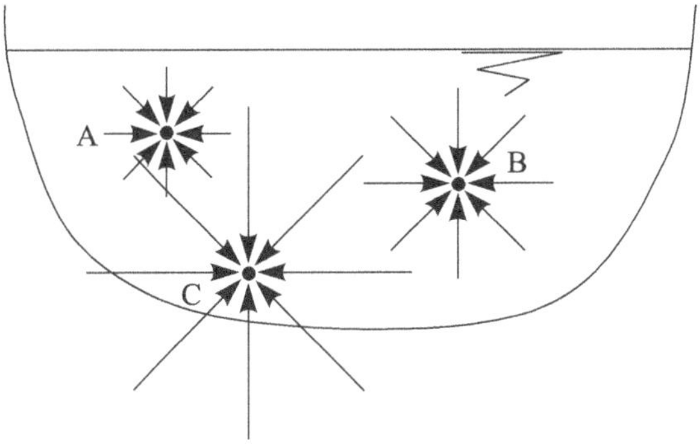

Figura 2.6

2.4 Lei de Pascal

A pressão aplicada num ponto de um fluido em repouso transmite-se integralmente a todos os pontos do fluido.

A Figura 2.7 ilustra perfeitamente tal fato:

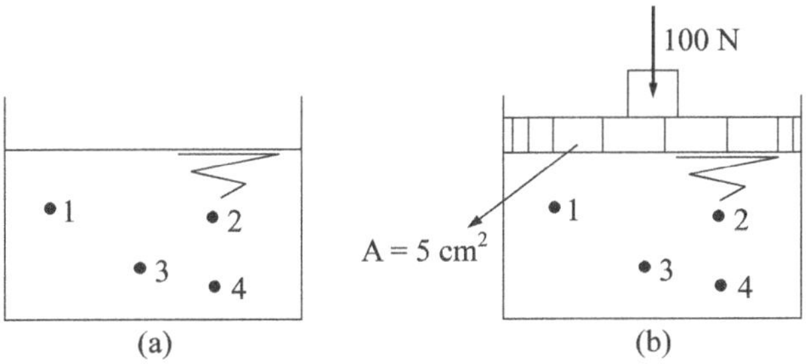

Figura 2.7

Em (a) e (b), mostra-se o mesmo recipiente cilíndrico em que foram escolhidos alguns pontos.

Em (a), o fluido apresenta uma superfície livre à atmosfera e supõe-se que as pressões nos pontos indicados sejam:

$$p_1 = 1\ N/cm^2;\ p_2 = 2N/cm^2;\ p_3 = 3\ N/cm^2 \text{ e } p_4 = 4\ N/cm^2.$$

Ao aplicar a força de 100 N, por meio do êmbolo da Figura 2.7b, tem-se um acréscimo de pressão de $p = \frac{F}{A} = \frac{100}{5} = 20\frac{N}{cm^2}$. As pressões nos pontos indicados deverão, portanto, ter os seguintes valores:

$$p_1 = 21\ N/cm^2;\ p_2 = 22\ N/cm^2;\ p_3 = 23\ N/cm^2 \text{ e } p_4 = 24\ N/cm^2.$$

Torna-se evidente, então, o significado da lei de Pascal.

Essa lei apresenta sua maior importância em problemas de dispositivos que transmitem e ampliam uma força através da pressão aplicada num fluido.

EXEMPLO

A figura mostra, esquematicamente, uma prensa hidráulica. Os dois êmbolos têm, respectivamente, as áreas $A_1 = 10\ cm^2$ e $A_2 = 100\ cm^2$. Se for aplicada uma força de 200 N no êmbolo (1), qual será a força transmitida em (2)?

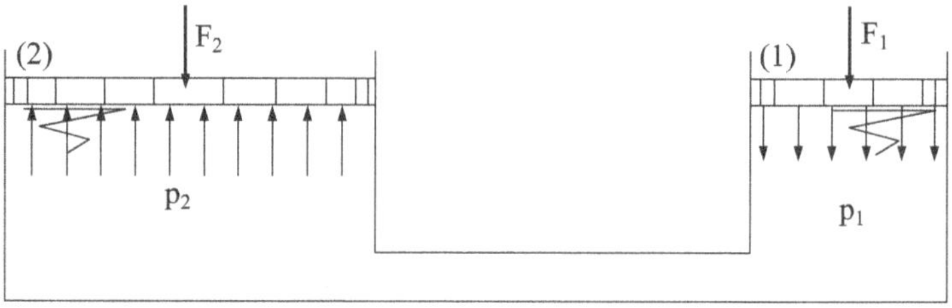

A pressão transmitida pelo êmbolo (1) será $p_1 = \frac{F_1}{A_1}$.

Mas, pela lei de Pascal, essa pressão será transmitida integralmente ao êmbolo (2), portanto $p_2 = p_1$.

Logo: $$p_2A_2 = p_1A_2 = F_2$$

Como: $$p_1 = \frac{200}{10} = 20\frac{N}{cm^2}, \text{ então } F_2 = 20 \times 100 = 2.000\ N$$

Nota-se, então, que se pode, por meio desse dispositivo, não só transmitir uma força, mas também ampliá-la.

É nesse princípio que, na prática, baseiam-se: prensas hidráulicas, servomecanismos, dispositivos de controle, freios etc.

2.5 Carga de pressão

Foi visto pelo teorema de Stevin que altura e pressão mantêm uma relação constante para um mesmo fluido. É possível expressar, então, a pressão num certo fluido em unidade de comprimento, lembrando que:

$$\frac{p}{\gamma} = h \tag{2.4}$$

Essa altura h, que, multiplicada pelo peso específico do fluido, reproduz a pressão num certo ponto dele, será chamada 'carga de pressão'.

Para o leitor, essa definição torna-se evidente quando existe um recipiente em que se possa falar em profundidade ou altura h (Figura 2.8).

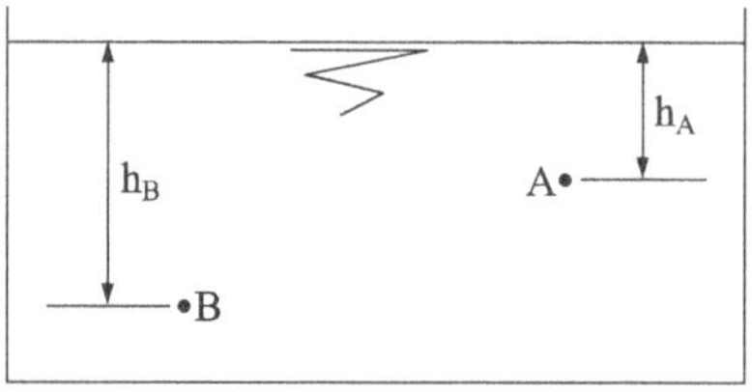

Figura 2.8

A pressão no ponto A será $p_A = \gamma h_A$, enquanto a carga de pressão será h_A; da mesma forma, no ponto B, $p_B = \gamma h_B$ e a carga de pressão será h_B. Será que só nesses casos é que se pode falar em carga de pressão? Vejamos como seria interpretada a carga de pressão no caso de uma tubulação.

Na Figura 2.9a tem-se, por exemplo, um tubo por onde escoa um fluido de peso específico γ e à pressão p. Supondo o diâmetro do tubo pequeno, a pressão do fluido em todos os pontos da seção transversal será aproximadamente a mesma. Como, porém, há uma pequena diferença, adotem-se como referência os pontos do eixo do tubo. Note-se que nesse caso existe uma pressão p, mas não há nenhuma altura h.

Será que ainda se pode falar em carga de pressão? Se possível, como deverá ser interpretada?

Abrindo-se um orifício no conduto, verifica-se que, se a pressão interna for maior que a externa, um jato de líquido será lançado para cima.

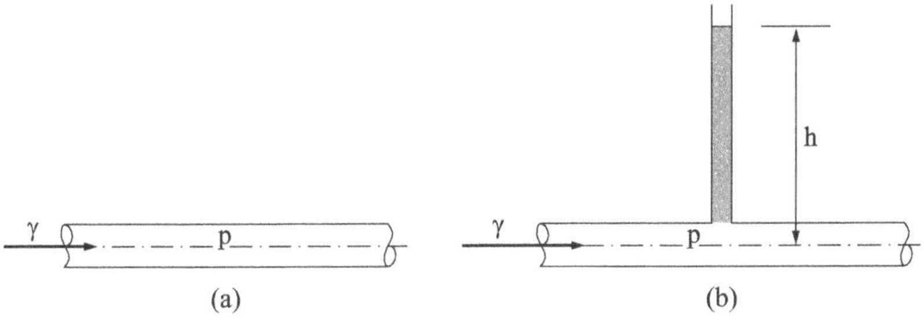

Figura 2.9

Se esse jato for canalizado por meio de um tubo de vidro, verifica-se que o líquido sobe até alcançar uma altura h. Essa coluna de líquido deverá, para ficar em repouso, equilibrar exatamente a pressão p do conduto. Dessa forma, novamente,

$$\gamma_{fluido} \times h_{coluna} = p_{conduto}$$

Nota-se então que o h da coluna é exatamente a carga de pressão de p. Logo, pode-se falar em carga de pressão independentemente da existência da profundidade h.

Pode-se dizer, então, que carga de pressão é a altura à qual pode ser elevada uma coluna de fluido por uma pressão p.

Dessa forma, é sempre possível, dada uma coluna h de fluido, associar-lhe uma pressão p, dada por γh, assim como é possível, dada uma pressão p, associar-lhe uma altura h de fluido, dada por $\frac{p}{\gamma}$, denominada carga de pressão.

2.6 Escalas de pressão

Se a pressão é medida em relação ao vácuo ou zero absoluto, é chamada 'pressão absoluta'; quando é medida adotando-se a pressão atmosférica como referência, é chamada 'pressão efetiva'. A escala de pressões efetivas é importante, pois praticamente todos os aparelhos de medida de pressão (manômetros) registram zero quando abertos à atmosfera, medindo, portanto, a diferença entre a pressão do fluido e a do meio em que se encontram.

Se a pressão é menor que a atmosférica, costuma ser chamada impropriamente de vácuo e mais propriamente de depressão; é claro que uma depressão na escala efetiva terá um valor negativo. Todos os valores da pressão na escala absoluta são positivos.

A Figura 2.10 mostra, esquematicamente, a medida da pressão nas duas escalas, a efetiva e a absoluta.

Da discussão anterior e da Figura 2.10 verifica-se que vale a seguinte relação entre as escalas:

$$p_{abs} = p_{atm} + p_{ef} \tag{2.5}$$

onde p_{ef} pode ser positiva ou negativa.

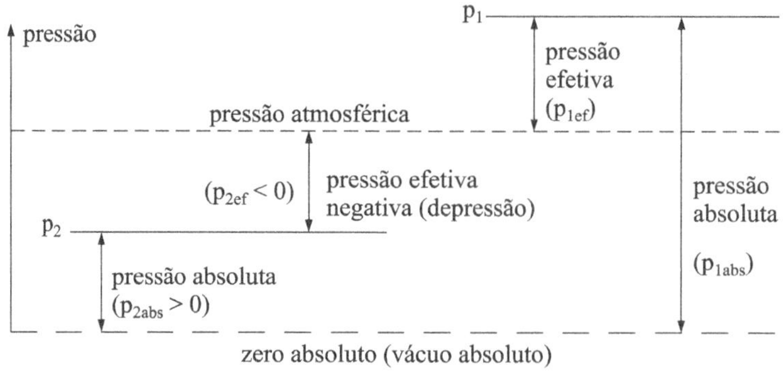

Figura 2.10

A pressão atmosférica é também chamada pressão barométrica e varia com a altitude. Mesmo num certo local, ela varia com o tempo, dependendo das condições meteorológicas.

Nos problemas que envolvem leis de estado de gases, é imprescindível o uso da escala absoluta, como foi visto no item 1.12 do Capítulo 1.

Em problemas envolvendo líquidos, o uso da escala efetiva é mais cômodo, pois, nas equações, a pressão atmosférica, em geral, aparece nos dois membros, podendo ser cancelada.

Sempre que for utilizada a escala absoluta, após a unidade de pressão será indicada a abreviação (abs), enquanto, ao se usar a escala efetiva, nada será indicado.

2.7 Unidades de pressão

As unidades de pressão podem ser divididas em três grupos:

a) Unidades de pressão propriamente ditas, baseadas na definição (F/A).
Entre elas, as mais utilizadas são: kgf/m^2; kgf/cm^2; N/m^2 = Pa (pascal); daN/cm^2 = bar (decanewton por centímetro quadrado); lb/pol^2 = psi (*pounds per square inches* = libras por polegada ao quadrado).
A relação entre essas unidades é facilmente obtida por uma simples transformação: $1\ kgf/cm^2 = 10^4\ kgf/m^2 = 9{,}8 \times 10^4\ Pa = 0{,}98\ bar = 14{,}2\ psi$.

b) Unidades de carga de pressão utilizadas para indicar a pressão.
Essas unidades são indicadas por uma unidade de comprimento seguida da denominação do fluido que produziria a carga de pressão (ou coluna) correspondente à pressão dada.
Lembrar, pelo item 2.5, que existe uma correspondência biunívoca entre p e h, através do peso específico γ do fluido. Assim, por exemplo:

mmHg (milímetros de coluna de mercúrio)
mca (metros de coluna de água)
cmca (centímetros de coluna de água)

A determinação da pressão em unidades de pressão propriamente ditas é feita lembrando que $p = \gamma h$. Assim, por exemplo, 5 mca correspondem a $5\ m \times 10.000\ N/m^3 = 50.000\ N/m^2$ (onde $10.000\ N/m^3$ é o peso específico da água).
Ainda, por exemplo, 20 mmHg correspondem a $0{,}02\ m \times 136.000\ N/m^3 = 2.720\ N/m^2$ (onde $136.000\ N/m^3$ é o peso específico do mercúrio).
Vice-versa, a pressão de $2.720\ N/m^2$ corresponde a $\frac{2.720}{10.000} = 0{,}272$ mca.
Assim, na prática, a representação da pressão em unidade de coluna de fluido é bastante cômoda, pois permite visualizar imediatamente a possibilidade que tem uma certa pressão de elevar um fluido a uma certa altura.

c) Unidades definidas.
Entre elas, destaca-se a unidade atmosfera (atm), que, por definição, é a pressão que poderia elevar de 760 mm uma coluna de mercúrio. Logo, 1 atm = 760 mmHg = 101.230 Pa = 101,23 kPa = 10.330 kgf/m^2 = 1,033 kgf/cm^2 = 1,01 bar = 14,7 psi = 10,33 mca.

EXEMPLO

Determinar o valor da pressão de 340 mmHg em psi e kgf/cm^2 na escala efetiva e em Pa e atm na escala absoluta. (p_{atm} = 101,2 kPa)

1) 760 mmHg → 1,033 kgf/cm^2
340 → x

$$x = \frac{1{,}033 \times 340}{760} = 0{,}461 \frac{kgf}{cm^2}$$

2) 760 mmHg → 14,7 psi
340 → y

$$y = \frac{340 \times 14{,}7}{760} = 6{,}6 \text{ psi}$$

3) Para determinar a pressão na escala absoluta, basta lembrar que:

$p_{abs} = p_{ef} + p_{atm}$

760 mmHg → 101.230 Pa
340 → z

$$z = \frac{340 \times 101.230}{760} = 45.287 \text{ Pa} = 45{,}3 \text{ kPa}$$

Logo, p_{abs} = 45,3 + 101,2 = 146,5 kPa (abs)

4) 760 mmHg → 1 atm
340 → u

$$u = \frac{340 \times 1}{760} = 0{,}447 \text{atm}$$

Logo, p_{abs} = 0,447 + 1 = 1,447 atm (abs)

2.8 O barômetro

A pressão atmosférica é medida pelo barômetro. Se um tubo cheio de líquido, fechado na extremidade inferior e aberto na superior, for virado dentro de uma vasilha do mesmo líquido, ele descerá até uma certa posição e nela permanecerá em equilíbrio (Figura 2.11).

Desprezando a pressão de vapor do líquido, na parte superior obtém-se, praticamente, o vácuo perfeito ou pressão zero absoluto.

Já foi visto que a pressão num mesmo nível é a mesma, logo: $p_0 = p_A = p_{atm}$.

Dessa forma, a coluna h formada é devida à pressão atmosférica e tem-se $p_{atm} = \gamma h$.

O líquido utilizado é, geralmente, o mercúrio, já que seu peso específico é suficientemente elevado de maneira a formar um pequeno h e, portanto, pode ser usado um tubo de vidro relativamente curto. Como a pressão atmosférica padrão é muito utilizada, é interessante tê-la em mente:

$$p_{atm} = 760 \text{ mmHg} = 10.330 \text{ kgf/m}^2 = 101{,}3 \text{ kPa}$$

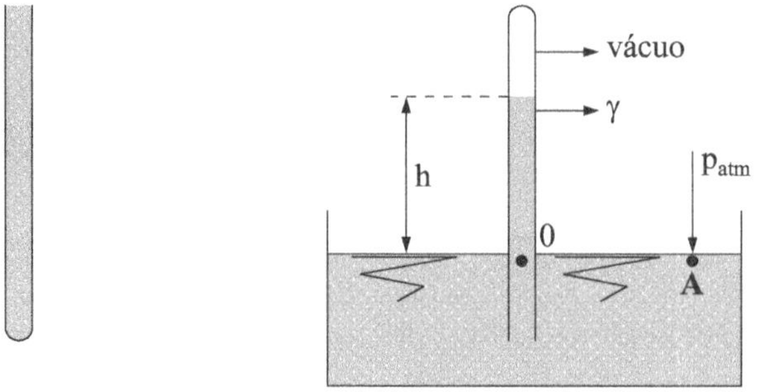

Figura 2.11

2.9 Medidores de pressão

2.9.1 Manômetro metálico ou de Bourdon

Pressões ou depressões são comumente medidas pelo manômetro metálico (Figura 2.12). Esse nome provém do fato de que a pressão é medida pela deformação do tubo metálico indicado na figura. Ao ligar o manômetro pela tomada de pressão, o tubo fica internamente submetido a uma pressão p que o deforma, havendo um deslocamento de sua extremidade que, ligada ao ponteiro por um sistema de alavancas, relacionará sua deformação com a pressão do reservatório.

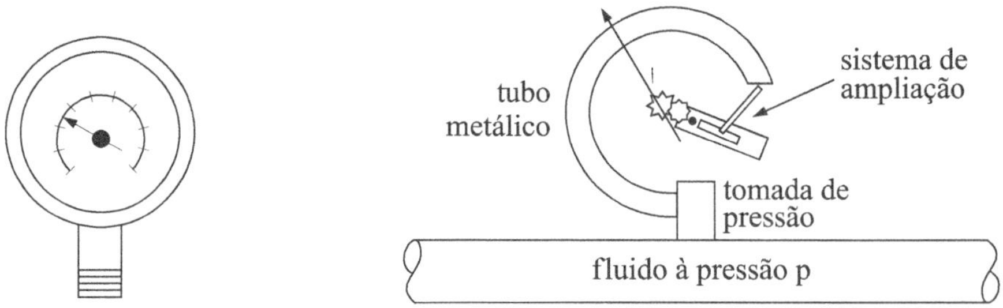

Figura 2.12

A leitura da pressão na escala efetiva será feita diretamente no mostrador, quando a parte externa do manômetro estiver exposta à pressão atmosférica.

Suponha-se, agora, o caso da Figura 2.13.

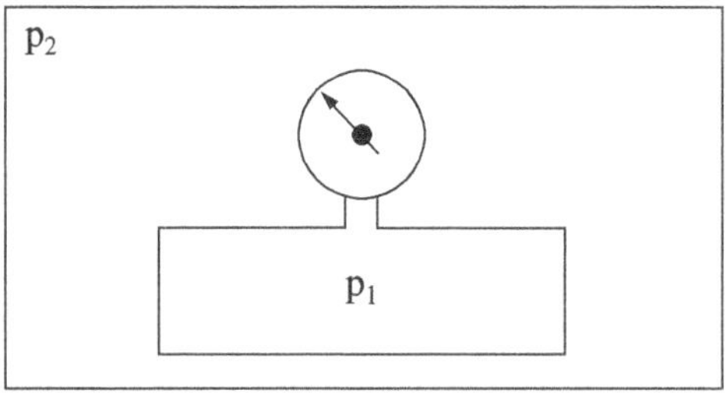

Figura 2.13

Nesse caso, a parte interna do tubo metálico está sujeita à pressão p_1, e a externa, à p_2. Dessa forma, o manômetro indicará não a pressão p_1, mas a diferença $p_1 - p_2$. Logo,

$$p_{manômetro} = p_{tomada\ de\ pressão} - p_{externa} \tag{2.6}$$

2.9.2 Coluna piezométrica ou piezômetro

Consiste num simples tubo de vidro que, ligado ao reservatório, permite medir diretamente a carga de pressão (Figura 2.14).

Logo, dado o peso específico do fluido, pode-se determinar a pressão diretamente.

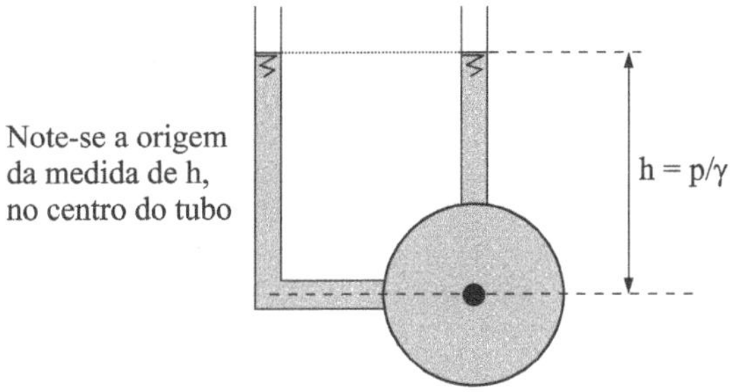

Figura 2.14

O piezômetro apresenta três defeitos que o tornam de uso limitado:

a) A altura h, para pressões elevadas e para líquidos de baixo peso específico, será muito alta.
Exemplo: água com pressão de $10^5\,\mathrm{N/m^2}$ e cujo peso específico é $10^4\mathrm{N/m^3}$ formará uma coluna

$$h = \frac{p}{\gamma} = \frac{10^5}{10^4} = 10\mathrm{m}$$

Logo, não sendo viável a instalação de um tubo de vidro com mais de 10 m de altura, o piezômetro não pode, nesse caso, ser útil. Nota-se então que esse aparelho só serve para pequenas pressões.

b) Não se pode medir pressão de gases, pois eles escapam sem formar a coluna h.

c) Não se pode medir pressões efetivas negativas, pois nesse caso haverá entrada de ar para o reservatório, em vez de haver a formação da coluna h.

2.9.3 Manômetro com tubo em U

A Figura 2.15 mostra um manômetro de tubo em U. Nesse manômetro corrige-se o problema das pressões efetivas negativas. Se isso ocorrer, a coluna de fluido do lado direito ficará abaixo do nível A-A. A Figura 2.15b mostra o mesmo manômetro com a inclusão de um fluido manométrico que, em geral, é mercúrio. A presença do fluido manométrico permite a medida da pressão de gases, já que impede que estes escapem.

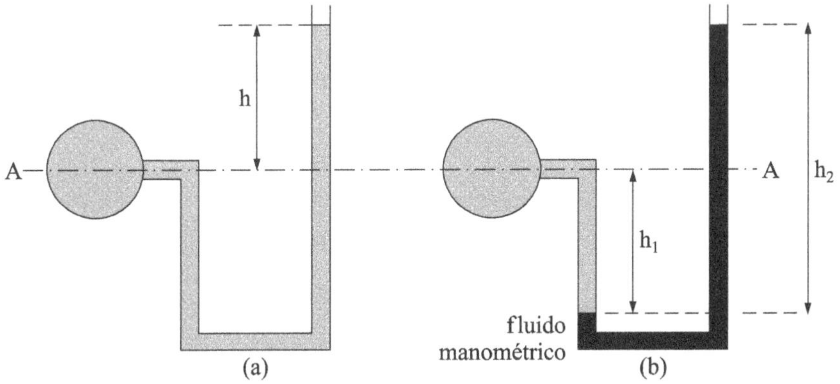

Figura 2.15

Ao mesmo tempo, utilizando um fluido manométrico de elevado peso específico, diminui-se a altura da coluna que se formaria com um líquido qualquer.

Os manômetros de tubo em U, ligados a dois reservatórios, em vez de ter um dos ramos aberto à atmosfera, chamam-se manômetros diferenciais (Figura 2.16).

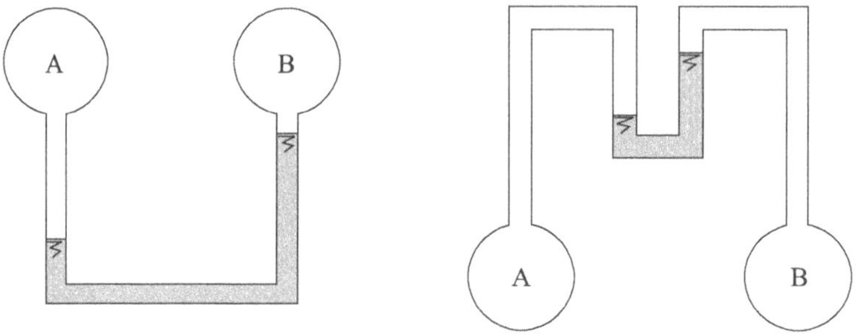

Figura 2.16

2.9.4 A equação manométrica

É a expressão que permite, por meio de um manômetro, determinar a pressão de um reservatório ou a diferença de pressão entre dois reservatórios.

Seja o manômetro da Figura 2.17. Pode-se calcular a pressão no fundo dos dois ramos. Pelo Teorema de Stevin, e lembrando que, segundo Pascal, a pressão se transmite integralmente a todos os pontos do fluido, tem-se:

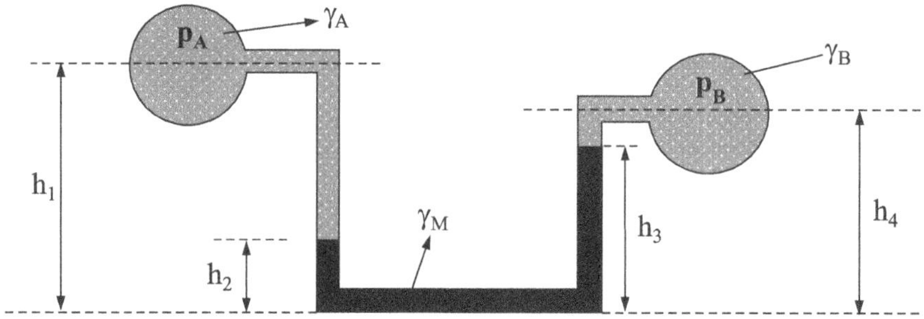

Figura 2.17

pressão no fundo do ramo esquerdo:

$$p_{fe} = p_A + \gamma_A (h_1 - h_2) + \gamma_M h_2 \tag{1}$$

pressão no fundo do ramo direito:

$$p_{fd} = p_B + \gamma_B (h_4 - h_3) + \gamma_M h_3 \tag{2}$$

Como o fluido está em equilíbrio, então a pressão no mesmo nível deve ser a mesma. Logo,

$$p_{fe} = p_{fd}$$

Portanto, $$p_A + \gamma_A (h_1 - h_2) + \gamma_M h_2 = p_B + \gamma_B (h_4 - h_3) + \gamma_M h_3$$

ou $$p_B = p_A + \gamma_A (h_1 - h_2) - \gamma_B (h_4 - h_3) - \gamma_M (h_3 - h_2)$$

Nota-se que cada peso específico aparece multiplicado pela respectiva altura da coluna, sem necessidade de adotar como referência o fundo. Baseada nessa observação, será mostrada uma regra prática e de fácil aplicação.

Regra

Começando do lado esquerdo, soma-se à pressão p_A a pressão das colunas descendentes e subtrai-se aquela das colunas ascendentes. Note-se que as cotas são sempre dadas até a superfície de separação de dois fluidos do manômetro. Tem-se, portanto:

$$p_A + \gamma_1 h_1 + \gamma_2 h_2 - \gamma_3 h_3 + \gamma_4 h_4 - \gamma_5 h_5 - \gamma_6 h_6 = p_B$$

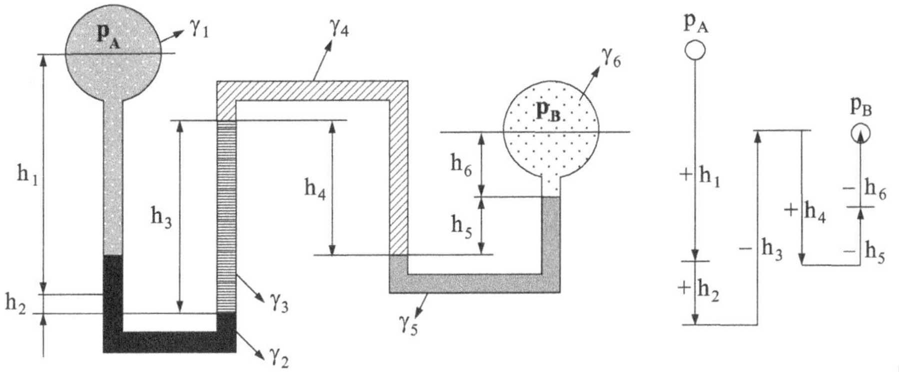

Figura 2.18

EXEMPLO

Dado o esquema da figura:

1) Qual é a leitura no manômetro metálico?

2) Qual é a força que age sobre o topo do reservatório?

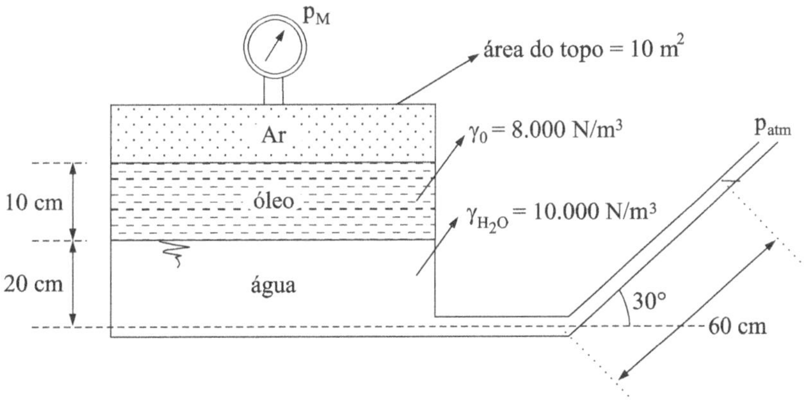

Solução

1) Determinação de p_M

Usando a equação manométrica, lembrando que o γ dos gases é pequeno e que, portanto, pode-se desprezar o efeito da coluna de ar em face de outros efeitos; lembrando, ainda, que ao trabalhar na escala efetiva $p_{atm} = 0$ tem-se:

$$p_M + \gamma_0 h_0 + \gamma_{H_2O} h_{H_2O} - \gamma_{H_2O} L \text{ sen } 30^\circ = 0$$

L sen 30° é o desnível da coluna de água no ramo direito, pois, pelo teorema de Stevin, a pressão independe da distância, dependendo somente da diferença de cotas.

Logo:

$$p_M = g_{H_2O}(L \text{ sen } 30^o - h_{H_2O}) - g_0 h_0$$

$$p_M = 10.000\,(0{,}6 \times 0{,}5 - 0{,}2) - 8.000 \times 0{,}1$$

$$p_M = 200\ N/m^2$$

2) Pela definição de pressão

$$F_{topo} = p_M A = 200 \times 10 = 2.000\ N$$

2.10 Força numa superfície plana submersa

Se um fluido está em repouso, pela sua definição, não podem existir forças tangenciais agindo nele: todas as forças serão normais à superfície submersa.

Se a pressão tiver uma distribuição uniforme sobre a superfície, a força será determinada multiplicando-se a pressão pela área correspondente, e o ponto de aplicação será o centro de gravidade da superfície. No caso dos gases, mesmo quando a superfície é vertical, a variação de pressão nessa direção é muito pequena, já que o seu peso específico o é; logo, qualquer que seja a posição da superfície, a força exercida será o produto da pressão pela área.

No caso dos líquidos, a distribuição de pressão será uniforme somente se a superfície submersa for horizontal.

Seja o traço AB do plano perpendicular ao plano da Figura 2.19. A pressão efetiva varia desde zero na superfície livre, até BC = p = γh no fim da superfície plana.

A variação da pressão desde o topo até o fundo do plano deverá ser linear, pois sabe-se pelo teorema de Stevin que a pressão é diretamente proporcional à profundidade, sendo o coeficiente de proporcionalidade o peso específico do fluido.

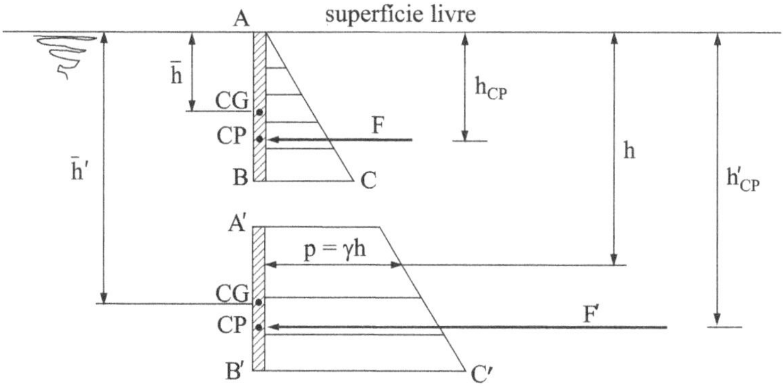

Figura 2.19

Como a pressão varia de ponto para ponto, é óbvio que nesse caso não é possível obter a força pela expressão pA.

A força resultante de um lado da superfície plana será, portanto, a somatória dos produtos das áreas elementares pela pressão nelas agente. O ponto de aplicação da força resultante irá se localizar abaixo do CG, isto é, deslocado para o lado das maiores pressões. É claro que, quanto mais se afunda a superfície AB (como para a posição A'B'), mais o ponto de aplicação da força resultante aproxima-se do CG, já que as pressões vão se tornando mais uniformes. O ponto de aplicação da força resultante chama-se centro das pressões (CP).

O cálculo do módulo da força resultante das pressões se baseará na Figura 2.20.

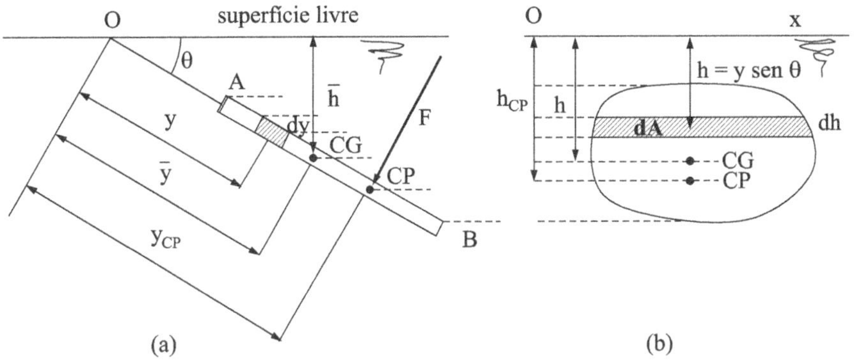

Figura 2.20

Todas as propriedades referentes ao centro de gravidade serão indicadas por um traço e todas as referentes ao centro de pressões, pelo índice CP.

Seja AB o traço do plano em estudo, no plano do papel, formando um ângulo θ com a superfície livre.

Deseja-se determinar nesse plano a força resultante das pressões.

Seja, na figura (b), a projeção da superfície em estudo sobre um plano vertical.

Seja h uma profundidade genérica e y a correspondente distância até a superfície livre no plano da superfície. Seja Ox a intersecção da superfície plana AB com a superfície livre do fluido.

Seja o elemento de área dA, no qual a pressão é constante, pois é horizontal. Tem-se:

$$dA = xdy; \qquad p = \gamma h \qquad e \qquad h = y \operatorname{sen} \theta$$

No elemento dA, a força será:

$$dF = pdA = \gamma h dA = \gamma y \operatorname{sen} \theta \, dA$$

Integrando, tem-se:

$$F = \gamma \operatorname{sen} \theta \int y dA$$

Por definição do centro de gravidade, tem-se:

$$\bar{y} = \frac{1}{A} \int y dA$$

Logo:

$$\int y dA = \bar{y} A$$

Substituindo:

$$F = \gamma \operatorname{sen} \theta \, \bar{y} A$$

Logo:

$$F = \gamma \bar{h} A = \bar{p} A \qquad (2.7)$$

Dessa forma, verifica-se que a força resultante é obtida pelo produto da pressão, no centro de gravidade da superfície, por sua própria área.

Note-se que a resultante independe do ângulo formado pela superfície, desde que o CG se mantenha fixo.

2.11 Centro das pressões

Centro das pressões é o ponto de aplicação da força resultante das pressões sobre uma certa área.

O eixo Ox da Figura 2.20 será adotado para o cálculo do momento das forças.

A força elementar na placa será dada por:

$$pdA = \gamma y \operatorname{sen} \theta \, dA = dF$$

O momento será dado pelo produto da força pela distância ao eixo:

$$y \, dF = \gamma y^2 \operatorname{sen} \theta \, dA \qquad (2.8)$$

Se a resultante das forças de pressão for F e a distância do ponto de aplicação ao eixo Ox for y_{CP}, tem-se, integrando a Equação 2.8:

$$y_{CP} F = \gamma \operatorname{sen} \theta \int y^2 dA = \gamma \operatorname{sen} \theta \, I_o \qquad (2.9)$$

onde $I_o = \int y^2 dA$ é o chamado momento de inércia da área A em relação ao eixo Ox.

Dividindo-se a Equação 2.9 pela Equação 2.7, tem-se:

$$y_{CP} = \frac{\gamma \operatorname{sen} \theta I_o}{\gamma \operatorname{sen} \theta \bar{y} A} = \frac{I_o}{\bar{y} A} \qquad (2.10)$$

isto é, a distância do centro das pressões ao eixo intersecção da superfície imersa com a superfície livre do fluido é obtida dividindo-se o momento de inércia da área A, em relação ao mesmo eixo, pelo produto da distância do centro de gravidade pela área da superfície imersa. Uma das propriedades do momento de inércia é:

$$I_o = I_{CG} + \bar{y}^2 A$$

onde I_{CG} é o momento de inércia calculado em relação a um eixo que passa pelo centro de gravidade da superfície de área A. Logo, a Equação 2.10 pode ser escrita:

$$y_{CP} = \bar{y} + \frac{I_{CG}}{\bar{y} A} \qquad (2.11)$$

Dessa expressão, conclui-se imediatamente que o centro das pressões localiza-se abaixo do centro de gravidade e que, ao aumentar a profundidade, os dois pontos se aproximam.

A posição do centro das pressões em relação a um eixo y será dada pela expressão:

$$x_{CP} F = \int xpdA$$

Para figuras simétricas, o centro das pressões estará sempre localizado sobre o eixo da simetria, se este for perpendicular ao eixo Ox.

EXEMPLO

Na placa retangular da figura, de largura 2 m, determinar a força devida à água numa de suas faces e seu ponto de aplicação ($\gamma = 10.000 \text{ N/m}^3$).

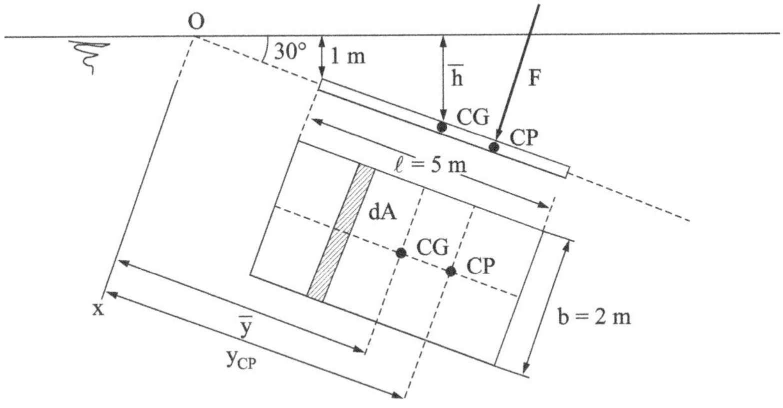

A pressão no centro de gravidade, devida ao líquido, será:

$$\bar{p} = \bar{h}\gamma = (1 + 2{,}5 \text{ sen } 30°)\ 10.000 = 22.500 \text{ N / m}^2$$

portanto:

$$F = \bar{p}A = 22.500 \times 5 \times 2 = 225.000 \text{ N}$$

$$y_{CP} - \bar{y} = \frac{I_{CG}}{\bar{y}A}$$

$I_{CG} = \int y^2 dA$ em relação a um eixo passando pelo CG. Pela figura, dA = bdy, $I_{CG} = \int_{-\frac{\ell}{2}}^{\frac{\ell}{2}} y^2 b dy = \frac{b\ell^3}{12}$

Essa expressão, referindo-se a um eixo que passa pelo CG, é a mesma para qualquer retângulo que tenha um dos lados paralelos ao eixo Ox.

$$y_{CP} - \bar{y} = \frac{\frac{b\ell^3}{12}}{\bar{y}A}$$

$$\bar{y} = \frac{1}{\text{sen } 30°} + \frac{\ell}{2} = 2 + 2{,}5 = 4{,}5 \text{ m}$$

$$A = b \times \ell = 2 \times 5 = 10 \text{ m}^2$$

$$\frac{b\ell^3}{12} = \frac{2 \times 5^3}{12} \cong 20{,}8 \text{ m}^4$$

$$y_{CP} - \bar{y} = \frac{20{,}8}{4{,}5 \times 10} = 0{,}46 \text{ m} \quad \text{ou} \quad y_{CP} = 0{,}46 + 4{,}5 = 4{,}96 \text{ m}$$

A esta altura cabe uma observação. Note-se que a força calculada é somente devida ao líquido em que a superfície está submersa. Normalmente, deveria se considerar também a pressão acima da superfície livre do líquido, que poderia ser ou não a pressão atmosférica. Nesse caso, a pressão $\bar{p}$ seria dada por:

$$\bar{p} = p_0 + \gamma\bar{h}$$

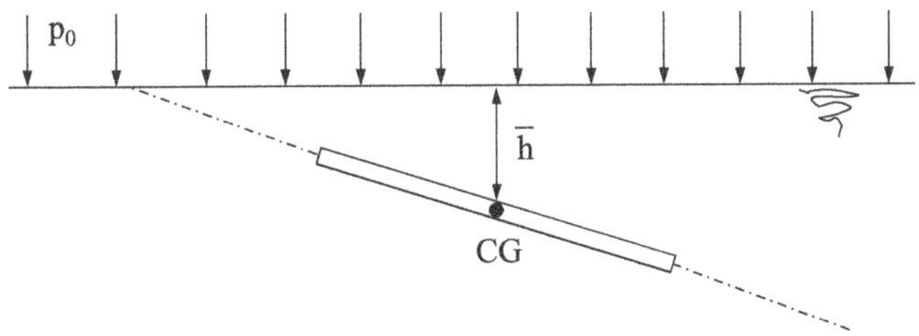

Figura 2.21

Nos exercícios, em geral, a pressão p_0 age em ambos os lados da placa, não precisando ser levada em consideração. Num caso geral, pode-se levar em conta a pressão p_0, utilizando todas as mesmas expressões deduzidas, substituindo-a por um acréscimo do líquido em estudo igual à sua carga de pressão. A altura do líquido, em vez de ser h, passará a ser

$$h' = h + \frac{p_0}{\gamma}$$

EXEMPLO

Determinar a força R que deverá ser aplicada no ponto A da comporta da figura para que permaneça em equilíbrio, sabendo-se que ela pode girar em torno do ponto O.

Dados: $p_{01} = 100$ kPa $\quad \gamma_1 = 10.000\ \text{N/m}^3$

$p_{02} = 50$ kPa $\quad \gamma_2 = 8.000\ \text{N/m}^3$

Comporta retangular com h = 5 m e b = 2 m.

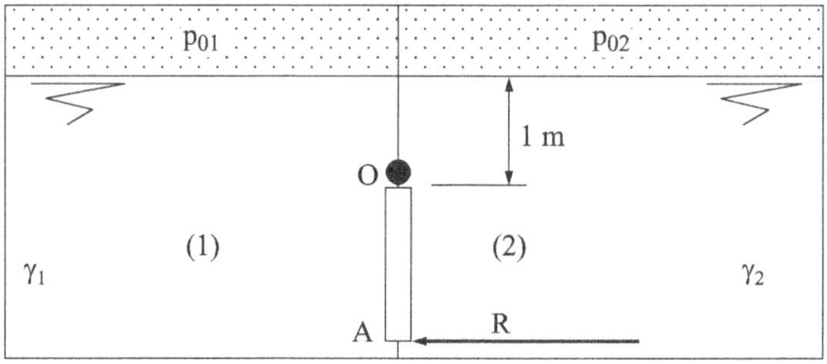

Solução

O problema deve ser reduzido a um outro em que a pressão efetiva, no nível dos dois líquidos, seja nula. Para tanto, substitua-se p_{01} e p_{02} por cargas de pressão correspondentes aos dois líquidos do problema.

$$h_{01} = \frac{p_{01}}{\gamma_1} = \frac{100 \times 10^3}{10.000} = 10\ \text{m}$$

$$h_{02} = \frac{p_{02}}{\gamma_2} = \frac{50 \times 10^3}{8.000} = 6{,}25\ \text{m}$$

Note-se que h_{01} e h_{02} são as alturas fictícias dos líquidos que causariam, em seus níveis reais, respectivamente, as pressões p_{01} e p_{02}.

Pressão no CG do lado (1):

$$\bar{p}_1 = \gamma_1 \bar{h}_1 = 10.000\ (10 + 1 + 2{,}5) = 135.000\ \text{N / m}^2$$

Força resultante do lado (1):

$$F_1 = \bar{p}_1 A_1 = 135.000 \times 5 \times 2 = 1.350.000\ \text{N} = 1.350\ \text{kN}$$

Centro das pressões do lado (1):

$$y_{CP1} - \bar{y}_1 = \frac{I_{CG}}{\bar{y}_1 A} = \frac{bh^3/12}{\bar{h}_1 \times bh} = \frac{h^2}{12\bar{h}_1}$$

$$h_{CP1} - \bar{h}_1 = \frac{5^2}{12 \times 13{,}5} = 0{,}15\ \text{m}$$

Distância do CP_1 ao ponto O:

$$b_1 = 2{,}5 + 0{,}15 = 2{,}65 \text{ m}$$

Pressão no CG do lado (2):

$$\bar{p}_2 = \gamma_2 \bar{h}_2 = 8.000\,(6{,}25 + 1 + 2{,}5) = 78.000 \text{ N/m}^2$$

Força resultante do lado (2):

$$F_2 = \bar{p}_2 A_2 = 78.000 \times 5 \times 2 = 780.000 \text{ N}$$

CP do lado (2):

$$y_{CP2} - \bar{y}_2 = \frac{I_{CG}}{\bar{y}_2 A} = \frac{bh^3/12}{\bar{h}_2 \times bh} = \frac{h^2}{12\bar{h}_2}$$

$$h_{CP2} - \bar{h}_2 = \frac{5^2}{12 \times 9{,}75} = 0{,}21 \text{ m}$$

Distância do CP_2 ao ponto O:

$$b_2 = 2{,}5 + 0{,}21 = 2{,}71 \text{ m}$$

Para que a comporta permaneça em equilíbrio, sem girar em torno do ponto O, é necessário que a somatória dos momentos, em relação a esse ponto, seja nula:

$$R.h + F_2 b_2 = F_1 b_1$$

$$R = \frac{F_1 b_1 - F_2 b_2}{h} = \frac{1.350.000 \times 2{,}65 - 780.000 \times 2{,}71}{5}$$

$$R = 293.000 \text{ N}$$

2.12 Força em superfícies reversas, submersas

Em qualquer superfície reversa, as forças nos diversos elementos de área são diferentes em módulo e direção, de forma que é impossível obter uma somatória delas.

A Equação 2.7 é, portanto, aplicável somente a superfícies planas. No entanto, para qualquer superfície reversa, pode-se determinar a força resultante em certas direções, como a horizontal e a vertical. A resultante dessas duas componentes somente poderá ser determinada se ambas estiverem num mesmo plano.

2.12.1 Componente horizontal

Na Figura 2.22a, observa-se uma superfície AB qualquer, projetada sobre um plano vertical, originando a superfície plana A'B'.

Tem-se, então, entre a superfície AB e sua projeção A'B', um volume em equilíbrio estático.

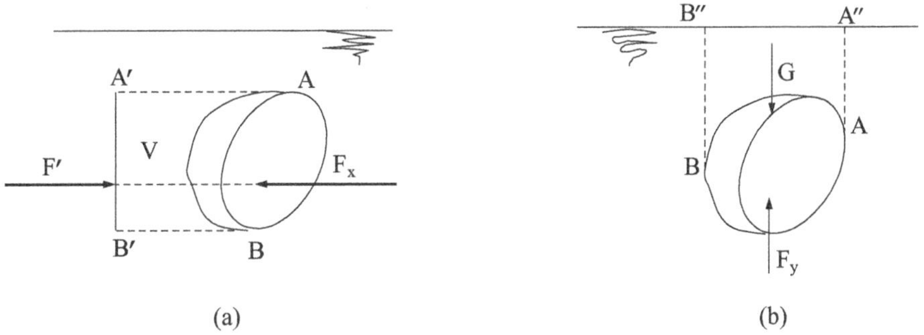

Figura 2.22

As únicas forças horizontais que agem nesse volume são F' e F_x.

$$F_x = F'$$

Logo, a componente horizontal que age em qualquer superfície é igual à força horizontal que age numa superfície plana, projeção daquela sobre um plano vertical. Por razões de equilíbrio, a direção deve ser a mesma. Como já se aprendeu a determinar módulo e ponto de aplicação em superfícies planas, a solução em relação a A'B' resolve o problema da superfície genérica AB.

2.12.2 Componente vertical

A componente vertical pode ser obtida considerando o volume contido entre uma superfície qualquer AB e sua projeção no plano da superfície livre do líquido (Figura 2.22b). Esse volume está em equilíbrio estático. Se a pressão na superfície for atmosférica, as únicas forças verticais serão o peso G do volume e F_y devido à pressão na superfície AB. Logo:

$$F_y = G$$

Como essas são as únicas forças verticais agentes, por razões de equilíbrio F_y e G devem ter a mesma direção. Como o peso tem de passar pelo CG do volume, então F_y será vertical e sua direção passará por aquele ponto. A força vertical exercida por um gás é igual ao produto da pressão pela projeção dessa superfície sobre uma superfície horizontal.

No caso de a superfície não conter líquido acima dela, a noção não se altera. A força vertical será igual ao peso do volume de líquido imaginário contido entre a superfície e o nível da superfície livre.

2.13 Empuxo

Tudo o que for dito neste item poderia ter sido concluído no item 2.12. No entanto, optou-se por apresentá-lo em um novo item para dar maior destaque ao estudo do empuxo, que é de grande utilidade.

No item 2.12.2, verificou-se que a componente vertical que age numa superfície submersa é igual ao peso do volume de fluido, real ou fictício, contido acima da superfície.

Considere-se, então, o corpo ABCD da Figura 2.23.

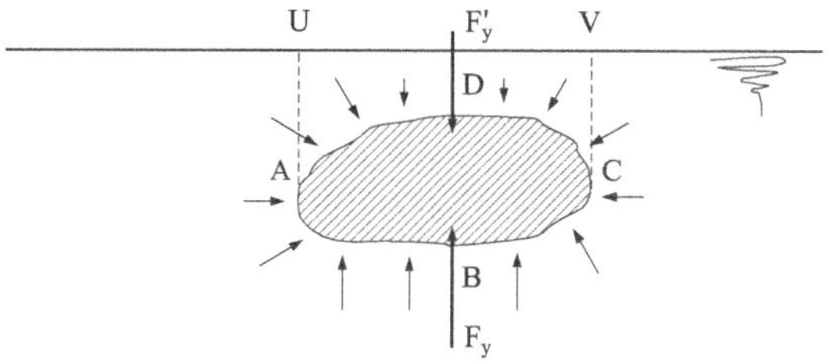

Figura 2.23

Esse corpo pode ser imaginado como formado por duas superfícies: uma superfície ABC, em que todas as forças de pressão possuem uma componente vertical de sentido para cima, e outra superfície ADC, em que todas as forças de pressão possuem uma componente vertical de sentido para baixo.

A resultante das componentes na superfície ABC, pelo que foi dito anteriormente, será dada por:

$$F_y = \gamma V_{UABCV}$$

Na superfície ADC, tem-se:

$$F'_y = \gamma V_{UADCV}$$

O saldo $F_y - F'_y$ será uma força vertical para cima, indicada por E e chamada empuxo.

$$E = F_y - F'_y = \gamma(V_{UABCV} - V_{UADCV})$$

ou

$$E = \gamma V_{ABCD} = \gamma V \tag{2.12}$$

onde: E = empuxo
V = volume de fluido deslocado pelo corpo
γ = peso específico do fluido

A Equação 2.12 pode ser expressa em palavras pelo princípio de Arquimedes: "Num corpo total ou parcialmente imerso num fluido, age uma força vertical de baixo para cima, chamada empuxo, cuja intensidade é igual ao peso do volume de fluido deslocado".

Pela noção de empuxo, é fácil estabelecer a condição de flutuação de um corpo (Figura 2.24).

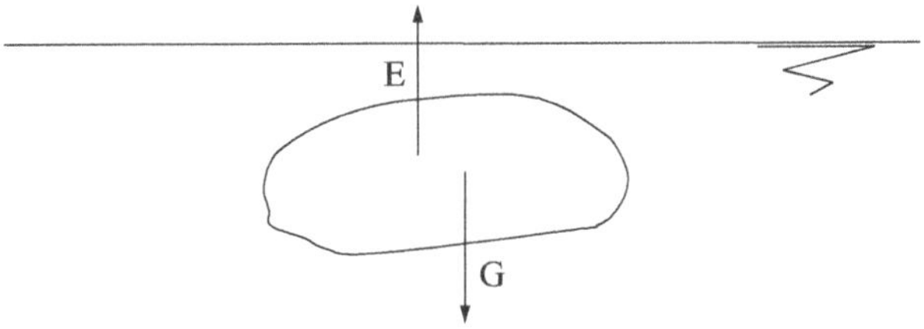

Figura 2.24

Suponha-se um corpo totalmente submerso. Ele flutuará se seu peso G for menor que o empuxo.

$$E \geq G$$

No caso da igualdade, o corpo estará em equilíbrio em qualquer posição. Imaginando o corpo totalmente submerso:

$$V_{corpo} = V_{deslocado}$$

Logo:

$$\gamma_{fluido} V_{deslocado} \geq \gamma_{corpo} V_{corpo}$$

O corpo flutuará se:

$$\gamma_{fluido} \geq \gamma_{corpo} \tag{2.13}$$

2.14 Flutuador — Nomenclatura

Corpo flutuante ou flutuador é qualquer corpo que permanece em equilíbrio quando está parcial ou totalmente imerso num líquido.

Plano de flutuação é o plano horizontal da superfície livre do fluido.

Linha de flutuação é a intersecção do plano de flutuação com a superfície do flutuador.

Seção de flutuação é a seção plana cujo contorno é a linha de flutuação.

Volume de carena é o volume de fluido deslocado pela parte imersa do flutuador.

Note-se que o peso do volume de carena é igual à intensidade do empuxo.

Centro de carena é o ponto de aplicação do empuxo. Se o fluido for homogêneo, o centro de carena coincidirá com o centro de gravidade do volume de carena (Figura 2.25).

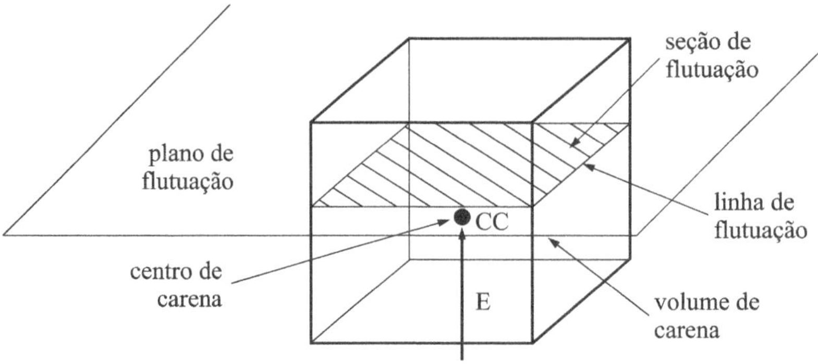

Figura 2.25

2.15 Estabilidade

As forças que agem num corpo total ou parcialmente submerso em repouso são o seu peso (G), cujo ponto de aplicação é o centro de gravidade do corpo, e o empuxo (E), cujo ponto de aplicação é o centro de carena.

Torna-se evidente que, para que um flutuador esteja em equilíbrio, é necessário que essas duas forças tenham a mesma intensidade, a mesma direção e sentidos opostos. Resta analisar a estabilidade desse equilíbrio.

Suponha-se um corpo em equilíbrio. Aplique-se uma força pequena nesse corpo. É evidente que, se ele estava em equilíbrio, a aplicação dessa força isolada fará com que se desloque em relação à posição inicial. Retirando essa força, aplicada durante um intervalo de tempo muito pequeno, podem acontecer três coisas:

a) o corpo retorna à posição de equilíbrio inicial: diz-se que o equilíbrio é estável;
b) o corpo, mesmo retirando a força, afasta-se cada vez mais da posição inicial: diz-se que o equilíbrio é instável;
c) o corpo permanece na nova posição, sem retornar, mas sem se afastar mais da posição inicial: diz-se que o equilíbrio é indiferente.

A análise da estabilidade no caso de flutuadores reduz-se à estabilidade vertical e de rotação, já que para deslocamentos horizontais o equilíbrio é indiferente.

2.16 Estabilidade vertical

2.16.1 Corpo totalmente submerso em equilíbrio

Se o corpo estiver totalmente submerso em equilíbrio, o volume deslocado será sempre o mesmo. Qualquer que seja o deslocamento, sempre existirá o equilíbrio, de forma que é um caso de equilíbrio indiferente.

2.16.2 Corpo parcialmente submerso em equilíbrio

Nesse caso, ao deslocar o corpo para baixo, o volume de carena e o empuxo aumentam, ficando numa situação em que $E > G$. Ao retirar a força que causou o deslocamento, o flutuador sobe até que haja uma diminuição no volume de carena para que novamente $E = G$. Se o corpo for deslocado para cima, o volume de carena diminuirá, de forma que $E < G$. Ao retirar a força aplicada, o corpo desce até que $E = G$ novamente, e isso acontece na posição inicial.

Note-se que, em relação a deslocamentos verticais, os flutuadores têm um equilíbrio estável.

2.17 Estabilidade à rotação

Suponha-se um flutuador obrigado a abandonar a sua posição de equilíbrio, por uma pequena força que o faça girar de um pequeno ângulo em torno de um eixo de rotação. Nessa situação, devem ser examinados dois casos para os quais o comportamento é diferente.

2.17.1 Corpo totalmente submerso em equilíbrio

Suponha-se um corpo totalmente submerso em equilíbrio, cujo centro de gravidade esteja abaixo do centro de carena (Figura 2.26).

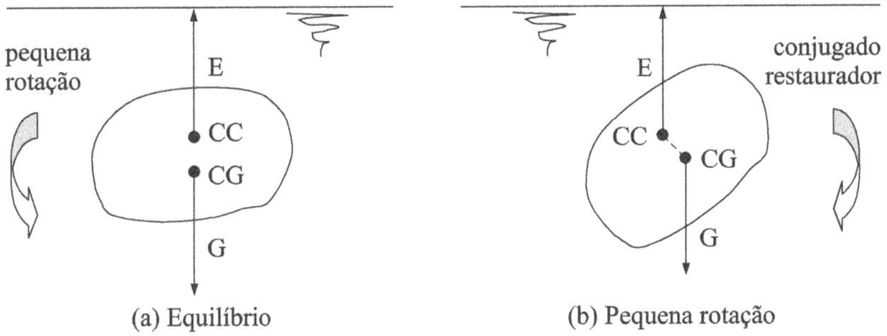

Figura 2.26

Se o corpo girar de um pequeno ângulo, o CG e o CC permanecerão fixos em relação a ele, de forma que o empuxo e o peso, de módulos constantes e sempre verticais, vão se encontrar na posição indicada em (b).

Dessa forma, fica criado um conjugado que tende a girar o corpo no sentido contrário ao da rotação. É evidente que o corpo tenderá novamente à posição (a), que será, portanto, de equilíbrio estável.

Se o CG estiver acima do CC (Figura 2.27), o conjugado criado pelo empuxo e pelo peso tenderá a girar mais o corpo, de forma que ele se afastará ainda mais da posição de equilíbrio inicial. Nesse caso, a posição (a) da Figura 2.27 será de equilíbrio instável.

Figura 2.27

Observa-se que num corpo totalmente submerso em equilíbrio, para que haja estabilidade à rotação, o centro de gravidade deverá estar abaixo do centro de carena.

Num corpo homogêneo em equilíbrio totalmente submerso num fluido homogêneo, o centro de gravidade do corpo coincide com o centro de gravidade do volume de carena; logo, coincide com o centro de carena.

Dessa forma, o CC e o CG coincidem e o corpo estará sempre numa situação de equilíbrio indiferente.

2.17.2 Corpo parcialmente submerso em equilíbrio

Nesse caso, o estudo não é tão simples como no caso dos corpos totalmente submersos. É óbvio que o centro de gravidade abaixo do centro de carena é uma garantia para que o equilíbrio seja estável; entretanto, essa condição não é necessária.

Às vezes, a rotação do corpo causa uma variação no formato do volume de carena (o que não acontecia com o corpo totalmente submerso), o que cria um deslocamento no centro de carena, em relação ao corpo, tal que o equilíbrio pode ser estável mesmo que este esteja abaixo do centro de gravidade.

Pela Figura 2.28, nota-se que se o corpo estivesse totalmente submerso, o volume deslocado seria constante, de forma que o CC acompanharia o movimento do corpo, mantendo-se fixo em relação a ele. Isso, como já foi visto, causaria o aparecimento de um conjugado a favor da rotação, que provocaria o afastamento indefinido da posição de equilíbrio.

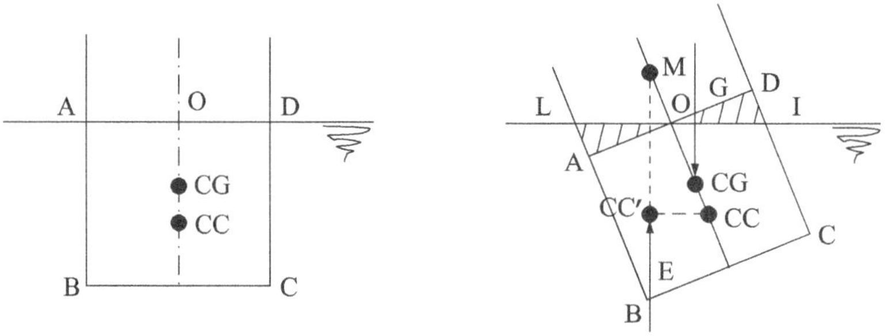

Figura 2.28

Estando o corpo parcialmente submerso, com a rotação em torno do eixo O, o volume de carena, que era ABCD, passa a ser LICB, com conseqüente deslocamento do centro de carena para a esquerda em CC'.

Fica assim mostrado, intuitivamente, que o flutuador terá condições de retornar à posição inicial, estando, portanto, em equilíbrio estável desde que o empuxo esteja à esquerda do peso, como na Figura 2.28.

Note-se que o sentido do conjugado pode ser analisado pela posição do ponto M, chamado metacentro, que é a intersecção do eixo de simetria do flutuador com a direção do empuxo.

Se o ponto M estiver acima do CG, o conjugado será contrário à rotação e o equilíbrio, estável.

Se o ponto M estiver abaixo do CG, o conjugado será a favor da rotação e o equilíbrio, instável.

Se o ponto M estiver em CG, o equilíbrio será indiferente.

Note-se que quanto mais acima estiver o metacentro em relação ao CG, maior será o conjugado que contraria a rotação e, portanto, mais estável o equilíbrio. Por essa observação, conclui-se que é importante conhecer a distância do metacentro ao centro de gravidade. Tal distância, chamada altura metacêntrica, será indicada por r (Figura 2.29).

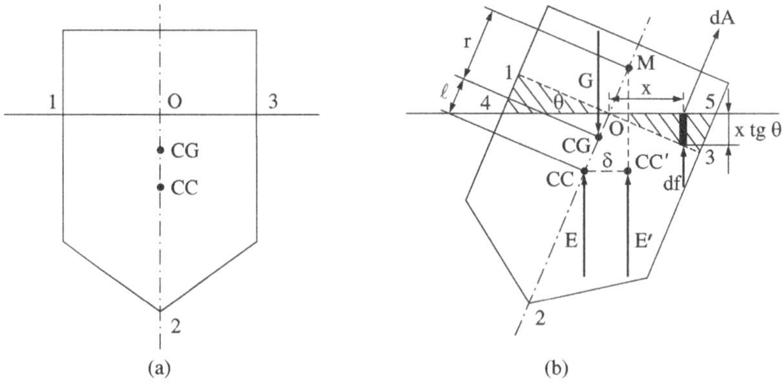

Figura 2.29

Para efeito da determinação de r, considere-se o perfil da Figura 2.29a, tendo girado de um ângulo θ pequeno em torno do eixo de rotação O. Note-se que o volume de carena alterou-se de V_{123} para V_{425}, fazendo com que o CC se desloque para CC'. No entanto, E = E', já que o volume, apesar de mudar de forma, é o mesmo.

O momento de E' em relação ao ponto CC deverá ser igual ao momento dos elementos de volume de V_{425} em relação ao mesmo ponto.

Entretanto, nota-se que V_{402} é simétrico ao V_{302}, de forma que o momento em relação a CC será nulo.

Então: $E\delta = \text{Momento do } V_{305}$

$$E\delta = \int x\,df$$

Mas $df = dV\gamma = dAx\ \text{tg}\ \theta\gamma$

onde dA é um elemento de área horizontal, da seção de flutuação.

$$E\delta = \int \gamma x^2 \text{tg}\theta dA = \gamma\, \text{tg}\theta \int x^2 dA$$

Mas $\int x^2 dA = I_y$ é o momento de inércia da área da seção de flutuação em relação ao eixo y (Figura 2.30).

Logo: $E\delta = \gamma\ \text{tg}\ \theta I_y$

Note-se que: $E = \gamma V$ e $\text{tg}\ \theta = \dfrac{\delta}{(r+\ell)\cos\theta}$

Logo: $\gamma V \delta = \gamma \dfrac{\delta}{(r+\ell)\cos\theta} I_y$ ou $r + \ell = \dfrac{I_y}{V\cos\theta}$

Se o ângulo θ for pequeno, como se admitiu,

$$r = \frac{I_y}{V} - \ell \qquad (2.14)$$

Como no caso do equilíbrio

$$G = E = \gamma V \qquad \text{então} \qquad V = \frac{G}{\gamma}$$

Logo:

$$r = \frac{\gamma I_y}{G} - \ell \qquad (2.15)$$

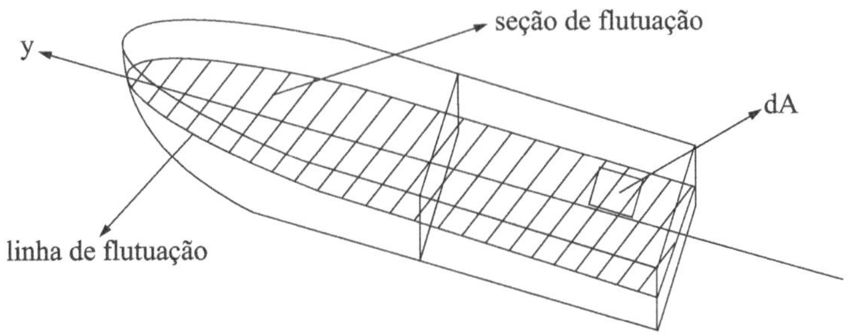

Figura 2.30

Como já foi visto, deve-se ter r > 0 e, quanto maior, maior será a estabilidade. Logo, a estabilidade do flutuador será aumentada diminuindo ℓ e, portanto, abaixando o centro de gravidade ou aumentando $\gamma I_y/G$, isto é, aumentando o momento de inércia da seção de flutuação.

EXEMPLOS

1. Um navio desloca $9{,}45 \times 10^6$ N e tem uma seção de flutuação como a indicada na figura. O centro de carena está a 1,8 m abaixo da superfície de flutuação e o centro de gravidade, a 0,3 m. Determinar a altura metacêntrica em relação a uma inclinação em torno do eixo y.

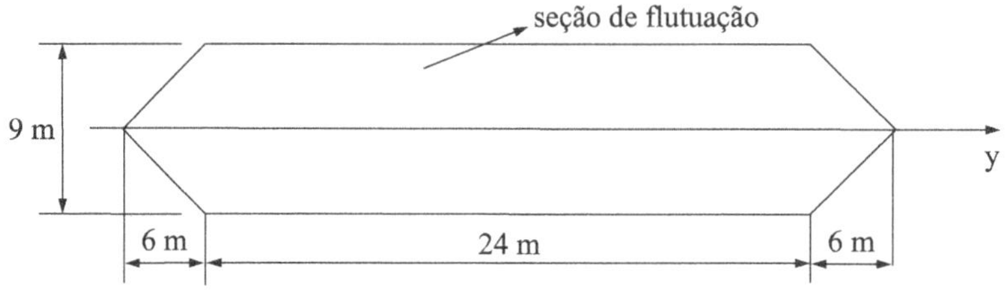

Solução

Pela Equação 2.15, $r = \dfrac{\gamma I_y}{G} - \ell$

Tem-se $\ell = 1{,}8 - 0{,}3 = 1{,}5$ m

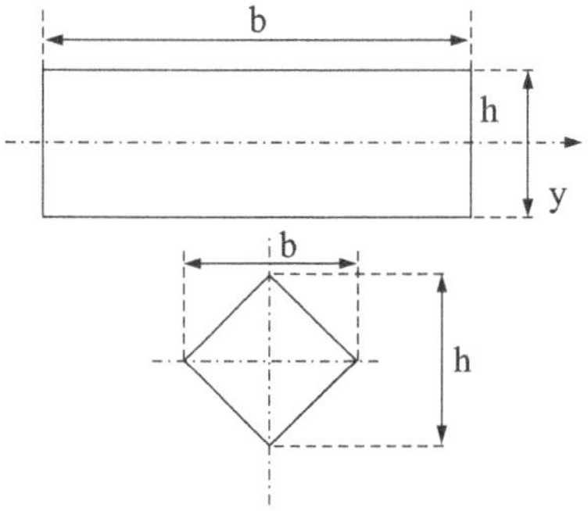

$$I_{y_1} = \frac{bh^3}{12} = \frac{24 \times 9^3}{12} = 1.458 \text{ m}^4$$

$$I_{y_2} = \frac{bh^3}{48} = \frac{12 \times 9^3}{48} = 182 \text{ m}^4$$

$$I_y = 1.458 + 182 = 1.640 \text{ m}^4$$

$$\text{Logo: } r = \frac{10.000 \times 1.640}{9{,}45 \times 10^6} - 1{,}5$$

$$r = 0{,}24 \text{ m} > 0$$

2. Uma balsa tem o formato de um paralelepípedo com 9 m de largura, 24 m de comprimento e 2,4 m de altura. A balsa pesa $4{,}72 \times 10^6$ N quando carregada e o seu centro de gravidade está a 3 m acima do fundo. Determinar a altura metacêntrica.

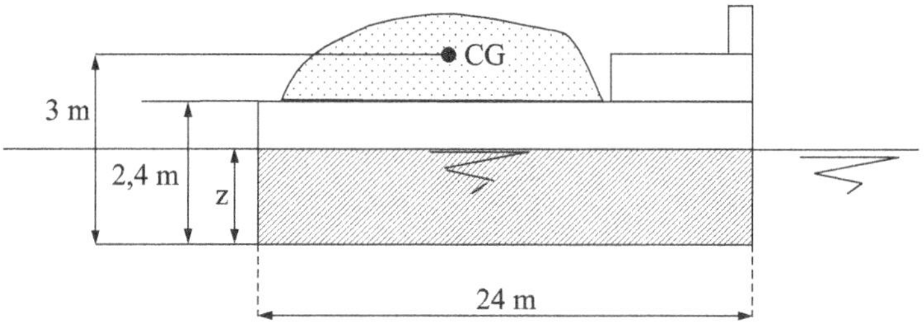

Solução

É preciso determinar a distância ℓ entre o centro de gravidade e o centro de carena. Para isso, deve-se determinar a altura z, pois $\ell = 3 - z/2$.

Sabe-se que: $E = \gamma V = G$

$$V = \frac{G}{\gamma} = \frac{4{,}72 \times 10^6}{10^4} = 472 \text{ m}^3$$

$$z = \frac{472}{24 \times 9} = 2{,}18 \text{ m}$$

Logo: $\ell = 3 \quad 1{,}09 \cong 1{,}9 \text{ m}$

Tem-se: $r = \frac{\gamma I_y}{G} - \ell = \frac{I_y}{V} - \ell$

$$I_y = \frac{1}{12} bh^3 = \frac{24 \times 9^3}{12} = 1.458 \text{ m}^4$$

Portanto: $r = \frac{1.458}{472} - 1{,}9 = 1{,}2 \text{ m}$

2.18 Equilíbrio relativo — Introdução

Suponha-se um fluido contido num recipiente que se move com translação uniformemente variada (acelerada ou retardada) (Figura 2.31).

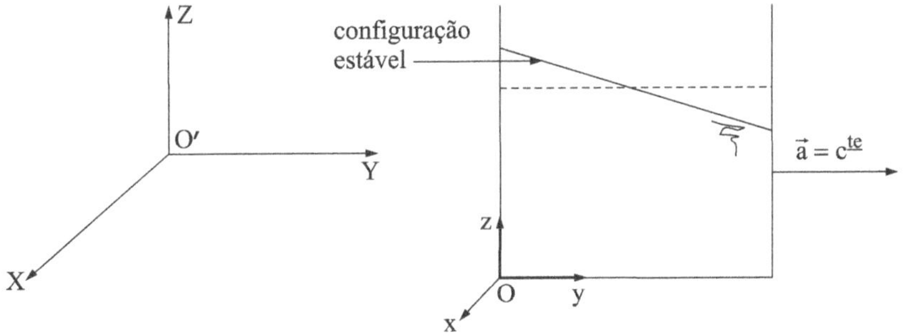

Figura 2.31

Em relação ao sistema de referência fixo O' XYZ, o fluido estará em movimento. No entanto, adotando-se o sistema Oxyz fixo ao recipiente, nota-se que o fluido, após um certo deslocamento inicial, permanecerá em equilíbrio com uma configuração que será estável, desde que a aceleração seja mantida constante.

Como as partículas do fluido não terão movimento em relação ao recipiente, fica excluída a presença de tensões de cisalhamento, podendo esse caso ser tratado como um caso de equilíbrio e ser estudado pela estática dos fluidos.

Como o fluido só estará em repouso em relação ao sistema de eixos Oxyz que se movem em relação a O' XYZ, esse estudo será chamado equilíbrio relativo.

Note-se que, para que isso aconteça, é suficiente que a aceleração seja constante, incluindo-se nesse estudo também o movimento circular e uniforme, em que a aceleração tangencial é nula e a centrípeta mantém-se constante.

2.19 Recipiente com movimento de translação uniformemente acelerado segundo a horizontal

Sejam o recipiente da Figura 2.32 e o fluido nele contido em equilíbrio em relação ao sistema de referência fixo no recipiente.

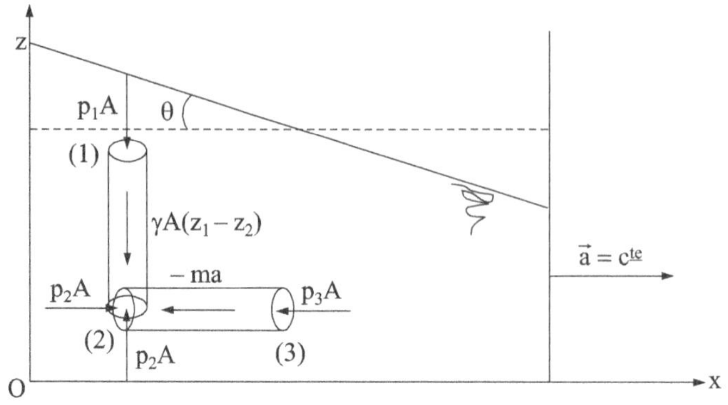

Figura 2.32

Opera-se da mesma forma que no item 2.2 (teorema de Stevin), lembrando apenas que agora haverá uma variação de pressão dependente da distância entre os dois pontos, e não somente da diferença de cotas. Adotemos os pontos genéricos (1), (2), (3):

Na vertical: $p_2A - p_1A - \gamma A\,(z_1 - z_2) = 0$ (Equilíbrio)

Logo: $p_2 - p_1 = \gamma\,(z_1 - z_2)$

ou $p_2 - p_1 = \gamma \Delta z_{1,2}$ **(2.16)**

Logo, na vertical continua válido o teorema de Stevin.

Na horizontal, pelo princípio de D'Alambert, no sistema relativo, por causa do equilíbrio, pode-se substituir o efeito da aceleração pelo efeito de uma força fictícia de inércia dada por ($-m\vec{a}$).

Pela condição de equilíbrio:

$$p_2A - p_3A - ma_x = 0$$

ou $p_2A - p_3A - \rho A\,(x_3 - x_2)\,a_x = 0$

Logo: $p_2 - p_3 = \rho \Delta x_{3,2}\, a_x$ **(2.17)**

A variação de pressão entre dois pontos quaisquer será dada pela soma de uma variação segundo a vertical e uma segundo a horizontal.

Pelas equações 2.16 e 2.17, a variação de pressão entre os pontos (1) e (3) será:

$$p_3 - p_1 = -\rho \Delta x_{3,2}\, a_x + \gamma \Delta z_{1,2}$$

mas $z_2 = z_3$ e $x_1 = x_2$

Logo: $p_3 - p_1 = -\rho \Delta x_{3,1}\, a_x + \gamma \Delta z_{1,3}$

ou $\Delta p_{3,1} = -\rho \Delta x_{3,1}\, a_x - \gamma \Delta z_{3,1}$ **(2.18)**

Essa equação permite, dadas as coordenadas de dois pontos quaisquer, determinar a diferença de pressão entre eles.

É interessante, nesse estudo, determinar a inclinação das superfícies em que a pressão se mantém constante (isobáricas). Lembre o leitor que, num fluido não acelerado, tais superfícies eram horizontais.

Se os pontos (3) e (1) da Equação 2.18 pertencem a uma superfície de pressão constante, tem-se:

$$\Delta p = 0 \quad \text{e} \quad -\rho \Delta x_{3,1}\, a_x + \gamma \Delta z_{3,1} = 0$$

ou $$\frac{\Delta z_{1,3}}{\Delta x_{3,1}} = \frac{\rho a_x}{\gamma}$$

$$\frac{\Delta z_{1,3}}{\Delta x_{3,1}} = \frac{\rho a_x}{g}$$

Note-se que a superfície livre é de pressão constante e que $\Delta z/\Delta x = \text{tg}\,\theta$ (Figura 2.33); logo, as superfícies de pressão constante serão paralelas a ela e formarão um ângulo θ com a horizontal.

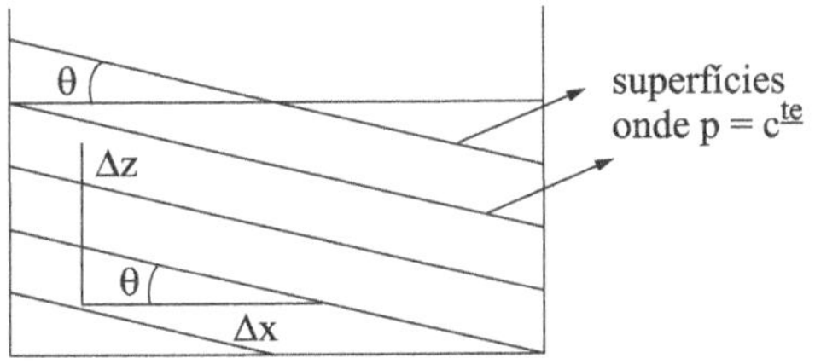

Figura 2.33

Logo:

$$\text{tg}\theta = \frac{a_x}{g} \tag{2.19}$$

Se o recipiente for fechado, não existirá superfície livre, mas as superfícies de pressão constante continuarão a obedecer à Equação 2.19.

EXEMPLO

Um tanque hermeticamente fechado possui uma aceleração de $6\ \text{m/s}^2$ para a direita. Qual é a pressão nos manômetros A e B indicados na figura? ($\gamma = 10.000\ \text{N/m}^3$, $g = 10\ \text{m/s}^2$) Qual é a inclinação das superfícies de pressão constante?

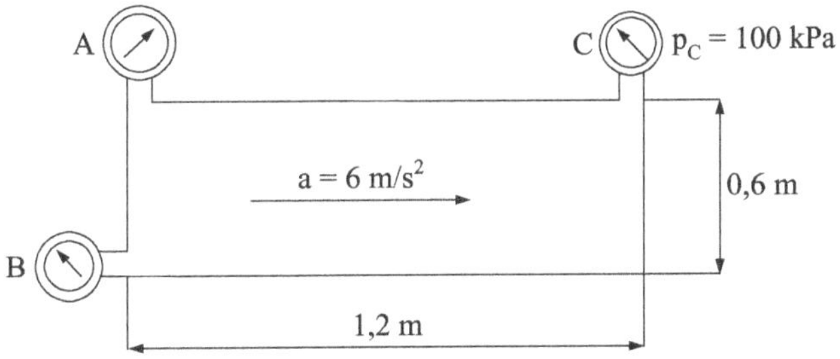

Solução

Pela Equação 2.18, tem-se $p_A - p_C = -\rho a_x (x_A - x_C) - \gamma (z_A - z_C)$

Como $z_A = z_C$, obtém-se $p_A - p_C = -\rho a_x (x_C - x_A)$

ou $p_A = \rho a_x (x_C - x_A) + p_C = 1.000 \times 6 \times 1{,}2 + 10^5$

$p_A = 107{,}2\ \text{kPa}$

Note-se que A e B estão na mesma vertical; logo, $x_A = x_B$

$$p_A - p_B = -\gamma (z_A - z_B)$$

ou $p_B = p_A + \gamma (z_A - z_B) = 107.200 + 10.000 \times 0{,}6$

$p_B = 113{,}2\ \text{kPa}$

A inclinação das linhas de pressão constante será dada por

$$\text{tg}\,\theta = a_x/g = 6/10 = 0{,}6$$

$$\theta \cong 31°$$

2.20 Recipiente com movimento de translação uniformemente acelerado segundo a vertical

Nesse caso, as superfícies a pressão constante mantêm-se horizontais, havendo apenas uma variação na diferença de pressão entre dois pontos, em relação ao caso de repouso. Quando a aceleração é para cima, o efeito da força de inércia irá se somar ao efeito da gravidade; caso contrário, será subtraído.

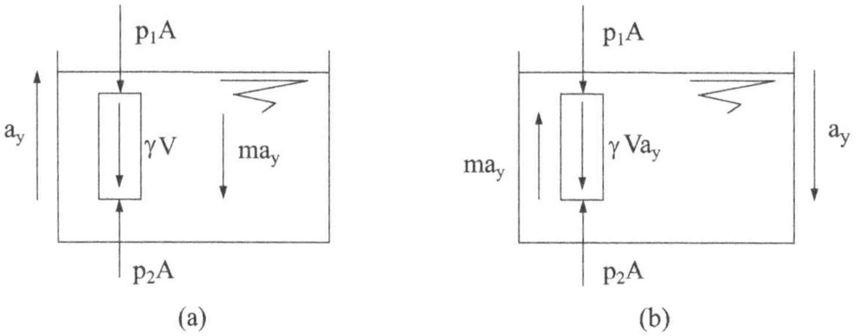

Figura 2.34

Tem-se: $p_2A - p_1A - \gamma A\,\Delta z_{1,2} \mp \rho A\,\Delta z_{1,2}\,a_y = 0$

onde o sinal negativo corresponde à Figura 2.34a.

$$p_2 - p_1 = \gamma \Delta z_{1,2} \mp \rho a_y \Delta z_{1,2}$$

ou

$$p_2 - p_1 = \gamma \Delta z_{1,2}\left(1 \pm \frac{a_y}{g}\right) \quad (2.20)$$

$$\Delta p_{2,1} = -\gamma \Delta z_{2,1}\left(1 \pm \frac{a_y}{g}\right) \quad (2.21)$$

2.21 Recipiente com movimento de translação uniformemente acelerado ao longo de um plano inclinado

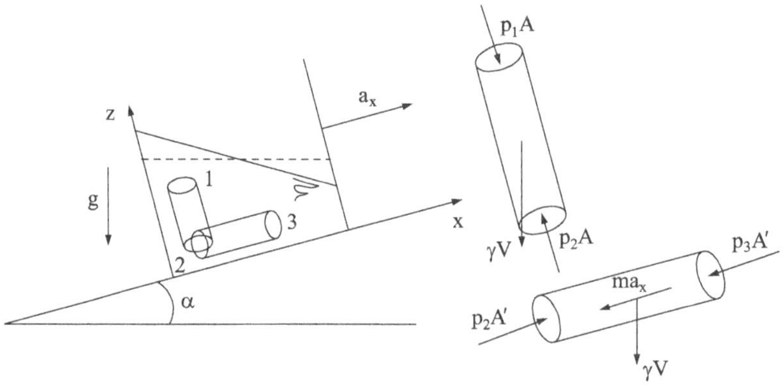

Figura 2.35

Paralelo a z:

$$p_2A - p_1A - \gamma V \cos\alpha = 0$$

$$p_2A - p_1A = \gamma A \Delta z_{1,2} \cos\alpha$$

$$p_2 - p_1 = \gamma \Delta z_{1,2} \cos\alpha \tag{2.22}$$

Paralelo a x, adotando-se um A' tal que, qualquer que seja x_3, o peso do segundo cilindro seja igual ao do primeiro:

$$p_2 A' - p_3 A' - ma_x - \gamma V \operatorname{sen}\alpha = 0$$

$$p_2 A' - p_3 A' = \rho A' \Delta x_{3,2} a_x + \gamma A' \Delta x_{3,2} \operatorname{sen}\alpha$$

$$p_2 - p_3 = \rho \Delta x_{3,2} a_x + \gamma \Delta x_{3,2} \operatorname{sen}\alpha \tag{2.23}$$

Diferença de pressão entre dois pontos quaisquer

Pelas equações 2.22 e 2.23, tem-se:

$$p_3 - p_1 = \gamma \Delta z_{1,2} \cos\alpha - \rho \Delta x_{3,2} a_x - \gamma \Delta x_{3,2} \operatorname{sen}\alpha$$

mas $z_2 = z_3$ e $x_1 = x_2$

Logo: $$p_3 - p_1 = -\gamma \Delta z_{3,1} \cos\alpha - \rho \Delta x_{3,1} a_x - \gamma \Delta x_{3,1} \operatorname{sen}\alpha \tag{2.24}$$

Planos de pressão constante

Nos pontos desses planos $\Delta p = 0$, logo:

$$-\gamma \Delta z_{3,1} \cos\alpha - \rho \Delta x_{3,1} a_x - \gamma \Delta x_{3,1} \operatorname{sen}\alpha = 0$$

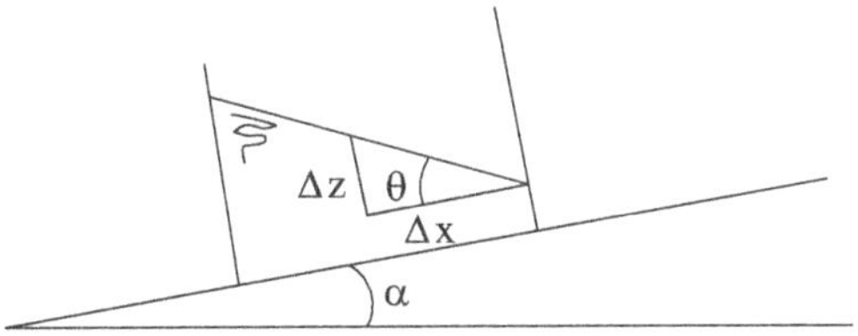

Figura 2.36

Da Figura 2.36, nota-se que $\operatorname{tg}\theta = \dfrac{\Delta z}{\Delta x}$

Logo: $$\operatorname{tg}\theta = \frac{\rho a_x + \gamma \operatorname{sen} a}{\gamma \cos a}$$

ou $$\operatorname{tg}\theta = \frac{a_x}{g \cos\alpha} + \operatorname{tg}\alpha \tag{2.25}$$

2.22 Recipiente com movimento de rotação de velocidade angular ω constante

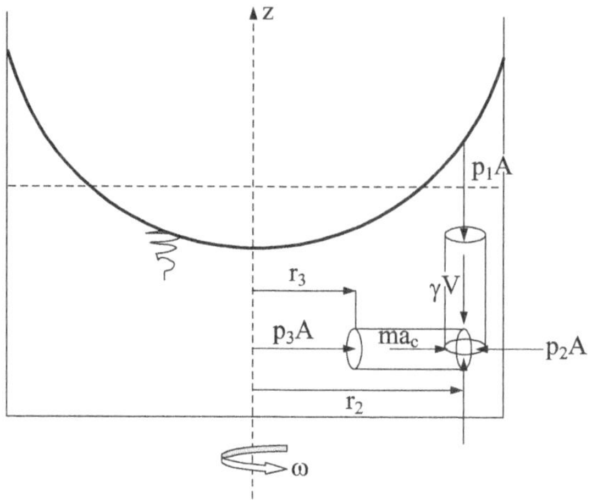

Figura 2.37

Seja um sistema de coordenadas cilíndricas, isto é, um eixo z coincidente com o de rotação e um eixo r, normal a z e com origem em qualquer ponto desse eixo. A coordenada r determina qualquer ponto de uma circunferência de raio r.

Note-se que, nesse caso, haverá variações da pressão ao longo da vertical e ao longo do raio r, já que a aceleração centrípeta é função deste.

Pela Figura 2.37, teremos na vertical:

$$p_2 - p_1 = \gamma \Delta z_{1,2} \tag{2.26}$$

Ao longo de um raio r qualquer $p_2A - p_3A - ma_c = 0$

Note-se que: $m = \rho(r_2 - r_3)A$

e que a aceleração centrípeta média no cilindro horizontal indicado será dada por:

$$a_c = \omega^2 \frac{(r_3 + r_2)}{2}$$

Logo: $$p_2A - p_3A = \rho(r_2 - r_3)A\omega^2 \frac{(r_3 + r_2)}{2}$$

ou $$p_2 - p_3 = r\frac{(r_2^2 - r_3^2)\omega^2}{2}$$

ou $$p_2 - p_3 = \rho \frac{\omega^2}{2} \Delta r_{2,3}^2 \tag{2.27}$$

A variação da pressão entre dois pontos quaisquer será dada por:

$$p_3 - p_1 = -r\frac{\omega^2}{2}\Delta r_{1,3}^2 + \gamma \Delta z_{1,3}$$

ou $$p_3 - p_1 = r\frac{\omega^2}{2}\Delta r_{3,1}^2 - \gamma \Delta z_{3,1} \tag{2.28}$$

As superfícies de pressão constante são tais que $\Delta p = 0$.

Logo: $$\gamma \Delta z = \rho \frac{\omega^2}{2} \Delta r^2$$

ou $$\Delta z = \frac{\omega^2}{2g} \Delta r^2 \qquad (2.29)$$

A Equação 2.29 é a equação de um parabolóide de revolução; logo, este será também o formato da superfície livre, se existir.

EXEMPLO

Um tanque de base circular possui um tubo vertical cujo eixo está a uma distância R do eixo do tanque. Inicialmente encontra-se parado e cheio de água até o nível da tampa. Em seguida, passa a girar em torno de seu eixo com uma rotação n = 120 rpm, e o nível da água no tubo vertical sobe até uma altura h acima do nível, no centro aberto à atmosfera. Calcular h no ponto médio do tubo vertical. Dados: $R = \frac{0{,}5}{\pi}$ m; $\rho = 1.000 \text{ kg/m}^3$, $g = 10 \text{ m/s}^2$

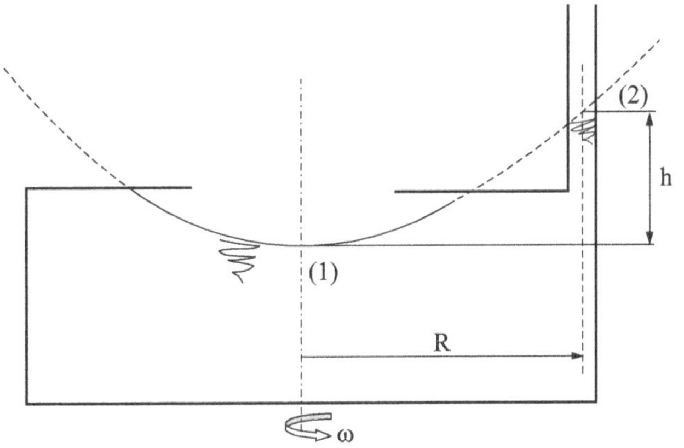

Solução

Sejam os pontos (1), que é o vértice da parábola na situação de equilíbrio, e (2), que é o ponto mais alto do eixo do tubo vertical.

Esses pontos estarão à mesma pressão (p_{atm}). Sendo $z_1 = 0$ e $r_1 = 0$, tem-se como conseqüência que $z_2 = h$ e $r_2 = R$.

Logo: $$p_2 - p_1 = \rho \frac{\omega^2}{2} \Delta r_{2,1}^2 - \gamma \Delta z_{2,1}$$

ou $$z_2 - z_1 = \frac{\omega^2}{2g}(r_2^2 - r_1^2)$$

ou $$h = \frac{\omega^2 R^2}{2g}$$

Como $\omega = 2\pi n$, então $$h = \frac{4\pi^2 n^2 R^2}{2g} = \frac{2\pi^2 n^2 R^2}{g}$$

Logo: $$h = \frac{2\pi^2 (120/60)^2 (0{,}5/\pi)^2}{10} = 0{,}2 \text{ m}$$

Exercícios

2.1 No sistema da figura, desprezando-se o desnível entre os cilindros, determinar o peso G, que pode ser suportado pelo pistão V. Desprezar os atritos. Dados: p_1 = 500 kPa; A_I = 10 cm^2; A_{HI} = 2 cm^2; A_{II} = 2,5 cm^2; A_{III} = 5 cm^2; A_{IV} = 20 cm^2; A_V = 10 cm^2; h = 2m; γ_{Hg} = 136.000 N/m^3.

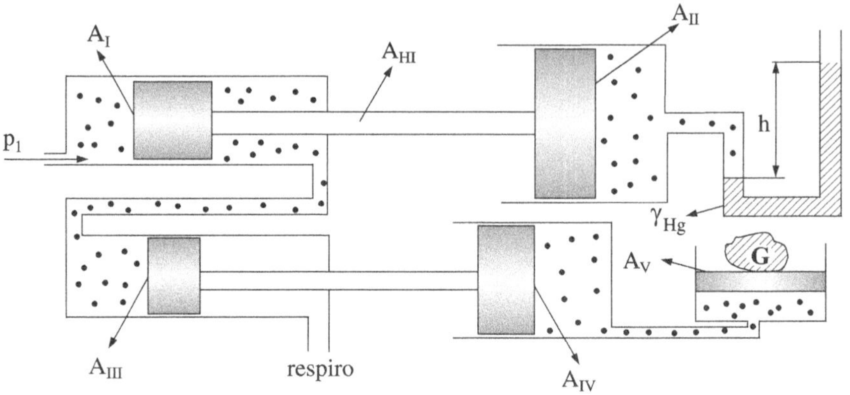

Resp.: G = 135 N

2.2 Aplica-se uma força de 200 N na alavanca AB, como é mostrado na figura. Qual é a força F que deve ser exercida sobre a haste do cilindro para que o sistema permaneça em equilíbrio?

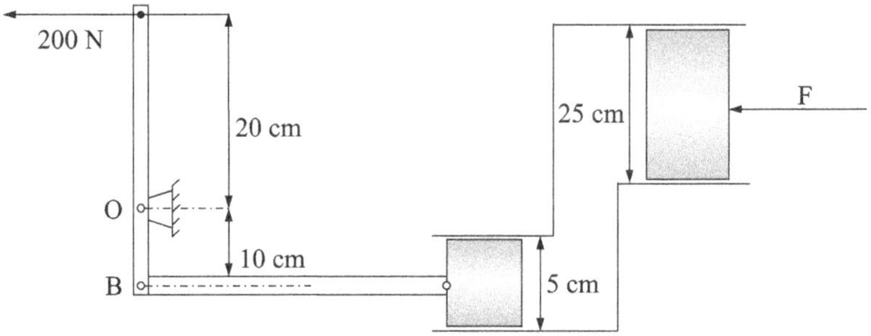

Resp.: F = 10 kN

2.3 Qual é a altura da coluna de mercúrio (γ_{Hg} = 136.000 N/m^3) que irá produzir na base a mesma pressão de uma coluna de água de 5 m de altura? (γ_{H_2O} = 10.000 N/m^3)

Resp.: h_{Hg} = 368 mm

2.4 Determinar a pressão de 3,5 atm nas outras unidades de pressão na escala efetiva e, sendo a pressão atmosférica local 740 mmHg, determinar a pressão absoluta em todas as unidades de pressão.

Resp.: p_{ef} = 3,5 atm = 0,362 MPa = 3,61 kgf/cm^2 = 36.200 kgf/m^2 = 36,2 mca = 2.660 mmHg

p_{abs} = 4,47 atm = 0,47 MPa = 4,62 kgf/cm^2 = 46.200 kgf/m^2 = 46,2 mca = 3.397 mmHg

2.5 No manômetro da figura, o fluido A é água e o fluido B, mercúrio. Qual é a pressão p_1? Dados: γ_{Hg} = 136.000 N / m^3; γ_{H_2O} = 10.000 N / m^3.

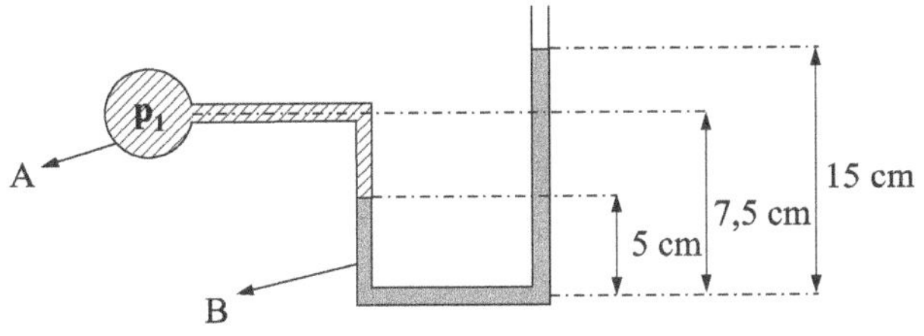

Resp.: $p_1 = 13{,}35$ kPa

2.6 No manômetro diferencial da figura, o fluido A é água, B é óleo e o fluido manométrico é mercúrio. Sendo $h_1 = 25$ cm, $h_2 = 100$ cm, $h_3 = 80$ cm e $h_4 = 10$ cm, qual é a diferença de pressão $p_A - p_B$? Dados: $\gamma_{H_2O} = 10.000\,N/m^3$; $\gamma_{Hg} = 136.000\,N/m^3$; $\gamma_{óleo} = 8.000\,N/m^3$.

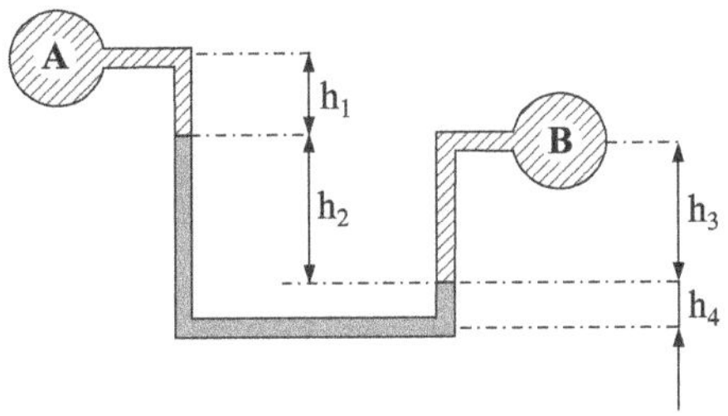

Resp.: $p_A - p_B = -132{,}1$ kPa

2.7 Calcular a leitura do manômetro A da figura. $\gamma_{Hg} = 136.000\,N/m^3$

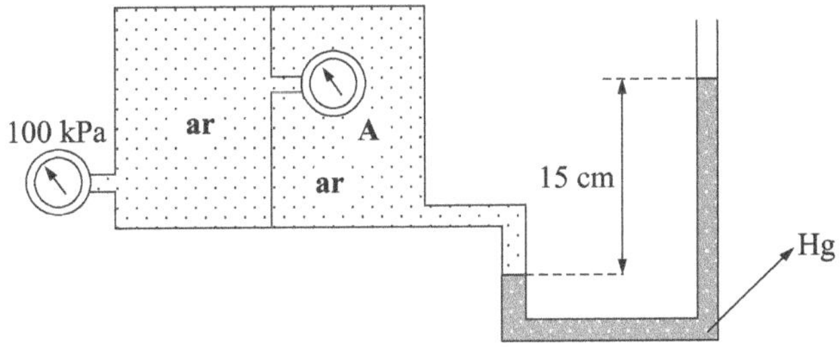

Resp.: $p_A = 79{,}6$ kPa

2.8 Determinar as pressões efetivas e absolutas:

1) do ar;

2) no ponto M, na configuração a seguir.

Dados: leitura barométrica 740 mmHg; $\gamma_{óleo} = 8.500\,N/m^3$; $\gamma_{Hg} = 136.000\,N/m^3$

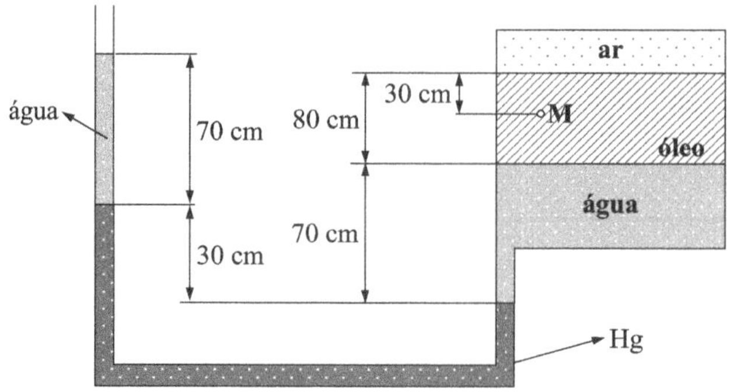

Resp.: 1) $p_{ar} = 34$ kPa; $p_{ar\ abs} = 134$ kPa (abs)

2) $p_M = 36{,}55$ kPa; $p_{M\ abs} = 136{,}55$ kPa (abs)

2.9 No dispositivo da figura, a leitura do manômetro é 30 kPa e a relação de áreas dos pistões é $A_2 / A_1 = 2$.

A pressão atmosférica no local é 700 mmHg. Estando o sistema em equilíbrio, pede-se a pressão p_B na escala absoluta em mca. Dados: $\gamma = 27.000\ N/m^3$; a = 100 cm; b = 80 cm; $\gamma_{Hg} = 136.000\ N/m^3$ $\gamma_{H_2O} = 10.000\ N/m^3$; $A_1 / A_H = 2$; $\alpha = 30°$.

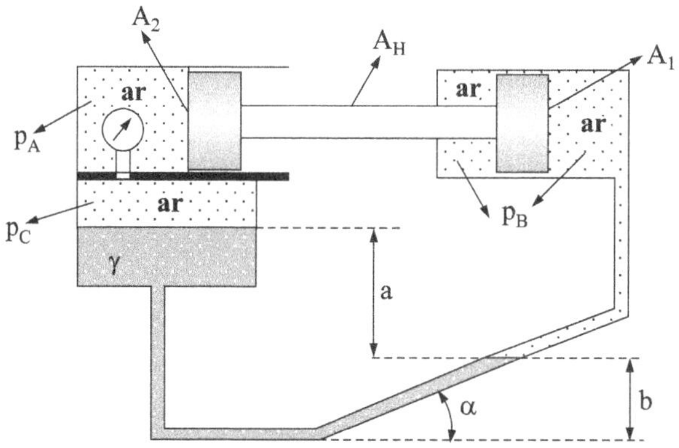

Resp.: $p_B = 17{,}12$ mca (abs)

2.10 Determinar ρ_A, p_0 e $p_{0\ abs}$ na configuração do desenho, sendo dados: $h_B = 0{,}1$ m; $h_A = 0{,}2$ m; $\rho_B = 1.000\ kg/m^3$; $p_{atm} = 100$ kPa; $g = 10\ m/s^2$.

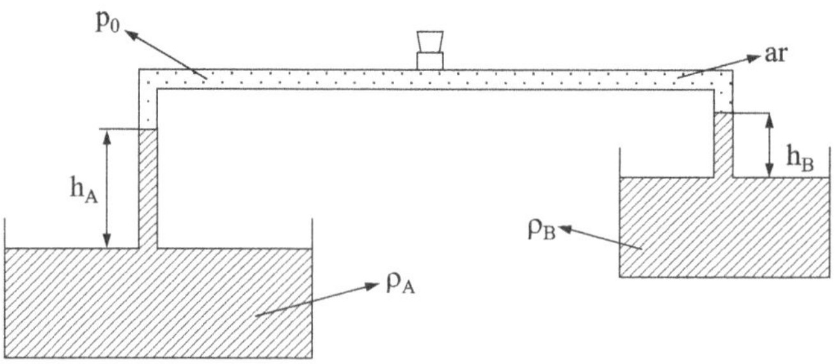

Resp.: $\rho_A = 500\ kg/m^3$; $p_0 = -1.000$ Pa; $p_{0\ abs} = 99$ kPa (abs).

2.11 No sistema da figura, na situação inicial a esfera está vazia. Introduz-se óleo pelo funil até preencher totalmente o recipiente esférico e y passa a valer y' = 1 m. Dados: $\gamma_{óleo} = 8.000\ N/m^3$; $\gamma_{H_2O} = 10.000\ N/m^3$.

a) Qual é o valor de y na situação inicial?
b) Qual é o diâmetro da esfera?
c) Qual é o volume de óleo introduzido para estabelecer a situação final?

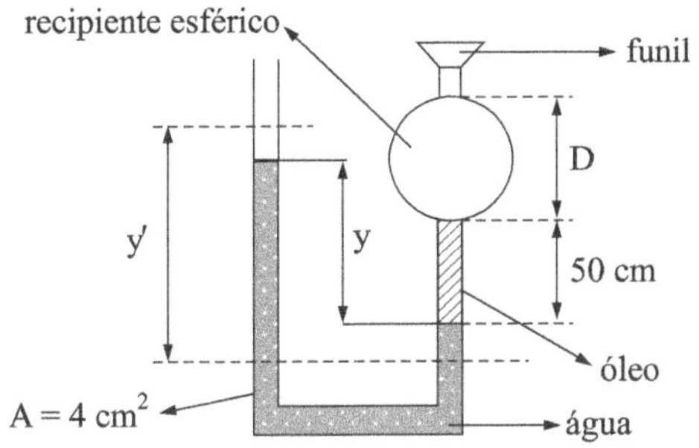

Resp.: y = 0,4 m; b) D = 0,45 m; c) V = 47.833 cm^3

2.12 No sistema da figura, se a escala fornece p_x em mmH_2O, qual é o valor real, em mm, de uma divisão da escala? Dados: D = 4,5 d; $\alpha = 11{,}5^o$; $\gamma_{H_2O} = 10.000\ N/m^3$.

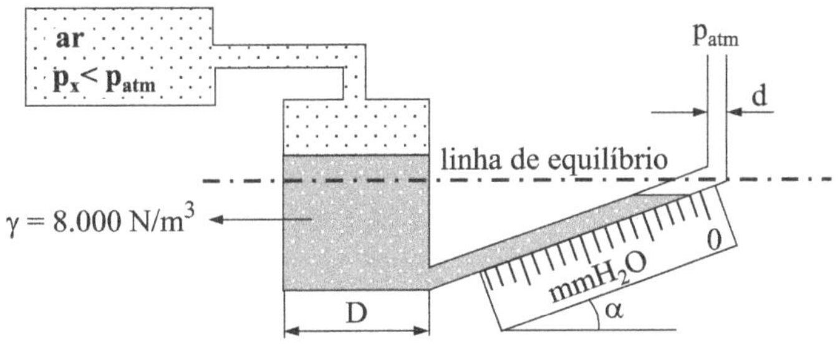

Resp.: 5 mm

2.13 Na figura a seguir, o sistema está em equilíbrio estático. Pede-se:

a) p_{ar1} em mmHg (abs);
b) p_{ar2} em mca.

Dados: D = 71,4 mm; d = 35,7 mm; h = 400 mm; p_{atm} = 684 mmHg; $\gamma_{Hg} = 136.000\ N/m^3$; para $F = 0 \Rightarrow h = 0$.

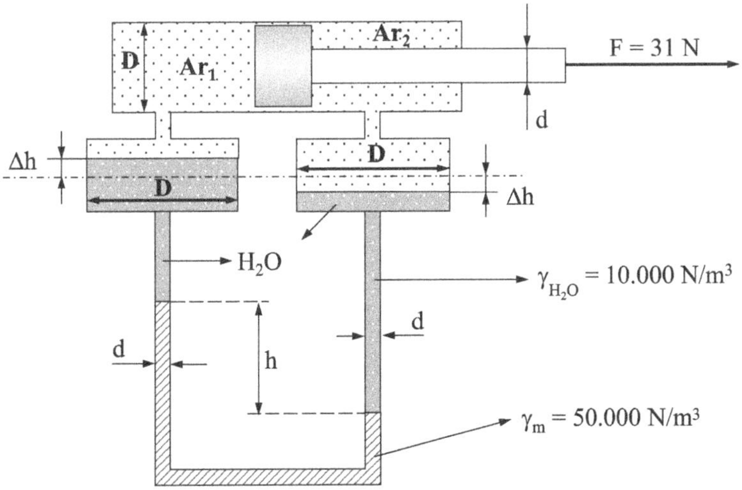

Resp.: a) p_{ar1} = 831 mmHg (abs); b) p_{ar2} = 3,7 mca

2.14 A figura mostra o ar contido num recipiente, inicialmente a 100°C. O ar é esfriado e a água do manômetro sobe 0,5 cm para dentro do recipiente. Dados: $p_{atm} = 100$ kPa; $\gamma_{H_2O} = 10.000\ N/m^3$; $\gamma_{Hg} = 136.000\ N/m^3$.

a) Qual é a leitura inicial do manômetro? (Pa)
b) Qual é a leitura final do manômetro? (Pa)
c) Qual é a temperatura final do ar? (°C)

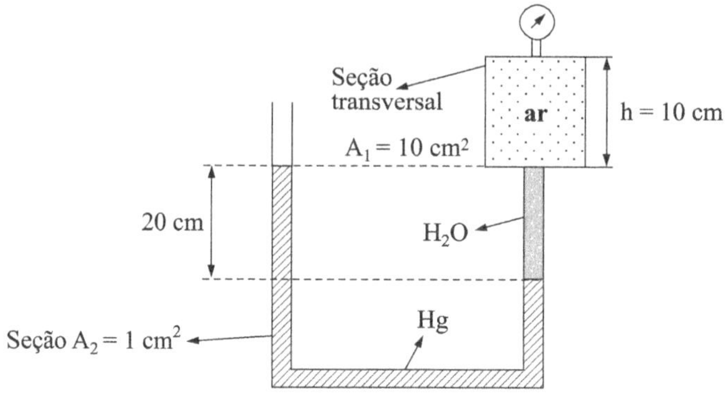

Resp.: a) 25.200 Pa; b) 12.050 Pa; c) 44°C.

2.15 No manômetro da figura, são indicados os níveis dos fluidos manométricos antes e depois de ele ser ligado ao reservatório A. Pede-se:

a) a leitura do manômetro em mca;
b) a densidade do ar do reservatório A em kg/m^3 se a temperatura dele é 20°C e $R = 287\ m^2/s^2K$.

Dados: $\gamma_1 = 10.000\ N/m^3$; $\gamma_2 = 8.000\ N/m^3$; $\gamma_{Hg} = 136.000\ N/m^3$.

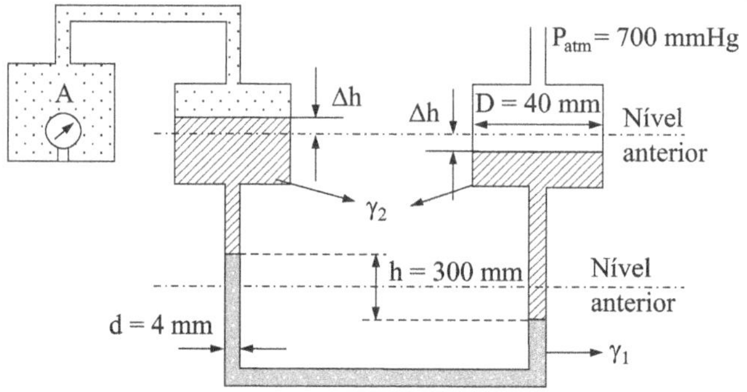

Resp.: $p_{m_A} = 0{,}0624$ mca; $\rho_A = 1{,}12\ kg/m^3$.

2.16 Para a configuração a seguir, responder:

a) Qual é a pressão do gás em valor absoluto?
b) Qual é o valor da cota z?
c) Aquece-se o gás de 20°C para 60°C e o desnível z varia para 1 m. Qual será o novo volume do gás, se o inicial era 2 m^3?

Dados: $p_{atm} = 662$ mmHg; $\gamma_{Hg} = 136.000\ N/m^3$; $\gamma_{H_2O} = 10.000\ N/m^3$

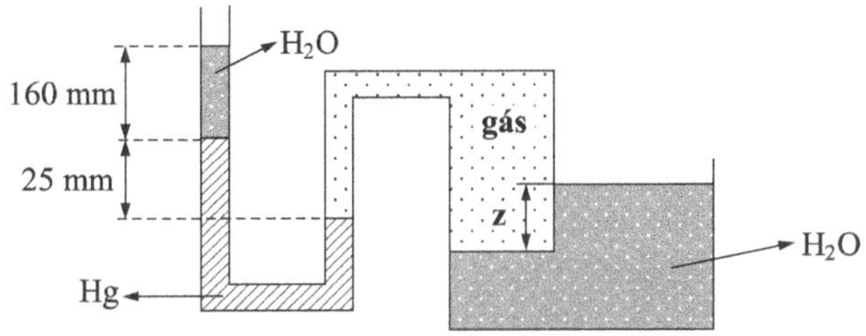

Resp.: a) 95 kPa (abs); b) 0,5 m; c) 2,16 m^3

2.17 No esquema dado, qual é a pressão em (1) se o sistema está em equilíbrio estático? (Leitura do manômetro p_m = 10 kPa.)

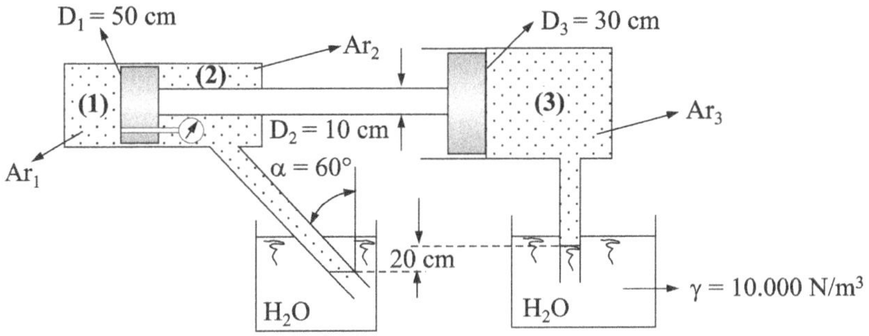

Resp.: p_1 = 43,5 kPa

2.18 O cilindro movimenta-se dentro da tubulação circular da figura com velocidade constante. A folga entre o cilindro e a tubulação contém óleo de viscosidade dinâmica $\mu = 10^{-2}$ Ns/m^2.

a) O peso sobe ou desce? Justificar.

b) Qual é o comprimento do cilindro?

c) Qual é a massa específica do material do cilindro em kg/m^3?

Dados: peso do cilindro: G = 3.950 N; diâmetro do cilindro: D_c = 0,5 m; diâmetro do tubo: D_t = 0,501 m; v = 2 m/s; g = 10 m/s^2; p_1 = 50 kPa; p_2 = 40 kPa.

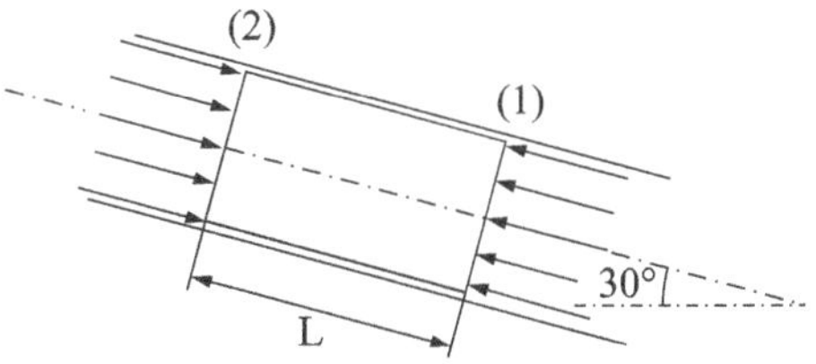

Resp.: a) desce; b) 0,183 m; c) 10.993 kg/m^3

2.19 No manômetro da figura, sabe-se que, quando a força F é 55,6 kN, a leitura na régua é 100 cm. Determinar o valor da nova leitura, caso a força F dobre de valor.

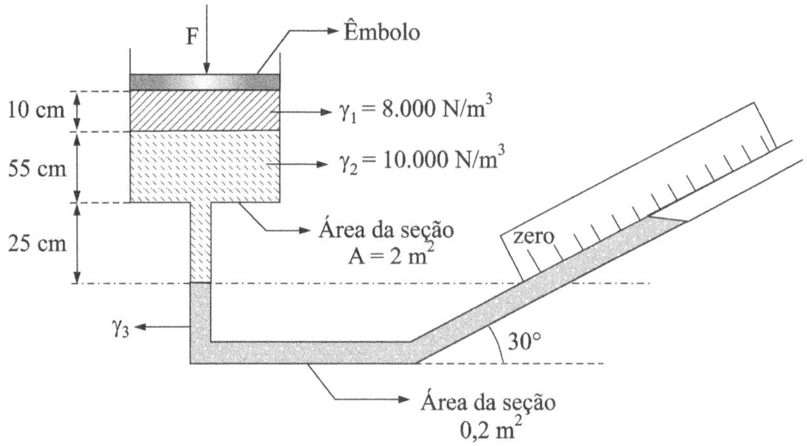

Resp.: 128 cm

2.20 O pistão da figura desce com velocidade constante de 5 m/s. Dados: espessura da camada lubrificante 0,001 m; $\nu = 10^{-3}\ m^2/s$; $\gamma = 8.000\ N/m^3$; $p_a = 10\ kPa$; G = 100 N; $D_1 = 16$ cm; $D_2 = 8$ cm; $A_H = 20\ cm^2$; $\ell = 5$ cm; $p_{atm} = 100$ kPa; $g = 10\ m/s^2$; despreza-se o peso do pistão. Pede-se:

a) a força resistente oferecida pelo lubrificante (F_μ);

b) a pressão absoluta p_b (c^{te});

c) a leitura do manômetro M.

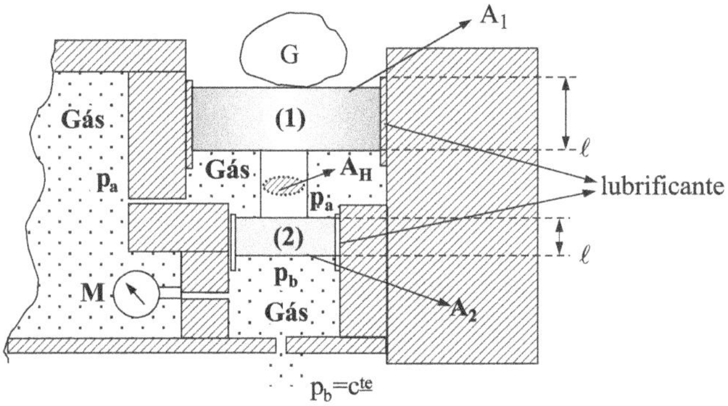

Resp.: a) 150 N; b) 60 kPa (abs); c) –50 kPa.

2.21 Calcular a pressão na câmara (1) sabendo que o pistão se desloca com uma velocidade constante de 1,2 m/s e a indicação do manômetro metálico é 10 kPa. Dados: D = 1 m; L = 0,2 m; $\nu_{óleo} = 10^{-3}\ m^2/s$; $D_p = 0,998$ m; $\gamma_{óleo} = 8.000\ N/m^3$; $g = 10\ m/s^2$. Observação: considerar o nível do óleo constante.

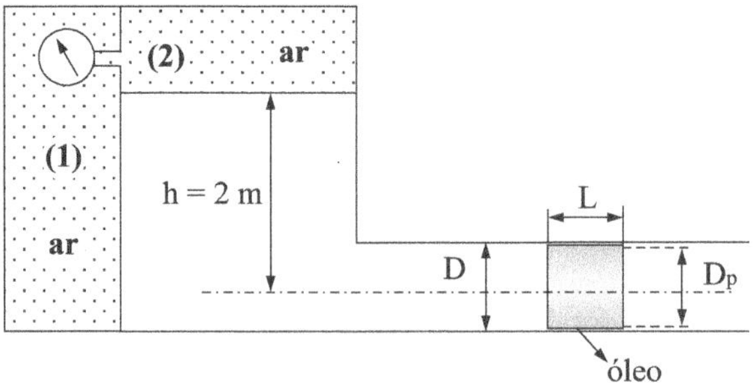

Resp.: $p_1 = -25,23$ kPa

2.22 Determinar as componentes horizontal e vertical da força devido à água que age na parte em forma de cilindro AB do tanque da figura, cuja largura é 0,3 m. Dado: $\gamma_{H_2O} = 10.000\ N/m^3$.

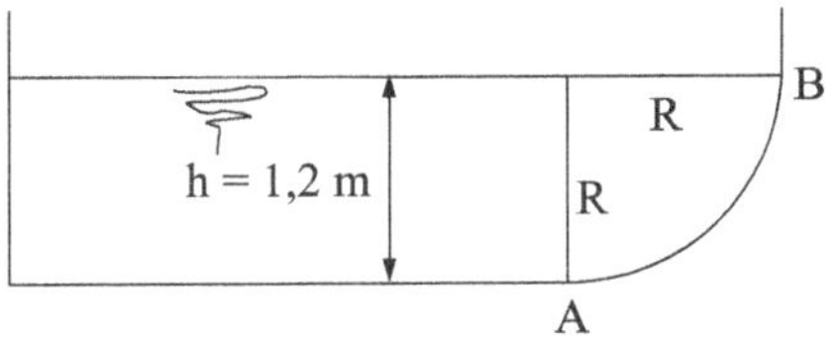

Resp.: $F_x = 2.160\ N$; $F_y = 3.393\ N$.

2.23 Na instalação da figura, a comporta quadrada AB, que pode girar em torno de A, está em equilíbrio devido à ação da força horizontal F. Sabendo que $\gamma_m = 80.000\ N/m^3$ e $\gamma = 30.000\ N/m^3$, determinar o valor da força F.

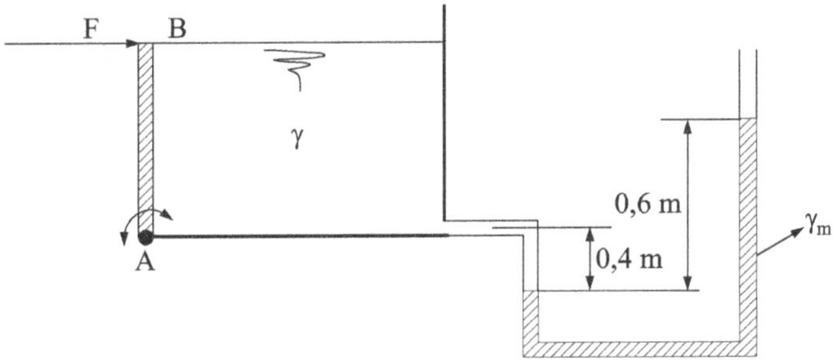

Resp. F = 8.640 N

2.24 Um tanque retangular, como o da figura, tem 4,5 m de comprimento, 1,2 m de largura e 1,5 m de altura. Contém 0,6 m de água e 0,6 m de óleo. Calcular a força devida aos líquidos nas paredes laterais e no fundo. Dados: $\gamma_1 = 8.500\ N/m^3$; $\gamma_2 = 10.000\ N/m^3$.

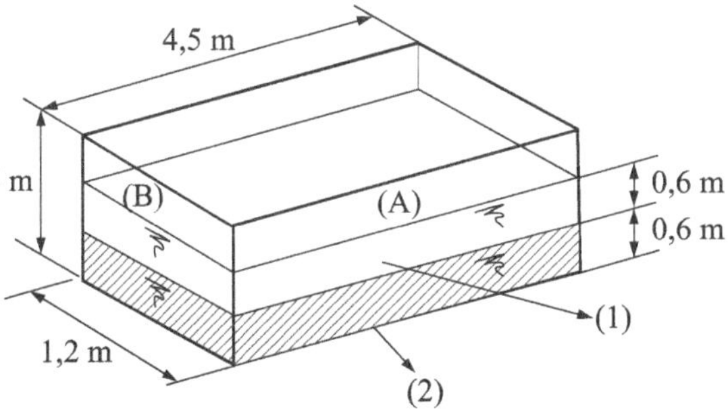

Resp.: $F_A = 28.755\ N$; $F_B = 7.668\ N$; $F_{fundo} = 59.948\ N$

2.25 A comporta AB da figura tem 1,5 m de largura e pode girar em torno de A. O tanque à esquerda contém água ($\gamma = 10.000\ N/m^3$) e o da direita, óleo ($\gamma = 7.500\ N/m^3$). Qual é a força necessária em B para manter a comporta vertical?

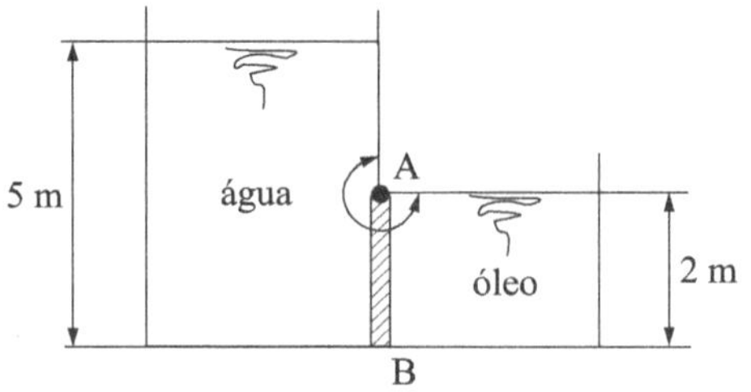

Resp.: $F_B = 50.000$ N

2.26 Determinar o módulo e o ponto de aplicação das componentes horizontal e vertical da força exercida pela água sobre a comporta AB da figura, sabendo que sua largura é 0,3 m, o raio é 1,8 m e a comporta está articulada em C.

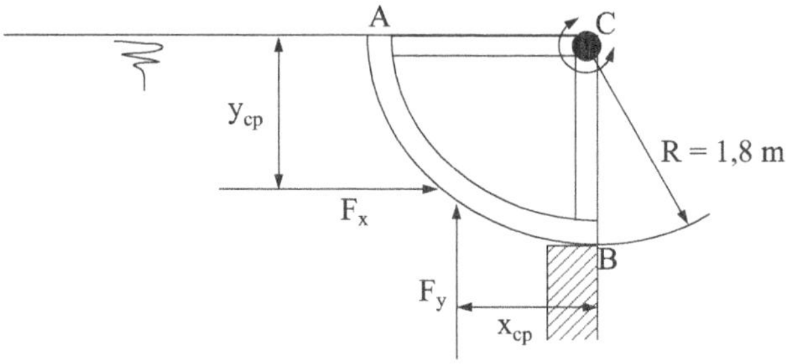

Resp.: $F_y = 7.634$ N; $F_x = 4.860$ N; $y_{cp} = 1{,}2$ m; $x_{cp} = 0{,}736$ m

2.27 Determinar a força, devida à pressão da água, na comporta retangular da figura, sendo o peso específico do fluido 10.000 N/m^3.

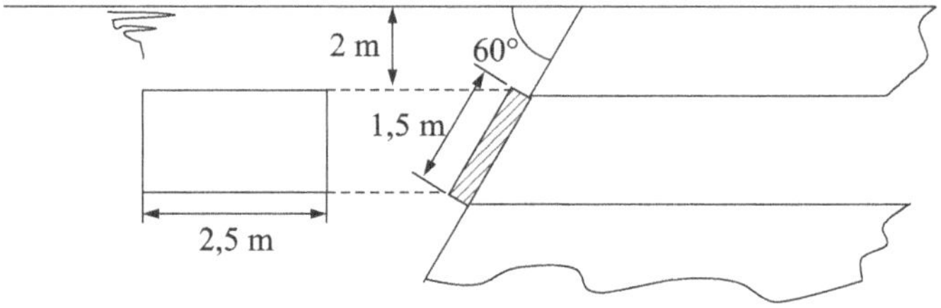

Resp.: F = 99,4 kN

2.28 O bujão cilíndrico da figura tem 0,6 m de diâmetro e 0,6 m de altura. Com água de um lado e óleo do outro, determinar o peso específico do material do bujão para mantê-lo em equilíbrio. Desprezar o atrito nas guias.

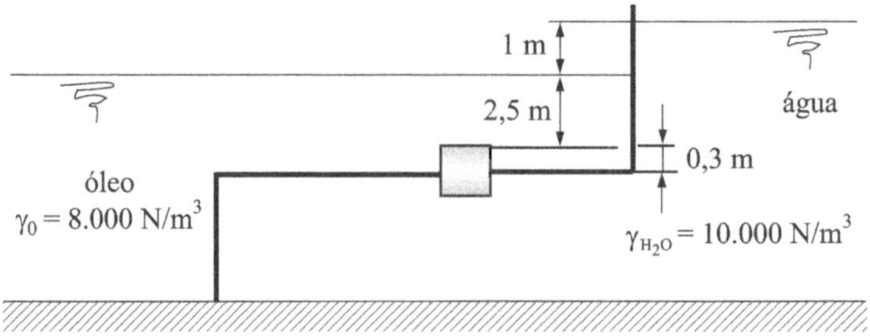

Resp.: $\gamma_b = 35.000\ N/m^3$

2.29 A comporta da figura, em forma de ¼ de cilindro, tem peso desprezível. Determinar a relação γ_1/γ_2 entre os pesos específicos dos líquidos, para que a comporta não gire em torno do ponto O. Dado: $x_{CG} = \frac{4}{3}\frac{R}{\pi}$

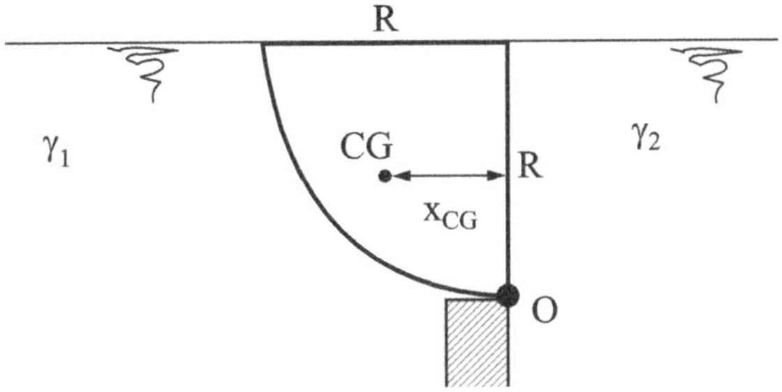

Resp.: $\gamma_1/\gamma_2 = 1/3$

2.30 O reservatório da figura possui uma parede móvel AB, articulada em A. Sua largura é 1,5 m e está em equilíbrio nas condições indicadas. Calcular:

a) a força que age na face direita da comporta devido à água;

b) a força que deve ser aplicada em B para que seja mantido o equilíbrio.

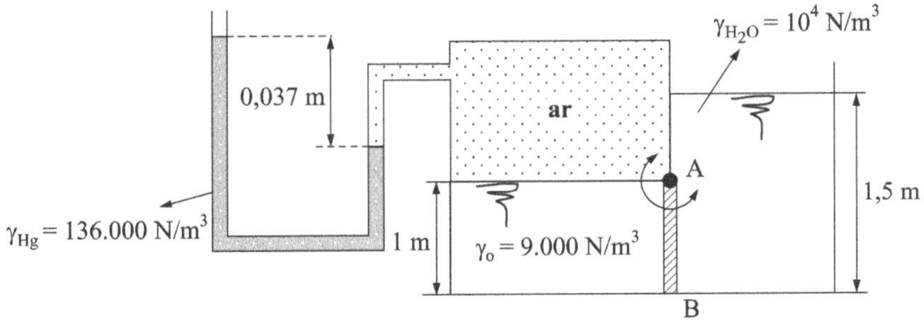

Resp.: a) 15.000 N; b) 465 N.

2.31 A figura mostra um tanque cilíndrico. Qual é a força no fundo? Qual é a força na superfície anular MM? O tanque é aberto à atmosfera. Dado: $\gamma = 10.000\ N/m^3$.

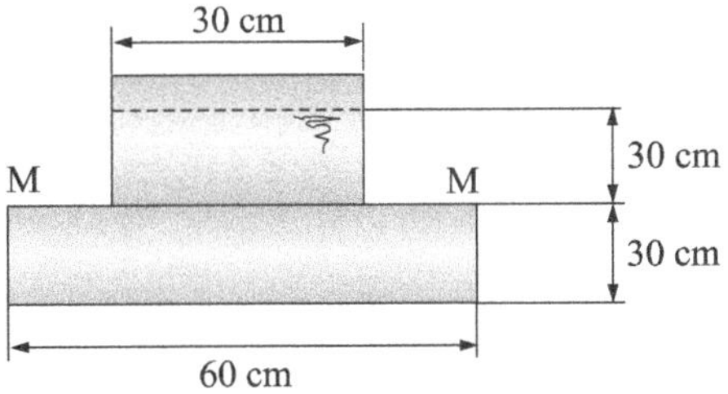

Resp.: $F_F = 1.700$ N; $F_M = 636$ N

2.32 No esquema da figura, determinar a altura h e a mínima força F para que a comporta ABC permaneça em equilíbrio. Dados: largura = 1,5 m; $\gamma_{Hg} = 136.000\ N/m^3$; $\gamma_{H_2O} = 10.000\ N/m^3$.

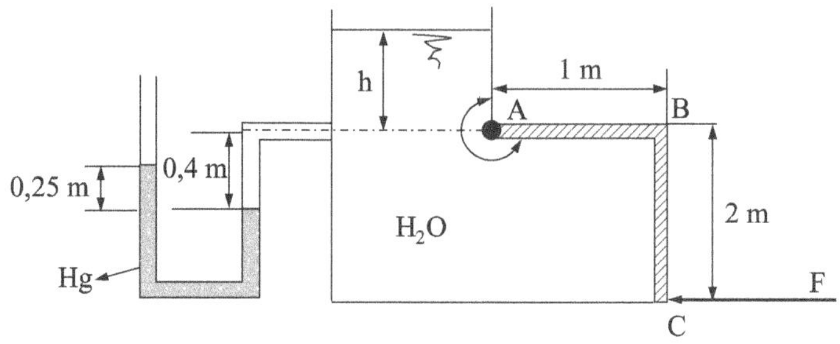

Resp.: h = 3 m; F = 76.230 N

2.33 Determinar o mínimo valor de z para o qual a comporta da figura girará em torno de ponto O, se a comporta é retangular e tem largura 2 m.

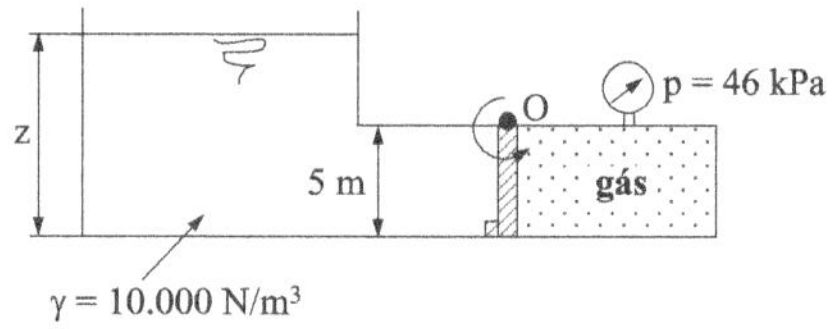

Resp.: z = 6,27 m

2.34 A comporta ABC da figura é rígida e pode girar em torno de B. Sabendo que está em equilíbrio, determinar o comprimento BC.

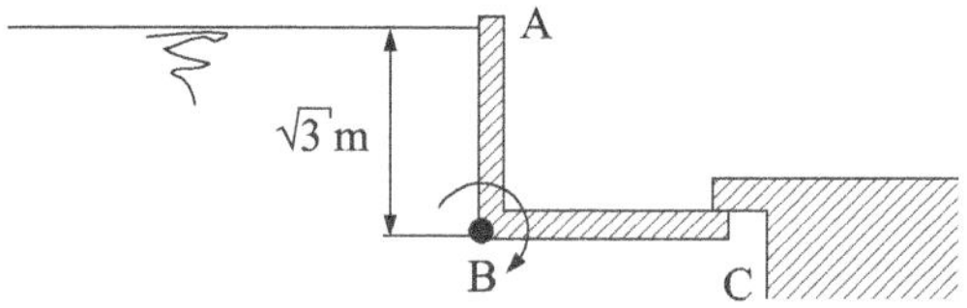

Resp.: BC = 1 m

2.35 Sabendo que $\gamma_1 = 6\ \gamma_2$, calcular a relação x/h para que a comporta permaneça em equilíbrio na posição indicada na figura. Desprezar o peso próprio da comporta.

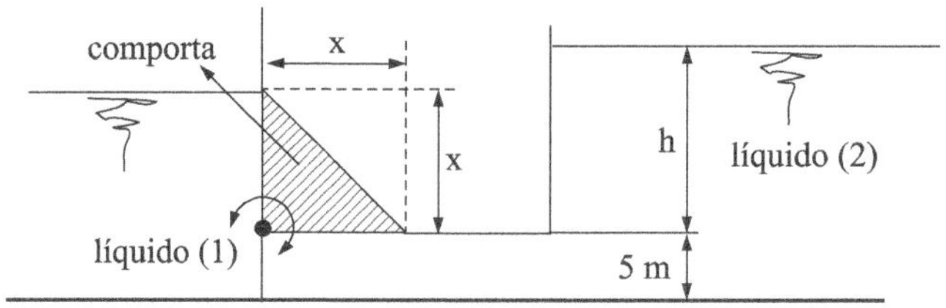

Resp.: x/h = 1/2

2.36 A comporta ABCDEF da figura, articulada no extremo A, mantém-se na condição de equilíbrio pela ação da força H aplicada em F. Sendo $\gamma = 10.000\ N/m^3$ e a largura da comporta igual a 1 m, determinar o valor de H e o da força vertical que solicita a articulação em A.

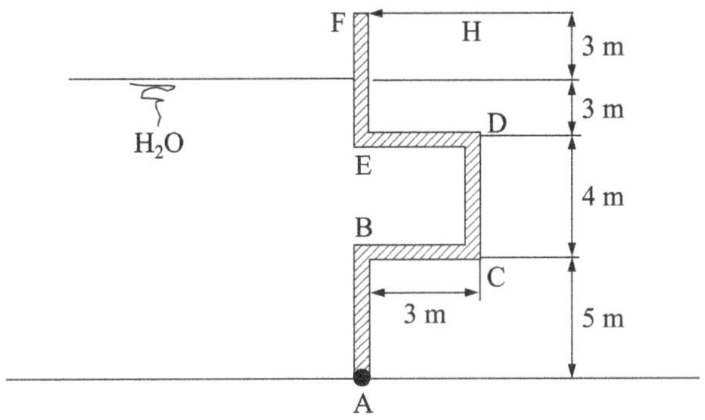

Resp.: H = 204 kN; V = 120 kN

2.37 Um cilindro de ferro fundido, de 30 cm de diâmetro e 30 cm de altura, é imerso em água do mar (γ = 10.300 N/m^3). Qual é o empuxo que a água exerce no cilindro? Qual seria o empuxo se o cilindro fosse de madeira (γ = 7.500 N/m^3)? Nesse caso, qual seria a altura submersa do cilindro?

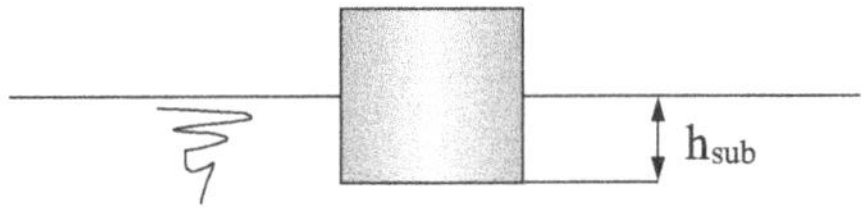

Resp.: E = 218 N; E = 159 N; h_{sub} = 0,218 m

2.38 Um cilindro que pesa 500 N e cujo diâmetro é 1 m flutua na água (γ = 10.000 N/m^3), com seu eixo na vertical, como mostra a figura. A âncora consiste de 0,23 m^3 de concreto de peso específico 25.000 N/m^3. Qual é a elevação da maré necessária para elevar a âncora do fundo? (Desprezar o peso da barra.)

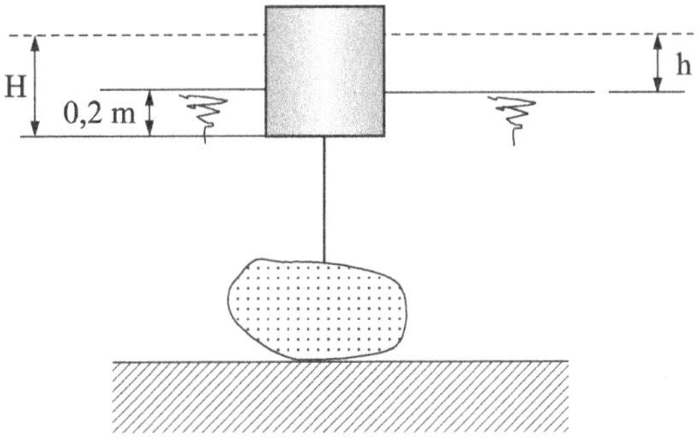

Resp.: h = 0,3 m

2.39 O corpo maciço de seção triangular e largura 1 m deve flutuar na posição indicada pela figura. Calcular a força a ser aplicada no plano da superfície AB e a sua distância ao ponto A. Dados: peso específico do corpo γ_c = 2.000 N/m^3; AB = 1,8 m; BC = 0,6 m; γ_{H_2O} = 10.000 N/m^3.

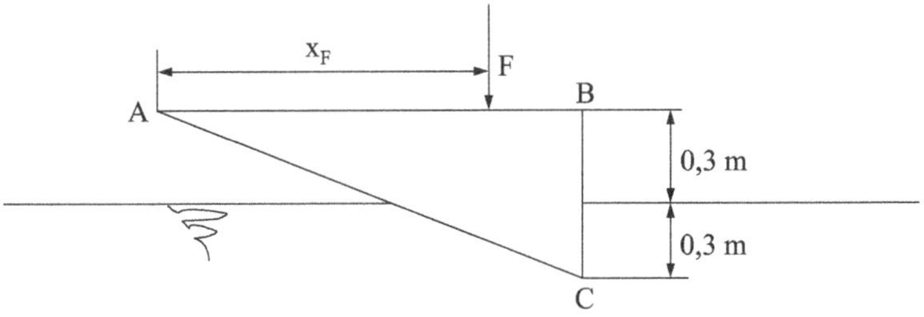

Resp.: x_F = 2,7 m; F = 270 N

2.40 Um sistema de bóia é utilizado para abrir um reservatório de água quando o nível deste atinge o plano diametral da esfera. Calcular a área do disco de fechamento do reservatório, sabendo que a área da seção transversal da haste é $A_o = 0{,}02\ m^2$ e o peso do conjunto (esfera, haste e disco) é 55 N. Dados: h = 3 m; R = 0,3 m; $\gamma = 10^4\ N/m^3$.

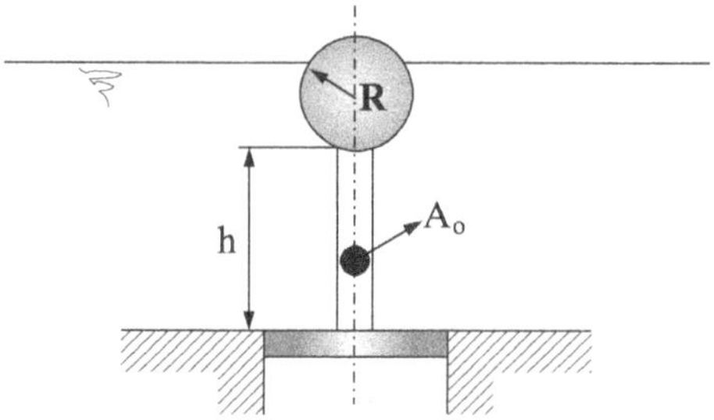

Resp.: $A_d = 336\ cm^2$

2.41 Um corpo pesa 800 N no ar e, quando imerso em água ($\gamma = 10.000\ N/m^3$), tem um peso aparente de 500 N. Determinar o volume do corpo e seu peso específico. Observação: peso aparente é o peso do corpo menos o empuxo.

Resp.: $V = 0{,}03\ m^3$; $\gamma = 26.670\ N/m^3$

2.42 Um densímetro pesa $2{,}2 \times 10^{-2}$ N. A sua parte superior é constituída de uma haste cilíndrica de 5 mm de diâmetro. Qual será a diferença de altura de flutuação quando o densímetro estiver mergulhado em dois líquidos de peso específico $7.800\ N/m^3$ e $8.200\ N/m^3$, respectivamente?

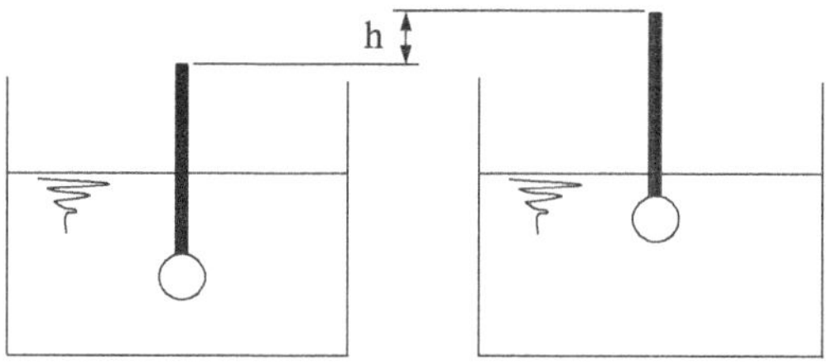

Resp.: h = 7,2 mm

2.43 Determinar a altura de óleo ($\gamma_o = 6.000\ N/m^3$) para que o corpo ($\gamma_c = 8.000\ N/m^3$) passe da posição (1) para a posição (2).

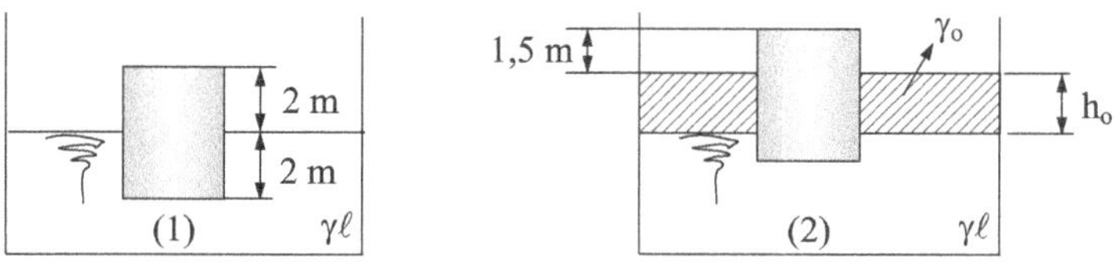

Resp.: $h_o = 0{,}8\ m$

2.44 A comporta de perfil AB, articulada em A e de largura 1 m, possui uma bóia esférica de diâmetro D = 2 m e peso G = 6.000 N. Sabendo que a comporta se abre quando o nível da água atinge o ponto A, conforme mostra a figura, calcular a distância x do centro da bóia até a articulação A. Observação: considerar o peso da comporta AB desprezível. Dados: $\gamma = 10^4\ N/m^3$.

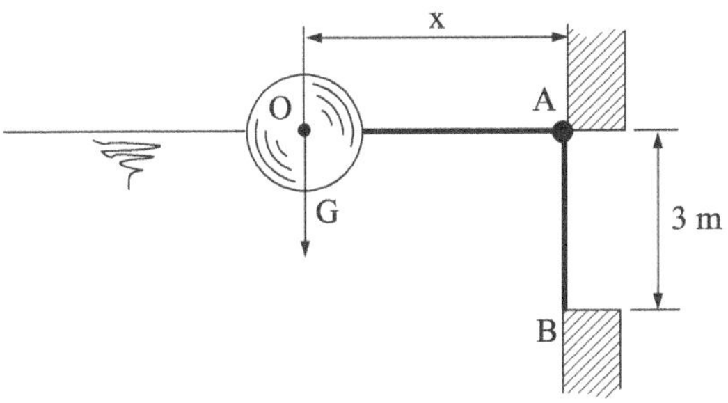

Resp.: $x = 6$ m

2.45 Um cilindro, de peso especifico $\gamma_c = 5.000\ N/m^3$, flutua num líquido, conforme mostra a figura (1). Sob a ação de uma força F = 10.000 N, o cilindro permanece na posição indicada na figura (2). Determinar os pesos específicos dos líquidos A e B. Dado: área da base do cilindro = 1 m^2.

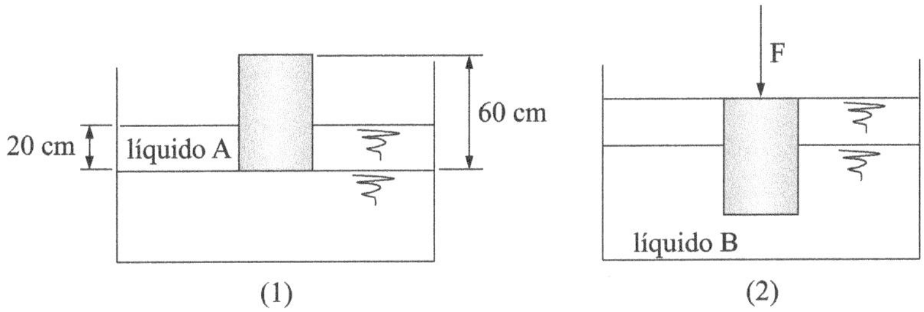

Resp.: $\gamma_A = 15.000\ N/m^3$; $\gamma_B = 25.000\ N/m^3$

2.46 Um balão esférico de 12 m de diâmetro está cheio de hidrogênio. Se a leitura do barômetro é 700 mmHg e a temperatura é 20° C, qual o peso do conjunto balão e lastro para que seja mantido estacionário? Dados: $R_{ar} = 287\ m^2/s^2K$; $R_{H_2} = 41.400\ m^2/s^2K$.

Resp.: 10.171 N

2.47 Um cubo de peso específico γ_c flutua num líquido de peso específico γ_ℓ. Determinar a relação γ_c/γ_ℓ para que o cubo flutue com as arestas na vertical.

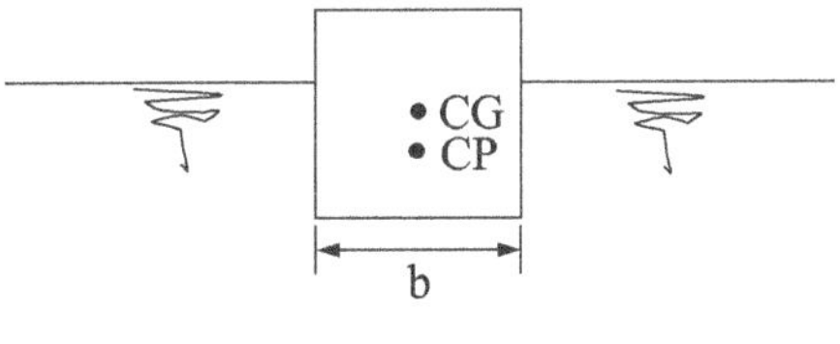

Resp.: $0 < \frac{\gamma_c}{\gamma_\ell} < 0{,}21$; $0{,}79 < \frac{\gamma_c}{\gamma_\ell} < 1$

2.48 Um objeto de madeira é mostrado na figura. O seu peso é 2,5 N e o centro de gravidade está a 5 cm da superfície superior. O equilíbrio é estável em relação ao eixo y?

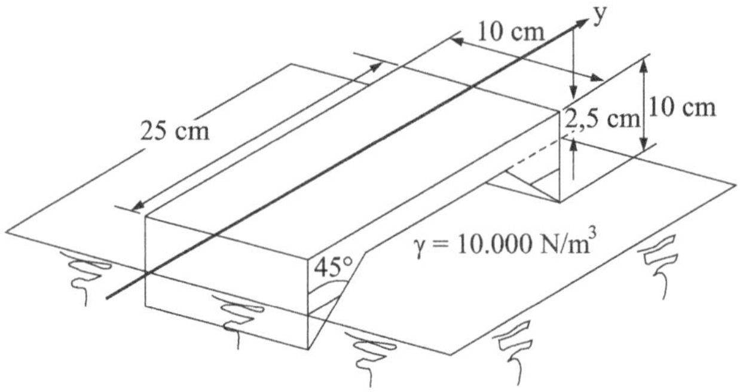

Resp.: É estável (r = 0,037 m).

2.49 Qual a máxima altura H de um cilindro de seção circular de raio R, para que possa flutuar em equilíbrio estável com seu eixo na vertical em qualquer líquido? Dados: cilindro (γ); líquido (γ_ℓ).

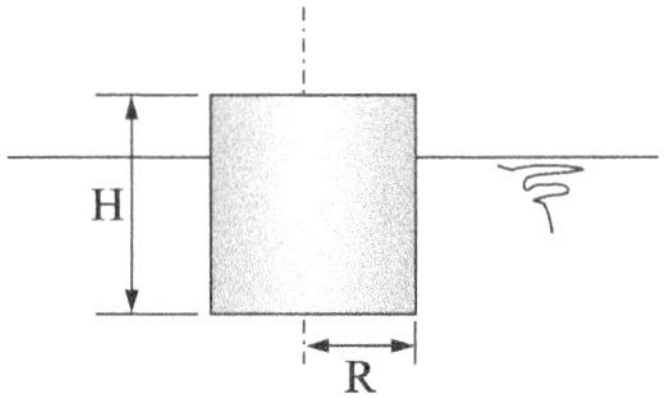

Resp.: $\frac{H}{R} < \frac{1}{\sqrt{2\frac{\gamma}{\gamma_\ell}\left(1-\frac{\gamma}{\gamma_\ell}\right)}}$

2.50 Determinar a diferença de pressão entre dois pontos genéricos de um tanque cheio de água acelerado verticalmente para cima com uma aceleração $a_y = 5$ g.

Resp.: $\Delta p = 6\gamma\Delta z$

2.51 Um tubo em U contendo água é montado num carro de corrida. O carro parte com aceleração constante e 5 s após a partida a água no tubo em U apresenta a configuração indicada. Sendo $g = 9{,}8\ m/s^2$:

a) Qual é a aceleração?

b) Qual é a velocidade do carro nesse instante?

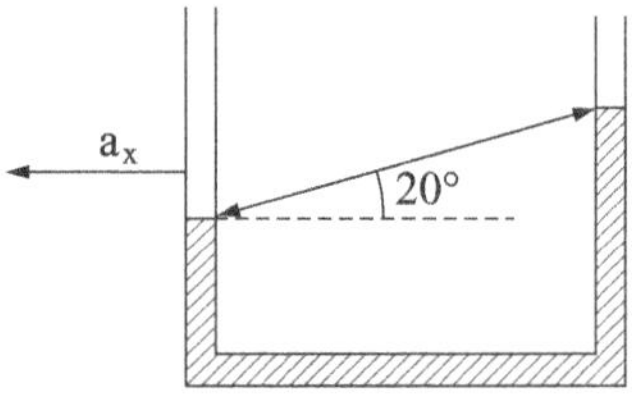

Resp.: $a = 3{,}57\ m/s^2$; v = 64,2 km/h

2.52 Um tanque cúbico de 0,6 m de lado, com óleo até a metade, é acelerado ao longo de um plano inclinado de 30° com a horizontal. Determinar a inclinação da superfície livre em relação ao plano inclinado.

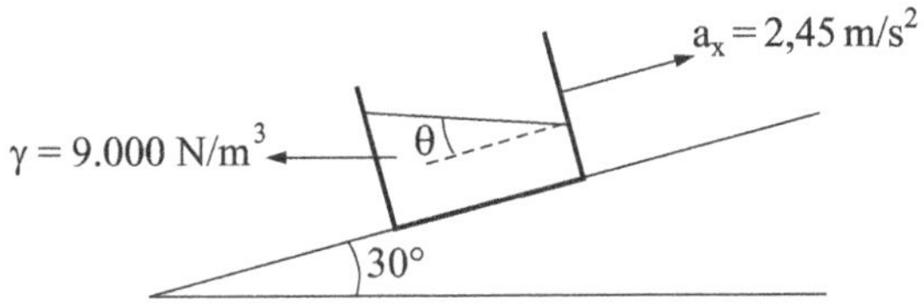

Resp.: $\theta = 41^o$

2.53 Um acelerômetro é constituído de um tanque e de um manômetro metálico, como indica a figura. Adiciona-se mercúrio no tubo até que a leitura no manômetro seja 175 kPa. Dados: $\gamma_{Hg} = 136.000\ N/m^3$; $g = 10\ m/s^2$. Pede-se:

a) Qual é a leitura do mercúrio no piezômetro?

b) Qual é a aceleração horizontal que provoca uma leitura de 140 kPa no manômetro, supondo inalterado o nível do mercúrio?

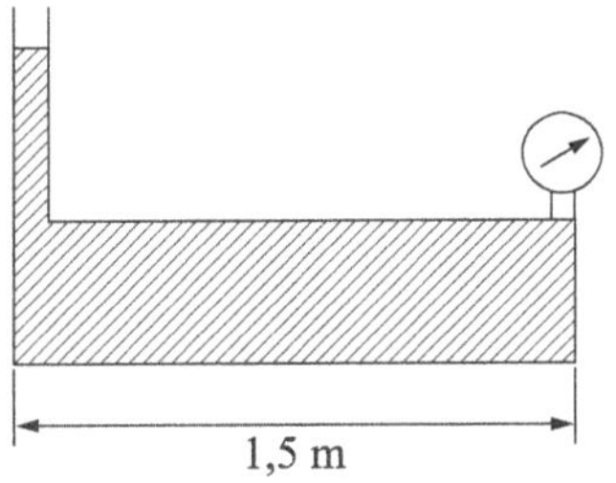

Resp.: $h = 1{,}29$ m; $a = 1{,}72\ m/s^2$

2.54 Um tanque fechado, com a forma indicada na figura, com 0,6 m de lado, gira em torno de um eixo com rotação n = 100 rpm e a uma distância radial de 1,5 m. Qual é a pressão nos pontos A, B e C? ($\rho = 1.000\ kg/m^3$; $p_{atm} = 100$ kPa)

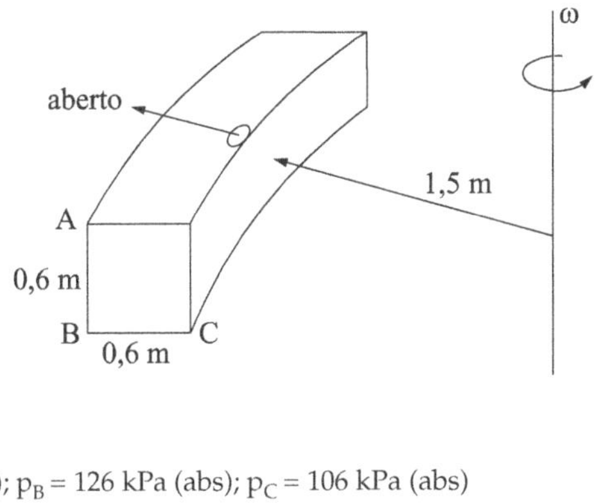

Resp.: $p_A = 120$ kPa (abs); $p_B = 126$ kPa (abs); $p_C = 106$ kPa (abs)

2.55 Um veículo move-se com velocidade constante de 100 km/h para a direita, carregando um recipiente retangular aberto que contém água. O veículo é freado em 10 s até parar com desaceleração constante. Dados: $\rho = 1.000\ kg/m^3$; $g = 10\ m/s^2$; não há transbordamento. Determinar:

a) a inclinação da superfície livre em relação à horizontal, durante a frenagem;

b) a pressão nos pontos A e B durante a frenagem.

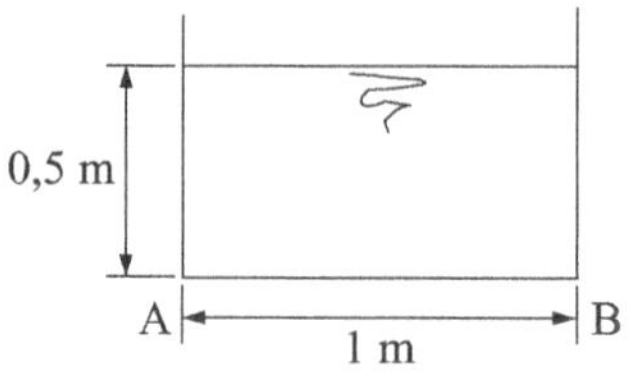

Resp.: $\theta = 15^\circ 30'$; $p_B = 6.400$ Pa; $p_A = 3.600$ Pa

2.56 Um recipiente aberto à atmosfera está situado sobre um veículo que se movimenta com uma aceleração a_0 constante. A superfície livre da água do recipiente forma um ângulo de 30° com a horizontal. Os manômetros situados nas paredes do recipiente indicam 100 kPa e 110 kPa. Calcular o comprimento L do recipiente e a aceleração a_0. Dados: $\rho = 1.000\ kg/m^3$; $g = 10\ m/s^2$.

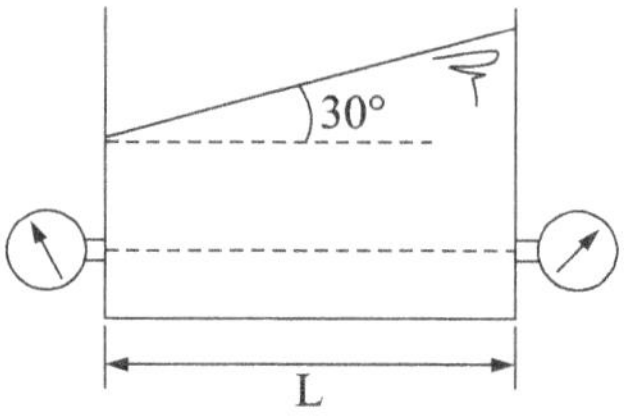

Resp.: L = 1,73 m; $a_0 = 5{,}8\ m/s^2$

2.57 Um veículo carrega um recipiente que contém água, movimentando-se com uma velocidade constante de 72 km/h. Calcular o tempo mínimo de frenagem com desaceleração constante para que a água não transborde. Dados: $g = 10\ m/s^2$; $\rho = 1.000\ kg/m^3$.

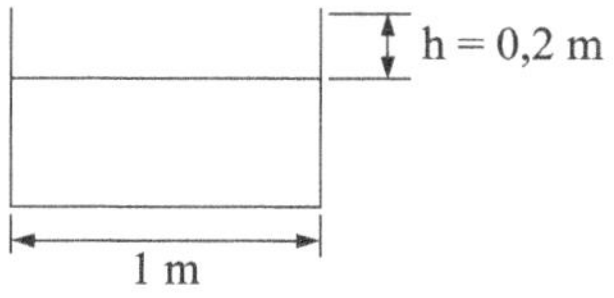

Resp.: t = 5 s

2.58 Um tanque, cheio de água e totalmente fechado, cai verticalmente sob a ação da gravidade e de uma força F. Dois manômetros situados a uma distância vertical h = 1 m indicam p_1 = 20 cm de Hg e p_2 = 10 cm de Hg. Determinar a intensidade da força F. Dados: $g = 10\ m/s^2$; $\gamma_{Hg} = 136.000\ N/m^3$; massa do conjunto = 1.000 kg.

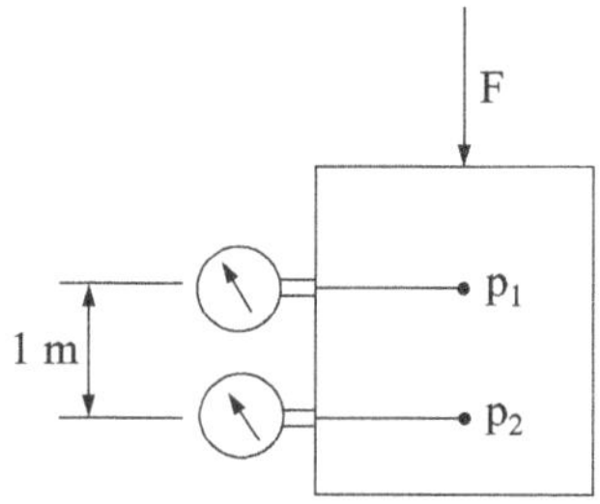

Resp.: F = 13,6 kN

CAPÍTULO 3

Cinemática dos fluidos

3.1 Regimes ou movimentos variado e permanente

Regime permanente é aquele em que as propriedades do fluido são invariáveis em cada ponto com o passar do tempo. Note-se que as propriedades do fluido podem variar de ponto para ponto, desde que não haja variações com o tempo. Isso significa que, apesar de um certo fluido estar em movimento, a configuração de suas propriedades em qualquer instante permanece a mesma. Um exemplo prático disso será o escoamento pela tubulação do tanque da Figura 3.1, desde que o nível dele seja mantido constante.

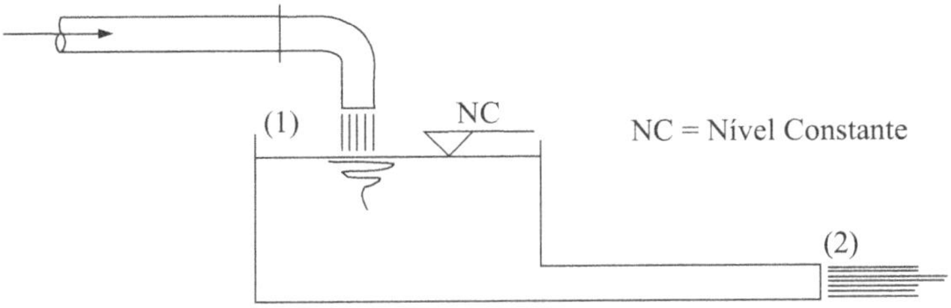

Figura 3.1

Nesse tanque, a quantidade de água que entra em (1) é idêntica à quantidade de água que sai por (2); nessas condições, a configuração de todas as propriedades do fluido, como velocidade, massa específica, pressão etc., será, em cada ponto, a mesma em qualquer instante. Note-se que em cada ponto a velocidade, por exemplo, é diferente, assim como a pressão o será, pela lei de Stevin.

Regime variado é aquele em que as condições do fluido em alguns pontos ou regiões de pontos variam com o passar do tempo. Se no exemplo da Figura 3.1 não houver fornecimento de água por (1), o regime será variado em todos os pontos.

Denomina-se reservatório de grandes dimensões um reservatório do qual se extrai ou no qual se admite fluido, mas, devido à sua dimensão transversal muito extensa, o nível não varia sensivelmente com o passar do tempo.

Em um reservatório de grandes dimensões, o nível mantém-se aproximadamente constante com o passar do tempo, de forma que o regime pode ser considerado aproximadamente permanente.

A Figura 3.2a mostra um reservatório de grandes dimensões, em que, apesar de haver uma descarga do fluido, o nível não varia sensivelmente com o passar do tempo, e o regime pode ser considerado permanente.

A Figura 3.2b mostra um reservatório em que a seção transversal é relativamente pequena em face da descarga do fluido. Isso faz com que o nível dele varie sensivelmente com o passar do tempo, havendo uma variação sensível da configuração do sistema, caracterizando um regime variado.

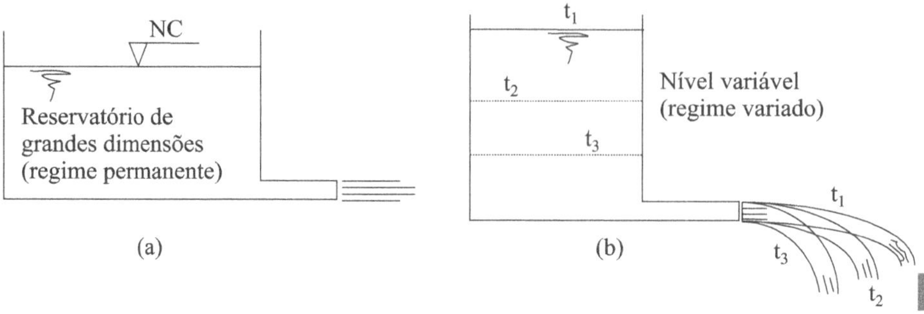

Figura 3.2

3.2 Escoamentos laminar e turbulento

Para definir esses dois tipos de escoamentos, recorre-se à experiência de Reynolds (1883), que demonstrou a sua existência.

Seja, por exemplo, um reservatório que contém água. Um tubo transparente é ligado ao reservatório e, no fim deste, uma válvula permite a variação da velocidade de descarga da água. No eixo do tubo é injetado um líquido corante do qual se deseja observar o comportamento (Figura 3.3). Nota-se que ao abrir pouco a válvula, portanto para pequenas velocidades de descarga, forma-se um filete reto e contínuo de fluido colorido no eixo do tubo (3). Ao abrir mais a válvula (5), o filete começa a apresentar ondulações e finalmente desaparece a uma pequena distância do ponto de injeção. Nesse último caso, como o nível (2) continua descendo, conclui-se que o fluido colorido é injetado, mas, devido a movimentos transversais do escoamento, é totalmente diluído na água do tubo (3). Esses fatos denotam a existência de dois tipos de escoamentos separados por um escoamento de transição.

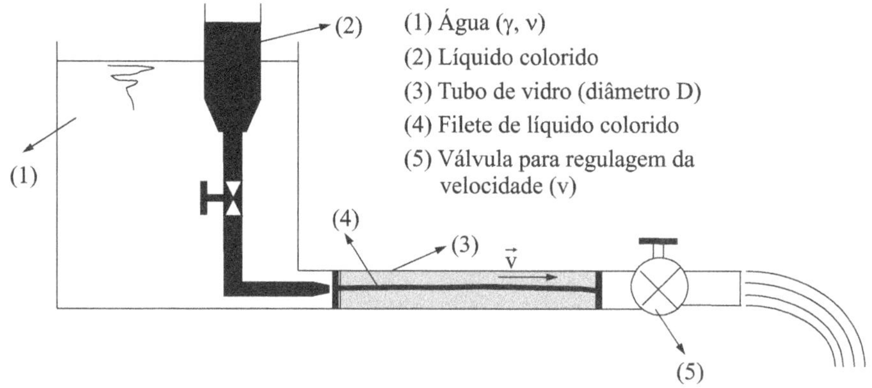

Figura 3.3

No primeiro caso, em que é observável o filete colorido reto e contínuo, conclui-se que as partículas viajam sem agitações transversais, mantendo-se em lâminas concêntricas, entre as quais não há troca macroscópica de partículas.

No segundo caso, as partículas apresentam velocidades transversais importantes, já que o filete desaparece pela diluição de suas partículas no volume de água.

Escoamento laminar é aquele em que as partículas se deslocam em lâminas individualizadas, sem trocas de massa entre elas.

Escoamento turbulento é aquele em que as partículas apresentam um movimento aleatório macroscópico, isto é, a velocidade apresenta componentes transversais ao movimento geral do conjunto do fluido.

O escoamento laminar é o menos comum na prática, mas pode ser visualizado num filete de água de uma torneira pouco aberta ou no início da trajetória seguida pela fumaça de um cigarro, já que a uma certa distância dele notam-se movimentos transversais.

Reynolds verificou que o fato de o movimento ser laminar ou turbulento depende do valor do número adimensional dado por:

$$Re = \frac{\rho v D}{\mu} = \frac{vD}{\upsilon} \qquad (3.1)$$

Essa expressão se chama número de Reynolds e mostra que o tipo de escoamento depende do conjunto de grandezas v, D e ν, e não somente de cada uma delas. Esse aspecto será mais bem discutido no capítulo de análise dimensional.

Reynolds verificou que, no caso de tubos, seriam observados os seguintes valores:

$Re < 2.000$	Escoamento laminar
$2.000 < Re < 2.400$	Escoamento de transição
$Re > 2.400$	Escoamento turbulento

Note-se que o movimento turbulento é variado por natureza, devido às flutuações da velocidade em cada ponto. Pode-se, no entanto, muitas vezes, considerá-lo permanente, adotando em cada ponto a média das velocidades em relação ao tempo. Esse fato é comprovado na prática, já que somente aparelhos muito sensíveis conseguem indicar as flutuações dos valores das propriedades em cada ponto.

A maioria dos aparelhos, devido ao fato de apresentarem uma certa inércia na medição, indicará um valor permanente em cada ponto que corresponderá exatamente à média citada anteriormente (Figura 3.4).

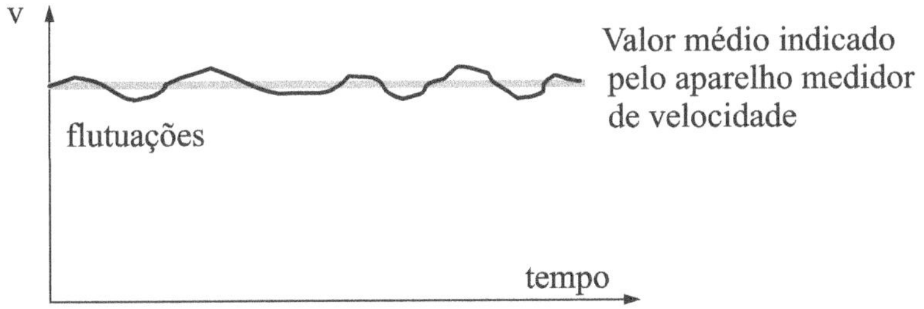

Figura 3.4

Assim, mesmo que o escoamento seja turbulento, poderá, em geral, ser admitido como permanente em média nas aplicações.

3.3 Trajetória e linha de corrente

Trajetória é o lugar geométrico dos pontos ocupados por uma partícula em instantes sucessivos. Note-se que a equação de uma trajetória será função do ponto inicial, que individualiza a partícula, e do tempo. Uma visualização da trajetória será obtida por meio de uma fotografia, com tempo longo de exposição, de um flutuante colorido colocado num fluido em movimento (Figura 3.5).

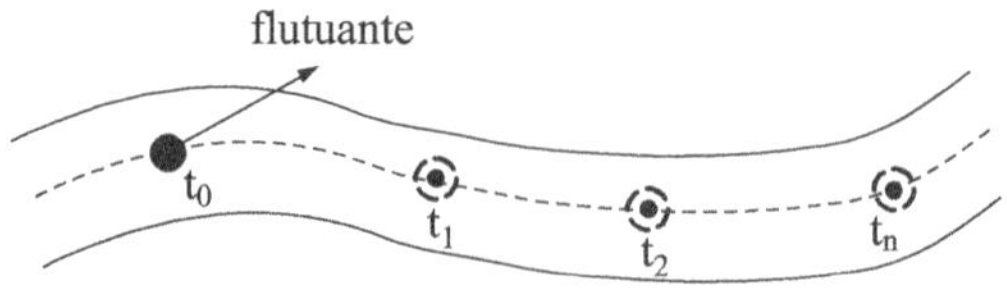

Figura 3.5

Linha de corrente é a linha tangente aos vetores da velocidade de diferentes partículas no mesmo instante. Note-se que, na equação de uma linha de corrente, o tempo não é uma variável, já que a noção se refere a um certo instante.

A visualização pode ser feita lançando, por exemplo, serragem em diversos pontos do escoamento e tirando em seguida uma fotografia instantânea. A serragem irá, num pequeno intervalo de tempo, apresentar um curto espaço percorrido que representará o vetor velocidade no ponto.

A linha de corrente será obtida traçando-se na fotografia a linha tangente aos traços de serragem (Figura 3.6).

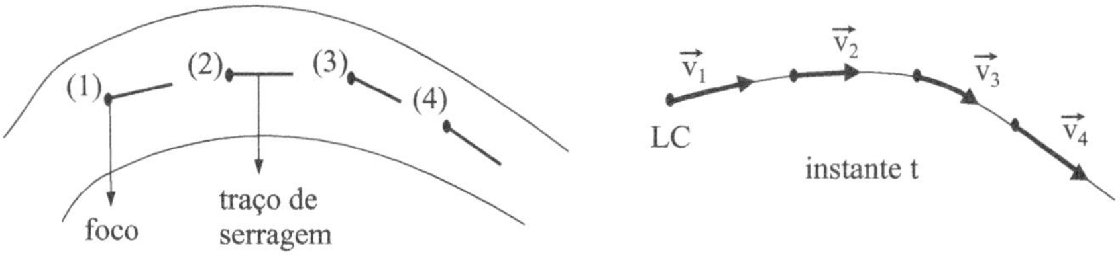

Figura 3.6

As linhas de corrente e as trajetórias coincidem geometricamente no regime permanente.

Tubo de corrente é a superfície de forma tubular formada pelas linhas de corrente que se apóiam numa linha geométrica fechada qualquer (Figura 3.7).

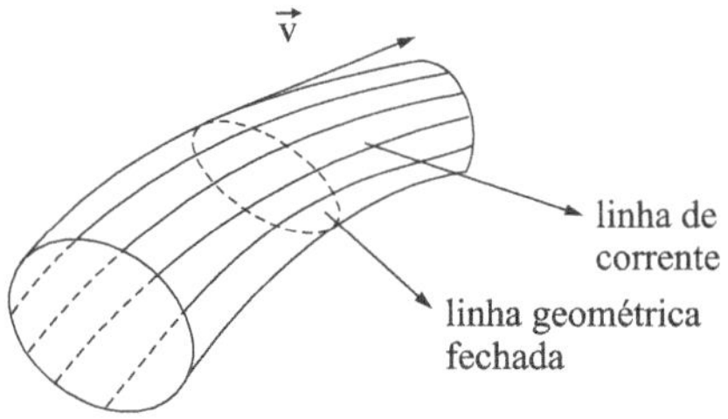

Figura 3.7

Propriedades dos tubos de corrente

a) Os tubos de corrente são fixos quando o regime é permanente.
b) Os tubos de corrente são impermeáveis à passagem de massa, isto é, não existe passagem de partículas de fluido através do tubo de corrente.

A propriedade (a) é óbvia, já que, quando o regime é permanente, não há variação da configuração do fluido e de suas propriedades. A propriedade (b) pode ser verificada por absurdo, supondo que uma partícula cruze o tubo de corrente. Para que isso ocorresse, seria necessário que o vetor da velocidade fosse oblíquo em relação ao tubo de corrente, o que não pode acontecer, pois ele é formado de linhas de corrente que, por definição, são tangentes aos vetores da velocidade.

Essa propriedade é muito importante, pois em regime permanente garante que as partículas de fluido que entram de um lado do tubo de corrente deverão sair do outro, não havendo adição nem subtração de partículas através do tubo. A sua utilidade será vista nas equações básicas de mecânica dos fluidos.

3.4 Escoamento unidimensional ou uniforme na seção

O escoamento é dito unidimensional quando uma única coordenada é suficiente para descrever as propriedades do fluido. Para que isso aconteça, é necessário que as propriedades sejam constantes em cada seção (Figura 3.8).

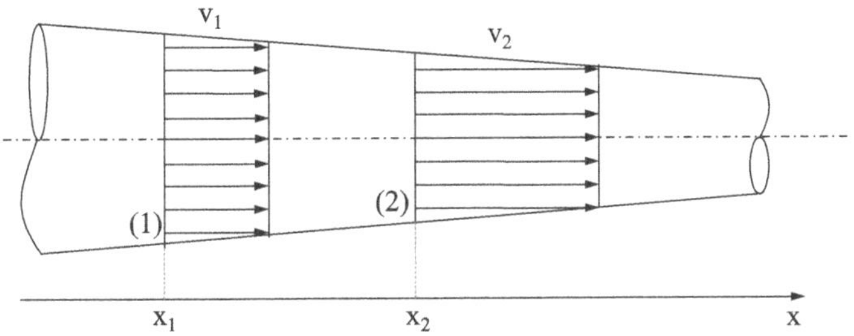

Figura 3.8

Na figura, pode-se observar que em cada seção a velocidade é a mesma, em qualquer ponto, sendo suficiente fornecer o seu valor em função da coordenada x para obter sua variação ao longo do escoamento. Diz-se, nesse caso, que o escoamento é uniforme nas seções.

Na Figura 3.9 observa-se um escoamento bidimensional, em que a variação da velocidade é função das duas coordenadas x e y. Nesse escoamento, o diagrama de velocidades repete-se identicamente em planos paralelos ao plano x,y.

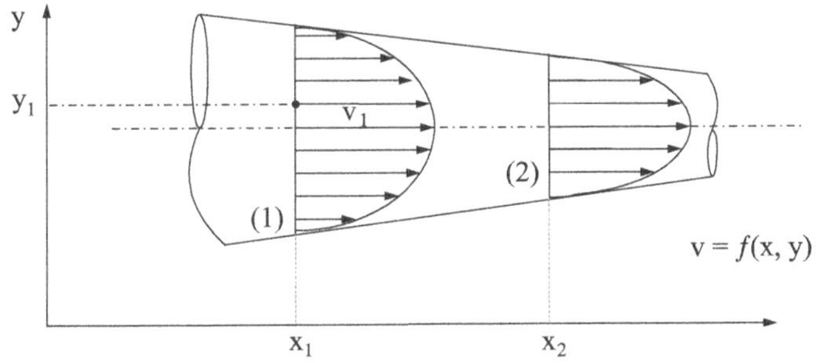

Figura 3.9

O escoamento no espaço pode ser tridimensional (Figura 3.10).

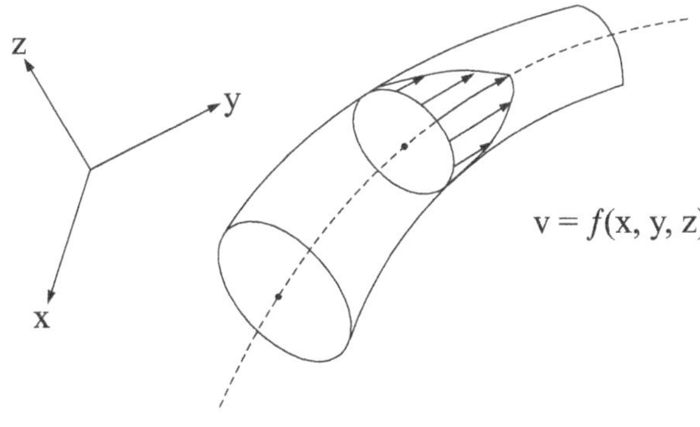

Figura 3.10

Note-se que, com o aumento do número de dimensões, as equações se complicam e é conveniente, sempre que possível, descrever o escoamento de forma unidimensional conforme um critério que será apresentado posteriormente.

3.5 Vazão — Velocidade média na seção

A vazão em volume pode ser definida facilmente pelo exemplo da Figura 3.11.

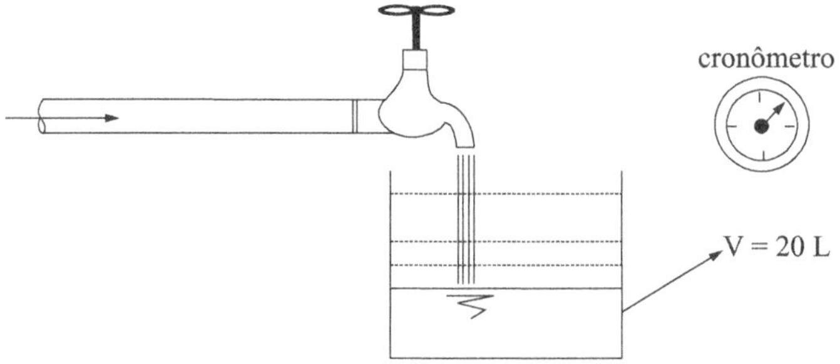

Figura 3.11

Suponha-se que, estando a torneira aberta, seja empurrado o recipiente da Figura 3.11 embaixo dela e simultaneamente seja disparado o cronômetro. Admita-se que o recipiente encha em 10 s.

Pode-se então dizer que a torneira enche 20 L em 10 s ou que a vazão em volume da torneira é $\frac{20\text{ L}}{10\text{ s}} = 2\text{ L/s}$.

Define-se vazão em volume Q como o volume de fluido que atravessa uma certa seção do escoamento por unidade de tempo.

$$Q = \frac{V}{t} \tag{3.2}$$

As unidades correspondem à definição: m^3/s, L/s, m^3/h, L/min, ou qualquer outra unidade de volume ou capacidade por unidade de tempo.

Existe uma relação importante entre a vazão em volume e a velocidade do fluido (Figura 3.12).

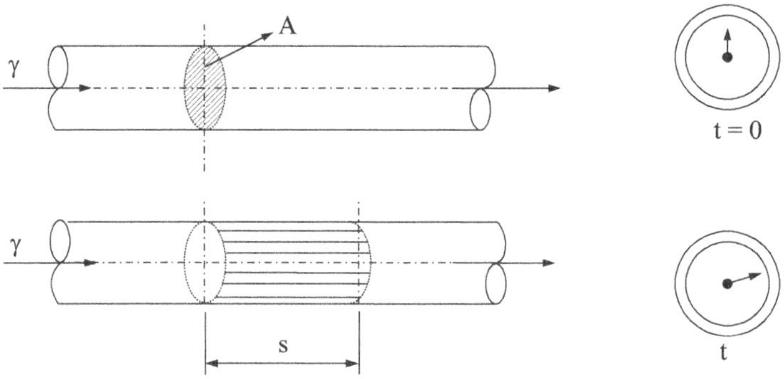

Figura 3.12

Suponha-se o fluido em movimento da Figura 3.12.

No intervalo de tempo t, o fluido se desloca através da seção de área A a uma distância s.

O volume de fluido que atravessa a seção de área A no intervalo de tempo t é V = sA. Logo, a vazão será

$$Q = \frac{V}{t} = \frac{sA}{t}, \qquad \text{mas} \qquad \frac{s}{t} = v$$

Logo:

$$Q = vA \tag{3.3}$$

É claro que essa expressão só seria verdadeira se a velocidade fosse uniforme na seção. Na maioria dos casos práticos, o escoamento não é unidimensional; no entanto, é possível obter uma expressão do tipo da Equação 3.3 definindo a velocidade média na seção.

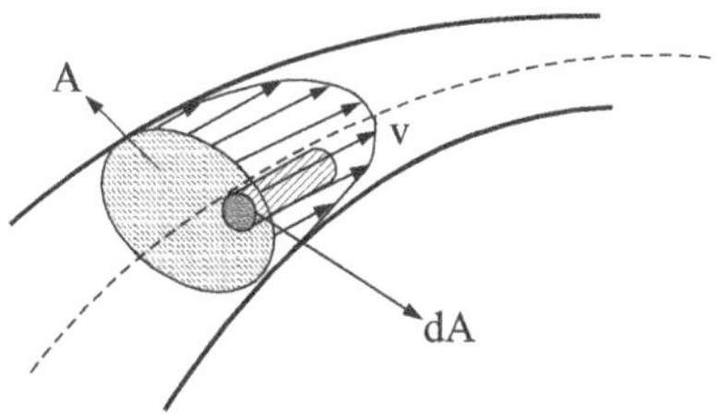

Figura 3.13

Obviamente, para o cálculo da vazão, não se pode utilizar a Equação 3.3, pois v é diferente em cada ponto da seção.

Adotando um dA qualquer no entorno de um ponto em que a velocidade genérica é v, como na Figura 3.13, tem-se:

$$dQ = v\,dA$$

Logo, a vazão na seção de área A será:

$$Q = \int_A v\,dA \tag{3.4}$$

Define-se velocidade média na seção como uma velocidade uniforme que, substituída no lugar da velocidade real, reproduziria a mesma vazão na seção.

Logo:

$$Q = \int_A v\,dA = v_m A \tag{3.5}$$

Dessa igualdade, surge a expressão para o cálculo da velocidade média na seção:

$$v_m = \frac{1}{A}\int_A v\,dA \tag{3.6}$$

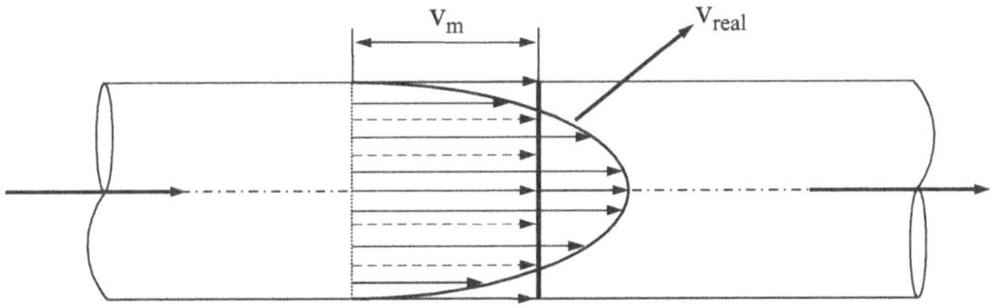

Figura 3.14

EXEMPLO

Determinar a velocidade média correspondente ao diagrama de velocidades a seguir. Supor que não haja variação da velocidade segundo a direção normal ao plano da figura (escoamento bidimensional).

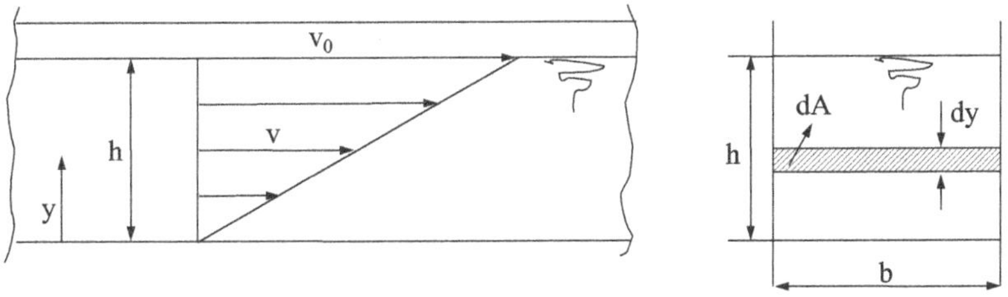

Sendo o diagrama linear, tem-se $v = C_1 y + C_2$, com C_1 e C_2 a serem determinados pelas condições de contorno.

Para $y = 0$ $\quad v = 0$, $\quad$ logo: $C_2 = 0$

Para $y = h$ $\quad v = v_0$, $\quad$ logo: $v_0 = C_1 h$ e $C_1 = \frac{v_0}{h}$

ou, finalmente, $\quad v = v_0 \frac{y}{h}$

A velocidade média será dada por:

$$V_m = \frac{1}{A}\int_A v\,dA = \frac{1}{bh}\int_0^h v_0 \frac{y}{h} b dy = \frac{v_0}{h^2}\frac{y^2}{2}\Bigg|_0^h$$

$$v_m = \frac{v_0}{2}$$

No diagrama a seguir está representado o resultado.

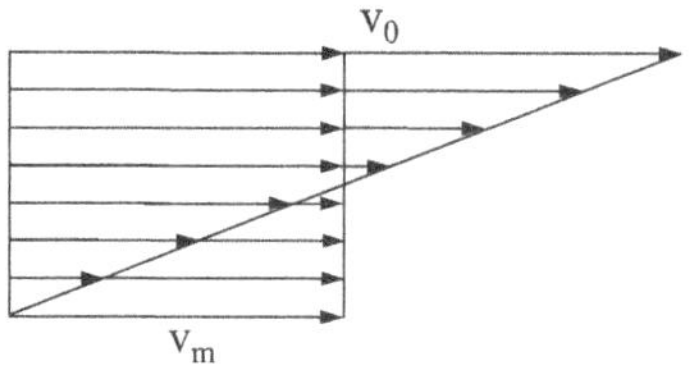

Assim como se define a vazão em volume, podem ser analogamente definidas as vazões em massa (Q_m) e em peso (Q_G).

$$Q_m = \frac{m}{t} \quad \text{onde m = massa de fluido} \tag{3.7}$$

$$Q_G = \frac{G}{t} \quad \text{onde G = peso de fluido} \tag{3.8}$$

Pela Equação 3.5,

$$Q = v_m A, \quad \text{mas} \quad Q_m = \frac{m}{t} = \frac{\rho V}{t}$$

Logo:

$$Q_m = \rho Q = \rho v_m A \tag{3.9}$$

e

$$Q_G = \frac{G}{t} = \frac{\gamma V}{t}$$

ou

$$Q_G = \gamma Q = \gamma v_m A \tag{3.10}$$

Por outro lado,

$$Q_G = \gamma Q = \rho g Q$$

e

$$Q_G = g Q_m \tag{3.11}$$

As unidades de vazão em massa serão kg/s, utm/s, kg/h e qualquer outra que indique massa por unidade de tempo.
As unidades de vazão em peso serão kgf/s, N/s, kgf/h e qualquer outra que indique peso por unidade de tempo.

3.6 Equação da continuidade para regime permanente

Seja o escoamento de um fluido por um tubo de corrente (Figura 3.15). Num tubo de corrente não pode haver fluxo lateral de massa.

Seja a vazão em massa na seção de entrada Q_{m1} e na saída Q_{m2}. Para que o regime seja permanente, é necessário que não haja variação de propriedades, em nenhum ponto do fluido, com o tempo.

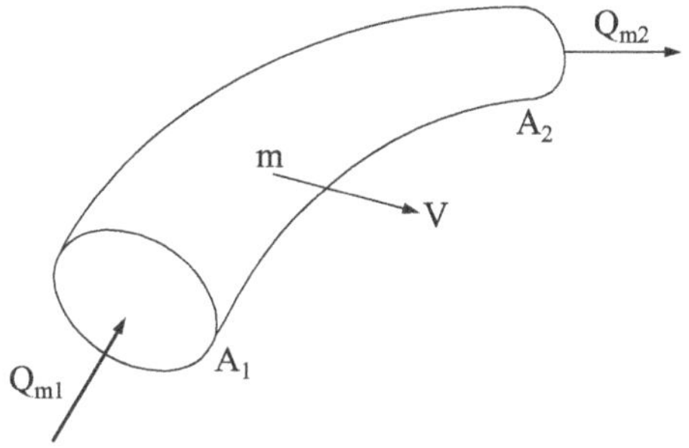

Figura 3.15

Se, por absurdo, $Q_{m1} \neq Q_{m2}$, então em algum ponto interno ao tubo de corrente haveria ou redução ou acúmulo de massa.

Dessa forma, a massa específica nesse ponto variaria com o tempo, o que contrariaria a hipótese de regime permanente. Logo:

$$Q_{m1} = Q_{m2} \quad \text{ou} \quad \rho_1 Q_1 = \rho_2 Q_2 \quad \text{ou} \quad \rho_1 v_1 A_1 = \rho_2 v_2 A_2 \tag{3.12}$$

Essa é a equação da continuidade para um fluido qualquer em regime permanente.

EXEMPLO

Um gás escoa em regime permanente no trecho de tubulação da figura. Na seção (1), tem-se $A_1 = 20\ cm^2$, $\rho_1 = 4\ kg/m^3$ e $v_1 = 30\ m/s$. Na seção (2), $A_2 = 10\ cm^2$ e $\rho_2 = 12\ kg/m^3$.
Qual é a velocidade na seção (2)?

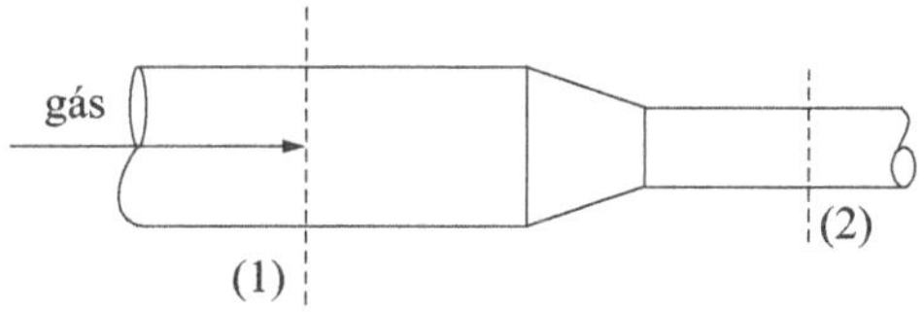

Solução

$Q_{m1} = Q_{m2}$ Logo: $\rho_1 v_1 A_1 = \rho_2 v_2 A_2$

ou $v_2 = v_1 \dfrac{\rho_1}{\rho_2} \dfrac{A_1}{A_2}$

portanto, $v_2 = 30 \dfrac{4}{12} \dfrac{20}{10} = 20\ m/s$

Se o fluido for incompressível, então a massa específica na entrada e na saída do volume V deverá ser a mesma. Dessa forma, a Equação 3.12 ficará

$$\rho Q_1 = \rho Q_2$$

ou

$$Q_1 = Q_2 \quad \text{ou} \quad v_1 A_1 = v_2 A_2 \tag{3.13}$$

Logo, a vazão em volume de um fluido incompressível é a mesma em qualquer seção do escoamento. A Equação 3.13 é a equação da continuidade para um fluido incompressível. Fica subentendido que v_1 e v_2 são as velocidades médias nas seções (1) e (2).

A Equação 3.13 mostra que, ao longo do escoamento, velocidades médias e áreas são inversamente proporcionais, isto é, à diminuição da área correspondem aumentos da velocidade média na seção e vice-versa.

EXEMPLO

O Venturi é um tubo convergente/divergente, como é mostrado na figura. Determinar a velocidade na seção mínima (garganta) de área 5 cm^2, se na seção de entrada de área 20 cm^2 a velocidade é 2 m/s. O fluido é incompressível.

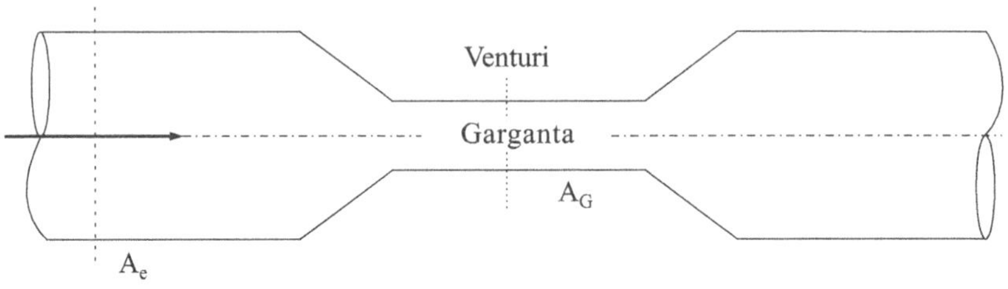

Solução

Pela equação da continuidade:

$$v_e A_e = v_G A_G$$

$$v_G = v_e \frac{A_e}{A_G} = 2\frac{20}{5} = 8 \text{ m/s}$$

Para o caso de diversas entradas e saídas de fluido, a Equação 3.12 pode ser generalizada por uma somatória de vazões em massa na entrada (e) e outra na saída (s), isto é,

$$\sum_e Q_m = \sum_s Q_m \tag{3.14}$$

Se o fluido for incompressível e for o mesmo em todas as seções, isto é, se for homogêneo, a Equação 3.13 poderá ser generalizada por

$$\sum_e Q = \sum_s Q \tag{3.15}$$

Apesar de a Equação 3.14 só poder chegar à Equação 3.15 quando se tratar de um único fluido, pode-se verificar que é válida também para diversos fluidos, desde que sejam todos incompressíveis (vide o Exercício 3.7).

3.7 Velocidade e aceleração nos escoamentos de fluidos

Antes de mostrar a determinação das grandezas cinemáticas do item 3.7, convém ressaltar alguma coisa sobre sistemas de referência. Note-se que os sistemas que podem ser utilizados são inerciais ou em movimento, dependendo da conveniência do problema estudado. O que realmente interessa é o movimento relativo entre o fluido e o objeto. Assim, no movimento de um barco dentro da água, é interessante fixar o sistema ao barco e pensar no fluido em movimento em torno dele. Esse é o ponto de vista utilizado quando se testa um modelo de navio num tanque de provas. Note-se que a noção de regime permanente e variado é função do observador ou do sistema de referência. Assim, um problema de regime variado poderá ser reduzido a um em regime permanente por uma escolha conveniente do sistema de referência.

Seja, por exemplo, o movimento de um barco em água parada. Para um observador fixado à margem do lago, por exemplo, o movimento é variado, pois pontos da água que num certo instante estavam parados irão adquirir um certo movimento quando o barco passar num instante sucessivo. Se, porém, o observador for fixado ao barco, a configuração do movimento do fluido em torno do barco será sempre a mesma, sendo o regime permanente.

A simples observação desse fato permitirá simplificar muitos problemas às vezes complicados para um sistema de referência inercial.

Vejamos como determinar a aceleração das partículas de um fluido no caso de regime permanente e no caso de regime variado.

Seja $\vec{v} = v_x\vec{e}_x + v_y\vec{e}_y + v_z\vec{e}_z$ a velocidade num sistema cartesiano.

Se o regime for permanente, nem a velocidade nem suas componentes serão função do tempo, sendo somente funções do ponto.

Logo:

$$\begin{aligned} v_x &= v_x(x, y, z) \\ v_y &= v_y(x, y, z) \\ v_z &= v_z(x, y, z) \end{aligned} \tag{3.16}$$

Mas $\vec{a} = \dfrac{d\vec{v}}{dt}$, que, como função de função, permite escrever:

$$\vec{a} = \frac{\partial \vec{v}}{\partial x}\frac{dx}{dt} + \frac{\partial \vec{v}}{\partial y}\frac{dy}{dt} + \frac{\partial \vec{v}}{\partial z}\frac{dz}{dt}$$

mas

$$v_x = \frac{dx}{dt};\ v_y = \frac{dy}{dt};\ v_z = \frac{dz}{dt}$$

Logo:

$$\vec{a} = v_x\frac{\partial \vec{v}}{\partial x} + v_y\frac{\partial \vec{v}}{\partial y} + v_z\frac{\partial \vec{v}}{\partial z}$$

mas

$$\frac{\partial \vec{v}}{\partial x} = \frac{\partial v_x}{\partial x}\vec{e}_x + \frac{\partial v_y}{\partial x}\vec{e}_y + \frac{\partial v_z}{\partial x}\vec{e}_z$$

$$\frac{\partial \vec{v}}{\partial y} = \frac{\partial v_x}{\partial y}\vec{e}_x + \frac{\partial v_y}{\partial y}\vec{e}_y + \frac{\partial v_z}{\partial z}\vec{e}_z$$

$$\frac{\partial \vec{v}}{\partial z} = \frac{\partial v_x}{\partial z}\vec{e}_x + \frac{\partial v_y}{\partial z}\vec{e}_y + \frac{\partial v_z}{\partial z}\vec{e}_z$$

As equações em coordenadas cartesianas ficarão, segundo suas componentes:

$$\begin{aligned} \vec{a}\times\vec{e}_x &= a_x = v_x\frac{\partial v_x}{\partial x} + v_y\frac{\partial v_x}{\partial y} + v_z\frac{\partial v_x}{\partial z} \\ \vec{a}\times\vec{e}_y &= a_y = v_x\frac{\partial v_y}{\partial x} + v_y\frac{\partial v_y}{\partial y} + v_z\frac{\partial v_y}{\partial z} \\ \vec{a}\times\vec{e}_z &= a_z = v_x\frac{\partial v_z}{\partial x} + v_y\frac{\partial v_z}{\partial y} + v_z\frac{\partial v_z}{\partial z} \end{aligned} \tag{3.17}$$

No caso de fluido em regime variado, deve-se considerar, em relação às equações 3.17, também a variação com o tempo, ficando as equações:

$$\begin{aligned} a_x &= \left(v_x\frac{\partial v_x}{\partial x} + v_y\frac{\partial v_x}{\partial y} + v_z\frac{\partial v_x}{\partial z}\right) + \frac{\partial v_x}{\partial t} \\ a_y &= \left(v_x\frac{\partial v_y}{\partial x} + v_y\frac{\partial v_y}{\partial y} + v_z\frac{\partial v_y}{\partial z}\right) + \frac{\partial v_y}{\partial t} \\ a_z &= \left(v_x\frac{\partial v_z}{\partial x} + v_y\frac{\partial v_z}{\partial y} + v_z\frac{\partial v_z}{\partial z}\right) + \frac{\partial v_z}{\partial t} \end{aligned} \tag{3.18}$$

As equações 3.17 representam a aceleração de transporte, pois indicam a variação da velocidade somente com a mudança de posição.

Nas equações 3.18, as parcelas $\frac{\partial v_x}{\partial t}$, $\frac{\partial v_y}{\partial t}$ e $\frac{\partial v_z}{\partial t}$ representam a aceleração local, pois indicam a variação da velocidade num certo ponto, somente com o tempo.

As equações 3.18 mostram que as partículas do fluido podem apresentar aceleração mesmo quando a velocidade é constante em cada ponto com o tempo, pois pode-se ter variações de ponto para ponto, conforme pode ser constatado pelas equações 3.17.

Somente se a velocidade for a mesma em todos os pontos, em qualquer instante, a aceleração será nula. Esse fato é muito importante no desenvolvimento da equação da quantidade de movimento, que veremos no Capítulo 5.

EXEMPLO

Num escoamento no plano Oxy, o campo de velocidades é dado por $v_x = 2xt$ e $v_y = y^2t$. Determinar a aceleração na origem e no ponto $P \equiv (1,2)$ no instante $t = 5$ s (medidas em cm).

Solução

O movimento é variado, pois v_x e v_y são funções do tempo.

$$a_x = \frac{\partial v_x}{\partial t} + v_x \frac{\partial v_x}{\partial x} + v_y \frac{\partial v_x}{\partial y} + v_z \frac{\partial v_x}{\partial z}$$

$$a_x = 2x + 2xt\,(2t) + y^2\,t(0) = 2x + 4xt^2$$

$$a_y = \frac{\partial v_y}{\partial t} + v_x \frac{\partial v_y}{\partial x} + v_y \frac{\partial v_y}{\partial y} + v_z \frac{\partial v_y}{\partial z}$$

$$a_y = y^2 + 2xt(0) + y^2t(2yt) = y^2 + 2y^3t^2$$

No instante t = 5 s

$$a_x = 2x + 4x\,(25) = 102x$$

$$a_y = y^2 + 2y^3\,(25) = y^2 + 50y^3$$

No ponto $P \equiv (1,2)$

$$a_x = 102 \times 1 = 102$$

$$a_y = (2)^2 + 50\,(2)^3 = 4 + 400 = 404$$

Logo:

$$\vec{a}_{(P,t)} = 102\vec{e}_x + 404\vec{e}_y$$

$$|\vec{a}| = \sqrt{(102)^2 + (404)^2} = 416 \text{ cm/s}^2$$

EXERCÍCIOS

3.1 No escoamento laminar de um fluido em condutos circulares, o diagrama de velocidades é representado pela equação $v = v_{max}\left[1 - \left(\frac{r}{R}\right)^2\right]$, onde v_{max} é a velocidade no eixo do conduto, R é o raio do conduto e r é um raio genérico para o qual a velocidade v é genérica. Verificar que $v_m/v_{max} = 0{,}5$, onde v_m = velocidade média na seção.

3.2 No escoamento turbulento de um fluido em condutos circulares, o diagrama de velocidades é dado pela equação $v = v_{max}\left(1 - \frac{r}{R}\right)^{1/7}$, onde todas as grandezas têm o mesmo significado do Exercício 3.1. Verificar que $v_m/v_{max} = 49/60$.

3.3 Um gás ($\gamma = 5\ N/m^3$) escoa em regime permanente com uma vazão de 5 kg/s pela seção A de um conduto retangular de seção constante de 0,5 m por 1 m. Em uma seção B, o peso específico do gás é $10\ N/m^3$. Qual será a velocidade média do escoamento nas seções A e B? ($g = 10\ m/s^2$)

Resp.: $v_A = 20\ m/s$; $v_B = 10\ m/s$

3.4 Uma torneira enche de água um tanque, cuja capacidade é 6.000 L, em 1 h e 40 min. Determinar a vazão em volume, em massa e em peso em unidade do SI se $\rho_{H_2O} = 1.000\ kg/m^3$ e $g = 10\ m/s^2$.

Resp.: $Q = 10^{-3}\ m^3/s$; $Q_m = 1\ kg/s$; $Q_G = 10\ N/s$

3.5 No tubo da figura, determinar a vazão em volume, em massa, em peso e a velocidade média na seção (2), sabendo que o fluido é água e que $A_1 = 10\ cm^2$ e $A_2 = 5\ cm^2$. ($\rho_{H_2O} = 1.000\ kg/m^3$, $g = 10\ m/s^2$)

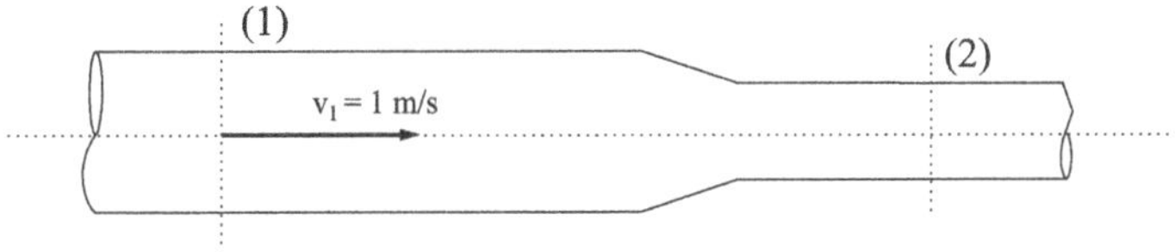

Resp.: $Q = 1\ L/s$; $Q_m = 1\ kg/s$; $Q_G = 10\ N/s$; $v_2 = 2\ m/s$.

3.6 O ar escoa num tubo convergente. A área da maior seção do tubo é $20\ cm^2$ e a da menor é $10\ cm^2$. A massa específica do ar na seção (1) é $1,2\ kg/m^3$, enquanto na seção (2) é $0,9\ kg/m^3$. Sendo a velocidade na seção (1) 10 m/s, determinar as vazões em massa, volume, em peso e a velocidade média na seção (2).

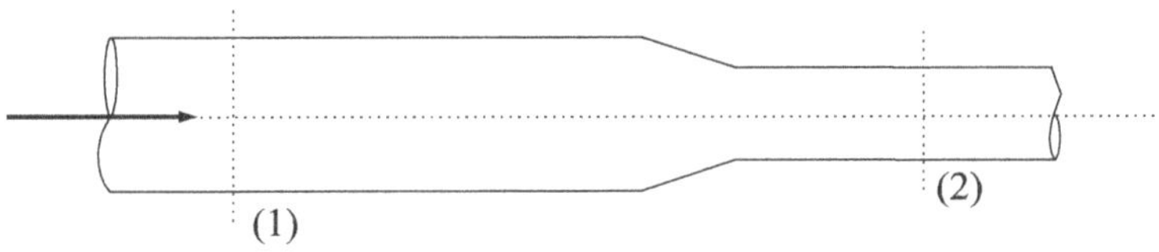

Resp.: $v_2 = 26,7\ m/s$; $Q_m = 2,4 \times 10^{-2}\ kg/s$; $Q_1 = 0,02\ m^3/s$; $Q_2 = 0,0267\ m^3/s$; $Q_G = 0,24\ N/s$

3.7 Um tubo admite água ($\rho = 1.000\ kg/m^3$) num reservatório com uma vazão de 20 L/s. No mesmo reservatório é trazido óleo ($\rho = 800\ kg/m^3$) por outro tubo com uma vazão de 10 L/s. A mistura homogênea formada é descarregada por um tubo cuja seção tem uma área de $30\ cm^2$. Determinar a massa específica da mistura no tubo de descarga e sua velocidade.

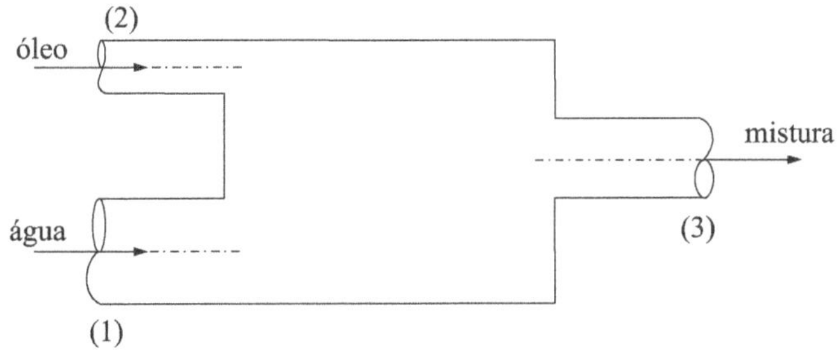

Resp.: $\rho_3 = 933\ kg/m^3$; $v_3 = 10\ m/s$

3.8 Água é descarregada de um tanque cúbico de 5 m de aresta por um tubo de 5 cm de diâmetro. A vazão no tubo é 10 L/s. Determinar a velocidade de descida da superfície livre da água do tanque e, supondo desprezível a variação da vazão, determinar quanto tempo o nível da água levará para descer 20 cm.

Resp. $v = 4 \times 10^{-4}\ m/s$; $t = 500\ s$

3.9 Os reservatórios da figura são cúbicos. São enchidos pelos tubos, respectivamente, em 100 s e 500 s. Determinar a velocidade da água na seção (A), sabendo que o diâmetro do conduto nessa seção é 1 m.

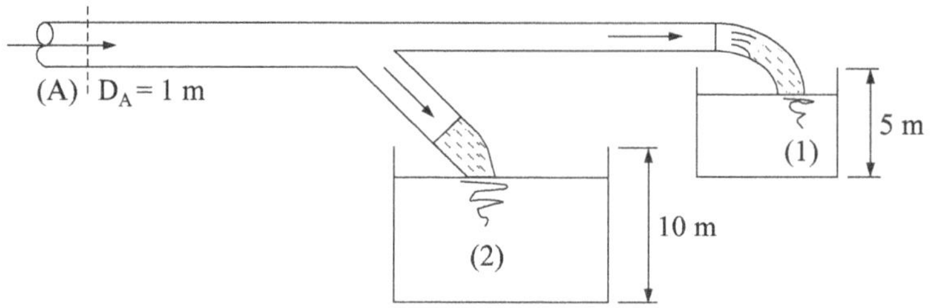

Resp.: $v_A = 4{,}14$ m/s

3.10 A água escoa por um conduto que possui dois ramais em derivação. O diâmetro do conduto principal é 15 cm e os das derivações são 2,5 cm e 5 cm, respectivamente. O perfil das velocidades no conduto principal é dado por: $v = v_{max_1}\left[1-\left(\frac{r}{R_1}\right)^2\right]$ e nas derivações por: $v = v_{max_{2,3}}\left(1-\frac{r}{R_{2,3}}\right)^{1/7}$

Se $v_{max_1} = 0{,}02$ m/s e $v_{max_2} = 0{,}13$ m/s, determinar a velocidade média no tubo de 5 cm de diâmetro. (R_i = raio da seção A_i)

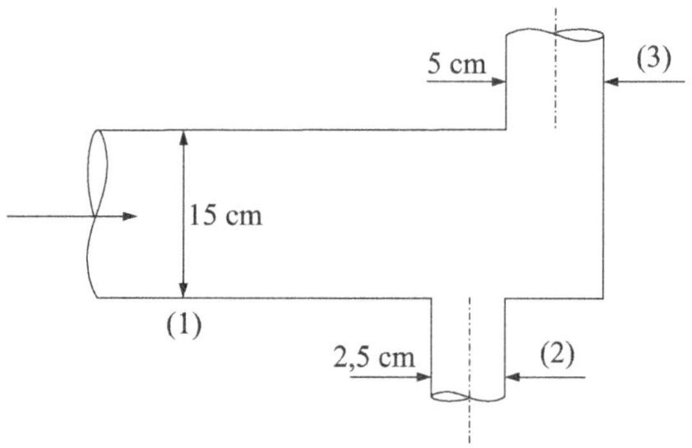

Resp.: $v_3 = 0{,}064$ m/s

3.11 O filtro de admissão de combustível de uma certa máquina é formado por um elemento poroso com forma de tronco de cone. O combustível líquido penetra no filtro com uma vazão de 10 L/s. A distribuição de velocidades na face superior é linear com $v_{max} = 0{,}3$ m/s. Qual é a vazão de combustível que será filtrada pela parede porosa?

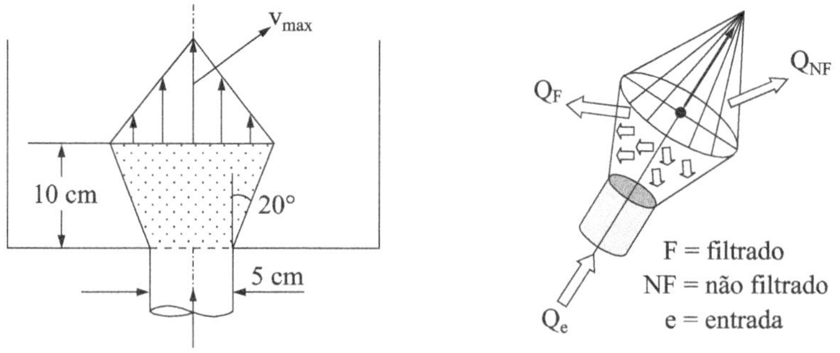

Resp.: 8,8 L/s

3.12 O tanque maior da figura abaixo permanece em nível constante. O escoamento na calha tem uma seção transversal quadrada e é bidimensional, obedecendo à equação $v = 3y^2$. Sabendo que o tanque (B) tem 1 m^3 e é totalmente preenchido em 5 segundos e que o conduto circular tem 30 cm de diâmetro, determinar:

a) a velocidade média na calha quadrada;

b) a vazão no conduto circular de 30 cm de diâmetro;

c) a velocidade máxima na seção do conduto circular de 30 cm de diâmetro.

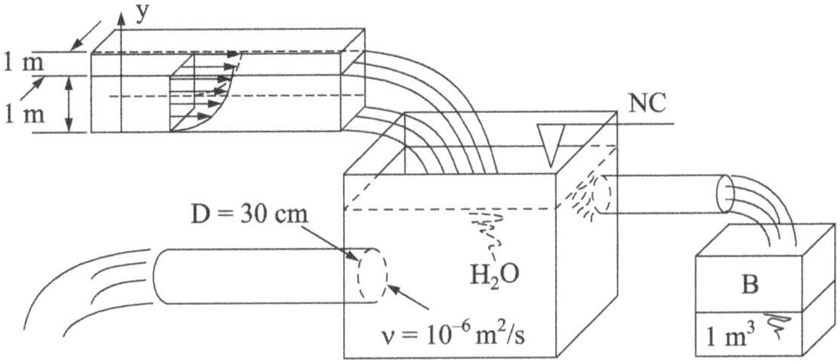

Resp.: a) 1 m/s; b) 0,8 m^3/s; c) 13,86 m/s

3.13 O insuflador de ar da figura a seguir gera 16.200 m^3/h na seção (0) com uma velocidade média de 9,23 m/s. Foram medidas as temperaturas nas seções (0), (1) e (2), sendo, respectivamente, $t_0 = 17°$ C; $t_1 = 47°$ C e $t_2 = 97°$ C. Admitindo como imposição do projeto do sistema que o número de Reynolds nas seções (1) e (2) deva ser 10^5 e sabendo que diâmetro $D_2 = 80$ cm, $\nu_{ar} = 8 \times 10^{-5}$ m^2/s e que a pressão tem variação desprezível no sistema, determinar:

a) o diâmetro da seção (1);

b) as vazões em volume em (1) e (2);

c) as vazões em massa em (1) e (2).

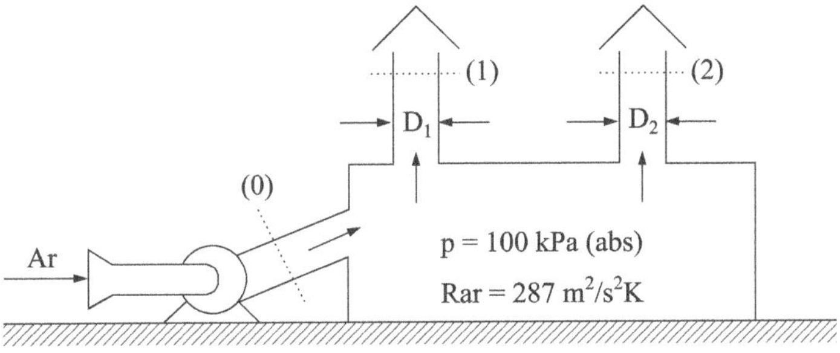

Resp. a) 0,099 m; b) $Q_1 = 0,624$ m^3/s; $Q_2 = 5,021$ m^3/s; c) $Q_{m1} = 0,68$ kg/s; $Q_{m2} = 4,73$ kg/s

3.14 O esquema a seguir corresponde à seção longitudinal de um canal de 25 cm de largura. Admitindo escoamento bidimensional e sendo o diagrama de velocidades dado por $v = 30y - y^2$ (y em cm; v em cm/s), bem como o fluido de peso específico: 0,9 N/L e viscosidade cinemática: 70 cSt e g = 10 m/s^2, determinar:

a) o gradiente de velocidade para y = 2 cm;

b) a máxima tensão de cisalhamento na seção (N/m^2);

c) a velocidade média na seção em cm/s;

d) a vazão em massa na seção.

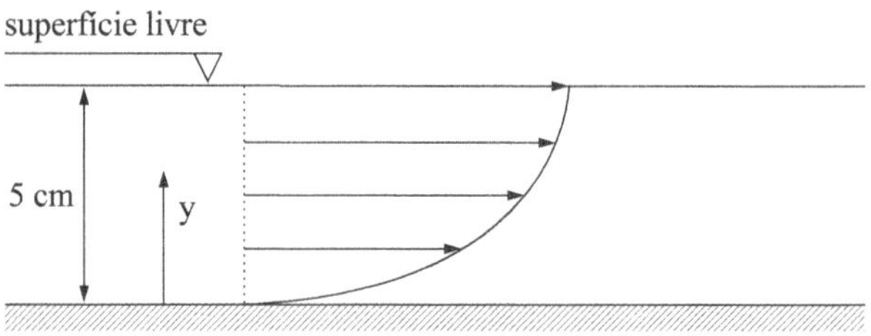

Resp.: a) 26 s^{-2}; b) 0,189 N/m^2; c) 66,7 cm/s; d) 0,75 kg/s

3.15 No sistema da figura, tem-se um único fluido incompressível de $\nu = 10^{-4}\ m^2/s$ e $\rho = 1.000\ kg/m^3$.

a) Qual é o número de Re nas seções (1) e (4)?

b) Qual é a velocidade média na seção (2) (m/s)?

c) Qual é a vazão em volume nas seções (1) e (4) (L/s)?

d) Qual é a vazão em volume na derivação e qual o sentido do escoamento? (Indicar no desenho.)

e) Qual é a vazão em peso na seção (0)?

f) Qual é a velocidade a 1 cm de distância da parede do tubo (4)?

g) Qual é a tensão de cisalhamento na parede do conduto da seção (2)?

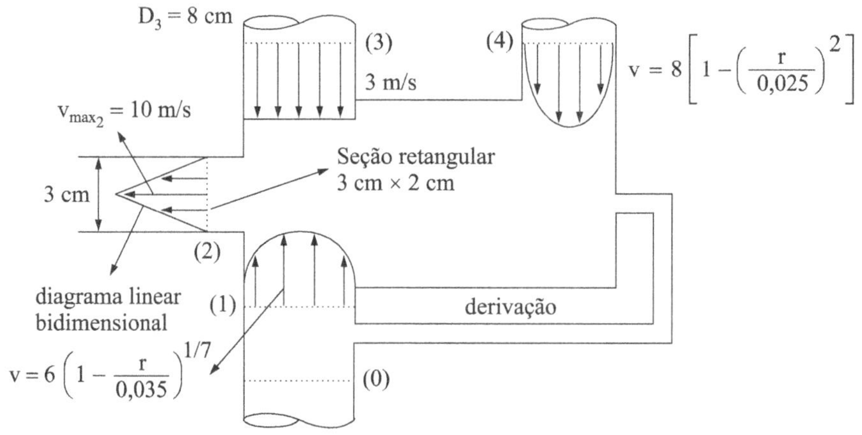

Resp.: a) $Re_1 = 3.430$; $Re_4 = 2.000$; b) $v_{m_2} = 5$ m/s; c) $Q_1 = 18,9$ L/s; $Q_4 = 7,8$ L/s; d) $Q_{der} = 38,8$ L/s; e) $Q_{G_0} = 199$ N/s; f) v = 5,12 m/s; g) $\tau = 66,7\ N/m^2$

3.16 A placa da figura tem uma área de 2 m^2 e espessura desprezível. Entre a placa e o solo existe um fluido que escoa formando um diagrama de velocidades bidimensional dado por $v = 20y\ v_{max}(1 - 5y)$. A viscosidade dinâmica do fluido é $10^{-2}\ N.s/m^2$ e a velocidade máxima é 2 m/s.

a) Qual é o gradiente de velocidade junto ao solo?

b) Qual é a força necessária para manter a placa em equilíbrio estático?

c) Qual é a velocidade média?

d) Fora do contato da placa, o diagrama de velocidades é considerado linear bidimensional. Qual é a velocidade máxima?

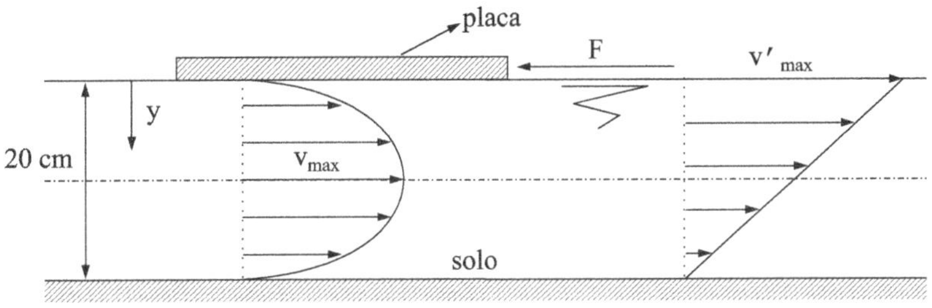

Resp.: a) $-40\ s^{-1}$; b) 0,8 N; c) 1,33 m/s; d) 2,66 m/s

3.17 Um propulsor a jato queima 1 kg/s de combustível quando o avião voa à velocidade de 200 m/s. Sendo dados $\rho_{ar} = 1{,}2\ kg/m^3$, $\rho_g = 0{,}5\ kg/m^3$ (na seção 2), $A_1 = 0{,}3\ m^2$ e $A_2 = 0{,}2\ m^2$, determinar a velocidade dos gases (v_g) na seção de saída.

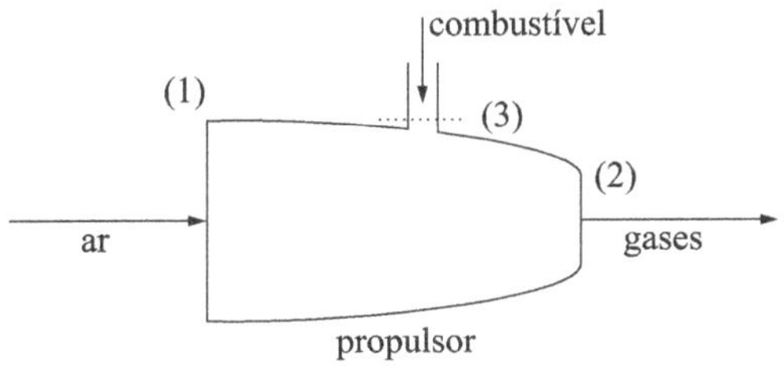

Resp.: 730 m/s

3.18 No sistema da figura, $A_3 = 0{,}5\ m^2$, $\rho_3 = 0{,}4\ kg/m^3$ e os fluidos são gases. Dados:

Seção (1): $v = 4[1 - (r/R)^2]$; $Q_1 = 2\ m^3/s$; $\rho_1 = 0{,}6\ kg/m^3$

Seção (2): $v = 9(1 - r/0{,}4)$; $\rho_2 = 1{,}2\ kg/m^3$

Determinar:

a) a velocidade do pistão;

b) o raio da seção (1);

c) a mínima viscosidade dinâmica do fluido na seção (1).

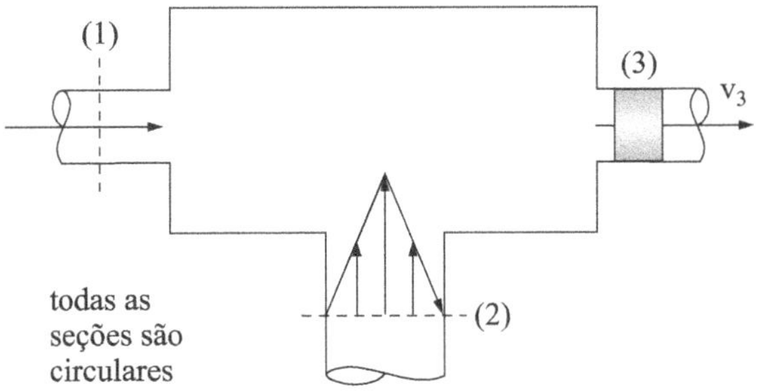

Resp.: a) 15 m/s; b) 0,564 m; c) $6{,}77 \times 10^{-4}\ N.s/m^2$

3.19 No sistema da figura, o óleo fornecido pela bomba mantém o pistão parado. O óleo escoa através da folga entre o pistão e o cilindro com uma distribuição linear de velocidades, tendo a máxima velocidade na linha de centro da seção de escoamento. Calcular a vazão de óleo que deve ser fornecida pela bomba adotando a área da coroa circular igual a $\pi D \varepsilon$.

Dados:

Pressão na base do pistão = 50 kPa

L = 2 m; D = 20 cm; peso do pistão = 520π N

$\mu = 5 \times 10^{-3}$ N.s /m^2; ε = 1 mm

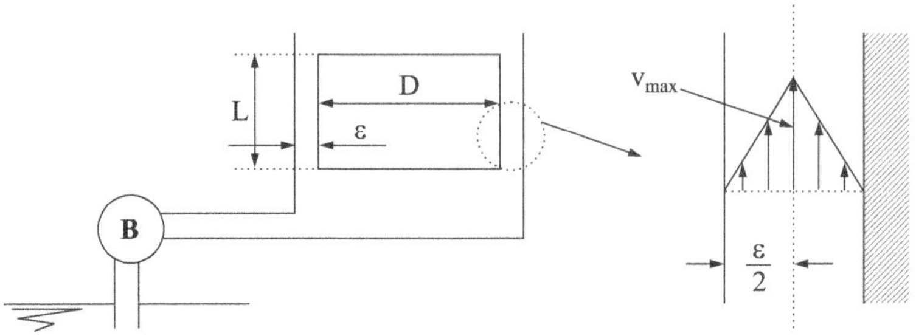

Resp.: Q = 1,57 L/s

3.20 O campo de velocidades de um escoamento é dado por $v_x = 3y$ e $v_y = 2$.

a) O movimento é variado ou permanente?

b) Determinar o campo das acelerações.

c) Determinar os módulos da velocidade e aceleração no ponto de coordenadas (3;4).

Resp.: b) $a_x = 6$; $a_y = 0$ c) v = 12,2; a = 6

3.21 Exercício anterior com $v_x = 0$, $v_y = 3xy$ e ponto de coordenadas (2;2).

Resp.: b) $a_x = 0$; $a_y = 9x^2y$ c) v = 12; a = 72

3.22 Exercício anterior com vx = –2y, $v_y = 3x$ e ponto de coordenadas (2;3).

Resp.: $a_x = -6x$; $a_y = -6y$ c) v = 8,5; a = 21,6

3.23 Um escoamento é definido pelo campo de velocidades $v_x = 2(1 + t)$, $v_y = 3(1 + t)$, $v_z = 4(1 + t)$. Qual é o módulo da velocidade no ponto (3;1;4) no instante t = 2 s? Qual é o módulo da aceleração no mesmo ponto e instante?

Resp.: v = 16,1; a = 5,4

3.24 O campo de velocidades de um escoamento bidimensional é dado por $v_x = 3 + 2xy + 4t^2$, $v_y = xy^2 + 3t$. Determinar os módulos da velocidade e aceleração no ponto (2;1) no instante t = 5 s.

Resp.: v = 108; a = 368

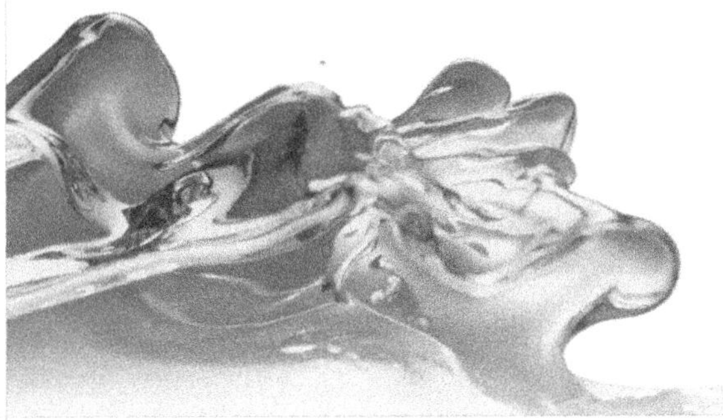

CAPÍTULO 4

Equação da energia para regime permanente

4.1 Introdução

No Capítulo 3 foi introduzida a equação da continuidade. Essa equação conclui que, para que a hipótese de regime permanente seja verdadeira, a massa de fluido que flui por uma seção de um tubo de corrente deve ser idêntica àquela que o abandona por outra seção qualquer. Pode-se, então, fazer um balanço das massas ou vazões em massa entre seções de entrada ou saída de um certo escoamento. Com base no fato de que a energia não pode ser criada nem destruída, mas apenas transformada, é possível construir uma equação que permitirá fazer o balanço das energias, da mesma forma como foi feito para as massas, por meio da equação da continuidade.

A equação que permite tal balanço chama-se equação da energia e nos permitirá, associada à equação da continuidade, resolver inúmeros problemas práticos como, por exemplo: determinação da potência de máquinas hidráulicas, determinação de perdas em escoamento, transformação de energia etc.

Essa equação envolve, em geral, uma série de conceitos novos, e os estudantes de Mecânica dos Fluidos costumam ter certa dificuldade para sua assimilação. Por causa disso, neste capítulo será realizada uma inversão que poderá parecer conceitualmente estranha para o conhecedor do assunto, mas que é didaticamente válida. Tal inversão constará da apresentação inicial de um caso particularíssimo que será estendido, aos poucos, para o caso geral em regime permanente.

Essa operação visa a uma familiarização dos leitores com alguns dos termos que ficarão posteriormente diluídos e, portanto, de difícil compreensão dentro da equação geral.

4.2 Tipos de energias mecânicas associadas a um fluido

a) Energia potencial (E_p)

   É o estado de energia do sistema devido à sua posição no campo da gravidade em relação a um plano horizontal de referência (PHR).

   Essa energia é medida pelo potencial de realização de trabalho do sistema.

   Seja, por exemplo, um sistema de peso $G = mg$, cujo centro de gravidade está a uma cota z em relação a um PHR (Figura 4.1).

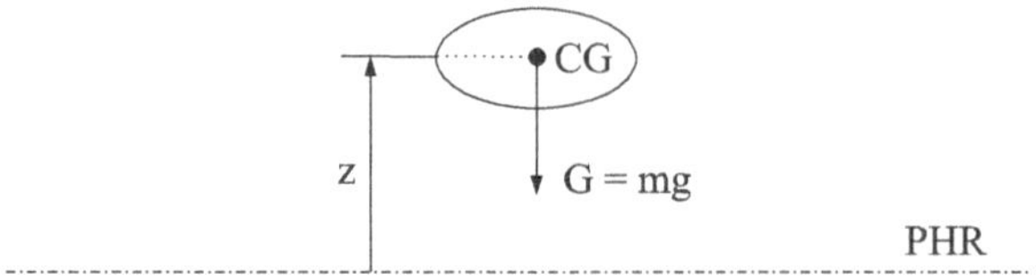

Figura 4.1

Como: Trabalho = Força × Deslocamento
Então: $W = Gz = mgz$
Mas, pelo que foi dito anteriormente, $E_p = W$; logo:

$$E_p = mgz \tag{4.1}$$

Note-se que, na equação, que será introduzida posteriormente, interessará somente a diferença das energias potenciais de um ponto a outro do fluido, de forma que a posição do PHR não alterará a solução dos problemas. Isto é, o PHR é adotado arbitrariamente, conforme a conveniência da solução do problema.

b) Energia cinética (E_c)
É o estado de energia determinado pelo movimento do fluido. Seja um sistema de massa m e velocidade v; a energia cinética será dada por:

$$E_c = \frac{mv^2}{2} \tag{4.2}$$

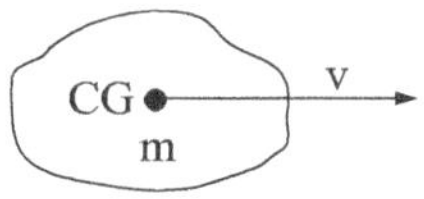

Figura 4.2

c) Energia de pressão (E_{pr})
Essa energia corresponde ao trabalho potencial das forças de pressão que atuam no escoamento do fluido.
Seja, por exemplo, o tubo de corrente da Figura 4.3.
Admitindo que a pressão seja uniforme na seção, então a força aplicada pelo fluido externo no fluido do tubo de corrente, na interface de área A, será $F = pA$. No intervalo de tempo dt, o fluido irá se deslocar de um ds, sob a ação da força F, produzindo um trabalho:

$$dW = Fds = pAds = pdV$$

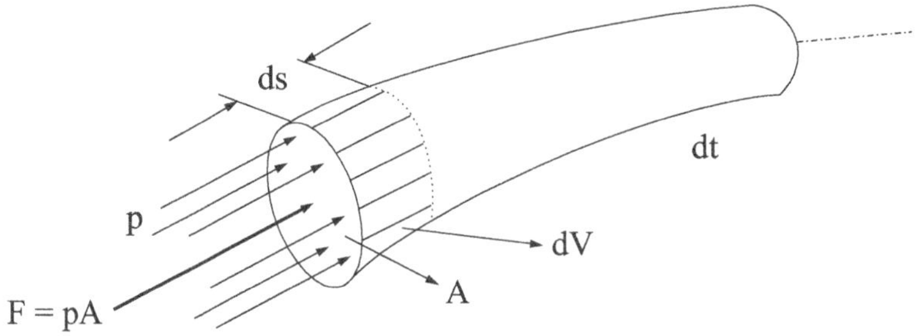

Figura 4.3

Por definição: $dW = dE_{pr}$

e portanto: $dE_{pr} = pdV$ (4.3)

ou $$E_{pr} = \int_V p\,dV$$

d) Energia mecânica total do fluido (E)
Excluindo-se energias térmicas e levando em conta apenas efeitos mecânicos, a energia total de um sistema de fluido será:

$$E = E_p + E_c + E_{pr} \tag{4.4}$$

ou $$E = mgz + \frac{mv^2}{2} + \int_V p\,dV \tag{4.5}$$

4.3 Equação de Bernoulli

Conforme foi citado na introdução, a equação da energia geral será construída aos poucos, partindo-se de uma equação mais simples, válida somente para uma série de hipóteses simplificadoras.

É óbvio que cada hipótese admitida cria um afastamento entre os resultados obtidos pela equação e os observados na prática. A equação de Bernoulli, devido ao grande número de hipóteses simplificadoras, dificilmente poderá produzir resultados compatíveis com a realidade. No entanto, é de importância fundamental, seja conceitualmente, seja como alicerce da equação geral, que será construída pela eliminação gradual das hipóteses da equação de Bernoulli e pela introdução dos termos necessários, para que a equação represente com exatidão os fenômenos naturais.

As hipóteses simplificadoras são:

a) regime permanente;
b) sem máquina no trecho de escoamento em estudo. Entenda-se por máquina qualquer dispositivo mecânico que forneça ou retire energia do fluido, na forma de trabalho. As que fornecem energia ao fluido serão denominadas 'bombas' e as que extraem energia do fluido, 'turbinas';
c) sem perdas por atrito no escoamento do fluido ou fluido ideal;
d) propriedades uniformes nas seções;
e) fluido incompressível;
f) sem trocas de calor.

Pelas hipóteses (b), (c) e (f) exclui-se que no trecho de escoamento em estudo seja fornecida ou retirada energia do fluido.

Seja o tubo de corrente da Figura 4.4, entre as seções (1) e (2).

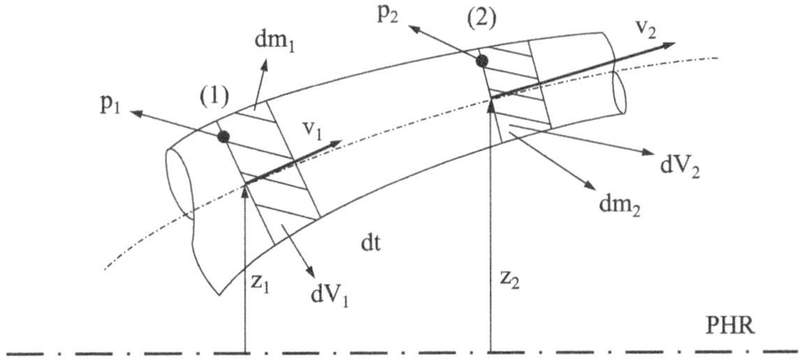

Figura 4.4

Deixando passar um intervalo de tempo dt, uma massa infinitesimal dm_1 de fluido a montante da seção (1) atravessa-a e penetra no trecho (1)-(2) acrescentando-lhe a energia:

$$dE_1 = dm_1 g z_1 + \frac{dm_1 v_1^2}{2} + p_1 dV_1$$

Na seção (2), uma massa dm_2 do fluido que pertencia ao trecho (1)-(2) escoa para fora, levando a sua energia:

$$dE_2 = dm_2 g z_2 + \frac{dm_2 v_2^2}{2} + p_2 dV_2$$

Como pelas hipóteses (b), (c) e (f) não se fornece nem se retira energia do fluido, para que o regime seja permanente é necessário que no trecho (1)-(2) não haja variação de energia, o que implica obrigatoriamente que:

$$dE_1 = dE_2 \qquad \text{ou}$$

$$dm_1 g z_1 + \frac{dm_1 v_1^2}{2} + p_1 dV_1 = dm_2 g z_2 + \frac{dm_2 v_2^2}{2} + p_2 dV_2$$

Como $\rho = \frac{dm}{dV}$ e portanto $dV = \frac{dm}{\rho}$, tem-se:

$$dm_1 g z_1 + \frac{dm_1 v_1^2}{2} + \frac{p_1}{\rho_1} dm_1 = dm_2 g z_2 + \frac{dm_2 v_2^2}{2} + \frac{p_2}{\rho_2} dm_2$$

Como o fluido é incompressível, $\rho_1 = \rho_2$ e, como o regime é permanente, $dm_1 = dm_2$, portanto:

$$g z_1 + \frac{v_1^2}{2} + \frac{p_1}{\rho} = g z_2 + \frac{v_2^2}{2} + \frac{p_2}{\rho}$$

Dividindo a equação por g e lembrando que $\gamma = \rho g$, tem-se:

$$z_1 + \frac{v_1^2}{2g} + \frac{p_1}{\gamma} = z_2 + \frac{v_2^2}{2g} + \frac{p_2}{\gamma} \qquad \textbf{(4.6)}$$

A Equação 4.6 é a equação de Bernoulli, que permite relacionar cotas, velocidades e pressões entre duas seções do escoamento do fluido. A seguir, será indicado o significado dos termos dessa equação.

$z = \frac{mgz}{mg} = \frac{E_p}{G} =$ energia potencial por unidade de peso ou energia potencial de uma partícula de peso unitário

$\frac{v^2}{2g} = \frac{mv^2}{2gm} = \frac{mv^2}{2G} = \frac{E_c}{G} =$ energia cinética por unidade de peso ou energia cinética de uma partícula de peso unitário

$\frac{p}{\gamma} = \frac{pV}{\gamma V} = \frac{pV}{G} = \frac{E_{pr}}{G} =$ energia de pressão por unidade de peso ou energia de pressão da partícula de peso unitário

Note-se, então, que a Equação 4.6 expressa que ao penetrar por (1) uma partícula de peso unitário, à qual estão associadas as energias z_1, $v_1^2/2g$ e p_1/γ, deverá sair por (2) uma partícula de peso unitário à qual estejam associadas as energias z_2, $v_2^2/2g$ e p_2/γ, de forma que a soma delas seja idêntica à soma em (1) para manter a energia constante no volume entre (1) e (2).

Uma observação importante é que, sendo z uma cota, então será medida em unidade de comprimento (por exemplo, em metros); logo, tanto $v^2/2g$ como p/γ também serão medidos dessa forma. Não deve o leitor esquecer que, apesar disso, cada uma das parcelas da Equação 4.6 tem o significado de energia por unidade de peso.

Note-se ainda que no item 2.5 do Capítulo 2 a carga de pressão foi definida como sendo $h = p/\gamma$. Logo, a energia de pressão por unidade de peso é a própria carga de pressão. Por analogia, serão denominadas:

z = carga potencial

$\dfrac{v^2}{2g}$ = carga da velocidade ou carga cinética

Observe-se que a palavra 'carga' substitui a expressão 'energia por unidade de peso'.

Fazendo: $$H = \frac{p}{\gamma} + \frac{v^2}{2g} + z$$

onde: H = energia total por unidade de peso numa seção ou carga total na seção.

Com a noção de carga total, a Equação 4.6 poderá ser escrita simbolicamente:

$$H_1 = H_2 \tag{4.7}$$

Essa equação poderá ser enunciada da seguinte forma: *Se, entre duas seções do escoamento, o fluido for incompressível, sem atritos, e o regime permanente, se não houver máquina nem trocas de calor, então as cargas totais se manterão constantes em qualquer seção, não havendo nem ganhos nem perdas de carga.*

EXEMPLO

Água escoa em regime permanente no Venturi da figura. No trecho considerado, supõem-se as perdas por atrito desprezíveis e as propriedades uniformes nas seções. A área (1) é 20 cm², enquanto a da garganta (2) é 10 cm². Um manômetro cujo fluido manométrico é mercúrio (γ_{Hg} = 136.000 N/m³) é ligado entre as seções (1) e (2) e indica o desnível mostrado na figura. Pede-se a vazão da água que escoa pelo Venturi. (γ_{H_2O} = 10.000 N/m³)

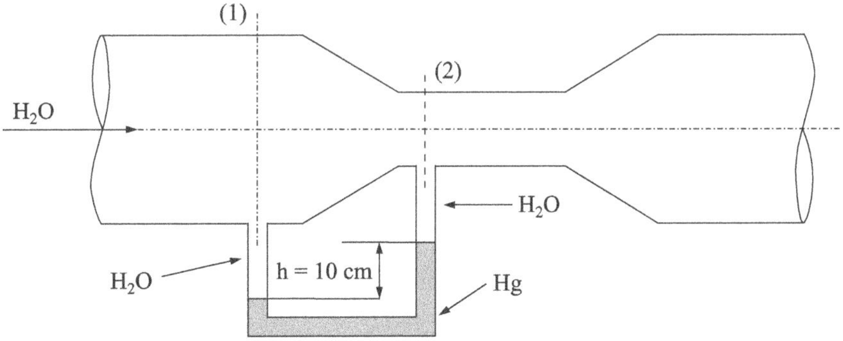

Solução

Note-se que as hipóteses impostas pelo problema o enquadram perfeitamente no uso da equação de Bernoulli. Logo:

$$\frac{p_1}{\gamma} + \frac{v_1^2}{2g} + z_1 = \frac{p_2}{\gamma} + \frac{v_2^2}{2g} + z_2$$

Os centros geométricos das seções (1) e (2) têm a mesma cota z, qualquer que seja o PHR adotado. Dessa forma, pode-se escrever:

$$\frac{v_2^2 - v_1^2}{2g} = \frac{p_1 - p_2}{\gamma}$$

O segundo membro dessa expressão pode ser determinado pelo manômetro diferencial instalado, mas antes disso é interessante notar que, pela equação da continuidade, sendo $A_2 < A_1$, tem-se $v_2 > v_1$, e como a energia cinética aumenta de (1) para (2), a energia de pressão deverá diminuir para que a soma seja constante. Essa observação explica o porquê de o manômetro estar desnivelado da esquerda para a direita, já que $p_1 > p_2$. Partindo do centro geométrico da seção (1) e desprezando os trechos comuns aos dois ramos do manômetro, a equação manométrica ficará:

$$p_1 + \gamma_{H_2O}h - \gamma_{Hg}h = p_2$$

$$p_1 - p_2 = (\gamma_{Hg} - \gamma_{H_2O})h$$

Logo: $$p_1 - p_2 = (136.000 - 10.000)\times 0,1 = 12.600\ N/m^2$$

ou $$\frac{v_2^2 - v_1^2}{2g} = \frac{12.600}{\gamma} = \frac{12.600}{10.000} = 1,26\ m$$

Ou, adotando $g = 10\ m/s^2$,

$$v_2^2 - v_1^2 = 25,20\ m^2/s^2$$

Como a equação da energia conduz a uma equação com duas incógnitas, haverá necessidade de outra equação que relacione as velocidades, que é a equação da continuidade. Pela equação da continuidade:

$$Q_1 = Q_2$$

ou $$v_1A_1 = v_2A_2 \quad \therefore \quad v_1 = v_2\frac{A_2}{A_1} = \frac{v_2}{2}$$

Logo: $$v_2^2 - \frac{v_2^2}{4} = 25,20$$

ou $$v_2 = \sqrt{\frac{4\times 25,20}{3}} = 5,8\ m/s$$

Logo: $$Q = v_2A_2 = 5,8\times 10\times 10^{-4} = 5,8\times 10^{-3}\ m^3/s$$

ou $$Q = 5,8\ L/s$$

Note-se que o problema foi resolvido com o auxílio da equação da energia (Bernoulli) e da equação da continuidade. Tal fato acontecerá em quase todos os problemas, devendo, portanto, o leitor estar bastante familiarizado com os capítulos 3 e 4 para que não tenha dificuldades na seqüência do estudo.

4.4 Equação da energia e presença de uma máquina

Como foi explicado na Introdução (item 4.1), a equação do item 4.3 será completada gradualmente, eliminando as hipóteses impostas para se chegar à equação geral. Em outras palavras, neste item e nos próximos, serão retiradas aos poucos as hipóteses impostas no item 4.3 que restringem o uso da equação.

Neste item 4.4 serão mantidas todas as hipóteses do item 4.3, mas raciocina-se com a presença de uma máquina atuando entre as seções (1) e (2) do tubo de corrente.

Máquina, para efeito deste estudo, será qualquer dispositivo introduzido no escoamento, o qual forneça ou retire energia dele, na forma de trabalho. A maneira de funcionamento da máquina não interessará por enquanto, importando somente como sua presença afeta as equações 4.6 ou 4.7.

Como, por enquanto, subsiste a hipótese de fluido incompressível, para facilidade de linguagem, será denominada 'bomba' qualquer máquina que forneça energia ao fluido e 'turbina', qualquer máquina que retire energia dele.

Vejamos a alteração na equação do item 4.3 ao introduzir uma máquina entre as seções (1) e (2) (Figura 4.5).

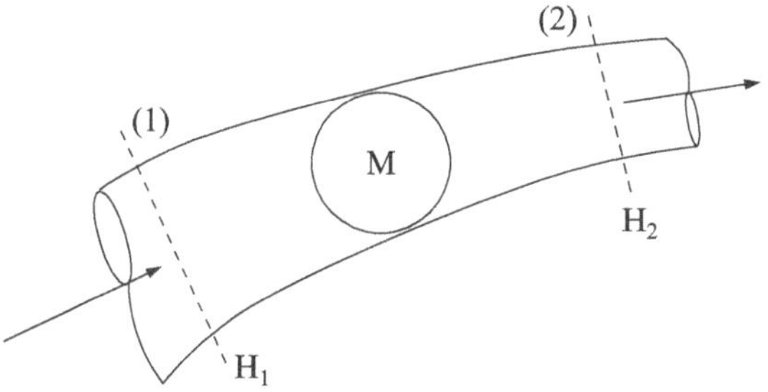

Figura 4.5

Se não houvesse máquina, sabe-se que, válidas as hipóteses do item 4.3, valeria a Equação 4.7

$$H_1 = H_2$$

isto é, a energia por unidade de peso do fluido em (1) é igual à energia por unidade de peso em (2) ou a carga total em (1) é igual à carga total em (2).

Se a máquina for uma bomba, o fluido receberá um acréscimo de energia tal que $H_2 > H_1$.

Para restabelecer a igualdade, deverá ser somada ao primeiro membro a energia recebida pela unidade de peso do fluido na máquina.

Logo:
$$H_1 + H_B = H_2 \tag{4.8}$$

A parcela H_B é chamada 'carga ou altura manométrica da bomba' e representa a energia fornecida à unidade de peso do fluido que passa pela bomba.

Se a máquina for uma turbina, $H_1 > H_2$, pois, por definição, a turbina retira energia do fluido. Para restabelecer a igualdade, tem-se:

$$H_1 - H_T = H_2 \tag{4.9}$$

onde H_T = 'carga ou altura manométrica da turbina' ou energia retirada da unidade de peso do fluido pela turbina.

Como se deseja estabelecer uma equação geral, a carga manométrica da máquina será indicada por H_M e as equações 4.8 e 4.9 poderão ser escritas de forma única como:

$$H_1 + H_M = H_2 \tag{4.10}$$

sendo: $H_M = H_B$ se a máquina for uma bomba;

$H_M = -H_T$ se a máquina for uma turbina.

A Equação 4.10 é a que considera a presença de uma máquina no escoamento entre as seções (1) e (2) em estudo. Lembrando os significados de H_1 e H_2, essa equação é escrita assim:

$$\frac{p_1}{\gamma} + z_1 + \frac{v_1^2}{2g} + H_M = \frac{p_2}{\gamma} + z_2 + \frac{v_2^2}{2g} \tag{4.11}$$

ou
$$H_M = \frac{p_2 - p_1}{\gamma} + (z_2 - z_1) + \frac{v_2^2 - v_1^2}{2g} \tag{4.12}$$

A Equação 4.12 mostra que a presença de uma máquina pode acarretar variações da carga de pressão, da carga potencial e da carga cinética.

4.5 Potência da máquina e noção de rendimento

Antes de definir a potência da máquina, será definida a 'potência do fluido'.

Note-se que potência, por definição, é o trabalho por unidade de tempo.

Como o trabalho é uma energia mecânica, podemos generalizar definindo potência como sendo qualquer energia mecânica por unidade de tempo e, daqui para a frente, será representado pelo símbolo N.

Dessa forma: $$N = \frac{\text{energia mecânica}}{\text{tempo}}$$

ou equivalentemente: $$N = \frac{\text{energia mecânica}}{\text{peso}} \times \frac{\text{peso}}{\text{tempo}}$$

A energia por unidade de peso já foi definida anteriormente e foi denominada 'carga', e o peso por unidade de tempo é a vazão em peso.

Dessa forma: $$N = \text{carga} \times Q_G$$

Pela Equação 3.10: $$N = \gamma Q \times \text{carga}$$

Pela Equação 4.13, observa-se que, para calcular a potência referente ao fluido, deve-se multiplicar o peso específico dele pela vazão em volume e pela sua energia por unidade de peso ou carga.

Logo: $$N = \gamma Q H \qquad (4.13)$$

EXEMPLO

Calcular a potência do jato de um fluido descarregado no ambiente por um bocal. Dados: v_j = velocidade do jato; A_j = área do jato; γ = peso específico do fluido.

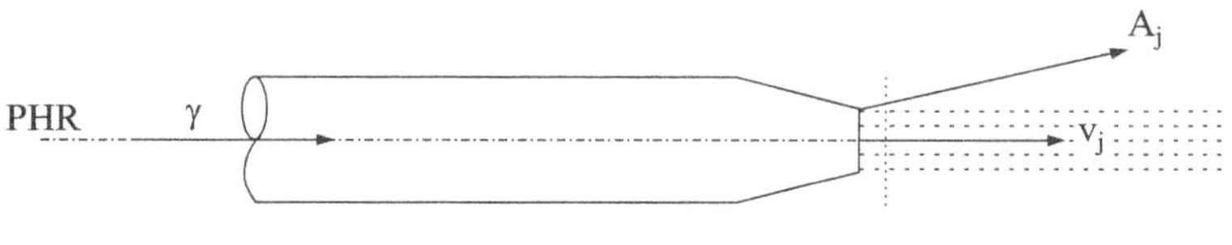

Solução

A carga ou a energia do jato por unidade de peso é dada por:

$$H_j = \frac{p_j}{\gamma} + \frac{v_j^2}{2g} + z_j$$

Passando o PHR no centro do bocal, $z_j = 0$. Como o jato é descarregado à pressão atmosférica, sua pressão efetiva será nula, isto é, $p_j = 0$.

Logo: $$H_j = \frac{v_j^2}{2g}$$

o que significa que o jato só tem carga cinética.

Pela Equação 4.13: $$N_j = \gamma\, Q_j\, H_j$$

ou $$N_j = \gamma v_j A_j \frac{v_j^2}{2g}$$

Logo: $$N_j = \frac{\gamma A_j v_j^3}{2g} \quad \text{ou} \quad N_j = \frac{\rho A_j v_j^3}{2}$$

No caso da presença de uma máquina, verificou-se que a energia fornecida ou retirada do fluido, por unidade de peso, é indicada por H_M (carga manométrica). Logo, nesse caso, a potência referente ao fluido será dada por:

$$N = \gamma Q H_M$$

ou, no caso de uma bomba: $$N = \gamma Q H_B \tag{4.14}$$

e no caso de uma turbina: $$N = \gamma Q H_T \tag{4.15}$$

Note-se que, no caso da transmissão de potência, sempre existem perdas e, portanto, a potência recebida ou cedida pelo fluido não coincide com a potência da máquina, que é definida como sendo a potência no seu eixo.

A potência de uma bomba será indicada por N_B e é ilustrada esquematicamente na Figura 4.6.

A potência N_B, no caso do desenho, coincidiria com a potência do motor, mas nem sempre o motor é ligado diretamente ao eixo, podendo existir algum elemento de transmissão que provoque perdas.

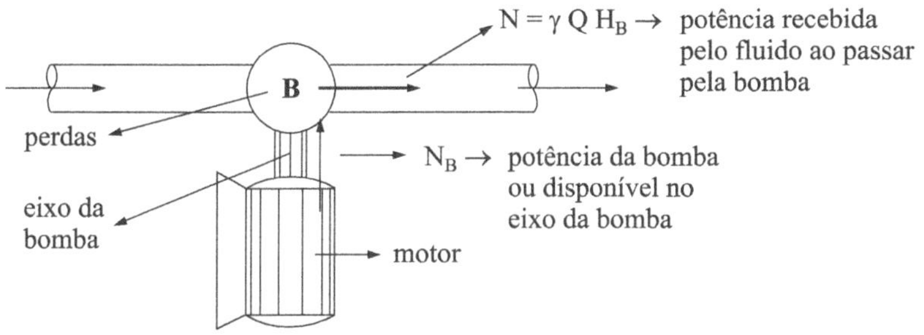

Figura 4.6

Pelo que foi dito anteriormente, $N < N_B$ devido às perdas na transmissão da potência ao fluido, que se devem principalmente a atritos, mas que aqui não serão analisadas.

Define-se rendimento de uma bomba (η_B) como a relação entre a potência recebida pelo fluido e a fornecida pelo eixo.

$$\eta_B = \frac{N}{N_B} \tag{4.16}$$

Logo: $$N_B = \frac{N}{\eta_B} = \frac{\gamma Q H_B}{\eta_B} \tag{4.17}$$

O caso da turbina é ilustrado pela Figura 4.7.

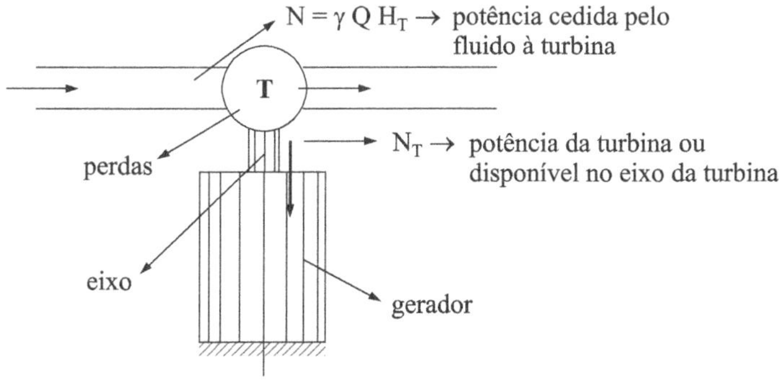

Figura 4.7

Observe-se que, nesse caso, o fluxo de energia é do fluido para a turbina e, portanto, $N_T < N$.

Define-se rendimento de uma turbina (η_T) como a relação entre a potência da turbina e a potência cedida pelo fluido:

$$\eta_T = \frac{N_T}{N}$$

Logo: $$N_T = N\eta_T = \gamma\, Q\, H_T \eta_T \qquad (4.18)$$

As unidades de potência são dadas por unidade de trabalho por unidade de tempo.

SI: N.m/s = J/s = W (watt) ⟶ 1 kgm/s = 9,8 W

MK*S: kgf.m/s = kgm/s

Outras unidades são o CV (cavalo-vapor) e o HP (*horse power*).

1 CV = 75 kgm/s = 735 W

1 HP = 1,014 CV

EXEMPLO

O reservatório de grandes dimensões da figura fornece água para o tanque indicado com uma vazão de 10 L/s. Verificar se a máquina instalada é bomba ou turbina e determinar sua potência, se o rendimento é 75%. Supor fluido ideal.

Dados: $\gamma_{H_2O} = 10^4\ N/m^3$; $A_{tubos} = 10\ cm^2$; $g = 10\ m/s^2$.

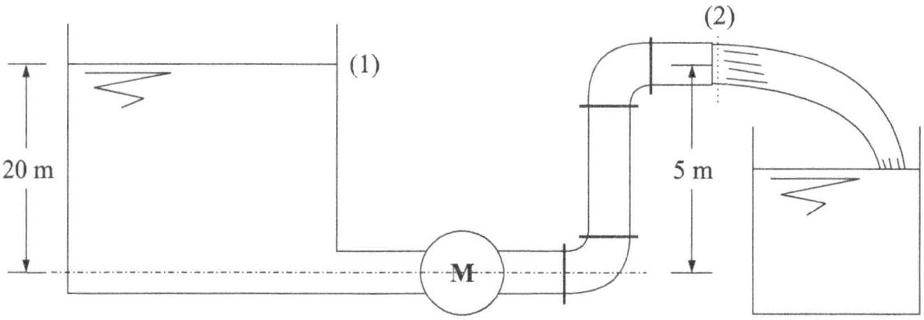

Solução

Como o fluido é considerado ideal, pode-se aplicar a equação de Bernoulli entre as seções (1) e (2), lembrando que entre as duas existe a máquina M. Mesmo que o reservatório da esquerda não seja a nível constante, será adotada a hipótese de regime permanente com a seguinte consideração: o reservatório, sendo de grandes dimensões, levará muito tempo para que seu nível seja alterado sensivelmente pela água descarregada por (2).

Logo, dentro de um certo intervalo de tempo, pode-se considerar que o seu nível é constante, mantendo dessa forma a hipótese de regime permanente. Lembre o leitor que, todas as vezes que se mencionar 'reservatório de grandes dimensões', essa hipótese é válida e, mais que isso, pode-se considerar a velocidade do fluido no nível do reservatório praticamente nula (vide Exercício 3.8 do Capítulo 3). Com essas considerações, pode-se escrever:

$$H_1 + H_M = H_2$$

$$H_1 = \frac{p_1}{\gamma} + \frac{v_1^2}{2g} + z_1$$

$$H_2 = \frac{p_2}{\gamma} + \frac{v_2^2}{2g} + z_2$$

Adotando o PHR na base do reservatório (1), tem-se:

$$z_1 = 20\ m \quad e \quad z_2 = 5\ m$$

A pressão, tanto na seção (1) como na (2), é igual à pressão atmosférica; logo, $p_1 = 0$ e $p_2 = 0$ na escala efetiva.

A velocidade na seção (1) é nula pelas considerações feitas ou $v_1 = 0$.

Resta determinar v_2.

Mas $$v_2 = \frac{Q}{A_2} = \frac{10\times 10^{-3}}{10\times 10^{-4}} = 10 \text{ m/s}$$

$$H_1 = 0 + 0 + 20 = 20 \text{ m}$$

$$H_2 = 0 + \frac{10^2}{2\times 10} + 5 = 10 \text{ m}$$

Logo: $$H_M = H_2 - H_1 = 10 - 20 = -10 \text{ m}$$

Como no sentido do escoamento H_M é negativo, conclui-se que a máquina é uma turbina, e como $H_M = -H_T$, então $H_T = 10$ m.

Potência fornecida pelo fluido à turbina:

$$N = \gamma Q H_T = 10^4 \times 10\times 10^{-3} \times 10\times \frac{1}{1.000} = 1 \text{ kW}$$

Potência da turbina com a noção de rendimento:

$$\eta_T = \frac{N_T}{N} \quad \text{logo:} \quad N_T = N\eta_T = 1\times 0{,}75 = 0{,}75 \text{ kW}$$

Observe que, pela equação de Bernoulli, calcula-se a potência posta em jogo pelo fluido. A potência realmente aproveitada pela turbina é menor, como se pode verificar pelo resultado.

4.6 Equação da energia para fluido real

Neste item será retirada a hipótese de fluido ideal; logo, serão considerados os atritos internos no escoamento do fluido. São mantidas as hipóteses de regime permanente, fluido incompressível, propriedades uniformes na seção e sem trocas de calor induzidas. Esta última significa que não existe uma troca de calor provocada propositalmente; no entanto, ao se considerar os atritos no escoamento do fluido, deve-se imaginar que haverá uma perda de calor do fluido para o ambiente causada pelos próprios atritos. Como será visto a seguir, a construção da equação da energia pode ser realizada sem se falar, explicitamente, dessa perda de calor.

Da equação de Bernoulli sabe-se que, se o fluido fosse perfeito, $H_1 = H_2$ (Figura 4.8).

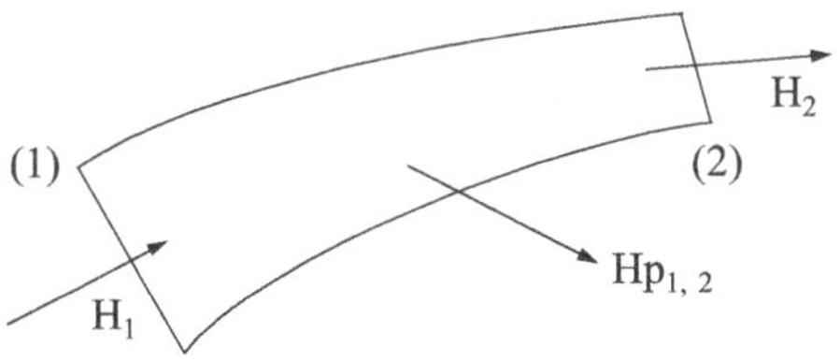

Figura 4.8

Se, no entanto, houver atritos no transporte do fluido, entre as seções (1) e (2) haverá uma dissipação da energia, de forma que $H_1 > H_2$.

Querendo restabelecer a igualdade, será necessário somar no segundo membro a energia dissipada no transporte.

$$H_1 = H_2 + H_{p1,2} \tag{4.19}$$

$H_{p1,2}$ = energia perdida entre (1) e (2) por unidade de peso do fluido

Como $H_{p1,2} = H_1 - H_2$ e como H_1 e H_2 são chamados cargas totais, $H_{p1,2}$ é denominado 'perda de carga'.

Se for considerada também a presença de uma máquina entre (1) e (2), a equação da energia ficará:

$$H_1 + H_M = H_2 + H_{p1,2} \tag{4.20}$$

ou

$$\frac{v_1^2}{2g} + \frac{p_1}{\gamma} + z_1 + H_M = \frac{v_2^2}{2g} + \frac{p_2}{\gamma} + z_2 + H_{p1,2} \tag{4.21}$$

Da Equação 4.19 deve-se notar que, no escoamento de um fluido real entre duas seções onde não existe máquina, a energia é sempre decrescente no sentido do escoamento, isto é, a carga total a montante é sempre maior que a de jusante, desde que não haja máquina entre as duas.

A potência dissipada pelos atritos é facilmente calculável raciocinando da mesma maneira que para o cálculo da potência do fluido. A potência dissipada ou perdida por atrito poderá ser calculada por:

$$N_{diss} = \gamma Q H_{p1,2}$$

EXEMPLOS

1) Na instalação da figura, verificar se a máquina é uma bomba ou uma turbina e determinar sua potência, sabendo que seu rendimento é 75%. Sabe-se que a pressão indicada por um manômetro instalado na seção (2) é 0,16 MPa, a vazão é 10 L/s, a área da seção dos tubos é 10 cm^2 e a perda de carga entre as seções (1) e (4) é 2 m.

Não é dado o sentido do escoamento. $\gamma_{H_2O} = 10^4$ N / m^3; g = 10 m/s^2.

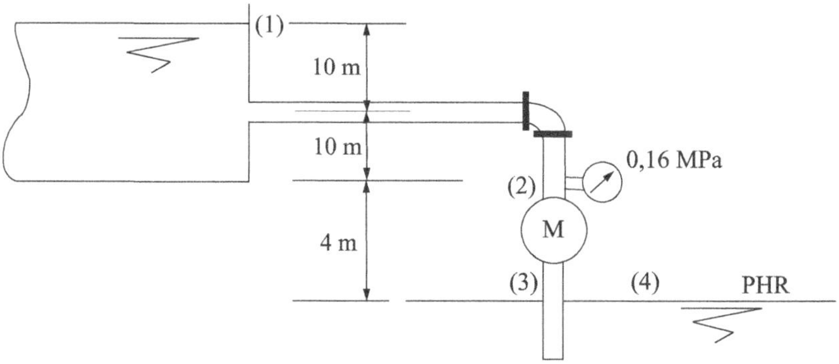

Solução

Deve ser notado, inicialmente, que a seção (4) é o nível do reservatório inferior sem incluir a parte interna do tubo, já que nesta não se conhece a pressão.

Sabe-se que o escoamento acontecerá no sentido das cargas decrescentes, num trecho onde não existe máquina. Para verificar o sentido, serão calculadas as cargas nas seções (1) e (2).

$$H_1 = \frac{p_1}{\gamma} + \frac{v_1^2}{2g} + z_1 = 0 + 0 + 24 = 24 \text{ m}$$

$$H_2 = \frac{p_2}{\gamma} + \frac{v_2^2}{2g} + z_2$$

$$v_2 = \frac{Q}{A_2} = \frac{10 \times 10^{-3}}{10 \times 10^{-4}} = 10 \text{ m/s}$$

$$H_2 = \frac{0{,}16 \times 10^6}{10^4} + \frac{10^2}{2 \times 10} + 4 = 25 \text{ m}$$

Como $H_2 > H_1$, conclui-se que o escoamento terá o sentido de (2) para (1) ou de baixo para cima, sendo a máquina, obviamente, uma bomba.

Aplique-se agora a equação da energia entre as seções (4) e (1), que compreendem a bomba. Lembrar que a equação deve ser escrita no sentido do escoamento.

$$H_4 + H_B = H_1 + H_{p4,1}$$

$$H_4 = \frac{p_4}{\gamma} + \frac{v_4^2}{2g} + z_4 = 0$$

$$H_1 = 24 \text{ m (já calculado)}$$

$$H_{p1,4} = 2 \text{ m}$$

Logo: $$H_B = H_1 - H_4 + H_{p1,4} = 24 - 0 + 2 = 26 \text{ m} > 0$$

Confirma-se que a máquina é uma bomba, já que a carga manométrica resultou positiva.

$$N_B = \frac{\gamma Q H_B}{\eta_B} = \frac{10^4 \times 10 \times 10^{-3} \times 26}{0,75} \times \frac{1}{1.000} = 3,47 \text{ kW}$$

2) Na instalação da figura, a máquina é uma bomba e o fluido é água. A bomba tem uma potência de 5 kW e seu rendimento é 80%. A água é descarregada à atmosfera com uma velocidade de 5 m/s pelo tubo cuja área da seção é 10 cm^2. Determinar a perda de carga do fluido entre (1) e (2) e a potência dissipada ao longo da tubulação. $\gamma = 10^4$ N/m^3; g = 10 m/s^2.

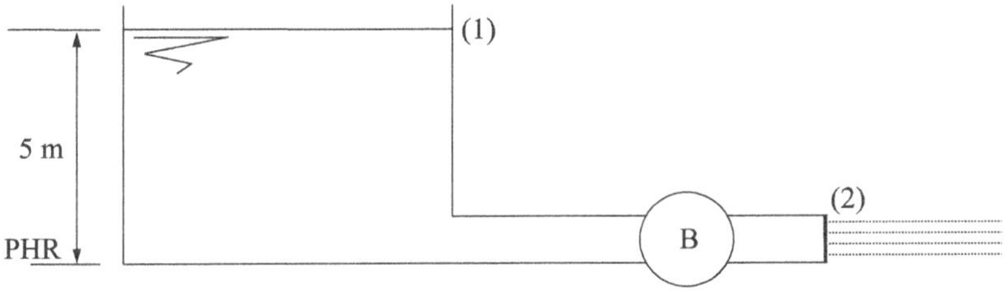

Solução

Temos $$H_1 + H_B = H_2 + H_{p_{1,2}}$$

$$H_1 = \frac{v_1^2}{2g} + \frac{p_1}{\gamma} + z_1 = 0 + 0 + 5 = 5 \text{ m}$$

$$H_2 = \frac{v_2^2}{2g} + \frac{p_2}{\gamma} + z_2 = \frac{5^2}{2 \times 10} + 0 + 0 = 1,25 \text{ m}$$

Com $$N_B = \frac{\gamma Q H_B}{\eta_B} \rightarrow H_B = \frac{\eta_B N_B}{\gamma Q} = \frac{\eta_B N_B}{\gamma v A}$$

$$H_B = \frac{0,8 \times 5 \times 10^3}{10^4 \times 5 \times 10 \times 10^{-4}} = 80 \text{ m}$$

$$H_{p_{1,2}} = H_1 - H_2 + H_B = 5 - 1,25 + 80$$

$$H_{p_{1,2}} = 83,75 \text{ m}$$

$$N_{diss_{1,2}} = \gamma Q H_{p_{1,2}} = 10^4 \times 5 \times 10 \times 10^{-4} \times 83,75 \times \frac{1}{1.000} = 4,19 \text{ kW}$$

4.7 Diagrama de velocidades não-uniforme na seção

Até agora, uma das hipóteses impostas foi referente a escoamento uniforme; entretanto, devido ao princípio da aderência, o diagrama de velocidades não será uniforme na seção.

Será verificado que esse fato causa uma alteração no termo $\frac{v^2}{2g}$ da equação da energia, que foi obtido com a hipótese de escoamento uniforme na seção.

Obviamente, se o diagrama de velocidades não for uniforme, existirá uma velocidade distinta em cada ponto da seção (Figura 4.9).

O termo $v^2/2g$ não terá mais significado, já que na seção em estudo existem infinitas velocidades diferentes.

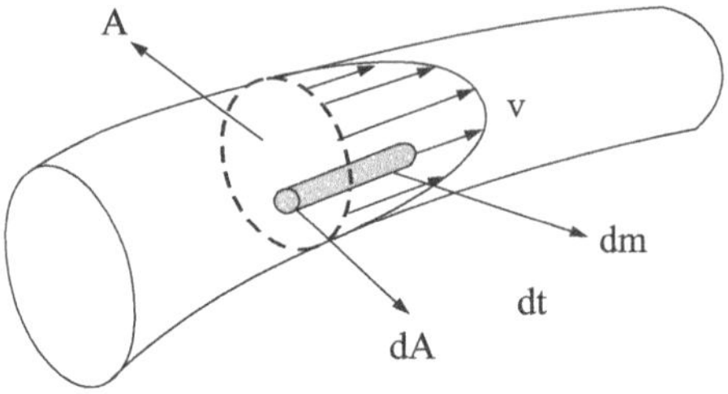

Figura 4.9

É possível utilizar a idéia de velocidade média na seção definida no Capítulo 3. Porém, será verificado a seguir que o termo da energia cinética, escrito com a velocidade média, necessitará de um coeficiente de correção. Para isso, 'fluxo da energia cinética' (C) será definido como sendo a energia cinética que atravessa uma seção do escoamento por unidade de tempo.

Na Figura 4.9 será calculada a energia cinética que, no intervalo de tempo dt, atravessa um dA da seção de área A.

$$dE_c = \frac{dmv^2}{2}$$

Logo, o fluxo da energia cinética através do dA será:

$$dC = \frac{dmv^2}{2dt}$$

Mas dm/dt é a vazão em massa através do dA. Logo:

$$\frac{dm}{dt} = dQ_m = \rho dQ = \rho v dA$$

e, portanto,

$$dC = \rho v dA \frac{v^2}{2}$$

ou

$$dC = \frac{\rho v^3}{2} dA \quad \textbf{(4.22)}$$

Para obter o fluxo da energia através de toda a área A, deve-se integrar a Equação 4.22:

$$C = \int \frac{\rho v^3}{2} dA$$

Adotando a velocidade média na seção e supondo $\rho = c^{te}$ em seus pontos, pode ser verificado que:

$$C = \int \frac{\rho v^3}{2} dA \neq \frac{\rho v_m^3 A}{2}$$

É necessário, portanto, que se introduza um coeficiente de correção para provocar a igualdade das expressões. Logo:

$$C = \int \frac{\rho v^3}{2} dA = \alpha \frac{\rho v_m^3 A}{2} \tag{4.23}$$

onde α, denominado 'coeficiente da energia cinética', é o fator que provoca a igualdade das duas expressões e pode ser determinado pela Equação 4.23:

$$\alpha = \frac{2}{\rho v_m^3 A} \int \frac{\rho v^3}{2} dA$$

ou

$$\alpha = \frac{1}{A} \int \left(\frac{v}{v_m} \right)^3 dA \tag{4.24}$$

Tendo a definição de α, o fluxo da energia cinética pode ser escrito:

$$C = \alpha \frac{\rho v_m^3 A}{2} \tag{4.25}$$

Mas $C = \dfrac{\text{energia cinética}}{\text{tempo}}$ e o termo da equação da energia corresponde à energia cinética por unidade de peso. Logo:

$$\frac{\text{energia cinética}}{\text{peso}} = \frac{\text{energia cinética}}{\text{peso}} \times \frac{\text{tempo}}{\text{tempo}} = \frac{\dfrac{\text{energia cinética}}{\text{tempo}}}{\dfrac{\text{peso}}{\text{tempo}}}$$

Lembrando que $\dfrac{\text{Peso}}{\text{Tempo}} = Q_G$ ou vazão em peso, obtém-se:

$$\frac{\text{energia cinética}}{\text{peso}} = \frac{C}{Q_G} = \frac{\alpha \dfrac{\rho v_m^3 A}{2}}{\rho g v_m A} = \alpha \frac{v_m^2}{2g}$$

Logo, a Equação 4.21 deverá ser escrita:

$$\alpha_1 \frac{v_{m1}^2}{2g} + \frac{p_1}{\gamma} + z_1 + H_M = \alpha_2 \frac{v_{m2}^2}{2g} + \frac{p_2}{\gamma} + z_2 + H_{p_{1,2}} \tag{4.26}$$

ou simplesmente:

$$\alpha_1 \frac{v_1^2}{2g} + \frac{p_1}{\gamma} + z_1 + H_M = \alpha_2 \frac{v_2^2}{2g} + \frac{p_2}{\gamma} + z_2 + H_{p_{1,2}} \tag{4.27}$$

lembrando que a presença de α implica que v_1 e v_2 são as velocidades médias nas seções (1) e (2) do escoamento.

O coeficiente α é função somente do diagrama de velocidades e será tanto maior que a unidade quanto mais este último se afastar do diagrama uniforme.

Em tubos de seção circular, sendo o escoamento laminar, vale o diagrama $v = v_{max}\left[1-\left(\frac{r}{R}\right)^2\right]$ e, nesse caso, $\alpha = 2$, e se o escoamento for turbulento, $v = v_{max}\left(1-\frac{r}{R}\right)^{1/7}$, sendo a @ 1. Nessas condições, sempre que Re > 2.400, em tubos, pode-se adotar a equação da energia na forma apresentada na Equação 4.21, em vez da apresentada na Equação 4.27, já que $\alpha \cong 1$. Note-se que este é o caso mais comum na prática da engenharia. (Vide exercícios 4.23 e 4.24, associados aos exercícios 3.1 e 3.2, respectivamente.)

A Equação 4.27 é a equação válida, sem nenhuma restrição, quando o regime é permanente, o fluido é incompressível e sem trocas de calor ou fenômenos térmicos.

Trata-se, portanto, da equação de uso mais freqüente nas aplicações que envolvem fluidos incompressíveis, isto é, líquidos ou até gases, desde que a variação da massa específica ao longo do escoamento seja desprezível.

4.8 Equação da energia para diversas entradas e saídas e escoamento em regime permanente de um fluido incompressível, sem trocas de calor

Ao longo de todo o capítulo, raciocinou-se com apenas uma entrada e uma saída ou tubo de corrente. Com a base dada, o próprio leitor poderia verificar as alterações na equação para um caso em que o número de entradas e saídas fosse maior. No entanto, será aqui determinada essa equação, de grande utilidade em muitos problemas.

Mantidas as hipóteses da equação de Bernoulli (item 4.3), na Figura 4.10, a energia que penetra no sistema pelas entradas deve coincidir com a que o abandona pelas saídas no mesmo intervalo de tempo t, para que o regime seja permanente.

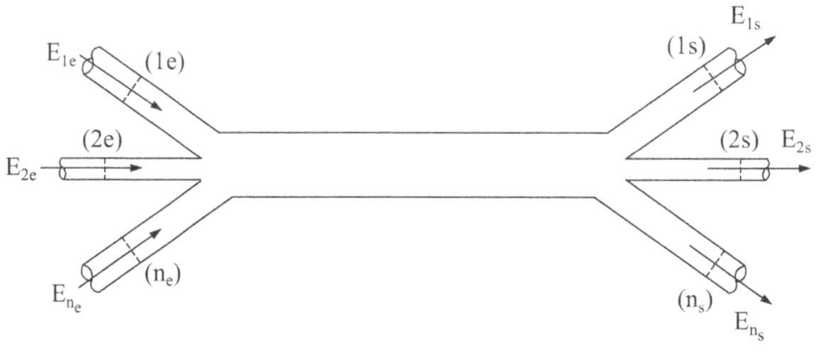

Figura 4.10

Logo:

$$\sum_e E = \sum_s E \tag{4.28}$$

onde: e = entradas

s = saídas

Dividindo a Equação 4.28 pelo intervalo de tempo em que as energias que entraram e saíram foram computadas, obtém-se

$$\sum_e E / t = \sum_s E / t$$

e lembrando que a energia do fluido por unidade de tempo representa a potência do fluido, teremos:

$$\sum_e N = \sum_s N$$

ou

$$\sum_e \gamma Q H = \sum_s \gamma Q H \tag{4.29}$$

onde $H = \frac{\alpha v^2}{2g} + \frac{p}{\gamma} + z$ em cada seção.

No caso da presença de máquina e de perdas por atrito, teremos, pela Figura 4.11:

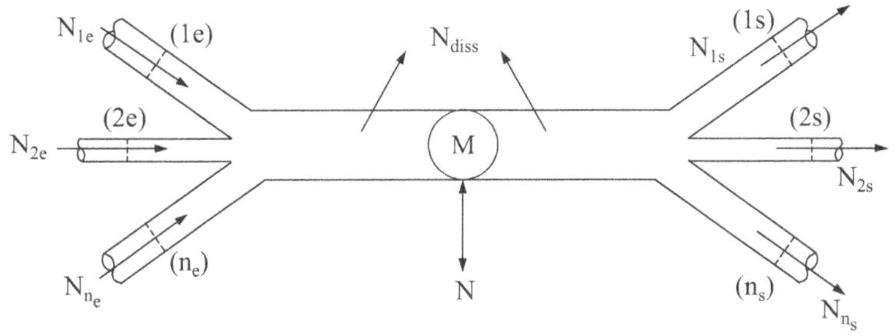

Figura 4.11

$$\sum_e \gamma QH + N = \sum_s \gamma QH + N_{diss} \tag{4.30}$$

onde N será positivo ou negativo, dependendo de a máquina ser bomba ou turbina, e $N = \gamma QH_M$, conforme foi visto anteriormente.

$$N_{diss} = \sum \gamma QH_p \tag{4.31}$$

onde, na somatória, Q e H_p referem-se a cada trecho do escoamento.

EXEMPLO

No sistema da figura, os reservatórios são de grandes dimensões. O reservatório X alimenta o sistema com 20 L/s e o reservatório Y é alimentado pelo sistema com 7,5 L/s. A potência da bomba é 2 kW e o seu rendimento, 80%. Todas as tubulações têm 62 mm de diâmetro e as perdas de carga são: $H_{p_{0,1}} = 2$ m; $H_{p_{1,2}} = 1$ m e $H_{p_{1,3}} = 4$ m. O fluido é água ($\gamma = 10^4$ N/m^3). Pede-se:

a) a potência dissipada na instalação;

b) a cota da seção (3) em relação ao centro da bomba.

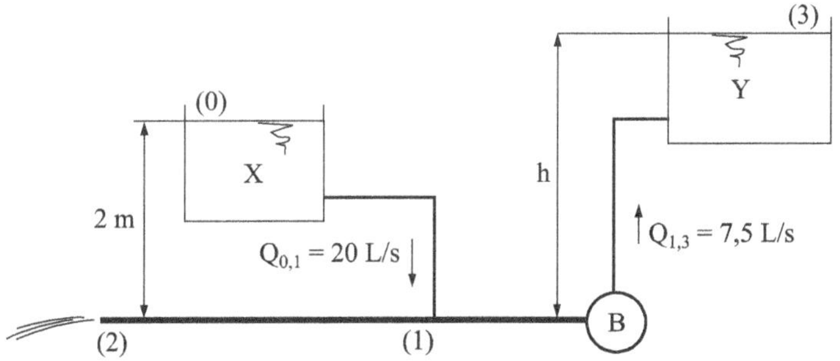

Solução

a) Pela equação da continuidade: $\sum_e Q = \sum_s Q$

Logo: $Q_{0,1} = Q_{1,2} = Q_{1,3}$

$20 = Q_{1,2} + 7,5 \qquad Q_{1,2} = 12,5\ \text{L/s}$

$N_{diss} = \gamma Q_{0,1} H_{p_{0,1}} + \gamma Q_{1,2} H_{p_{1,2}} + \gamma Q_{1,3} H_{p_{1,3}} H_{p1,3}$

$N_{diss} = 10^4 \times (20 \times 10^{-3} \times 2 + 12,5 \times 10^{-3} \times 1 + 7,5 \times 10^{-3} \times 4)\ \frac{1}{10^3} = 0,825\ \text{kW}$

b) $\sum_e \gamma QH + N = \sum_s \gamma QH + N_{diss}$

$$\gamma Q_{0,1}H_0 + N = \gamma Q_{1,2}H_2 + \gamma Q_{1,3}H_3 + N_{diss}$$

$$H_0 = \frac{\alpha_0 v_0^2}{2g} + \frac{p_0}{\gamma} + z_0$$

onde: $v_0 = 0$

$p_0 = 0$

$z_0 = 2$ m, adotando-se o PHR no nível da bomba.

Logo, $H_0 = 2$ m.

$$H_2 = \frac{\alpha_2 v_2^2}{2g} + \frac{p_2}{\gamma} + z_2 \qquad \text{onde} \qquad z_2 = 0, \; p_2 = 0$$

$$v_2 = \frac{4Q_2}{\pi D^2} = \frac{4 \times 12{,}5 \times 10^{-3}}{\pi \times 0{,}062^2} = 4{,}14 \text{ m/s}$$

e, supondo $\alpha_2 = 1$,

$$H_2 = \frac{4{,}14^2}{20} = 0{,}86 \text{ m}$$

$$H_3 = \frac{\alpha_3 v_3^2}{2g} + \frac{p_3}{\gamma} + z_3$$

onde: $v_3 = 0, \; p_3 = 0, \; z_3 = h$

$$N = N_B \eta_B = 2 \times 0{,}8 = 1{,}6 \text{ kW}$$

Portanto, na equação da energia:

$$10^4 \times 20 \times 10^{-3} \times 2 + 1{,}6 \times 10^3 = 10^4 \times 12{,}5 \times 10^{-3} \times 0{,}86 + 10^4 \times 7{,}5 \times 10^{-3} \times h + 0{,}825 \times 10^3$$

e finalmente h = 14,7 m

4.9 Interpretação da perda de carga

A existência de atrito no escoamento do fluido provoca uma dissipação de energia que, por unidade de peso, é computada matematicamente na Equação 4.27 pela perda de carga $H_{p_{1,2}}$.

Note-se que a idéia de perda de carga é introduzida para balancear a equação, sem o objetivo de procurar explicar o paradeiro da energia que vai sendo perdida pelo fluido ao longo do seu escoamento.

Observe-se também que, a essa altura, ainda são vigentes as hipóteses de fluido incompressível ($\rho = c^{te}$) e da ausência de trocas induzidas de calor.

Conclui-se, portanto, que a idéia de perda de carga está ligada a essas hipóteses e que, se elas falharem, esse termo da equação da energia deverá ser introduzido e interpretado de outra maneira.

É evidente que, entrando em detalhes, a perda de carga, provocada pelo efeito mecânico do atrito no escoamento do fluido, acabará recaindo em efeitos térmicos, que deverão ser levados em consideração na sua interpretação.

Para facilitar a compreensão, vamos observar dois casos isolados que na prática acontecem simultaneamente. Vamos supor, em primeiro lugar, que o escoamento fosse isotérmico (Figura 4.12).

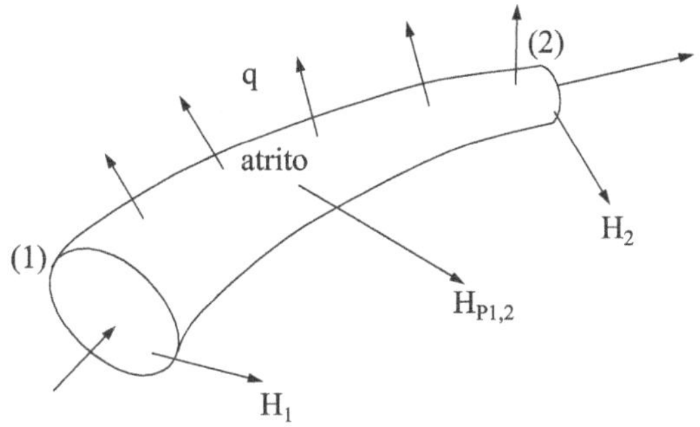

Figura 4.12

Nesse caso, o atrito provoca uma tendência de aquecimento do fluido; mas, diante da hipótese, como $T = c^{te}$ ao longo do escoamento, deve-se supor que haverá uma troca de calor entre o fluido e o meio. Como o calor é uma energia que flui, o sentido do seu fluxo será indicado por um sinal. Considera-se o calor positivo quando é fornecido ao sistema e negativo em caso contrário.

Indicando por q o calor trocado por unidade de peso, tem-se:

$q > 0$ quando fornecido ao fluido;

$q < 0$ quando retirado do fluido.

É óbvio que o calor gerado pelos atritos é sempre perdido pelo fluido e, portanto, pela nossa convenção, será sempre negativo.

Logo, como a perda de carga é um termo positivo, tem-se nesse caso:

$$H_{p1,2} = -q \tag{4.32}$$

Vamos supor agora que o escoamento fosse adiabático, isto é, sem trocas de calor. Nesse caso, como não é trocado calor entre as seções (1) e (2), haveria ao longo do escoamento um aquecimento provocado pelo atrito (Figura 4.13).

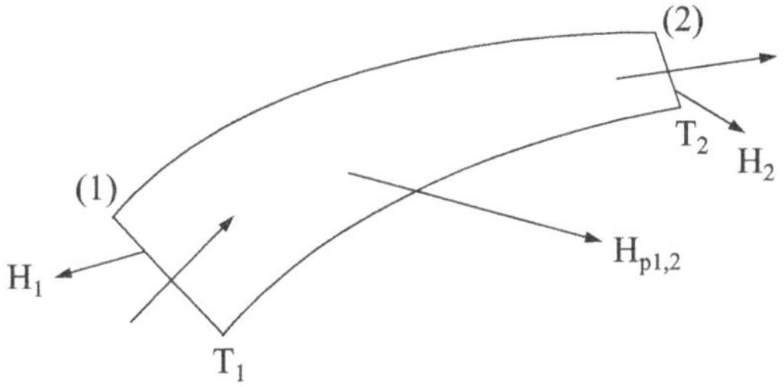

Figura 4.13

O aumento da temperatura do fluido denota um aumento de sua energia térmica ou interna. Indicaremos essa energia por unidade de peso por i e, na ausência de outros fenômenos, i será proporcional a T. Logo:

$$i = \frac{c_e}{g} T \tag{4.33}$$

onde c_e = calor específico do fluido = calor necessário para que a unidade de massa do fluido sofra uma variação de temperatura de um grau.

A aceleração da gravidade g aparece pelo fato de c_e ser definido por unidade de massa e i por unidade de peso.

Como, devido ao atrito, $T_2 > T_1$, então $i_2 > i_1$, denotando o aumento de energia térmica do fluido.

Pelo princípio da conservação da energia, o aumento de energia térmica do fluido deverá ser acompanhado por uma diminuição da energia mecânica, cujo total é representado pela carga H; logo, se

$$i_2 > i_1 \Rightarrow H_2 < H_1$$

Na realidade, deve ser lembrado que:

$$H = \frac{\alpha v^2}{2g} + \frac{p}{\gamma} + z$$

Assim, $z_2 - z_1$ é função apenas das cotas das seções (1) e (2).

Por outro lado, $v_1 = \frac{Q_1}{A_1}$ e $v_2 = \frac{Q_2}{A_2}$, pois, por se tratar de um fluido incompressível, $Q_1 = Q_2$, e, portanto, v_1 e v_2 são funções geométricas das áreas das seções. Conclui-se, assim, que o aumento da energia térmica só pode ser realizado à custa de uma diminuição correspondente da energia de pressão.

Logo, nesse caso, a perda de carga deverá ser interpretada pelo aumento da energia térmica ou por uma perda de energia de pressão, reduzindo-se, portanto, o conteúdo de energia mecânica do fluido. Nesse caso:

$$H_{p_{1,2}} = i_2 - i_1 = \frac{c_e}{g}(T_2 - T_1) \tag{4.34}$$

Logo, quando se interpretam apenas os fenômenos mecânicos do escoamento de um fluido incompressível, o aumento da energia térmica, provocado pelos atritos, é incluído nas perdas mecânicas, interpretadas globalmente pela 'perda de carga'.

Em regime permanente, o escoamento não será nem adiabático nem isotérmico e haverá uma simultaneidade de trocas de calor e variação de temperatura entre uma seção e outra, devido aos atritos, de forma que:

$$H_{p_{1,2}} = (i_2 - i_1) - q \tag{4.35}$$

Apesar da coerência da Equação 4.35, não será possível obter a perda de carga numericamente, pela medida de seus efeitos térmicos, devido ao fato de que estes, sendo muito pequenos, são difíceis de avaliar. Logo, a Equação 4.35 deve ser interpretada apenas conceitualmente, sem o objetivo de uso para o cálculo da perda de carga, que será mostrado por outros meios no Capítulo 7.

EXEMPLO

Água escoa numa tubulação horizontal de 5 cm de diâmetro com uma vazão de 5 L/s. A perda de carga num trecho de 10 m é 2 m.

a) Supondo o escoamento adiabático, qual seria a variação de temperatura entre as duas seções?

b) Supondo o escoamento isotérmico, qual seria o fluxo de calor para o ambiente?

c) Qual é a queda de pressão entre as duas seções?

Dados: $\gamma = 10^4$ N/m^3; $g = 10$ m/s^2; $c_e = 4{,}186$ kJ/kg.°C;

Solução

a) $H_{p_{1,2}} = \frac{c_e}{g}(T_2 - T_1)$ $\qquad$ $T_2 - T_1 = \frac{gH_{p_{1,2}}}{c_e}$

$$T_2 - T_1 = \frac{10 \times 2}{4{,}186 \times 10^3} \qquad \frac{m/s^2 \times m}{J/kg.°C} = \frac{m^2/s^2}{N.m/kg.°C} = °C$$

já que N/kg = m/s^2.

Logo: $T_2 - T_1 = 0{,}0048°C$

Esse resultado mostra que seria impossível detectar a perda de carga pela medida da variação da temperatura do fluido.

b) $H_{p_{1,2}} = -q \qquad q = -2\ m$

O sinal negativo é conseqüência do fato de que o calor é perdido pelo fluido. Fluxo de calor é o calor trocado por unidade de tempo.

Mas q = calor/peso

Logo: $\quad \text{Fluxo de calor} = \dfrac{\text{calor}}{\text{tempo}} = \dfrac{\text{calor}}{\text{peso}} \times \dfrac{\text{peso}}{\text{tempo}}$

ou $\quad \text{Fluxo de calor} = q \times Q_G = q\gamma Q$

portanto: $\text{Fluxo de calor} = -2 \times 10^4 \times 5 \times 10^{-3}\left(m \times \dfrac{N}{m^3} \times \dfrac{m^3}{s}\right) = \dfrac{J}{s} = W$

$\text{Fluxo de calor} = -100\ W$

c) $H_{p_{1,2}} = H_2 - H_1 = \left(\dfrac{\alpha_2 v_2^2}{2g} + \dfrac{p_2}{\gamma} + z_2\right) - \left(\dfrac{\alpha_1 v_1^2}{2g} + \dfrac{p_1}{\gamma} + z_1\right)$

Como o tubo é horizontal, $z_2 - z_1 = 0$.

Como tem seção constante, $\dfrac{\alpha_2 v_2^2}{2g} - \dfrac{\alpha_1 v_1^2}{2g} = 0$

Logo: $H_{p_{1,2}} = \dfrac{p_2 - p_1}{\gamma} \qquad p_2 - p_1 = \gamma H_{p_{1,2}}$

ou $p_2 - p_1 = 10^4 \times 2 = 20\ kPa$

4.10 Equação da energia geral para regime permanente

A Equação 4.27 só é válida se o fluido for incompressível e sem trocas induzidas de calor. Note-se que a troca de calor devida aos atritos é considerada natural e não induzida, pelo que foi exposto no item 4.9.

A Equação 4.27 é, portanto, válida para líquidos, mas pode ser válida também para gases, desde que no seu escoamento as variações da densidade sejam desprezíveis ($\rho \cong c^{\underline{te}}$).

Não será aqui justificado, mas pode-se verificar que a hipótese de fluido incompressível pode ser mantida, desde que o número de Mach do fluido seja menor que 0,2.

Define-se número de Mach ($\mathcal{M}$) como sendo a relação entre a velocidade do fluido (v) e a velocidade do som (c) numa certa seção do escoamento. Logo: $\mathcal{M} = \dfrac{v}{c}$.

Dessa forma, sempre que $\dfrac{v}{c} < 0{,}2$, é possível utilizar as equações válidas para fluidos incompressíveis, como, por exemplo, as equações 4.27 e 3.13.

Quando o fluido for compressível e houver trocas induzidas de calor, não será mais possível ignorar as energias térmicas, que passam a desempenhar um papel importante na interpretação dos fenômenos. Por outro lado, a existência de troca de calor induzida e a variação da energia térmica causada por essa troca fazem com que não seja mais possível observar a perda de carga, já que no global é causadora também de variação de energia interna e de troca de calor. Em outras palavras, nessas condições:

$$H_{p_{1,2}} \neq (i_2 - i_1) - q$$

Por causa disso, na equação da energia, válida para fluidos compressíveis e com efeitos térmicos, o balanço das energias deve ser feito considerando a variação da energia térmica e o calor, sem destacar a perda de carga que, de certa forma, torna-se irreconhecível ou, em outras palavras, fica englobada nos efeitos térmicos.

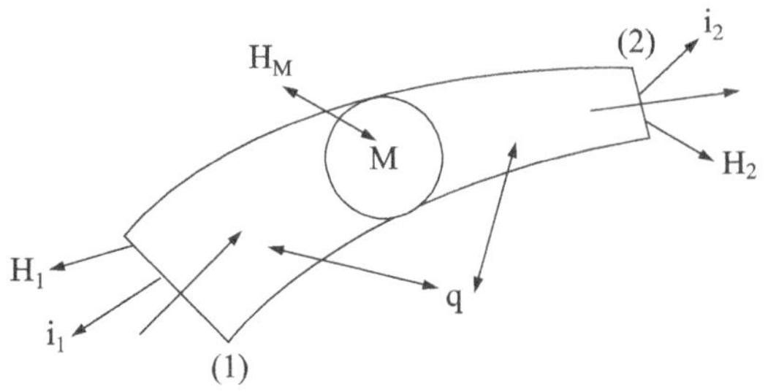

Figura 4.14

Logo: $$H_1 + i_1 + H_m + q = H_2 + i_2 \quad (4.36)$$

Note-se que H_m e q podem ser positivos ou negativos, dependendo de serem fornecidos ou retirados do fluido.

Escrita por extenso, a Equação 4.36 fica:

$$\frac{\alpha_1 v_1^2}{2g} + z_1 + \frac{p_1}{\gamma_1} + i_1 + H_m + q = \frac{\alpha_2 v_2^2}{2g} + z_2 + \frac{p_2}{\gamma_2} + i_2 \quad (4.37)$$

ou
$$\frac{\alpha_1 v_1^2}{2g} + z_1 + \frac{p_1}{\gamma_1} + H_m = \frac{\alpha_2 v_2^2}{2g} + z_2 + \frac{p_2}{\gamma_2} + i_2 - i_1 - q \quad (4.38)$$

Como já foi dito anteriormente, no caso de fluidos compressíveis, com troca de calor:

$$i_2 - i_1 - q \neq H_{p_{1,2}}$$

e no caso de fluidos incompressíveis, sem troca de calor:

$$i_2 - i_1 - q = H_{p_{1,2}}$$

recaindo-se na Equação 4.27.

Na Equação 4.38 pode-se ainda fazer $h = \frac{p}{\gamma} + i$

onde h = entalpia por unidade de peso e se pode escrever:

$$\frac{\alpha_1 v_1^2}{2g} + z_1 + h_1 + H_m + q = \frac{\alpha_2 v_2^2}{2g} + z_2 + h_2 \quad (4.39)$$

que nada mais é do que a primeira lei da termodinâmica para sistema aberto ou volume de controle.

EXERCÍCIOS

4.1 Determinar a velocidade do jato do líquido no orifício do tanque de grandes dimensões da figura. Considerar fluido ideal.

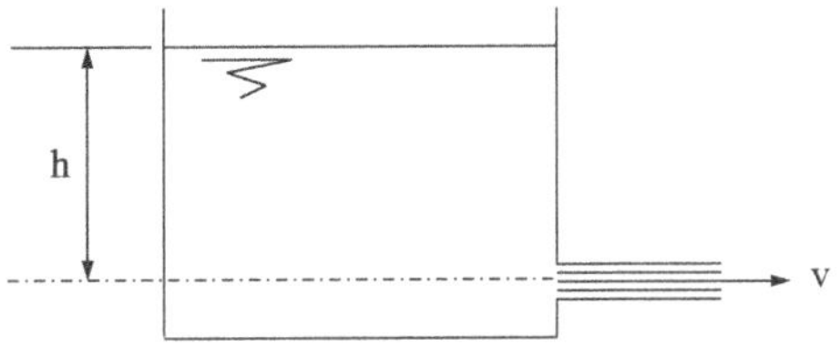

Resp.: $v = \sqrt{2gh}$

4.2 Supondo fluido ideal, mostrar que os jatos de dois orifícios na parede de um tanque interceptam-se num mesmo ponto sobre um plano, que passa pela base do tanque, se o nível do líquido acima do orifício superior é igual à altura do orifício inferior acima da base.

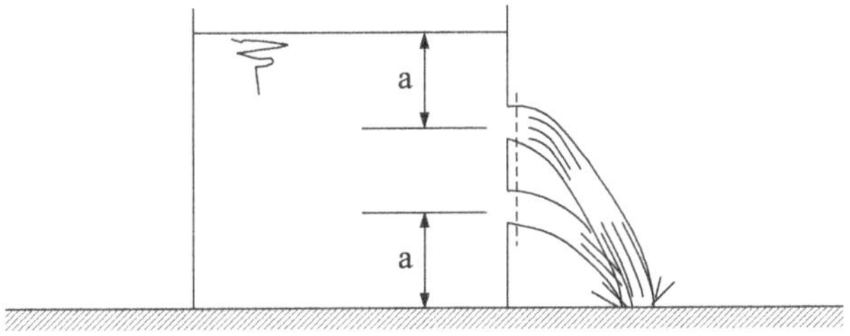

4.3 A pressão no ponto S do sifão da figura não deve cair abaixo de 25 kPa (abs). Desprezando as perdas, determinar:

a) a velocidade do fluido;

b) a máxima altura do ponto S em relação ao ponto (A);

$p_{atm} = 100$ kPa; $\gamma = 10^4$ N/m^3

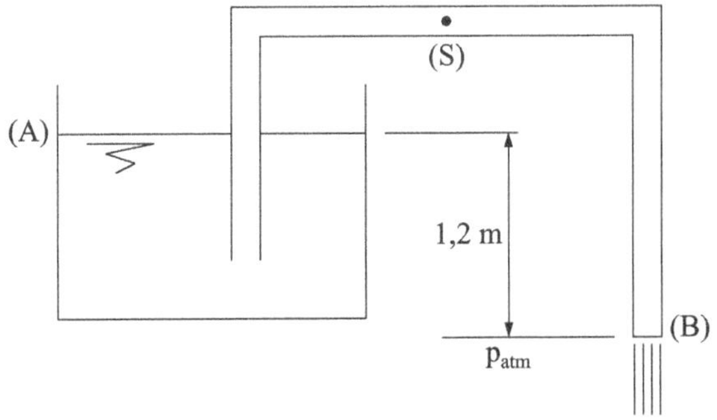

Resp.: a) 4,9 m/s; b) z = 6,3 m

4.4 Um tubo de Pitot é preso num barco que se desloca a 45 km/h. Qual será a altura h alcançada pela água no ramo vertical?

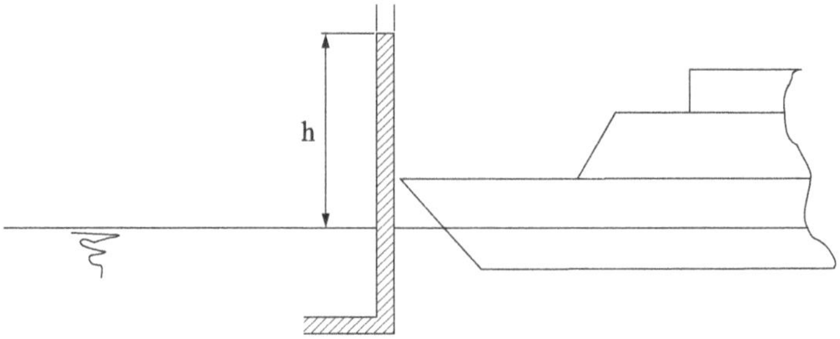

Resp.: h = 7,8 m

4.5 Quais são as vazões de óleo em massa e em peso no tubo convergente da figura, para elevar uma coluna de 20 cm de óleo no ponto (0)?

Dados: desprezar as perdas; $\gamma_{óleo} = 8.000\ N/m^3$; $g = 10\ m/s^2$

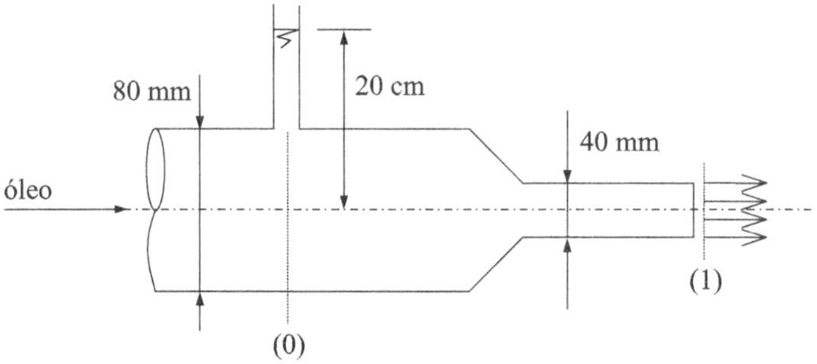

Resp.: $Q_m = 2{,}1\ kg/s$; $Q_G = 21\ N/s$

4.6 Dado o dispositivo da figura, calcular a vazão do escoamento da água no conduto.

Dados: $\gamma_{H_2O} = 10^4\ N/m^3$; $\gamma_m = 6 \times 10^4\ N/m^3$; $p_2 = 20\ kPa$; $A = 10^{-2}\ m^2$; $g = 10 m/s^2$. Desprezar as perdas e considerar o diagrama de velocidades uniforme.

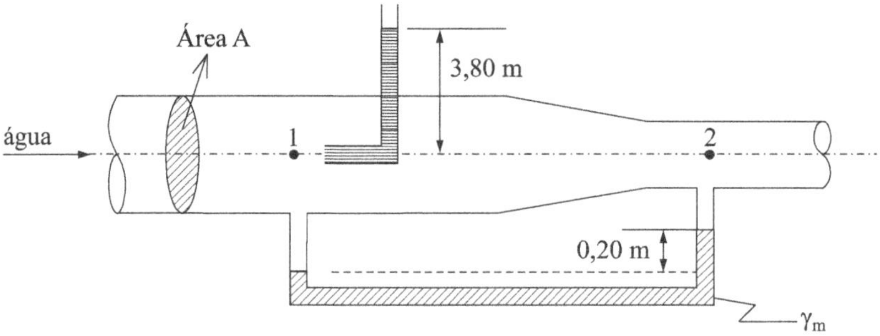

Resp.: Q = 40 L/s

4.7 Na extremidade de uma tubulação de diâmetro D, acha-se instalado um bocal que lança um jato de água na atmosfera com diâmetro de 2 cm. O manômetro metálico registra uma pressão de 20 kPa e a água sobe no tubo de Pitot até a altura de 2,5 m. Nessas condições, determinar:

a) a vazão em peso do escoamento;

b) o diâmetro D do tubo, admitindo escoamento permanente e sem atrito.

$\gamma_{H_2O} = 10\ N/L$.

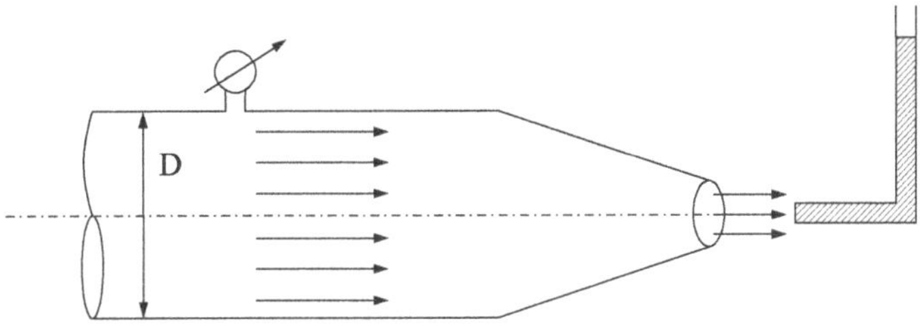

Resp.: a) 22,3 N/s; b) D = 3 cm

4.8 No conduto da figura, o fluido é considerado ideal. Dados: H_1 = 16 m; p_1 = 52 kPa; $\gamma = 10^4$ N/m^3; $D_1 = D_3$ = 10 cm. Determinar:

a) a vazão em peso;

b) a altura h_1 no manômetro;

c) o diâmetro da seção (2).

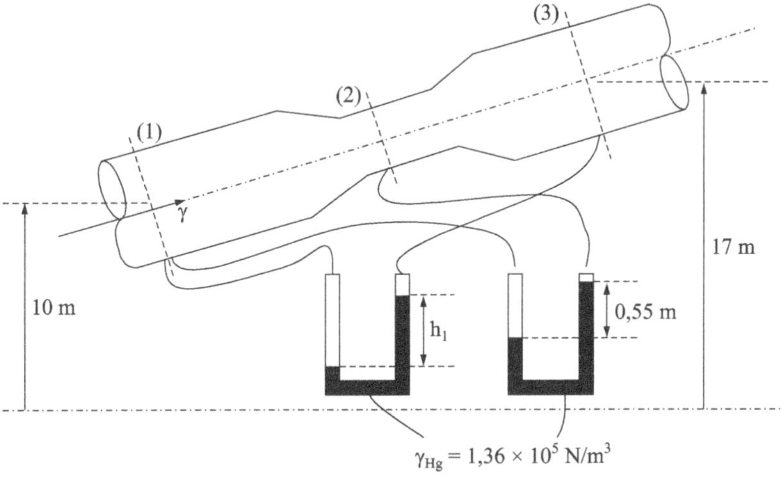

Resp.: a) Q_G = 314 N/s; b) h_1 = 0; c) D_2 = 5,7 cm

4.9 Um dos métodos para se produzir vácuo numa câmara é descarregar água por um tubo convergente-divergente, como é mostrado na figura. Qual deve ser a vazão em massa de água pelo convergente-divergente, para produzir uma depressão de 22 cm de mercúrio na câmara da figura? Dados: desprezar as perdas de carga; $\gamma_{H_2O} = 10^4$ N/m^3; $\gamma_{Hg} = 1{,}36 \times 10^5$ N/m^3; g = 10 m/s^2; D_1 = 72 mm; D_2 = 36 mm.

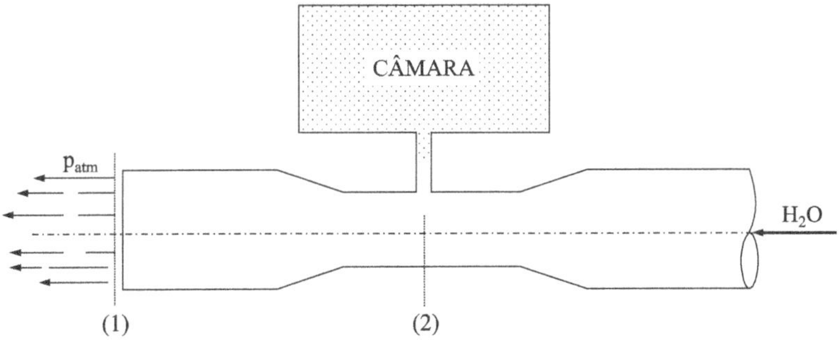

Resp.: Q_m = 8,14 kg/s

4.10 Num carburador, a velocidade do ar na garganta do Venturi é 120 m/s. O diâmetro da garganta é 25 mm. O tubo principal de admissão de gasolina tem um diâmetro de 1,15 mm e o reservatório de gasolina pode ser considerado aberto à atmosfera com seu nível constante. Supondo o ar como fluido ideal e incompressível e desprezando as perdas no tubo de gasolina, determinar a relação gasolina/ar (em massa) que será admitida no motor. Dados: $\rho_{gas} = 720\ kg/m^3$; $\rho_{ar} = 1\ kg/m^3$; $g = 10\ m/s^2$.

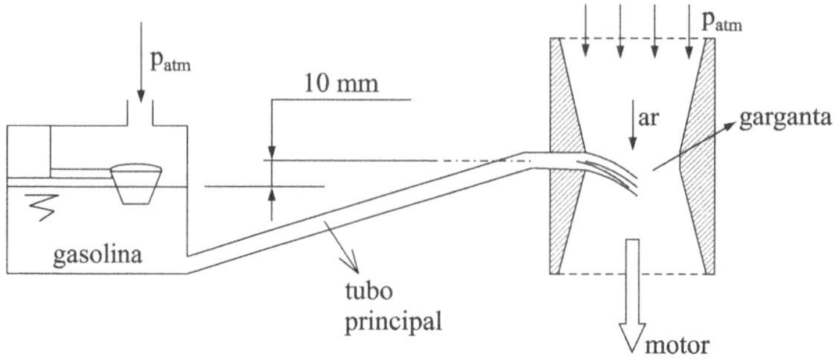

Resp.: 0,0565

4.11 Desprezando os atritos no pistão da figura, determinar:

a) a potência da bomba em kW se seu rendimento for 80%;

b) a força que o pistão pode equilibrar com a haste.

Dados: $A_2 = A_3 = A_4 = A_5 = A_6 = 10\ cm^2$; $A_G = 8\ cm^2$; $A_p = 20\ cm^2$; $A_h = 10\ cm^2$; $H_{p1,2} = H_{p3,4} = 0{,}5\ m$; $H_{p4,5} = 0\ m$; $H_{p5,6} = 1\ m$; $g = 10\ m/s^2$; $\gamma = 10^4\ N/m^3$. Supor o cilindro no plano da tubulação.

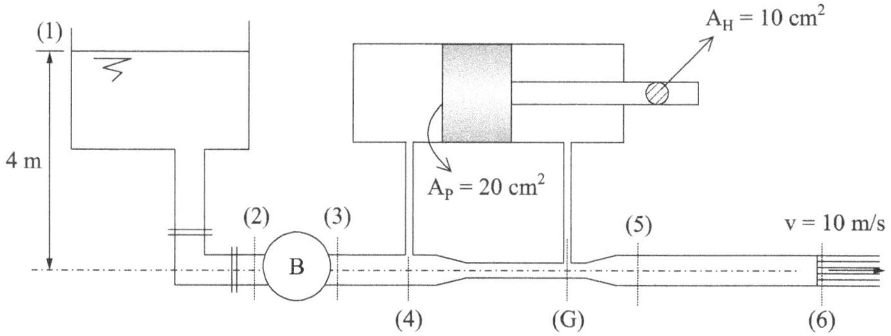

Resp.: a) 0,375 kW; b) 38,1 N

4.12 Um túnel aerodinâmico foi projetado para que na seção de exploração A a veia livre de seção quadrada de 0,2 m de lado tenha uma velocidade média de 30 m/s. As perdas de carga são:

a) entre A e 0 → 100 m;

b) entre 1 e A → 100 m.

Calcular a pressão nas seções 0 e 1 e a potência do ventilador se seu rendimento é 70%. ($\gamma_{ar} = 12{,}7\ N/m^3$)

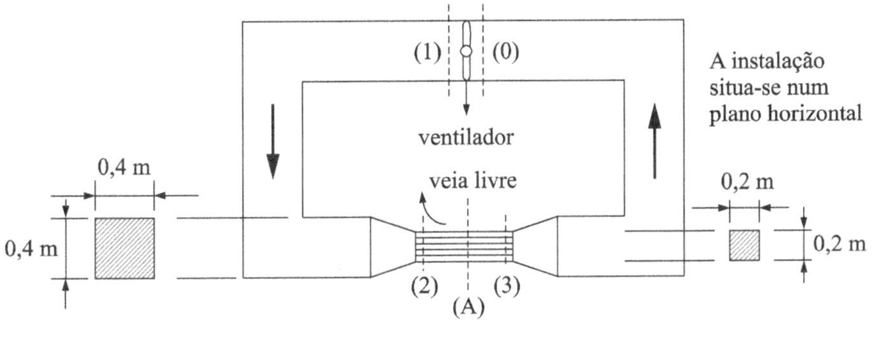

Resp.: $p_o = -734$ Pa; $p_1 = 1.806$ Pa; $N_V = 4,4$ kW

4.13 Sabendo que a potência da bomba é 3 kW, seu rendimento 75% e que o escoamento é de (1) para (2), determinar:

a) a vazão;

b) a carga manométrica da bomba;

c) a pressão do gás.

Dados: $H_{p1,2} = H_{p5,6} = 1,5$ m; $H_{p3,4} = 0,7$ m;

$H_{p4,5} = 0$; $3A_5 = A_4 = 100$ cm^2; $\gamma = 10^4$ N/m^3.

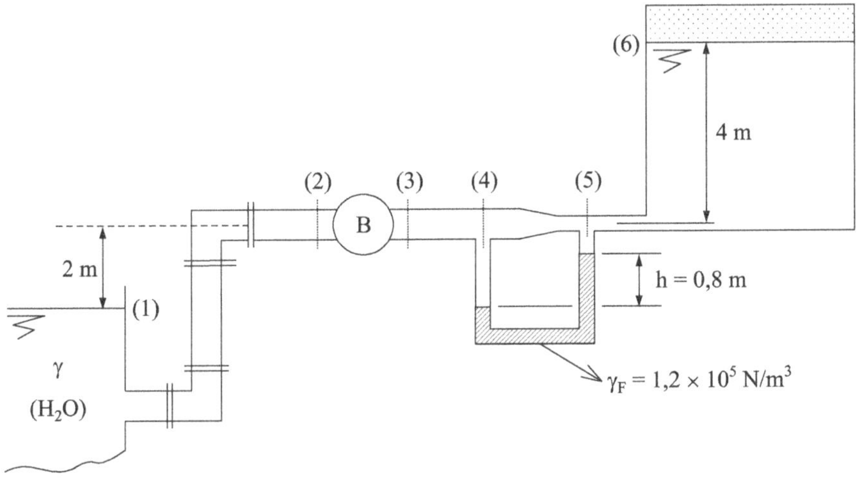

Resp.: a) 47 L/s; b) 4,8 m; c) –49 kPa

4.14 Na instalação da figura, a carga total na seção (2) é 12 m. Nessa seção, existe um piezômetro que indica 5 m. Dados: $\gamma_{H_2O} = 10^4$ N/m^3; $\gamma_{Hg} = 1,36 \times 10^5$ N/m^3; h = 1 m; $D_1 = 6$ cm; $D_2 = 5$ cm; $\eta_B = 0,8$. Determinar:

a) a vazão;

b) a pressão em (1);

c) a perda de carga ao longo de toda a tubulação;

d) a potência que o fluido recebe da bomba.

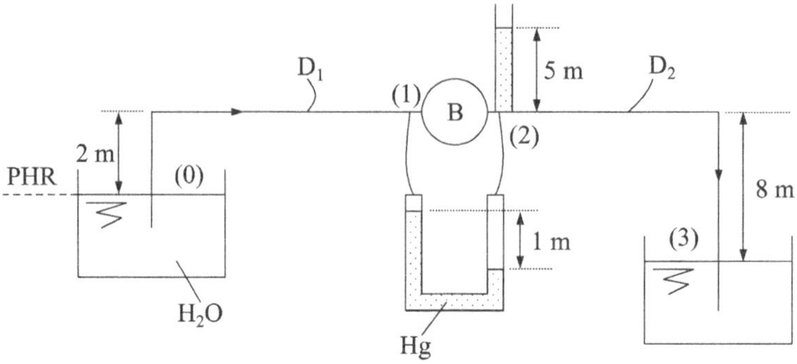

Resp.: a) 19,6 L/s; b) –76 kPa; c) 21,2 m; d) 3 kW

4.15 O bocal da figura descarrega 40 L/s de um fluido de $\nu = 10^{-4}\ m^2/s$ e $\gamma = 8.000\ N/m^3$ no canal de seção retangular. Determinar:

a) a velocidade média do fluido no canal;

b) o mínimo diâmetro da seção (1) para que o escoamento seja laminar;

c) a perda de carga de (1) a (2) no bocal, quando o diâmetro é o do item (b), supondo $p_1 = 0{,}3$ Mpa;

d) a velocidade máxima no canal, se o diagrama é do tipo $v = ay^2 + by + c$, com $dv/dy = 0$ na superfície do canal (vide figura).

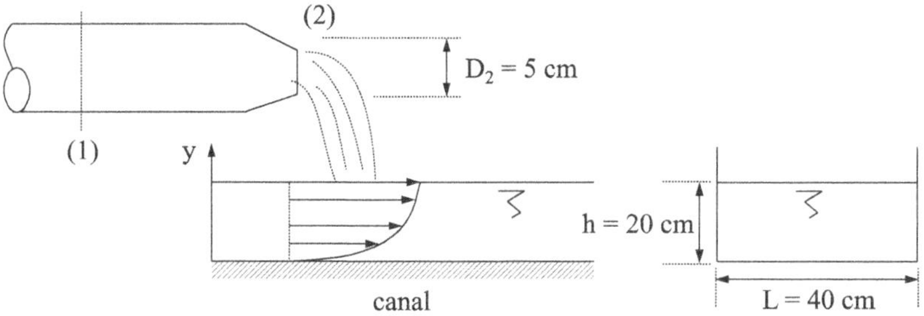

Resp.: a) 0,5 m/s; b) 0,255 m; c) 16,8 m; d) 0,75 m/s

4.16 Dados: $H_{p2,3} = 2$ m; $A_3 = 20\ cm^2$; $A_2 = 1\ cm^2$; $H_{p0,1} = 0{,}8$ m; $\eta_B = 70\%$. Determinar:

a) a vazão (L/s);

b) a área da seção (1) (cm^2);

c) a potência fornecida pela bomba ao fluido.

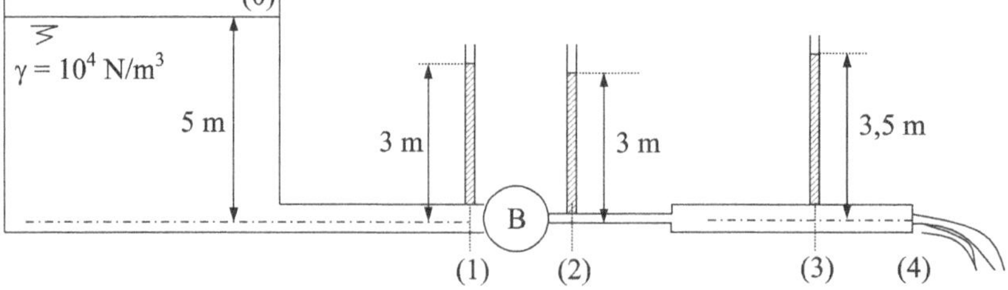

Resp.: a) 0,71 L/s; b) 1,45 cm^2; c) 9,4 W

4.17 Na instalação da figura, a máquina M_2 fornece ao fluido uma energia por unidade de peso de 30 m e a perda de carga total do sistema é 15 m. Determinar:

a) a potência da máquina M_1, sendo $\eta_{m1} = 0{,}8$;

b) a pressão na seção (2) em mca;

c) a perda de carga no trecho (2)-(5) da instalação.

Dados: $Q = 20$ L/s; $\gamma = 10^4$ N/m^3; $g = 10$ m/s^2; $A = 10$ cm^2 (área da seção dos tubos).

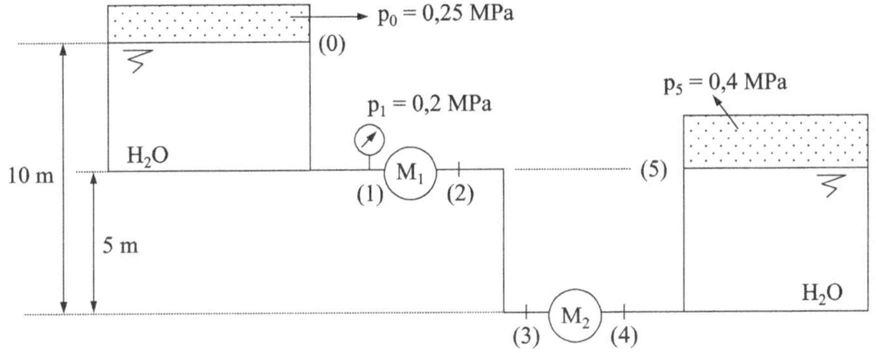

Resp.: a) $N_T = 4$ kW; b) 45 mca; c) 5 m

4.18 Na instalação da figura, a vazão de água na máquina é 16 L/s e tem-se $H_{p1,2} = H_{p3,4} = 1$ m. O manômetro na seção (2) indica 200 kPa e o da seção (3) indica 400 kPa. Determinar:

a) o sentido do escoamento;

b) a perda de carga no trecho (2)-(3);

c) o tipo de máquina e a potência que troca com o fluido em kW;

d) a pressão do ar em (4) em MPa.

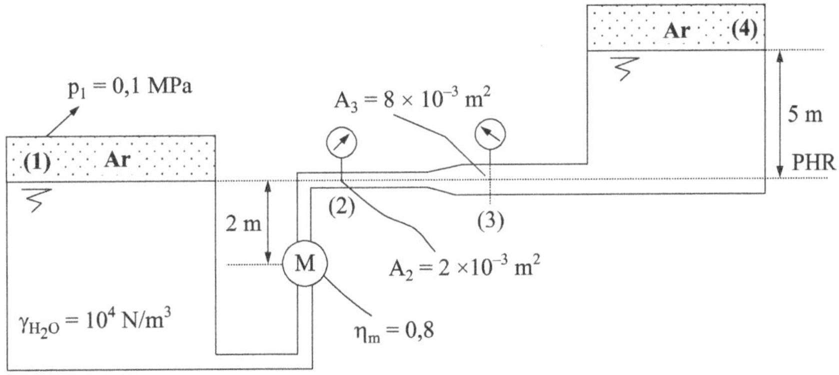

Resp.: a) (4) para (1); b) 17 m; c) turbina; 1,95 kW; d) 0,362 MPa

4.19 Na instalação da figura são dados:

área da seção das tubulações: $A = 10$ cm^2 (constante)

piezômetro (2): $h_2 = 7$ m

piezômetro (3): $h_3 = 11$ m

piezômetro (4): $h_4 = 9$ m

perda de carga no trecho (1)-(2) = 1,8 m e no trecho (5)-(6) = 2 m

$\gamma = 10.000$ N/m^3 kgf/m^3; $\eta_{M1} = 80\%$; $\eta_{M2} = 70\%$. Determinar:

a) o sentido do escoamento (justificar);

b) a vazão (L/s);

c) o tipo de máquina M_1 e sua potência;

d) o tipo de máquina M_2 e a potência trocada com o fluido.

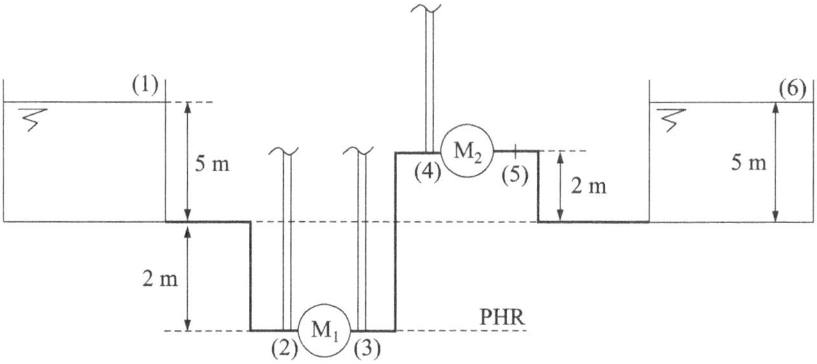

Resp.: a) (6)-(1); b) 6 L/s; c) $N_T = 0{,}192$ kW; d) $N_B = 0{,}59$ kW

4.20 Na instalação da figura, os reservatórios são de pequenas dimensões, mas o nível mantém-se constante.

a) Qual é a vazão na tubulação que une a parte inferior dos dois tanques?

b) Para que aconteça essa vazão, qual a pressão em (3)?

c) Qual é a perda de carga na tubulação inferior dos dois tanques?

Dados: potência recebida pelo fluido da bomba N = 1,5 kW; $D_1 = 4$ cm; $D_1 \neq D_2$; $p_1 = 50$ kPa (abs); $p_{atm} = 100$ kPa; $H_{p0,1} = 2$ m; $H_{p2,3} = 4$ m; $\gamma = 10^4$ N/m^3.

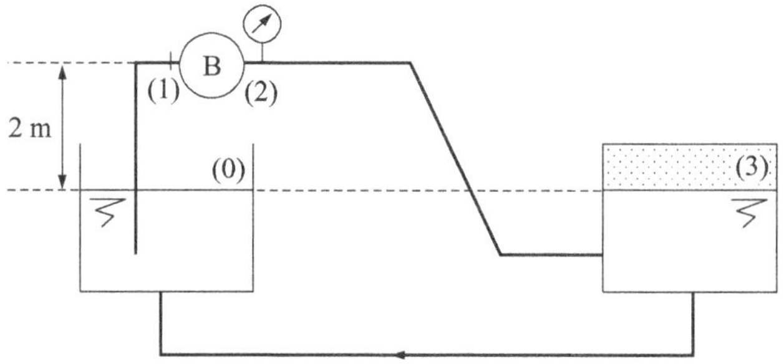

Resp.: a) 5,62 L/s; b) 0,207 MPa; c) 20,7 m

4.21 No circuito da figura instalado num plano horizontal, tem-se $p_1 = 0{,}3$ MPa; $p_2 = 0$; $p_3 = 0{,}1$ MPa; $N_T = 6$ kW; $\eta_T = 0{,}75$; $A_1 = A_2 = A_4 = 80$ cm^2; $A_3 = 100$ cm^2; $\gamma = 10^4$ N/m^3.

A potência que o fluido recebe da bomba é o dobro da potência da turbina. Determinar:

a) a vazão;

b) a perda de carga no trecho da direita;

c) a leitura do manômetro (4);

d) a perda de carga no trecho da esquerda.

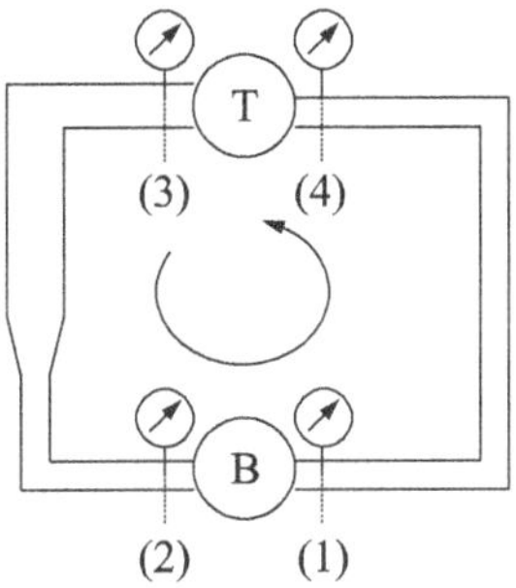

Resp.: a) 40 L/s; b) 0,45 m; c) 0,295 MPa; d) 9,55 m

4.22 No circuito da figura, a bomba B_1 é acionada pela turbina. A vazão é 30 L/s e os rendimentos da turbina e da bomba B_1 são, respectivamente, 0,7 e 0,8. A perda de carga na tubulação é 15 m. Sabendo que o fluido ($\gamma = 10^4\ N/m^3$) recebe da bomba B_2 uma potência de 6 kW, determinar a potência que o fluido cede à turbina.

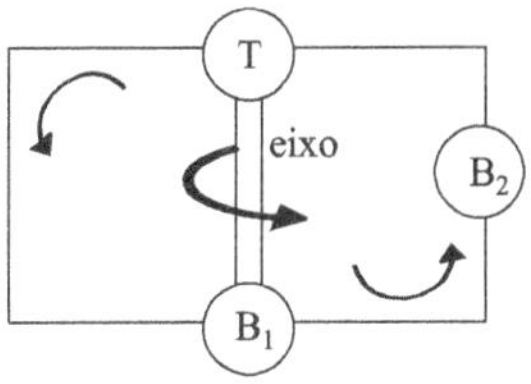

Resp.: N = 3,4 kW

4.23 Determinar o coeficiente α da energia cinética para o escoamento de um líquido num tubo de seção circular. O escoamento é laminar e o diagrama de velocidades é $v = v_{max}\left[1-\left(\frac{r}{R}\right)^2\right]$.

Resp.: $\alpha = 2$

4.24 Determinar o coeficiente α da energia cinética para o escoamento turbulento de um líquido num tubo de seção circular. O diagrama de velocidades é $v = v_{max}\left(1-\frac{r}{R}\right)^{1/7}$.

Resp.: $\alpha = 1,06$

4.25 É dado um diagrama bidimensional de velocidades de um fluido ideal, num canal de largura 2 m:

a) Qual é a velocidade média na seção?

b) Qual é a vazão em volume?

c) Qual é o coeficiente α da energia cinética?

d) Qual é o fluxo da energia cinética, se $\rho = 1.000\ kg/m^3$?

e) Qual é a carga cinética?

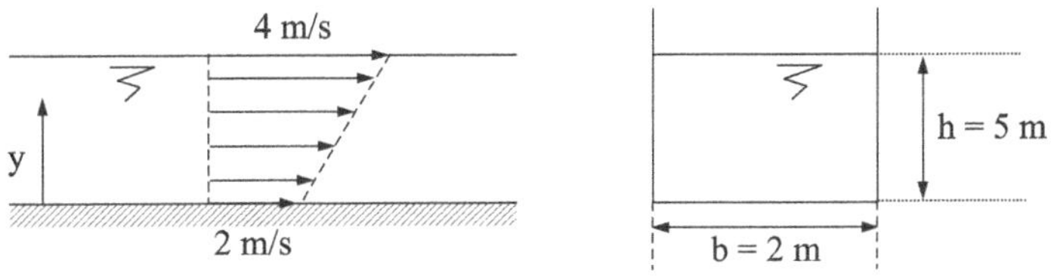

Resp.: a) 3 m/s; b) 30 m^3/s; c) 1,11; d) 149.850 W; e) 0,5 m

4.26 O esquema da figura corresponde à seção longitudinal de um canal de 25 cm de largura. Admite-se que a velocidade é invariável ao longo da normal ao plano do esquema, sendo variável com y através de $v = 30y - y^2$ (y em cm e v em cm/s). Sendo o fluido de peso específico 9 N/L, viscosidade cinemática 70 cSt, $g = 10\ m/s^2$, determinar:

a) o gradiente de velocidade para y = 2 cm;

b) a máxima tensão de cisalhamento na seção em N/m^2;

c) a velocidade média na seção em cm/s;

d) a vazão em massa na seção em kg/h;

e) o coeficiente da energia cinética (α) na seção.

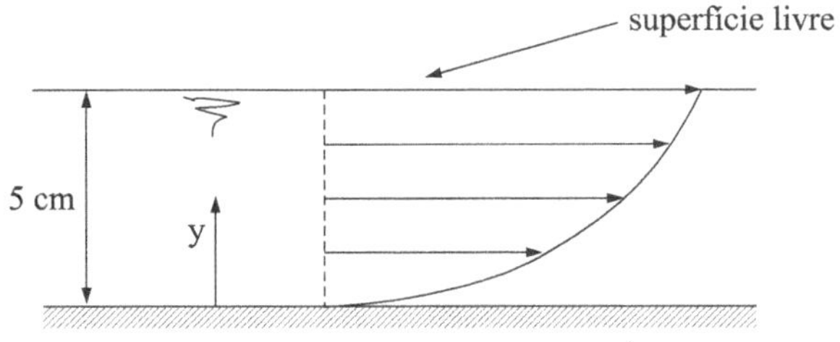

Resp.: a) $26\ s^{-1}$; b) $1{,}9\ N/m^2$; c) 0,67 m/s; d) 27.135 kg/h; e) 1,73

4.27 Sabendo que a vazão proporcionada pelo tanque inferior da instalação é igual a 15 L/s e que a potência dissipada por atritos em toda a instalação é 1 kW, determinar o tipo da máquina e sua potência. Dados: $\gamma = 10^4\ N/m^3$; $H_{p0,2} = 4{,}8\ m$; $A_t = 100\ cm^2$; $p_m = 40\ kPa$; $\eta_m = 80\%$.

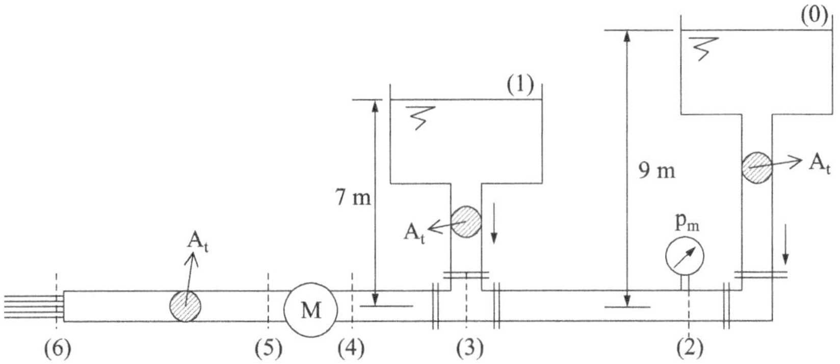

Resp.: Turbina $N_T = 1{,}31\ kW$

4.28 A figura está num plano vertical. Calcular a perda de carga que deve ser introduzida pela válvula V da figura para que a vazão se distribua igualmente nos dois ramais, cujos diâmetros são iguais. Dados: D = 5 cm; $\gamma_{H_2O} = 10^4\ N/m^3$; $p_{ar} = 0{,}2\ MPa$; Q = 10 L/s; $H_{p0,1} = 2\ m$; $H_{p1,2,4} = 0$; $H_{p2,3} = 3\ m$; $H_{p4,5} = 3\ m$; $H_{p6,7} = 2\ m$.

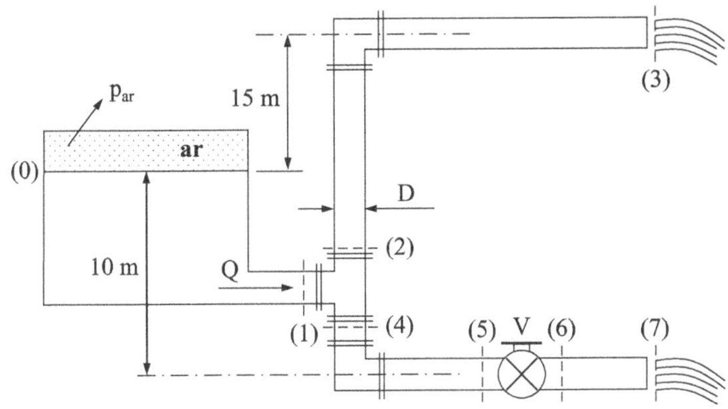

Resp.: $H_{pV} = 22{,}4$ m

4.29 No sistema da figura, a bomba deve fornecer 10 L/s ao reservatório superior e a turbina deve ter uma potência no eixo de 3 kW com um rendimento de 80%. Qual é a carga manométrica da bomba e a da turbina? Dados: $H_{p0,1} = 2$ m; $H_{p2,3} = 4$ m; $H_{p3,4} = 4$ m; $H_{p5,6} = 4$ m; $H_{p3,7} = 2$ m; $H_{p3} \cong 0$; $N_B = 7{,}5$ kW; $\gamma = 10^4$ N/m^3; $\eta_B = 0{,}8$.

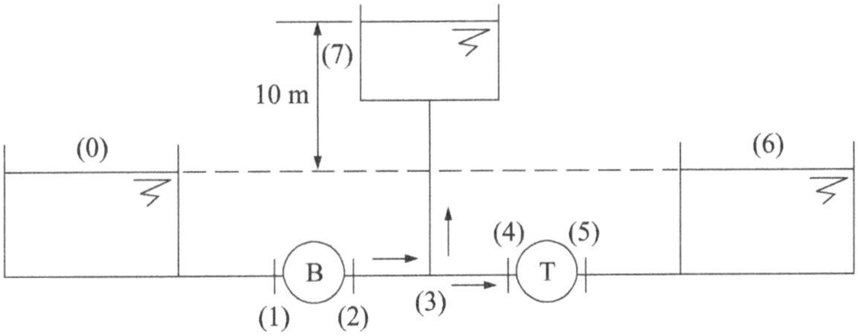

Resp.: $H_T = 117{,}2$ m; $H_B = 45{,}5$ m

4.30 Na instalação da figura, todas as tubulações são de diâmetro muito grande em face da vazão, o que torna desprezível a carga cinética. Determinar:

a) o tipo de máquina e a sua carga manométrica;

b) a vazão em volume proveniente do reservatório;

Dados: $Q_2 = Q_3$; $H_{p0,1} = 1$ m; $H_{p1,2} = 1$ m; $H_{p1,3} = 4$ m; $\eta_m = 80\%$; potência no eixo da máquina = 0,7 kW

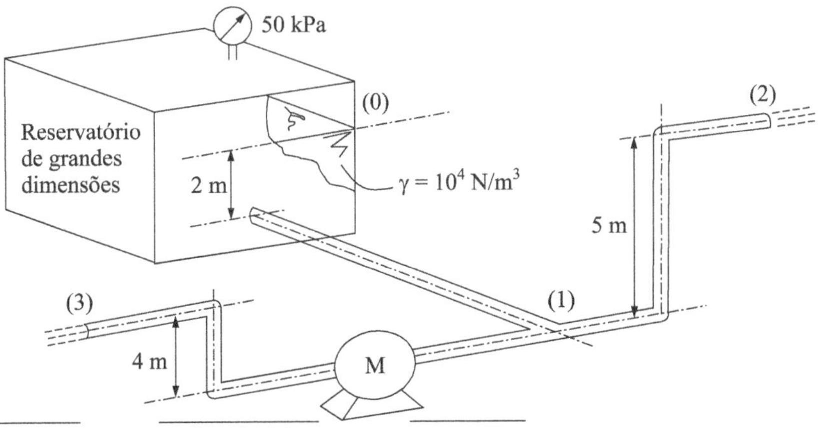

Resp.: a) bomba ($H_B = 2$ m); b) $Q_0 = 56$ L/s

4.31 Na instalação da figura, todas as tubulações são de mesmo diâmetro (D = 138 mm); o registro é ajustado para que a vazão pela seção (1) seja a metade da vazão pela seção (2). Para tal condição, a altura manométrica da bomba vale 8 m e as perdas de carga valem, respectivamente:

$$H_{p_{0,e}} = \frac{1}{3}(v_e^2 / 2g);\ H_{p_{s,1}} = 5(v_1^2 / 2g);\ H_{p_{s,2}} = 1{,}5(v_2^2 / 2g)$$

Desprezando a perda de carga no 'T' na saída da bomba, determinar sua potência, sendo seu rendimento 48%. ($\gamma_{H_2O} = 10^4\ N/m^3$; $g = 10\ m/s^2$).

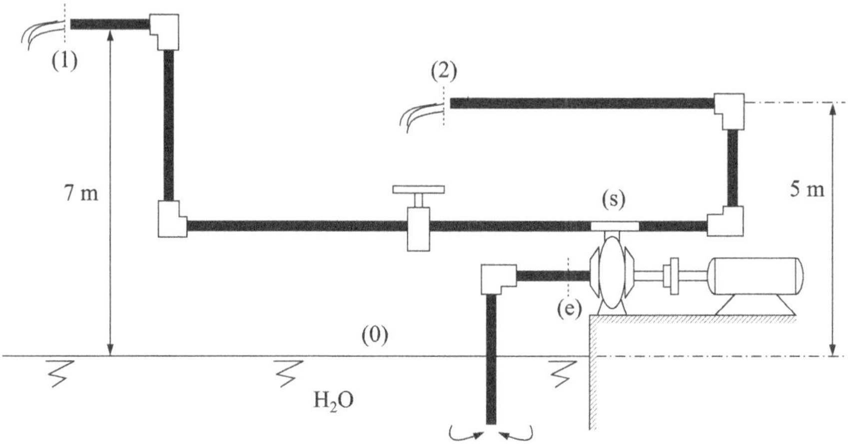

Resp.: $N_B = 15\ kW$

4.32 No trecho da instalação da figura, que está num plano horizontal, determinar:

a) a leitura no manômetro (2) para que se possa considerar a perda de carga desprezível no TÊ;

b) a perda de carga de (1) a (2), (5) a (6) e (3) a (4);

c) a potência dissipada em todo o conjunto em kW.

Dados: $\gamma = 10^4\ N/m^3$; $p_1 = 0{,}2\ MPa$; $p_3 = 0{,}15\ MPa$; $p_5 = 0{,}1\ MPa$; $A = 10\ cm^2$ (área da seção das tubulações).

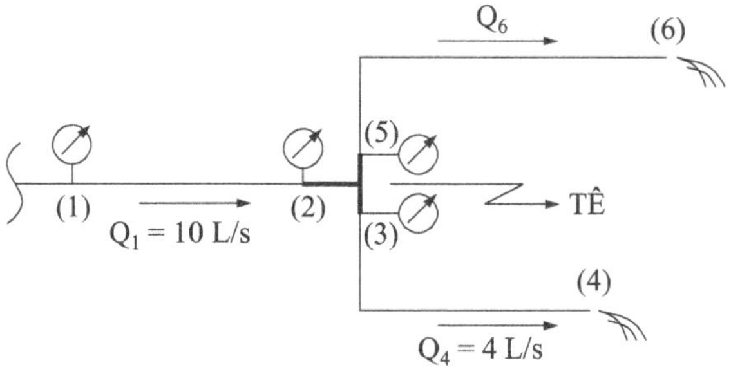

Resp.: a) $p_2 = 84\ kPa$; b) $H_{p1,2} = 11{,}6\ m$; $H_{p3,4} = 15\ m$; $H_{p5,6} = 10\ m$; c) 2,36 kW

4.33 Os tanques A e D são de grandes dimensões e o tanque C é de pequenas dimensões, mas o nível (4) permanece constante. A bomba B, que tem $\eta_B = 80\%$, recebe 11 kW do motor elétrico e tem carga manométrica de 20 m. Determinar:

a) o tipo de máquina M e a sua carga manométrica;

b) a vazão no trecho (4)-(5) (Q_c) (L/s);

c) a vazão que passa na bomba B (L/s);

d) a cota z (m).

Dados: $H_{p0,3} = 3\ m$; $H_{p4,5} = 0\ m$; $H_{p6,7} = 2\ m$; $H_{p8,9} = 10\ m$.

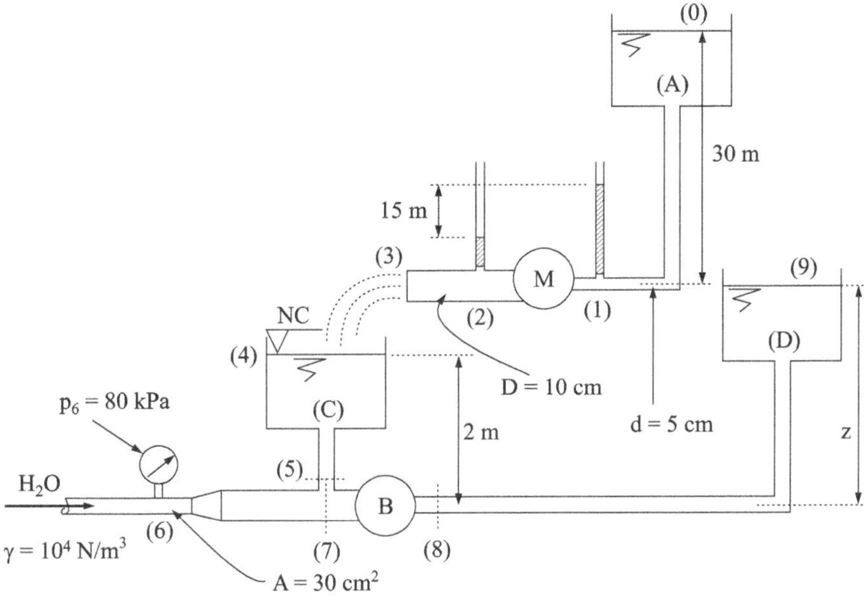

Resp.: a) H_T = 26,3 m; b) Q_c = 30,4 L/s; c) Q_B = 44 L/s; d) z = 13,6 m

4.34 O sistema de propulsão de um barco consta de uma bomba que recolhe água na proa através de dois tubos de 5 cm de diâmetro e a lança na popa por um tubo com o mesmo diâmetro. Calcular a potência da bomba, sabendo que a vazão em cada conduto de entrada é 25 L/s, a potência dissipada pelos atritos é 0,44 kW e o rendimento é $\eta_B = 0{,}75$.

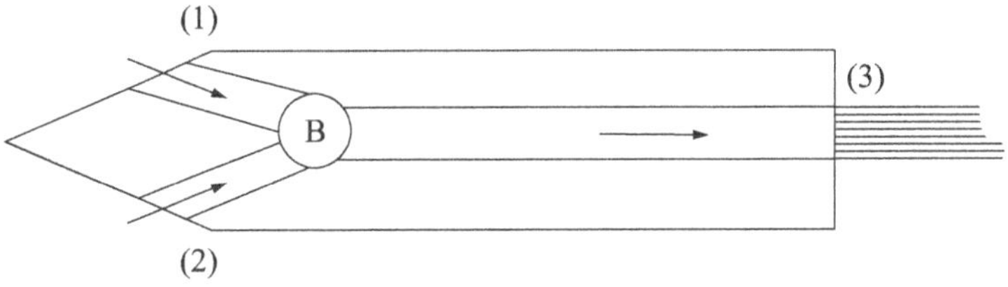

Resp.: N_B = 16,6 kW

4.35 Ar escoa isotermicamente por um tubo longo, horizontal, de diâmetro constante. Numa seção em que a pressão é de 1 MPa (abs), a velocidade é 25 m/s. Por causa do atrito no escoamento, a pressão numa seção distante da anterior é 0,2 MPa (abs).

a) Qual o aumento da carga cinética?

b) Qual a troca de calor em kJ/kg para que a temperatura seja mantida constante?

Resp.: a) $\Delta \frac{v^2}{2g}$ = 750 m; b) q = 7,5 kJ/kg

4.36 No convergente da figura escoa ar considerado gás perfeito. Sendo $A_1 = 0{,}1\ m^2$; $A_2 = 0{,}05\ m^2$; $p_1 = 0{,}2$ MPa (abs); $p_2 = 0{,}1$ MPa (abs) e $\rho_1 = 1\ kg/m^3$, determinar o calor trocado entre (1) e (2) por unidade de tempo (fluxo de calor), sabendo que a vazão em volume na seção (1) é 1 m^3/s e que o escoamento é isotérmico. Dizer se o calor é retirado ou fornecido. (Justificar.)

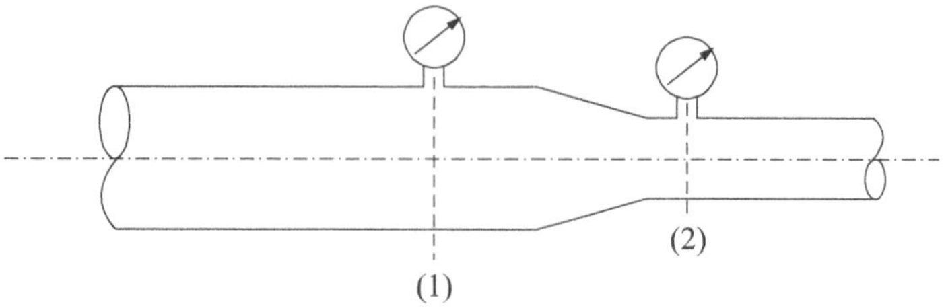

Resp.: 0,75 kW

4.37 Na máquina da figura, são dados: $v_1 = 4$ m/s; $A_1 = 0{,}52$ m^2; $A_2 = 0{,}4$ m^2; $p_1 = p_2 = 0{,}1$ MPa. O escoamento é isotérmico, a potência fornecida ao fluido compressível pela máquina é 10 kW e o fluxo de calor perdido para o exterior é 0,98 kW. Qual é a vazão em massa através da máquina?

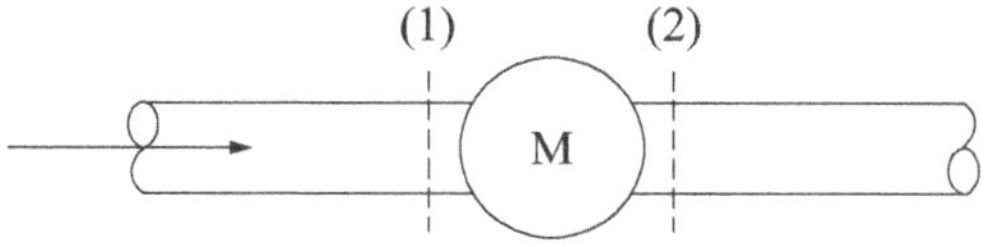

Resp.: $Q_m = 1.634$ kg/s

4.38 Uma turbina a vapor consome 4.500 kg/h de vapor e recebe dele 736 kW. As velocidades de entrada e saída do vapor são, respectivamente, 60 m/s e 275 m/s, e as entalpias, 2.760 kJ/kg e 2.090 kJ/kg. Calcular a perda de calor através da carcaça em kW.

Resp.: 56 kW

4.39 A figura mostra uma máquina hidráulica por onde escoa água, isotermicamente. Desprezando as diferenças de cotas, determinar o tipo de máquina e o seu rendimento. Dados: $A_1 = 0{,}5$ m^2; $A_2 = 0{,}2$ m^2; $A_3 = 0{,}25$ m^2; $p_1 = 0{,}2$ MPa (abs); $p_2 = p_3 = 0{,}3$ MPa (abs); $Q_1 = 2{,}5$ m^3/s; $v_2 = 5$ m/s; calor perdido = 14,7 kW. (Aproveitar o exercício para induzir a equação geral, para regime permanente, para diversas entradas e saídas.)

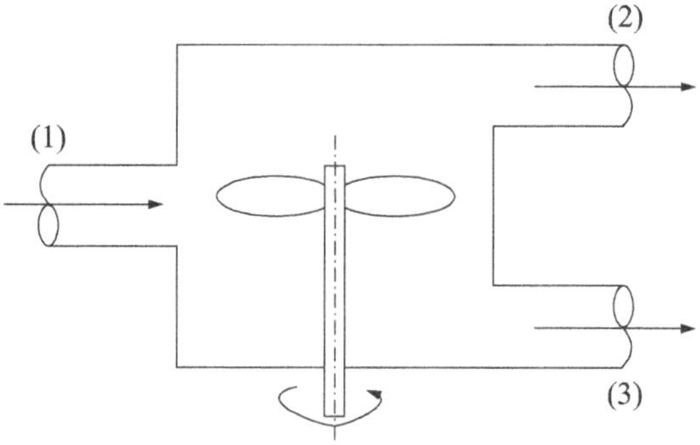

Resp.: Bomba com $\eta_B = 0{,}95$

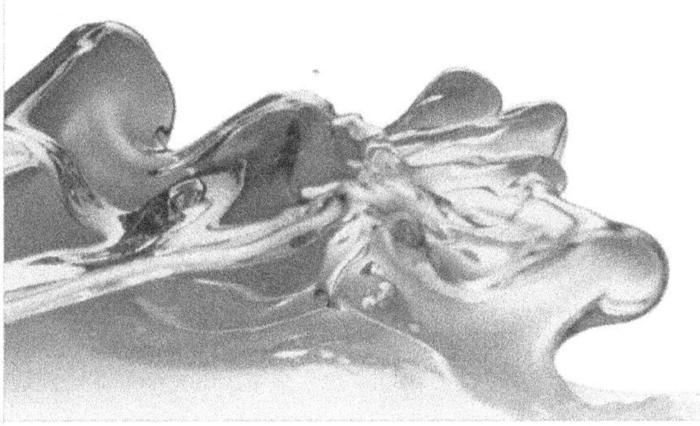

CAPÍTULO 5

Equação da quantidade de movimento para regime permanente

5.1 Introdução

Nos capítulos 3 e 4 foram realizados os balanços das massas e energias, no escoamento de um fluido, por meio das equações da continuidade e da energia, respectivamente. Em muitos problemas da engenharia, é necessário determinar as forças que agem em estruturas sólidas, fixas ou em movimento, devidas a fluidos que se movem em contato com elas. A equação que permitirá essa análise chama-se equação da quantidade de movimento. As forças determinadas serão denominadas dinâmicas, em contraposição àquelas do Capítulo 2, que poderiam ser chamadas de estáticas, já que causadas pela ação de um fluido em repouso.

5.2 Equação da quantidade de movimento

Essa equação nada mais é que a segunda lei de Newton da dinâmica modificada funcionalmente para o estudo da Mecânica dos Fluidos. Segundo essa lei, a aceleração de uma certa massa implica a existência de uma força resultante sobre ela que tem, em cada instante, a direção e o sentido da aceleração. Acelerar uma massa significa modificar sua velocidade em módulo e/ou direção, e por essa observação, para que a velocidade de um fluido seja modificada em módulo ou direção, será necessário aplicar uma força provocada por algum agente externo, em geral uma superfície sólida em contato com o escoamento.

Pelo princípio da ação e reação, se a superfície aplica uma força no fluido, este aplicará, sobre a superfície, uma outra de mesmo módulo e de sentido contrário. A observação desses fatos permitirá a construção da equação da quantidade de movimento, nos moldes desejados.

Seja a segunda lei de Newton da dinâmica:

$$\vec{F} = m\vec{a} = m\frac{d\vec{v}}{dt} \tag{5.1}$$

Note-se que essa equação deve ser mantida na forma vetorial, pois a velocidade pode variar em direção sem que seja alterado o seu módulo.

A Equação 5.1 é estabelecida para um sistema que tem, por definição, massa constante; logo, pode-se escrever:

$$\vec{F} = \frac{d}{dt}(m\vec{v}) \tag{5.2}$$

Como $m\vec{v}$ é, por definição, a quantidade de movimento do sistema, então pode-se dizer que *a força resultante, que age no sistema em estudo, é igual à variação com o tempo da quantidade de movimento do sistema.*

Esse é o teorema estabelecido na Mecânica e que deverá ser aproveitado para a determinação das forças dinâmicas em estudo.

A equação da quantidade de movimento será estabelecida inicialmente para um tubo de corrente e para a hipótese de regime permanente, como já foi feito nas equações dos capítulos anteriores.

No Capítulo 3 verificou-se que a aceleração $\vec{a} = \frac{d\vec{v}}{dt}$ deve ser compreendida como uma variação local com o tempo $\frac{\partial \vec{v}}{\partial t}$, mais uma variação de transporte de um ponto a outro do fluido. Quando o regime é permanente, as propriedades não variam em cada ponto com o tempo, mas podem variar de um ponto para outro. A variação da quantidade de movimento no caso da Figura 5.1 deve então ser entendida como a variação entre as seções (1) e (2).

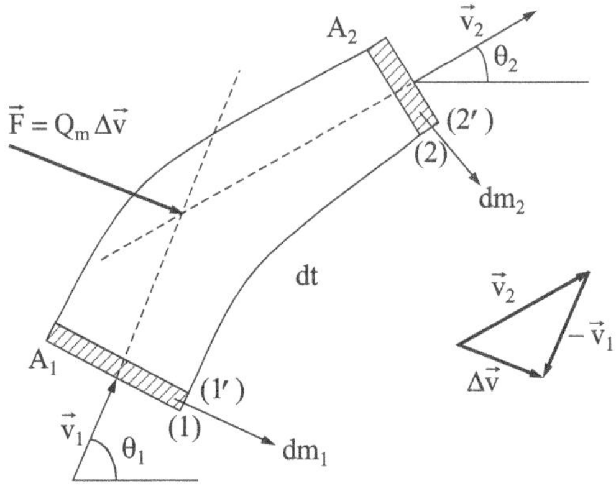

Figura 5.1

Admitindo propriedades uniformes na seção, no intervalo de tempo dt, a massa de fluido que atravessa a seção (1) com velocidade $\vec{v}_1$ será dm_1, provocando um incremento da quantidade de movimento do fluido entre as seções (1) e (2) de $dm_1\vec{v}_1$.

No mesmo intervalo de tempo, através da seção (2) existe a saída de uma quantidade de movimento $dm_2\vec{v}_2$. Logo, a variação da quantidade de movimento entre (1) e (2) será $dm_2\vec{v}_2 - dm_1\vec{v}_1$.

Pelo teorema da quantidade de movimento, a força resultante que age no fluido entre as seções (1) e (2) será:

$$\vec{F} = \frac{dm_2\vec{v}_2}{dt} - \frac{dm_1\vec{v}_1}{dt}$$

ou

$$\vec{F} = Q_{m2}\vec{v}_2 - Q_{m1}\vec{v}_1$$

Por outro lado, como o regime é permanente, então:

$$Q_{m1} = Q_{m2} = Q_m$$

e, portanto:

$$\vec{F} = Q_m(\vec{v}_2 - \vec{v}_1) = Q_m\Delta\vec{v} \qquad \textbf{(5.3)}$$

A Equação 5.3 mostra também que $\vec{F}$ tem a direção de $\Delta\vec{v} = \vec{v}_2 - \vec{v}_1$ e o ponto de aplicação pode ser encontrado na intersecção das direções de $\vec{v}_1$ e $\vec{v}_2$ (Figura 5.1).

A Equação 5.3 permite determinar a força resultante que age no fluido entre (1) e (2), o que normalmente não é o objetivo principal.

Vamos analisar as forças componentes da resultante $\vec{F}$ (Figura 5.2).

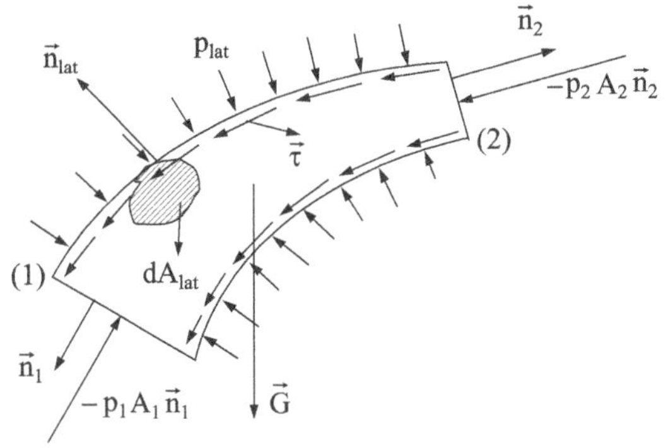

Figura 5.2

O fluido entre (1) e (2) está sujeito a forças de contato normais (de pressão) e tangenciais (tensões de cisalhamento) e à força de campo causada pelo campo de gravidade, que é o peso $\vec{G}$ (exclui-se a existência de outros campos).

Nas seções (1) e (2), o fluido a montante e a jusante do tubo de corrente (1)-(2) aplica pressões nessas seções contra o fluido contido entre elas.

As forças devidas às pressões nas seções (1) e (2) são, respectivamente, p_1A_1 e p_2A_2 em módulo. Para a determinação dos vetores das forças nessas duas seções, adotam-se versores normais a elas, com sentido para fora do tubo de corrente, por convenção. Dessa forma, as forças que agem no fluido nas seções (1) e (2) serão, respectivamente, $-p_1 A_1 \vec{n}_1$ e $-p_2 A_2 \vec{n}_2$, onde os sinais negativos se devem à convenção adotada para as normais, como se observa na Figura 5.2.

Na superfície lateral, o fluido está sujeito a pressões e também a tensões de cisalhamento devidas ao seu movimento em contato com o meio.

Essas pressões e tensões de cisalhamento podem variar de um ponto para outro da superfície lateral. A resultante das pressões pode ser obtida adotando-se em cada ponto uma normal dirigida para fora, conforme a convenção adotada.

A resultante em cada elemento dA_{lat} no entorno de um ponto da superfície lateral será:

$$d\vec{F}'_s = -p_{lat}\vec{n}_{lat}dA_{lat} + \vec{\tau}dA_{lat}$$

Logo, a força resultante das pressões e tensões de cisalhamento na superfície lateral será:

$$\vec{F}'_s = \int -p_{lat}\vec{n}_{lat}dA_{lat} + \int \vec{\tau}dA_{lat}$$

Uma vez definida essa resultante, a Figura 5.2 pode ser reduzida à Figura 5.3.

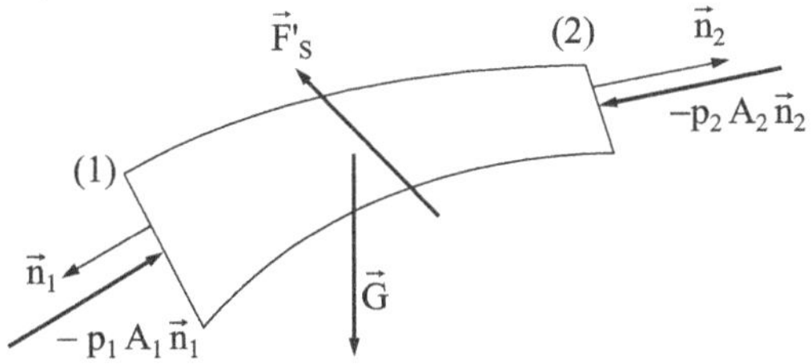

Figura 5.3

Pelo exposto, a força $\vec{F}$ resultante que age no fluido entre (1) e (2) será a soma das componentes representadas na Figura 5.3.

Logo: $\vec{F} = \vec{F}'_s + (-p_1 A_1 \vec{n}_1) + (-p_2 A_2 \vec{n}_2) + \vec{G}$

Mas, pela Equação 5.3:

$$\vec{F}'_s - p_1 A_1 \vec{n}_1 - p_2 A_2 \vec{n}_2 + \vec{G} = Q_m (\vec{v}_2 - \vec{v}_1) \quad (5.4)$$

Em geral, o interesse por essa equação corresponde aos casos em que o fluido está em contato com uma superfície sólida, na superfície lateral entre (1) e (2). Nessa condição, a força F'_s representaria a resultante das forças de contato da superfície sólida contra o fluido.

Isolando esse termo na Equação 5.4, obtém-se:

$$\vec{F}'_s = p_1 A_1 \vec{n}_1 + p_2 A_2 \vec{n}_2 + Q_m (\vec{v}_2 - \vec{v}_1) - \vec{G}$$

Na prática, normalmente, interessa determinar a força que o fluido aplica na superfície sólida com a qual está em contato entre as seções (1) e (2). Como $\vec{F}'_S$ representa a força resultante da superfície sólida no fluido, então, pelo princípio da ação e reação, a força $\vec{F}_S$ que o fluido aplica na superfície sólida será: $\vec{F}_s = -\vec{F}'_s$

ou

$$\vec{F}_s = -[p_1 A_1 \vec{n}_1 + p_2 A_2 \vec{n}_2 + Q_m (\vec{v}_2 - \vec{v}_1)] + \vec{G} \quad (5.5)$$

Para facilidade de cálculo nos exercícios, não será levado em consideração o peso do fluido $\vec{G}$; entretanto, deseja-se ressaltar que nem sempre esse termo pode ser considerado desprezível e nas aplicações práticas deverá, às vezes, ser calculado.

Pelo exposto, a Equação 5.5 será daqui em diante usada na forma:

$$\vec{F}_s = -[p_1 A_1 \vec{n}_1 + p_2 A_2 \vec{n}_2 + Q_m (\vec{v}_2 - \vec{v}_1)] \quad (5.6)$$

5.3 Método de utilização da equação

A Equação 5.6 não é aplicada na forma vetorial. Normalmente adotam-se eixos convenientes e, para a solução do problema, os vetores da equação são projetados na direção deles.

Todos os vetores da equação serão, então, projetados na direção desses eixos, determinando-se as componentes da força $\vec{F}_s$ nessas direções.

Se o resultado final desejado for a força $\vec{F}_s$, essas duas componentes poderão ser compostas vetorialmente para a sua obtenção.

As aplicações a seguir têm o objetivo de esclarecer o método de utilização da Equação 5.6.

Aplicação 1 — Conduto com redução gradual da seção

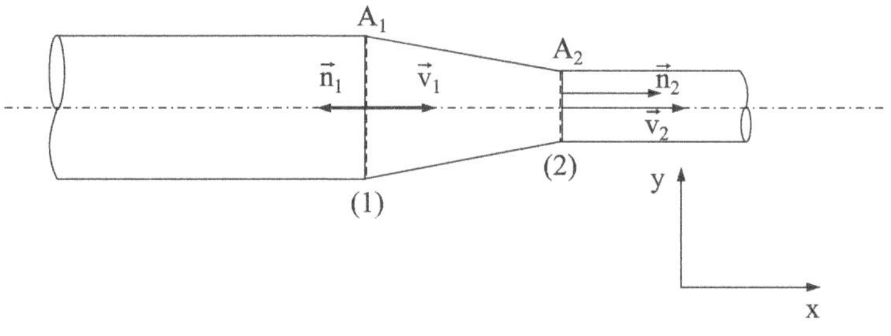

Seja o conduto da figura. Suponha-se o fluido incompressível, as propriedades uniformes nas seções e o regime permanente. Será determinado o esforço horizontal do fluido sobre o conduto. Tal força serviria, por exemplo, para dimensionar algum sistema para a sua fixação.

Para o trecho (1)-(2) pode-se escrever:

$$\vec{F}_s = -[p_1 A_1 \vec{n}_1 + p_2 A_2 \vec{n}_2 + Q_m(\vec{v}_2 - \vec{v}_1)]$$

Projetando na direção de x:

$$F_{s_x} = -[p_1 A_1 (-1) + p_2 A_2 (+1) + Q_m (v_2 - v_1)]$$

ou $$F_{s_x} = p_1 A_1 - p_2 A_2 + (v_1 - v_2)\,\rho Q$$

Note-se que a vantagem desse método é relativa ao fato de que o estudo é realizado inteiramente nas seções de entrada e saída do conduto, sem a preocupação com a distribuição intermediária das forças. Como nenhum dos vetores da figura tem componentes na direção y, $F_{s_y} = 0$ (deve-se ao fato de não se considerar $\vec{G}$).

Aplicação 2 — Redução de seção e mudança de direção

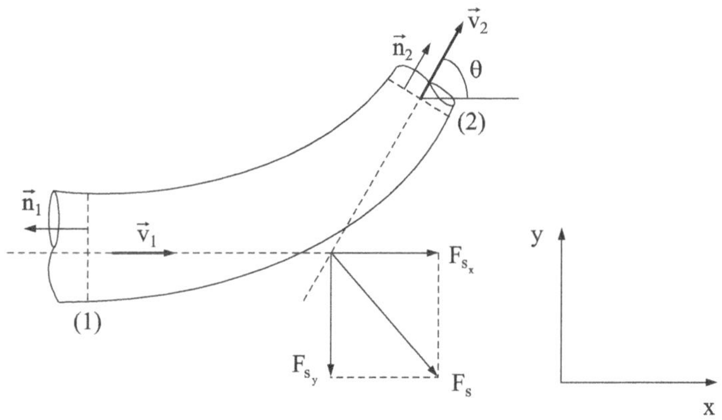

Admitindo as mesmas hipóteses anteriores:

$$\vec{F}_s = -[p_1 A_1 \vec{n}_1 + p_2 A_2 \vec{n}_2 + Q_m(\vec{v}_2 - \vec{v}_1)]$$

Projetando segundo x:

$$F_{s_x} = -[p_1 A_1 (-1) + p_2 A_2 \cos\theta + Q_m (v_2 \cos\theta - v_1)]$$

ou $$F_{s_x} = p_1 A_1 - p_2 A_2 \cos\theta + Q_m (v_1 - v_2 \cos\theta)$$

Projetando segundo y:

$$F_{s_y} = -[0 + p_2 A_2 \operatorname{sen}\theta + Q_m (v_2 \operatorname{sen}\theta - 0)]$$

ou $$F_{s_y} = -p_2 A_2 \operatorname{sen}\theta - \rho Q v_2 \operatorname{sen}\theta$$

Note-se que compondo $\vec{F}_{s_x}$ e $\vec{F}_{s_y}$ pode ser obtida a força resultante do fluido sobre o conduto, isto é:

$$F_s = \sqrt{F_{s_x}^2 + F_{s_y}^2}$$

Aplicação 3 — Desviador de jato fixo

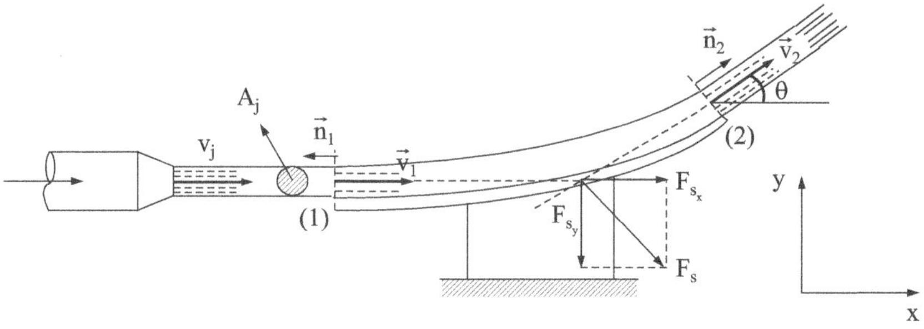

Na figura, observa-se um desviador de jato ou pá. Esse caso tem sua aplicação, por exemplo, em pás de turbinas. O fluido lançado contra o desviador sofre uma deflexão provocada por este.

Note-se que, pela dedução da Equação 5.6, parte da força $\vec{F}_s$ é produzida no contato do fluido com o ar, já que entre (1) e (2) o fluido não está totalmente envolvido pela superfície sólida.

A pressão na escala efetiva é nula; no entanto, o efeito do atrito do ar existe. Logo, se $\vec{F}_s$ deve ser a resultante da força que o fluido aplica no anteparo, deve-se desprezar o atrito com o ar.

Então:

$$\vec{F}_s = -[p_1 A_1 \vec{n}_1 + p_2 A_2 \vec{n}_2 + Q_m(\vec{v}_2 - \vec{v}_1)]$$

Como em (1) e (2) o jato é livre à pressão atmosférica, então $p_1 = p_2 = 0$.

Logo:
$$\vec{F}_s = Q_m(\vec{v}_1 - \vec{v}_2)$$

Projetando segundo x:

$$F_{s_x} = Q_m(v_1 - v_2 \cos\theta)$$

Projetando segundo y:

$$F_{s_y} = Q_m(0 - v_2 \operatorname{sen}\theta) = -Q_m v_2 \operatorname{sen}\theta$$

É normal, nesse tipo de aplicação, desprezar o atrito do fluido na superfície sólida e a diferença de cotas entre (1) e (2), resultando em $v_1 = v_2 = v_j$ (velocidade do jato).

Logo:
$$F_{s_x} = \rho A_j v_j^2 (1 - \cos\theta)$$

e
$$F_{s_y} = -\rho A_j v_j^2 \operatorname{sen}\theta$$

A força $\vec{F}_s$ é obtida pela composição de $\vec{F}_{s_x}$ e $\vec{F}_{s_y}$, e seu ponto de aplicação estará no encontro das direções dos vetores da velocidade.

Aplicação 4 — Jato incidindo numa placa plana

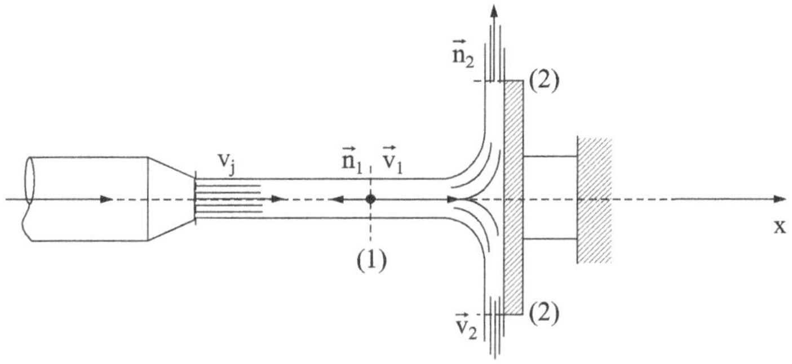

Considere que o jato, ao atingir o anteparo, seja espalhado uniformemente, em todas as direções. A velocidade v_2 não terá, portanto, componente segundo x. Como a pressão é atmosférica, obtém-se:

$$F_{s_x} = \rho Q v_1$$

5.4 Forças em superfícies sólidas em movimento

Em muitos problemas, deseja-se determinar a ação de fluidos em superfícies sólidas em movimento. Neste item serão considerados somente movimentos retilíneos e uniformes das superfícies, para não haver preocupações com forças de inércia devidas às acelerações.

Com essa hipótese, o problema será resolvido de forma bastante simples, pois bastará realizar o estudo em relação a um sistema de referência fixo na superfície sólida em movimento.

Dessa forma, a superfície sólida será novamente observada em repouso e o fluido terá a sua velocidade alterada em relação àquela vista do sistema de referência inercial.

Nesse caso, a variação da velocidade deverá ser estudada a partir do sistema de referência fixo à superfície sólida. Vejamos como se alteram as expressões antes estabelecidas, quando a superfície sólida está em movimento.

Para o estudo, será adotado um caso particular para maior facilidade de compreensão. Seja na Figura 5.4 o desviador de jato em movimento com velocidade $\vec{v}_s$ constante.

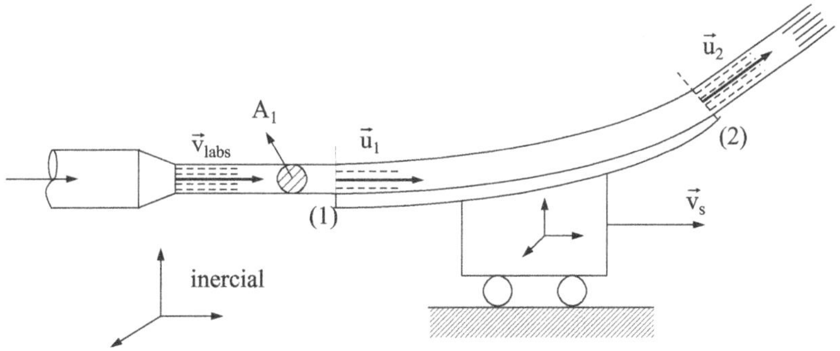

Figura 5.4

Sabe-se da Mecânica que $\vec{v}_{abs} = \vec{u} + \vec{v}_s$, onde:

$\vec{v}_{abs}$ = velocidade absoluta, em relação ao sistema inercial;

$\vec{v}_s$ = velocidade de arrastamento ou velocidade da origem do sistema de referência fixo na superfície sólida; no caso, o desviador de jato;

$\vec{u}$ = velocidade relativa ou velocidade em relação ao sistema de referência móvel; no caso, é a velocidade do jato em relação ao desviador.

A força do desviador contra o jato de fluido lançado pelo bocal será função da velocidade relativa $\vec{u}$.

A visualização dessa afirmação é simples, já que, se o desviador estiver com uma velocidade maior que o jato de fluido, por exemplo, a força será nula; se o desviador tiver velocidade nula, a força será maior que se ele se afastasse com uma certa velocidade do jato. No caso em que a superfície sólida esteja parada, já foi visto que vale o resultado da Aplicação 3.

No caso atual, a vazão do jato lançada pelo bocal é $Q_m = \rho A_1 v_1$, mas a superfície sólida, devido ao seu movimento, não é atingida por essa vazão. O que incidirá sobre a superfície sólida será uma vazão aparente dada por:

$$Q_{m_{ap}} = \rho A_1 (v_{abs_1} - v_s) = \rho A_1 u_1$$

Logo, a Equação 5.6 ficará, para o caso do movimento relativo:

$$\vec{F}_s = Q_{m_{ap}} (\vec{u}_1 - \vec{u}_2) \quad (5.7)$$

Pode-se verificar que, com a hipótese de movimento retilíneo e uniforme da superfície sólida, todas as expressões continuam válidas, desde que seja utilizada a velocidade relativa $\vec{u} = \vec{v}_{abs} - \vec{v}_s$ e $Q_{m_{ap}}$ no lugar de Q_m.

Assim, de uma forma geral,

$$\vec{F}_s = -[p_1 A_1 \vec{n}_1 + p_2 A_2 \vec{n}_2 + Q_{m_{ap}} (\vec{u}_2 - \vec{u}_1)] \quad (5.8)$$

EXEMPLO

Um desviador de jato move-se com uma velocidade de 9 m/s. Um bocal de 5 cm de diâmetro lança um jato de óleo com uma velocidade de 15 m/s, tal que o jato incide sobre o desviador, conforme indicado na figura. O ângulo de saída é 60° e o peso específico do óleo é 8.000 N/m³. Calcular a força do jato contra o desviador.

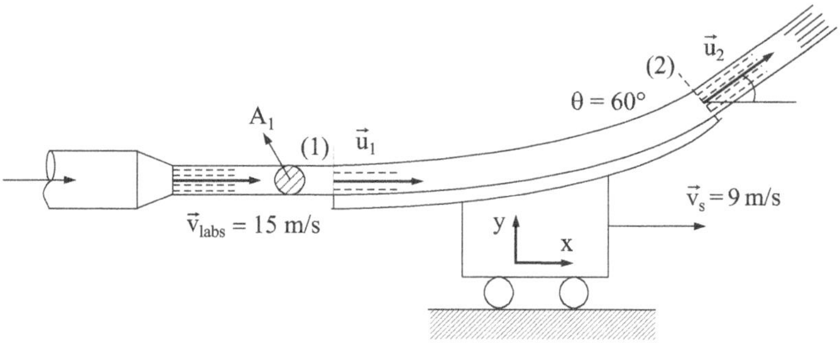

Solução

Pela Equação 5.7 e pela observação do item 5.4, tem-se:

$$F_{s_x} = \rho Q_{ap}(u_1 - u_2 \cos\theta)$$

e

$$F_{s_y} = \rho Q_{ap}(0 - u_2 \text{sen}\,\theta_2)$$

Suponha que em módulo $u_1 = u_2 = u$. Pelos motivos descritos na Aplicação 3, obtém-se:

$$F_{s_x} = \rho A_j u(u - u\cos 60°) = \rho A_j u^2 (1 - \cos 60°)$$

$$F_{s_y} = \rho A_j u(0 - u\,\text{sen}\,60°) = -\rho A_j u^2 \text{sen}\,60°$$

$$u = v_j - v_s = 15 - 9 = 6\ \text{m/s}$$

$$A_j = \frac{\pi D_j^2}{4} = \frac{\pi \times 5^2}{4} \times 10^{-4} = 1{,}96 \times 10^{-3}\ m^2$$

$$\rho = \frac{\gamma}{g} = \frac{8.000}{10} = 800\ kg/m^3$$

Logo: $F_{s_x} = 800 \times 1{,}96 \times 10^{-3} \times 6^2 \times (1 - 0{,}5) = 28{,}2\ N$

e $F_{s_y} = -800 \times 1{,}96 \times 10^{-3} \times 6^2 \times 0{,}866 = -49\ N$

Portanto: $F_s = \sqrt{28{,}2^2 + 49^2} = 56{,}5N$

EXEMPLO

Determinar a potência transmitida por um jato de água a uma turbina de ação tipo Pelton. Determinar também o rendimento da transmissão de potência.

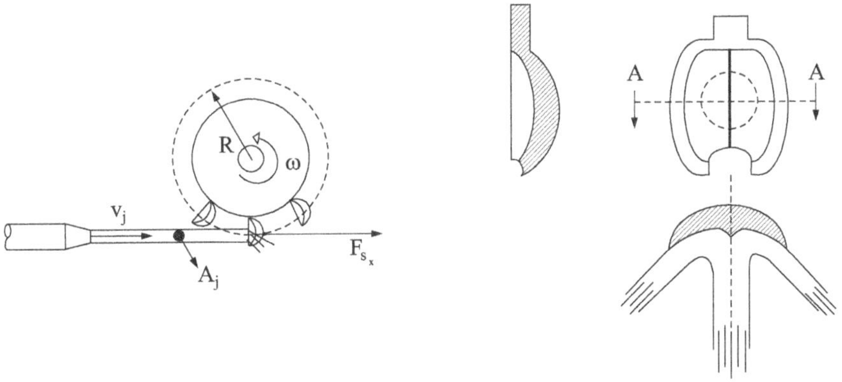

Solução

Observe que o corte AA corresponde a um desviador de jato com ângulo de saída θ.

Tratando-se de uma única pá, a solução seria dada pela Equação 5.7 e, pela figura, sendo apenas a metade da pá:

$$\frac{\vec{F}_s}{2} = \frac{Q_{m_{ap}}}{2}(\vec{u}_1 - \vec{u}_2)$$

ou

$$\vec{F}_s = Q_{m_{ap}}(\vec{u}_1 - \vec{u}_2)$$

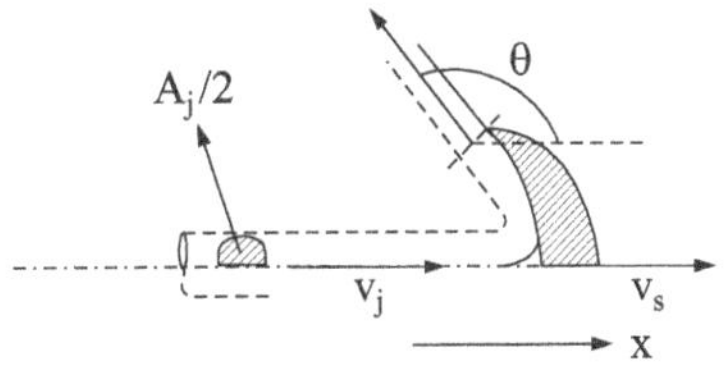

Projetando na direção de x:

$$F_{s_x} = Q_{m_{ap}}(u_1 - u_2 \cos\theta)$$

Supondo $u_1 = u_2 = u = v_j - v_s$, onde $v_s = \omega R$, obtém-se: $F_{s_x} = Q_{m_{ap}}(v_j - v_s)(1 - \cos\theta)$

No caso da turbina, tem-se um grande número de pás e uma velocidade angular ω relativamente grande. Isso faz com que se possa admitir que em cada instante se tenha uma pá na posição representada na figura. Por causa disso, pode-se admitir que toda a vazão do jato é aproveitada na transmissão de potência, de forma que é possível substituir a vazão aparente pela vazão real.

Logo, a equação para a turbina fica:

$$F_{s_x} = Q_m(v_j - v_s)(1 - \cos\theta)$$

ou

$$F_{s_x} = \rho A_j v_j (v_j - v_s)(1 - \cos\theta)$$

A potência é dada por: $N = F_{s_x} v_s$

Logo:

$$N = \rho A_j v_j (v_j - v_s)(1 - \cos\theta)\, v_s$$

O rendimento da transmissão de potência do jato para a turbina é obtido pela comparação da potência da turbina com a potência do jato, que é dada por (vide Exemplo do item 4.5):

$$N_j = \frac{\rho A_j v_j^3}{2}$$

Logo, o rendimento será:

$$\eta = \frac{N}{N_j} = \frac{\rho A_j v_j (v_j - v_s)(1 - \cos\theta)\, v_s}{\dfrac{\rho A_j v_j^3}{2}}$$

ou

$$\eta = \frac{2(v_j - v_s)\, v_s (1 - \cos\theta)}{v_j^2}$$

O máximo rendimento em função da velocidade v_s pode ser obtido derivando η em relação a v_s e igualando a zero:

$$\frac{d\eta}{dv_s} = \frac{2(1 - \cos\theta)}{v_j^2}(v_j - 2v_s) = 0$$

ou

$$v_s = \frac{v_j}{2}$$

Substituindo esse resultado na expressão do rendimento:

$$\eta_{max} = \frac{2\left(v_j - \dfrac{v_j}{2}\right)\dfrac{v_j}{2}(1 - \cos\theta)}{v_j^2} = \frac{1 - \cos\theta}{2}$$

Observa-se que o ângulo de saída θ ideal seria 180°, mas isso não é possível, pois o jato retornaria sobre si mesmo, incidindo na pá seguinte. Na prática, o ângulo θ adotado é um pouco menor que 180°.

5.5 Equação da quantidade de movimento para diversas entradas e saídas em regime permanente

A Figura 5.5 mostra um sistema genérico com diversas entradas e saídas.

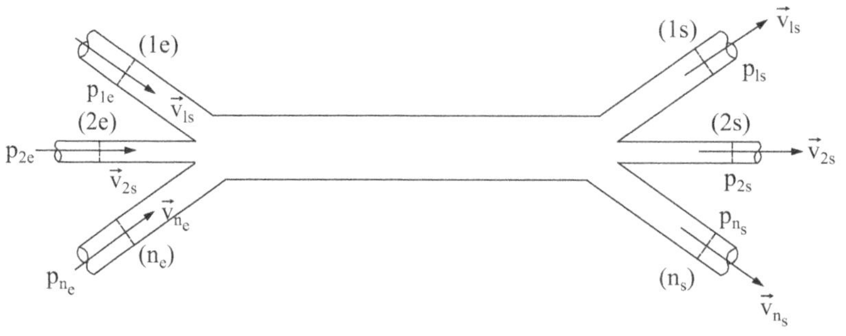

Figura 5.5

Nesse caso, basta generalizar a Equação 5.6, lembrando que a vazão em massa não pode mais ser colocada em evidência, já que se tem uma vazão diferente em cada seção. Logo:

$$\vec{F}_s = -\sum p_i A_i \vec{n}_i + \sum_e Q_m \vec{v} - \sum_s Q_m \vec{v} \quad (5.9)$$

onde os índices e e s representam, respectivamente, entradas e saídas.

EXEMPLO

O barco da figura tem um sistema de propulsão que consiste de uma bomba que succiona água na proa e a recalca na popa. Todos os tubos têm 5 cm de diâmetro e a vazão de saída é 50 L/s. Calcular a força de propulsão no instante da partida, isto é, com o barco em repouso. Admite-se que a pressão nas entradas e saída seja praticamente atmosférica (ρ = 1.000 kg/m^3).

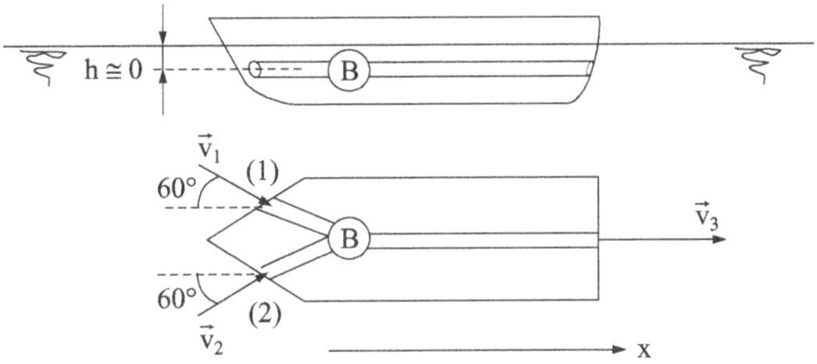

Solução

Como existem duas entradas e uma saída, deve ser aplicada a Equação 5.9:

$$\vec{F}_s = -\sum p_i A_i \vec{n}_i + \sum_e Q_m \vec{v} - \sum_s Q_m \vec{v}$$

Pela hipótese referente às pressões, tem-se:

$$\vec{F}_s = Q_{m_1} \vec{v}_1 + Q_{m_2} \vec{v}_2 - Q_{m_3} \vec{v}_3$$

Projetando segundo x:

$$F_{s_x} = Q_{m_1} v_1 \cos 60° - Q_{m_2} v_2 \cos 60° - Q_{m_3} v_3$$

Pela simetria do sistema: $Q_{m_1} = Q_{m_2}$ e $v_1 = v_2$

Logo: $F_{s_x} = 2Q_{m_1} v_1 \cos 60° - Q_{m_3} v_3$

Mas, pela equação da continuidade: $Q_{m_1} = \dfrac{Q_{m_3}}{2}$ e $v_1 = \dfrac{v_3}{2}$

Logo: $F_{s_x} = 2\dfrac{Q_{m_3}}{2}\dfrac{v_3}{2} \cos 60° - Q_{m_3} v_3$

e, portanto, como $\cos 60° = \dfrac{1}{2}$:

$$F_{s_x} = -\frac{3}{4} Q_{m_3} v_3$$

mas $Q_{m_3} = rQ_3 = 1.000 \times 50 \times 10^{-3} = 50 \text{ kg/s}$

e $$v_3 = \frac{4Q_3}{\pi D_3^2} = \frac{4 \times 50 \times 10^{-3}}{\pi \times 0{,}05^2} = 25{,}46 \text{ m/s}$$

Logo: $$F_{S_X} = -\frac{3}{4} 50 \times 25{,}46 = -954{,}7 \text{ N}$$

O sinal negativo indica que a força de propulsão tem sentido contrário ao do eixo x adotado.

EXEMPLO

Determinar a força de propulsão de um foguete, supondo a pressão de saída dos gases igual à do ambiente.

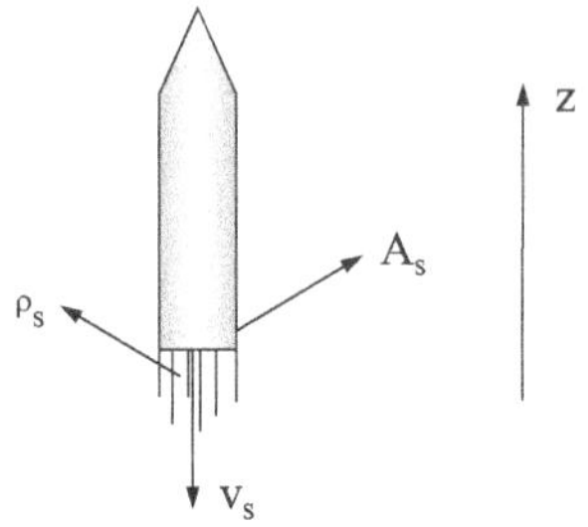

Solução

Aplicando a Equação 5.9:

$$\vec{F}_s = \sum p_i A_i \vec{n}_i + \sum_e Q_m \vec{v} - \sum_s Q_m \vec{v}$$

A pressão de saída dos gases, sendo igual à do ambiente, na escala efetiva será nula. Além disso, o sistema só possui uma saída, não tendo nenhuma entrada; logo, $\vec{F}_s = -Q_{m_s} \vec{v}_s$.

Projetando segundo z, tem-se:

$$F_{s_z} = -Q_{m_s}(-v_s) = Q_{m_s} v_s$$

ou $$F_{s_z} = \rho_s v_s^2 A_s$$

EXERCÍCIOS

5.1 Calcular o esforço horizontal sobre a estrutura do ventilador da figura e a potência transmitida ao fluido pelo ventilador. Desprezar a perda de carga entre as seções (1) e (2). Dados: $D_2 = 0{,}38$ m; $v_2 = 30$ m/s; $\gamma = 12{,}7$ N/m^3; $v_1 \cong 0$.

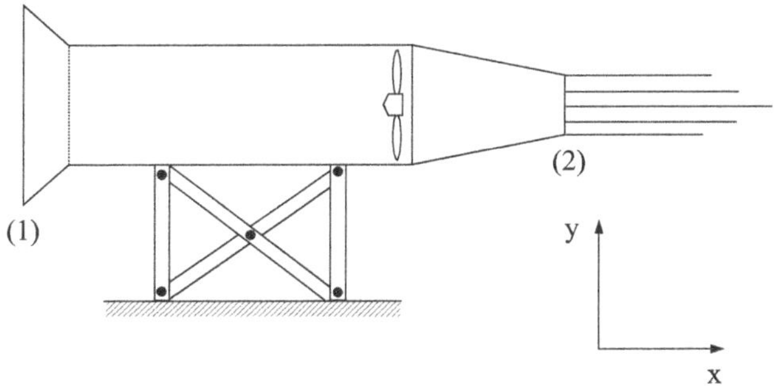

Resp.: $F_{S_X} = -133$ N; N = 1,94 kW

5.2 Sabendo que a perda de carga no trecho (1)-(2) é 3 m, determinar as componentes horizontal e vertical da força aplicada pelo fluido nesse trecho de tubulação. Dados: $\gamma = 10.000\ N/m^3$; Q = 6 L/s.

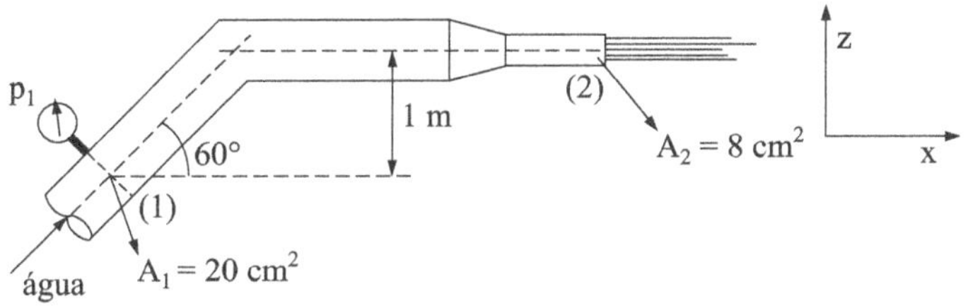

Resp.: $F_{S_X} = 28$ N; $F_{S_Z} = 126$ N

5.3 O tubo (2)-(3) da figura está ligado ao tanque por meio de uma junta elástica de borracha que impede a transferência de esforços entre o tanque e o tubo. Calcular a altura h do nível de água do tanque para que a força horizontal sobre o suporte S seja nula. Dados: $g = 10\ m/s^2$; $\rho = 1.000\ kg/m^3$; $H_{p1,3} \cong 0$; $A_3 = 20\ cm^2$; $\theta = 60°$; $p_2 = 50$ kPa; $A_2 = 80\ cm^2$.

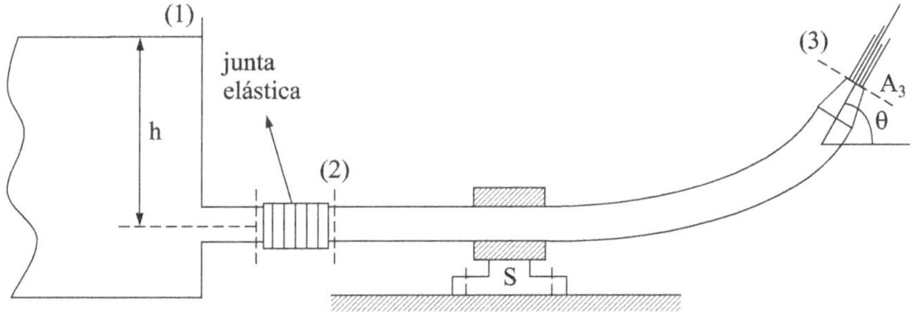

Resp.: h = 7,5 m

5.4 O cotovelo da figura está preso por duas luvas elásticas para que não seja influenciado pelo resto da instalação. Sendo a área de sua seção 20 cm² e a vazão 20 L/s, qual será a força causada pelo escoamento do fluido se a perda de carga é 1,0 m ($\rho = 1.000\ kg/m^3$)?

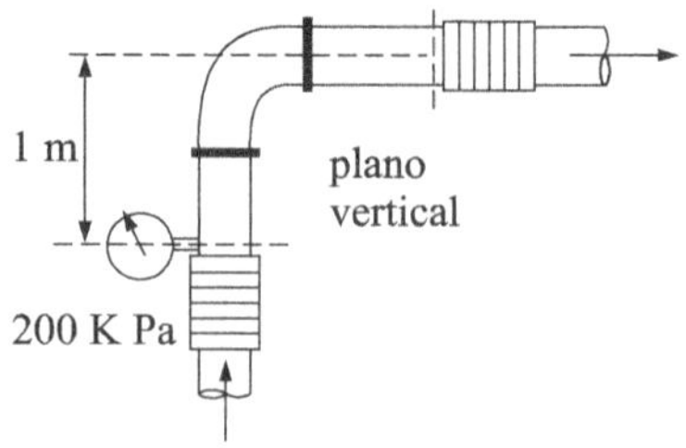

Resp.: $F_s = 820$ N

5.5 A turbina da figura 'extrai' a potência de 2,9 kW da água em escoamento. Desprezando as perdas na redução, calcular as forças exercidas pela água sobre a redução e sobre a turbina, respectivamente. Dados: $\rho_{H_2O} = 1.000\ kg/m^3$; $g = 10\ m/s^2$.

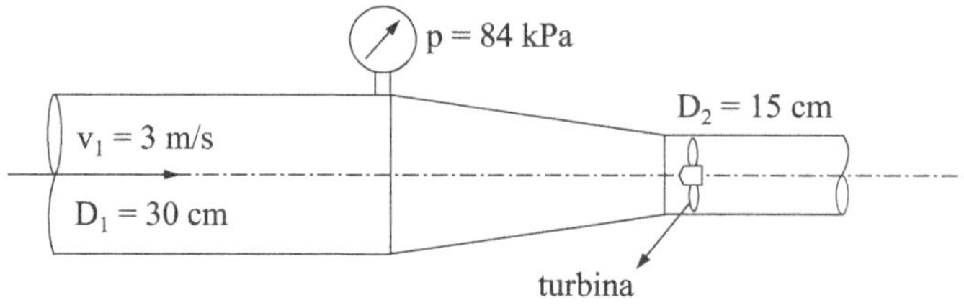

Resp.: $F_r = 3.740$ N; $F_T = 243$ N

5.6 Na instalação esquematizada na figura, (T) é uma turbina e o fluido que escoa é água de massa específica $\rho = 1.000\ kg/m^3$. A vazão que escoa é 314 L/s e as pressões em (1) e (2) são, respectivamente, $p_1 = 18\ N/cm^2$ e $p_2 = -2\ N/cm^2$. Desprezam-se as perdas. Determinar:

a) a potência consumida pela turbina;

b) o esforço segundo x que atua na base da turbina.

Adotar $g = 10\ m/s^2$ e $A_1 = 0{,}0314\ m^2$ ($D_1 = 0{,}20$ m).

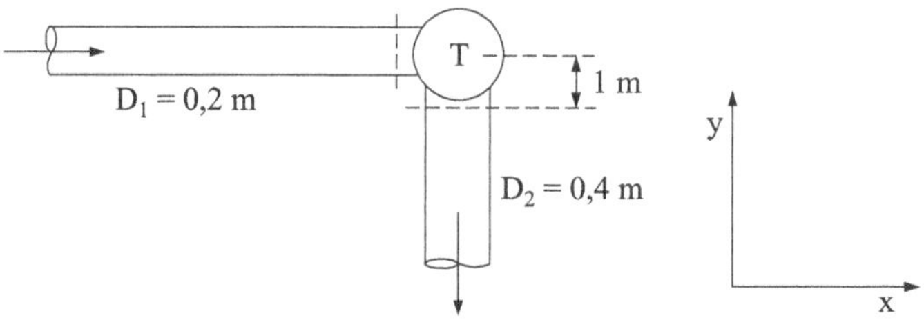

Resp.: N = 80,7 kW; $F_{s_x} = 8.792$ N

5.7 No esquema que segue, podem ocorrer duas situações:

1) o registro (B) fechado e o registro (A) aberto, a água é despejada por (1);

2) o registro (A) fechado e o registro (B) aberto, a água é despejada por (2).

Em ambos os casos, a pressão indicada na figura é a mesma, bem como se tem a mesma força F = 1.090 N, necessária para o equilíbrio segundo a direção x. Determinar, para cada uma das situações citadas, qual deve ser a força para o equilíbrio, segundo a direção y.

Dados: $\gamma_{H_2O} = 10.000\ N/m^3$; $A_0 = 100\ cm^2$; $A_1 = 50\ cm^2$; $A_2 = 75\ cm^2$; $g = 10\ m/s^2$.

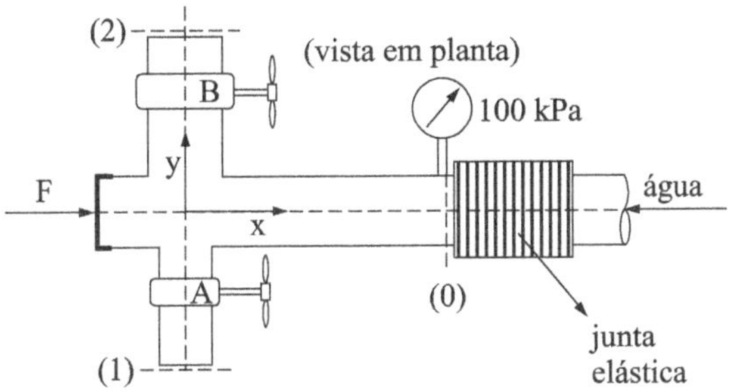

Resp.: 180 N; –120 N

5.8 No trecho (1)-(2) da tubulação, que está num plano horizontal, escoa água em regime permanente. A perda de carga de (1) a (2) é 10 m e a vazão, 10 L/s. Qual é a força resultante aplicada pelo fluido na tubulação? ($\gamma = 10.000\ N/m^3$)

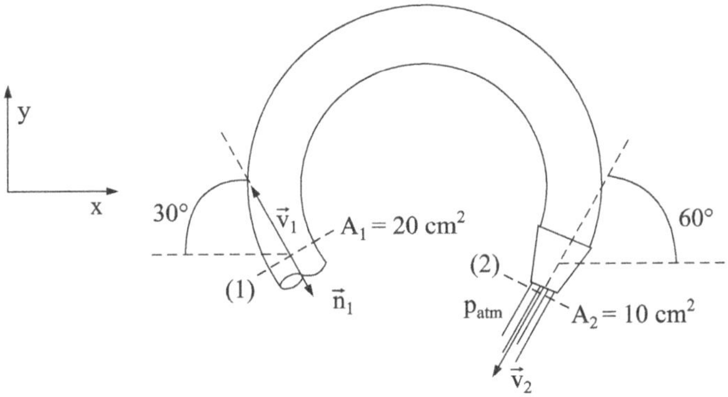

Resp.: 340 N

5.9 Calcular a força horizontal aplicada sobre o suporte do bocal da figura. Sabendo que a água incide na placa, plana e vertical, e se distribui igualmente em todas as direções, calcular a força que deve ser aplicada na placa para mantê-la em repouso.

Dados: $p_1 = 150$ kPa; $v_1 = 5$ m/s; $D_1 = 10$ cm; $D_2 = 5$ cm; $\rho = 1.000\ kg/m^3$.

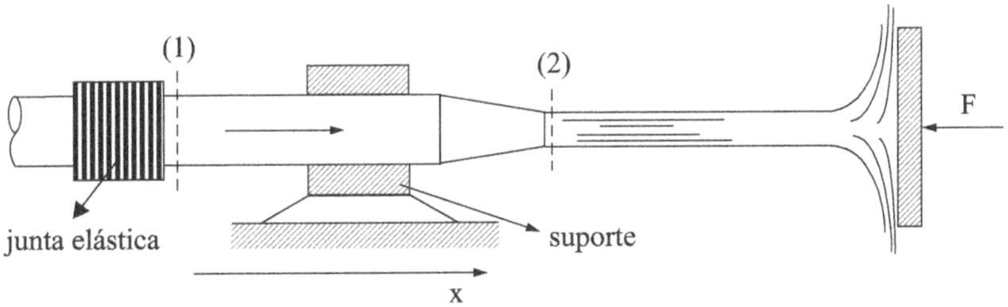

Resp.: $F_{S_X} = 589\ N$; $F_{S_{X_{placa}}} = 785\ N$

5.10 A água contida no tanque (1) é descarregada através do bocal sem atrito. Seu nível h_1 pode ser considerado constante. O jato incide sobre uma placa de grandes dimensões que cobre a saída do bocal do tanque (2), contendo água a uma altura h_2 acima do orifício. Os bocais são iguais. Se h_2 for conhecido, determinar h_1 tal que a força do jato seja suficiente para anular a resultante das forças horizontais que agem sobre a placa.

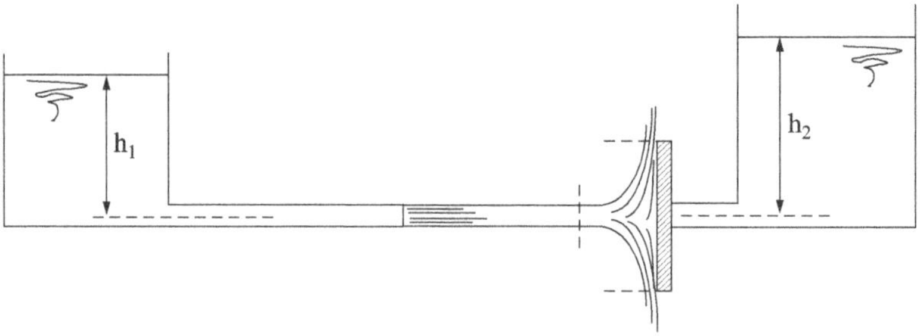

Resp.: $h_1 = h_2/2$

5.11 Calcular as componentes horizontal e vertical da força que o jato de água da figura exerce sobre o desviador. Dados: $\rho = 1.000\ kg/m^3$; $Q = 20\ L/s$; $D_j = 10\ cm$. Desprezar a variação da seção do jato e seu peso.

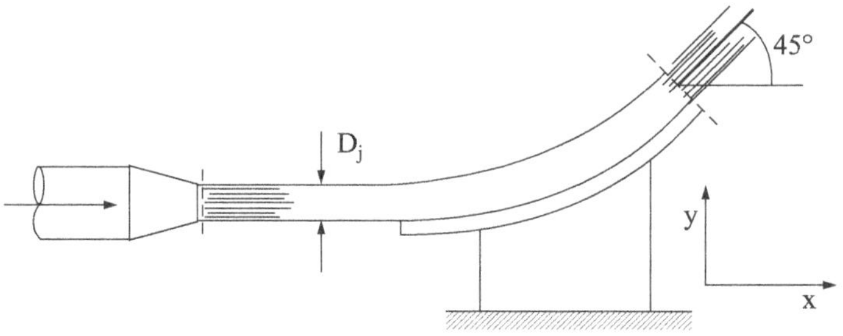

Resp.: $F_{s_x} = 14{,}9\ N$; $F_{s_y} = -36\ N$

5.12 A água que sai de um reservatório de grandes dimensões penetra num conduto de 15 cm de diâmetro e incide sobre uma pá defletora fixa que desvia o jato de 90°, conforme a figura. Sabendo que o empuxo horizontal desenvolvido sobre a pá é 1.000 N, determinar a potência da turbina. Dados: $\rho = 1.000\ kg/m^3$; a perda de carga da tubulação é desprezível; $\eta_T = 70\%$.

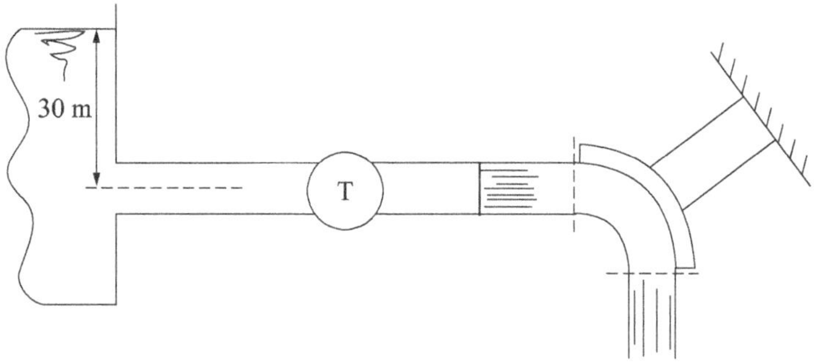

Resp.: $N_T = 25{,}3\ kW$

5.13 Dado o esquema da figura, sabendo que a seção do jato tem uma área de $520\ cm^2$ e que a área do pistão é $20\ cm^2$, determinar a vazão no bocal. Dados: $\gamma_{H_2O} = 10^4\ N/m^3$; $\gamma_{Hg} = 1{,}36 \times 10^5\ N/m^3$. Observação: o sistema está em equilíbrio.

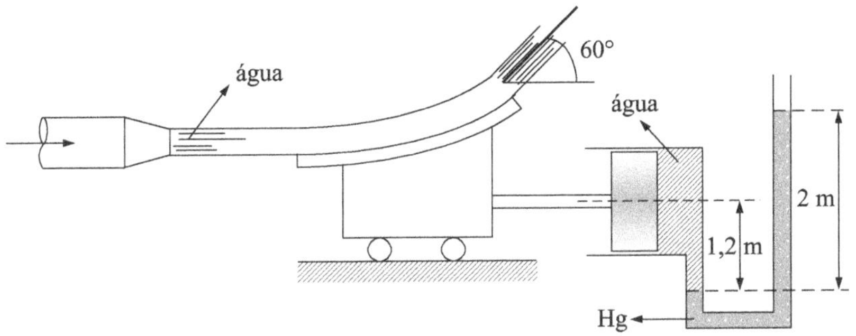

Resp.: $0{,}233\ m^3/s$

5.14 O bocal da esquerda tem uma área de $30\ cm^2$ e lança um jato com velocidade de 10 m/s contra a pá. O sistema está em equilíbrio. Qual é a vazão do segundo bocal e qual é a velocidade do jato se a área do bocal é $10\ cm^2$? (O fluido é água com $\gamma = 10^4\ N/m^3$.)

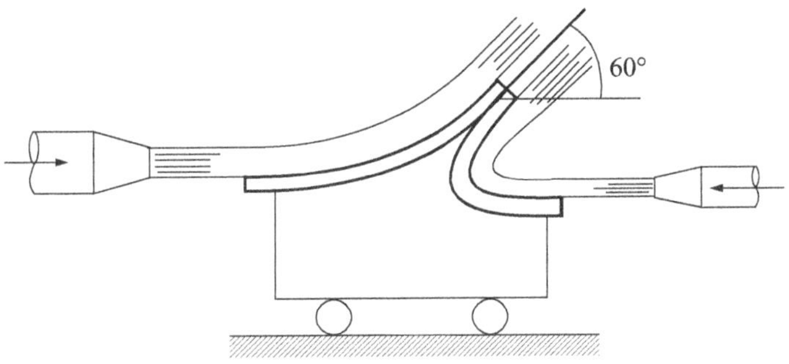

Resp.: v = 10 m/s; Q = 10 L/s

5.15 Um jato atinge uma pá que se localiza num plano inclinado. O peso do conjunto é 40 N e a área do jato é $50\ cm^2$. Qual deverá ser a velocidade do jato para que o sistema permaneça em equilíbrio? ($\gamma = 10^4\ N/m^3$)

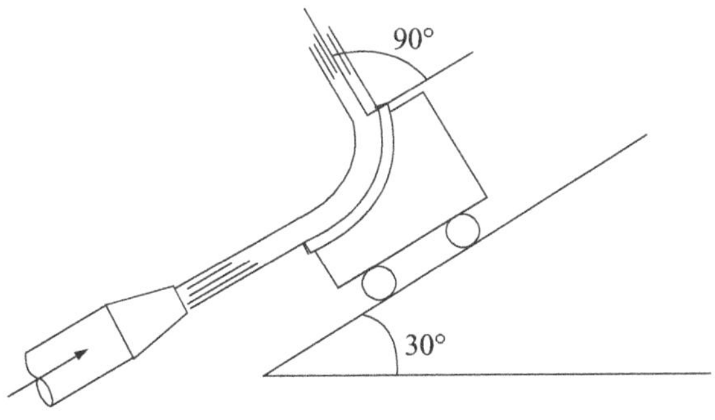

Resp: v = 2 m/s

5.16 Dados $D_1 = 10$ cm; $\rho = 1.000$ kg/m^3; $H_{p0,1} = 2{,}8$ m; $D_2 = 8$ cm; $H_{p0,e} = 1{,}5$ m; $H_{ps,2} = 2{,}4$ m; $\eta_B = 0{,}70$. Calcular:

a) a potência no eixo da bomba para que o corpo apoiado nas rodas sem atrito permaneça parado;

b) a força que o corpo exerce sobre o solo, sendo o seu peso G = 250 N.

(Desprezar o peso do trecho (1)-(3) do jato.)

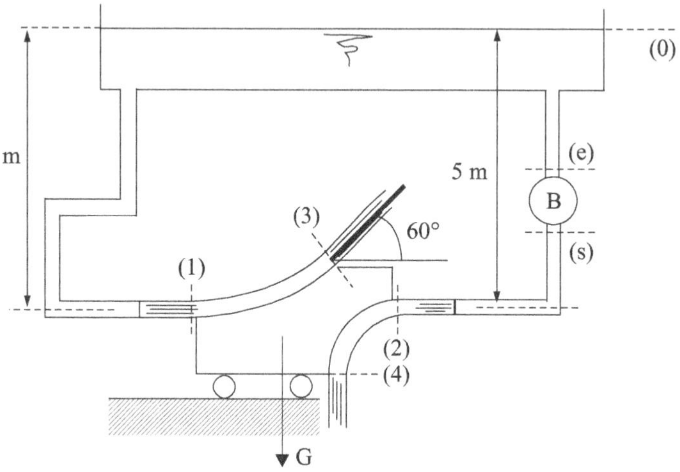

Resp.: a) 0,26 kW; b) 376 N

5.17 O jato de água ($\rho = 1.000$ kg/m^3) de área $A_j = 10^{-4}$ m^2 incide com velocidade v_j na pá solidária ao carro, que se move sem atrito num plano horizontal. O carro, ao se mover, por ação do jato, reboca um bloco de peso G = 20 N sobre um plano inclinado. Se entre a base do bloco, de área 10^{-2} m^2, e o plano inclinado existe uma camada lubrificante de óleo ($\mu = 0{,}1$ N.s/m^2) de espessura $\varepsilon = 10^{-4}$ m, pergunta-se: qual deve ser a velocidade v_j do jato em m/s para que o bloco se movimente no plano inclinado com velocidade constante v = 1 m/s?

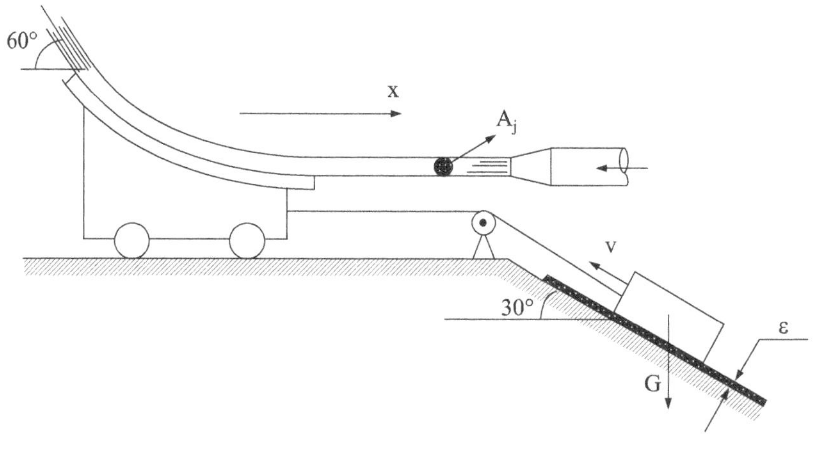

Resp.: $v_j = 21$ m/s

5.18 O desviador de jato da figura move-se sobre o plano inclinado com velocidade de 1,0 m/s. Sabendo que seu peso é 200 N, que sua base é 1,0 m^2 e que entre o desviador e o plano inclinado existe uma camada de óleo com espessura de 0,5 mm e $\mu = 3 \times 10^{-2}$ N.s/m^2, calcular a vazão de água do jato. Dados: $\rho = 1.000$ kg/m^3; g = 10 m/s^2.

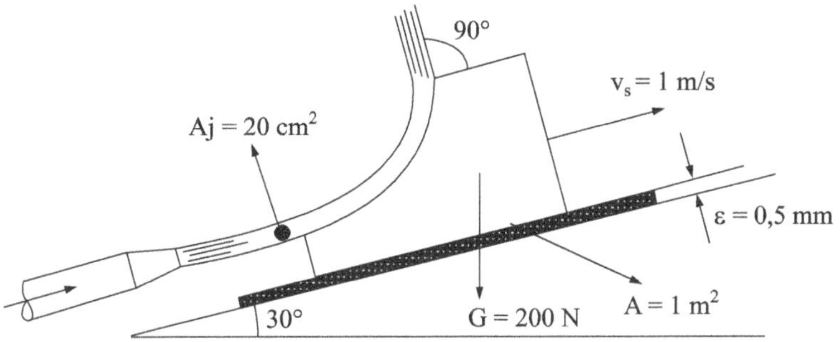

Resp.: Q = 19,9 L/s

5.19 Para uma turbina de ação do tipo Pelton, tem-se os seguintes dados: raio da turbina: R = 1,5 m; rotação: 450 rpm; ângulo de saída das pás: 170°; velocidade do jato: 100 m/s; área da seção do jato: 0,1 m^2. Determinar a potência da turbina.

Resp.: N = 41.115 kW

5.20 Um propulsor a jato queima 1 kg/s de combustível. Calcular a força de propulsão, quando o avião voa à velocidade constante de 200 m/s. Dados: $\rho_{ar} = 1{,}2$ kg/m³; $\rho_{gases} = 0{,}5$ kg/m³; $A_1 = 0{,}3$ m²; $A_2 = 0{,}2$ m².

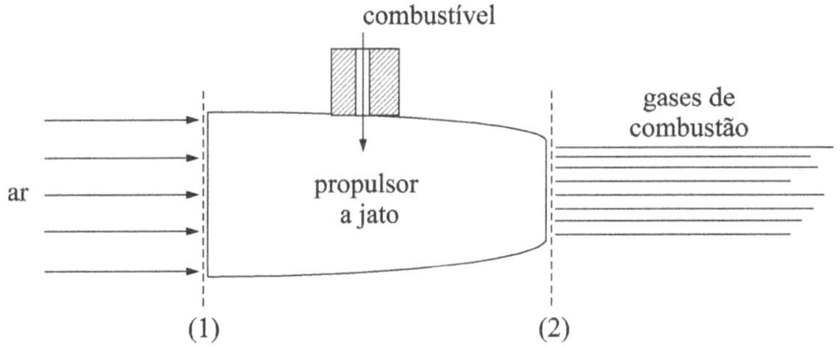

Resp.: $F_{s_x} = -38.890$ N

5.21 Sabendo que o sistema da figura encontra-se em equilíbrio, desprezando as perdas, determinar a altura h_0. ($\gamma_{H_2O} = 10^4$ N/m³; $\gamma = 2 \times 10^4$ N/m³; $A_p = 8 \times 10^{-3}$ m²; $h_1 = 78{,}5$ cm; Q = 15,7 L/s)

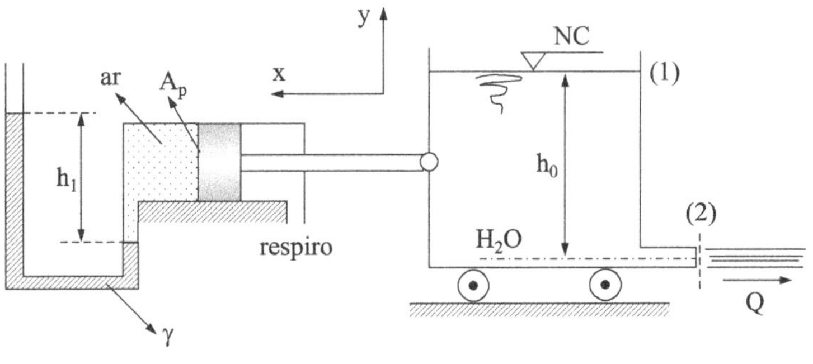

Resp.: $h_0 = 3{,}2$ m

5.22 Um fabricante de brinquedos constrói um carrinho impulsionado pelo ar de uma bexiga. No instante inicial em que é liberado o ar, determinar:

a) a força de propulsão;

b) a pressão do ar da bexiga, desprezando a perda de carga e supondo o ar incompressível. (p_{atm} = 100 kPa)

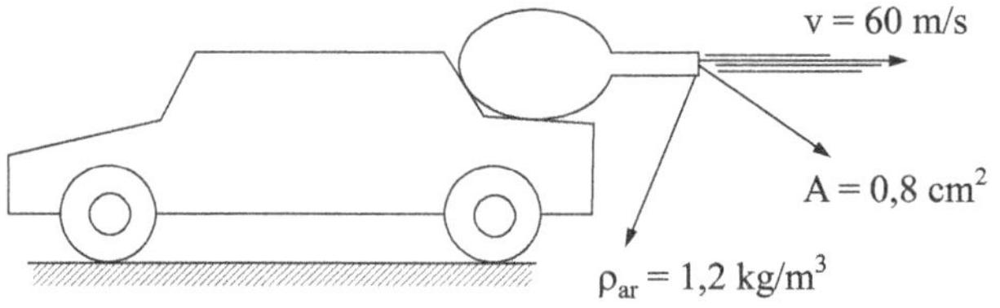

Resp.: a) 0,35 N; b) 2.160 Pa

5.23 No tanque da figura, determinar a força F_{sx} que deve ser aplicada para que ele permaneça parado. Qual é o diâmetro do bocal que deverá ser instalado na parede oposta ao bocal mostrado na figura, para que a força provocada por esse novo jato venha a substituir o efeito da força F_{sx}? Esse novo bocal será instalado a 1 m de profundidade e admite-se que a sua perda de carga seja igual à do bocal da figura. Desprezar o atrito nas rodas. Dados: p_0 = 130 kPa; ρ = 1.000 kg/m^3; D_2 = 10 cm; $H_{p0,2}$ = 5,5 m; g = 10 m/s^2.

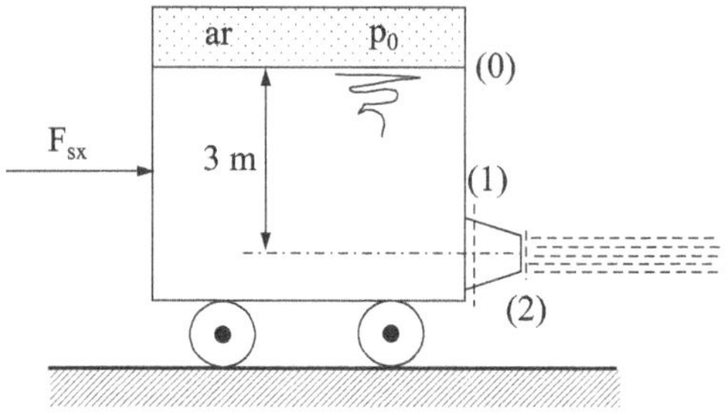

Resp.: F_{sx} = 1.649 N; D = 11,1 cm

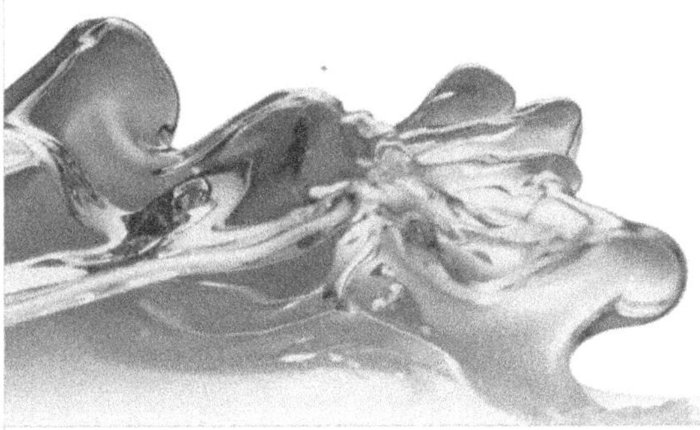

CAPÍTULO 6

Análise dimensional — semelhança

6.1 Introdução

A solução de muitos problemas da Mecânica dos Fluidos por métodos puramente analíticos é, em geral, difícil e trabalhosa, e às vezes impossível, devido ao grande número de variáveis envolvidas. Por causa disso, desenvolvem-se métodos experimentais que permitem, nesses problemas, produzir modelos matemáticos condizentes com a realidade. A análise dimensional, como será visto, é uma teoria matemática que, aplicada à Física, e especificamente à Mecânica dos Fluidos, permite tirar maiores proveitos dos resultados experimentais, assim como racionalizar a pesquisa e, portanto, diminuir-lhe o custo e as perdas de tempo.

A teoria da semelhança, ou teoria dos modelos, é baseada em princípios abordados pela análise dimensional e resolve certos problemas através da análise de modelos convenientes do fenômeno em estudo.

Assim como nos outros capítulos, o objetivo não é desenvolver a teoria de forma matematicamente precisa. O que o leitor deve aproveitar são as idéias desenvolvidas, de forma a adquirir técnicas para a utilização prática da matéria.

6.2 Grandezas fundamentais e derivadas. Equações dimensionais

Para descrever um certo fenômeno físico, devem-se construir funções que interliguem grandezas como espaço, tempo, velocidade, aceleração, força, massa, energia cinética, trabalho etc. Após examinar esse conjunto, verifica-se que as grandezas não são independentes, isto é, grande parte delas está interligada pelas equações que descrevem as leis físicas e as definições.

Assim, por exemplo, se um sistema percorre, com movimento retilíneo uniforme, 100 m em 20 s, não se pode dizer que a sua velocidade média é 10 m/s, já que, pela definição, ela deveria ser 5 m/s.

Da mesma forma, se a massa de um corpo for 20 kg e a sua aceleração, 10 m/s^2, a força resultante que age nele será 200 N e não outro valor qualquer, já que, pela segunda lei de Newton da dinâmica, $F = ma$.

Uma pesquisa no conjunto de grandezas da Mecânica mostra a existência de somente três grandezas independentes, a partir das quais podem ser relacionadas todas as demais. A escolha dessas grandezas é feita de forma conveniente e o conjunto delas é chamado base completa da Mecânica.

A escolha, em geral, recai no terno FLT (força, comprimento e tempo) ou MLT (massa, comprimento e tempo). Ao longo destas anotações, será preferida a base FLT.

Todas as outras grandezas que não fazem parte da base completa são ditas grandezas derivadas e podem ser relacionadas com as grandezas fundamentais por meio das equações da Mecânica.

A equação monômia que relaciona uma grandeza derivada com a base completa é chamada equação dimensional.

EXEMPLO

Escrever a equação dimensional da viscosidade cinemática na base FLT.

Solução

Pelo Capítulo 1, a viscosidade cinemática é dada por: $\nu = \frac{\mu}{\rho}$

Por definição: $$\rho = \frac{m}{V}$$

Na base FLT, a massa é uma grandeza derivada e deve ser relacionada com as grandezas fundamentais. A equação que permite tal relacionamento é a lei de Newton: $F = ma$ ou $m = \frac{F}{a}$.

A força é uma grandeza fundamental; logo: $[F] = F$.

Pela Cinemática, sabe-se que a aceleração é um comprimento dividido por um tempo ao quadrado. Logo:

$$[a] = \frac{L}{T^2} = LT^{-2}$$

Pela Geometria, sabe-se que o volume é um comprimento ao cubo: $[V] = L^3$

Logo: $$\rho = \frac{m}{V} = \frac{F}{aV}$$

$$[\rho] = \frac{F}{LT^{-2}L^3} = \frac{F}{L^4T^{-2}}$$

$$[\rho] = FL^{-4}T^2 \tag{6.1}$$

A viscosidade dinâmica μ pode ser obtida por: $\tau = \mu \frac{dv}{dy}$

ou $$\mu = \frac{\tau}{\frac{dv}{dy}}$$

Mas $\tau = \frac{F_t}{A}$ e, portanto: $[\tau] = F/L^2$ ou $[\tau] = FL^{-2}$

O gradiente da velocidade é: $$\left[\frac{dv}{dy}\right] = \frac{LT^{-1}}{L} = T^{-1}$$

Portanto: $$[\mu] = \frac{FL^{-2}}{T^{-1}}$$

ou $$[\mu] = FL^{-2}T \tag{6.2}$$

Nesse caso: $$\nu = \frac{FL^{-2}T}{FL^{-4}T^2} = F^0L^2T^{-1}$$

Esse exercício, além de mostrar a técnica de obtenção das equações dimensionais numa certa base, visou também a estabelecer as equações das grandezas ρ e μ, que serão freqüentes no estudo a seguir e nos exercícios do fim do capítulo.

Até aqui, o raciocínio foi desenvolvido considerando a existência de três grandezas fundamentais, o que é verdadeiro no caso mais geral da Mecânica. Porém existem fenômenos particulares em que as grandezas fundamentais envolvidas são apenas duas.

Em todos os fenômenos da Cinemática, que é a parte da Mecânica que não se preocupa com forças, serão suficientes as grandezas fundamentais L e T para relacionar todas as grandezas derivadas. Em outros campos da Física, o número poderá ser maior que três, como, por exemplo, na Termodinâmica ou no Eletromagnetismo, em que deverão ser introduzidas grandezas fundamentais que relacionem as grandezas que descrevem fenômenos térmicos ou elétricos. Fica estabelecido desde já que, no caso em estudo, o número de grandezas fundamentais será menor ou igual a três, pois todos os fenômenos serão referentes à Mecânica.

6.3 Sistemas coerentes de unidades

Dada a equação dimensional de uma grandeza, é fácil escrever sua unidade, desde que seja escolhido um certo sistema.

Denomina-se Sistema Coerente de Unidades aquele que define somente as unidades das grandezas fundamentais. Por exemplo, um sistema que define as unidades das grandezas FLT é o MKS Técnico ou MK*S, em que:

M = metro ou unidade de L
K* = quilograma-força ou unidade de F
S = segundo ou unidade de T

Qualquer outra unidade nesse sistema será produto de potência dessas três.

Por exemplo, no caso da massa específica, pela Equação 6.1, tem-se:

$$un\rho_{MK*S} = kgf.m^{-4}s^2 = \frac{kgf.s^2}{m^4}$$

Note-se que, às vezes, para simplificar a notação, são dados nomes às unidades das grandezas derivadas de um certo sistema. Por exemplo, a unidade de massa do MK*S costuma ser chamada utm (unidade técnica de massa). Com essa notação, tem-se:

$$un\rho_{MK*S} = utm\ /\ m^3$$

Note-se que $utm = kgf.s^2 / m$ é apenas uma forma de simplificar a expressão das unidades, quando na definição da grandeza comparece a massa. Para efeito de transformações de unidades ou outras operações, é imprescindível lembrar a relação entre utm e as unidades das grandezas fundamentais. Aliás, tal relação é deduzida facilmente a qualquer momento pela lei da dinâmica de Newton.

Outros sistemas coerentes de unidades são o Sistema Internacional (SI) e o CGS, que adotam como grandezas fundamentais o terno MLT. Para esses sistemas, a força é uma grandeza derivada.

No SI, as unidades fundamentais são:

metro ou unidade de L
quilograma ou unidade de M
segundo ou unidade de T

A unidade de força é denominada Newton (N) e deve ser considerada como:

$$N = kg\frac{m}{s^2}$$

No CGS, as unidades fundamentais são:
C = centímetro ou unidade de L
G = grama ou unidade de M
S = segundo ou unidade de T
A unidade de força é chamada normalmente de dina e deve ser considerada como:

$$\text{dina} = g \cdot \frac{cm}{s^2}$$

Como esse assunto já é conhecido da Física, não se farão outras considerações sobre ele. Note-se, porém, que tal assunto deve ser de pleno conhecimento do leitor, já que as transformações de unidades dele dependem.

6.4 Números adimensionais

Um número é adimensional quando independe de todas as grandezas fundamentais, isto é, sua equação dimensional apresenta expoente zero em todas as grandezas fundamentais $(F^0L^0T^0)$.

No Capítulo 3, foi apresentado um número adimensional: o número de Reynolds. Lembre o leitor que:

$$Re = \frac{vD}{\nu}$$

onde:

$$[v] = \frac{L}{T} = LT^{-1}$$

$$[D] = L$$

Pelo exemplo resolvido anteriormente: $[\nu] = L^2T^{-1}$

ou

$$[Re] = \frac{LT^{-1}L}{L^2T^{-1}} = F^0L^0T^0$$

Nota-se, então, que Re independe das grandezas fundamentais, sendo, por definição, um número adimensional.

Os números adimensionais costumam ser indicados pela letra grega π e, pelo exposto, qualquer π resultará em:

$$\pi = F^0L^0T^0 = M^0L^0T^0$$

Alguns deles, devido à sua importância, como, por exemplo, o número de Reynolds, receberão nomes especiais e serão apresentados por símbolos especiais (por exemplo, o número de Reynolds será indicado por Re).

6.5 Vantagem da utilização dos números adimensionais na pesquisa de uma lei física

A seguir será mostrada, por meio de exemplo, a vantagem do uso dos números adimensionais, no que diz respeito à economia de tempo e recursos na pesquisa de um certo fenômeno físico.

O exemplo será abordado de forma qualitativa, não sendo apresentado nenhum resultado numérico.

Suponhamos que se deseja determinar a força F de resistência ao avanço de uma esfera lisa mergulhada num fluido. Tal força costuma ser chamada de força de arrasto ou arraste.

O pesquisador verificou, em laboratório, que essa força depende, qualitativamente, do diâmetro (D) e da velocidade (v) da esfera, da massa específica (ρ) do fluido e de sua viscosidade dinâmica (μ) dele (Figura 6.1).

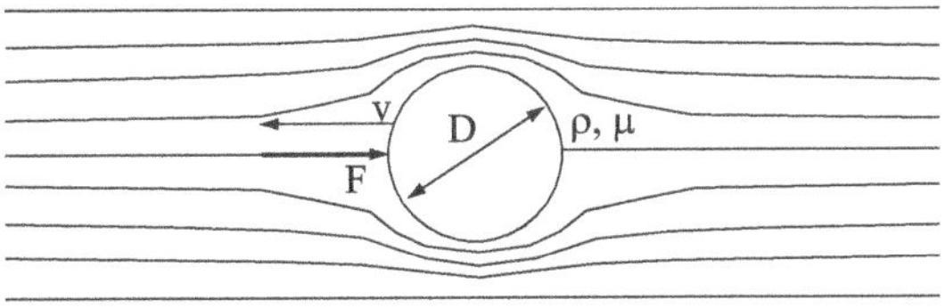

Figura 6.1

Note-se que tal determinação será feita em laboratório, num túnel aerodinâmico ou num canal de provas, dependendo de o fluido ser um gás ou um líquido, respectivamente. A medida da força será efetuada por meio de um dinamômetro, ao qual serão fixadas esferas de diferentes diâmetros. As velocidades do líquido ou gás são variadas, de forma a se obter o efeito do movimento relativo entre o fluido e a esfera. A pesquisa visa a determinar

$$F = f(D, v, \mu, \rho)$$

seja analítica ou graficamente.

Inicialmente serão fixados μ e ρ construindo F em função de D utilizando a velocidade como parâmetro. Posteriormente, deverão ser verificadas as variações da força com a viscosidade e com a massa específica. Essa determinação implica a construção de inúmeros diagramas, desde que se queira uma idéia precisa dessa variação. Em cada caso, deverá ser fixada uma massa específica e será variada a viscosidade, e vice-versa. A Figura 6.2 mostra claramente o grande número de diagramas que deverão ser construídos na pesquisa.

O tempo gasto nessa construção seria enorme, além dos problemas de ordem prática provocados pela necessidade de obtenção de fluidos de massa específica fixa e viscosidade variável, e vice-versa.

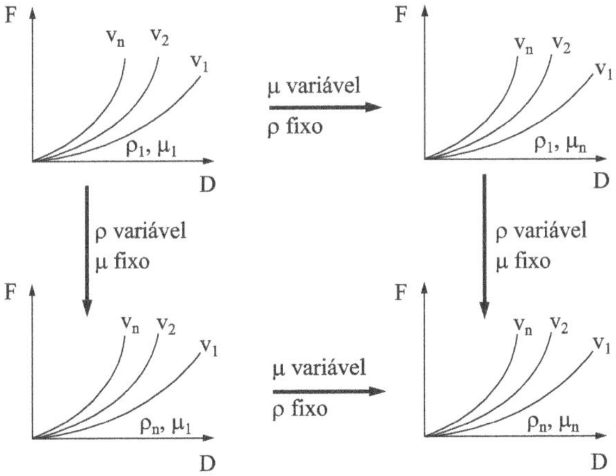

Figura 6.2

Diante das dificuldades dessa operação, vejamos como ela poderia ser simplificada em termos de tempo e recursos. Suponha-se a existência dos seguintes números adimensionais:

$$\pi_1 = \frac{F}{\rho v^2 D^2} \quad \text{e} \quad \pi_2 = \frac{\rho v D}{\mu} \text{ (número de Reynolds)}$$

Note-se que, por enquanto, não se sabe como foram obtidos, nem se a pesquisa que faremos é válida. O que se quer é motivar o leitor para o próximo item deste capítulo, que irá garantir o processo que aqui será descrito.

O leitor já deve ter observado que, em conjunto, os dois adimensionais, π_1 e π_2, contêm todas as variáveis da função em estudo. Vejamos agora como o uso dos adimensionais facilitaria o trabalho.

Seja uma única esfera de diâmetro D e um único fluido de massa específica ρ e viscosidade μ.

Varia-se v e medem-se as variações de F no dinamômetro. Obtida uma tabela de F em função de v, pode-se tabelar π_1 e π_2, sendo que os dois adimensionais estão interligados pela existência da velocidade em ambas as expressões. Logo, para cada π_1 existe um π_2 e será possível construir o diagrama $\pi_1 = \phi(\pi_2)$ (Figura 6.3).

Note-se que, sendo π_1 e π_2 números adimensionais, as coordenadas de cada ponto da curva independem dos valores individuais de ρ, v, D, μ e F; dependem da combinação de todos esses valores. Assim, o fato de se ter utilizado uma única esfera e um único fluido não influirá na generalidade da pesquisa. Dessa forma, por exemplo, o ponto indicado na Figura 6.3 cujas coordenadas são $\pi_2 = 100$ e $\pi_1 = 0{,}4$ pode corresponder a qualquer conjunto de valores ρ, v, D e μ, desde que $\dfrac{\rho v D}{\mu} = 100$, e a qualquer combinação de F, ρ, v, D, desde que $\dfrac{F}{\rho v^2 D^2} = 0{,}4$.

Cada ponto da curva da figura envolve as infinitas combinações de valores das variáveis do fenômeno. O problema da determinação da força de arrasto sobre a esfera fica assim resolvido. Vejamos um exemplo numérico baseado no ponto indicado na Figura 6.3.

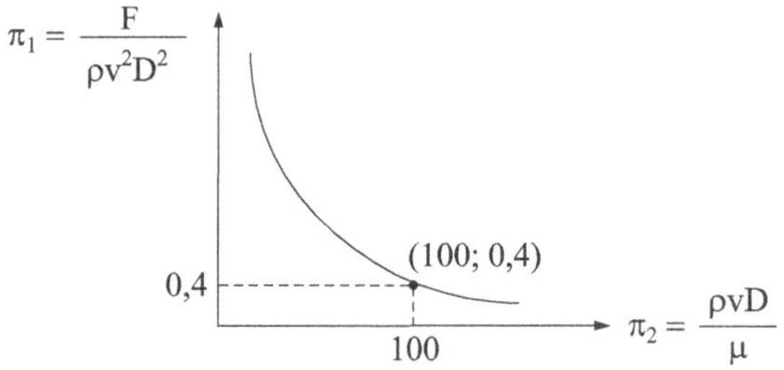

Figura 6.3

EXEMPLO

Determinar a força de arrasto numa esfera de diâmetro = 1 cm que se desloca em água (ρ = 1.000 kg/m^3 e μ = 10^{-3} N.s/m^2) com uma velocidade de 1 cm/s.

Solução

$$\pi_1 = \frac{\rho v D}{\mu} = \frac{1.000 \times 10^{-2} \times 10^{-2}}{10^{-3}} = 100$$

Do diagrama, para $\pi_2 = 100$, tem-se: $\pi_1 = 0{,}4$

Logo:

$$F = \pi_1 \rho v^2 D^2 = 0{,}4 \times 1.000 \times (10^{-2})^2 \times (10^{-2})^2$$

$$F = 4 \times 10^{-6}\,\text{N}$$

O diagrama da Figura 6.3, válido para o estudo geral da força de arrasto, que age sobre uma esfera e é construído por meio de números adimensionais, chama-se diagrama universal do fenômeno.

A essa altura, o leitor deve ter percebido a grande vantagem de, numa pesquisa de um certo fenômeno, trabalhar com números adimensionais que englobem as variáveis, em vez de trabalhar com elas próprias.

O item seguinte, como já foi dito anteriormente, apresentará o teorema que garante a existência dos números adimensionais, ao mesmo tempo que garante o seu uso para o estudo de um certo fenômeno.

6.6 Teorema dos π

Será aqui apresentado o enunciado do teorema anteriormente mencionado. Não será feita a sua demonstração, se bem que ela seria útil para a construção dos números adimensionais a serem utilizados num certo fenômeno. Tal construção será indicada posteriormente por meio de regras práticas e de um exemplo.

O enunciado do teorema será um pouco modificado em relação ao tradicional, já que não interessa a sua demonstração, mas somente as conclusões construtivas que dele podem ser obtidas.

Teorema

Seja um fenômeno físico em que intervêm n variáveis $x_1, x_2, x_3,..., x_n$, interligadas por uma função: $f(x_1, x_2,..., x_n) = 0$.

Demonstra-se que existe outra função, $\phi(\pi_1, \pi_2, ..., \pi_m) = 0$, rigorosamente equivalente à anterior para o estudo do fenômeno indicado, onde:

a) os π_i são números adimensionais independentes, construídos por combinações adequadas das n variáveis ou grandezas que intervêm no fenômeno;
b) a quantidade de números adimensionais é $m = n - r$, onde n = número de grandezas envolvidas no fenômeno e r = número de grandezas fundamentais contidas nas grandezas do fenômeno (para o nosso caso, sabe-se que $r \leq 3$);
c) os adimensionais são obtidos por expressões do tipo:

$$\pi_1 = x_1^{\alpha_1} . x_2^{\alpha_2} ... x_r^{\alpha_r} . x_{r+1}$$

$$\pi_1 = x_1^{\beta_1} . x_2^{\beta_2} ... x_r^{\beta_r} . x_{r+1}$$

....

$$\pi_m = x_1^{\delta_1} . x_2^{\delta_2} ... x_r^{\delta_r} . x_n$$

Note-se que, em todos os adimensionais de um certo fenômeno, os primeiros r fatores são os mesmos, com exceção do expoente. Esse conjunto de r fatores será denominado 'base' das grandezas envolvidas no fenômeno. As grandezas da base devem ser independentes.

Para sua escolha, escreve-se a equação dimensional de todas as grandezas e seleciona-se um número r delas, de forma que cada uma difira da anterior por pelo menos uma grandeza fundamental. (Note-se que tal critério não é obrigatório, mas, se não é adotado, pode-se incorrer em erros, a menos que se faça o estudo da chamada matriz dimensional, que não será apresentada aqui.)

Por exemplo, num fenômeno em que existem as três grandezas fundamentais FLT, a base pode ser constituída por:

$[\rho] = FL^{-4}T^2$
$[v] = LT^{-1}$ (independe de F que comparece em ρ)
$[v] = L$ (independe de T que comparece em v)

Nessa trinca, L é um comprimento característico do fenômeno, podendo ser um diâmetro, um raio, uma altura ou qualquer grandeza cuja equação dimensional seja L. Quando essa trinca estiver presente entre as grandezas do fenômeno, deverá ser preferida, já que a maioria dos adimensionais conhecidos tem origem nela.

O último fator de cada adimensional será constituído de cada uma das grandezas não incluídas na base.

A determinação dos adimensionais será mais bem esclarecida pelos dois exemplos que veremos a seguir.

EXEMPLOS

1) Verificou-se em laboratório que a força de arrasto, que age numa esfera lisa que se movimenta num fluido, é dada por uma função do tipo $F = f(v, D, \rho, \mu)$. Determinar a função de números adimensionais, equivalente à função indicada.

Solução

O problema será resolvido em etapas que deverão ser seguidas sempre que ele for deste tipo.

a) Função das grandezas que intervêm no fenômeno:

$$F = f(v, D, \rho, \mu) \quad \text{ou} \quad f_1(F, v, D, \rho, \mu) = 0$$

b) Equação dimensional das grandezas que intervêm no fenômeno

$$[F] = F \qquad [\rho] = FL^{-4}T^2$$
$$[v] = LT^{-1} \qquad [\mu] = FL^{-2}T$$
$$[D] = L$$

c) Número de adimensionais independentes

$$m = n - r$$

onde: $n = 5$ (número de grandezas envolvidas no fenômeno) e
$r = 3$ (FLT) (número de grandezas fundamentais do fenômeno)

Logo: $m = 5 - 3 = 2$

d) Escolha da base

Pelo que foi indicado anteriormente, a base deve ser formada de $r = 3$ elementos e, pelo critério descrito, o conjunto escolhido poderia ser: F,v,D; ρ,v,D; μ,v,D etc.

Somente não podem ser escolhidas trincas que contenham simultaneamente ρ e μ, que não diferem por pelo menos uma grandeza fundamental.

Será escolhida a segunda trinca, como é tradicional. (Sempre que houver ρ, v e um comprimento característico, o leitor deverá dar preferência a esse conjunto como base, como foi dito anteriormente.)

e) Construção de adimensionais

$$\pi_1 = \rho^{\alpha_1} v^{\alpha_2} D^{\alpha_3} F$$
$$\pi_2 = \rho^{\beta_1} v^{\beta_2} D^{\beta_3} \mu$$

Agora devem ser determinados os expoentes α_i e β_i.

e-1) Determinação dos α_i

$$\pi_1 = \rho^{\alpha_1} v^{\alpha_2} D^{\alpha_3} F$$

Substitui-se cada grandeza pela equação dimensional correspondente:

$$\pi_1 = (FL^{-4}T^2)^{\alpha_1} (LT^{-1})^{\alpha_2} (L)^{\alpha_3} (F)$$

Mas π_1, pelo teorema, deverá ser um número adimensional; logo:

$$F^0L^0T^0 = F^{\alpha_1} L^{-4\alpha_1} T^{2\alpha_1} L^{\alpha_2} T^{-\alpha_2} L^{\alpha_3} F$$

ou $$F^0L^0T^0 = F^{\alpha_1+1} L^{-4\alpha_1+\alpha_2+\alpha_3} T^{2\alpha_1-\alpha_2}$$

Igualando os expoentes de mesma base:

$$\alpha_1 + 1 = 0$$
$$-4\alpha_1 + \alpha_2 + \alpha_3 = 0$$
$$2\alpha_1 - \alpha_2 = 0$$

Obtém-se dessa forma um sistema de três equações a três incógnitas que resolvido resultará em:

$$\alpha_1 = -1; \; \alpha_2 = -2; \; \alpha_3 = -2$$

Logo: $\pi_1 = \rho^{-1} v^{-2} D^{-2} F$ ou $\pi_1 = \dfrac{F}{\rho v^2 D^2}$

e-2) Determinação dos β_i

$$\pi_2 = \rho^{\beta_1} v^{\beta_2} D^{\beta_3} \mu$$

Substituindo cada grandeza pela equação dimensional correspondente:

$$\pi_2 = (FL^{-4}T^2)^{\beta_1}(LT^{-1})^{\beta_2}L^{\beta_3}FL^{-2}T$$

Mas π_2, pelo teorema, deverá ser um número adimensional, logo:

$$F^0L^0T^0 = F^{\beta_1+1}L^{-4\beta_1+\beta_2+\beta_3-2}T^{2\beta_1-\beta_2+1}$$

Igualando os expoentes de mesma base:

$$\beta_1 + 1 = 0$$
$$-4\beta_1 + \beta_2 + \beta_3 - 2 = 0$$
$$2\beta_1 - \beta_2 + 1 = 0$$

Esse sistema resolvido resultará em:

$$\beta_1 = -1; \quad \beta_2 = -1; \quad \beta_3 = -1$$

Logo: $\pi_2 = \rho^{-1}v^{-1}D^{-1}\mu$ ou $\pi_2 = \frac{\mu}{\rho v D}$

Logo, a função equivalente será:

$$\phi\left(\frac{F}{\rho v^2 D^2}; \frac{\mu}{\rho v D}\right) = 0$$

Note-se que no item 6.5 foi utilizado $\pi_2 = \frac{\rho v D}{\mu}$, que é o inverso de π_2 aqui determinado. Cabe então a observação seguinte.

Pelo teorema, basta que a função equivalente seja construída por números adimensionais independentes formados com as grandezas envolvidas no fenômeno. Devido a esse fato, qualquer operação que for efetuada sobre os adimensionais determinados será válida desde que eles continuem adimensionais. No caso do item 6.5, foi utilizado o inverso do adimensional determinado, que continua adimensional, com a vantagem de ser o conhecido número de Reynolds.

2) A velocidade de um corpo em queda livre é função somente da aceleração da gravidade g e da altura de queda h. Determinar a função de números adimensionais referente ao fenômeno.

Solução

a) Função das grandezas que intervêm no fenômeno

$$v = f(g, h) \quad \text{ou} \quad f_1(v, g, h) = 0$$

b) Equação dimensional das grandezas que intervêm no fenômeno

$$[v] = LT^{-1} \;;\; [g] = LT^{-2} \;;\; [h] = L$$

c) Número de adimensionais independentes

$$m = n - r$$

com $n = 3$ e $r = 2$ (LT); então: $m = 3 - 2 = 1$

d) Escolha da base v, h ou g, h. Escolhe-se v, h. (A base não deve conter g, v, que não diferem por pelo menos uma grandeza fundamental.)

e) Construção do adimensional

$$\pi = v^{\alpha_1}h^{\alpha_2}g$$
$$L^0T^0 = (LT^{-1})^{\alpha_1}(L)^{\alpha_2}LT^{-2}$$
$$L^0T^0 = L^{\alpha_1+\alpha_2+1}T^{-\alpha_1-2}$$
$$\alpha_1 + \alpha_2 + 1 = 0$$
$$-\alpha_1 - 2 = 0$$

Resolvendo: $\alpha_1 = -2; \; \alpha_2 = 1$

ou $\pi = v^{-2}hg$ e, portanto: $\pi = \frac{gh}{v^2}$

Note-se que, havendo um só adimensional envolvido, ele deverá ser uma constante, pois:

$$\varphi(\pi) = 0, \quad \text{o que significa} \quad \pi = c^{\underline{te}} = K$$

$$v = \sqrt{\frac{gh}{K}}$$

A análise dimensional não é suficiente para a determinação de K, que deverá ser determinado experimental ou analiticamente. Sabe-se nesse caso que K = 1/2. Logo:

$$v = \sqrt{2gh}$$

6.7 Alguns números adimensionais típicos

Entre as grandezas que mais freqüentemente comparecem nos fenômenos da Mecânica dos Fluidos, tem-se: massa específica (ρ), velocidade característica (v), comprimento característico (L), viscosidade dinâmica (μ), variação de pressão (Δp), aceleração da gravidade (g) e velocidade do som (c). A combinação dessas grandezas, ao se adotar ρ,v,L como base, dá origem a quatro adimensionais que, devido à sua freqüente presença no estudo da Mecânica dos Fluidos, possuem nomes próprios. Verifica-se que cada um desses quatro adimensionais representa uma relação entre forças de origens diferentes, que agem no escoamento de um fluido.

a) Número de Reynolds (Re)

Já foi visto que $Re = \frac{\rho v D}{\mu}$

O número de Reynolds, de uma forma mais geral, é escrito:

$$Re = \frac{\rho v L}{\mu} = \frac{vL}{\nu}$$

onde L é um comprimento característico do escoamento, sem ser necessariamente um diâmetro.

Chamando de F_i = ma as forças de inércia do escoamento e de $F_\mu = \tau A$ as forças viscosas, verifica-se a seguir o resultado da relação entre essas duas forças:

$$\frac{F_i}{F_\mu} = \frac{ma}{\tau A} \alpha \frac{\rho V \frac{v}{T}}{\mu \frac{v}{L} A}$$

Com $V \alpha L^3$ e $A \alpha L^2$, tem-se:

$$\frac{F_i}{F_\mu} \alpha \frac{\rho L^3 \frac{v}{T}}{\mu \frac{v}{L} L^2} = \frac{\rho v^2 L^2}{\mu \frac{v}{L} L^2} = \frac{\rho v L}{\mu}$$

Logo: $$Re = \frac{\rho v L}{\mu} \alpha \frac{F_i}{F_\mu}$$

ou: *O número de Reynolds é proporcional ao quociente das forças de inércia e viscosas do escoamento.*

Já foi visto no Capítulo 3 que o movimento em tubos é laminar quando Re < 2.000 e é turbulento quando Re > 2.400. Isso significa que as turbulências denotam um predomínio das forças de inércia sobre as viscosas, enquanto no laminar a predominância das forças viscosas não permite agitações e, portanto, acelerações das partículas.

Daqui se conclui que, quanto maior for o Re, menor será o efeito das forças viscosas no conjunto de forças que agem no fluido. Nessas condições, o número de Reynolds caracterizará, nos fenômenos, o efeito da viscosidade comparativamente com outros efeitos. Conclui-se que valores muito elevados do número de Reynolds representam um efeito desprezível da viscosidade no fenômeno em estudo.

b) Número de Euler (Eu)

O número de Euler é dado por:

$$Eu = \frac{\Delta p}{\rho v^2} = \frac{\Delta p A}{\rho v^2 A} \alpha \frac{F}{\rho v^2 L^2} \tag{6.3}$$

O número de Euler ou coeficiente de pressão indica a relação entre as forças de pressão (F_p) e as forças de inércia no escoamento de um fluido.

O Eu comparece no estudo de escoamentos em torno de perfis, em tubos, em máquinas hidráulicas etc.

No estudo do escoamento em volta de objetos imersos, em movimento relativo com o fluido, costuma-se usar o adimensional:

$$C_a = \frac{F_a}{\frac{1}{2}\rho v^2 A} \tag{6.4}$$

que é proporcional ao número de Euler, já que L^2 representa uma área.

Esse adimensional é chamado 'coeficiente de arrasto' e F_a será a força de arrasto ou força de resistência ao avanço de uma superfície sólida que se desloca num fluido.

c) Número de Froude (Fr)

$$Fr = \frac{v^2}{Lg} \tag{6.5}$$

Representa a relação entre as forças de inércia e as forças devidas à aceleração da gravidade. É importante em escoamentos onde há superfícies livres com possibilidade de formação de ondas. São casos desse tipo: ação das ondas em flutuantes, escoamento em canais, escoamento em vertedores, em orifícios etc.

d) Número de Mach ($\mathcal{M}$)

$$\mathcal{M} = \frac{v}{c} \tag{6.6}$$

onde c é a velocidade do som no fluido em escoamento.

Esse adimensional comparece quando os efeitos de compressibilidade do fluido são importantes. O $\mathcal{M}$ permite classificar os escoamentos em subsônicos ($\mathcal{M} < 1$), sônicos ($\mathcal{M} = 1$) e supersônicos ($\mathcal{M} > 1$) de características diferentes qualitativa e quantitativamente. (Ver Capítulo 12.)

6.8 Semelhança ou teoria dos modelos

Devido ao grande número de variáveis envolvidas, é normalmente impossível a determinação de todos os resultados numéricos referentes a um certo fenômeno da Mecânica dos Fluidos, por via puramente analítica. Uma das formas de simplificar as pesquisas é a construção de um modelo em escala que simula as condições do fenômeno em escala real, que será chamado protótipo.

Para que os resultados das grandezas medidas no modelo tenham valor prático em relação ao protótipo, certas condições deverão ser cumpridas. Tais condições são:

a) entre modelo e protótipo deve existir semelhança geométrica, isto é, o modelo e o protótipo poderão ter dimensões diferentes, mas devem ter o mesmo formato. As suas dimensões correspondentes deverão ser proporcionais;
b) entre modelo e protótipo deve existir semelhança cinemática, isto é, as velocidades das partículas de fluido homólogas deverão manter uma relação constante (Figura 6.4);

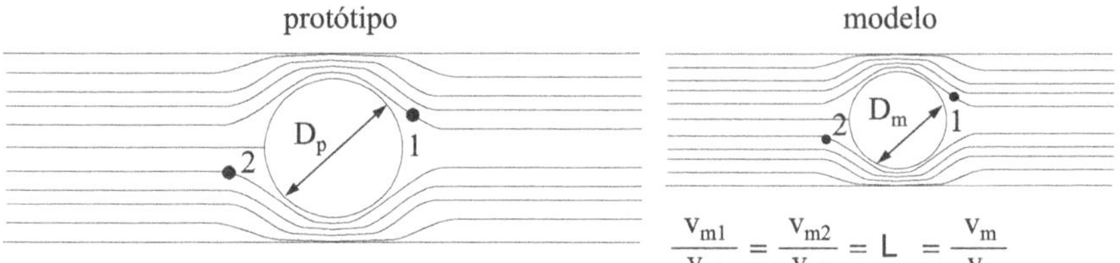

$$\frac{v_{m1}}{v_{p1}} = \frac{v_{m2}}{v_{p2}} = L = \frac{v_m}{v_p}$$

Figura 6.4

Note-se que, daqui em diante, o índice m denotará modelo e o índice p, protótipo.

c) entre modelo e protótipo deve existir semelhança dinâmica, isto é, as forças que agem em pontos homólogos deverão manter relações constantes.

Para que todas essas condições sejam obtidas, verifica-se que os adimensionais referentes ao protótipo devem ser iguais aos respectivos adimensionais referentes ao modelo.

Se, por construção, essa igualdade é conseguida, diz-se que o fenômeno referente ao protótipo e o referente ao modelo mantêm uma semelhança completa. Note-se que nem sempre isso é possível e depende da experiência do pesquisador de associar ao protótipo os resultados obtidos no modelo.

6.9 Escalas de semelhança

Chama-se escala de semelhança a relação entre uma grandeza referente ao modelo e a mesma grandeza referente ao protótipo.

As escalas de semelhança serão indicadas pelo símbolo K.

Por exemplo: $K_L = \frac{L_m}{L_p}$ escala geométrica

$K_v = \frac{v_m}{v_p}$ escala das velocidades

$K_\mu = \frac{\mu_m}{\mu_p}$ escala das viscosidades

ou, genericamente: $K_x = \frac{x_m}{x_p}$

onde x representa uma grandeza física qualquer referente ao fenômeno.

6.10 Relações entre escalas

Foi visto que, para que modelo e protótipo mantenham semelhança completa, é necessária a igualdade dos respectivos números adimensionais. Tal igualdade conduz a relações entre escalas que deverão ser observadas para que os resultados referentes ao modelo tenham significado para o protótipo. A seguir serão determinadas essas relações quando Re, Eu e Fr forem adimensionais característicos do fenômeno.

a) $Re_m = Re_p$

$$\frac{\rho_m v_m L_m}{\mu_m} = \frac{\rho_p v_p L_p}{\mu_p} \quad \text{ou} \quad \frac{\mu_m}{\mu_p} = \frac{\rho_m v_m L_m}{\rho_p v_p L_p}$$

Logo: $$K_\mu = K_\rho K_v K_L \tag{6.7}$$

b) $Eu_m = Eu_p$

$$\frac{F_m}{\rho_m v_m^2 L_m^2} = \frac{F_p}{\rho_p v_p^2 L_p^2} \quad \text{ou} \quad \frac{F_m}{F_p} = \frac{\rho_m v_m^2 L_m^2}{\rho_p v_p^2 L_p^2}$$

Logo: $$K_F = K_\rho K_v^2 K_L^2 \tag{6.8}$$

c) $Fr_m = Fr_p$

$$\frac{v_m^2}{L_m g_m} = \frac{v_p^2}{L_p g_p} \quad \text{ou} \quad \frac{v_m^2}{v_p^2} = \frac{L_m g_m}{L_p g_p}$$

Logo: $$K_v^2 = K_L K_g \tag{6.9}$$

Note-se que, em geral, $K_g = 1$ para fenômenos realizados na Terra, pois a aceleração da gravidade varia muito pouco de um local para outro.

EXEMPLOS

1) Quer-se determinar a força de arrasto que age no 'sonar' de um submarino por meio de testes efetuados com um modelo na escala 1:5. Os testes são realizados em água a 20°C, a uma velocidade de 60 km/h, e a força de arrasto medida é 30 N. Sabendo que o protótipo será utilizado em água a 4,0°C, calcular a velocidade do submarino em condições de semelhança completa e, nessas condições, determinar a força de arrasto correspondente.

Solução

Como o escoamento realiza-se sobre um corpo totalmente submerso, o número de Froude não influirá no fenômeno, conforme já foi dito anteriormente; logo, sendo desprezíveis os efeitos da gravidade mediante as forças viscosas e de arrasto, a função representativa do fenômeno será:

$$f(\rho, v, L, \mu, F_a) = 0$$

que leva a $$\phi(Re, Eu) = 0$$

Note-se que poderia ter sido usado o coeficiente de arrasto em vez do número de Euler. A função de números adimensionais nos levará às equações 6.7 e 6.8.

De uma tabela, devem ser determinadas as propriedades da água a 20°C e 4°C.

$$\rho_{H_2O}(20^\circ C) = \rho_m = 1.000\ kg/m^3 \cong \rho_{H_2O}(4^\circ C)$$

$$\mu_{H_2O}(20^\circ C) = 10^{-3}\ \frac{N.s}{m^2}$$

$$\mu_{H_2O}(4^\circ C) = 1{,}58 \times 10^{-3}\ \frac{N.s}{m^2}$$

Pela Equação 6.7: $$K_\mu = K_\rho K_v K_L$$

Logo: $\frac{10^{-3}}{1{,}58 \times 10^{-3}} = 1 \times K_v \times \frac{1}{5}$ ou $K_v = \frac{5}{1{,}58} = 3{,}16$

ou $\frac{v_m}{v_p} = 3{,}16$; logo: $v_p = \frac{60}{3{,}16} \cong 19$ km/h

Logo, em condições de semelhança completa, o sonar, fixo ao submarino, deverá se deslocar com uma velocidade de aproximadamente 19 km/h ou 5,28 m/s.

Pela Equação 6.8: $K_F = K_\rho K_v^2 K_L^2$

Portanto: $K_F = 1 \times (3{,}16)^2 \times \left(\frac{1}{5}\right)^2 = 0{,}4$

Mas $K_F = \frac{F_m}{F_p} = 0{,}4$

ou $F_p = \frac{30}{0{,}4} = 75$ N

A força de arrasto no sonar real será de 75 N.

2) Um modelo de navio, na escala 1:100, é testado em laboratório. O protótipo tem 100 m de comprimento. Para uma velocidade que corresponde a 10 m/s no protótipo, a força de arrasto medida no modelo é 10 N. Supor que, no teste do modelo, a água é igual àquela em que navegará o protótipo. Qual é a velocidade de teste do modelo e a força de arrasto no protótipo?

Solução

Diferentemente do exemplo anterior, como o navio se desloca na superfície livre, os efeitos da força de gravidade não são desprezíveis. Logo, para o estudo do fenômeno, deve-se considerar a seguinte função:

$$f(\rho, v, L, \mu, g, F) = 0$$

que originará a seguinte função de números adimensionais:

$$\phi(Re, Fr, Eu) = 0$$

A igualdade dos adimensionais referentes a modelo e protótipo levará ao uso das equações 6.7, 6.8 e 6.9.

Pela Equação 6.7: $K_\mu = K_\rho K_v K_L$

e como $\mu_m = \mu_p$; $\rho_m = \rho_p$ (mesmo fluido)

então $1 = 1 \times K_v \times K_L$

ou $K_v = \frac{1}{K_L} = 100$ (1)

Pela Equação 6.9: $K_v^2 = K_L K_g$

ou $K_v = \sqrt{\frac{1}{100}} = \frac{1}{10}$ (2)

Note-se que (1) e (2) são incompatíveis.

Uma das formas de corrigir esse fato seria trabalhar no modelo com um fluido diferente do fluido do protótipo. Isto é, adotando (2) como verdadeira, a (1) fica:

$$K_\mu = K_\rho \times \frac{1}{10} \times \frac{1}{100}$$

$$\frac{K_\mu}{K_\rho} = \frac{1}{1.000} \quad \text{ou} \quad \frac{\mu_m}{\mu_p} \times \frac{\rho_p}{\rho_m} = \frac{1}{1.000}$$

Nem sempre é possível obter na prática um fluido que obedeça a tal relação e, quando possível, o processo pode ser impraticável.

O que se costuma fazer é abandonar uma das duas condições, (1) ou (2), não sendo possível manter a semelhança completa.

Comumente abandona-se a condição imposta pelo número de Reynolds ou, em outras palavras, não se considera o efeito da viscosidade. Note-se que se o Re for muito grande, tanto no modelo como no protótipo, o erro introduzido será desprezível, já que se verificou que esse fato implica forças viscosas pequenas, comparativamente com outras forças do escoamento.

O abandono de uma das condições de semelhança completa introduz o chamado efeito de escala, isto é, os resultados obtidos para o protótipo, através das medidas no modelo, não são de semelhança completa, trazendo um desvio em relação à realidade.

Em geral, ou esse desvio é desprezível ou o pesquisador deverá utilizar processos apropriados para cada experiência, que minimizem o efeito de escala. Através do exemplo, será verificado que ao abandonar a condição (1), que corresponde a desprezar o efeito das forças viscosas, o erro é pequeno, pois o efeito da viscosidade é realmente desprezível em face de outros efeitos.

Pela (2): $K_v = \frac{1}{10}$; logo, $\frac{v_m}{v_p} = \frac{1}{10}$ ou $v_m = \frac{10}{10}$

Portanto: $v_m = 1\ m/s$

Pela Equação 6.8: $K_F = K_\rho K_v^2 K_L^2$

ou $$K_F = 1 \times \left(\frac{1}{10}\right)^2 \times \left(\frac{1}{100}\right)^2$$

de onde $K_F = \frac{1}{10^6}$ ou $\frac{F_m}{F_p} = \frac{1}{10^6}$

Logo: $F_p = 10 \times 10^{-6} = 10^7\ N$

De posse dos resultados finais, serão calculados os números de Reynolds do modelo e do protótipo e será verificado se o efeito de escala afetará tais resultados.

$$Re_m = \frac{\rho_m v_m L_m}{\mu_m} = \frac{1.000 \times 1 \times 1}{10^{-3}} = 10^6 \quad \text{(turbulento)}$$

$$Re_p = \frac{\rho_p v_p L_p}{\mu_p} = \frac{1.000 \times 10 \times 100}{10^{-3}} = 10^9 \quad \text{(turbulento)}$$

Pelos valores calculados e lembrando o significado de Re, conclui-se que, para o modelo nas condições do ensaio e para o protótipo nas condições de utilização, o efeito da viscosidade é desprezível.

Tal não aconteceria se, por exemplo, $Re_m = 1.000$ (laminar); então as forças viscosas no modelo não seriam desprezíveis e o erro nos resultados obtidos seria grande. Nesse caso, seria possível, por exemplo, aumentar o tamanho do modelo para reduzir o efeito de escala.

3) Uma bomba centrífuga é acionada por um motor que gira a 1.800 rpm e fornece 3 L/s quando a carga manométrica é 18 m. Determinar suas características quando o motor gira a 1.500 rpm.

Solução

Numa bomba centrífuga, as grandezas características interligam-se na função:

$$f(\rho, n, D, \mu, Q, \gamma H_B) = 0$$

onde n = rotação da bomba
D = diâmetro do rotor da bomba
Q = vazão em volume
H_B = carga manométrica
γH_B = variação total de pressão entre a entrada e a saída da bomba.

Adotando-se como base

$$[\rho] = FL^{-4}T^2; \quad [n] = T^{-1}; \quad [D] = L$$

e aplicando-se o teorema dos π, obtêm-se os seguintes números adimensionais:

$$Re = \frac{nD^2}{\nu} \quad \text{(número de Reynolds)}$$

$$\phi = \frac{Q}{nD^3} \quad \text{(coeficiente de vazão)}$$

$$\Psi = \frac{gH_B}{n^2D^2} \quad \text{(coeficiente manométrico)}$$

Note-se que o Re está ligeiramente modificado, mas deve ser lembrado que até agora a base adotada sempre foi ρ,v,L, enquanto neste problema é ρ,n,L (onde L = D).

Nas bombas centrífugas, geralmente, o efeito da viscosidade é pequeno e o número de Reynolds pode ser abandonado, ficando-se com:

$$\Psi = f(\phi)$$

Pela condição de semelhança:

$$\Psi_m = \Psi_p \qquad K_g K_H = K_n^2 K_D^2$$

$$\phi_m = \phi_p \qquad K_Q = K_n K_D^3$$

Note-se que no problema a bomba é a mesma; logo, $K_D = 1$. Tem-se, então: $1 \times K_H = K_n^2 \times 1$

$$K_Q = K_n \times 1$$

mas $K_n = \frac{1.800}{1.500} = 1,2$

Logo: $K_Q = \frac{Q_m}{Q_p} = 1,2$ e $Q_p = \frac{3}{1,2} = 2,5\ \text{L/s}$

Assim, a vazão da bomba na nova rotação será 2,5 L/s.

e ainda $K_H = \frac{H_{B_m}}{H_{B_p}} = (1,2)^2$

e $H_{B_p} = \frac{18}{1,44} = 12,5\ \text{m}$

A nova carga manométrica será de 12,5 m.

Exercícios

6.1 Determinar nas bases FLT e MLT as equações dimensionais das seguintes grandezas: área, volume, aceleração, massa, força, massa específica, peso específico, pressão, tensão de cisalhamento, vazão em volume, vazão em peso, vazão em massa, viscosidade dinâmica, viscosidade cinemática, momento, trabalho e potência.

6.2 A carga manométrica de uma bomba centrífuga depende da vazão Q, da massa específica ρ e da viscosidade dinâmica μ do fluido, do diâmetro D do rotor e da rotação n. Determinar os adimensionais característicos da bomba. Função representativa: $f(\rho, n, D, \mu, Q, \gamma H_B) = 0$.

Resp.: $Re = \frac{nD^2}{\nu}$; $\phi = \frac{Q}{nD^3}$; $\Psi = \frac{gH_B}{n^2D^2}$

6.3 A pressão efetiva p, num ponto genérico de um líquido em repouso, é função da massa específica ρ, da aceleração da gravidade g e da profundidade do ponto h em relação à superfície livre do líquido. Determinar a equação das pressões.

Resp.: $p = C\rho gh$

6.4 Determinar uma expressão para o período de oscilação de um pêndulo simples, de comprimento ℓ, que oscila com amplitude reduzida devido unicamente à ação da gravidade.

Resp.: $T = C\sqrt{\frac{\ell}{g}}$

6.5 A vazão Q de um líquido ideal que escoa para a atmosfera através de um orifício de bordo delgado, praticado na parede lateral de um reservatório, é função do diâmetro D do orifício, da massa específica ρ do fluido e da diferença de pressão entre a superfície livre e o centro do orifício. Determinar a expressão para a vazão.

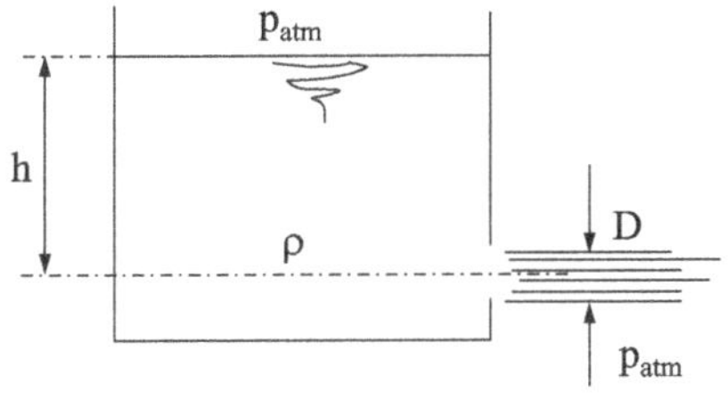

Resp.: $Q = CD^2\sqrt{\frac{p}{\rho}}$

6.6 A velocidade v com que o fluido atravessa o vertedor triangular da figura é uma função da aceleração da gravidade g e da altura h da superfície livre do líquido em relação ao vértice do triângulo. Determinar a expressão para a vazão.

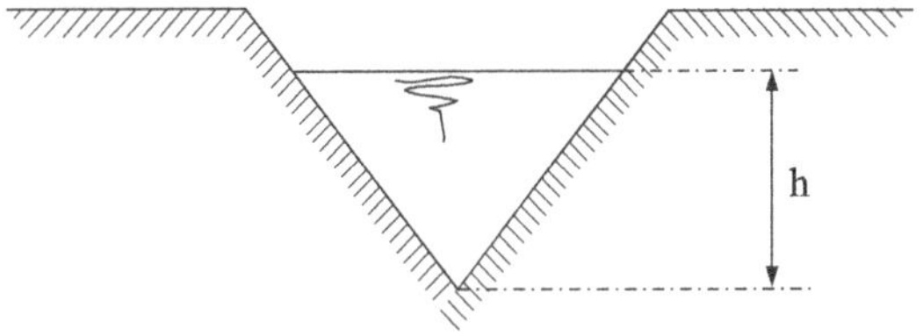

Resp.: $Q = Cg^{1/2}h^{5/2}$

6.7 A potência fornecida a um líquido por uma bomba centrífuga é função do peso específico γ do líquido, da vazão em volume Q e da altura manométrica H_B da bomba. Determinar a equação da potência N_B.

Resp.: $N_B = C\,\gamma\,Q\,H_B$

6.8 Em muitos fenômenos estudados pela Mecânica dos Fluidos comparecem as seguintes grandezas características: ρ, v, L, μ, F, g, c. Determinar os números adimensionais que podem ser formados com essas grandezas. (L = comprimento característico; c = velocidade do som.)

Resp.: Re, Fr, Eu, $\mathcal{M}$ (vide item 6.7).

6.9 Sabe-se que o empuxo F devido à hélice de um avião é função de sua velocidade v em relação ao ar, da velocidade angular ω da hélice, do diâmetro D da hélice, da massa específica ρ, da viscosidade dinâmica μ do ar e da velocidade c do som. Determinar a função de adimensionais equivalente à função representativa do fenômeno físico.

Resp.: $\phi\left(\frac{F}{\rho v^2 D^2}, \frac{\rho v D}{\mu}, \frac{v}{c}, \frac{v}{\omega D}\right) = 0$

6.10 A força resultante F, exercida por um fluido sobre um perfil de asa de comprimento característico L, depende da massa específica ρ e da viscosidade dinâmica μ do fluido, da velocidade v do perfil em relação ao fluido e do ângulo de ataque α. Determinar a função de adimensionais equivalente.

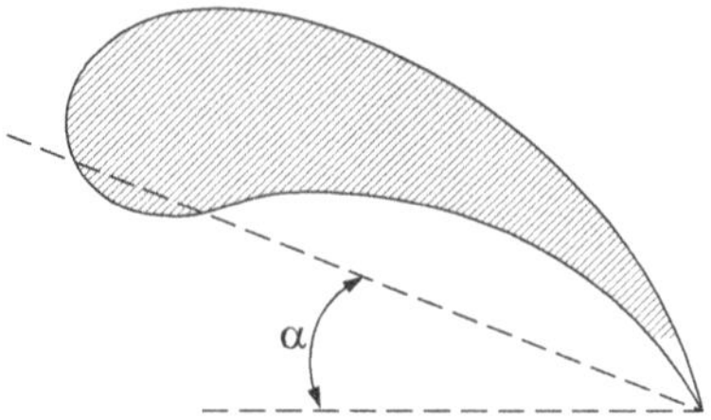

Resp.: $\phi\left(\frac{F}{\rho v^2 L^2}, \frac{\rho v L}{\mu}, \alpha\right) = 0$

6.11 Um modelo de avião é construído na escala 1:10. O modelo decola à velocidade de 50 km/h. Desprezando o efeito da viscosidade dinâmica, calcular a velocidade de decolagem do protótipo e a escala de resistência oposta ao movimento. Dado: f (F, v, L, ρ, μ, g) = 0.

Resp.: $v_p = 158$ km/h; $K_F = \frac{1}{1.000}$

6.12 Água à temperatura de 20°C escoa por um conduto horizontal, cilíndrico, de seção circular (D = 75 mm), com uma velocidade média de 3,2 m/s. Entre duas seções distantes uma da outra 20 m, a perda de pressão é 20 kPa. Com que velocidade deve escoar benzeno, à mesma temperatura, através do mesmo conduto, para que a perda de pressão, entre as mesmas seções, seja a mesma?

Dados: $\mu_{H_2O}(20°C) = 9{,}8 \times 10^{-4}$ N.s/m^2; $\mu_{ben}(20°C) = 6{,}4 \times 10^{-4}$ N.s/m^2. Função representativa do fenômeno: f (Δp, ρ, v, D, μ) = 0.

Resp.: $v_p = 4{,}9$ m/s

6.13 Uma hélice de 6 m de diâmetro desloca um barco com a velocidade de 7,5 m/s, quando gira a 120 rpm. Constrói-se um modelo geometricamente semelhante do casco e da hélice na escala 1:10 para a determinação da força de tração axial. Determinar a velocidade do modelo, a rotação da hélice do modelo e a escala das forças. Dado: f (ρ, v, D, n, g, F) = 0.

Resp.: $v_m = 2{,}37$ m/s; $n_m = 379$ rpm; $K_F = \frac{1}{1.000}$

6.14 É necessária a força de 15 N para rebocar uma placa de 1,5 m de comprimento por 15 cm de largura, totalmente submersa em um tanque de água, à velocidade de 6 m/s. Que dimensões deverá ter uma placa semelhante para que, rebocada no ar à velocidade de 30 m/s, se verifique semelhança completa? Nessas condições, que força é necessária para manter a placa em movimento?

Dados: $\rho_{H_2O} = 1.000$ kg/m^3; $\nu_{H_2O} = 10^{-6}$ m^2/s; $\rho_{ar} = 1{,}2$ kg/m^3; $\nu_{ar} = 10^{-5}$ m^2/s. Função representativa do fenômeno: f (F, v, L, ρ, μ) = 0.

Resp.: 3 m × 30 cm; F = 1,8 N

6.15 As duas bombas da figura são geometricamente semelhantes e apresentam o mesmo regime dinâmico de escoamento. Sabe-se que a bomba B_1 tem vazão Q = 5 L/s, carga manométrica $H_B = 25$ m, rotação n = 1.200 rpm e diâmetro do rotor D = 20 cm. Determinar a rotação da bomba B_2 e sua carga manométrica, sabendo que o seu diâmetro é D = 15 cm.

Resp.: $n_{B2} = 2.844$ rpm; $H_{m_{B_2}} = 79$ m.

6.16 Dado o diagrama $Eu = \phi(Re)$, que caracteriza a queda de pressão no escoamento de um fluido ao longo de um trecho de um conduto cilíndrico de diâmetro D = 5 cm, calcular a viscosidade cinemática de um fluido de peso específico $\gamma = 8.000\ N/m^3$ que sofre uma queda de pressão de 49,2 kPa quando se desloca no mesmo conduto, com velocidade de 2,4 m/s.

Re	100	500	1.000	1.500	2.000
Eu	128	25,6	12,8	8,5	6,4

Resp.: $\nu = 9{,}6 \times 10^{-5} m^2/s$

6.17 Uma esfera totalmente submersa em um líquido movimenta-se em um plano horizontal com uma velocidade v_1, sendo necessária uma força F_1. Essa força foi medida para diversas velocidades, obtendo-se os dados da tabela a seguir. Se outra esfera totalmente submersa, de diâmetro $D_2 = 50$ cm, movimenta-se no mesmo fluido com velocidade $v_2 = 3$ m/s, qual será a força necessária? Dados: $D_1 = 20$ cm; $\rho = 1.000\ kg/m^3$; $\mu = 10^{-3} N.s/m^2$. Função representativa: $f(F, \rho, v, D, \mu) = 0$.

V_1 (m/s)	2	4	6	8	10
F_1 (N)	40	100	180	300	450

Resp.: 270 N

6.18 No teste de um modelo num tanque de provas, verificou-se que as grandezas que intervêm no fenômeno são: v, g, L, ν. O protótipo vai trabalhar em água a 20°C, de viscosidade cinemática $\nu = 10^{-6}\ m^2/s$. Sabe-se que a escala de semelhança geométrica é: $K_L = \frac{L_m}{L_p} = \frac{1}{2}$. Escolher entre os fluidos a seguir aquele em que deve ser feito o teste para se obter semelhança completa:

Fluido	$\nu(m^2/s)$
água a 20°C	10^{-6}
água a 50°C	7×10^{-7}
água a 90°C	$3{,}54 \times 10^{-7}$
mercúrio	$1{,}25 \times 10^{-7}$
gasolina	$5{,}12 \times 10^{-7}$
querosene	$3{,}1 \times 10^{-6}$

Resp.: Água a 90°C.

6.19 Num certo fenômeno, a função representativa é: $f(N, g, \rho, v, L) = 0$, onde N = potência, g = aceleração da gravidade e L = comprimento característico. Ao determinar os adimensionais pelo teorema dos π e efetuando uma série de experiências em laboratório, chegou-se ao gráfico indicado a seguir. Se numa certa experiência obtém-se $\rho = 1.000\ kg/m^3$, $v = 2$ m/s, L = 0,5 m e $g = 10\ m/s^2$, qual será a potência em kW? Adotar como base ρ,v,L.

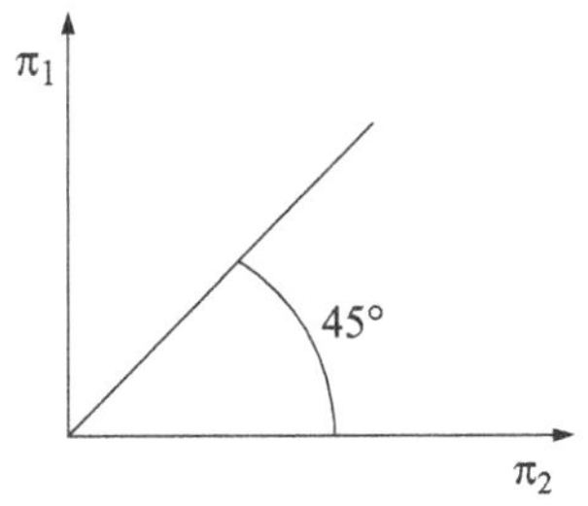

Resp.: N = 2,5 kW

6.20 Num certo fenômeno físico, as forças viscosas e da gravidade são dominantes. O protótipo funciona com um fluido de viscosidade cinemática $\nu = 4{,}8 \times 10^{-5}\ m^2/s$. Se a escala geométrica é 1:4, qual deve ser a viscosidade do fluido utilizado no teste do modelo para que haja semelhança completa? Justificar tudo o que for adotado.

Resp.: $\nu = 6 \times 10^{-6}\ m^2/s$

6.21 A figura mostra o esboço de uma bomba centrífuga vista em corte. Numa bomba centrífuga, a carga manométrica aumenta ao dificultar a passagem do fluido, isto é, a vazão. Isso significa que a mesma bomba, em diferentes instalações hidráulicas, pode fornecer vazões e cargas manométricas diferentes, dependendo da dificuldade criada ao escoamento do fluido. A figura mostra a curva característica $H_B = f(Q)$ de uma bomba centrífuga, cujo diâmetro do rotor é 15 cm e cuja rotação é 3.500 rpm. Lembrando que os adimensionais característicos de uma bomba são $\phi = \frac{Q}{nD^3}$ e $\Psi = \frac{gH_B}{n^2D^2}$, já que, em geral, o efeito da viscosidade é desprezível e, portanto, não há necessidade levar em conta Re, determinar:

a) a curva universal para todas as bombas semelhantes à bomba dada;

b) a curva característica $H_B = f(Q)$ de uma bomba semelhante à dada, que tenha o dobro do diâmetro e a metade da rotação.

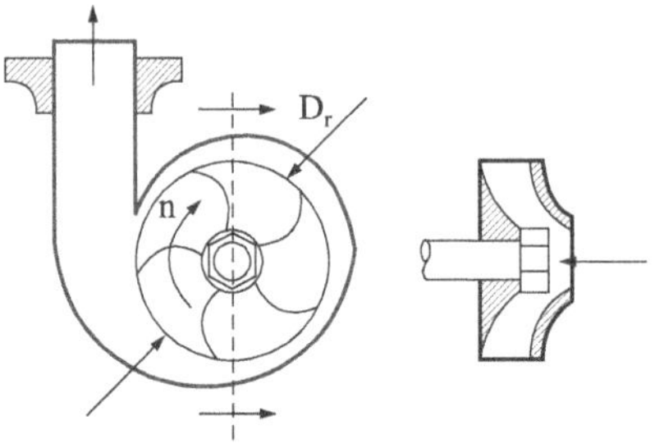

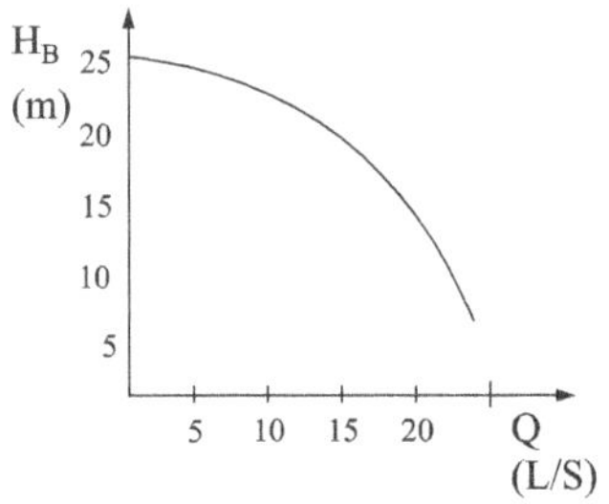

6.22 Dois barcos geometricamente semelhantes são arrastados por dois rebocadores. O barco A é arrastado a uma velocidade de 9 m/s e oferece uma resistência ao arrasto de 10^5 N. Sendo o segundo barco três vezes menor, qual deverá ser a sua velocidade para que haja semelhança completa e qual resistência ele irá oferecer ao arrasto? (Observação: desenvolver os adimensionais, dada a função que caracteriza o fenômeno: $f(F, \rho, v, L, g) = 0$.)

Resp.: $v_B = 5{,}2\ m/s$; $F_B = 3.700\ N$

6.23 No sistema da figura estão instaladas duas bombas semelhantes. Numa situação, a bomba B_1 está ligada, a válvula V_1, aberta, e a válvula V_2, fechada, sendo as perdas de carga $H_{p_{1,8}} = 3\ m$; $H_{p_{9,5}} = 3\ m$; $H_{p_{5,7}} = 4\ m$. Em outra situação, a bomba B_2 está ligada, a válvula V_2, aberta, e a válvula V_1, fechada, sendo as perdas de carga $H_{p_{1,3}} = 1\ m$; $H_{p_{4,5}} = 3\ m$, e a perda de carga de 5 a 7 é a mesma que a da situação anterior. Sendo a rotação da bomba $B_1 = 3.450$ rpm, qual será a rotação da bomba B_2?

Dados : $\Psi = \frac{gH_B}{n^2D^2}$; $\phi = \frac{Q}{nD^3}$

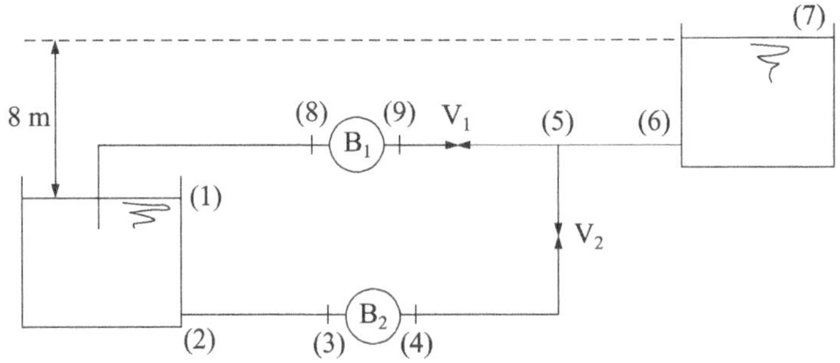

Resp.: 3.158 rpm

6.24 Uma indústria necessita, para o recalque de óleo ($\gamma = 8.500\ N/m^3$), de uma bomba que forneça uma carga manométrica de 100 m quando funciona com uma rotação de 1.750 rpm. Para análise dessa bomba, dispõe-se da curva característica de uma bomba geometricamente semelhante, três vezes menor que a anterior, que foi ensaiada com água na mesma rotação. Sendo o diâmetro do rotor da segunda bomba 100 mm, determinar:

a) a vazão de óleo que poderá ser recalcada pela primeira bomba na condição estabelecida;

b) o rendimento da primeira bomba, se a potência dissipada nela é 23,5 kW.

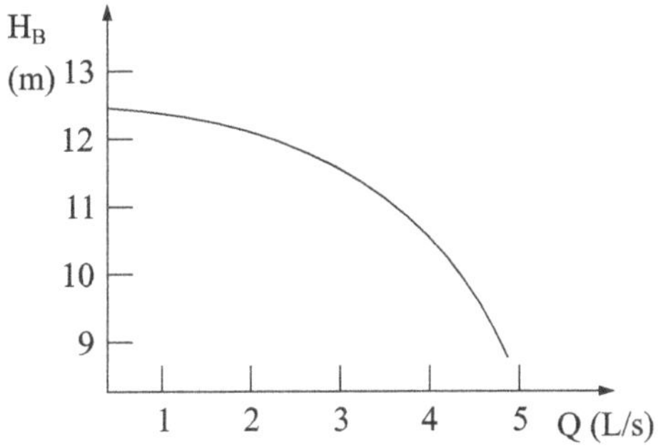

Resp.: a) 91,8 L/s; b) 0,768

6.25 Num canal de provas são realizados ensaios de determinação da força de resistência ao avanço, numa esfera de 20 cm de diâmetro, utilizando água. Após vários ensaios, foi construído o diagrama Eu = f (Re) dado a seguir. Se uma esfera de diâmetro = 5 cm cai livremente em ar ($\nu_{ar} = 10^{-5}\ m^2/s$; $\gamma_{ar} = 10\ N/m^3$), qual é a força de resistência ao avanço na condição em que o efeito das forças viscosas começa a se tornar desprezível?

Dado: função representativa do fenômeno: f (F, ρ, v, D, μ) = 0.

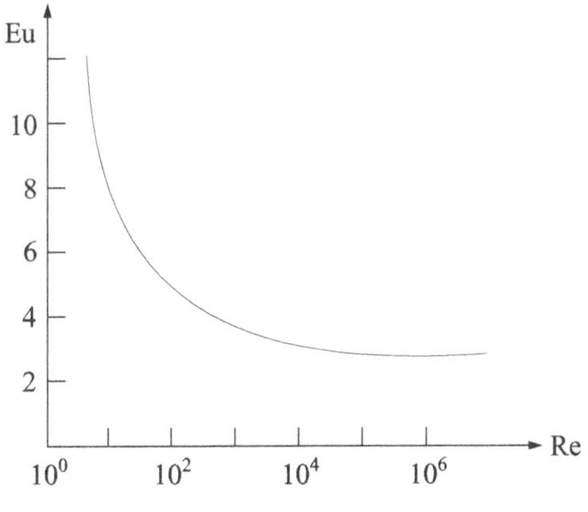

Resp.: 0,75 N

6.26 Um recipiente, contendo um gás ($\rho = 1{,}2\ kg/m^3$), tem um orifício por onde ele é descarregado para o ambiente. O gás pode ser considerado incompressível. Após algumas observações, conclui-se que a vazão em volume (Q) é função da diferença de pressão com o ambiente (Δp), da viscosidade cinemática (ν), da massa específica (ρ) e do diâmetro do orifício (D).

a) Determinar π_1 e π_2, sendo $\pi_1 = f\ (\text{base}) \times Q$ e $\pi_2 = f\ (\text{base}) \times \Delta p$.

b) Verificou-se que, para $Q = 0{,}2 \times 10^{-3}\ m^3/s$, obtém-se $\Delta p = 100$ kPa, e que $\frac{\pi_1}{\sqrt{\pi_2}} = 2 \times 10^{-2}$. Determinar o diâmetro do orifício em milímetros.

Resp.: 5,9 mm

6.27 Num fenômeno, a função representativa é dada por $f(Q_G, g, \gamma, v, L, \mu) = 0$ (Q_G = vazão em peso; L = comprimento característico). Ao determinar os adimensionais pelo teorema dos π, usando a base γ,v,L, sendo $\pi_1 = f(Q_G)$, $\pi_2 = f(g)$ e $\pi'_3 = 1/\pi_3 = f(\mu)$, obteve-se o gráfico a seguir.

a) Determinar as equações dimensionais de todas as grandezas.

b) Determinar os números adimensionais.

c) Numa certa experiência, $\gamma = 10^4\ N/m^3$, $v = 10\ m/s$, $L = 5\ m$, $g = 10\ m/s^2$, $\mu = 10^{-3}\ N.s/m^2$. Qual é a vazão em peso em N/s?

d) Pode-se afirmar que o efeito da viscosidade é desprezível? Em que condições?

e) Se os dados do item (c) correspondem a um modelo, qual é a escala das vazões em peso com um protótipo que é ensaiado com o mesmo fluido e que tem escala geométrica 1/16?

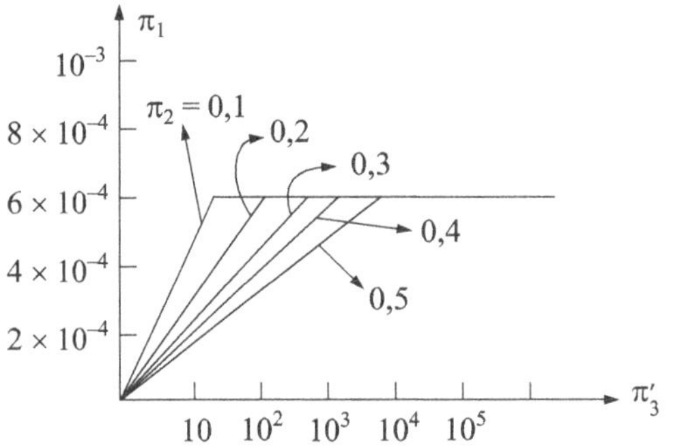

Resp.: c) 1.500 N/s; e) 1/1.024

6.28 A potência (N), necessária para o acionamento de um barco, é função de ρ,v,g,L = comprimento da linha d'água e A_{fr} = área frontal submersa. O barco deve se deslocar com uma velocidade de 36 km/h.

a) Determinar os adimensionais necessários ao estudo da semelhança com um modelo na escala 1/100.

b) Qual deve ser a velocidade de ensaio do modelo em água, para conseguir semelhança completa?

c) Qual é a potência necessária em kW para deslocar o barco na velocidade dada, se no laboratório mediu-se uma força no modelo de 0,75 N?

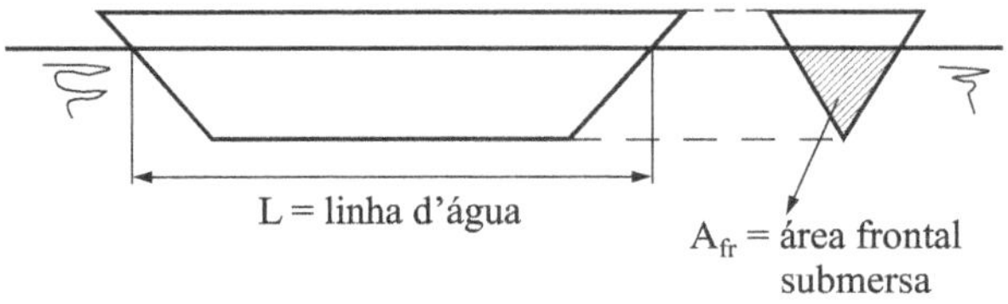

Resp.: b) 3,6 km/h; c) 7.500 kW

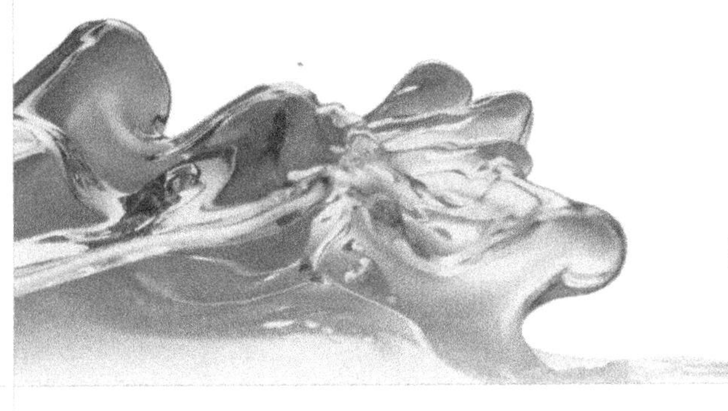

CAPÍTULO 7

Escoamento permanente de fluido incompressível em condutos forçados

7.1 Introdução

No Capítulo 4 foi visto que a equação da energia, dentro de hipóteses convenientes, reduz-se a:

$$H_1 + H_M = H_2 + H_{p_{1,2}} \tag{7.1}$$

em que o significado das parcelas foi amplamente explicado naquele capítulo.

Muitos dos problemas referentes a instalações hidráulicas recaem nas hipóteses de validade da Equação 7.1 e visam à determinação de uma de suas parcelas, devendo, portanto, ser conhecidas as outras três.

Não se deseja que o leitor faça disso uma regra, pois outros casos acontecem, mas muitas vezes a incógnita nos problemas é o termo H_M (carga manométrica da máquina) que, como apresentado, é utilizado no cálculo de sua própria potência. Nesse caso, normalmente, H_1 e H_2 são conhecidos pelo projetista, pela própria configuração da instalação e pelas condições que lhe são impostas, como, por exemplo, a vazão disponível ou necessária para uma certa aplicação.

Restaria, nesse caso, conhecer o termo $H_{p_{1,2}}$ (perda de carga), para que, por meio da Equação 7.1, fosse possível determinar H_M.

O objetivo deste capítulo é exatamente estabelecer métodos para a determinação da perda de carga e com isso resolver a Equação 7.1, qualquer que seja a incógnita prefixada pelo projeto.

O estudo do Capítulo 7 implica, mais do que qualquer outro, a necessidade de conhecimento de todos os outros já estudados, devendo o leitor reportar-se a eles sempre que necessário.

7.2 Definições

Neste item serão introduzidas definições e conceitos utilizados ao longo do capítulo. Prefere-se apresentá-los inicialmente para não interromper a seqüência nos itens posteriores, onde forem necessários.

7.2.1 Condutos – Classificação

Conduto é qualquer estrutura sólida, destinada ao transporte de fluidos.

Os condutos são classificados, quanto ao comportamento dos fluidos em seu interior, em forçados e livres.

O conduto é dito forçado quando o fluido que nele escoa o preenche totalmente, estando em contato com toda a sua parede interna, não apresentando nenhuma superfície livre (Figura 7.1a).

O conduto é dito livre quando o fluido em movimento apresenta uma superfície livre (Figura 7.1b).

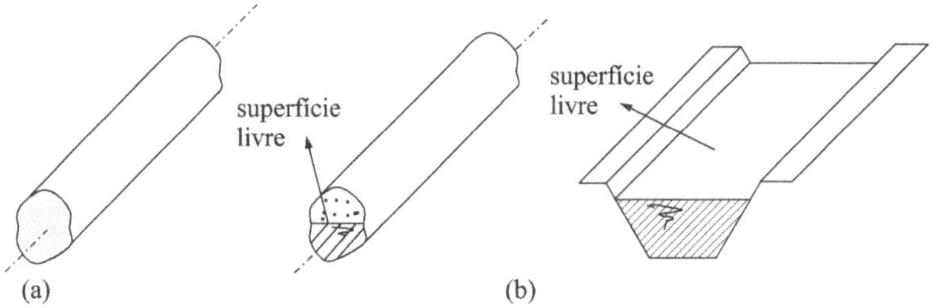

Figura 7.1

7.2.2 Raio e diâmetro hidráulico

Raio hidráulico (R_H) é definido como:

$$R_H = \frac{A}{\sigma} \tag{7.2}$$

onde: A = área transversal do escoamento do fluido;
σ = perímetro 'molhado' ou trecho do perímetro, da seção de área A, em que o fluido está em contato com a parede do conduto.

Diâmetro hidráulico (D_H) é definido por:

$$D_H = 4R_H \tag{7.3}$$

A tabela a seguir apresenta alguns exemplos:

	A	σ	$\mathbf{R_H}$	$\mathbf{D_H}$
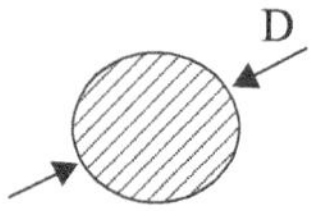	$\frac{\pi D^2}{4}$	πD	$\frac{D}{4}$	D
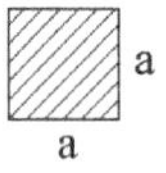	a^2	4a	$\frac{a}{4}$	a
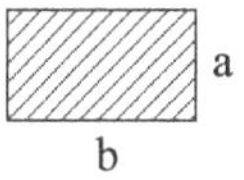	ab	2(a + b)	$\frac{ab}{2(a+b)}$	$\frac{2ab}{(a+b)}$
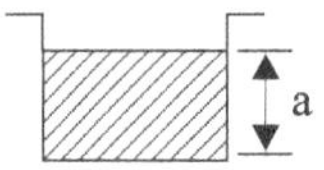	ab	2a + b	$\frac{ab}{2a+b}$	$\frac{4ab}{2a+b}$
	$\frac{a^2\sqrt{3}}{4}$	3a	$\frac{a\sqrt{3}}{12}$	$\frac{a\sqrt{3}}{3}$

7.2.3 Camada limite numa placa plana

A noção de 'camada limite' será muito útil ao longo deste capítulo, como será visto durante o seu desenvolvimento.

Esse conceito é mais facilmente introduzido no escoamento de fluidos sobre placas planas do que no escoamento em condutos. Por causa disso, neste item será feito o estudo da camada limite sobre placas planas e essa noção será aproveitada no próximo item para o estudo do mesmo fenômeno no escoamento em condutos.

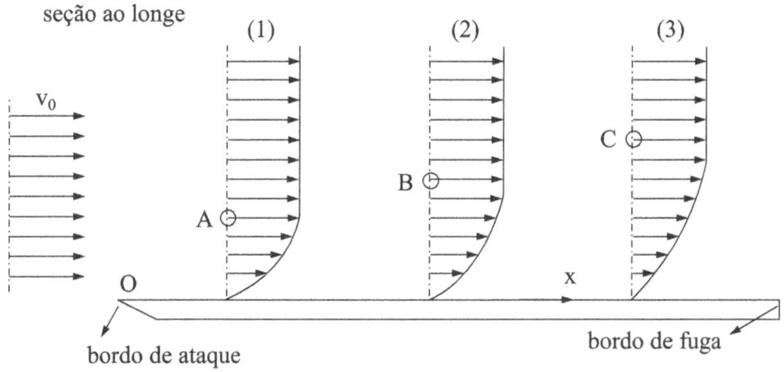

Figura 7.2

Seja uma placa plana de espessura muito pequena, introduzida paralelamente a um escoamento uniforme e em regime permanente de um fluido.

Seja a velocidade do fluido, ao longe da placa, uniforme de valor v_0.

Os acontecimentos serão explicados para um dos lados da placa, sendo que do outro o aspecto será simétrico.

Suponha-se que, por meio de um medidor, sejam detectadas as velocidades nos pontos ao longo de uma seção vertical (1) (Figura 7.2).

Ao fazer isso, verifica-se que junto à placa, devido ao princípio da aderência, a velocidade é nula. Quando se percorre a vertical (1), a velocidade é crescente até que, num ponto A, a velocidade coincida com v_0 e assim se mantenha para todos os pontos acima dele.

É óbvio que o fluido até o ponto A sofreu a influência da presença da placa, influência esta que é denotada pela existência de um gradiente da velocidade ao longo da vertical. Acima do ponto A, o fluido comporta-se como se a placa não existisse, isto é, escoa com a mesma velocidade v_0 uniforme que ele possuía ao longe. Se a mesma experiência for efetuada ao longo de verticais mais afastadas do bordo de ataque, como a (2) e a (3), verifica-se uma repetição daquilo que aconteceu na (1), com a única diferença de que os pontos (B) e (C), que denotam o fim da variação da velocidade, estarão mais afastados da placa.

Se isso for realizado em diversas verticais, verifica-se que os pontos do tipo A, B e C pertencem a uma linha que será o lugar geométrico dos pontos a partir dos quais a velocidade passa a ter valor v_0 constante ao longo de cada vertical (Figura 7.3).

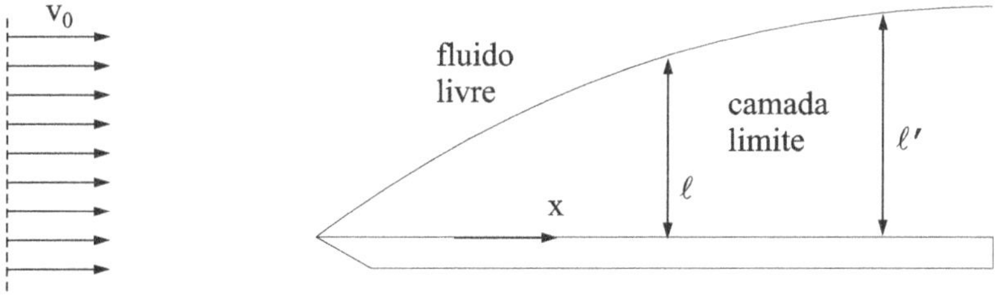

Figura 7.3

O fluido fica dividido, por essa linha, em duas regiões distintas. Uma em que as velocidades são menores que v_0 devido à presença da placa e outra em que a velocidade é v_0, não sendo influenciado o escoamento nessa região pela presença da superfície sólida.

A região entre a placa e a linha construída chama-se 'camada limite', enquanto a região acima dela chama-se 'fluido livre'.

Note-se que a espessura ℓ da camada limite é crescente ao longo da placa e pode-se verificar que é função do parâmetro adimensional:

$$Re_x = \frac{\rho v_0 x}{\mu} = \frac{v_0 x}{\nu}$$

que nada mais é que uma forma do número de Reynolds, como foi visto no Capítulo 6. Logo: $\ell = f(Re_x)$.

Verifica-se que, para $Re_x < 5 \times 10^5$, as forças viscosas na camada limite são consideráveis, comparativamente com as de inércia, sendo o escoamento, dentro da camada limite, do tipo laminar.

Quando o Re_x ultrapassa esse valor, o escoamento na camada limite passa para turbulento. Para um dado fluido, com uma certa velocidade v_0, a passagem para escoamento turbulento acontecerá numa abscissa chamada crítica, correspondente ao valor do número de Reynolds de 5×10^5, também chamado crítico.

$$Re_{cr} = \frac{\rho v_0 x_{cr}}{\mu} = 5 \times 10^5$$

Pela expressão acima, pode-se determinar a abscissa da placa, em que acontece a passagem do movimento laminar para turbulento dentro da camada limite, pois:

$$x_{cr} = \frac{5 \times 10^5 \mu}{\rho v_0}$$

Isso acontecerá sempre que o comprimento da placa for maior que x_{cr}.

A passagem de camada limite laminar para camada limite turbulenta é facilmente observável pelo crescimento repentino de sua espessura, como se observa na Figura 7.4.

Tal crescimento se deve ao próprio conceito de movimento turbulento, em que, sendo pequeno o efeito das forças viscosas, o efeito da presença da placa transmite-se a uma maior distância dentro do escoamento do fluido.

Apesar de o movimento, para uma abscissa $x > x_{cr}$, ser turbulento no interior da camada limite, numa camada de espessura δ muito pequena, junto à placa, devido às baixas velocidades, subsiste um movimento do tipo laminar. Essa região denomina-se 'subcamada limite laminar'.

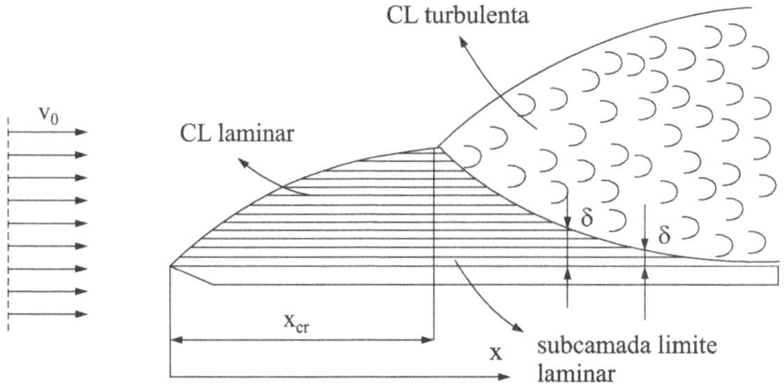

Figura 7.4

O conceito de camada limite laminar e turbulenta e o de subcamada limite laminar serão de grande utilidade na explicação de fenômenos que serão apresentados nos itens seguintes.

7.2.4 Desenvolvimento da camada limite em condutos forçados

Seja o conduto de descarga de um tanque (Figura 7.5).

Antes de o fluido penetrar no conduto, sendo o tanque de grandes dimensões, terá uma velocidade uniforme. Ao penetrar no tubo, pelo princípio da aderência, haverá a formação da camada limite que, como já observado, é crescente. O diagrama de velocidades vai se ajustando ao longo do tubo, apresentando um gradiente na camada limite e um valor constante no fluido livre. A camada limite cresce até preencher o conduto na abscissa $x = \bar{x}$. A partir desse ponto, o diagrama tem uma configuração constante em qualquer seção do conduto e o regime de escoamento é denominado 'dinamicamente estabelecido'.

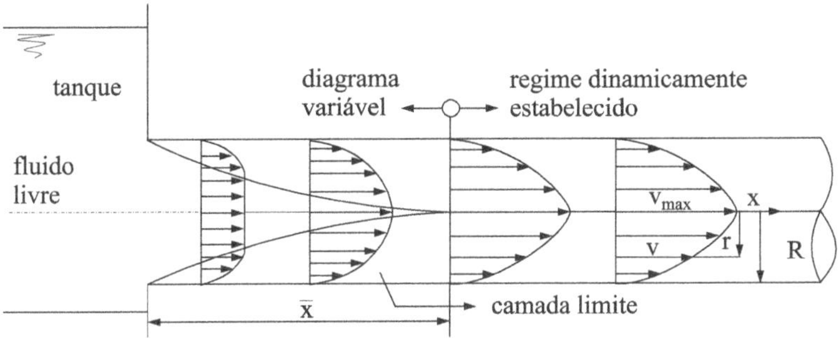

Figura 7.5

Como foi visto, a camada limite pode apresentar uma parte laminar e uma turbulenta. Se o preenchimento do conduto pela camada limite acontecer enquanto esta é laminar, então, daí para a frente, o escoamento será laminar, e o diagrama de velocidades, em condutos de seção circular, será dado por $v = v_{max}\left[1-\left(\frac{r}{R}\right)^2\right]$, conforme apresentado no Capítulo 3. Esse caso acontecerá se $Re = \frac{\rho v D}{\mu} < 2.000$.

É mais freqüente esse preenchimento da camada limite acontecer quando ela já está com movimento turbulento. Nesse caso, o regime dinamicamente estabelecido apresentará diagramas idênticos em todas as seções, dados pela expressão $v = v_{max}\left(1-\frac{r}{R}\right)^{1/7}$, conforme foi visto no Capítulo 3 (Figura 7.6).

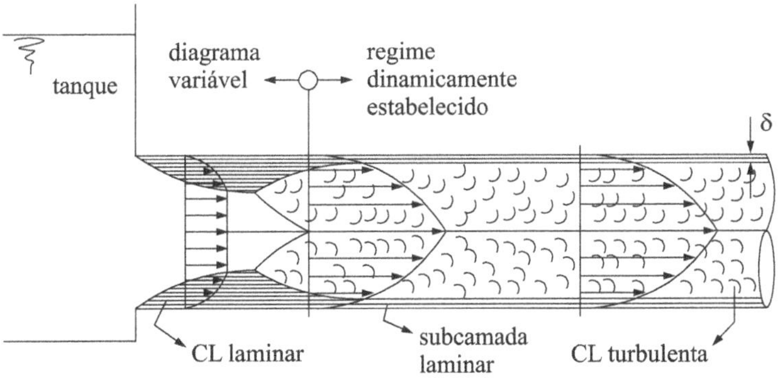

Figura 7.6

O escoamento, nessa situação, será turbulento no conduto, a não ser junto às paredes, onde aparecerá o filme laminar, cuja espessura δ será função de $Re = \frac{\rho v D}{\mu}$, que, nesse caso, será maior que 2.400.

A presença do filme laminar, no escoamento em tubos, permitirá explicar o comportamento de uma grandeza importante num item posterior.

Em resumo, em condutos o escoamento pode se estabelecer laminar, se Re < 2.000, ou turbulento, se Re > 2.400, e, nesse caso, o escoamento apresentará subcamada limite laminar.

7.2.5 Rugosidade

Os condutos apresentam asperezas nas paredes internas que influem na perda de carga dos fluidos em escoamento. Em geral, tais asperezas não são uniformes, mas apresentam uma distribuição aleatória tanto em altura como em disposição. No entanto, para efeito de estudo, supõe-se inicialmente (tal hipótese será retirada posteriormente) que as asperezas tenham altura e distribuição uniformes. A altura uniforme das asperezas será indicada por ε e denominada 'rugosidade uniforme' (Figura 7.7).

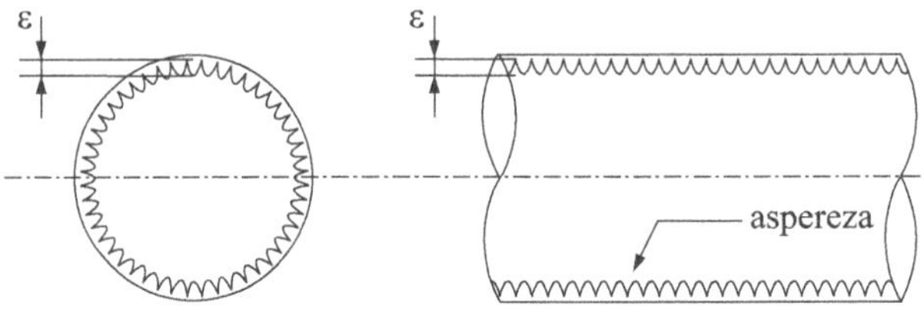

Figura 7.7

Para efeito do estudo das perdas no escoamento de fluidos, é fácil compreender que elas não dependem diretamente de ε, mas do quociente D_H/ε, que será chamado 'rugosidade relativa'.

7.2.6 Classificação das perdas de carga

Se for examinado o comportamento do escoamento de fluidos em condutos, será possível distinguir dois tipos de perda de carga (não esqueça o leitor que perda de carga é a energia perdida pela unidade de peso do fluido quando este escoa).

O primeiro tipo é chamado 'perda de carga distribuída', que será indicada por h_f.

Tal perda, como o próprio nome diz, é a que acontece ao longo de tubos retos, de seção constante, devido ao atrito das próprias partículas do fluido entre si. Note-se que nessa situação a perda só será considerável se houver trechos relativamente longos de condutos, pois o atrito acontecerá de forma distribuída ao longo deles.

O segundo tipo corresponde às chamadas 'perdas de carga locais ou singulares', que serão indicadas por h_s. Elas acontecem em locais das instalações em que o fluido sofre perturbações bruscas no seu escoamento.

Essas perdas podem, diferentemente das anteriores, ser grandes em trechos relativamente curtos da instalação, como, por exemplo, em válvulas, mudanças de direção, alargamentos bruscos, obstruções parciais etc.

Esses locais, nas instalações, costumam ser chamados de 'singularidades', provindo daí o nome 'perdas de carga singulares'. A Figura 7.8 mostra uma instalação em que são indicados os tipos de perdas que irão acontecer.

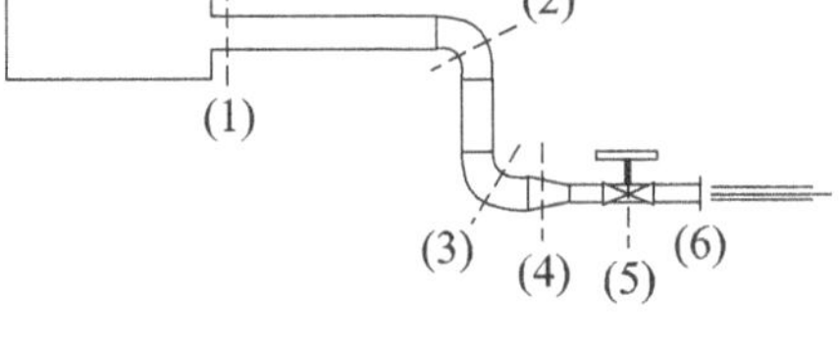

Figura 7.8

Entre (1 e 2), (2 e 3), (3 e 4), (4 e 5) e (5 e 6) existem perdas distribuídas.

Em (1) estreitamento brusco, (2) e (3) cotovelos, (4) estreitamento, (5) válvula, existem perdas singulares.

Mais adiante será observado que o cálculo de umas e outras perdas será efetuado de formas diferentes, como era de esperar, já que as primeiras dependem do comprimento do conduto, enquanto as outras não dependem. Numa instalação completa, o termo $H_{p_{1,2}}$ da Equação 7.1 será dado por:

$$H_{p_{1,2}} = \sum h_f + \sum h_s \qquad (7.4)$$

7.3 Estudo da perda de carga distribuída (h_f)

As hipóteses a seguir estabelecem as condições de validade do estudo.

a) Regime permanente, fluido incompressível, para a validade da Equação 7.1. Note-se que gases que escoam com pequenas variações de pressão podem ser considerados incompressíveis.
b) Condutos longos, para que no trecho considerado possa alcançado o regime dinamicamente estabelecido.
c) Condutos cilíndricos, isto é, de seção transversal constante, mas qualquer. Se na instalação a área da seção variar de local a local, será necessário calcular a perda de carga em cada trecho e posteriormente somá-las para obter o total.
d) Regime dinamicamente estabelecido, para que o diagrama de velocidades seja o mesmo em cada seção.
e) Rugosidade uniforme (esta hipótese será retirada posteriormente).
f) Trecho considerado sem máquinas.

Dentro dessas hipóteses, serão aplicadas entre as seções (1) e (2) de um conduto as equações estudadas nos capítulos 3, 4 e 5.

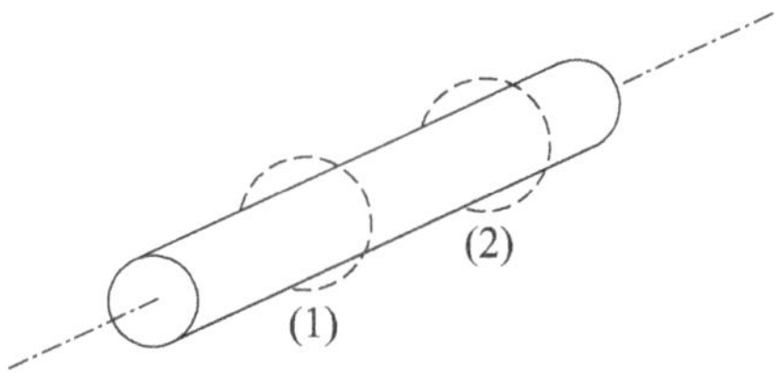

Figura 7.9

1) Equação da continuidade
Dentro da hipótese de fluido incompressível, a equação da continuidade resulta em:

$$Q_1 = Q_2$$

ou

$$v_1 A_1 = v_2 A_2$$

Mas o conduto é cilíndrico, então:

$$A_1 = A_2$$

$$v_1 = v_2 = c^{te} \qquad (7.5)$$

Logo, a velocidade deve ser constante em cada trecho escolhido para o cálculo da perda de carga distribuída.

2) Equação da energia

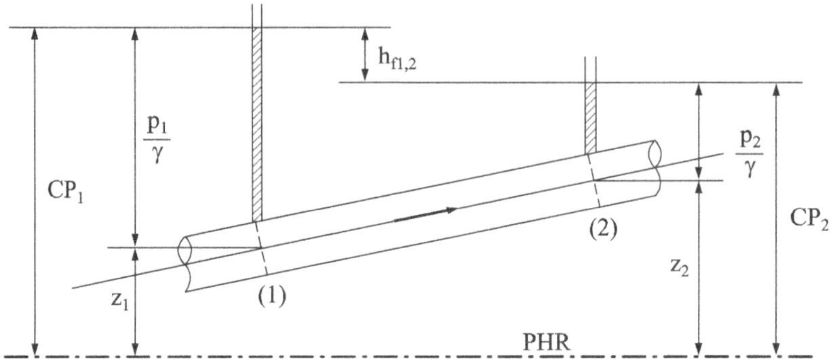

Figura 7.10

A equação da energia entre as seções (1) e (2), entre as quais não há máquina, resulta em:

$$H_1 = H_2 + H_{p_{1,2}}$$

Mas, cumpridas as hipóteses de (a) a (f), $H_{p_{1,2}} = h_{f_{1,2}}$ por definição. Logo:

$$h_{f_{1,2}} = H_1 - H_2 = \Delta H \qquad (7.6)$$

Pode-se então concluir que *a perda de carga distribuída entre duas seções de um conduto é igual à diferença entre as cargas totais das duas seções, mantidas as hipóteses de (a) a (f).*

Mas $$H = \frac{\alpha v^2}{2g} + \frac{p}{\gamma} + z$$

Logo: $$h_{f_{1,2}} = \frac{\alpha_1 v_1^2 - \alpha_2 v_2^2}{2g} + \frac{p_1 - p_2}{\gamma} + z_1 - z_2$$

Pela Equação 7.5 e rearranjando os termos tem-se:

$$h_{f_1} = \left(\frac{p_1}{\gamma} + z_1\right) - \left(\frac{p_2}{\gamma} + z_2\right) \qquad (7.7)$$

A soma $\frac{p}{\gamma} + z$ será chamada 'carga piezométrica' (CP).

Note-se que, pela Figura 7.10, a CP pode ser medida em cada seção pela instalação de um piezômetro. Adotado um PHR, a carga piezométrica será, então, a distância, em cada seção, do nível superior do líquido no piezômetro até o PHR. Observe-se que, pela Equação 7.7, a perda de carga é dada pela diferença entre as cargas piezométricas das duas seções. Isso permite estabelecer um método experimental para a determinação da perda de carga.

Se entre as seções (1) e (2) forem instalados muitos piezômetros, o nível superior do líquido em cada um deles indicará a carga piezométrica na seção, isto é, o valor de $\frac{p}{\gamma} + z$ (Figura 7.11).

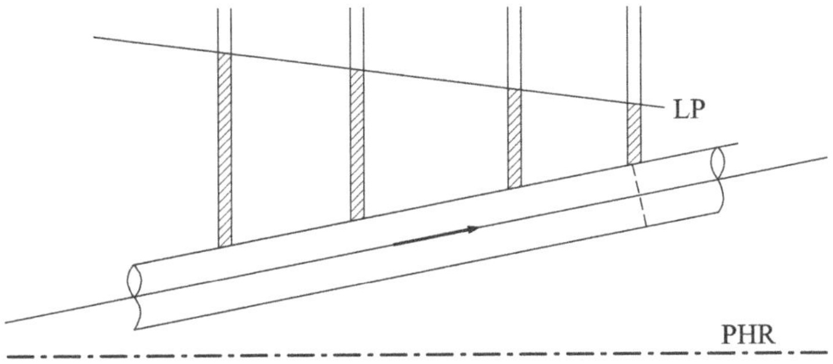

Figura 7.11

O lugar geométrico dos pontos $\frac{p}{\gamma}+z$ é denominado linha piezométrica, que mostra geometricamente o andamento da pressão do fluido ao longo do conduto.

Será mostrado a seguir que a linha piezométrica, dentro das hipóteses de (a) a (f), é uma linha reta, de forma que, conhecendo-se o valor de $\frac{p}{\gamma}+z$ em dois pontos, ela possa ser traçada.

Define-se linha da energia como sendo o lugar geométrico dos pontos:

$$\frac{p}{\gamma}+z+\frac{\alpha v^2}{2g}=H$$

Essa linha é obtida ao se somar a quantidade $\frac{\alpha v^2}{2g}$ à carga piezométrica e fornecerá o andamento da energia ao longo da instalação, sendo portanto sempre decrescente no sentido do escoamento, menos entre as seções de entrada e saída de uma bomba, já que esta fornece energia para o fluido.

Note-se que mantidas as hipóteses de (a) a (f), a linha da energia será uma reta paralela à linha piezométrica, já que $\frac{\alpha v^2}{2g}$ é constante no trecho considerado (Figura 7.12).

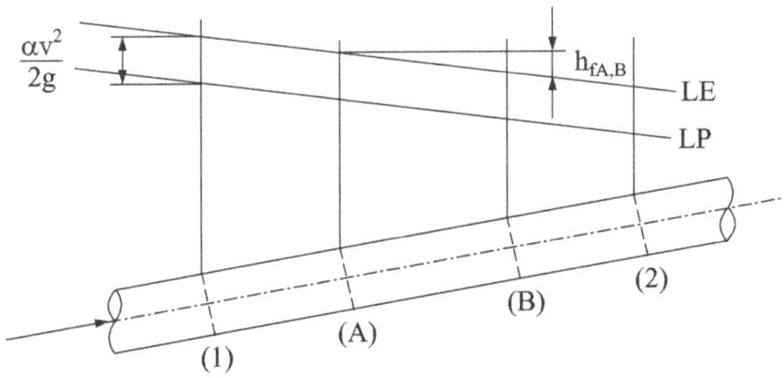

Figura 7.12

A diferença de cotas entre dois pontos quaisquer da linha da energia fornecerá o valor da perda de carga no trecho considerado, isto é, entre as seções correspondentes aos dois pontos.

3) Equação de quantidade de movimento

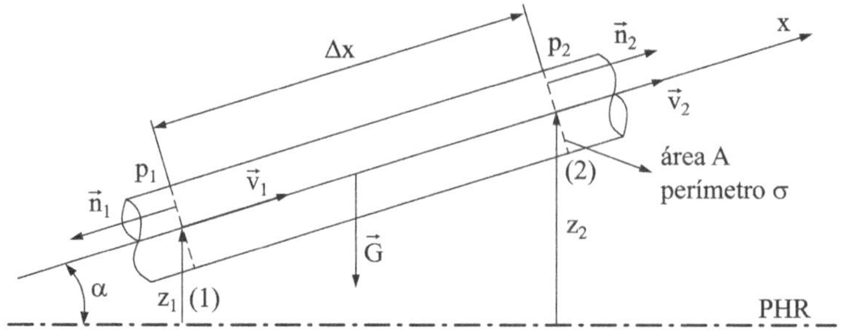

Figura 7.13

Pela equação da quantidade de movimento entre (1) e (2) (Equação 5.6):

$$\vec{F}'_s = p_1 A_1 \vec{n}_1 + p_2 A_2 \vec{n}_2 + Q_m(\vec{v}_2 - \vec{v}_1) - \vec{G}$$

lembrando que $\vec{F}'_s$ é a força resultante das pressões e tensões de cisalhamento da parede sólida sobre o fluido. Tal força, nesse caso, é exercida pela parede interna do conduto entre as seções (1) e (2).

Projetem-se os vetores dessa equação segundo o eixo x do conduto, orientado conforme mostrado na Figura 7.13. Lembrando ainda que pela Equação 7.5:

$$\vec{v}_1 = \vec{v}_2$$

Logo: $$F'_s = -p_1 A_1 + p_2 A_2 + G \text{ sen } \alpha$$

Como as pressões agem perpendicularmente à parede lateral, a força de pressão não terá componente segundo o eixo x, de forma que a força F'_s será composta somente da resultante das tensões de cisalhamento que agem na parede lateral do conduto. Essa parede tem uma área dada por $\sigma\Delta x$.

Assim, supondo as tensões com distribuição uniforme, já que o regime é dinamicamente estabelecido e a rugosidade é uniforme, tem-se:

$$F'_s = -\tau\sigma\Delta x$$

O sinal negativo resulta do fato de que essa força se opõe ao movimento e, portanto, tem sentido contrário ao do eixo x.

Logo: $$-\tau\sigma\Delta x = (p_2 - p_1)A + G \text{ sen } \alpha$$

$$G = \gamma V = \gamma \Delta x A$$

ou $$-\tau\sigma\Delta x = (p_2 - p_1)A + \gamma A \Delta x \text{ sen } \alpha$$

Note-se que: $$\Delta x \text{ sen } \alpha = z_2 - z_1$$

Logo: $$\tau\sigma\Delta x = (p_1 - p_2)A + \gamma A(z_1 - z_2)$$

Dividindo por γA e lembrando que $\frac{A}{\sigma} = R_H$, tem-se:

$$\frac{\tau\Delta x}{\gamma R_H} = \left(\frac{p_1}{\gamma} + z_1\right) - \left(\frac{p_2}{\gamma} + z_2\right)$$

Pela Equação 7.7 nota-se que:

$$h_{f_{1,2}} = \frac{4\tau\Delta x}{\gamma D_H} = \left(\frac{p_1}{\gamma} + z_1\right) - \left(\frac{p_2}{\gamma} + z_2\right) \quad (7.8)$$

Dessa equação conclui-se que a linha piezométrica é uma reta, pois sendo τ, γ, R_H constantes, pode-se escrever $\frac{p}{\gamma}+z=kx$, que é a equação de uma reta.

Pode-se concluir, ainda, que a perda de carga distribuída é diretamente proporcional ao comprimento $\Delta x = L$ do conduto e inversamente proporcional ao diâmetro hidráulico. Se o cálculo da tensão de cisalhamento na parede do conduto não fosse de difícil determinação, a expressão

$$h_{f_{1,2}} = \frac{4\tau L}{\gamma D_H} \tag{7.9}$$

serviria para o cálculo da perda de carga distribuída. Devido àquela dificuldade, será determinada outra expressão de maior utilidade prática.

7.4 Fórmula da perda de carga distribuída

A dedução será realizada por análise dimensional.

No fenômeno da perda de carga a função representativa é: $\gamma h_f = f(\rho, v, D_H, \mu, L, \varepsilon)$

Existem sete grandezas e, portanto, quatro adimensionais. Escolhendo a base ρ, v, D_H, obtém-se:

$\pi_1 = \frac{g h_f}{v^2}$, que por conveniência será utilizado na forma $\pi_1 = \frac{h_f}{v^2/2g}$.

$\pi_2 = \frac{\rho v D_H}{\mu} = Re$; $\pi_3 = \frac{L}{D_H}$; $\pi_4 = \frac{D_H}{\varepsilon}$

Logo, a função equivalente será:

$$\frac{h_f}{\frac{v^2}{2g}} = \phi\left(Re, \frac{L}{D_H}, \frac{D_H}{\varepsilon}\right)$$

ou

$$h_f = \frac{v^2}{2g}\phi\left(Re, \frac{L}{D_H}, \frac{D_H}{\varepsilon}\right)$$

Pela Equação 7.9, verificou-se que: $h_f \; \alpha \; \frac{L}{D_H}$, logo: $h_f = \frac{L}{D_H}\frac{v^2}{2g}\phi_1\left(Re, \frac{D_H}{\varepsilon}\right)$.

Seja o valor de $\phi_1\left(Re, \frac{D_H}{\varepsilon}\right) = f$ = coeficiente da perda de carga distribuída; então:

$$h_f = f\frac{L}{D_H}\frac{v^2}{2g} \tag{7.10}$$

Note-se que, com essa equação, dados L, D_H e a vazão (ou velocidade), pode-se determinar h_f conhecendo o valor de f que é função do número de Reynolds e da rugosidade relativa. A obtenção do valor do coeficiente f em função dos valores de Re e $\frac{D_H}{\varepsilon}$ será realizada experimentalmente, pela construção de um diagrama universal, já que f, Re e $\frac{D_H}{\varepsilon}$ são adimensionais.

7.5 Experiência de Nikuradse

Nikuradse realizou uma experiência em que procurou determinar a função $f = f\left(Re, \frac{D_H}{\varepsilon}\right)$ para condutos com rugosidade uniforme. Para tanto, colou na parte interna de diversos condutos areia de granulosidade uniforme. Fixou então os valores de ε, L, D_H, ρ e μ no dispositivo da Figura 7.14. Para diversas aberturas da válvula e, portanto, para diversas velocidades do fluido, obteve os valores de p_1 e p_2 nos manômetros indicados.

Pela equação da energia: $h_f = \frac{(p_1 - p_2)}{\gamma}$

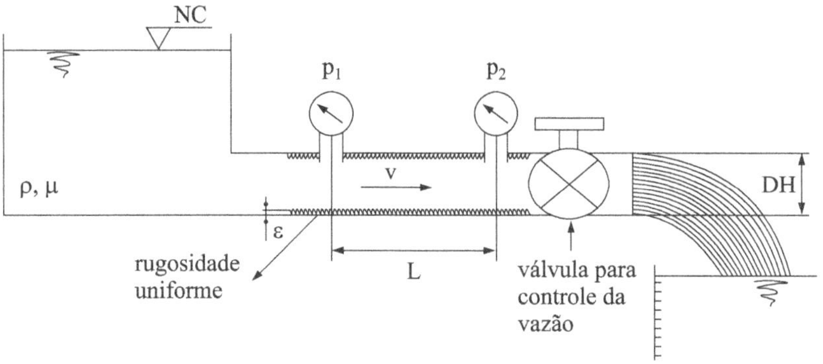

Figura 7.14

Logo, fixado o $\frac{D_H}{\varepsilon}$, obteve uma tabela de f em função de $Re = \frac{\rho v D_H}{\mu}$, já que calculou a velocidade em cada caso e ρ, D_H e μ eram conhecidos.

Efetuando essa experiência para diversos $\frac{D_H}{\varepsilon}$, construiu um gráfico de $f = f\left(Re, \frac{D_H}{\varepsilon}\right)$ (Figura 7.15).

A seguir serão descritas as diversas regiões desse gráfico.

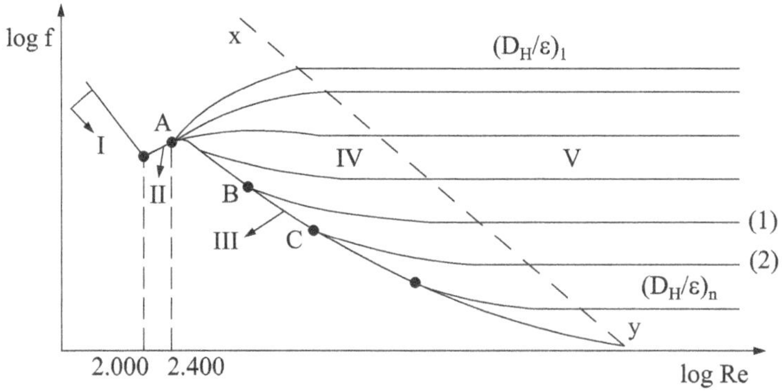

Figura 7.15

(I) Corresponde a Re < 2.000. Nesse trecho, o diagrama é uma reta e nota-se que f só é função do Re, havendo uma única reta para todos os $\left(\frac{D_H}{\varepsilon}\right)$ testados. Sabe-se que, nesse caso, as forças viscosas são grandes, deslocando as partículas segundo trajetórias retas paralelas, não afetadas pelas asperezas da parede do conduto. Pode-se verificar que:

$$\log f = \log 64 - \log Re$$

ou

$$f = \frac{64}{Re} \qquad (7.11)$$

de modo que, para Re < 2.000, não haveria necessidade do diagrama, já que, dado o Re, o f fica determinado.

(II) Corresponde a 2.000 < Re < 2.400, sendo, portanto, relativo à transição entre laminar e turbulento. Acima de Re = 2.400 o regime será turbulento no conduto, mas junto à parede subsiste a subcamada limite, em que o movimento é do tipo laminar. Sabe-se que a espessura δ da subcamada é função do número de Reynolds. Dada a rugosidade ε do conduto, podem acontecer duas coisas: se $\delta > \varepsilon$, a subcamada cobre as asperezas e, sendo o movimento laminar no seu interior, as asperezas não participam das perdas; se $\delta < \varepsilon$, as asperezas emergem da subcamada e penetram no núcleo do escoamento, que é turbulento, tendo então influência nas perdas.

(III) Note-se que todas as curvas para as quais $\frac{D_H}{\varepsilon}$ é grande $\left(\left(\frac{D_H}{\varepsilon}\right)\text{ é crescente para baixo}\right)$ têm o trecho inicial coincidente com a curva (III) inferior. Isso se deve ao fato de que, quanto menor o número de Reynolds, mais espessa é a subcamada que pode cobrir as asperezas. Quando isso acontece, as perdas e, portanto, o coeficiente f só dependem do número de Reynolds, não dependendo do $\frac{D_H}{\varepsilon}$. Por causa disso, as curvas de $\frac{D_H}{\varepsilon}$ mantêm-se coincidentes com a curva (III) até um certo número de Reynolds, a partir do qual as asperezas ficam descobertas. Vejam-se, por exemplo, as curvas (1) e (2) na Figura 7.15.

De A até B, as curvas coincidem, pois até o valor de Re do ponto B o δ é maior que a rugosidade de ambas as curvas.

A partir do ponto B, a curva (1) se separa, mas a (2) não, pois a rugosidade da curva (1) é maior que a da (2) e, portanto, já emerge da subcamada. Aumentando o Re até C, a curva (2) também se separa, pois, a partir desse ponto, δ é menor que a rugosidade correspondente a essa curva.

A curva (III) corresponde ao chamado 'regime hidraulicamente liso', porque o filme laminar, cobrindo as asperezas, faz com que o núcleo do escoamento, que é turbulento, deslize sobre uma parede lisa, formada pela subcamada limite laminar.

(IV) Essa região é a compreendida entre a curva (III) e a reta xy. Nessa região, todas as curvas de $\frac{D_H}{\varepsilon}$ emergem da subcamada e o coeficiente f depende de Re e $\frac{D_H}{\varepsilon}$. Essa região é de transição entre a curva (III) do hidraulicamente liso e a região (V) do hidraulicamente rugoso.

(V) Na região (V), as curvas de $\frac{D_H}{\varepsilon}$ ficam paralelas ao eixo dos números de Reynolds. Isso mostra que, dada uma curva $\frac{D_H}{\varepsilon}$, a partir do ponto de intersecção com a reta xy, f independe de Reynolds, isto é, variações no Re não afetam as perdas. Isso era de esperar, pois no Capítulo 6 foi verificado que números de Reynolds elevados implicam o fato de que as forças viscosas não mais influem no fenômeno. Nessa região, as variações do coeficiente f são devidas somente ao $\frac{D_H}{\varepsilon}$ e, portanto, à rugosidade. Diz-se, então, que o regime é 'hidraulicamente rugoso'.

7.6 Condutos industriais

A experiência de Nikuradse, como foi visto, baseou-se no fato de que a rugosidade dos condutos era uniforme. Ele conseguiu isso artificialmente, colando areia de granulação calibrada no interior dos condutos utilizados na pesquisa. Na prática, essa condição não se verifica, pois os condutos industriais apresentam uma distribuição aleatória de rugosidades.

Colebrook, ao repetir as mesmas experiências de Nikuradse para condutos industriais, verificou que o comportamento experimental é análogo.

Superpondo os seus resultados aos de Nikuradse, Colebrook criou o conceito de 'rugosidade equivalente k', isto é, o valor correspondente a ε do tubo artificial para o qual as experiências de Colebrook, com tubos industriais, superpõem-se àquelas de Nikuradse na região hidraulicamente rugosa. Em termos mais simples, a rugosidade equivalente k é uma rugosidade fictícia, uniforme, que substituída no lugar da rugosidade real de um tubo industrial causa o mesmo efeito.

Moody e, posteriormente, Rouse construíram, para tubos reais, o diagrama conhecido como diagrama de Moody-Rouse (Figura 7.16). Do lado esquerdo do diagrama, observa-se o valor das rugosidades equivalentes para diversos materiais.

Note-se que ao utilizar o diâmetro hidráulico nas expressões

$$Re = \frac{\rho v D_H}{\mu} = \frac{v D_H}{\nu} \tag{7.12}$$

$$\frac{D_H}{\varepsilon} \tag{7.13}$$

$$h_f = f \frac{L}{D_H} \frac{v^2}{2g} \tag{7.14}$$

elas valem para condutos de qualquer seção, circular ou não.

7.7 Problemas típicos envolvendo apenas perda de carga distribuída

Em muitas instalações, a perda de carga singular é desprezível, em relação à distribuída. É o caso, por exemplo, de instalações longas com poucas singularidades. O caso contrário também acontece. Nas instalações residenciais, por exemplo, devido ao grande número de singularidades, as perdas distribuídas são desprezíveis comparativamente às singulares.

Serão aqui estudadas as soluções de três problemas típicos ligados ao primeiro caso, isto é, as perdas singulares, se existirem, serão desprezíveis.

Sejam os problemas em que são envolvidas as variáveis L, D_H, Q, ν, k e h_f. Podem-se observar três casos importantes:

1º caso: dados: L, D_H, Q, ν, k, procura-se h_f ;

2º caso: dados: L, D_H, h_f, ν, k, procura-se Q;

3º caso: dados: L, Q, h_f, ν, k, procura-se D_H.

Volta-se a ressaltar o fato de que o estudo feito a seguir para esses três casos só será válido se $H_{P1,2} = h_{f1,2}$, isto é, $h_s \cong 0$.

O estudo dos três casos será feito por exemplos numéricos, que poderão servir como modelo sempre que um problema se enquadrar num deles.

1º caso

EXEMPLO

Determinar a perda de carga por km de comprimento de uma tubulação de aço de seção circular de diâmetro 45 cm. O fluido é óleo ($\nu = 1{,}06 \times 10^{-5}$ m²/s) e a vazão é 190 L/s.

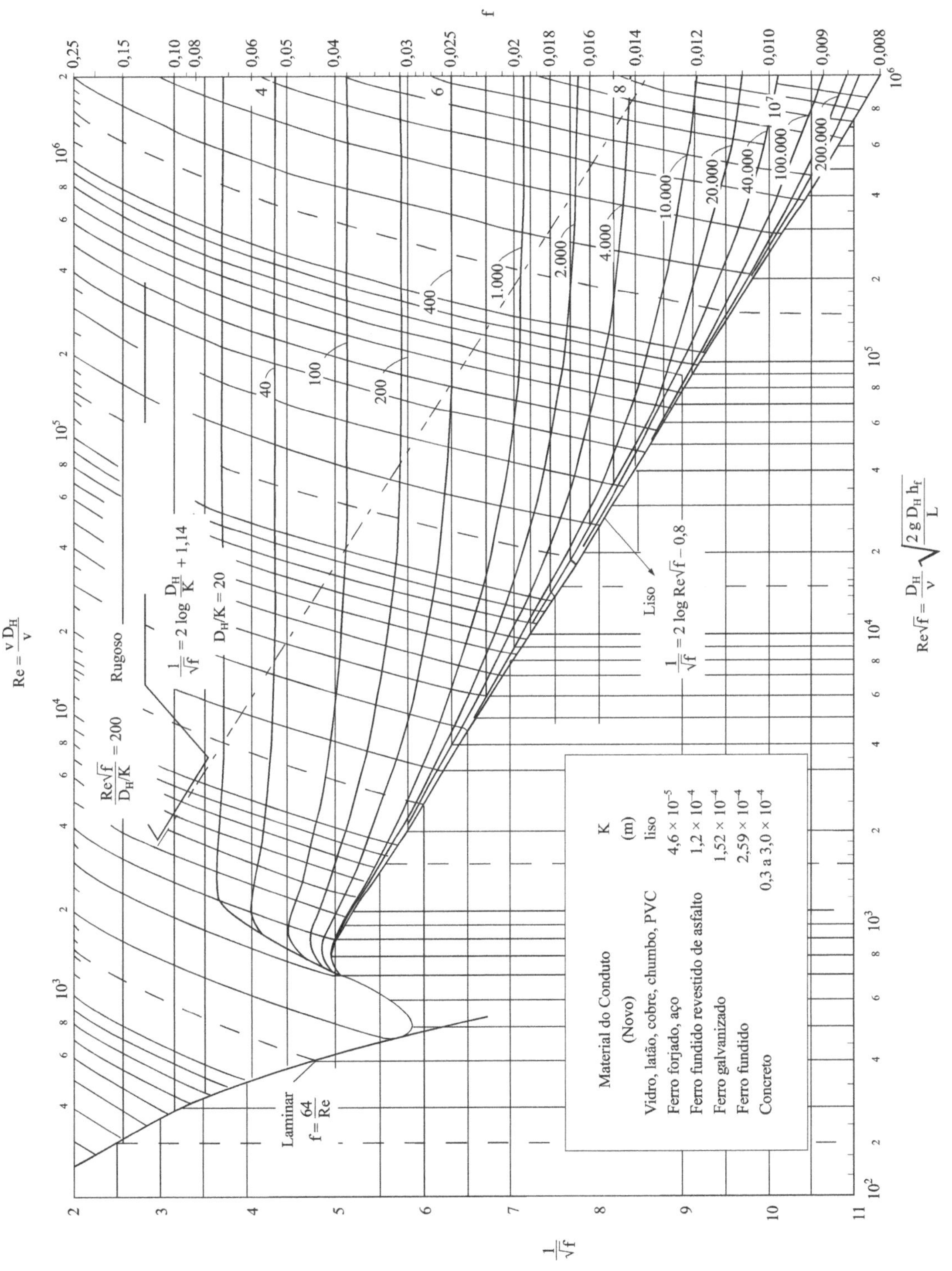
$Re = \frac{v D_H}{\nu}$
f
$\frac{1}{\sqrt{f}}$
$Re\sqrt{f} = \frac{D_H}{\nu}\sqrt{\frac{2 g D_H h_f}{L}}$
Rugoso
$\frac{Re\sqrt{f}}{D_H/K} = 200$
$\frac{1}{\sqrt{f}} = 2 \log \frac{D_H}{K} + 1,14$
$D_H/K = 20$
Liso
$\frac{1}{\sqrt{f}} = 2 \log Re\sqrt{f} - 0,8$
Laminar
$f = \frac{64}{Re}$
40
100
200
400
1.000
2.000
4.000
10.000
20.000
40.000
100.000
200.000
Material do Conduto (Novo) | K (m)
Vidro, latão, cobre, chumbo, PVC | liso
Ferro forjado, aço | $4,6 \times 10^{-5}$
Ferro fundido revestido de asfalto | $1,2 \times 10^{-4}$
Ferro galvanizado | $1,52 \times 10^{-4}$
Ferro fundido | $2,59 \times 10^{-4}$
Concreto | $0,3$ a $3,0 \times 10^{-4}$

Figura 7.16

Solução

Pelo fato de a tubulação ser de aço, no canto esquerdo da Figura 7.16 encontra-se k = 0,000046 m ou $k = 4{,}6 \times 10^{-5}$ m. Sendo de seção circular, $D = D_H = 0{,}45$ m.

Note-se que:
$$h_f = f \frac{L}{D_H} \frac{v^2}{2g}$$

Seja $g = 10\ m/s^2$; são conhecidos L e D_H; não se tem nem v nem f. O f é função da velocidade, pois depende do Re. Deve-se, então, calcular v.

$$v = \frac{Q}{A} = \frac{4Q}{\pi D^2} = \frac{4 \times 190 \times 10^{-3}}{\pi \times 0{,}45^2} = 1{,}19\ m/s$$

Determinação de f

$$f = f\left(Re, \frac{D_H}{k}\right)$$

$$Re = \frac{vD_H}{\nu} = \frac{1{,}19 \times 0{,}45}{1{,}06 \times 10^{-5}} \cong 5 \times 10^4$$

$$\frac{D_H}{k} = \frac{0{,}45}{4{,}6 \times 10^{-5}} \cong 10^4 = 10.000$$

A função f deverá então ser calculada no ponto

$$f = f(5 \times 10^4; 10.000)$$

No diagrama de Moody-Rouse (Figura 7.16) deve-se fazer a determinação do f, conforme a ilustração a seguir. (Note-se que as linhas de chamada, para os Re, são curvas.)

Logo, pelo esquema, f = 0,021.

$$h_f = f \frac{L}{D_H} \frac{v^2}{2g} = 0{,}021\ \frac{1.000}{0{,}45} \times \frac{1{,}19^2}{2 \times 10} = 3{,}3\ m$$

A perda de carga, a cada 1.000 m = 1 km de tubulação, será de 3,3 m.

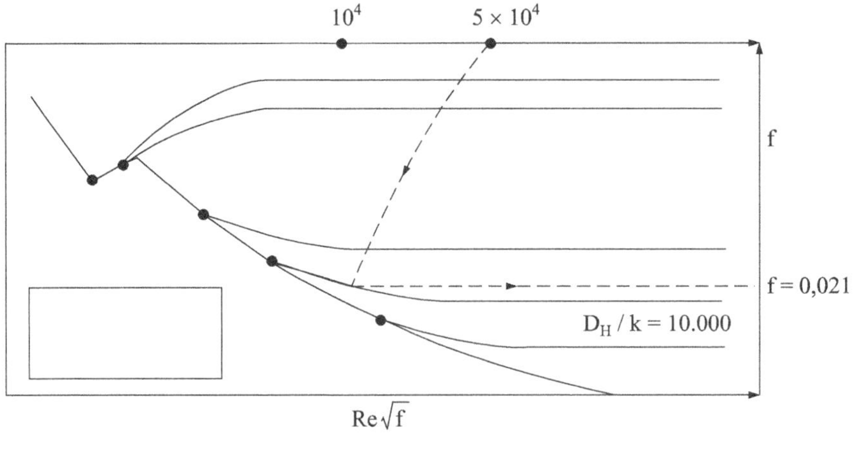

2º caso

EXEMPLO

Calcular a vazão de água num conduto de ferro fundido, sendo dados D = 10 cm, $\nu = 0{,}7 \times 10^{-6}$ m²/s e sabendo-se que dois manômetros instalados a uma distância de 10 m indicam, respectivamente, 0,15 MPa e 0,145 MPa ($\gamma_{H_2O} = 10^4$ N/m³).

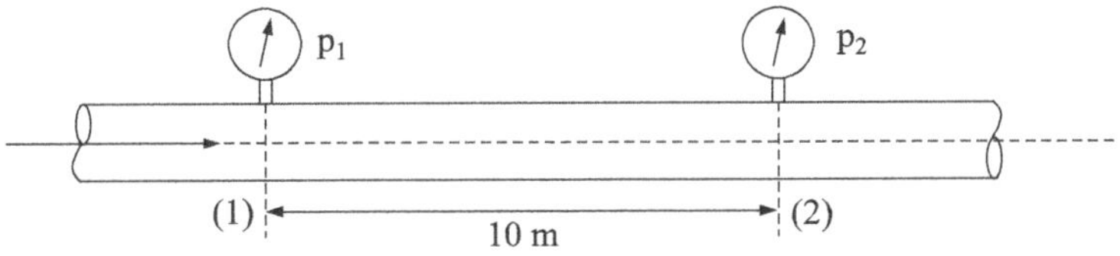

Solução

Equação da energia

$$H_1 + H_M = H_2 + H_{p_{1,2}}$$

No trecho (1)–(2) só existe perda distribuída; logo:

$$h_{f_{1,2}} = H_1 - H_2 = \frac{\alpha_1 v_1^2 - \alpha_2 v_2^2}{2g} + \frac{p_1 - p_2}{\gamma} + z_1 - z_2$$

Mas: $$v_1 = v_2; \quad \alpha_1 = \alpha_2 \quad \text{e} \quad z_1 = z_2$$

Logo: $$h_{f_{1,2}} = \frac{p_1 - p_2}{\gamma} = \frac{(0{,}15 - 0{,}145) \times 10^6}{10^4} = 0{,}5 \text{ m}$$

Tem-se: D = 0,1 m; $\nu = 0{,}7 \times 10^{-6}$ m²/s; L = 10 m; $h_f = 0{,}5$ m e, da tabela à esquerda da Figura 7.16, obtém-se:

$$k \text{ (ferro fundido)} = 0{,}000259 \text{ m} = 2{,}59 \times 10^{-4} \text{ m}$$

Procura-se a vazão. Nota-se, então, que é tipicamente o segundo caso citado anteriormente.

Sabe-se que: $$Q = vA$$

e $$h_f = f \frac{L}{D_H} \frac{v^2}{2g}$$

ou $$v = \sqrt{\frac{2gh_f D_H}{fL}}$$

Note-se que para determinar a velocidade é necessário determinar o valor de f, que, no entanto, é função da velocidade através do número de Reynolds.

Entretanto, o produto $Re\sqrt{f}$, existente em abscissas, na parte inferior do diagrama de Moody-Rouse (Figura 7.16), resultará em:

$$Re\sqrt{f} = \frac{vD_H}{\nu}\sqrt{\frac{2gh_f D_H}{v^2 L}} = \frac{D_H}{\nu}\sqrt{\frac{2gh_f D_H}{L}} \qquad (7.15)$$

e nota-se que independe da velocidade; logo, pode ser calculado. Opera-se, então, da seguinte forma:

$$f = f\left(Re\sqrt{f}; \frac{D_H}{k}\right)$$

$$Re\sqrt{f} = \frac{D_h}{\nu}\sqrt{\frac{2gh_f D_h}{L}} = \frac{0{,}1}{0{,}7 \times 10^{-6}}\sqrt{\frac{2 \times 10 \times 0{,}5 \times 0{,}1}{10}} \cong 4{,}5 \times 10^4$$

$$\frac{D_H}{k} = \frac{0,1}{2,59 \times 10^{-4}} = 385$$

No diagrama, procura-se $f = f\,(4,5 \times 10^4; 385)$.

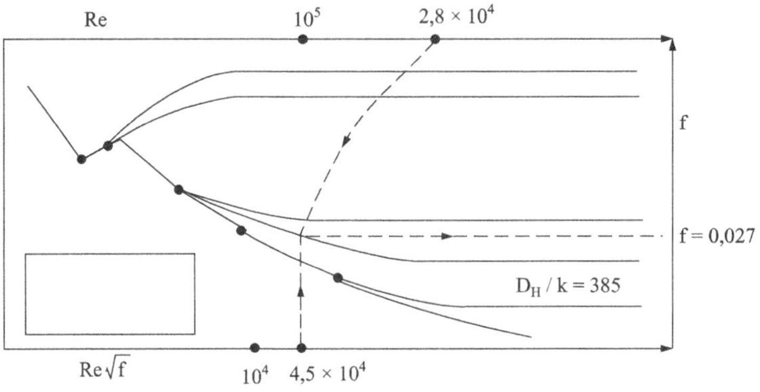

Logo: $$f = 0,027 \text{ e } v = \sqrt{\frac{2gh_f D_H}{fL}} = \sqrt{\frac{2 \times 10 \times 0,5 \times 0,1}{0,027 \times 10}} = 1,92 \text{ m/s}$$

Note-se que, em vez de obter f no diagrama, poderia ter-se optado pela obtenção de Re, e teríamos $Re = 2,8 \times 10^5$.

Mas: $$Re = \frac{vD_H}{\nu}$$

e $$v = \frac{\nu Re}{D_H} = \frac{0,7 \times 10^{-6} \times 2,8 \times 10^5}{0,1} = 1,96 \text{ m/s}$$

O primeiro resultado (v = 1,92 m/s) é de maior confiabilidade, pois a leitura de f, pelas escalas utilizadas no diagrama, é mais precisa.

O leitor deverá, portanto, optar sempre pelo primeiro método, isto é, pela leitura do valor de f no diagrama.

Logo: $$Q = vA = v\frac{\pi D^2}{4} = 1,92 \times \frac{\pi \times 0,1^2}{4} = 15,1 \times 10^{-3} \text{ m}^3/\text{s}$$

ou $$Q = 15,1 \text{ L/s}$$

3º caso

EXEMPLO

Calcular o diâmetro de um tubo de aço que deverá transportar uma vazão de 19 L/s de querosene ($\nu = 3 \times 10^{-6}$ m²/s) a uma distância de 600 m, com uma perda de carga de 3 m.

Solução

Esse caso só pode ser resolvido por tentativas. O método será o seguinte:

a) Como $$h_f = f\frac{L}{D}\frac{v^2}{2g} = f\frac{L}{D}\frac{Q^2}{A^2 2g} = f\frac{L}{D}\frac{Q^2}{\left(\frac{\pi D^2}{4}\right)^2 2g}$$

ou
$$h_f = fL\frac{8Q^2}{\pi^2 D^5 g}$$

portanto
$$D = \sqrt[5]{\frac{8fLQ^2}{h_f \pi^2 g}} \tag{1}$$

b) Na expressão (1) não se tem o valor de f nem é possível calculá-lo, pois não se conhece v e D.

Será feita uma primeira tentativa com $f = f_1$.

c) Calculado o diâmetro, pela expressão (1), pode-se calcular a velocidade e, com ela, o Re. Com Re e $\frac{D_H}{k}$ do diagrama de Moody-Rouse, obtém-se f_2.

Se f_2 for igual ao f_1 adotado, então o diâmetro obtido pela expressão (1) será a solução; senão, adota-se $f = f_2$ e faz-se uma segunda tentativa, repetindo todo o processo anterior.

No caso do exemplo, tem-se: tubo de aço com $k = 4{,}6 \times 10^{-5}$ m.

1ª tentativa

Adota-se $f_1 = 0{,}02$.

Logo:
$$D_1 = \sqrt[5]{\frac{8f_1LQ^2}{h_f \pi^2 g}} = \sqrt[5]{\frac{8 \times 0{,}02 \times 600 \times (19 \times 10^{-3})^2}{3 \times \pi^2 \times 10}} = 0{,}164 \text{ m}$$

$$v_1 = \frac{4Q}{\pi D_1^2} = \frac{4 \times 19 \times 10^{-3}}{\pi \times (0{,}164)^2} = 0{,}9 \text{ m/s}$$

$$Re_1 = \frac{v_1 D_1}{\nu} = \frac{0{,}9 \times 0{,}164}{3 \times 10^{-6}} = 4{,}92 \times 10^4$$

$$\frac{D_1}{k} = \frac{0{,}164}{4{,}6 \times 10^{-5}} = 3.560$$

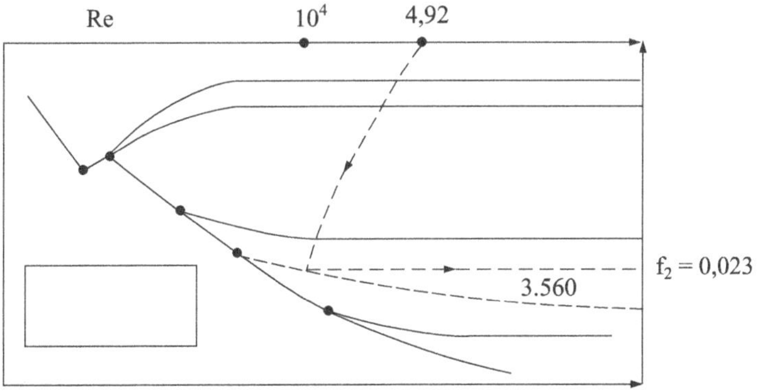

2ª tentativa

Adota-se $f_2 = 0{,}023$.

Logo:
$$D_2 = \sqrt[5]{\frac{8 \times 0{,}023 \times 600 \times (19 \times 10^{-3})^2}{3 \times \pi^2 \times 10}} = 0{,}165 \text{ m}$$

É óbvio que com essa variação no diâmetro não haverá alterações no Re nem no D/k; logo:

$$f_3 = f_2 = 0{,}023$$

Conclui-se, então, que o diâmetro do conduto deverá ser D = 0,165 m.

EXEMPLOS

1) Na instalação da figura, a bomba B recalca água do reservatório R_1 para o reservatório R_2, ambos em nível constante. Desprezando as perdas de carga singulares, determinar:

a) a vazão na tubulação;

b) a potência da bomba em kW se o rendimento é 73%.

Dados: D = 10 cm; L = 50 m (comprimento total da tubulação); tubos de ferro fundido ($k = 2{,}5 \times 10^4$ m); $h_f = 4$ m; $g = 10\ m/s^2$; $\nu = 10^{-6}\ m^2/s$; $\gamma = 10^4\ N/m^3$.

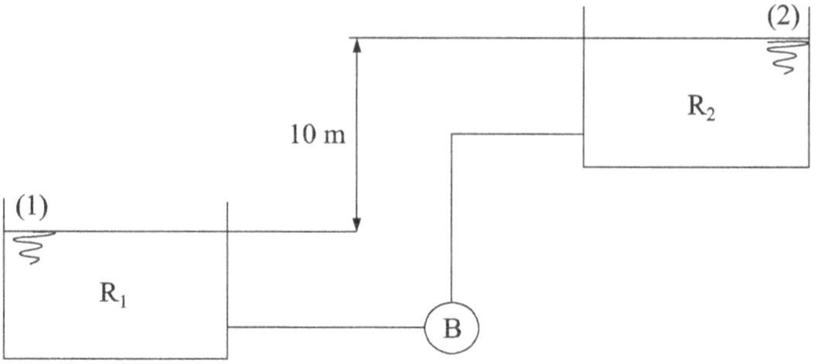

Solução

a) Como as perdas singulares são desprezíveis, conclui-se que o problema se refere ao segundo caso.

$$h_f = f\frac{L}{D_H}\frac{v^2}{2g} \rightarrow v = \sqrt{\frac{2gD_H h_f}{fL}}$$

Tem-se:

$$Re\sqrt{f} = \frac{D_H}{\nu}\sqrt{\frac{2gD_H h_f}{L}}$$

ou

$$Re\sqrt{f} = \frac{10\times 10^{-2}}{10^{-6}}\sqrt{\frac{2\times 10\times 10\times 10^{-2}\times 4}{50}} = 4\times 10^4$$

$$\frac{D_H}{k} = \frac{10\times 10^{-2}}{2{,}5\times 10^{-4}} = 400$$

Pelo diagrama de Moody-Rouse, obtém-se f = 0,025; logo:

$$v = \sqrt{\frac{2gD_H h_f}{fL}} = \sqrt{\frac{2\times 10\times 10\times 10^{-2}\times 4}{0{,}025\times 50}} = 2{,}55\ m/s$$

A vazão será:

$$Q = vA = v\frac{\pi D^2}{4} = 2{,}55\times\frac{\pi(10\times 10^{-2})^2}{4}$$

ou

$$Q = 20\times 10^{-3}\ m^3/s = 20\ L/s$$

b) Equação da energia entre (1) e (2)

$$H_1 + H_B = H_2 + H_{p_{1,2}}$$

ou

$$H_B = H_2 - H_1 + H_{p_{1,2}}$$

mas

$$H_2 - H_1 = \frac{\alpha_2 v_2^2 - \alpha_1 v_1^2}{2g} + \frac{p_2 - p_1}{\gamma} + z_2 - z_1$$

Como os tanques são de grandes dimensões e abertos à atmosfera, tem-se:

$$H_2 - H_1 = z_2 - z_1$$

Ainda: $$H_{p1,2} = h_{f1,2}$$

Logo: $$H_B = (z_2 - z_1) + h_{f_{1,2}} = 10 + 4 = 14\ \text{m}$$

e $$N_B = \frac{\gamma Q H_B}{\eta_B} = \frac{10^4 \times 20 \times 10^{-3} \times 14}{0{,}73}\frac{1}{1.000} = 3{,}8\ \text{kW}$$

2) Dada a tubulação da figura, cuja seção (2) está aberta à atmosfera, calcular:

a) a perda de carga entre (1) e (2);
b) a vazão em volume.

Sabe-se que o escoamento é laminar.

Dados: $\gamma = 9.000\ \text{N/m}^3$; $\nu = 0{,}5 \times 10^{-3}\ \text{m}^2/\text{s}$; $L_{1,2} = 30$ m; D = 15 cm; $p_1 = 32{,}8$ kPa.

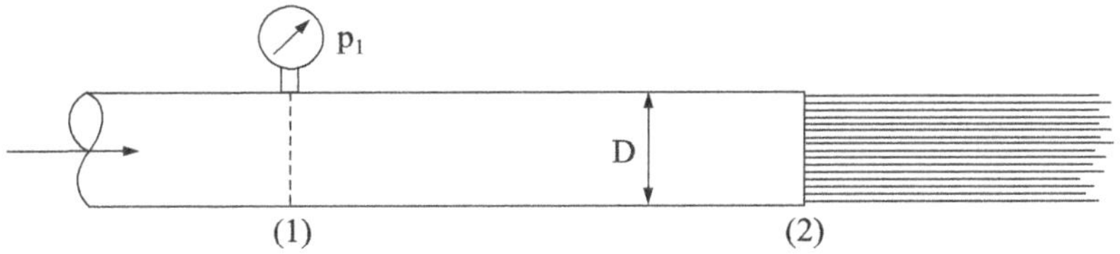

Solução

a) Aplicando a equação da energia entre (1) e (2), tem-se:

$$H_1 + H_B = H_2 = H_{p1,2}$$

ou $$H_{p_{1,2}} = H_1 - H_2 = \frac{\alpha_1 v_1^2 - \alpha_2 v_2^2}{2g} + \frac{p_1 - p_2}{\gamma} + z_1 - z_2$$

Pela equação da continuidade, $v_1 = v_2$.

Se o regime é dinamicamente estabelecido, $\alpha_1 = \alpha_2$.

Se (2) está aberto à pressão atmosférica, $p_2 = 0$.

Tem-se ainda $z_1 = z_2$.

Logo: $$H_{p_{1,2}} = h_{f_{1,2}} = \frac{p_1}{\gamma} = \frac{32{,}8 \times 10^3}{9.000} = 3{,}64\ \text{m}$$

$$h_{f_{1,2}} = 3{,}64\ \text{m}$$

b) $$h_f = f\frac{L}{D_H}\frac{v^2}{2g} \qquad (1)$$

Não se conhece v; logo, não se conhece f. Como, porém, o escoamento é laminar, sabe-se que:

$$f = \frac{64}{Re} = \frac{64\nu}{vD_H} \qquad (2)$$

Substituindo (2) em (1), tem-se:

$$h_f = \frac{64\nu}{vD_H}\frac{L}{D_H}\frac{v^2}{2g}$$

ou $$v = \frac{2gD_H^2 h_f}{64\nu L} = \frac{20 \times 0{,}15^2 \times 3{,}64}{64 \times 0{,}5 \times 10^{-3} \times 30} = 1{,}71\ \text{m/s}$$

Logo: $$Q = vA = v\frac{\pi D^2}{4} = 1{,}71 \times \frac{\pi \times 0{,}15^2}{4} = 30{,}1 \times 10^{-3}$$

$$Q = 30{,}1 \times 10^{-3}\ \text{m}^3/\text{s} = 30{,}1\ \text{L/s}$$

7.8 Perdas de carga singulares

Já foi visto que a perda de carga é singular quando é produzida por uma perturbação brusca no escoamento do fluido.

Viu-se também que tais perturbações são produzidas nas singularidades, como válvulas, registros, alargamentos bruscos etc.

As perdas de carga singulares também são calculadas por uma expressão obtida pela análise dimensional, como se segue.

No fenômeno da perda de carga singular, a função característica é: $\gamma h_s = f$ (v, ν, ρ, grandezas geométricas da singularidade), onde v é uma velocidade de referência e as grandezas geométricas são características para cada singularidade.

Por exemplo, num alargamento brusco (Figura 7.17), são grandezas geométricas características as áreas A_1 e A_2.

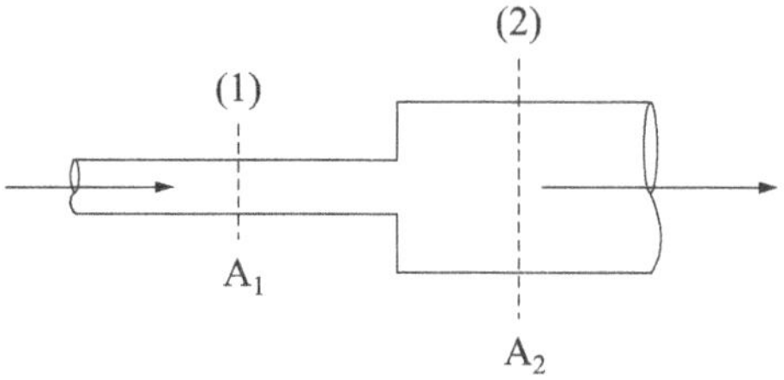

Figura 7.17

Conclui-se então que:

$$\frac{h_s}{\frac{v^2}{2g}} = \phi \text{ (Re, coeficientes adimensionais de forma)}$$

O valor numérico da função ϕ, para um certo valor do número de Reynolds e para certos valores dos coeficientes de forma, será indicado por k_s e será chamado 'coeficiente da perda de carga singular'.

Portanto:

$$h_s = k_s \frac{v^2}{2g} \tag{7.16}$$

onde: $k_s = \phi$ (Re, coeficiente adimensional de forma)

No caso do alargamento brusco:

$$k_s = \phi\left(\text{Re}, \frac{A_1}{A_2}\right)$$

Para números de Reynolds elevados, como se sabe, o fenômeno passa a independer das forças viscosas; logo, nesse caso:

$$k_s = \phi \text{ (coeficiente de forma)}$$

Exemplos de valores de k_s são fornecidos na tabela a seguir.

Os valores na tabela servem apenas como exemplo. Para maiores informações, o leitor deverá recorrer a manuais de hidráulica ou a catálogos de fabricantes.

Singularidade	Esquema	k_S
Alargamento	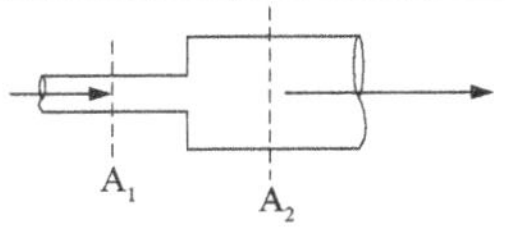	$(1 - A_1/A_2)$ (no caso, $v = v_1$)
Caso limite	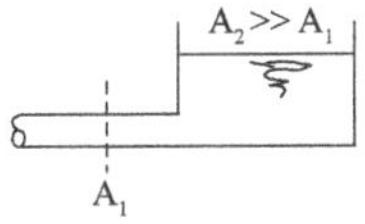	1
Estreitamento	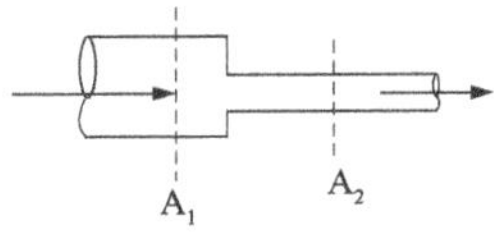	$\phi\,(A_1/A_2)$
Caso limite	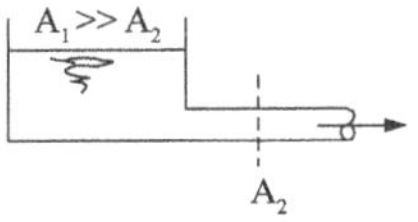	0,5
Cotovelo a 90°	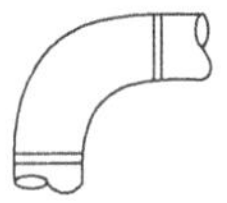	0,9
Válvula de gaveta	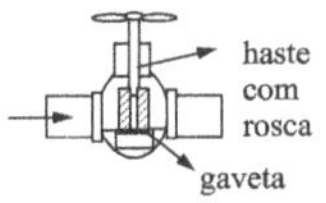	Totalmente aberta 0,2
Válvula tipo globo	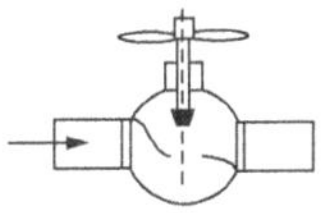	Totalmente aberta 10
Válvula de retenção	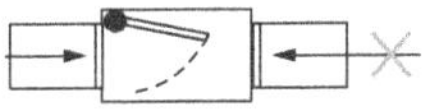	0,5

Outro método para a determinação das perdas singulares é o dos 'comprimentos equivalentes'.

Comprimento equivalente de uma singularidade é o comprimento fictício de uma tubulação de seção constante de mesmo diâmetro, que produziria uma perda distribuída igual à perda singular da singularidade.

Sua determinação pode ser feita da seguinte forma:

Singularidade:

$$h_s = k_s \frac{v^2}{2g}$$

Tubo fictício:

$$h_{f_{eq}} = f \frac{L_{eq}}{D_H} \frac{v^2}{2g}$$

Igualando as duas expressões (pela definição de comprimento equivalente (L_{eq}), obtém-se:

$$f\frac{L_{eq}}{D_H}\frac{v^2}{2g}=k_s\frac{v^2}{2g}$$

ou

$$L_{eq}=\frac{k_s D_H}{f} \tag{7.17}$$

Na prática, os comprimentos equivalentes são tabelados, de forma que numa instalação todas as singularidades possam ser reduzidas a comprimentos imaginários de condutos, e o cálculo da perda total é dado por:

$$H_p=\sum h_f+\sum h_s$$

$$H_p=f\frac{L_{real}}{D_H}\frac{v^2}{2g}+f\frac{L_{eq}}{D_H}\frac{v^2}{2g}$$

$$H_p=f\frac{(L_{real}+L_{eq})}{D_H}\frac{v^2}{2g} \tag{7.18}$$

Como a maioria dos exercícios que serão resolvidos ou propostos neste capítulo irá se referir ao cálculo das perdas singulares, por meio do coeficiente k_s, será aqui apresentado um exemplo para a utilização do comprimento equivalente.

EXEMPLO

No trecho (1)-(5) de uma instalação existem: uma válvula de gaveta (2), uma válvula tipo globo (3) e um cotovelo (4). Sendo a tubulação de aço de diâmetro = 2" (5 cm), determinar a perda de carga entre (1) e (5), sabendo que a vazão é 2 L/s e que o comprimento da tubulação entre (1) e (5) é 30 cm. ($\nu = 10^{-6}$ m^2/s)

Solução

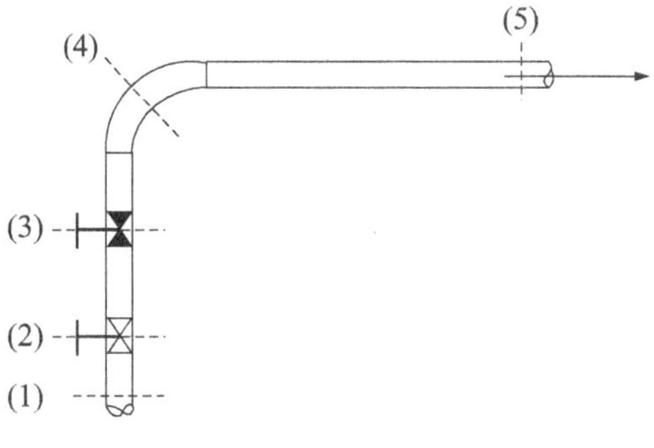

O comprimento das singularidades é desprezado e supõe-se que a perda de carga distribuída seja devida a 30 m de tubulação. Note-se que esse fato será observado em todos os problemas deste capítulo.

$$H_{p_{1,5}}=h_{f_{1,5}}+h_{s_2}+h_{s_3}+h_{s_4}$$

Da tabela de um fabricante tem-se:

Válvula de gaveta (2") $\rightarrow L_{eq_2}=0{,}335$ m

Válvula tipo globo (2") $\rightarrow L_{eq_3}=17{,}61$ m

Cotovelo (2") $\rightarrow L_{eq_4}=3{,}01$ m

Tudo se passa, então, como se a tubulação tivesse um comprimento de

$$L=L_{real}+L_{eq(2)}+L_{eq(3)}+L_{eq(4)}$$

para efeito de cálculo da perda de carga.

$$L = 30 + 0{,}335 + 17{,}61 + 3{,}01 \cong 51 \text{ m}$$

$$h_f = f\frac{L}{D_H}\frac{v^2}{2g}$$

A velocidade será:

$$v = \frac{Q}{A} = \frac{4Q}{\pi D^2} = \frac{4\times 2\times 10^{-3}}{\pi\times (5\times 10^{-2})^2} \cong 1 \text{ m/s}$$

Logo: $$Re = \frac{vD_H}{\nu} = \frac{1\times 5\times 10^{-2}}{10^{-6}} = 5\times 10^4$$

Para aço: $$k = 4{,}6\times 10^{-5}\text{m}$$

Logo: $$\frac{D_H}{k} = \frac{5\times 10^{-2}}{4{,}6\times 10^{-5}} = 1.090$$

Com $Re = 5\times 10^4$ e $\frac{D_H}{k} = 1.090$, do diagrama de Moody-Rouse tem-se f = 0,025.

Logo: $$h_{f_{1,5}} = 0{,}025\times \frac{51}{5\times 10^{-2}}\times \frac{1^2}{2\times 10} = 1{,}28 \text{ m}$$

ou $$H_{P1,2} = 1{,}28 \text{ m}$$

7.9 Instalações de recalque

É o conjunto de equipamentos que permite o transporte e controle da vazão de um fluido. Compreende, em geral, um reservatório, tubos, singularidades, máquina e um reservatório de descarga.

A tubulação, que vai desde o reservatório de tomada até a máquina, chama-se 'tubulação de sucção' e, geralmente, contém uma válvula de pé com crivo na entrada, que nada mais é que uma válvula de retenção com filtro. Esta tem o objetivo de não permitir a entrada de detritos na máquina e a válvula de retenção não permite o retorno do fluido ao se desligar a bomba (Figura 7.18).

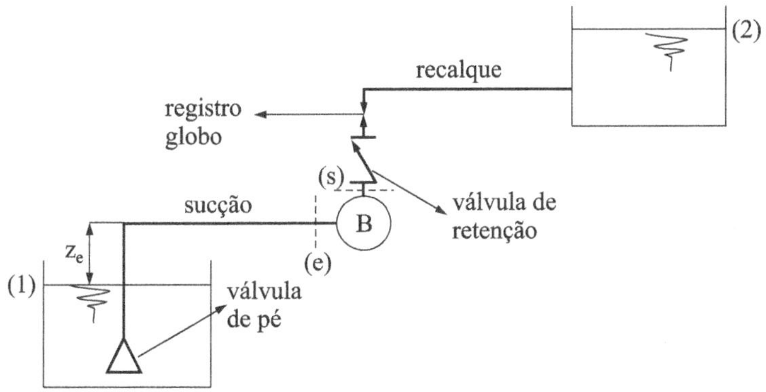

Figura 7.18

A tubulação que liga a bomba com o reservatório de descarga chama-se 'tubulação de recalque' e contém, em geral, uma válvula de retenção e um registro para o controle da vazão (Figura 7.18).

Geralmente, o objetivo nas instalações é a seleção e a determinação da potência da máquina hidráulica instalada. Posteriormente, serão vistos alguns exemplos de cálculo, mas antes será discutido o fenômeno da cavitação.

Ao aplicar a equação da energia entre as seções (1) e (e) de entrada da bomba:

$$H_1 = H_e + H_{p_{1,e}}$$

Adotando o PHR por (1) e sendo o reservatório de grandes dimensões e aberto à atmosfera, conclui-se que $H_1 = 0$.

Como:
$$H_e = \frac{\alpha_e v_e^2}{2g} + \frac{p_e}{\gamma} + z_e$$

e
$$H_{p_{1,e}} = h_f + h_s$$

Então:
$$0 = \frac{\alpha_e v_e^2}{2g} + \frac{p_e}{\gamma} + z_e + h_f + h_s$$

ou
$$\frac{p_e}{\gamma} = -\left(\frac{\alpha_e v_e^2}{2g} + z_e + h_f + h_s\right)$$

Note-se que todos os termos entre parênteses são positivos; logo:

$$\frac{p_e}{\gamma} < 0$$

Em termos de escala absoluta:

$$p_{e_{abs}} = p_e + p_{atm}$$

$$p_{e_{abs}} = p_{atm} - \gamma\left(\frac{\alpha_e v_e^2}{2g} + z_e + h_f + h_s\right) \quad (7.19)$$

Se p_v é a pressão de vapor do líquido à temperatura do escoamento, pode acontecer que:

$$p_{e_{abs}} \le p_v$$

Nesse caso, haveria formação de vapor na tubulação de sucção nos pontos onde vigora a condição anteriormente citada.

O fenômeno de formação de vapor, em tubulação ou máquinas hidráulicas, devido à baixa pressão, chama-se cavitação.

A cavitação é prejudicial, pois as bolhas de vapor, alcançando pontos de maior pressão, condensam bruscamente e implodem com grande liberação de energia, podendo causar vibrações e uma erosão particular devido à agitação e choques das partículas do líquido sobre as paredes sólidas. Além disso, o fenômeno da cavitação faz com que o rendimento das máquinas alcance valores muito baixos.

Todos já perceberam que, para evitar tal fenômeno, a condição necessária é:

$$p_{e_{abs}} > p_v$$

A tabela apresentada a seguir fornece a variação de p_v com a temperatura, para o caso da água.

t (°C)	0	10	20	30	50	100
p_v (kPa)	0,617	1,225	2,313	4,204	12,25	101,2

A condição $p_{e_{abs}} > p_v$ nem sempre é suficiente para evitar a cavitação. Mesmo que o fluido entre na máquina, obedecendo àquela condição, é possível que devido às suas condições internas haja formação de bolhas de vapor em seu interior. Tal fato pode ser notado quando, ao desmontar a máquina, percebe-se, principalmente no rotor, formação de cavidades causadas pela erosão.

Na prática, fixam-se índices mais seguros para que não haja cavitação na máquina. Tais índices são determinados experimentalmente. Tem-se, como exemplo, o chamado NPSH (*Net Positive Suction Head*).

Para maiores informações, o leitor deverá reportar-se à literatura especializada em máquinas hidráulicas.

A condição que será imposta para nosso estudo e na solução de problemas é a seguinte:

$$p_{e_{abs}} > p_v$$

O leitor deve notar que pela Equação 7.19 as condições que ajudam a manutenção dessa desigualdade são:

a) Menor velocidade no tubo de sucção. Fixada a vazão, esse resultado só pode ser obtido com tubos de maior diâmetro.
b) Menor cota z_e. Às vezes, a máquina deverá trabalhar 'afogada', isto é, com z_e negativo, ou, em outras palavras, a máquina deverá ser colocada abaixo do nível do reservatório.
c) Menores perdas distribuídas e singulares na tubulação de sucção.

EXEMPLO

Sendo a pressão p_8 mantida igual a 532 kPa constante, determinar a potência da bomba de rendimento 0,7 e a pressão na entrada dela se a vazão for 40 L/s. Dados: tubos de ferro galvanizado ($k = 0,15 \times 10^{-3}$ m); $k_{s_1} = 15$; $k_{s_2} = k_{s_6} = 0,9$; $k_{s_3} = k_{s_5} = 10$; $k_{s_7} = 1$; $k_{s_4} = 0,5$; $p_{v_{H_2O}} = 1,96$ kPa (abs); $\gamma = 10^4$ N/m^3; $\upsilon = 10^{-6}$ m^2/s; $p_{atm} = 101$ kPa.

Indica-se com índice S o que se refere à sucção e com R o que se refere ao recalque. Dados: $D_S = 15$ cm; $D_R = 10$ cm.

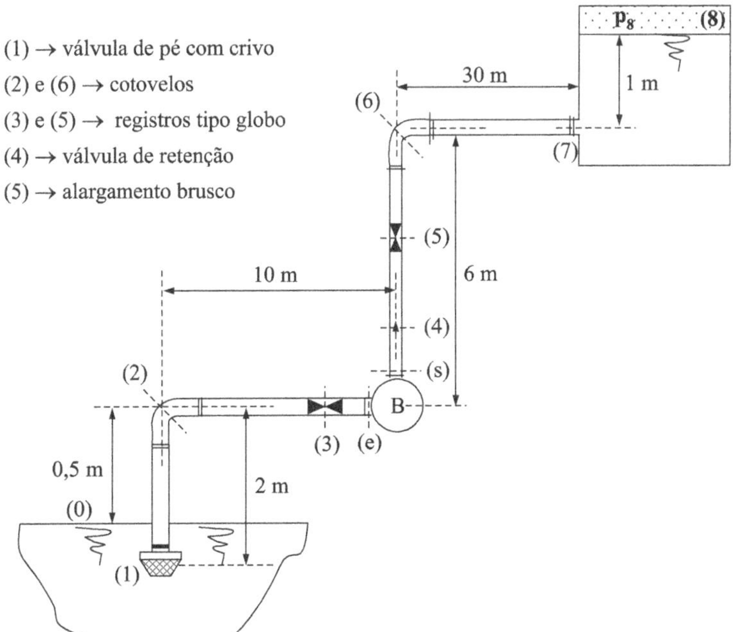

Solução

Note-se que os diâmetros na sucção e no recalque são diferentes; logo, o cálculo das perdas deverá ser feito separadamente. Se os diâmetros fossem os mesmos, poderíamos efetuar um cálculo diretamente entre as seções (0) e (8).

Equação da energia de (0) a (8)

$$H_0 + H_B = H_8 + H_{p_{0,8}}$$

Assumindo o PHR no nível (0), tem-se $H_0 = 0$.

$$H_8 = \frac{\alpha_8 v_8^2}{2g} + \frac{p_8}{\gamma} + z_8 = 0 + \frac{532 \times 10^3}{10^4} + 7{,}5 = 60{,}7 \text{ m}$$

$$H_{p_{0,8}} = h_{f_S} + h_{f_R} + \sum h_{s_S} + \sum h_{s_R}$$

Cálculo das perdas

Sucção

$$v_S = \frac{4Q}{\pi D_S^2} = \frac{4 \times 40 \times 10^{-3}}{\pi \times 0{,}15^2} = 2{,}26 \text{ m/s}$$

Perda distribuída

$$Re_S = \frac{vD_H}{\nu} = \frac{2{,}26 \times 0{,}15}{10^{-6}} = 3{,}4 \times 10^5$$

$$\left(\frac{D_H}{k}\right)_S = \frac{0{,}15}{0{,}15 \times 10^{-3}} = 1.000$$

Do diagrama de Moody-Rouse, $f_S = 0{,}021$

Logo: $$h_{f_S} = f_S \frac{L_S}{D_{H_S}} \frac{v_S^2}{2g} = 0{,}021 \times \frac{12}{0{,}15} \times \frac{2{,}26^2}{2 \times 10} = 0{,}43 \text{ m}$$

Perda singular

$$h_{f_S} = k_{s_1} \frac{v_S^2}{2g} + k_{s_2} \frac{v_S^2}{2g} + k_{s_3} \frac{v_S^2}{2g} = (k_{s_1} + k_{s_2} + k_{s_3}) \frac{v_S^2}{2g}$$

$$h_{s_S} = (15 + 0{,}9 + 10) \frac{2{,}26^2}{2 \times 10} = 6{,}61 \text{ m}$$

Logo: $$h_{p_{0,e}} = h_{f_S} + h_{s_S} = 0{,}43 + 6{,}6 \text{ m} = 7{,}03 \text{ m} \cong 7{,}0 \text{ m}$$

Recalque pela equação da continuidade

$$v_R = v_S \left(\frac{D_S}{D_R}\right)^2 = 2{,}26 \left(\frac{15}{10}\right)^2 = 5{,}1 \text{ m/s}$$

Perda distribuída

$$Re_R = \frac{vD_H}{\nu} = \frac{5{,}1 \times 0{,}1}{10^{-6}} = 5{,}1 \times 10^5$$

$$\left(\frac{D_H}{k}\right)_R = \frac{0{,}1}{1{,}5 \times 10^{-4}} = 666$$

Do diagrama de Moody-Rouse, $f_R = 0{,}023$. Logo:

$$h_{f_R} = f_R \frac{L_R}{D_{H_R}} \frac{v_R^2}{2g} = 0{,}023 \times \frac{36}{0{,}1} \times \frac{5{,}1^2}{2 \times 10} = 10{,}8 \text{ m}$$

Perda singular

$$h_{s_R} = k_{s_4}\frac{v_R^2}{2g} + k_{s_5}\frac{v_R^2}{2g} + k_{s_6}\frac{v_R^2}{2g} + k_{s_7}\frac{v_R^2}{2g}$$

$$h_{s_R} = (k_{s_4} + k_{s_5} + k_{s_6} + k_{s_7})\frac{v_R^2}{2g} = (0{,}5 + 10 + 0{,}9 + 1)\frac{5{,}1^2}{2 \times 10} = 16{,}1 \text{ m}$$

Logo: $$H_{p_{S,8}} = h_{f_R} + h_{s_R} = 10{,}8 + 16{,}1 = 26{,}9 \text{ m}$$

A perda total na instalação será:

$$H_{p_{0,8}} = H_{p_{0,e}} + H_{p_{S,8}} = 7{,}0 + 26{,}9 = 33{,}9 \text{ m}$$

Logo, voltando à equação da energia:

$$H_B = H_8 - H_0 + H_{p_{0,8}} = 60{,}7 - 0 + 33{,}9 = 94{,}6 \text{ m}$$

A potência da bomba será dada por:

$$N_B = \frac{\gamma Q H_B}{\eta_B} = \frac{10^4 \times 40 \times 10^{-3} \times 94{,}6}{0{,}7}\frac{1}{1.000} \cong 54 \text{ kW}$$

Pressão na entrada

Aplicando a equação da energia entre (0) e (e), tem-se:

$$H_0 + H_M = H_e + H_{p_{0,e}}$$

Como $H_0 = 0$ e $H_M = 0$, então:

$$H_e + H_{p_{0,e}} = 0$$

Mas: $$H_e = \frac{\alpha_e v_e^2}{2g} + \frac{p_e}{\gamma} + z_e$$

Logo: $$p_e = -\gamma\left(\frac{\alpha_e v_e^2}{2g} + z_e + H_{p_{0,e}}\right)$$

$$p_e = -10^4\left(\frac{2{,}26^2}{2 \times 10} + 0{,}5 + 7{,}0\right) \times \frac{1}{1.000} = -77{,}5 \text{ kPa}$$

Na escala absoluta:

$$p_{e_{abs}} = p_e + p_{atm} = -77{,}5 + 101 = 23{,}5 \text{ kPa (abs)}$$

$$p_{e_{abs}} = 23{,}5 \text{ kPa (abs)} > p_v = 1{,}96 \text{ kPa (abs)}$$

Logo, a tubulação de sucção está bem dimensionada.

7.10 Linhas de energia e piezométrica

No item 7.3 foi vista a definição das linhas de energia e piezométrica.

Viu-se que a linha de energia (LE) é o lugar geométrico dos pontos $\frac{\alpha v^2}{2g} + \frac{p}{\gamma} + z$ de uma instalação e a linha piezométrica (LP), o lugar geométrico dos valores de $\frac{p}{\gamma} + z$.

Foi visto, ainda, que essas duas linhas, num trecho de conduto reto de seção constante, são retas paralelas decrescentes no sentido do escoamento e que, nesse caso, a diferença entre a cota de dois de seus pontos corresponde à perda de carga no trecho entre as duas seções correspondentes do conduto.

No caso da existência de perdas singulares, as LE e LP não têm andamento definido, sendo representadas por uma linha sinuosa (Figura 7.19).

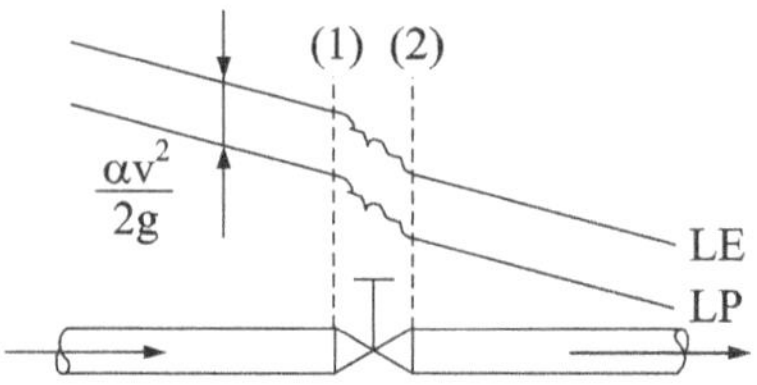

Figura 7.19

No caso de uma máquina, as duas linhas serão crescentes, se esta for uma bomba, e decrescentes, se for uma turbina.

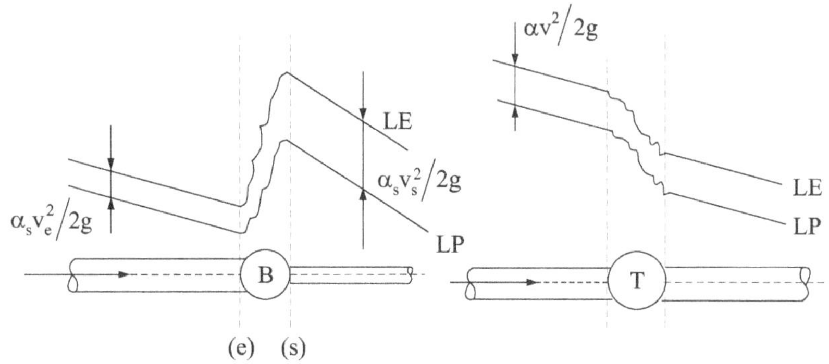

Figura 7.20

Nos exemplos que serão resolvidos a seguir, o leitor deverá procurar interpretar o aspecto das duas linhas, de forma a não ter dúvidas no traçado em qualquer outro caso.

EXEMPLOS

1) Esboçar as LP e LE, qualitativamente, para as instalações das figuras (a), (b) e (c).

a)

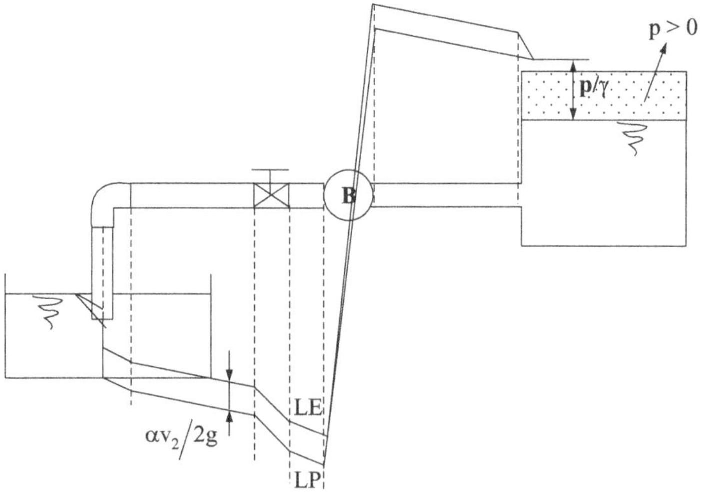

b)

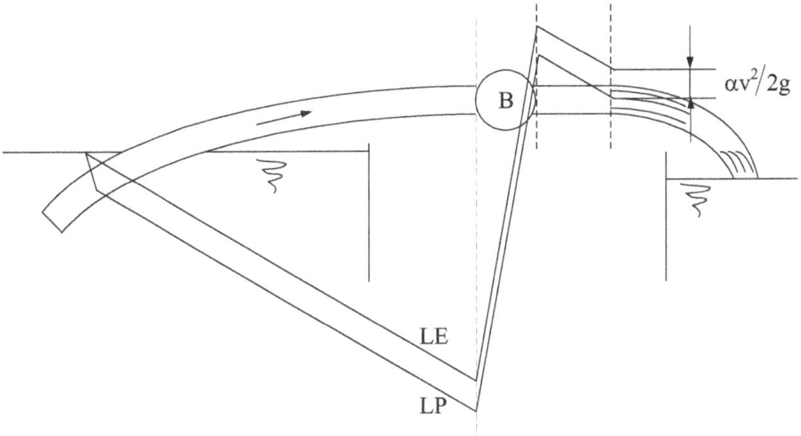

c)

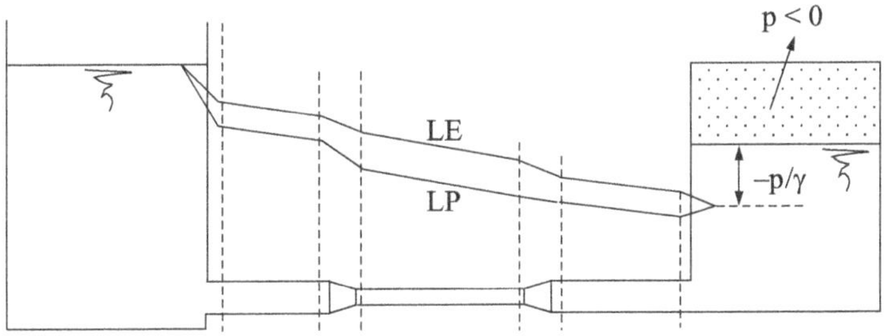

2) Dada a instalação da figura, determinar qual é o trecho que está com pressão negativa e qual o valor da cota z_0.
Dados: $Q = 3{,}94$ L/s; $D = 5$ cm (constante); $L = 100$ m; $\ell = 25$ m; $z_5 = 20$ m; $\nu = 10^{-6}\ m^2/s$; $N_B = 1{,}91$ kW; $\eta_B = 0{,}75$; $k_{s_1} = 0{,}5$; $k_{s_2} = 0{,}2$; $k_{s_3} = 19$; $k_{s_4} = 1$; $k = 25 \times 10^{-5}$ m; $\gamma = 10^4\ N/m^3$.

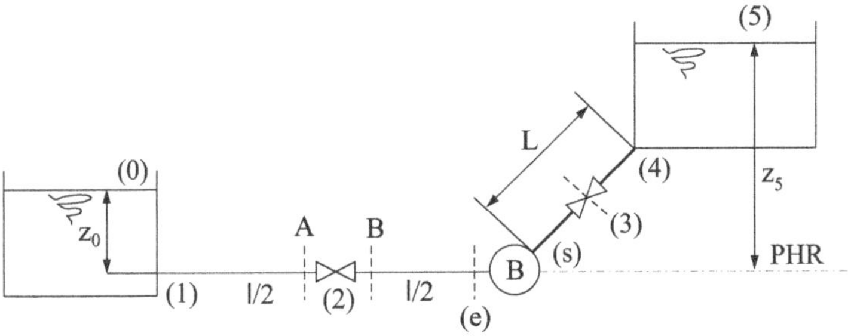

Solução

Determina-se, em primeiro lugar, a cota z_0.

Aplicando a equação da energia entre (0) e (5), tem-se:

$$H_0 + H_B = H_5 + H_{p_{0,5}}$$

Note-se que os dois tanques são de grandes dimensões ($v \cong 0$) e abertos à atmosfera ($p = 0$).

Logo:

$$H_0 = z_0$$

$$H_5 = z_5 = 20 \text{ m}$$

Pelo valor da potência da bomba pode-se determinar a carga manométrica:

$$N_B = \frac{\gamma Q H_B}{\eta_B}$$

$$H_B = \frac{\eta_B N_B}{\gamma Q} = \frac{0{,}75 \times 1{,}91 \times 10^3}{10^4 \times 3{,}94 \times 10^{-3}} = 36{,}3 \text{ m}$$

Cálculo das perdas

$$H_{p_{0,5}} = h_{f_{0,5}} + h_{s_1} + h_{s_2} + h_{s_3} + h_{s_4}$$

$$H_{p_{0,5}} = f\frac{L}{D}\frac{v^2}{2g} + k_{s_1}\frac{v^2}{2g} + k_{s_2}\frac{v^2}{2g} + k_{s_3}\frac{v^2}{2g} + k_{s_4}\frac{v^2}{2g}$$

$$H_{p_{0,5}} = \left(f\frac{L}{D} + k_{s_1} + k_{s_2} + k_{s_3} + k_{s_4}\right)\frac{v^2}{2g}$$

$$v = \frac{Q}{A} = \frac{4Q}{\pi D^2} = \frac{4 \times 3{,}94 \times 10^{-3}}{\pi \times (5 \times 10^{-2})^2} = 2 \text{ m/s}$$

$$\frac{v^2}{2g} = \frac{2^2}{2 \times 10} = 0{,}2 \text{ m}$$

$$Re = \frac{vD_H}{\nu} = \frac{2 \times 5 \times 10^{-2}}{10^{-6}} = 10^5$$

$$\frac{D_H}{k} = \frac{5 \times 10^{-2}}{25 \times 10^{-5}} = 200$$

Pelo diagrama de Moody-Rouse, f = 0,031. Logo:

$$H_{p_{0,5}} = \left(0{,}031\frac{125}{0{,}05} + 0{,}5 + 0{,}2 + 19 + 1\right)0{,}2 = 19{,}64 \text{ m}$$

Levando todos os resultados à equação da energia, tem-se:

$$z_0 + 36{,}3 = 20 + 19{,}64 \text{ m} \quad \text{ou} \quad z_0 = 3{,}34 \text{ m}$$

Note-se que esse resultado tem um significado físico muito ilustrativo. O fato de z_0 dever ser 3,34 m significa que a carga manométrica de 36,3 m da bomba não é suficiente para vencer as perdas e os 20 m do tanque de descarga. O fluido precisará de uma energia potencial inicial correspondente aos 3,34 m calculados.

Na segunda parte do problema, deve-se determinar o trecho da instalação que está com pressão negativa, isto é, pressão menor que a atmosférica.

É óbvio que, se existir tal condição, ela será necessariamente encontrada no conduto de sucção.

Calcula-se a pressão no ponto A antes da válvula (2).

Equação da energia entre (0) e (A)

$$H_0 = H_A + H_{p_{0,A}}$$

Note-se que os resultados obtidos na pesquisa de z_0 podem ser aqui utilizados.

$$H_0 = 3{,}34 \text{ m}$$

$$H_A = \frac{p_A}{\gamma} + \frac{v_A^2}{2g} + z_A$$

A velocidade é a mesma em toda a instalação, pois o diâmetro é constante; logo:

$$\frac{v_A^2}{2g} = 0{,}2 \text{ m}$$

$$H_A = \frac{p_A}{\gamma} + 0{,}2 + 0$$

$$H_{p_{0,A}} = h_{f_{0,A}} + h_{s_1} = f\frac{L}{D}\frac{v^2}{2g} + k_{s_1}\frac{v^2}{2g} = \left(f\frac{L}{D} + k_{s_1}\right)\frac{v^2}{2g}$$

$$H_{p_{0,A}} = \left(0{,}031 \times \frac{12{,}5}{0{,}05} + 0{,}5\right) \times 0{,}2 = 1{,}65 \text{ m}$$

$$3{,}34 = \frac{p_A}{\gamma} + 0{,}2 + 1{,}65$$

$$\frac{p_A}{\gamma} = 1{,}49 \text{ m}$$

Logo, a pressão antes da válvula é positiva.

O trecho negativo poderia ser obtido por tentativas. No entanto, sabe-se que a LP num trecho reto de seção constante é uma reta. Calcula-se, então, a pressão no ponto B a jusante da válvula (2) e a pressão no ponto (e) de entrada da bomba. Tais pressões (como $z_B = z_e = 0$), marcadas em escala num desenho, serão dois pontos da LP que, portanto, poderá ser traçada.

Pressão no ponto B

Aplicando a equação da energia entre A e B, tem-se:

$$H_A = H_B + H_{p_{A,B}}$$

$$\frac{v_A^2}{2g} + \frac{p_A}{\gamma} + z_A = \frac{v_B^2}{2g} + \frac{p_B}{\gamma} + z_B + H_{p_{A,B}}$$

Pela equação da continuidade: $v_A = v_B$.

$$H_{p_{A,B}} = h_{s_2} = k_{s_2}\frac{v^2}{2g}$$

$$\frac{p_B}{\gamma} = \frac{p_A}{\gamma} - k_{s_2}\frac{v^2}{2g}$$

$$\frac{p_B}{\gamma} = 1{,}49 - 0{,}2 \times 0{,}2 = 1{,}45 \text{ m}$$

Pressão no ponto (e)

Equação da energia entre B e (e)

$$H_B = H_e + H_{p_{B,e}}$$

$$\frac{p_B}{\gamma} + \frac{v_B^2}{2g} + z_B = \frac{p_e}{\gamma} + \frac{v_e^2}{2g} + z_e + h_{f_{B,e}}$$

$$\frac{p_e}{\gamma} = \frac{p_B}{\gamma} - f\frac{L}{D}\frac{v^2}{2g}$$

$$\frac{p_e}{\gamma} = 1{,}45 - 0{,}031\frac{12{,}5}{0{,}05} \times 0{,}2 = -0{,}1 \text{ m}$$

Vamos desenhar a LP entre B e (e).

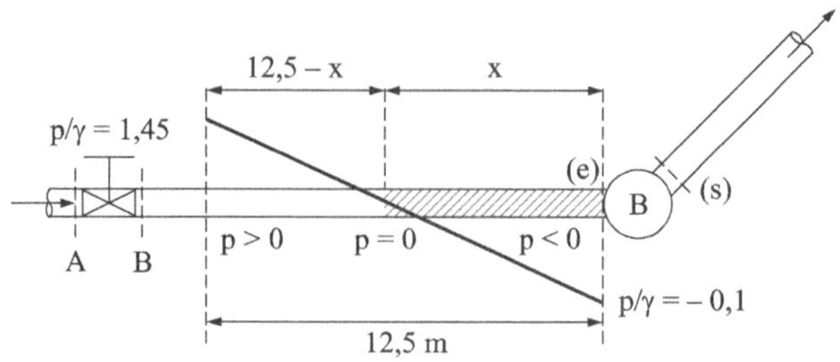

Pela semelhança dos dois triângulos:

$$\frac{1{,}45}{0{,}1} = \frac{12{,}5 - x}{x}; \text{ logo: } x = 0{,}8 \text{ m}$$

O trecho com pressão negativa começa a 0,8 m antes da bomba.

Exercícios

7.1 Uma galeria de seção quadrada (0,6 m × 0,6 m) esgota ar de uma mina, onde a pressão é de 0,2 mca, para a atmosfera. Calcular a vazão de ar.

Desprezar as perdas singulares. Sabe-se que $\nu_{ar} = 10^{-5}\,m^2/s$; $\gamma_{ar} = 12{,}7\,N/m^3$; $k = 10^{-3}\,m$.

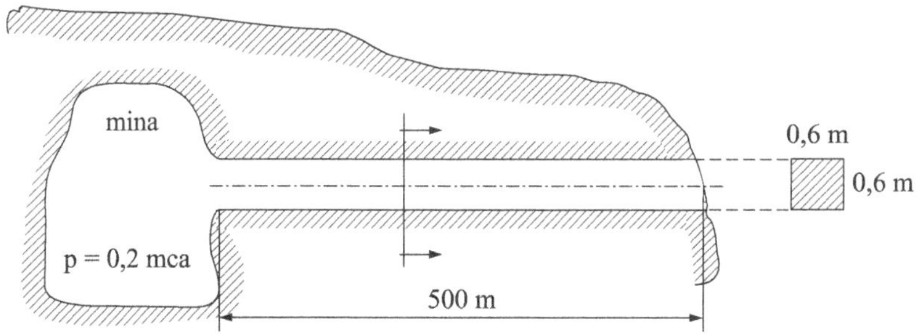

Resp.: $Q = 4{,}5\,m^3/s$

7.2 Na instalação da figura, deseja-se conhecer o desnível Δh entre os dois reservatórios de água. Dados: potência fornecida ao fluido N = 0,75 kW; diâmetro D = 3 cm; Q = 3 L/s; $L_{1,2} = 2$ m; $L_{3,6} = 10$ m; $k_{s_1} = 1$; $k_{s_4} = k_{s_5} = 1{,}2$; $k_{s_6} = 1{,}6$; $\nu = 10^{-6}\,m^2/s$; $f = 0{,}02$; $\gamma = 10^4\,N/m^3$.

Determinar também a rugosidade do conduto e a altura h_0 para que a pressão efetiva na entrada da bomba seja nula.

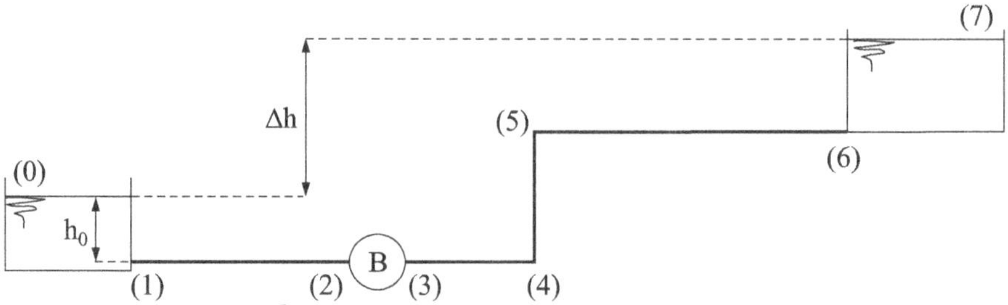

Resp.: $\Delta h = 13{,}3$ m; $k = 1{,}5 \times 10^{-5}$ m; $h_0 = 3$ m

7.3 No sistema esquematizado, conhece-se Q = 16 L/s e sabe-se que o sentido de escoamento é de (0) para (8). Com os dados da figura, determinar:

a) a energia por unidade de peso trocada entre a máquina e o fluido e o tipo de máquina;

b) o coeficiente de perda de carga distribuída.

Dados: $\gamma_{H_2O} = 10^4\ N/m^3$; $\gamma_{Hg} = 1{,}36 \times 10^5\ N/m^3$; D = 10 cm; $k_{s_1} = k_{s_7} = 10$; $k_{s_6} = 2$; $k_{s_3} = k_{s_4} = k_{s_5} = 1{,}5$; $k_{s_2} = 3{,}5$.

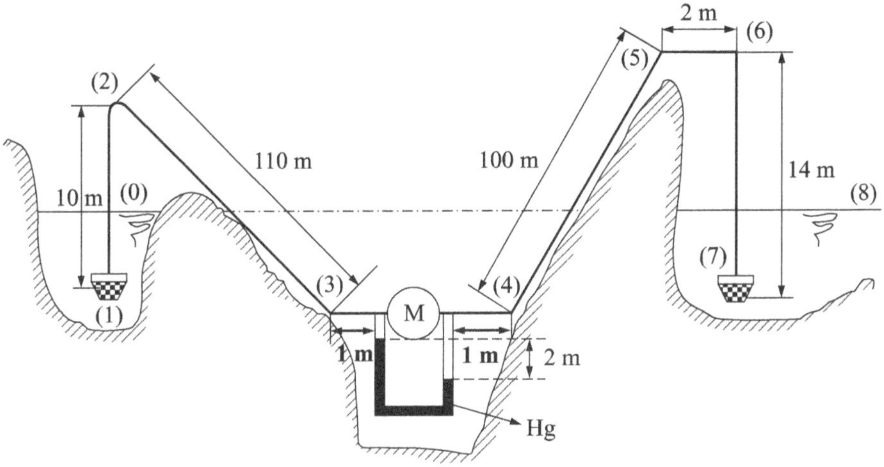

Resp.: a) 25,2 m; b) 0,04

7.4 Dada a instalação da figura, determinar:

a) a velocidade e a vazão na tubulação;

b) a pressão no ponto A, ponto médio do trecho (3)-(4).

Dados: $k_{s_1} = 0{,}5$; $k_{s_2} = k_{s_3} = k_{s_4} = k_{s_5} = 1$; $k_{s_6} = 10$; $k_{s_7} = 1$; D = 6 cm; k = 0,15 cm; g = 10 m/s^2; $\nu = 10^{-6}\ m^2/s$; $\gamma = 10^4\ N/m^3$.

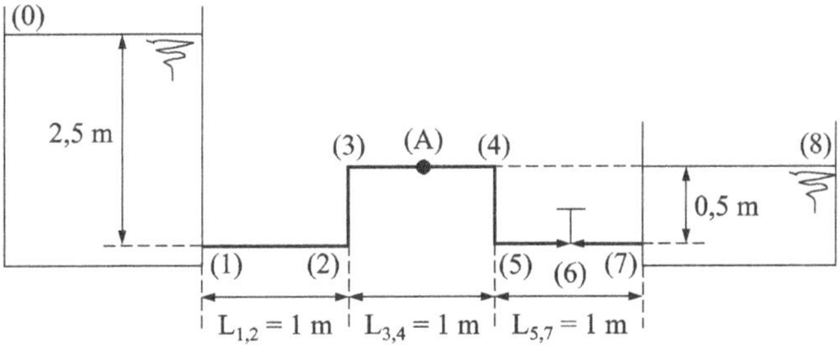

Resp.: a) v = 1,45 m/s; Q = 4,1 L/s; b) p_A = 15,5 kPa

7.5 Um motor elétrico fornece 3 kW à bomba da instalação da figura, que tem um rendimento de 80%. Sendo dados:

a) as tubulações são de mesma seção, cujo diâmetro é de 5 cm e de mesmo material;

b) $k_{s_1} = 10$; $k_{s_2} = k_{s_8} = 1$; $k_{s_3} = k_{s_5} = k_{s_6} = k_{s_7} = k_{s_9} = 0{,}5$;

c) a vazão em volume na instalação é de 10 L/s;

d) o comprimento (real) de (1) a (3) é de 10 m e, de (5) a (9), de 100 m.

Determinar:

a) a perda de carga entre (0) e (4) (total);
b) o coeficiente de perda de carga distribuída;
c) a perda de carga entre (4) e (10) (total);
d) a potência da turbina, sabendo que seu rendimento é de 90%;
e) o comprimento equivalente das singularidades da instalação.

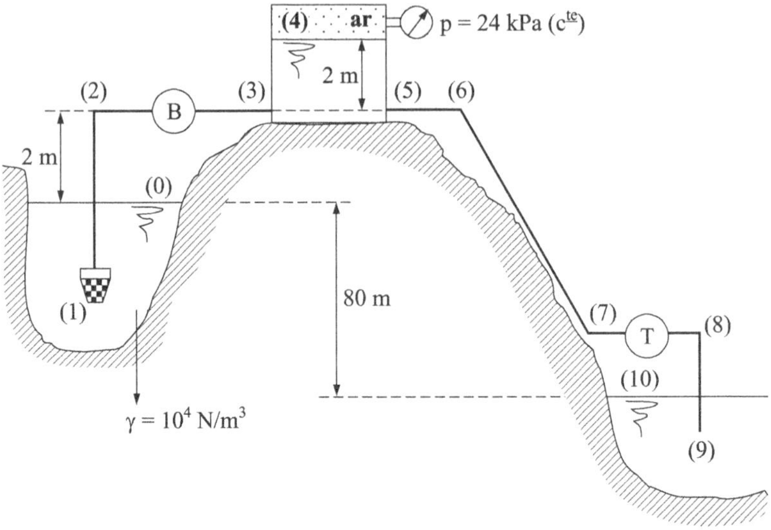

Resp.: a) 17,6 m; b) 0,01; c) 29,9 m; d) 5,1 kW; e) 72,5 m

7.6 Numa certa região, há três reservatórios naturais, A, B e C, e um conjunto TB formado por uma turbina acoplada diretamente a uma bomba. As perdas de carga nas tubulações são:

entre a e b, $H_{p_{a,b}} = 0{,}5$ m

entre c e d, $H_{p_{c,d}} = 0{,}4$ m

entre f e g, $H_{p_{f,g}} = 0{,}6$ m

entre i e j, $H_{p_{i,j}} = 0{,}4$ m

e o rendimento do conjunto TB, $\eta_{TB} = \eta_T \times \eta_B = 0{,}6$. Sendo T = turbina e B = bomba, determinar a relação entre as vazões Q_T e Q_B na turbina e na bomba, respectivamente.

Fluido: água de $\gamma = 10^4$ N/m^3.

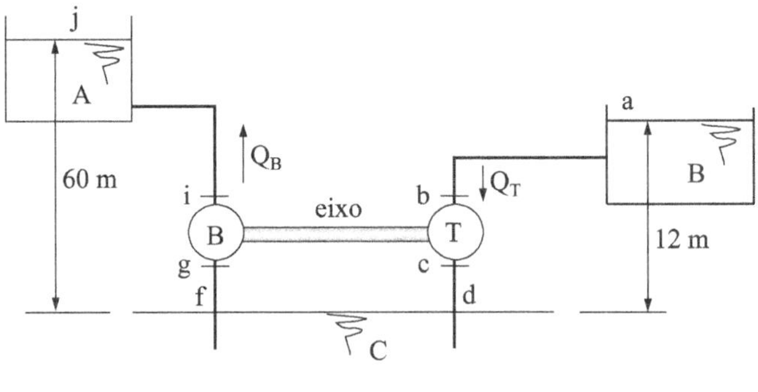

Resp.: $Q_T/Q_B = 9{,}15$

7.7 Entre A e C do circuito hidráulico da figura está um conjunto de elementos combustíveis usado em reatores nucleares. Desprezam-se as perdas no resto do circuito e são dados: $N_B = 18$ kW; $\eta_B = 0{,}75$; $H_{p_{C,A}} = 135$ m; D = 10 cm; $\nu = 10^{-7}$ m^2/s; $L_{CA} = 24$ m; d = 1,5 cm; $\gamma = 10^4$ N/m^3.

Calcular a rugosidade equivalente k dos materiais de que são feitos os tubos externos e internos.

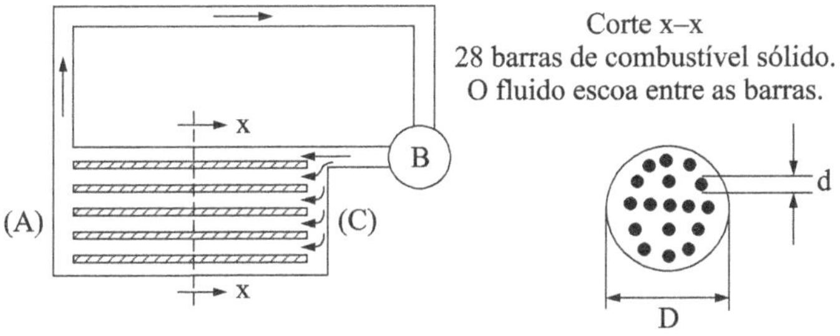

Resp.: $k = 2{,}8 \times 10^{-4}$ m

7.8 Calcular a vazão na tubulação da figura para H = 10 m. Calcular em seguida o novo valor de H para que a vazão seja 50 L/s. Dados: D = 150 mm; $\nu = 1{,}05 \times 10^{-6}$ m^2/s; $\gamma = 10^4$ N/m^3; $k = 25{,}9 \times 10^{-5}$ m; $k_{s_1} = 0{,}5$; $k_{s_2} = k_{s_3} = 0{,}9$; $k_{s_4} = 10$

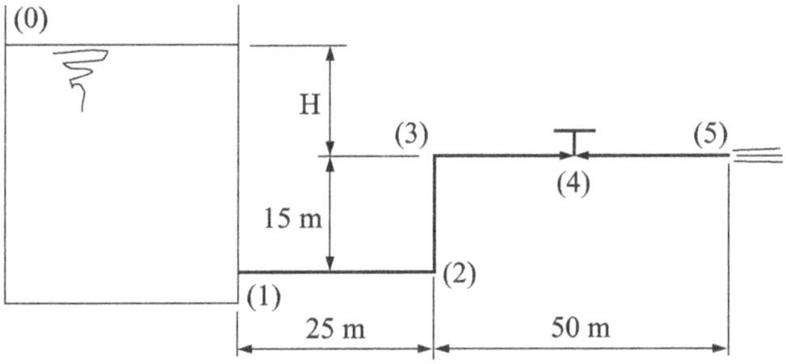

Resp.: Q = 47 L/s; h = 11,1 m

7.9 Um pequeno reservatório é alimentado por um poço artesiano, conforme mostra a figura. O manômetro metálico acusa 50 kPa. Sabe-se que a tubulação é de ferro fundido de 10 cm de diâmetro. Calcular a vazão de alimentação do reservatório. ($\nu = 10^{-6}$ m^2/s)

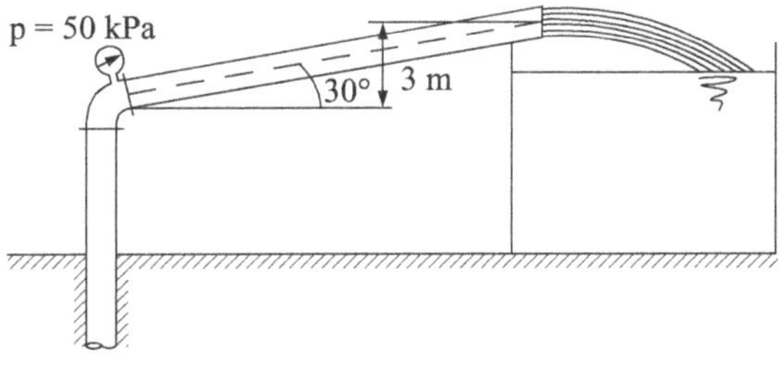

Resp.: Q = 40 L/s

7.10 Dois reservatórios cujos níveis estão nas cotas 500 m e 480 m estão interligados por uma tubulação de concreto ($k = 10^{-3}$ m) de 8 km de extensão e 1 m de diâmetro. Determinar a vazão que pode ser transportada. (Desprezar as perdas singulares.)

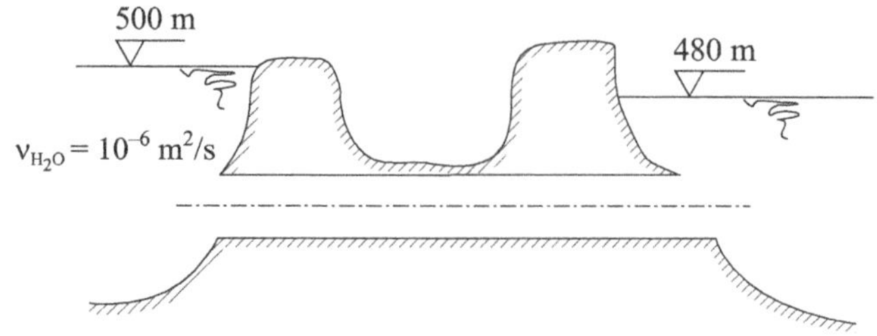

Resp.: $Q = 1{,}27\ m^3/s$

7.11 Pretende-se esgotar a atmosfera poluída de uma instalação subterrânea através de um poço de seção circular, por meio de um ventilador. Dados: D = 3 m; h = 50 m; $Q = 71\ m^3/s$; $\eta_V = 0{,}75$; $\gamma = 13\ N/m^3$; $\nu = 1{,}5 \times 10^{-5}\ m^2/s$; $k = 10^{-3}$ m; $p_{atm} = 100$ kPa. Determinar a potência do ventilador.

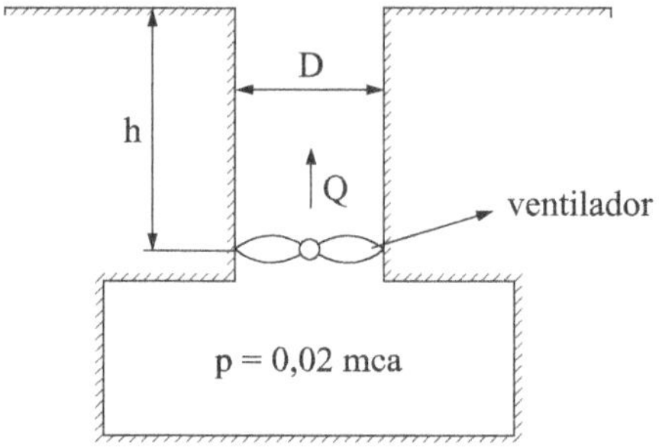

Resp.: $N_V = 50{,}4$ kW

7.12 Na instalação da figura, a água deve ser lançada por meio de um bocal no tanque da direita. Determinar a mínima potência da bomba para que isso aconteça. Dados: D = 10 cm; material: ferro fundido; diâmetro de saída $D_s = 7{,}5$ cm; $\nu = 10^{-6}\ m^2/s$; $\gamma = 10^4\ N/m^3$; $k_{s_1} = 0{,}5$; $\eta_B = 0{,}75$. Desprezar a perda singular no bocal.

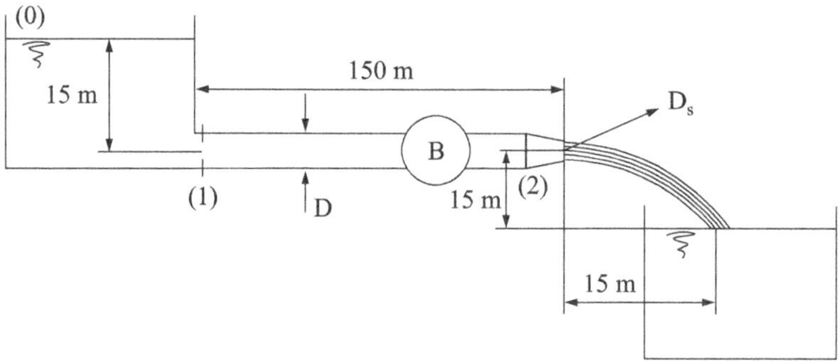

Resp.: $N_B = 18{,}1$ kW

7.13 A instalação da figura será utilizada para o transporte de 12 L/s de água do reservatório A para o reservatório C, ambos mantidos em nível constante. A bomba será adquirida do fabricante X, que produz bombas de potência nominal: 0,5 CV; 1 CV; 1,5 CV; 2 CV; 3 CV; 4 CV; 5 CV, todas com rendimento de 82%. Dados: D = 10 cm; d = 8 cm; $k = 5 \times 10^{-5}$ m; $\gamma = 10^4\ N/m^3$; $\nu = 10^{-6}\ m^2/s$; $k_{s_3} = 0{,}1$; $k_{s_4} = k_{s_5} = 0{,}5$; $k_{s_6} = 1$; $L_{2,3} = 4$ m; $L_{3,6} = 15$ m; $g = 10\ m/s^2$. Desprezam-se as perdas entre as seções (0) e (1). Selecionar a bomba apropriada.

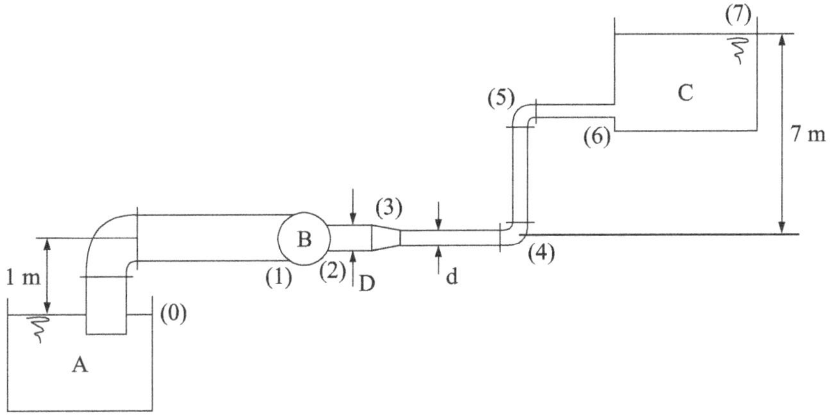

7.14 Na instalação da figura, um líquido de alta viscosidade cinemática ($\nu = 10^{-4}\ m^2/s$), escoando laminarmente, é recalcado do reservatório A para C. O comprimento da tubulação, desde a saída da bomba B até a entrada do cotovelo, é 60 m, medidos ao longo do eixo do tubo. O raio R é muito grande e a distância entre a saída do cotovelo e a entrada do tanque C pode ser desprezada. Determinar:

a) a carga manométrica que a bomba deverá prover para obter-se uma vazão de 8 L/s;

b) a potência da bomba, cujo rendimento é de 70%.

Dados: k_s (saída de A) = 0,78; $\gamma = 8.000\ N/m^3$; k_s (cotovelo) = 0,6; k_s (entrada de C) = 0,5.

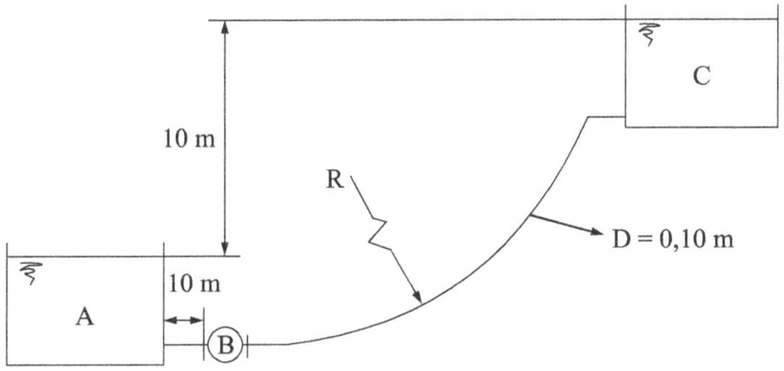

Resp.: a) $H_B = 12{,}3$ m; b) $N_B = 1{,}1$ kW

7.15 Dada a instalação da figura, determinar a pressão p_0 para que a vazão seja 6 L/s. Em seguida, traçar a linha piezométrica e a linha de energia sobre a instalação, marcando o valor das respectivas alturas nas seções A, B, C, D, E, F e G. Dados: D = 5 cm; L = 50 m; f = 0,02; $k_{s_B} = 0{,}5$; $k_{s_{CD}} = 0{,}5$; h = 2 m; $p_E = -50$ kPa; $\nu = 10^{-6}\ m^2/s$; $N_B = 0{,}75$ kW; $\gamma = 10^4\ N/m^3$; $\eta_B = 100\%$.

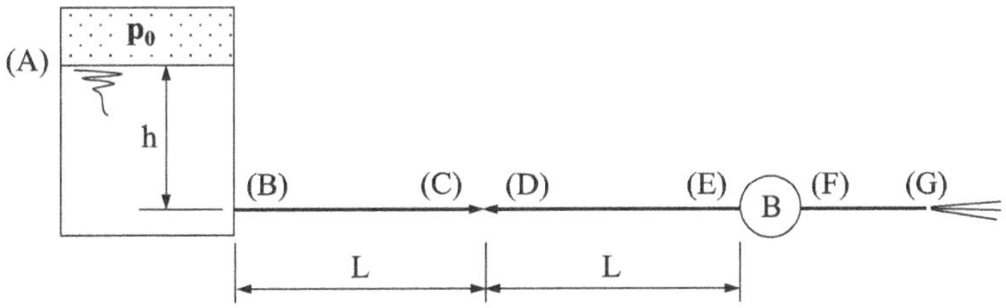

Resp.: $p_0 = 127$ kPa

7.16 Um conduto de ferro fundido de 1.000 m de comprimento e 10 cm de diâmetro liga dois reservatórios em níveis constantes, e foi projetado para uma vazão de 20 L/s de água. Colocada em funcionamento a instalação, verificou-se que a vazão que circulava era igual à metade da prevista, em virtude de uma obstrução do escoamento por material esquecido no interior da tubulação. Qual é a perda de carga singular introduzida pela obstrução? Dados: $\gamma_{água} = 10^4\ N/m^3$; $\mu_{água} = 10^{-3}\ N.s/m^2$.

Resp.: $h_S = 62{,}6\ m$

7.17 Considere um tubo de ferro galvanizado, horizontal, de 5 cm de diâmetro. Qual deve ser a mínima queda de pressão da água, num trecho de 30 m de comprimento, para que o escoamento seja turbulento e hidraulicamente rugoso? Dados: $\gamma_{água} = 10^4\ N/m^3$; $\mu_{água} = 10^{-3}\ N.s/m^2$.

Resp.: $\Delta p = 500\ kPa$

7.18 Na instalação da figura, determinar a potência da bomba necessária para produzir uma vazão de 10 L/s, supondo seu rendimento de 70%. Dados: $D_{rec} = 2{,}5''$ (6,25 cm); $D_{suc} = 4''$ (10 cm); aço; $\nu = 10^{-6}\ m^2/s$; $\gamma = 10^4\ N/m^3$; $L_{eq_1} = 20\ m$; $L_{eq_2} = 2\ m$; $L_{eq_6} = L_{eq_7} = 1\ m$; $k_{s_5} = 10$; $k_{s_8} = 1$.

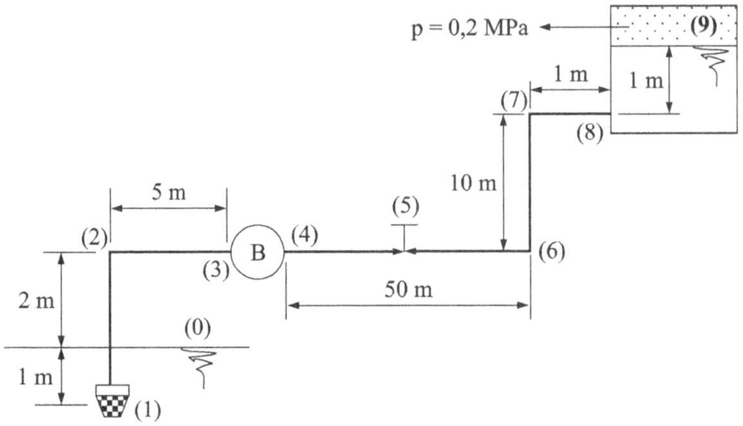

Resp.: 7,1 kW

7.19 Na figura, $H_1 = 56\ m$, $H_4 = 38\ m$ e os comprimentos equivalentes das singularidades são $L_{eq_2} = 18\ m$ e $L_{eq_3} = 2\ m$. Determinar:

a) o coeficiente de perda de carga distribuída f;

b) o comprimento da instalação entre (1) e (4);

c) a perda de carga singular devida à válvula (3).

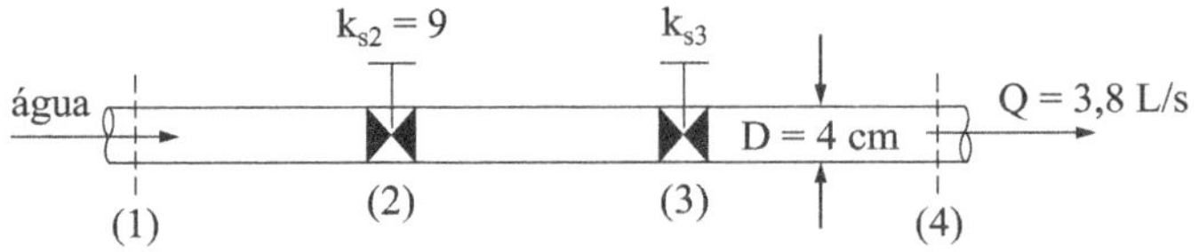

Resp.: a) f = 0,02; b) L = 60 m; c) $h_s = 0{,}45\ m$

7.20 No esquema da figura, qual deve ser a máxima cota z para que não haja cavitação com água a 20°C? Dados: Q = 10 L/s; D = 10 cm; $p_{atm} = 92{,}4\ kPa$; $p_v = 2{,}36\ kPa$ (abs); tubo de aço. ($\nu = 10^{-6}\ m^2/s$, $\gamma = 10^4\ N/m^3$)

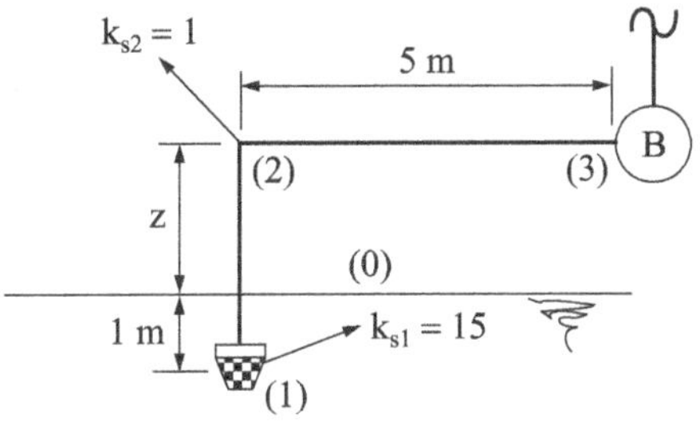

Resp.: z = 7,6 m

7.21 Na instalação da figura, o sistema que interliga os reservatórios A e B é constituído por uma tubulação de diâmetro constante (D = 0,1 m), comprimento total L = 100 m e pela máquina M. Admitindo-se desprezíveis as perdas de carga singulares na tubulação e sendo conhecidos os trechos da LP e LE, como é indicado na seção C, determinar:
a) o tipo de máquina M;
b) a potência da máquina, cujo rendimento é de 75%;
c) a cota z da LP na seção indicada na figura.
Dados: $\nu = 10^{-6}\ m^2/s$; $g = 10\ m/s^2$; $\gamma = 10^4\ N/m^3$; tubo de ferro fundido.

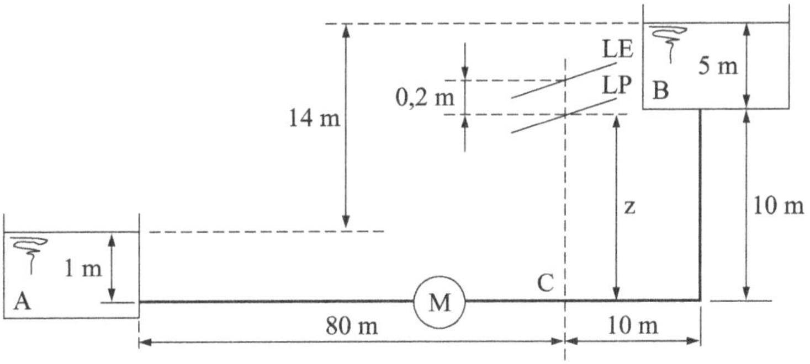

Resp.: a) Turbina ($H_M = -8{,}8$ m); b) $N_T = 1{,}04$ kW; c) z = 13,76 m

7.22 Na instalação da figura, a bomba B recalca uma vazão Q e a LE para tal vazão tem a configuração indicada. A tubulação tem diâmetro constante D = 25 mm e o coeficiente de perda de carga f = 0,025. Sabendo que o manômetro diferencial conectado na válvula V da forma indicada acusa um desnível h = 1 m e que $g = 10\ m/s^2$, $\gamma_{H_2O} = 10^4\ N/m^3$; $\gamma_{Hg} = 1{,}3 \times 10^5\ N/m^3$, determinar:
a) a vazão Q;
b) a potência no eixo da bomba, supondo um rendimento de 59%.

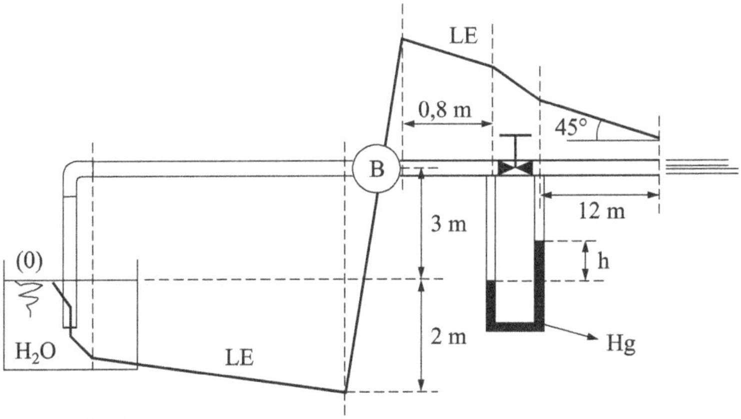

Resp.: a) $Q = 2{,}2 \times 10^{-3}\ m^3/s$; b) $N_B = 1{,}26$ kW

7.23 Água escoa em regime laminar num conduto cilíndrico horizontal de diâmetro D. A linha de energia forma com a horizontal um ângulo α. Determinar a vazão. Dados: $\nu = 10^{-6}$ m²/s; D = 1 cm; tg α = 0,0032; g = 10 m/s².

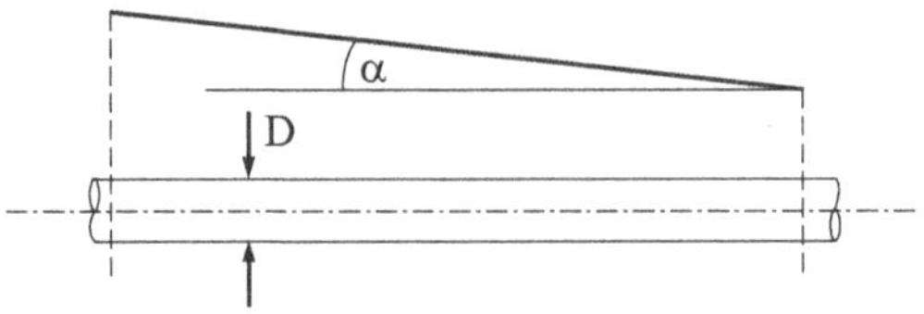

Resp.: $Q = 7{,}9 \times 10^{-6}$ m³/s

7.24 O escoamento no trecho do tubo da figura é laminar. Com a válvula totalmente aberta, a linha piezométrica é praticamente uma reta ($k_s \cong 0$) e indica as medidas do desenho. Ao fechar a válvula de 3/4, a vazão cai à metade da anterior. Determinar o coeficiente de perda de carga singular nesse caso, sabendo que na segunda situação o desnível marcado pelos manômetros extremos é o mesmo da primeira situação.

Dados: $\nu = 10^{-5}$ m²/s; $\gamma = 10^4$ N/m³; D_T = 2 cm.

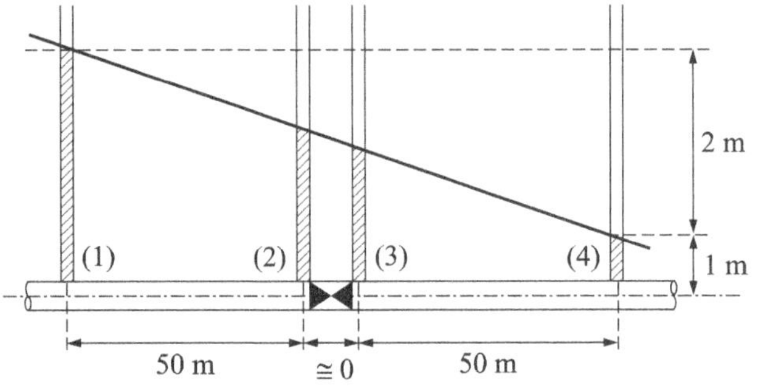

Resp.: k_S = 1.280

7.25 Na instalação são dados: reservatório de grandes dimensões; f = 0,01; k_{s_2} = 2; $\gamma = 10^4$ N/m³; g = 10 m/s².

Determinar:

a) a vazão em volume;
b) a perda de carga na instalação;
c) o valor de x;
d) substituindo o cotovelo (2) por uma turbina e mantidas as demais condições, determinar sua potência, sabendo que η_T = 90%.

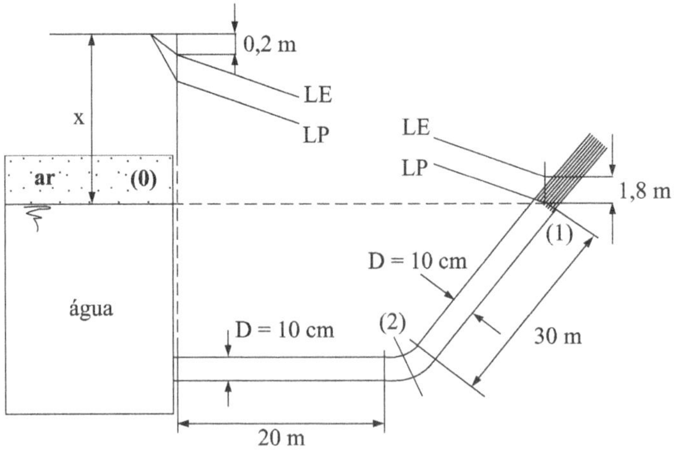

Resp.: a) 47,1 L/s; b) 12,8 m; c) 14,6 m; d) 1,5 kW

7.26 Na instalação da figura, determinar:
a) a altura h;
b) o tipo de máquina;
c) a potência da máquina se $\eta_M = 70\%$.
Dados: $Q = 31,4$ L/s; $tg\,\beta = 0,2$; $\gamma = 8.000$ N/m^3; $\nu = 10^{-4}$ m^2/s; $k_{s_1} = 16$; $L_{eq_4} = 20$ m; $p_5 = 32$ kPa; D = 20 cm; d = 10 cm.

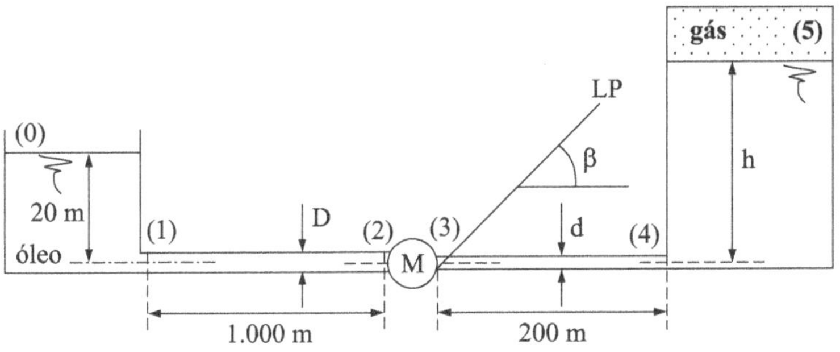

Resp.: a) 40,8 m; b) bomba; c) 10 kW

7.27 Na instalação da figura, a potência da bomba é 1,57 kW. Determinar a pressão p_1 e o comprimento L, sabendo que $k_{s_2} = 1$; $k_{s_3} = 0,5$; $tg\,\alpha = 0,004$; $\eta_B = 80\%$ e $\gamma = 10^4$ N/m^3. Deseja-se substituir as perdas singulares por perdas distribuídas (para facilitar os cálculos). Qual deverá ser o comprimento da tubulação a ser acrescentado nos cálculos?

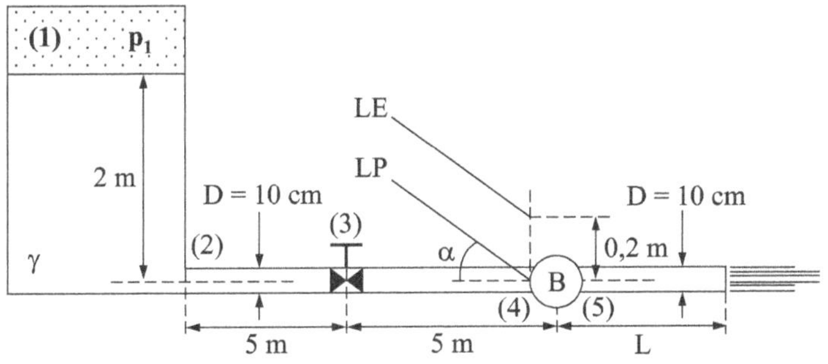

Resp.: $p_1 = 14,6$ kPa; $L_{eq} = 2.000$ m

7.28 No alargamento da figura escoa água $\gamma = 10^4$ N/m^3 com escoamento uniforme nas seções, por hipótese. Sendo indicada a linha piezométrica e sendo $A_1 = 10$ cm^2 e $A_2 = 45$ cm^2, determinar o coeficiente de perda de carga singular.

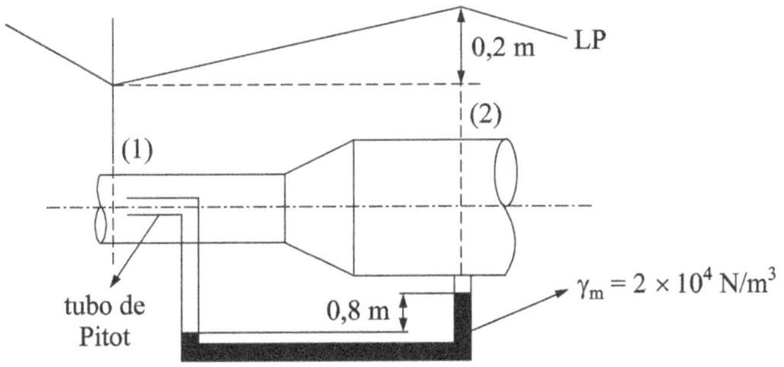

Resp.: $k_s = 0,75$

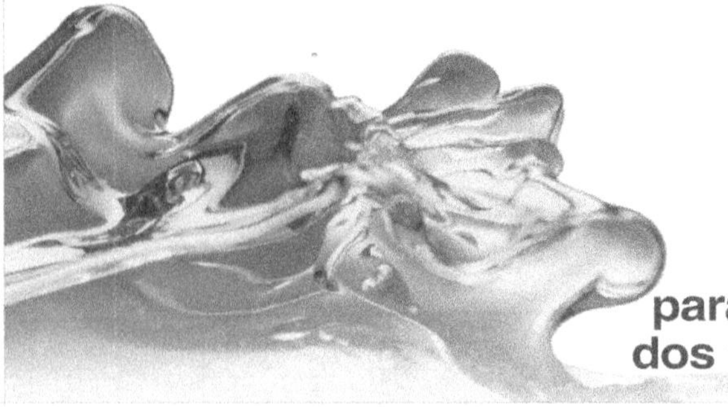

CAPÍTULO 8

Noções de instrumentação para medida das propriedades dos fluidos e dos escoamentos

8.1 Introdução

Este capítulo tratará dos princípios de funcionamento da instrumentação para a medição de propriedades dos fluidos, como massa específica e viscosidade, e de propriedades do escoamento, como velocidade e vazão. O princípio de funcionamento dos medidores de pressão não será abordado, já que o Capítulo 2 tratou desse assunto. Este capítulo tratará apenas de noções conceituais que servirão como introdução para o estudo de uma literatura mais especializada, à qual deverá recorrer o leitor para conhecer os detalhes, se necessário para a sua vida profissional.

8.2 Massa específica e peso específico relativo

A medida da massa específica baseia-se, em geral, na determinação da massa de um volume conhecido do fluido em estudo.

Outra forma de realizá-la é pela estática dos fluidos, tratada no Capítulo 2. Pesa-se um corpo de volume conhecido numa balança e posteriormente ele é pesado mergulhado no fluido do qual se quer medir a massa específica.

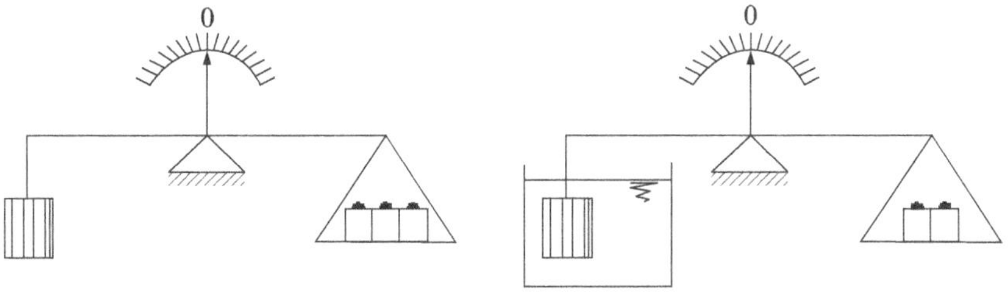

Figura 8.1

Se a balança da Figura 8.1 estiver equilibrada, ao ser mergulhado o corpo de volume conhecido no líquido em estudo, ela irá se desequilibrar para a direita, por causa do empuxo. Mas o empuxo é igual ao peso do volume de líquido deslocado que, por sua vez, é igual ao peso que se deve retirar do prato direito da balança para restabelecer o equilíbrio. Logo:

$$G = V\gamma \quad \text{ou} \quad \gamma = \frac{G}{V}$$

e portanto: $$\rho = \frac{\gamma}{g}$$

Para a determinação do peso específico relativo, realiza-se a mesma experiência com água a 15°C, considerada padrão, determinando o γ_{H_2O} que será utilizado como referência:

$$\gamma_r = \frac{\gamma}{\gamma_{H_2O}}$$

Os densímetros são corpos graduados que colocados num líquido flutuam num certo nível, indicando o peso específico relativo do líquido. A graduação baseia-se no mesmo princípio indicado anteriormente.

Outra forma para a determinação da massa específica é indicada no Exercício 2.10, desde que se possua um líquido de massa específica conhecida.

8.3 Viscosidade

O medidor de viscosidade costuma ser chamado de viscosímetro. Esse dispositivo pode ser idealizado de diversas formas.

8.3.1 Viscosímetro de cilindros coaxiais

É baseado no Exercício 1.10, em que existe uma explicação sucinta, mas clara, de seu funcionamento. A viscosidade dinâmica será dada por:

$$\mu = \frac{2M_t(D_e - D_i)}{\pi\omega D_i^3 h} \quad (8.1)$$

onde, mantidos D_e, D_i, h e ω, pode-se ler diretamente a viscosidade, pois $\mu = kM_t$, que, por sua vez, está relacionado à deformação do fio calibrado à torção.

8.3.2 Viscosímetro de esfera

É constituído de um tubo cilíndrico de altura conhecida (Figura 8.2), que contém o líquido em estudo. Deixa-se cair uma esfera no líquido e se mede o tempo que ela leva para percorrer uma distância conhecida.

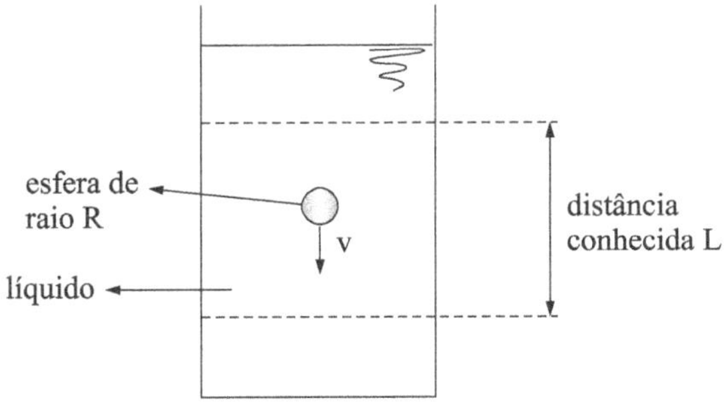

Figura 8.2

Na esfera agem:

o peso: $$G = V\gamma_{esfera} = \frac{4}{3}\pi R^3 \gamma_e$$

o empuxo: $$E = V\gamma_{\text{líquido}} = \frac{4}{3}\pi R^3 \gamma_\ell$$

a força de resistência ao avanço ou arrasto (capítulos 6 e 9):

$$F_a = 6\pi\mu v R$$

Como F_a é proporcional a v, a velocidade da esfera aumentará sob a ação da gravidade, até que as três forças anteriormente indicadas fiquem em equilíbrio. A partir desse instante, a velocidade será constante e dada por:

$$v = \frac{L}{t}$$

onde t pode ser medido por um cronômetro. Para essa condição, tem-se:

$$G = E + F_a$$

ou $$\frac{4}{3}\pi R^3 \gamma_e = \frac{4}{3}\pi R^3 \gamma_\ell + 6\pi\mu \frac{L}{t} R$$

e portanto: $$\mu = \frac{D^2(\gamma_e - \gamma_\ell)t}{18\,L} \quad \text{onde} \quad D = 2R \tag{8.2}$$

8.3.3 Viscosímetro Saybolt

A viscosidade é medida em segundos Saybolt. Esses segundos representam o tempo para que 60 cm^3 do fluido escoem no tubo capilar da Figura 8.3.

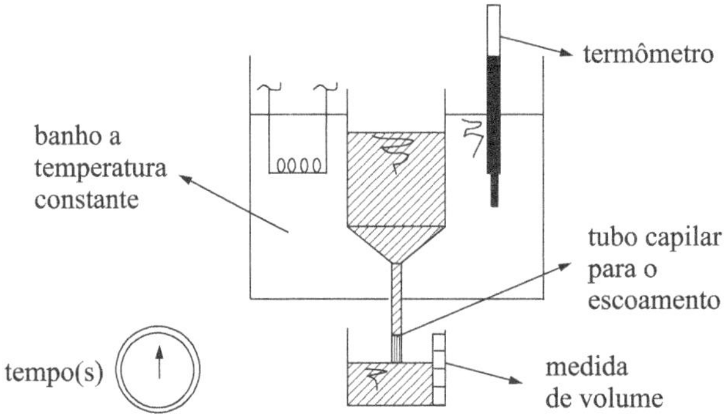

Figura 8.3

A viscosidade em segundos Saybolt pode ser relacionada com a viscosidade cinemática, pois o escoamento pelo capilar é função da viscosidade dinâmica e da massa específica. Por causa disso, dois fluidos de mesma viscosidade Saybolt podem ter diferentes viscosidades dinâmicas, mas deverão ter a mesma viscosidade cinemática.

A relação que liga a viscosidade cinemática com os segundos Saybolt é:

$$\nu = 0{,}0022t - \frac{1{,}80}{t} \tag{8.3}$$

onde: ν em cm^2/s e t em s.

8.4 Medida da velocidade com tubo de Pitot

O tubo de Pitot é fundamentalmente um tubo colocado com a sua abertura na direção das trajetórias das partículas do fluido, que é dobrado posteriormente em ângulo reto, onde é adaptado um piezômetro (Figura 8.4).

As partículas de fluido, ao incidir em (2), são paradas ao encontrar o fluido do piezômetro, de forma que a coluna h formada será devida parte à carga da pressão e parte à carga da velocidade, já que no ponto (2) também a energia cinética é transformada em efeito de pressão, o que é explicado fisicamente pelos choques contínuos das partículas que chegam em (2) em cada instante. O ponto (2) é chamado 'ponto de parada ou de estagnação'.

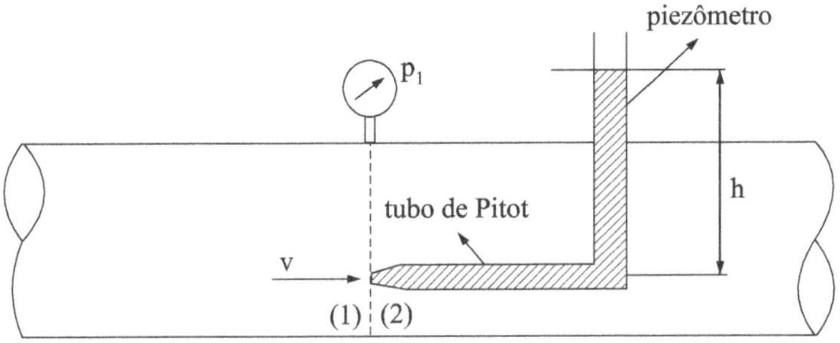

Figura 8.4

Adotando-se o ponto (1) muito próximo de (2), as perdas entre eles serão desprezíveis, e a aplicação da equação da energia reduz-se a:

$$H_1 = H_2$$

ou

$$\frac{v_1^2}{2g} + \frac{p_1}{\gamma} + z_1 = \frac{v_2^2}{2g} + \frac{p_2}{\gamma} + z_2$$

mas: $z_1 = z_2$ e $v_2 = 0$ (ponto de estagnação)

Logo:

$$\frac{v_1^2}{2g} = \frac{p_2 - p_1}{\gamma}$$

e

$$v_1 = \sqrt{\frac{2g\,(p_2 - p_1)}{\gamma}} \qquad (8.4)$$

Note-se que p_2 pode ser dado por γh no piezômetro instalado no tubo de Pitot, enquanto p_1 pode ser obtido por um manômetro instalado nas proximidades do piezômetro. Dessa forma, a velocidade no ponto (1) pode ser calculada pela Equação 8.4. A disposição mais usual para essa medição está indicada na Figura 8.5, onde foi utilizado um manômetro em U.

O ramo da esquerda, sendo tangente às trajetórias, medirá a 'pressão estática' do fluido, enquanto o ramo da direita medirá a mesma pressão acrescida do efeito dinâmico ou choque devido à incidência das partículas, que será chamada 'pressão dinâmica'.

Devido a essas considerações, é óbvio que p_2 p_1 e, portanto, o fluido manométrico irá se desnivelar conforme a Figura 8.5.

A equação manométrica aplicada entre (1) e (2) resulta em:

$$p_1 + \gamma_m h - \gamma h = p_2$$

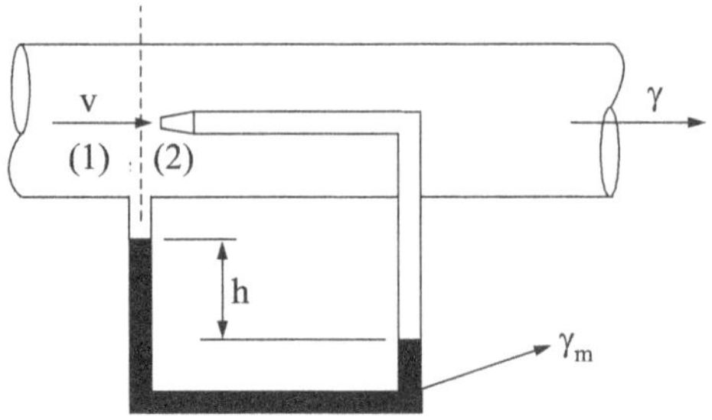

Figura 8.5

ou

$$\frac{p_2 - p_1}{\gamma} = \left(\frac{\gamma_m}{\gamma} - 1\right) h \tag{8.5}$$

Substituindo a Equação 8.5 na Equação 8.4, tem-se:

$$v = \sqrt{2g\left(\frac{\gamma_m}{\gamma} - 1\right) h} \tag{8.6}$$

A Equação 8.6 permite, conhecidos os fluidos, determinar a velocidade do ponto onde o tubo de Pitot está instalado.

Com o tubo de Pitot, é possível medir a velocidade em diversos pontos da seção para construir o diagrama de velocidades (Figura 8.6).

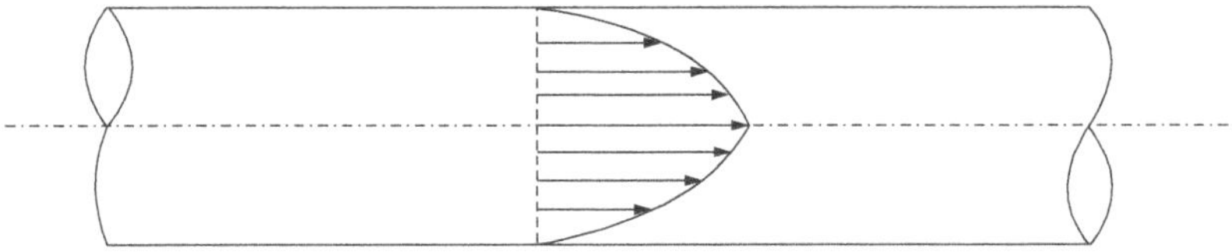

Figura 8.6

É possível então, lembrando que: $Q = \int_A v dA$ (Capítulo 3, Equação 3.4), obter a vazão pela utilização do tubo de Pitot.

O tubo de Pitot pode ser utilizado também para a medida da velocidade em fluidos compressíveis, não sendo, porém, as expressões e o método tão simples como foi descrito (ver Capítulo 12).

EXEMPLO

Num tubo de seção circular, o diâmetro é 10 cm e o escoamento é do tipo turbulento. Um tubo de Pitot está instalado de forma a medir a velocidade no eixo do tubo, conforme a figura. Determinar a vazão no tubo.

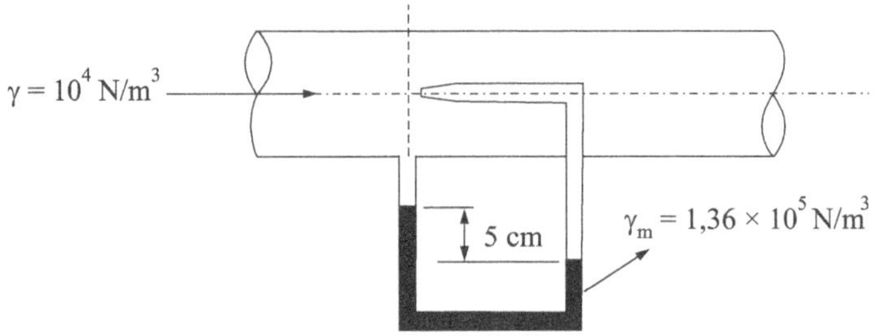

Solução

$$v = \sqrt{2g\left(\frac{\gamma_m}{\gamma} - 1\right)h} = \sqrt{2 \times 10\left(\frac{1{,}36 \times 10^5}{10^4} - 1\right) \times 0{,}05}$$

$$v = 3{,}55\ m/s$$

Note-se que no centro o tubo de Pitot estará medindo a velocidade máxima do diagrama; logo: v_{max} = 3,55 m/s.

No Capítulo 3, verificou-se que, quando o movimento é turbulento, a velocidade média será:

$$v = \frac{49}{60} v_{max}$$

Logo: $$v = 2{,}9\ m/s$$

Portanto: $$Q = vA = 2{,}9 \times \frac{\pi\ 0{,}1^2}{4} = 22{,}8 \times 10^{-3}\ m^3/s$$

$$Q = 22{,}8\ L/s$$

8.5 Medida da vazão

Neste item serão examinados alguns dispositivos que podem ser utilizados para a medida da vazão em diferentes instalações. Alguns deles poderiam ser utilizados para fluidos compressíveis, sendo, porém, o equacionamento mais complexo que o apresentado, válido somente para fluidos incompressíveis.

8.5.1 Orifício de bordo delgado ou diafragma

Neste item será examinado o escoamento de um fluido incompressível por um orifício de bordo delgado, instalado na parede lateral de um reservatório de grandes dimensões (Figura 8.7).

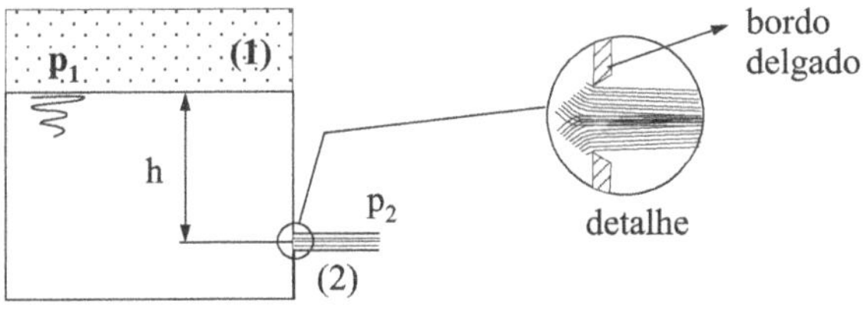

Figura 8.7

O orifício tem bordo delgado, ou aresta viva, para que o fluido tenha contato apenas com a aresta do orifício, reduzindo o atrito (Figura 8.7).

Suponha-se inicialmente que o fluido seja ideal, de forma que H_p na equação da energia seja nulo.

Logo: $$H_1 = H_2$$

ou $$\frac{v_1^2}{2g} + \frac{p_1}{\gamma} + z_1 = \frac{v_2^2}{2g} + \frac{p_2}{\gamma} + z_2$$

Com $v_1 = 0$, $z_1 - z_2 = h$ e lembrando que o fluido foi admitido ideal, pode-se obter o valor de v_2, que será indicado por v_{2T} = velocidade teórica.

$$v_{2T} = \sqrt{2g\left(h + \frac{p_1 - p_2}{\gamma}\right)} \tag{8.7}$$

Se, em particular, $p_1 = p_2$

$$v_{2T} = \sqrt{2gh} \tag{8.8}$$

que é a equação de Torricelli.

A Equação 8.7, pela hipótese de fluido ideal, não corresponde à realidade, de forma que a velocidade real no orifício será menor que a calculada por causa das perdas; isto é:

$$v_{2r} \quad v_{2T}$$

onde v_{2r} = velocidade real no orifício.

Define-se coeficiente de velocidade como:

$$C_v = \frac{v_r}{v_T} \tag{8.9}$$

Logo, se for possível determinar tal coeficiente, obtida a velocidade teórica pela Equação 8.7, a velocidade real poderá ser calculada.

$$v_{2r} = C_v v_{2T} = C_v \sqrt{2g\left(h + \frac{p_1 - p_2}{\gamma}\right)} \tag{8.10}$$

A vazão teórica no orifício será:

$$Q_T = v_{2T} A_o \tag{8.11}$$

onde A_o é a área do orifício.

Na Equação 8.11 existem dois efeitos que fazem com que a vazão que realmente escoa pelo orifício seja diferente.

O primeiro efeito já foi discutido e é devido ao fato de que v_{2T} não corresponde à velocidade real; o outro deve-se à contração do jato na saída (Figura 8.8).

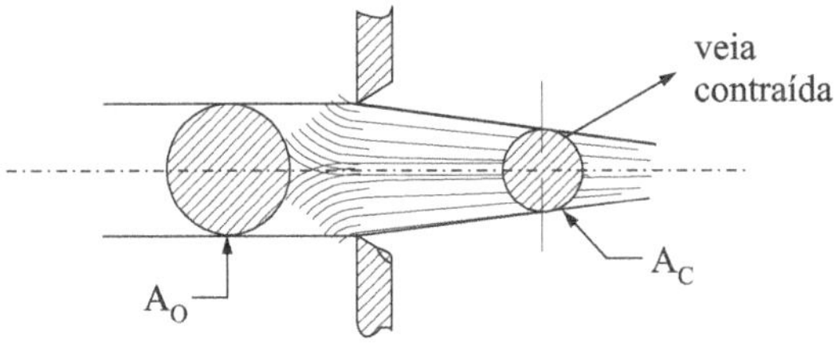

Figura 8.8

As partículas do fluido, devido à inércia do movimento, tendem a ocupar no jato uma seção menor que a do orifício. O jato contrai-se e, a uma certa distância do orifício, apresenta-se com seção constante. É a chamada 'veia contraída'.

Define-se 'coeficiente de contração' como sendo a relação entre a área do jato na veia contraída e a área do orifício.

$$C_c = \frac{A_c}{A_o} \quad \text{com} \quad C_c < 1 \tag{8.12}$$

A vazão real no orifício será:

$$Q = C_v v_{2T} C_c A_o$$

ou
$$Q = C_v C_c A_o \sqrt{2g\left(h + \frac{p_1 - p_2}{\gamma}\right)} \quad (8.13)$$

ou
$$Q = C_v C_c Q_T \quad (8.14)$$

Note-se que o produto dos coeficientes de velocidade e de contração dá origem ao coeficiente que corrige a vazão. Este será denominado coeficiente de vazão ou descarga:

$$C_D = \frac{Q}{Q_T} \quad (8.15)$$

portanto, comparando as equações 8.14 e 8.15, conclui-se que:

$$C_D = C_v C_c$$

Logo:
$$Q = C_D A_o \sqrt{2g\left(h + \frac{p_1 - p_2}{\gamma}\right)}$$

Será estudado agora o caso em que um desses orifícios está instalado na seção de saída de um tubo de seção circular (Figura 8.9).

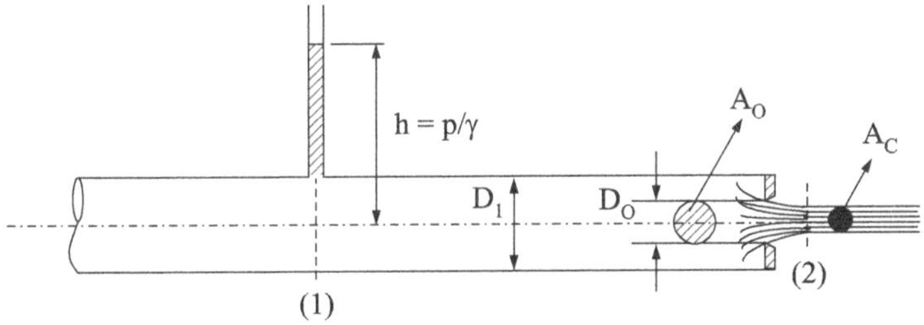

Figura 8.9

Aplicando a equação da energia entre (1) e (2) para fluido ideal:

$$\frac{v_1^2}{2g} + \frac{p_1}{\gamma} + z_1 = \frac{v_2^2}{2g} + \frac{p_2}{\gamma} + z_2$$

ou a velocidade teórica do jato será:

$$v_{2T} = \sqrt{2g\left(\frac{p_1}{\gamma} + \frac{v_1^2}{2g}\right)}$$

e a vazão:
$$Q = C_c C_v A_o \sqrt{2g\left(\frac{p_1}{\gamma} + \frac{v_1^2}{2g}\right)} = C_D A_o \sqrt{2g\left(\frac{p_1}{\gamma} + \frac{v_1^2}{2g}\right)} \quad (8.16)$$

A velocidade v_1 é chamada 'velocidade de aproximação do orifício'. Note-se que a Equação 8.16 não serve para o cálculo da vazão, pois esta depende de v_1. A velocidade de aproximação deve então ser retirada do segundo membro da equação. Após algumas transformações algébricas, tem-se:

$$Q = \frac{C_D A_o}{\sqrt{1 - C_C^2\left(\frac{D_o}{D_1}\right)^4}} \sqrt{2g\frac{p_1}{\gamma}}$$

onde D_o = diâmetro do orifício.

Designando por:

$$k = \frac{C_D}{\sqrt{1 - C_C^2 \left(\frac{D_o}{D_1}\right)^4}} \tag{8.17}$$

obtém-se:

$$Q = kA_o \sqrt{2g \frac{p_1}{\gamma}} \tag{8.18}$$

onde k é um coeficiente adimensional que depende do número de Reynolds de aproximação, isto é, calculado com a velocidade de aproximação e da relação $\frac{D_o}{D_1}$.

Com os conceitos estabelecidos, será possível, agora, estudar o caso mais prático do orifício instalado no interior de uma tubulação para medir a vazão (Figura 8.10).

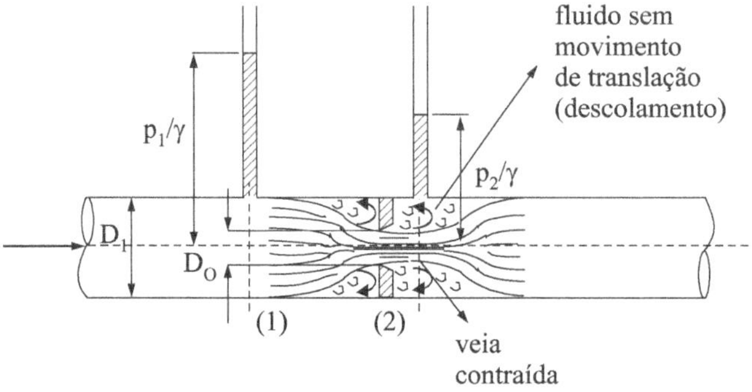

Figura 8.10

Aplicando a equação da energia entre (1) e (2) e procedendo da mesma forma que no caso anterior, verifica-se que é obtida uma equação idêntica à Equação 8.18, exceto em relação à existência de $p_2 \neq 0$.

Logo:

$$Q = kA_o \sqrt{2g \left(\frac{p_1 - p_2}{\gamma}\right)} \tag{8.19}$$

com k dado pela Equação 8.17.

Tais orifícios são normalizados e a Figura 8.11 mostra o diagrama de k em função de Re e $\frac{D_o}{D_1}$, obtido de literatura especializada, para orifícios do tipo daquele indicado na própria figura.

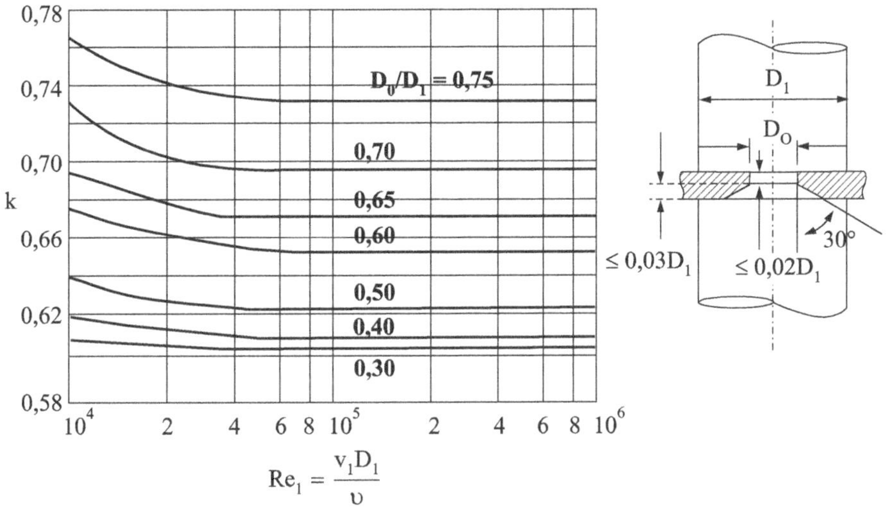

Figura 8.11

EXEMPLO

No orifício da figura, está instalado um manômetro diferencial cujo fluido manométrico, de $\gamma_m = 3\times 10^4 \, N/m^3$, indica um desnível de 5 cm. Sendo o diâmetro do tubo 10 cm e o do orifício 5 cm, determinar a vazão, sabendo que o fluido que escoa é água. ($\gamma = 10^4 \, N/m^3$; $\nu = 10^{-6} m^2/s$).

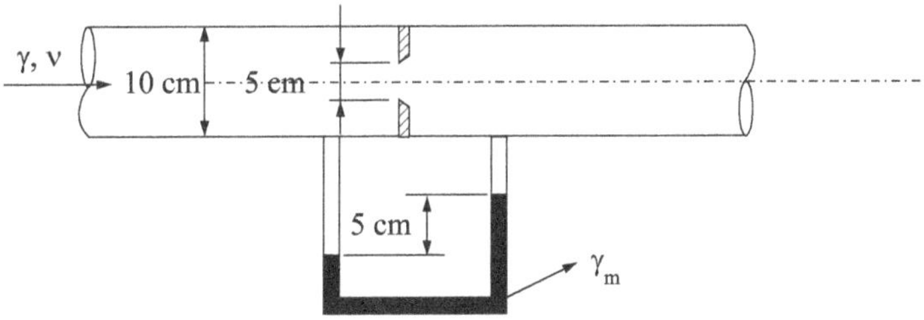

Solução

$$A_o = \frac{\pi D_o^2}{4} = \frac{\pi \times 5^2}{4} \times 10^{-4} = 1,96 \times 10^{-3} \, m^2$$

Aplicando a equação manométrica:

$$p_1 + \gamma h - \gamma_m h = p_2$$

ou

$$\frac{p_1 - p_2}{\gamma} = \left(\frac{\gamma_m}{\gamma} - 1\right) h$$

portanto:

$$\frac{p_1 - p_2}{\gamma} = \left(\frac{3\times 10^4}{10^4} - 1\right) \times 0,05 = 0,1 \, m$$

O valor de k deve ser obtido da Figura 8.11. Como, porém, não se conhece a vazão, v_1 não é conhecido, logo não se pode calcular Re. Note-se, porém, que o k, a partir de um certo valor de Re, torna-se constante.

O valor de k será adotado e deverá ser verificado posteriormente.

Com $\frac{D_o}{D_1} = \frac{5}{10} = 0,5$, tem-se: k = 0,624 para Re 7×10^4.

Logo:

$$Q = 0{,}624 \times 1{,}96 \times 10^{-3}\sqrt{2 \times 10 \times 0{,}1}$$

$$Q = 1{,}73 \times 10^{-3}\ \text{m}^3/\text{s}$$

Agora deverá ser feita a verificação:

$$v_1 = \frac{4Q}{\pi D_1^2} = \frac{4 \times 1{,}73 \times 10^{-3}}{\pi \times 0{,}1^2} = 0{,}22\ \text{m/s}$$

e $$Re = \frac{v_1 D_1}{\nu} = \frac{0{,}22 \times 0{,}1}{10^{-6}} = 2{,}2 \times 10^4$$, que é menor que o adotado (7×10^4).

Portanto, deve ser feita a correção. O novo k será obtido com o valor do $Re = 2{,}2 \times 10^4$ e $\frac{D_o}{D_1} = 0{,}5$; portanto: $k = 0{,}63$.

Logo:

$$Q = 0{,}63 \times 1{,}96 \times 10^{-3}\sqrt{2 \times 10 \times 0{,}1}$$

$$Q = 1{,}75 \times 10^{-3}\ \text{m}^3/\text{s}$$

Verificação:

$$v_1 = \frac{4Q}{\pi D_1^2} = \frac{4 \times 1{,}75 \times 10^{-3}}{\pi \times 0{,}1^2} = 0{,}223\ \text{m/s}$$

$$Re = \frac{v_1 D_1}{\nu} = \frac{0{,}223 \times 0{,}1}{10^{-6}} = 2{,}23 \times 10^4$$

Note-se que o Re variou muito pouco; logo, a vazão obtida na segunda tentativa pode ser adotada como verdadeira. Assim: Q = 1,75 L/s.

8.5.2 Venturímetro ou tubo Venturi

Como é mostrado na Figura 8.12, o tubo Venturi é constituído de um tubo convergente que atinge uma seção mínima denominada garganta, aumentando posteriormente num tubo divergente.

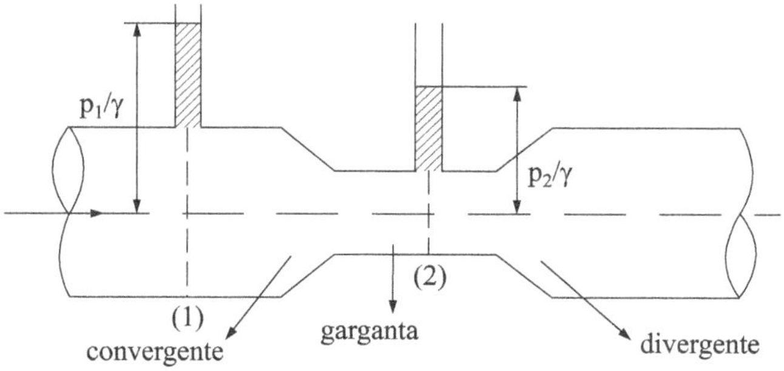

Figura 8.12

O princípio de funcionamento é o mesmo que o do orifício. Na seção (2), devido à diminuição da área, a velocidade aumenta, causando uma queda da pressão. Tal queda, com um equacionamento semelhante ao do orifício, proporcionará uma expressão que permite o cálculo da vazão. (Notar que no orifício o aumento da velocidade acontece por causa da veia contraída (Figura 8.10).) Obtém-se:

$$Q = A_2 v_2 = \frac{C A_2}{\sqrt{1 - \left(\frac{D_2}{D_1}\right)^4}}\sqrt{2g\left(\frac{p_1 - p_2}{\gamma}\right)} \qquad (8.20)$$

No caso dos tubos Venturi, o coeficiente C depende também do Re e de $\frac{D_2}{D_1}$; no entanto, a sua variação é pequena, podendo em geral ser dotado entre 0,95 e 0,99, sendo os valores mais altos para os maiores diâmetros e os mais baixos para os menores.

8.5.3 Bocal convergente

Corresponde à parte convergente do tubo Venturi (Figura 8.13).

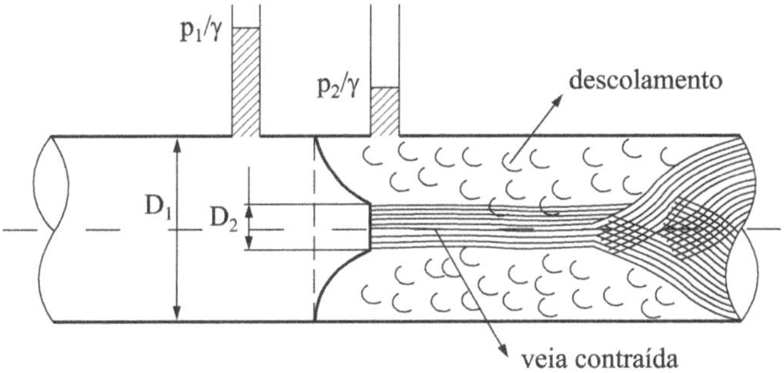

Figura 8.13

Como no orifício, forma-se um descolamento do escoamento, dando origem a uma região de fluido sem movimento de translação, em cuja parte central escoa a veia contraída.

Também nesse caso tem-se:

$$Q = kA_2\sqrt{2g\left(\frac{p_1 - p_2}{\gamma}\right)} \tag{8.21}$$

onde k é um coeficiente que é função de Re_1 e $\frac{D_2}{D_1}$ (Figura 8.14).

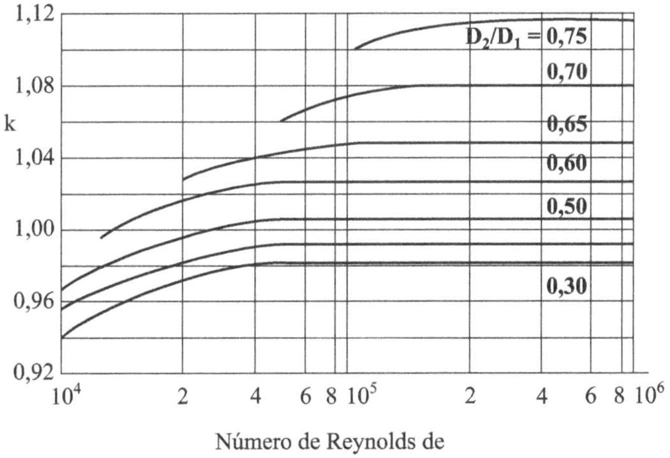

Figura 8.14

8.5.4 Rotâmetro

É um tubo graduado no qual se localiza um elemento flutuante com ranhuras helicoidais, de forma que a rotação resultante faça com que se mantenha no centro do tubo (Figura 8.15). Dependendo da vazão, o flutuante irá se localizar numa certa posição que na escala corresponde a uma vazão predeterminada.

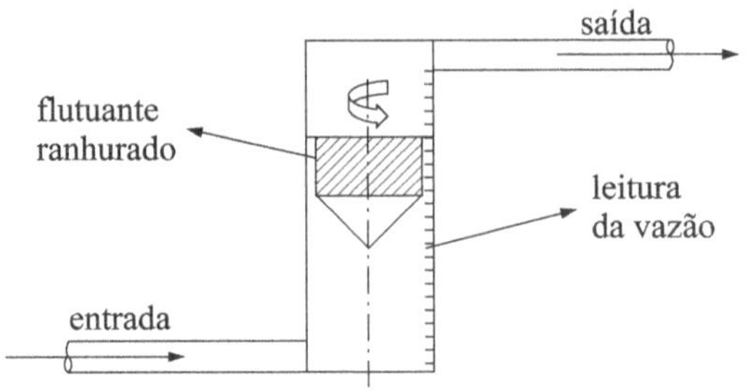

Figura 8.15

8.5.5 Medidores volumétricos

Existem muitos tipos de medidores volumétricos e seu objetivo é dar uma medida do volume total consumido durante um certo tempo. Por exemplo, são utilizados na entrada das instalações residenciais para a medida do consumo.

8.5.6 Medida em canais abertos

Nos canais abertos podem ser utilizados vertedores, que são obstruções no canal que obrigam o fluido a passar sobre elas.

A medida da vazão é função da altura H do fluido em relação ao vertedor.

A Figura 8.16 mostra um vertedor de seção retangular.

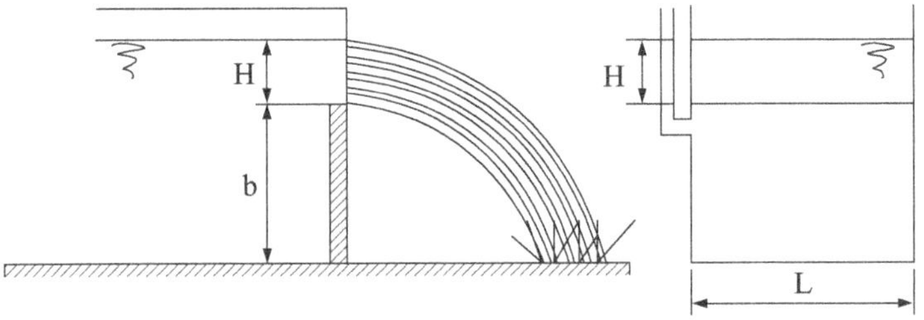

Figura 8.16

Para o caso da figura, pode-se verificar que:

$$Q = 1{,}84\ LH^{3/2} \tag{8.22}$$

onde L e H são em m e Q em m^3/s.

Exercícios

8.1 Um pequeno objeto pesa 6 N no ar e 4,6 N quando mergulhado num líquido. O volume do objeto é 170 cm^3. Qual é a massa específica, o peso específico e o peso específico relativo do líquido, se o peso específico da água é $10^4\ N/m^3$?

Resp.: $\rho = 840\ kg/m^3$; $\gamma = 8.235\ N/m^3$; $\gamma_r = 0{,}823$

8.2 Um densímetro é constituído de um cilindro de 0,5 cm de diâmetro e 36 cm de altura. No fundo do cilindro está presa uma esfera de 2,5 cm de diâmetro. O dispositivo pesa 0,15 N. Qual é a altura do cilindro que aflorará de um líquido de peso específico $10^4\ N/m^3$?

Resp.: 13 mm

8.3 Um viscosímetro de cilindros coaxiais possui líquido até uma altura de 25 cm. O diâmetro do cilindro menor é 10 cm, enquanto o do cilindro maior é 10,1 cm. O cilindro externo gira com uma rotação de 9,0 rpm quando se aplica um conjugado de 5 N.m. Determinar a viscosidade do fluido, desprezando o efeito do fundo.

Resp.: $\mu = 13{,}1\ N.s/m^2$

8.4 Uma esfera de chumbo ($\gamma = 1{,}14 \times 10^5$ N/m^3), de 0,5 cm de diâmetro, cai numa coluna de óleo ($\gamma = 8.600$ N/m^3) com uma velocidade de 0,05 m/s. Determinar a viscosidade do óleo.

Resp.: $\mu = 2{,}93$ N.s/m^2

8.5 Construiu-se um viscosímetro tipo Saybolt que deverá ser calibrado por intermédio da medida da viscosidade de dois líquidos de viscosidade conhecida. Um dos líquidos, de viscosidade 0,46 St, escoa um certo volume em 95 s, enquanto o outro tem 0,20 St e escoa o mesmo volume em 45 s. Determinar a equação do aparelho.

Resp.: $\nu = 0{,}00496\ t - 1{,}064/t$

8.6 Sendo $C_v = 0{,}9$ e $C_c = 0{,}6$, determinar a pressão p_1, sabendo que o fluido é água e que sobe 3 m no tubo de Pitot. Determinar a vazão, sabendo que a área do orifício é 50 cm^2.

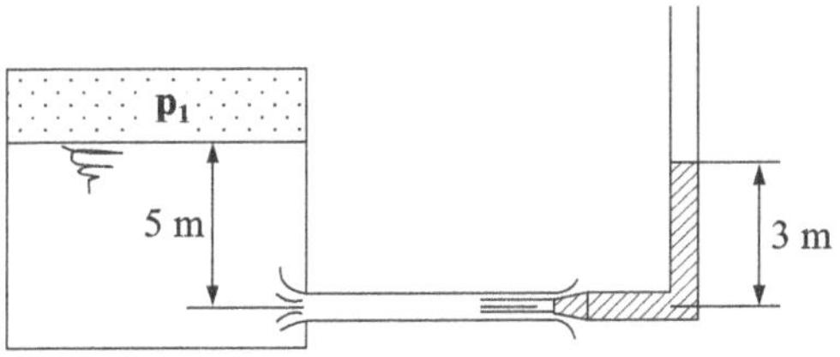

Resp.: $p_1 = -12{,}9$ kPa; Q = 23,2 L/s

8.7 O reservatório superior descarrega a água, por um orifício cujo $C_D = 0{,}6$, para um reservatório que, por sua vez, descarrega água por outro orifício. O sistema está em equilíbrio, de forma que o nível não muda em nenhum dos dois reservatórios. Qual será o coeficiente de descarga do segundo orifício? Dados: diâmetro do orifício (1): 9 cm; diâmetro do orifício (2): 10 cm.

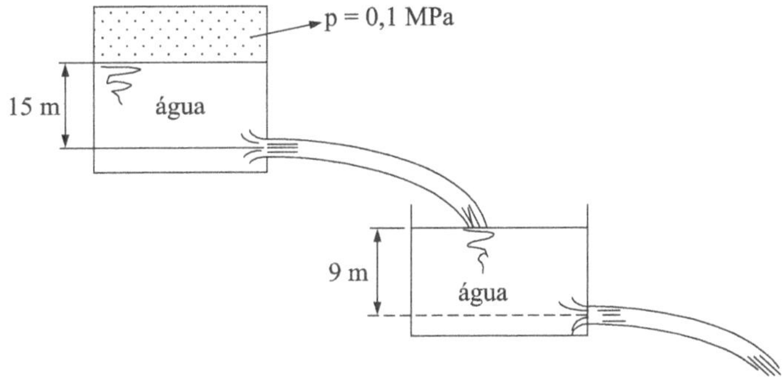

Resp.: $C_D = 0{,}81$

8.8 Dado o dispositivo da figura, calcular a vazão do escoamento da água no conduto. Dados: $\gamma_{H_2O} = 10^4$ N/m^3; $\gamma_m = 6 \times 10^4$ N/m^3; $p_2 = 20$ kPa; $A = 10^{-2}$ m^2; g = 10 m/s^2.

Desprezar as perdas e supor o diagrama de velocidades uniforme na seção.

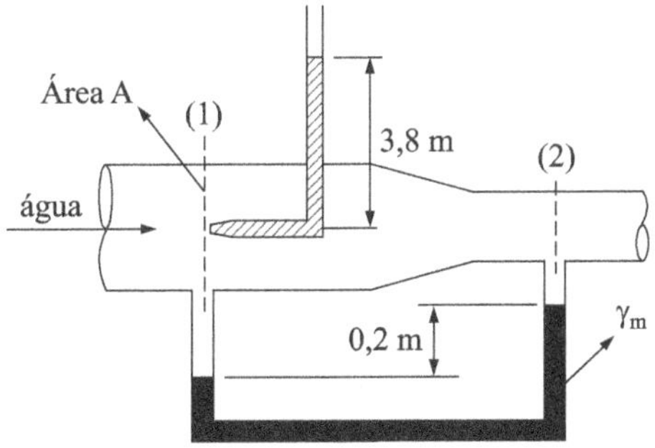

Resp.: Q = 40 L/s

8.9 No fundo do reservatório inferior da figura, inicialmente vazio, situa-se um cubo de madeira de 1 m de aresta. Do reservatório superior escoa água através de um orifício de aresta viva, cujo coeficiente de contração é $C_c = 0{,}6$. Determinar o valor do coeficiente de velocidade do orifício, para que o corpo comece a flutuar em 20 s. Dados: $\gamma_{madeira} = 8.000\ N/m^3$; $A_{orifício} = 0{,}1\ m^2$; $g = 10\ m/s^2$.

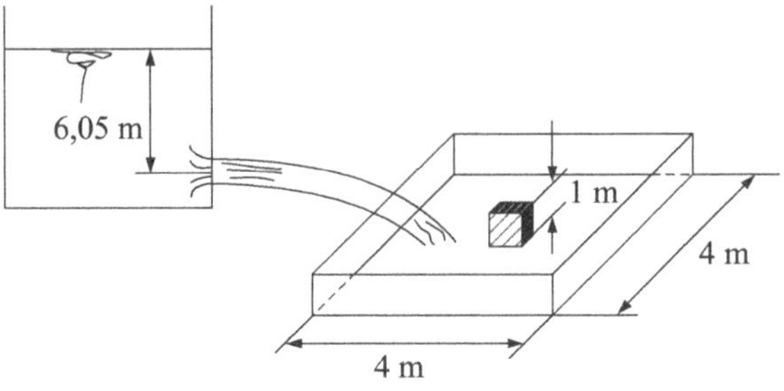

Resp.: $C_v = 0{,}97$

8.10 Qual é a diferença de pressão entre a seção maior e a garganta de um Venturi? A seção maior tem um diâmetro de 15 cm, e a garganta, de 7,5 cm. A vazão é 5 L/s de água. ($\gamma = 10^4\ N/m^3$)

Dado: $C_D = 0{,}97$

Resp.: $\Delta p = 638\ Pa$

8.11 Um orifício de bordo delgado tem um diâmetro de 7,5 cm e descarrega uma vazão de 28 L/s. Mede-se um ponto da trajetória do jato e obtém-se x = 4,7 m para y = 1,2 m. Determinar os coeficientes de velocidade, de contração e de vazão do orifício.

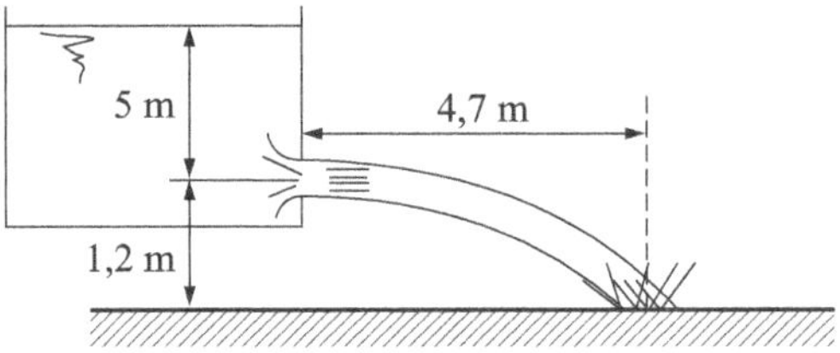

Resp.: $C_v = 0{,}96$; $C_D = 0{,}634$; $C_c = 0{,}66$

8.12 Determinar a vazão num conduto de 15 cm de diâmetro que contém um bocal de diâmetro mínimo de 10 cm. Sabe-se que o manômetro diferencial instalado indica um desnível de 25 cm e que o fluido que escoa é água. Dados: $\nu = 10^{-6}\ m^2/s$; $\gamma_{Hg} = 13{,}6 \times 10^4\ N/m^3$; $\gamma_{H_2O} = 10^4\ N/m^3$.

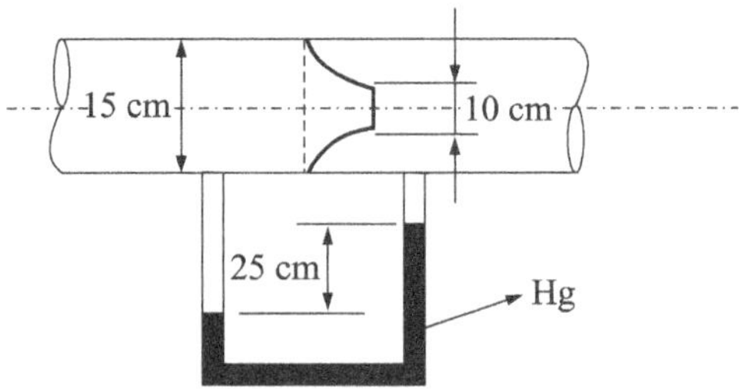

Resp.: Q = 66 L/s

8.13 Na Figura 8.16, L = 30 m, b = 0,5 m, H = 0,25 m. Estimar a vazão no canal.

Resp.: $Q = 6{,}9\ m^3/s$

8.14 Após 5 min de funcionamento, o reservatório inferior, inicialmente vazio, está completamente cheio e, então, a comporta gira em torno do eixo A, devido ao momento de 6×10^4 N.m nela aplicado pela água. Determinar o coeficiente de descarga do orifício de saída do reservatório superior. Área do orifício = 0,01 m^2.

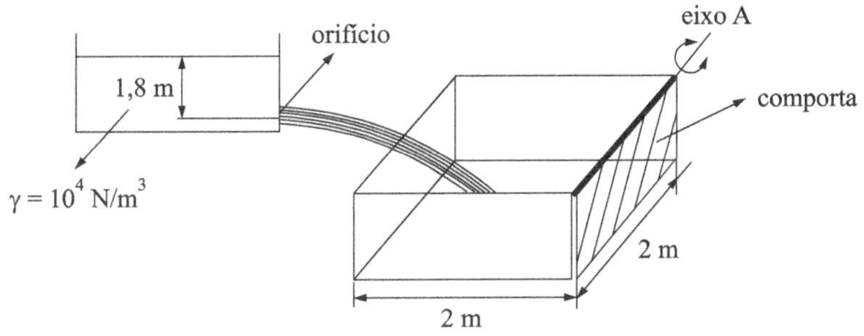

Resp.: $C_D = 0{,}467$

8.15 Na figura, o tubo de Pitot faz a tomada da pressão dinâmica de um jato de água lançado por um orifício instalado no fundo do tanque. Se o orifício tem um diâmetro de 2,5 cm e o manômetro do Pitot indica 112 kPa, determinar o coeficiente de velocidade do orifício.

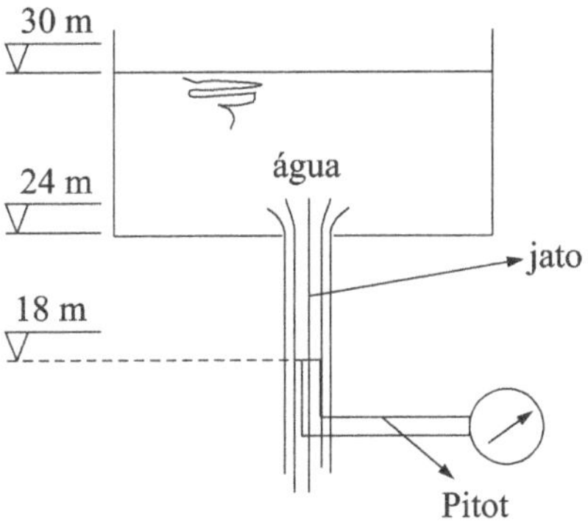

Resp.: $C_v = 0{,}93$

8.16 No esquema a seguir, determinar a relação d_2/d_1. Desprezar as perdas. Dados: $\gamma_{água} = 10^4$ N/m^3; g = 10 m/s^2.

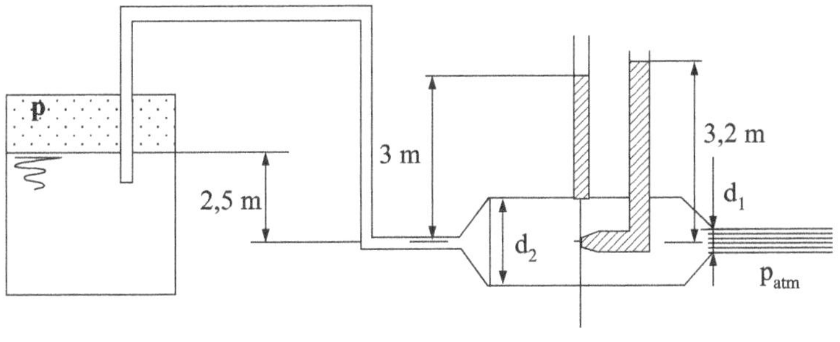

Resp.: $d_2 = 2\,d_1$

8.17 Um tubo de água está fechado por um tampão na extremidade. Ao efetuar a operação de colocação de um piezômetro conforme a figura, o operador provoca um orifício no tampão (por acidente), o que provoca um vazamento. A leitura no piezômetro é 0,7 m a partir do eixo do orifício. Admitindo que a vazão de descarga pelo orifício é de 1,58 L/s, o diâmetro do orifício é 4 cm e o coeficiente de descarga, $C_D = \frac{1}{\pi}$, determinar a velocidade de aproximação da água. Dados: g = 10 m/s^2; $\gamma_{água} = 10^4$ N/m^3.

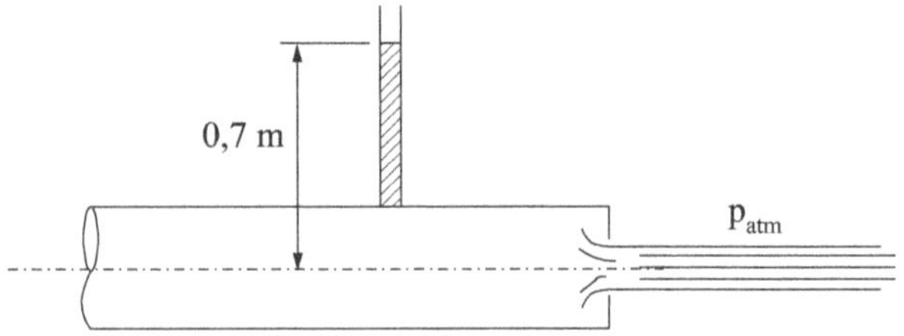

Resp.: 1,27 m/s

8.18 Os reservatórios do sistema não podem ser considerados de grandes dimensões; porém, deseja-se que seus níveis sejam constantes. São dados: $\gamma = 2 \times 10^4 \, N/m^3$; $p_0 = p_1 = p_2$; traçado quantitativo de LE e LP entre (s) e (o) na figura; $D_o = 0,8 \, D$. Determinar:

a) as pressões p_0 e p_s;

b) a perda de carga entre (s) e (o);

c) o coeficiente de descarga do orifício 'e'.

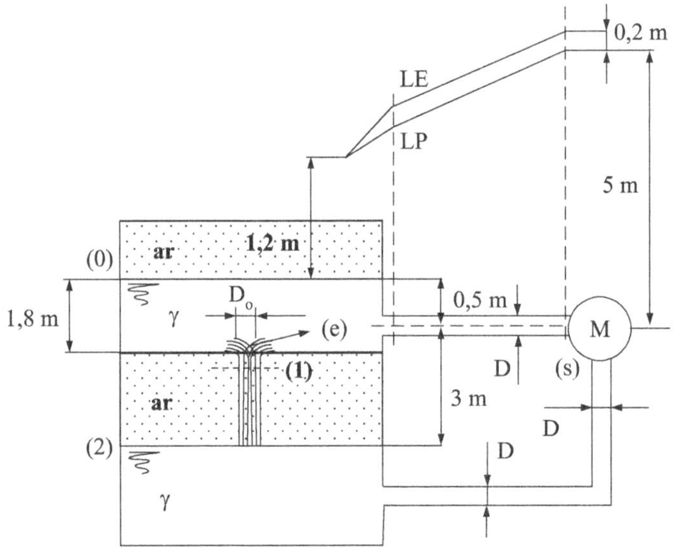

Resp.: a) $p_o = 24 \, kPa$; $p_s = 100 \, kPa$

b) $H_{p_{s,o}} = 3,5 \, m$

c) $C_D = 0,4$

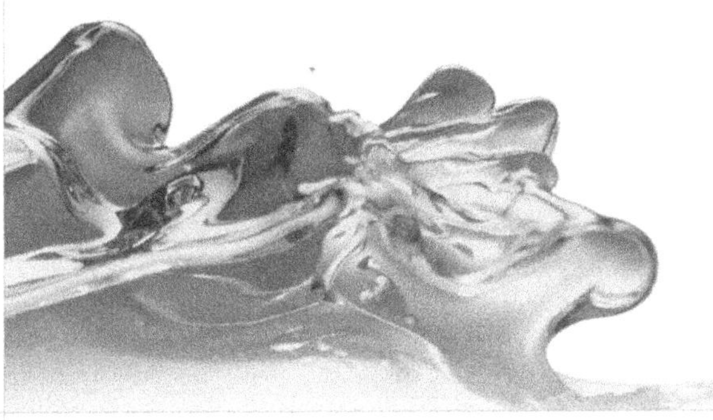

CAPÍTULO 9

Fluidodinâmica

9.1 Introdução

Este capítulo tem o objetivo de estudar a interação existente entre um fluido e um corpo nele imerso, quando entre os dois existe um movimento relativo.

Nessa condição, não importa se o corpo ou o fluido, ou ambos, estão em movimento. A observação do fenômeno será efetuada adotando-se o sistema de referência fixo à superfície sólida. Logo, do ponto de vista do observador o corpo sempre estará em repouso, e o fluido, em movimento. Por exemplo, se o objetivo for estudar o efeito do ar em um automóvel em movimento na estrada, o observador estará fixo no automóvel. Dessa forma, do ponto de vista do observador, tudo se passa como se o automóvel estivesse parado, e o ar, em movimento, com uma velocidade igual e em sentido contrário à do veículo.

Nota-se, nesse caso, que o fluido pode ser dividido em duas regiões: uma em que o movimento do fluido é perturbado pela presença do objeto sólido, e outra em que o fluido escoa como se o objeto não estivesse presente. Uma seção, perpendicular às linhas de corrente, na região do fluido não perturbada pela presença do objeto, será denominada a partir de agora 'seção ao longe ou no infinito'.

Ao passar pelo corpo, o fluido provocará nele o aparecimento de uma força resultante. Essa força, supondo o escoamento bidimensional, poderá ser decomposta em duas componentes, que serão chamadas:

a) resistência ao avanço ou força de arrasto (F_a), paralela às linhas de corrente ao longe;
b) força de sustentação (F_s), que é a componente normal ou perpendicular às linhas de corrente ao longe (Figura 9.1).

O objetivo fundamental deste capítulo é o estudo qualitativo e quantitativo dessas duas forças, propiciando ao leitor a possibilidade de desenvolver raciocínios que facilitem o desenvolvimento de estimativas, já que na maioria dos casos a determinação dessas forças é uma tarefa puramente empírica.

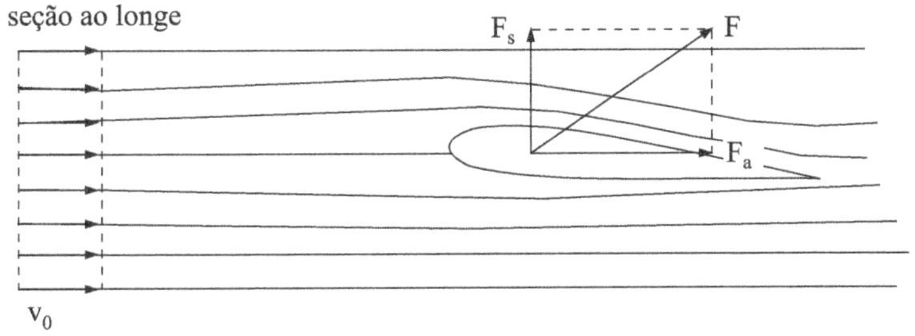

Figura 9.1

As hipóteses gerais para o estudo dessas forças são:

a) na seção ao longe as linhas de corrente são paralelas;
b) na seção ao longe o diagrama de velocidades é uniforme;
c) o regime é permanente;
d) o fluido é incompressível;
e) para a determinação das diferenças de pressão, desprezam-se as diferenças de cotas.

9.2 Conceitos fundamentais

Em cada ponto, a ação de um fluido numa superfície sólida pode-se decompor numa ação normal (pressão) e numa ação tangencial (tensão de cisalhamento) (Figura 9.2).

Para facilitar a compreensão, o estudo pode ser realizado separando o efeito normal das pressões do efeito tangencial das tensões de cisalhamento.

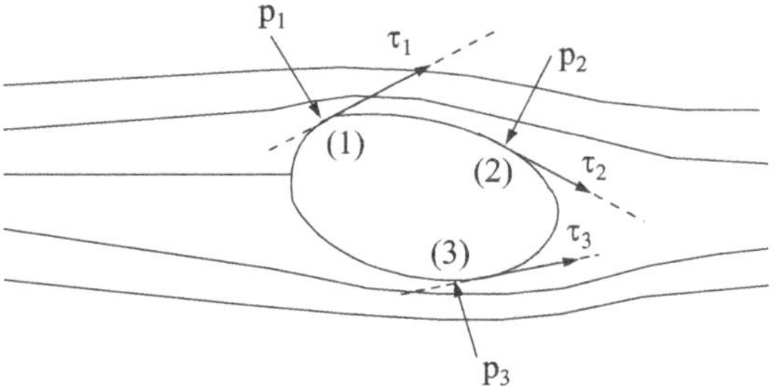

Figura 9.2

Inicia-se estudando os casos em que não existam tensões de cisalhamento por hipótese, de maneira que a força resultante se deva somente ao efeito das pressões.

Em primeiro lugar, pode-se imaginar o fluido em repouso e, assim, já se sabe que a força resultante corresponde à diferença de pressões provocada pelas diferenças de cotas. Nesse caso, a resultante, denominada empuxo, já foi estudada no Capítulo 2, uma vez que é um problema de estática. Nesse capítulo, verificou-se que a direção do empuxo é vertical, com sentido para cima, e que a resultante na horizontal se anula, uma vez que a distribuição das pressões é simétrica.

Num segundo caso, será estudado um fluido ideal, o que também implica a ausência de tensões de cisalhamento. Deseja-se verificar que a distribuição das pressões não é uniforme sobre o corpo, o que ocasiona o aparecimento de uma força resultante não-nula. A diferença de pressão de um ponto a outro do corpo será provocada pela diferença de velocidades do fluido.

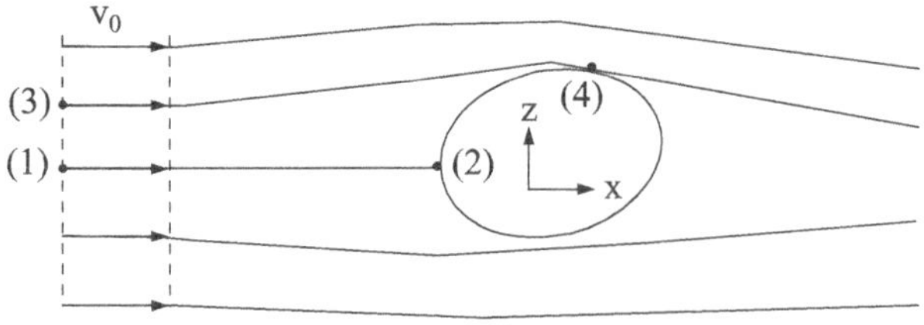

Figura 9.3

Por ser o fluido ideal, pode-se aplicar a equação de Bernoulli entre os pontos (1) e (2) de uma linha de corrente.

Como o ponto (1) pertence à seção ao longe, $v_1 = v_0$.

No ponto (2), o fluido incide na superfície sólida e pára. Como já foi visto, um ponto nessa condição denomina-se ponto de parada ou de estagnação; logo: $v_2 = 0$.

A equação fica:

$$\frac{v_1^2}{2g}+\frac{p_1}{\gamma}+z_1=\frac{v_2^2}{2g}+\frac{p_2}{\gamma}+z_2$$

Como $p_1 = p_0$ = pressão ao longe, e não levando em consideração as diferenças de pressão devidas às diferenças de cotas, isto é, desprezando Δz: $\frac{p_2}{\gamma}=\frac{v_0^2}{2g}+\frac{p_0}{\gamma}$

ou multiplicando por γ e lembrando que $\frac{\gamma}{g}=\rho$

então:

$$p_2=p_0+\frac{\rho v_0^2}{2} \quad (9.1)$$

Se o fluido estivesse em repouso à pressão p_0, o corpo mergulhado nele ficaria sujeito a essa pressão em todos os pontos e, por essa observação, a pressão que agiria em todos os pontos do corpo do fluido em repouso é denominada 'pressão estática'.

Na Equação 9.1, o termo $\frac{\rho v_0^2}{2}$ tem as dimensões de uma pressão e, como se deve ao efeito da velocidade, é denominado 'pressão dinâmica'.

Portanto:

$$\frac{\rho v_0^2}{2}=p_{din}$$

e

$$p_0=p_{est}$$

Em todos os pontos, o corpo fica sujeito a uma 'pressão total' que é a soma algébrica da pressão estática com a pressão dinâmica que, como se observou, é uma função da variação da energia cinética.

Aplicando a equação de Bernoulli entre (3) e (4), tem-se:

$$\frac{v_3^2}{2g}+\frac{p_3}{\gamma}+z_3=\frac{v_4^2}{2g}+\frac{p_4}{\gamma}+z_4$$

Como $v_3 = v_0$, $p_3 = p_0$, e não se considera $z_4 - z_3 = \Delta z$, então:

$$\frac{p_4}{\gamma}=\frac{p_0}{\gamma}+\frac{v_0^2-v_4^2}{2g} \quad (9.2)$$

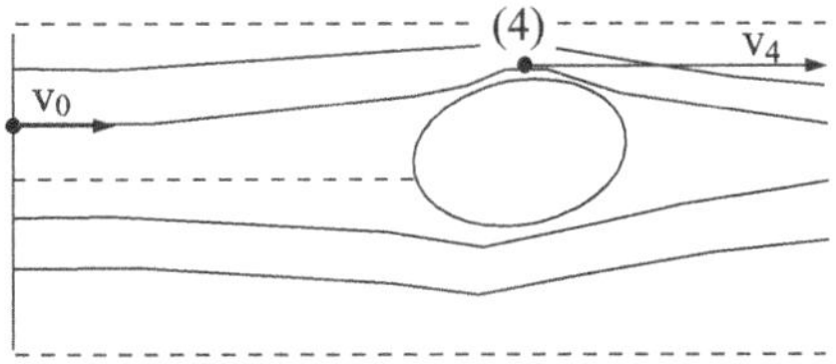

Figura 9.4

No tubo de corrente mostrado na Figura 9.4, nota-se que o ponto (4) pertence a uma seção que, devido à presença do corpo, sofre um estreitamento; logo, pela equação da continuidade, $v_4 > v_0$ e, portanto:

$$v_0^2-v_4^2=\Delta(v^2)<0$$

Dessa forma, multiplicando a Equação 9.2 por γ:

$$p_4 = p_0 + \frac{\rho\Delta\,(v^2)}{2} < p_0$$

Observam-se no corpo, então, pontos do tipo do ponto (2), em que a pressão é maior que a estática devido ao efeito da velocidade, e outros, como o ponto (4), em que a pressão é menor que a estática devido ao fato de parte da energia de pressão transformar-se em energia cinética.

Esse desbalanceamento das pressões, que não existiria se o corpo estivesse em repouso, cria o aparecimento de uma força resultante não-nula que, decomposta, dá origem às forças de arrasto e sustentação citadas anteriormente (Figura 9.5).

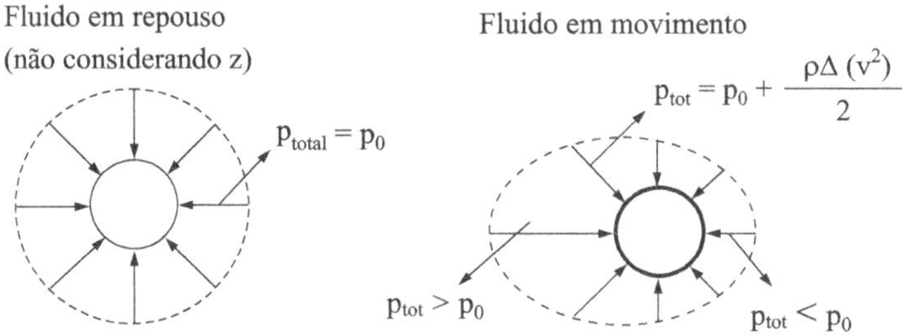

Figura 9.5

Para efeito de cálculo da força resultante, a soma não se altera subtraindo p_0 de todos os pontos. Assim, a distribuição das pressões ficaria como a da Figura 9.6.

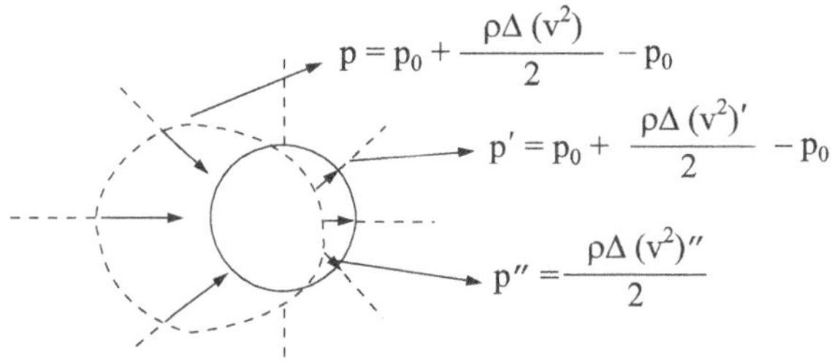

Figura 9.6

Efetivamente, tudo se passa como se o corpo estivesse em alguns pontos sujeito a uma pressão positiva e, em outros, a uma pressão negativa. Ou, em termos relativos, parte da superfície do corpo é comprimida e, em outros, é succionada. Devemos lembrar que esse conceito é apenas relativo, já que na realidade a pressão é sempre um efeito contra a superfície do corpo, apenas a compressão é maior em alguns pontos do que em outros.

Pode-se, agora, calcular a força resultante das pressões dinâmicas (relativas) numa direção qualquer, por exemplo, na direção de x (Figura 9.7).

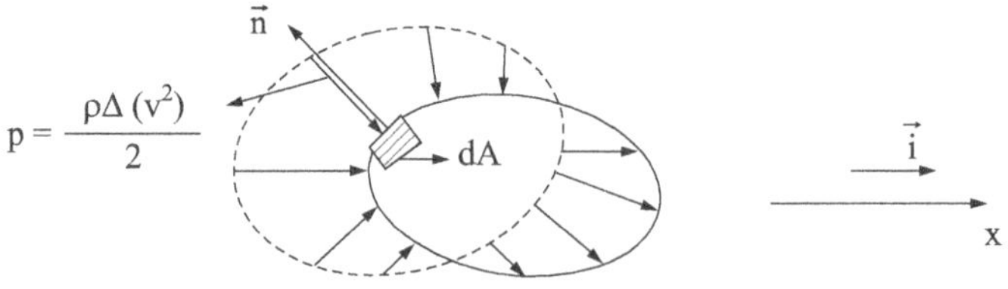

Figura 9.7

Como a pressão é uma entidade escalar, a força que age num elemento de área dA qualquer do corpo terá de ser orientada por um versor normal $\vec{n}$, dirigido para fora, por convenção. Nesse caso:

$$d\vec{F} = -p\vec{n}dA$$

Logo, na direção de x: $dF_x = -pdA\,(\vec{n} \times \vec{i}) = pdA\,(-\vec{n} \times \vec{i})$

Pela Figura 9.8, observa-se que: $dF_x = pdA \cos\theta$

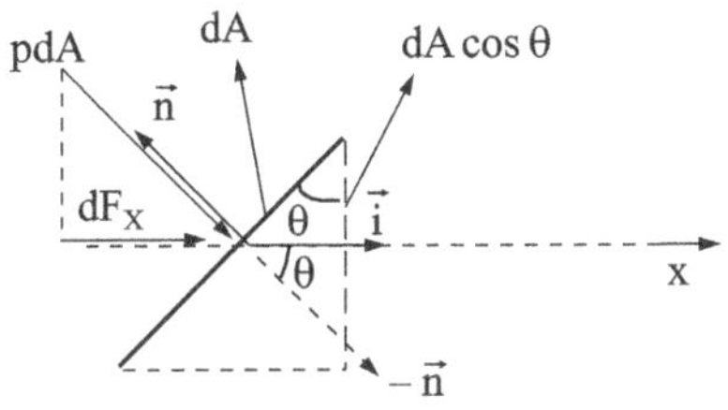

Figura 9.8

Verifica-se que dA cos θ é a projeção da dA na perpendicular a x, isto é, perpendicular à direção da força.

Seja $$dA \cos\theta = dA_x$$

Por outro lado, viu-se que: $$p = \frac{\rho\Delta\,(v^2)}{2}$$

Logo: $$dF_x = \frac{\rho\Delta\,(v^2)}{2}\,dA_x$$

Para determinar a força resultante segundo x, deverá ser feita a integral para todos os dA. Logo:

$$F_x = \int \frac{\rho\Delta\,(v^2)}{2}\,dA_x$$

Essa integração em geral esbarra na dificuldade de se obter matematicamente a distribuição de $p = \frac{\rho\Delta\,(v^2)}{2}$. É costume admitir uma expressão final que depende, por definição, de um coeficiente de correção determinado empiricamente.

Logo: $$F_x = \int \frac{\rho\Delta\,(v^2)}{2}\,dA_x = C_x\,\frac{\rho v_0^2 A_x}{2}$$

onde C_x é o coeficiente fluidodinâmico ou o coeficiente que permite que a expressão adotada venha a coincidir com o valor real de F_x.

O coeficiente adimensional C_x pode ser obtido experimentalmente, pois se

$$F_x = C_x\,\frac{\rho v_0^2 A_x}{2} \tag{9.3}$$

então: $$C_x = \frac{2F_x}{\rho v_0^2 A_x}$$

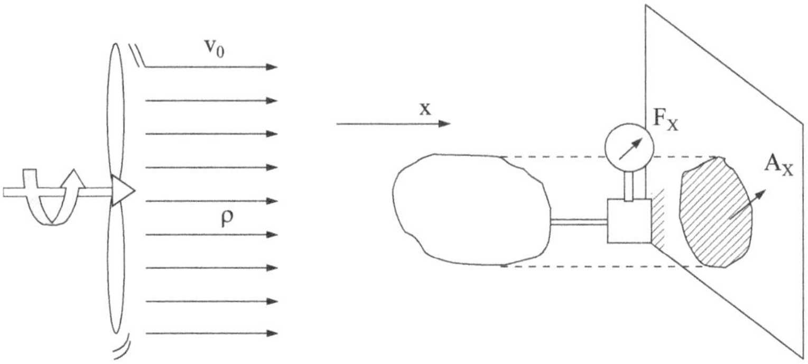

Figura 9.9

A medida de F_x é feita por meio de um dinamômetro, como esquematizado na Figura 9.9. Logo, conhecendo ρ, v_0, A_x e F_x, pode-se obter C_x.

Outra coisa importante é o fato de que A_x pode ser substituído por outra área de referência qualquer, desde que o coeficiente C seja alterado, correspondentemente, de forma a satisfazer o valor da força real. Assim, de uma forma geral:

$$F = C\frac{\rho v_0^2 A}{2} \tag{9.4}$$

onde F é a força fluidodinâmica na direção desejada, A é uma área de referência (na maioria das vezes projetada na perpendicular à direção de v_0, mas não necessariamente) e C, o coeficiente adequado para que o segundo membro da Equação 9.4 produza o resultado correto para a força que se quer calcular. Note-se que, devido ao fato de C ser um adimensional, terá o mesmo valor para qualquer protótipo de um dado modelo.

Este item teve o objetivo de mostrar a lógica de cálculo das forças fluidodinâmicas por uma expressão do tipo da Equação 9.4.

9.3 Força de arrasto de superfície

No item anterior, considerou-se fluido ideal, isto é, a ausência de tensões de cisalhamento. Verificou-se que, nesse caso, a força é causada pela resultante das pressões dinâmicas. No caso dos fluidos reais, a ação do atrito ou das tensões de cisalhamento irá causar um acréscimo na força resultante aplicada pelo fluido no sólido.

Representa-se por F_{a_s} a força de arrasto de superfície, isto é, a força provocada pelas tensões de cisalhamento na superfície sólida (Figura 9.10).

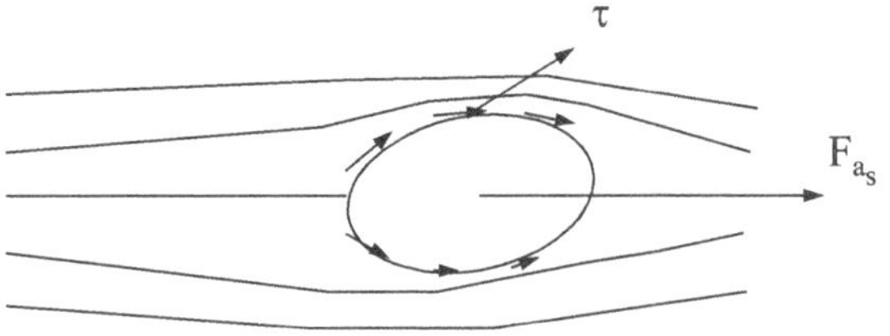

Figura 9.10

Pode-se obter F_{a_s} por: $F_{a_s} = \int \tau dA_\tau$

onde A_τ = área da superfície do corpo onde agem as tensões de cisalhamento.

Na prática, é muito difícil separar a parcela da força de arrasto devido às pressões dinâmicas, denominada 'força de arrasto de forma ou de pressão', daquela provocada pelas tensões de cisalhamento. Entretanto, é bastante instrutivo estudá-las separadamente.

Com essa finalidade, será realizado um estudo sucinto do caso limite, isto é, o caso da placa plana, muito fina, paralela ao escoamento, de forma que não aconteça nenhum efeito devido às pressões dinâmicas.

Como foi visto, a força de arrasto de superfície é devida às tensões de cisalhamento que se desenvolvem na superfície, causadas pelo gradiente de velocidade ao longo das perpendiculares à placa.

No Capítulo 7 foi visto que a região do fluido onde existe um gradiente de velocidade denomina-se camada limite. Sua existência é responsável pela força de arrasto de superfície. Ainda no Capítulo 7, verificou-se que a espessura da camada limite é variável (Figura 9.11).

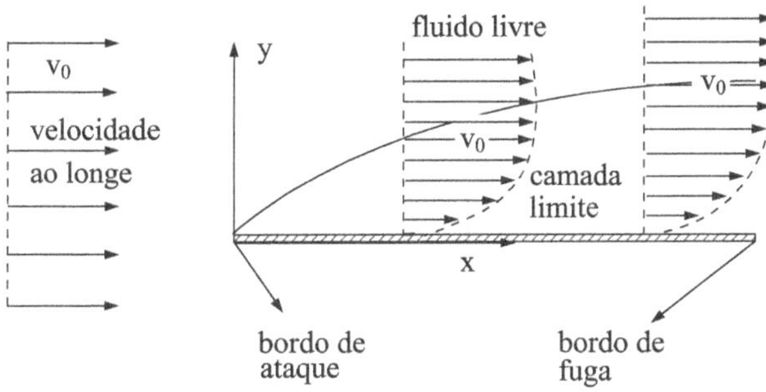

Figura 9.11

Da figura pode-se observar que o diagrama de velocidades varia ao longo da abscissa x, de forma que o gradiente dv/dy junto à placa é mais suave afastando-se do bordo de ataque. Tal fato mostra claramente que a tensão de cisalhamento é variável ao longo de x, de forma que:

$$F_{a_s} = \int \tau dA$$

Se a placa fosse retangular, de largura b constante, então:

$$F_{a_s} = \int_0^x \tau b dx$$

A integração dessa equação resolveria o problema de determinação da força de arrasto de superfície, não fosse o fato de que τ é função de dv/dx, que não é conhecido. A determinação de F_{a_s} é, portanto, difícil e requer métodos matemáticos que não serão abordados.

Se a camada limite for laminar, isto é, para $Re < Re_{cr}$ ou $L < x_{cr}$ (ver Capítulo 7), ao fazer:

$$F_{a_s} = \int_0^L \tau b dx = C_{a_s} \frac{\rho v_0^2 bL}{2} \tag{9.5}$$

Logo:

$$C_{a_s} = \frac{2}{\rho v_0^2 L} \int_0^L \tau dx \tag{9.6}$$

E, ao aplicar os métodos matemáticos citados, obtém-se:

$$C_{a_s} = \frac{1,328}{\sqrt{Re_L}} \tag{9.7}$$

onde $Re_L = \frac{v_0 L}{\nu}$ e L é o comprimento da placa considerado.

Entretanto, em geral, o x_{cr} é um valor muito pequeno e, normalmente, haverá a passagem da camada limite laminar para a turbulenta (Figura 9.12).

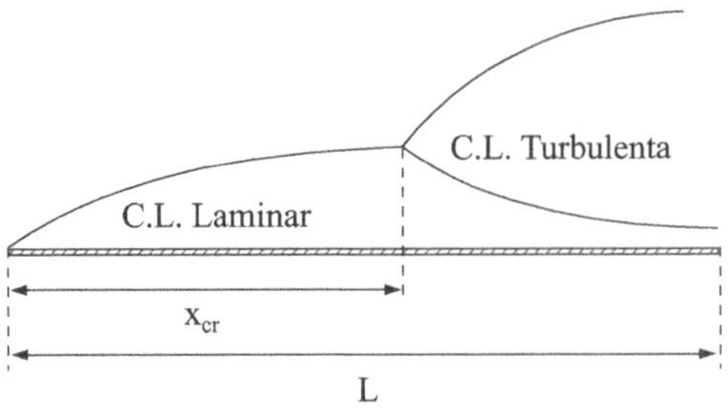

Figura 9.12

Os diagramas de velocidade na camada limite turbulenta são dados por uma expressão matemática diferente, e a integração da Equação 9.6 deverá ser realizada de outra maneira. Supondo que todos os diagramas fossem do tipo da camada turbulenta, desde o bordo de ataque, pode-se obter:

$$C_{a_s} = \frac{0{,}074}{\sqrt[5]{Re_L}} \quad (9.8)$$

Entretanto, pelo fato de a camada limite ser laminar até x_{cr}, o resultado da Equação 9.8 deverá ser corrigido. Note-se que, no caso da camada limite turbulenta, o gradiente de velocidade junto à placa é maior que na camada limite laminar, e a correção deverá ser subtrativa (Equação 9.9).

$$C_{a_s} = \frac{0{,}074}{\sqrt[5]{Re_L}} - \frac{k}{Re_L} \quad (9.9)$$

onde $k = f(Re_{cr})$ e é dado pela tabela a seguir, pois a extensão do trecho laminar depende do x_{cr}.

Re_{cr}	3×10^5	5×10^5	10^6	3×10^6
k	1.050	1.700	3.300	8.700

O valor de Re_{cr} será função da rugosidade da placa, da troca de calor entre ela e o fluido, das turbulências ao longe e de outros fatores que possam facilitar ou dificultar a passagem da camada limite de laminar para turbulenta.

Para $Re > 10^7$, Schlichting verificou que o valor de C_{as} é mais bem representado por

$$C_{a_s} = \frac{0{,}455}{(\log Re_L)^{2{,}58}} - \frac{k}{Re_L} \quad (9.10)$$

Os resultados das equações 9.9 e 9.10 são bastante próximos e pode-se utilizar indiscriminadamente a Equação 9.9.

A Equação 9.5, associada à Equação 9.7, se o comprimento da placa for menor que x_{cr}, ou à Equação 9.9, em caso contrário, permite calcular a força de arrasto de superfície em placas planas ou em superfícies onde o raio de curvatura seja grande.

Note-se que, pela Equação 9.5, calculou-se a força de arrasto num dos lados da placa. Se esta estiver submersa, a ação será dupla e a área A = bL deverá ser multiplicada por dois.

EXEMPLO

Uma placa plana retangular de 1 m de largura e 2 m de comprimento, imersa em água ($\rho = 1.000\ kg/m^3$ e $\nu = 1{,}5 \times 10^{-6}\ m^2/s$), é arrastada horizontalmente com velocidade constante de 1,5 m/s. Calcular a força necessária, supondo os três casos seguintes:

a) a camada limite mantém-se laminar desde o bordo de ataque até o bordo de fuga;

b) a camada limite é turbulenta desde o bordo de ataque;

c) o número de Reynolds crítico é 5×10^5.

Solução

A força deverá ser igual à resistência ao avanço ou à força de arrasto. Em qualquer um dos casos:

$$F_{a_s}=\frac{1}{2}C_{a_s}\rho v_0^2 A$$

onde A é duas vezes a área da placa, pois as tensões de cisalhamento agem de ambos os lados. A alteração que se tem em (a), (b) e (c) será em relação ao C_{a_s}. Logo:

$$F_{a_s}=\frac{1}{2}C_{a_s}1.000\times1{,}5^2\times2\times2\times1=4.500\,C_{a_s}$$

a) se a camada limite é totalmente laminar, tem-se:

$$C_{a_s}=\frac{1{,}328}{\sqrt{Re_L}}$$

$$Re_L=\frac{v_0L}{n}=\frac{1{,}5\times2}{1{,}5\times10^{-6}}=2\times10^{-6}$$

$$C_{a_s}=\frac{1{,}328}{\sqrt{2\times10^6}}=9{,}4\times10^{-4}$$

$$F_{a_s}=4.500\,C_{a_s}=4.500\times9{,}4\times10^{-4}$$

$$F_{a_s}=4{,}23\text{ N}$$

b) se a camada limite fosse totalmente turbulenta, o cálculo do C_{a_s} seria dado pela Equação 9.8 sem correção, isto é:

$$C_{a_s}=\frac{0{,}074}{\sqrt[5]{Re_L}}=\frac{0{,}074}{\sqrt[5]{2\times10^6}}=4{,}06\times10^{-3}$$

$$F_{a_s}=4.500\;C_{a_s}=4.500\times4{,}06\times10^{-3}$$

$$F_{a_s}=18{,}3\text{ N}$$

c) se $Re_{cr}=5\times10^5$, significa que na abscissa:

$$x_{cr}=\frac{Re_{cr}}{v_0\nu}=\frac{5\times10^5\times1{,}5\times10^{-6}}{1{,}5}=0{,}5\,\text{m}$$

haverá a passagem de laminar para turbulento.

Logo, nem o resultado do item (a) nem o do item (b) são reais; o certo será utilizar a Equação 9.9 com a correção devido à existência do trecho laminar. É óbvio que o desvio entre (c) e (b) será muito menor que o entre (c) e (a), pois o trecho laminar é muito pequeno.

$$C_{a_s}=\frac{0{,}074}{\sqrt[5]{Re_L}}-\frac{k}{Re_L}$$

Da tabela, para $Re_{cr}=5\times10^5$, obtém-se k = 1.700. Logo:

$$C_{a_s}=4{,}06\times10^{-3}-\frac{1.700}{2\times10^6}=3{,}21\times10^{-3}$$

$$F_{a_s}=4.500\;C_{a_s}=4.500\times3{,}21\times10^{-3}$$

$$F_{a_s}=14{,}4\text{ N}$$

Nesse caso, o erro cometido ao se considerar a camada limite totalmente turbulenta será:

$$\text{erro}=\frac{18{,}3-14{,}4}{18{,}3}\times100=21{,}3\%$$

É claro que o erro será tanto menor quanto menor for o x_{cr} em relação ao comprimento total da placa ou, em outras palavras, quando o comprimento do trecho da camada limite laminar for desprezível comparado com o da camada limite turbulenta.

9.4 Força de arrasto de forma ou de pressão

Para ilustrar a existência da força de arrasto de forma ou de pressão, será utilizada a descrição do escoamento em torno de um cilindro, já que a simetria permite uma explicação mais simples.

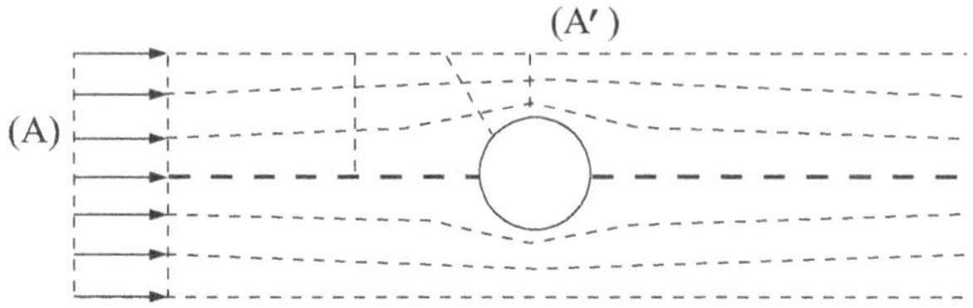

Figura 9.13

Se o escoamento fosse perfeitamente simétrico (Figura 9.13), as pressões teriam uma distribuição também simétrica, de forma que não haveria nenhum saldo em favor devido a elas.

Note-se, porém, que, no escoamento, a seção inicialmente indicada por (A) sofre uma diminuição até um mínimo em (A'), havendo, portanto, uma aceleração das partículas do fluido, que serão posteriormente desaceleradas a partir de (A'), já que a seção aumenta novamente. Não esquecer que, ao aumentar a velocidade, a pressão diminui, e vice-versa. Logo, o fluido desloca-se até (A') com uma variação negativa da pressão, que alcança um mínimo na posição de velocidade máxima, passando em seguida a crescer no sentido do escoamento. A Figura 9.14a mostra como, na realidade, apresenta-se a Figura 9.13, e a Figura 9.14b mostra a ampliação da região próxima da seção (A'), onde acontece a maior velocidade.

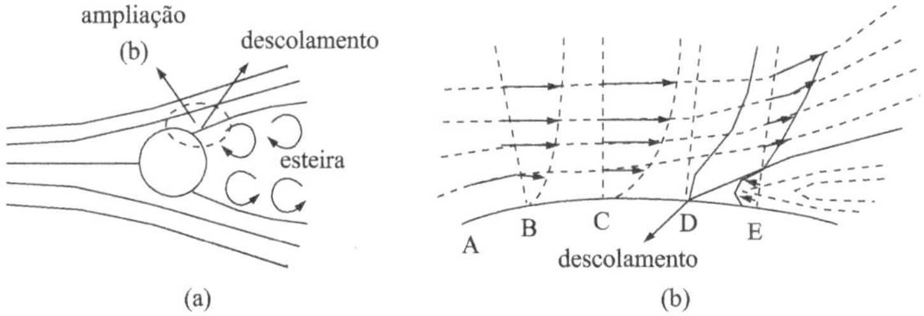

Figura 9.14

Seja o escoamento acelerado até o ponto C. Daí para a frente, o fluido desacelera-se e a pressão aumenta. Esse fenômeno denomina-se 'gradiente adverso de pressões'.

Devido à dissipação de energia, causada pelos atritos dentro da camada limite, a velocidade não retorna ao seu valor inicial, havendo uma diminuição dela em D e uma parada logo adiante, já que junto à superfície sólida as velocidades são baixas. Daí em diante, o aumento da pressão exigiria uma ulterior desaceleração, o que é impossível, pois o fluido próximo à superfície sólida parou. Nesse caso, a camada limite descola da superfície sólida. No ponto E haveria um retorno de fluido no sentido das pressões decrescentes, que viria a encher o vazio deixado pelo descolamento da camada limite. Isso na realidade não se observa, e a jusante do ponto de descolamento o escoamento caracteriza-se por uma região de redemoinhos chamada esteira do descolamento. Tal região pode ser perfeitamente observada, por exemplo, na traseira de um barco em movimento.

A uma certa distância do sólido, os redemoinhos extinguem-se pelo efeito da viscosidade.

Na esteira, o fluido não tem praticamente movimento de translação, podendo-se chamar essa região de fluido morto, como foi feito no Capítulo 8 no caso de diafragmas e bocais. Como os redemoinhos não podem retransformar a sua energia cinética em energia de pressão, a pressão na esteira permanece praticamente igual àquela da região do descolamento, que é próxima da mínima. Logo, o sólido fica na sua parte dianteira sujeito a pressões maiores que na sua parte traseira, tendo como resultante das pressões uma força no sentido do escoamento: é a força de arrasto de forma ou de pressão.

A Figura 9.15 ilustra a distribuição das pressões em torno de um cilindro de eixo normal ao escoamento.

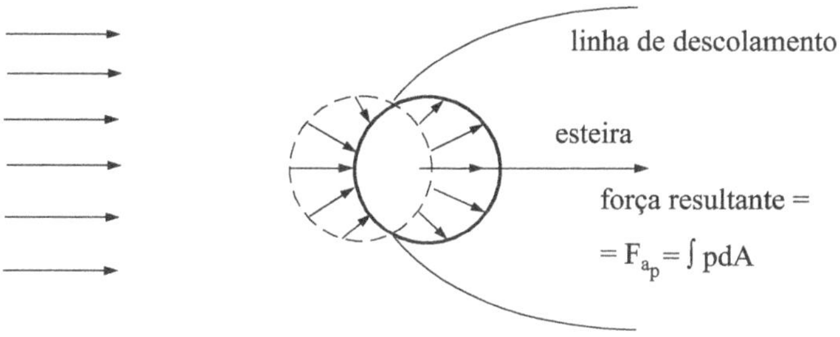

Figura 9.15

Se a pressão ao longe for atmosférica e se adotar escala efetiva, na face esquerda haverá uma compressão e na direita, uma sucção, produzindo uma resultante com o sentido indicado.

Note-se que o fenômeno acontece tanto com camada limite laminar como com turbulenta. Entretanto, o tipo de escoamento influi na posição do descolamento.

Como no movimento laminar cada partícula desloca-se com uma trajetória individual, as que estão próximas à superfície, ao encontrar o gradiente adverso de pressões, não têm um suprimento adicional de energia para enfrentá-lo. Logo, quando a camada limite é laminar, o descolamento acontece de imediato ao encontrar o gradiente adverso.

Se a camada limite for turbulenta, tal não acontece, pois a troca de energia entre as partículas, devida aos movimentos transversais ao escoamento, fornece um suprimento adicional de energia que facilita a penetração do escoamento pelo gradiente adverso.

A Figura 9.16 mostra a formação da esteira no escoamento com a camada limite laminar (a) e no escoamento com a camada limite turbulenta (b). Por essa consideração, é óbvio que na passagem de laminar para turbulento há uma queda brusca da força de arrasto.

Como já foi visto, a força de arrasto de forma ou de pressão será dada por:

$$F_{a_p} = C_{a_p} \frac{\rho v_0^2}{2} A$$

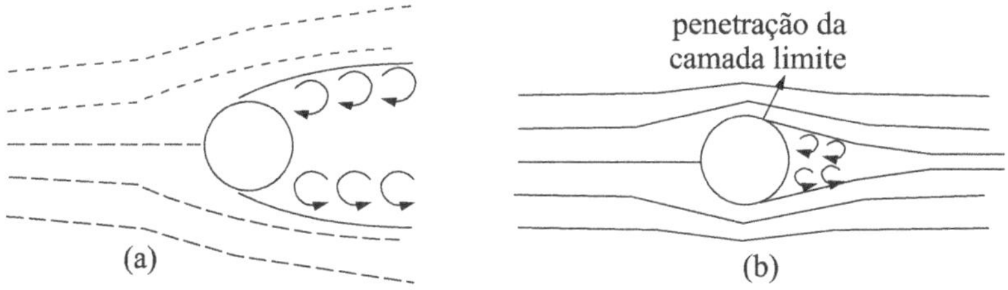

Figura 9.16

9.5 Força de arrasto total

No caso geral, não é praticável nem interessante separar nos cálculos os dois tipos de força de arrasto. A força de arrasto total é a soma das forças de arrasto de forma e de superfície.

$$F_a = F_{a_s} + F_{a_p}$$

Uma nunca aparece separada da outra, apesar de, em certos casos, uma poder ser muito pequena quando comparada à outra. De qualquer forma:

$$F_a = C_a \frac{\rho v_0^2}{2} A \qquad (9.11)$$

onde C_a será dado por C_{a_s} (equações 9.7 e 9.9) no caso de placas planas paralelas ao escoamento e experimentalmente em qualquer outro caso.

Note-se que v_0 e A podem ser a velocidade ao longe e a área projetada num plano normal ao escoamento, mas também podem ser uma velocidade e uma área de referência. Quando esse segundo caso acontecer, deverá ser informado, pois o valor do C_a terá de ser alterado de forma a obter um resultado coerente para F_a.

A seguir será estudada a variação do coeficiente de arrasto para uma esfera lisa, caso este bastante elucidativo.

A Figura 9.17 mostra a variação do coeficiente de arrasto para uma esfera lisa, em função do número de Reynolds.

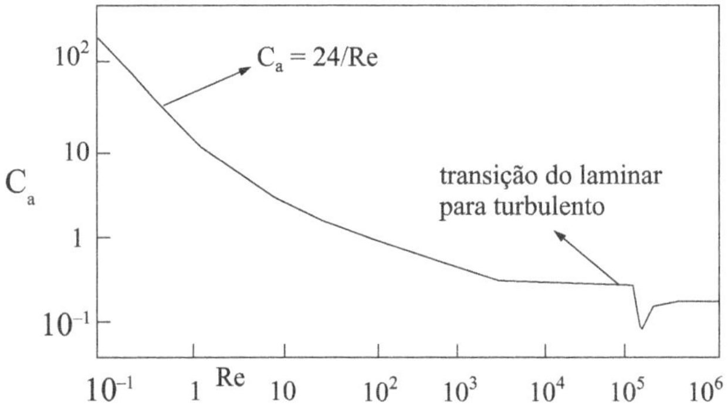

Figura 9.17

I — Para Re < 1, o escoamento é dito 'lento', e o C_a, num diagrama dilogarítmico, varia linearmente com o número de Reynolds. Nesse caso, pode-se verificar que:

$$C_a = \frac{24}{Re} \qquad (9.12)$$

Nessa situação, não acontece o descolamento, e a força de arrasto é praticamente devida somente às tensões de cisalhamento (F_{a_s}).

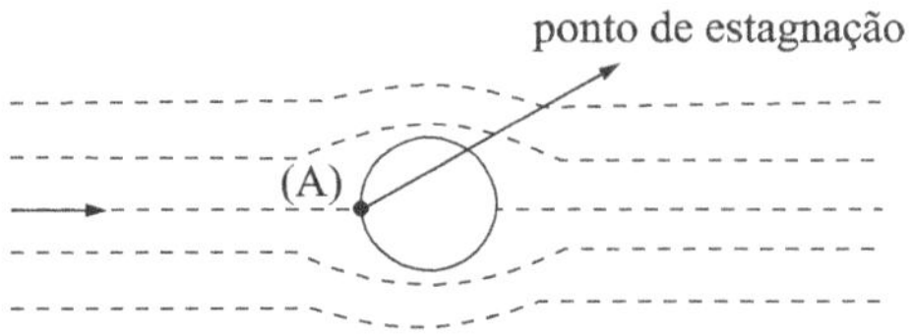

Figura 9.18

Pelas equações 9.11 e 9.12:

$$F_a = \frac{24}{Re} \rho \frac{v_0^2}{2} A$$

Mas: $$A = \frac{\pi D^2}{4} \text{ (área projetada da esfera = círculo)}$$

$$F_a = \frac{24\nu}{v_0 D} \rho \frac{v_0^2}{2} \frac{\pi D^2}{4}$$

$$F_a = 3\pi\mu v_0 D \tag{9.13}$$

Essa equação foi utilizada no Capítulo 8 para determinar a força de arrasto, para o viscosímetro de esfera.

II — Para Re > 1, a camada limite começa a descolar na traseira e o arrasto de forma começa a crescer de importância, tornando-se proporcional a v_0^2. Ao aumentar o Re, o descolamento vai se estendendo para a parte dianteira da esfera, até que, em Re ≅ 1.000, o ponto de separação fixa-se aproximadamente a 80° do ponto de estagnação.

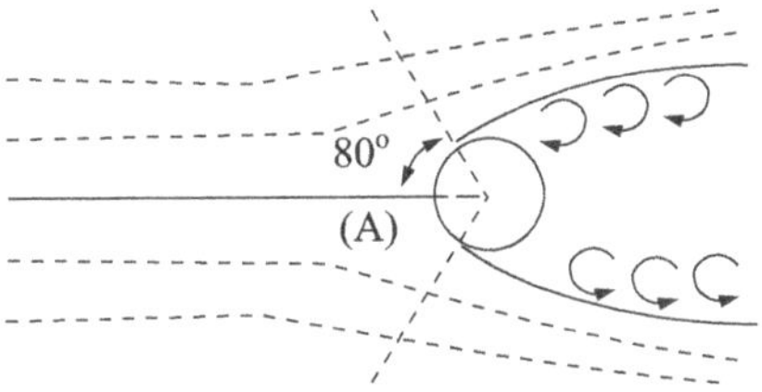

Figura 9.19

III — Para $10^3 < Re < 3{,}5 \times 10^5$, o ponto de descolamento mantém-se aproximadamente fixo e C_a será constante, valendo aproximadamente 0,45.

IV — Para $Re \cong 3{,}5 \times 10^5$, nota-se uma queda brusca do C_a. A explicação é a passagem da camada limite de laminar para turbulenta e, conforme foi visto na Figura 9.16, há um salto do ponto de descolamento da parte dianteira para a parte traseira da esfera. O ponto de descolamento irá se localizar aproximadamente a 115° do ponto de estagnação.

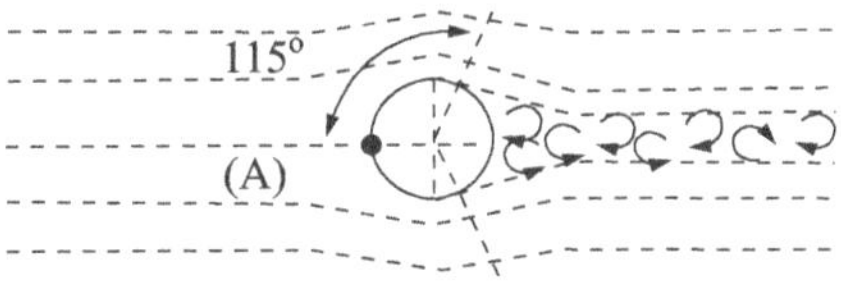

Figura 9.20

Note-se que esses resultados são para a esfera lisa. As turbulências podem ser induzidas artificialmente, tornando a superfície rugosa e com isso diminuindo o valor de C_a.

É óbvio que isso faz aumentar o arrasto de superfície, mas nesse caso ele é secundário e é plenamente compensado pela diminuição do arrasto de forma. Exemplos desse efeito podem ser observados nas bolas de tênis ou de golfe, que não são lisas exatamente para induzir a uma camada limite turbulenta.

Nesse ponto, é fácil entender por que se utilizam corpos de forma alongada, ditos aerodinâmicos, para aplicações em que a força de arrasto deve ser a menor possível. Tais corpos permitem que a camada limite e as trajetórias das partículas os contornem com facilidade, não causando acelerações muito bruscas que criariam um elevado gradiente adverso de pressões e, conseqüentemente, um grande descolamento.

Dessa forma, ao alongar suavemente os corpos, a força de arrasto será relativamente baixa, pois o descolamento acontecerá na traseira, numa área pequena. O alongamento do corpo causa, porém, um acréscimo do arrasto de superfície e, portanto, a melhor forma aerodinâmica é aquela que causa a menor soma dos dois efeitos, o de forma e o de superfície.

Contrariamente aos corpos aerodinâmicos, tem-se os corpos 'abruptos', que oferecem grande resistência ao avanço. Como exemplo, pode-se citar uma placa plana perpendicular ao escoamento. Nesses corpos, o coeficiente de arrasto, para Re > 100, é praticamente constante (Figura 9.21) e em geral pode ser adotado aproximadamente 1,2.

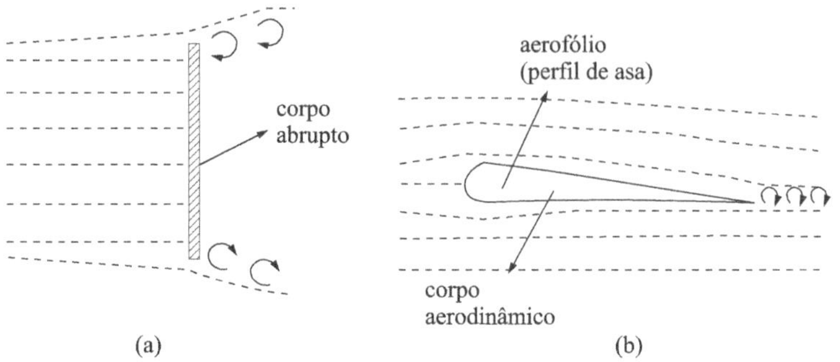

Figura 9.21

Os valores dos coeficientes de arrasto referentes a diversos corpos, para diferentes Re, podem ser encontrados na literatura especializada.

EXEMPLO

Qual será a máxima velocidade de descida de um pára-quedista que pesa com seu equipamento 1.200 N, sendo que o pára-quedas tem um diâmetro de 6 m e um coeficiente de arrasto igual a 1,2?

De que altura se deveria saltar sem pára-quedas para chegar ao solo com a mesma velocidade? (ρ_{ar} = 1,2 kg/m^3)

Solução

Sabe-se que a força de arrasto aumenta com a velocidade; logo, o pára-quedista atingirá a máxima velocidade quando o seu peso for equilibrado pela força de arrasto.

Assim:
$$F_a = G$$

Mas:
$$F_a = C_a \rho \frac{v_0^2}{2} A$$

onde A = área projetada num plano perpendicular ao escoamento, isto é:

$$A = \frac{\pi D^2}{4} \text{ (área do círculo do pára-quedas)}$$

$$C_a \rho \frac{v_0^2}{2} \frac{\pi D^2}{4} = G \text{ ou}$$

$$v_0 = \sqrt{\frac{8G}{C_a \rho \pi D^2}} = \sqrt{\frac{8 \times 1.200}{1,2 \times \ 1,2\pi \times 6^2}} = 7,7 \text{ m/s}$$

Saltando sem pára-quedas, a resistência do ar será desprezível. Trata-se de calcular a altura de queda livre de um corpo para que alcance no solo uma velocidade de 7,7 m/s. Pode-se utilizar a expressão:

$$v = \sqrt{2gh}$$

Logo:
$$h = \frac{v^2}{2g} = \frac{7,7^2}{20} = 2,93 \text{ m}$$

9.6 Força de sustentação

A teoria da força de sustentação envolve conceitos não abordados neste livro, como o conceito de circulação, que o leitor poderá consultar na literatura a respeito. O item será abordado de forma mais prática, sem esses conceitos.

A força de sustentação pode estar presente em qualquer objeto; entretanto, o corpo destinado a provocar propositadamente essa força é o aerofólio ou perfil de asa. A explicação qualitativa mais elementar do aparecimento da força de sustentação é o fato de a velocidade do fluido ser diferente nas duas faces do aerofólio, provocando o diferencial de pressões causador de uma força resultante perpendicular à direção do movimento (Figura 9.22a). Tal fato, que pode ser deduzido pela equação de Bernoulli, é mostrado na Figura 9.22b.

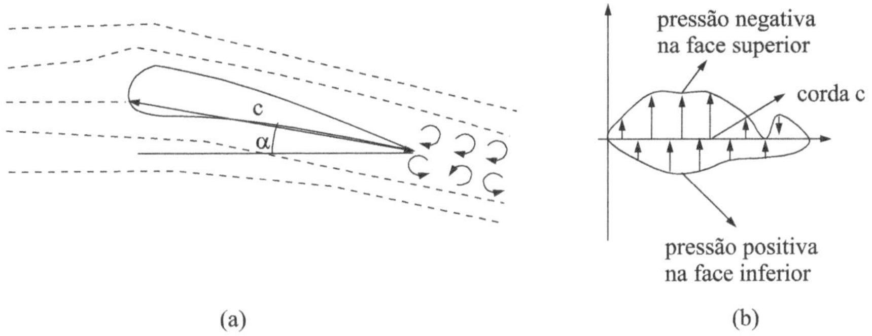

Figura 9.22

A diferença de pressão entre as faces do aerofólio resulta numa força para cima ou de sustentação, que, por analogia com as expressões apresentadas para a força de arrasto, poderá ser calculada por:

$$F_s = C_s \rho \frac{v_0^2}{2} A$$

onde: A = área de referência e C_s = coeficiente de sustentação.

A Figura 9.23 mostra a nomenclatura para o caso de um aerofólio.

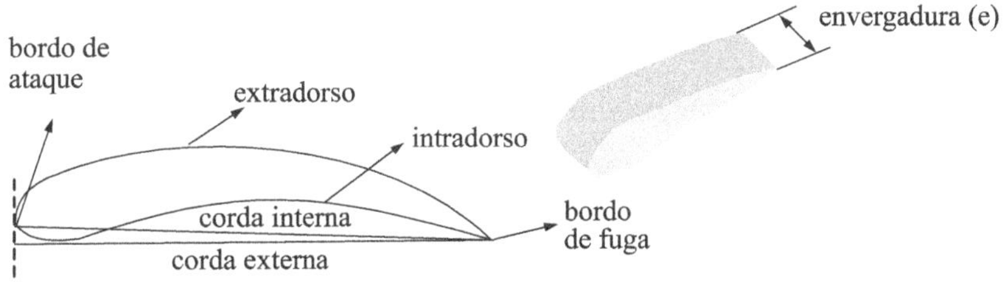

Figura 9.23

No caso do aerofólio, a área de referência é dada por:

$A = \text{corda} \times \text{envergadura} = c \times e$

A utilização da corda externa ou interna depende das normas utilizadas.

Assim, no caso de aerofólios, as forças de arrasto e de sustentação são dadas, respectivamente, por:

$$F_a = C_a \frac{\rho v_0^2 ce}{2}$$

$$F_s = C_s \frac{\rho v_0^2 ce}{2}$$

A linha média do aerofólio é chamada linha de camber e o ângulo formado entre a corda e a direção do escoamento é o ângulo de ataque (Figura 9.24).

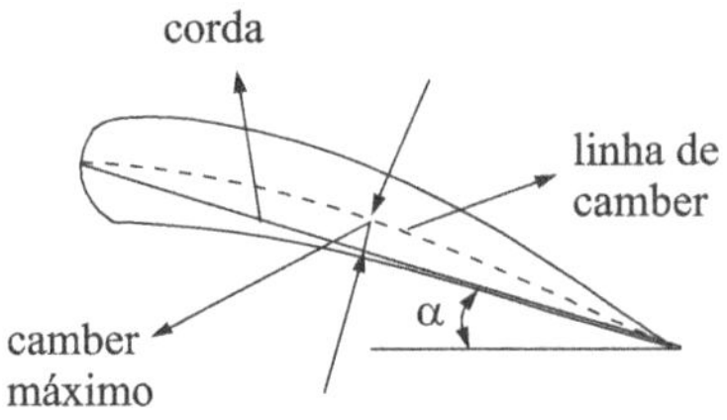

Figura 9.24

O 'camber' máximo deve ser maior para se obter sustentação em baixas velocidades; nas altas, poderá ser menor.

Como o C_s é função do ângulo de ataque, experimentalmente é feita a determinação dessa variação, que é representada em gráficos (Figura 9.25).

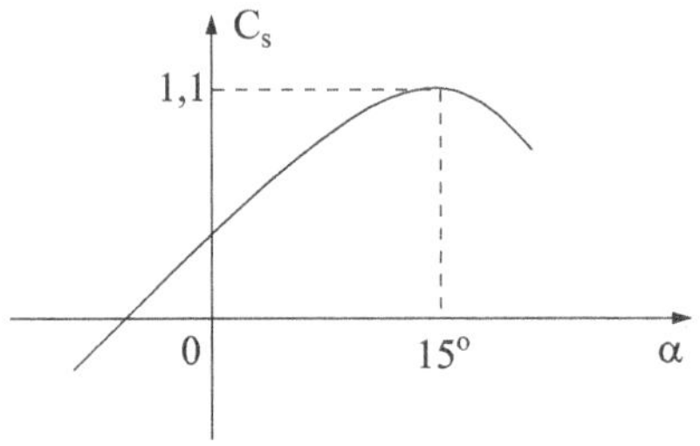

Figura 9.25

Na Figura 9.25, observa-se que mesmo para um ângulo de ataque nulo ainda há uma sustentação positiva em virtude do 'camber' do aerofólio. Se este fosse simétrico (camber = 0), então o gráfico passaria pela origem.

Conforme o ângulo de ataque aumenta, chega-se a uma condição em que o aerofólio comporta-se como corpo abrupto, isto é, a camada limite descola totalmente, provocando um aumento sensível da força de arrasto e uma diminuição brusca da força de sustentação. Nessa situação, diz-se que o aerofólio estola (*stall*).

Uma curva que representa bem as características de um aerofólio é o diagrama polar, em que se lança $C_s = f(C_a)$ utilizando o ângulo de ataque como parâmetro (Figura 9.26).

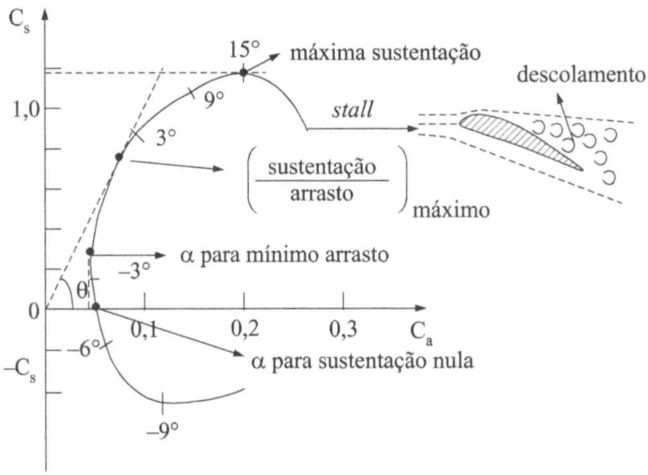

Figura 9.26

Os pontos notáveis do diagrama estão indicados nele próprio.

Note-se que, ao traçar linhas a partir da origem (pólo) até os pontos da curva, obtêm-se, com o eixo dos C_a, ângulos θ cuja tangente corresponde a C_s/C_a.

Logo, o máximo ângulo θ corresponde ao $(C_s/C_a)_{max}$, e ao se traçar uma tangente da origem à curva pode-se determinar o ângulo de ataque para o melhor rendimento do perfil.

Esses diagramas são obtidos por ensaios em túneis aerodinâmicos e são apresentados em normas e manuais.

Exercícios

9.1 Deixa-se cair livremente uma esfera de massa específica 2.040 kg/m^3 num tanque que contém glicerina de massa específica 1.290 kg/m^3 e viscosidade cinemática $2{,}7 \times 10^{-2}\ m^2/s$. A velocidade final constante da esfera é tal que Re = 0,1. Qual é a força de arrasto na esfera e qual é a velocidade final?

Resp.: $F_a = 0{,}873$ N; v = 4,4 cm/s

9.2 Uma esfera de 15 cm de diâmetro é colocada numa corrente de ar de $\rho = 1{,}2\ kg/m^3$. O dinamômetro indica uma força de 1,14 N. Qual é a velocidade do ar? ($\nu_{ar} = 10^{-5}\ m^2/s$)

Resp.: v = 15,5 m/s

9.3 Um balão contém hélio e é lançado no ar, que no local tem massa específica 1,2 kg/m^3. O balão mais os acessórios pesam 240π N. Escolher, entre os diâmetros indicados a seguir, aquele que permite uma ascensão com a velocidade mais próxima de 10 m/s. Escolhido o diâmetro, verificar qual será a velocidade real de subida, supondo o coeficiente de arrasto 0,266. Se o balão é ancorado ao solo e é atingido por um vento de 36 km/h, determinar o ângulo que o cabo de ancoragem formará com o solo. Diâmetros (m): 4,8; 5,2; 5,6; 6,0; 6,4.

Resp.: D = 5,6 m; v = 9,43 m/s; $\alpha = 41{,}6^{o}$

9.4 Os testes com um automóvel revelaram que ele tem um coeficiente de arrasto constante igual a 0,95. A área projetada é considerada 2,52 m^2. Construir o gráfico da potência necessária para vencer a resistência do ar em função da velocidade. ($\rho_{ar} = 1{,}2\ kg/m^3$)

9.5 Num viscosímetro de esfera, uma esfera de aço de massa específica $\rho = 7.800\ kg/m^3$ e diâmetro 1 mm afunda num líquido de massa específica $\rho = 800\ kg/m^3$, com uma velocidade limite de 2 cm/s. Calcular a viscosidade cinemática do fluido.

Resp.: $\nu = 2{,}43\ cm^2/s$

9.6 No teste de um veículo, num túnel aerodinâmico, foi levantada a curva de potência gasta para vencer a força de arrasto do ar em função de sua velocidade. Sendo a vista frontal do veículo indicada na figura, determinar o seu coeficiente de arrasto. Dados: $\rho_{ar} = 1{,}2\ kg/m^3$; Área A = 0,72 m^3; Área B considerada retangular.

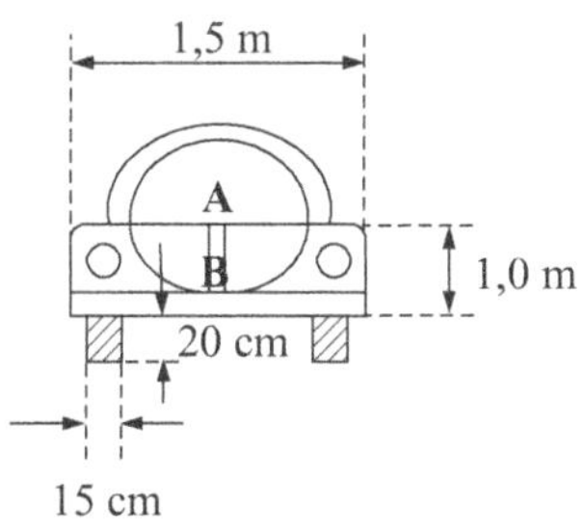

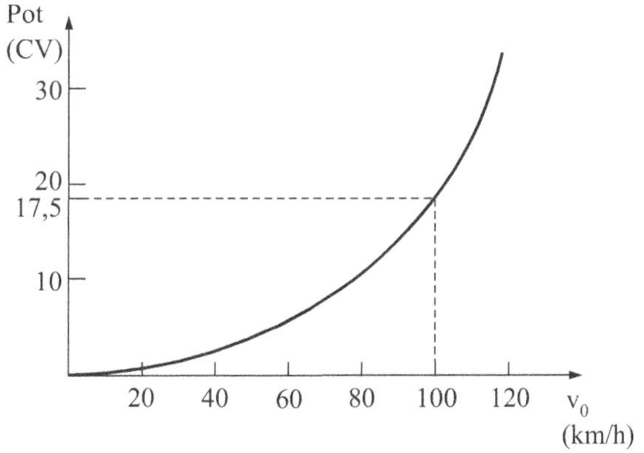

Resp.: $C_a = 0{,}44$

9.7 Deseja-se impulsionar uma embarcação de 10^5 N de peso à velocidade de 72 km/h. A embarcação é sustentada por uma asa submarina cujos coeficientes de sustentação e arrasto são, respectivamente, 0,7 e 0,06. Determinar:

a) a área da asa;

b) a potência necessária para a propulsão.

Resp.: $A = 0{,}714\ m^2$; $N = 171\ kW$

9.8 Uma gota de chuva tem diâmetro médio de 2,5 mm. Calcular a velocidade limite da gota se o ar tem $\rho = 1{,}2\ kg/m^3$ e $\nu = 1{,}8 \times 10^{-6}\ m^2/s$.

Resp.: $v_o = 7{,}9\ m/s$

9.9 Água escoa sob uma placa plana de 10 cm de comprimento e 20 cm de largura, com uma velocidade de 0,1 m/s. Determinar a força de arrasto que age na placa. ($\nu = 10^{-6}\ m^2/s$ e $\rho = 1.000\ kg/m^3$)

Resp.: $F_a = 133$ dina

9.10 Uma barcaça de casco chato de 20 m de comprimento e 7 m de largura está imersa em profundidade de 1,5 m e deve ser empurrada com uma velocidade de 3,6 km/h. Estimar a potência necessária para efetuar o serviço se $\nu = 10^{-6}\ m^2/s$ e $\rho = 1.000\ kg/m^3$.

Resp.: $N = 6{,}5\ kW$

9.11 A asa de um avião tem 7,5 m de envergadura e 2,1 m de corda. Estimar a força de arrasto na asa utilizando os resultados para o escoamento sobre uma placa plana e admitindo a camada limite turbulenta desde o bordo de ataque, quando o avião voa a 360 km/h. Qual seria a redução de potência necessária se fosse feito o controle da camada limite de forma a assegurar escoamento laminar até o bordo de fuga? ($\nu = 10^{-5}\ m^2/s$; $\rho = 1{,}0\ kg/m^3$)

Resp.: $F_a = 407$ N; 88,3%

9.12 Determinar a relação entre a velocidade constante de subida de uma bolha de ar de diâmetro 1 mm dentro da água e a velocidade constante de descida de uma gota de água de mesmo diâmetro no ar. Dados: $\rho_{ar} = 1{,}0\ kg/m^3$; $\rho_{H_2O} = 1.000\ kg/m^3$; $C_a = 0{,}5$.

Resp.: $\dfrac{v_{H_2O}}{v_{ar}} = 31{,}6$

9.13 Uma placa de 0,9 m × 1,2 m move-se com 13,2 m/s em ar parado, com uma inclinação de 12° com a horizontal. Sendo $C_a = 0{,}17$; $C_s = 0{,}72$; $\rho = 1{,}2\ kg/m^3$; A = área de referência = área da placa, determinar:

a) a força resultante exercida pelo ar sobre a placa;

b) a força de atrito;

c) a potência necessária para manter a placa em movimento.

Resp.: a) F = 83,5 N; b) 1,9 N; c) 0,25 kW

9.14 Um anemômetro, utilizado para medir a velocidade do vento, consiste de duas semi-esferas ocas montadas em sentidos opostos sobre dois braços iguais, que podem girar livremente quando montados sobre um eixo vertical. Qual é o momento necessário para manter o dispositivo estacionário, quando o vento tem uma velocidade de 36 km/h? ($\rho_{ar} = 1{,}0\ kg/m^3$)

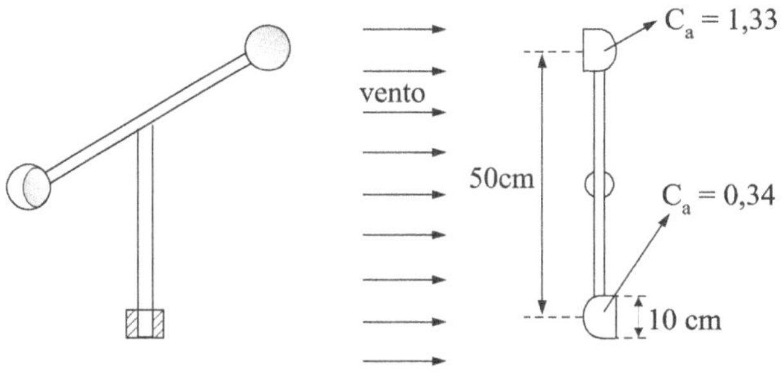

Resp.: M = 0,097 N.m

9.15 Um avião pesa 18 kN e tem uma área de asa de 27 m^2. Qual deverá ser o ângulo de ataque das asas a uma velocidade de 160 km/h? Supor que o coeficiente de sustentação varie linearmente de 0° a 6° desde 0,35 até 0,8. (ρ = 1,2 kg/m^3)

Resp.: $\alpha = 2{,}8°$

9.16 Um papagaio pesa 1 N e tem uma área de 74,4 dm^2. A tensão na linha é 30 N quando ela forma um ângulo de 45° com a direção do vento. Para um vento de 36 km/h, quais serão os coeficientes de arrasto e de sustentação, a fim de que o papagaio forme um ângulo de 30° com a horizontal? (ρ_{ar} = 1,2 kg/m^3. Considerar o peso aplicado no centro geométrico e adotar a área projetada como área de referência.)

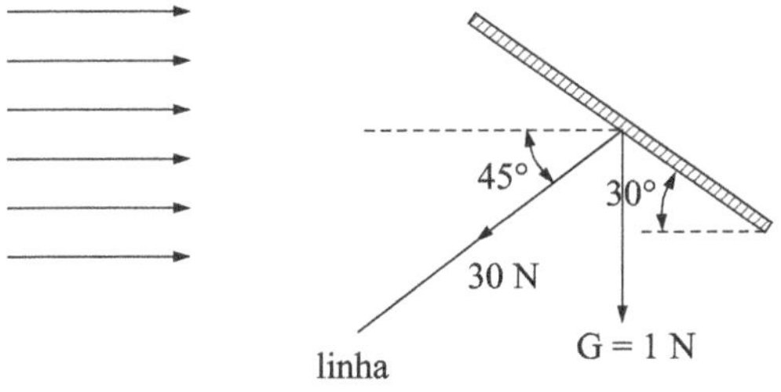

Resp.: $C_a = 0{,}95$; $C_s = 1$

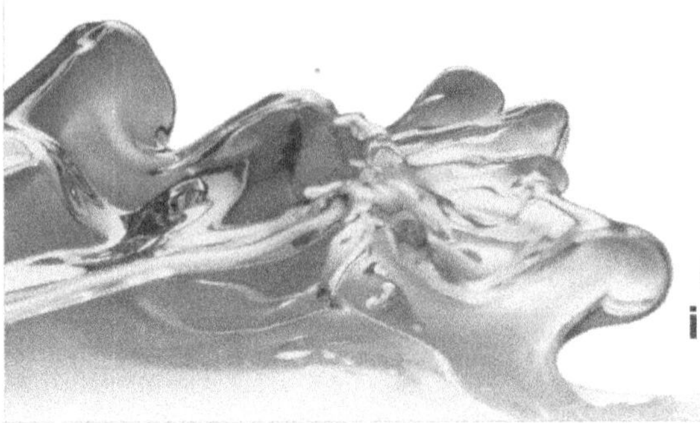

CAPÍTULO 10

Generalização das equações integrais para regime variado

10.1 Introdução

Nos capítulos 3, 4 e 5 foram apresentadas as equações da continuidade, da energia e da quantidade de movimento mantendo-se a hipótese de regime permanente. Essa abordagem permite que o leitor se familiarize com os termos dessas equações sem o envolvimento da variação com o tempo, já que essa hipótese permite que o fluido observado e suas propriedades tenham a imagem repetida em todos os instantes.

Nos capítulos mencionados, em primeiro lugar, foi realizado um estudo para um tubo de corrente, para limitar o estudo do fluxo a apenas duas seções: uma de entrada e uma de saída. Posteriormente, as três equações foram generalizadas para diversas entradas e saídas. Para facilitar a generalização, neste capítulo, serão explicitados os conceitos de sistema e volume de controle, que naqueles capítulos ficaram apenas implícitos.

Sistema é uma porção fixa e definida de matéria (Figura 10.1).

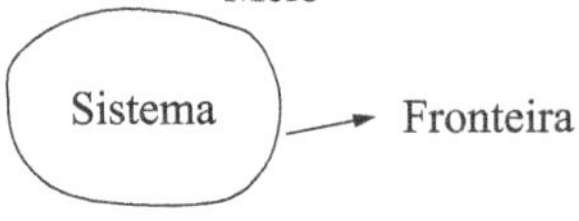

Figura 10.1

O estudo das propriedades do sistema baseia-se exatamente no fato de que não há troca de massa entre ele e o meio através da fronteira, sendo sempre constituído das mesmas partículas. As grandezas associadas a um sistema, como velocidade, aceleração, volume, energia, temperatura e outras, deverão ser determinadas em cada instante ao longo de sua trajetória, pelo método denominado lagrangeano.

A Figura 10.2 mostra a evolução de um sistema ao longo de sua trajetória, em que o objetivo seria, por exemplo, o de determinar a velocidade $\vec{v}$ do seu centro de gravidade em função da sua posição no espaço em cada instante.

Logo: $$\vec{v} = f(x, y, z, t)$$

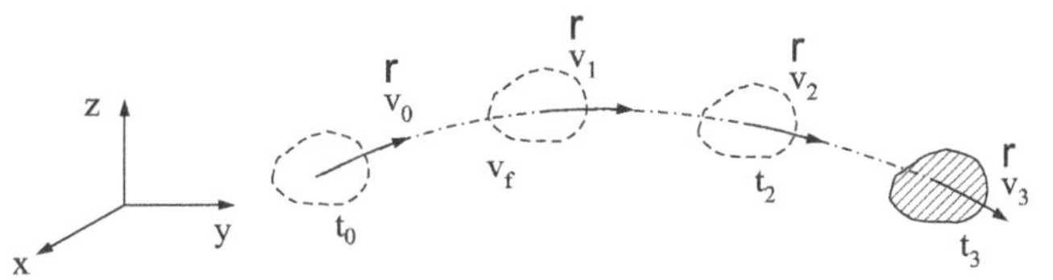

Figura 10.2

O método lagrangeano pode ser utilizado na Mecânica dos Fluidos; entretanto, na maioria dos problemas em que se lida com conjuntos de partículas, pode ser difícil identificar o sistema ao longo do movimento ou pode não interessar a obtenção de previsões sobre suas propriedades futuras.

Por exemplo, escolhendo como sistema em estudo uma porção de fluido na entrada de uma bomba, ficará difícil acompanhá-la até a saída e então identificá-la, pois a agitação provocada pelo rotor da bomba fará com que suas partículas se separem (Figura 10.3).

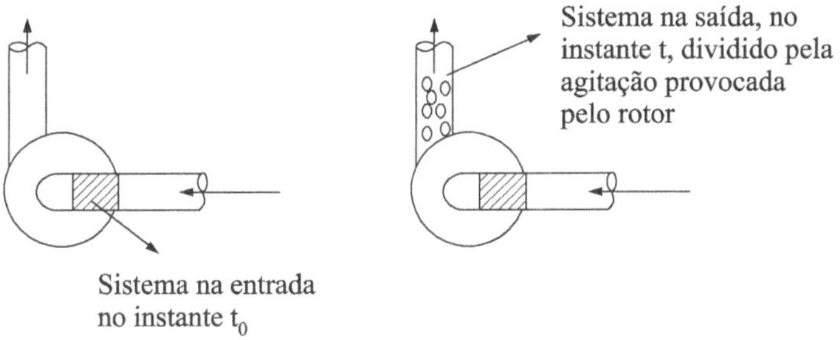

Figura 10.3

Um outro exemplo que ilustra o que foi dito corresponde ao estudo dos gases expelidos por um foguete, cujas propriedades são importantes para a propulsão. Nesse caso, as propriedades do gás só interessam no instante da saída, não importando conhecê-las no futuro, quando já tiverem se afastado d%0o foguete e se espalhado no espaço (Figura 10.4).

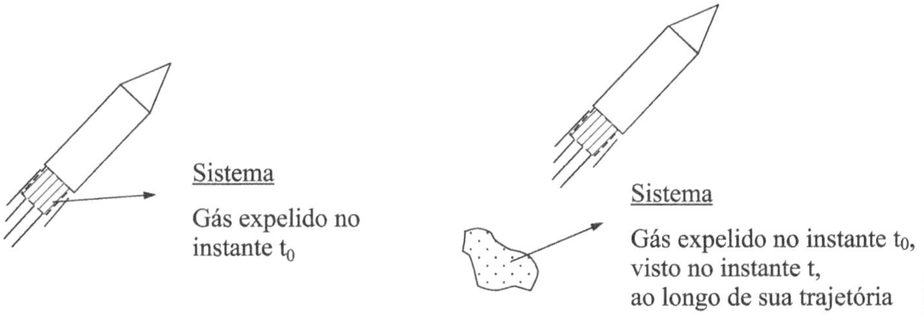

Figura 10.4

Pelo exposto, nota-se que o método lagrangeano é de maior importância no estudo de sólidos, que se mantêm coesos e para os quais se deseja determinar as propriedades ao longo da trajetória, com o passar do tempo.

No caso do estudo dos fluidos, é mais interessante lembrar que, sendo o escoamento contínuo, o observador poderá fixar a sua atenção numa região do espaço por onde o fluido estiver passando e, nela, determinar as propriedades da porção de fluido que em cada instante estiver ocupando essa região. É claro que, se as informações obtidas na região não forem suficientes, o observador poderá voltar a sua atenção a tantas outras regiões quantas forem necessárias, ao longo do escoamento.

Essa região denomina-se volume de controle (VC) e em cada instante é ocupada por diferentes sistemas.

Portanto, volume de controle (VC) é uma região do espaço em que se fixa a atenção para o estudo das propriedades do fluido que passa por ela em cada instante. A fronteira do volume de controle denomina-se superfície de controle (SC).

Por exemplo, no caso da bomba da Figura 10.5, o observador não se preocuparia em acompanhar o sistema que entra por (e), uma vez que já vimos que seria difícil localizar em (s). Ele se preocupará com as propriedades nas seções (e) e (s), no mesmo instante, verificando a sua variação entre a entrada e a saída da bomba. O observador poderá, por exemplo, fazer leituras simultâneas de manômetros instalados nas duas seções.

No caso do foguete, o volume de controle seria fixado na seção de saída dos gases, onde, em cada instante, suas propriedades seriam responsáveis pela propulsão. O observador não se preocuparia com a evolução das propriedades do sistema (1) que abandona o foguete, mas com as propriedades dos diversos sistemas, que em cada instante ocupam o volume de controle escolhido. Em termos reais, seria possível imaginar diversos sensores na seção de saída, que em cada instante registrariam as propriedades do gás de exaustão do foguete.

Dependendo das necessidades do estudo, o volume de controle pode ser fixo em relação a um sistema de referência inercial adotado, podendo ser móvel ou deformável se toda a superfície de controle ou parte dela se mover durante a observação.

Esse método denomina-se euleriano e, no caso do estudo de fluidos, mostra-se mais adequado que o lagrangeano, cujo equacionamento procura acompanhar o sistema ao longo de sua trajetória.

Nos capítulos 3, 4 e 5, nas equações da continuidade, da energia e da quantidade de movimento, já se usou esse método sem explicitá-lo, em primeiro lugar adotando um volume de controle especial, isto é, um tubo de corrente, e posteriormente analisando diversas entradas e saídas. Entretanto, na ocasião, adotou-se constantemente a hipótese de regime permanente.

Neste capítulo, deseja-se generalizar aquelas equações para a aplicação em regime variado e reduzir as restrições estabelecidas nos capítulos mencionados.

É claro que, dentro das hipóteses estabelecidas, as equações já apresentadas são válidas para a solução dos problemas.

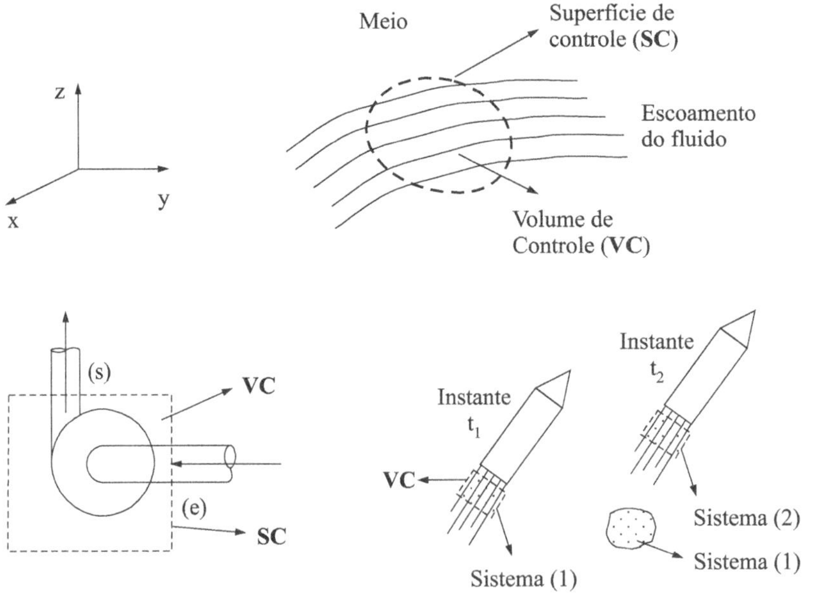

Figura 10.5

10.2 Vazão generalizada

No Capítulo 3 já foram apresentadas as definições de vazão em volume, massa e peso. Naquele capítulo apelou-se para a intuição do leitor, afirmando-se que a vazão é o volume, massa ou peso que passam através de uma certa seção, por unidade de tempo. Note-se que, ao se analisar o fluido atravessando uma seção, utiliza-se o método euleriano, fixando o observador num VC e olhando o fluido passar através da SC.

Na realidade, pelo método lagrangeano não é possível estabelecer a idéia de vazão, já que, ao acompanhar o sistema ao longo da trajetória, não há como observar o fluxo através de uma seção pré-selecionada. É, portanto, no método euleriano que surge essa idéia, observando o fluido atravessar a SC de um VC adequadamente escolhido para a solução de um dado problema.

Na Figura 10.6a escolheu-se um VC no interior do escoamento de um fluido e, no instante inicial tV0, observa-se o sistema fluido que coincide com aquele. Deixando passar um pequeno intervalo de tempo Δt, esse sistema desloca-se ao longo de sua trajetória, saindo parcialmente do VC e atravessando a SC. Supondo o fluido um meio contínuo, o espaço liberado pelo sistema inicial passará a ser ocupado por um novo sistema.

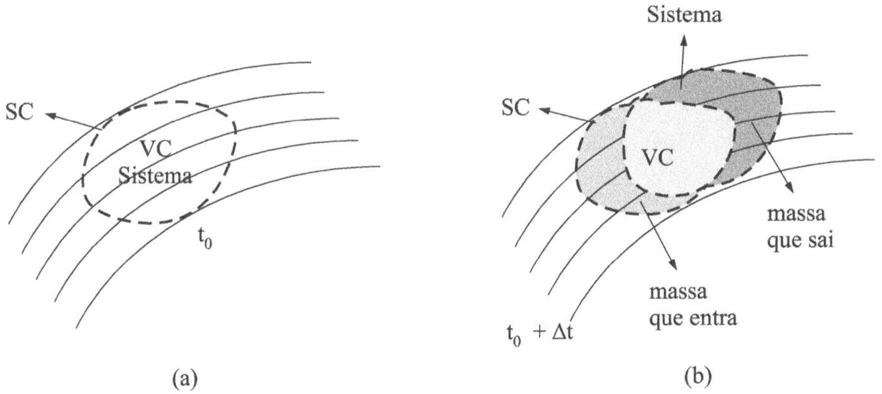

Figura 10.6

É nessa situação que as definições de vazão em volume, massa e peso assumem o seu significado,%0 isto é, são o volume, a massa ou o peso que atravessam uma seção da SC por unidade de tempo.

No Capítulo 3, quando se definiram as vazões e o seu relacionamento com a velocidade do fluido, admitiu-se implicitamente que a massa específica fosse uniforme em todos os pontos da seção e que os vetores da velocidade fossem perpendiculares a ela. Essas hipóteses, se bem que restritivas, referem-se à grande maioria dos problemas e atingem os objetivos daqueles capítulos, nos quais se desejava estabelecer conceitos simples. Entretanto, desejando-se estabelecer equações gerais, é necessário não impor nenhuma restrição. Nesse caso, seria admitida a possibilidade de que a massa específica fosse variável nos pontos onde o fluido atravessa a SC e que o vetor $\vec{v}$, além de variável, possa não ser perpendicular à seção. Além disso, a superfície de controle pode ser móvel em relação a um sistema de referência adotado e, nesse caso, o que interessa é a velocidade do sistema fluido em relação à superfície de controle e não em relação ao sistema de referência, isto é, o que interessa é a velocidade relativa e não a absoluta. Lembre o leitor dessa observação, pois, para não complicar a notação, não será utilizado o índice r para indicar o uso da velocidade relativa. Para o cálculo da vazão em massa na entrada e saída do VC, serão ampliadas essas seções da Figura 10.6b.

Como a massa específica e a velocidade podem ser diferentes de um ponto a outro, será adotado um ponto na SC (Figura 10.7).

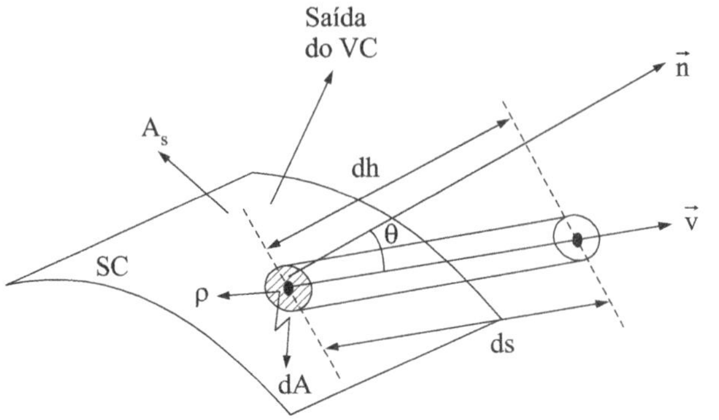

Figura 10.7

No entorno do ponto é adotada uma área infinitesimal dA para garantir que existam um único $\vec{v}$ e um único valor de ρ.

Lembrando que o volume de um prisma é calculado por:

$$dV = \text{Área da base (dA)} \times \text{Altura (dh)}$$

então, a massa que atravessa o dA no intervalo de tempo dt será:

$$dm = \rho dV = \rho dA\, dh$$

Como a altura está na direção perpendicular à base dA, essa direção é obtida por um versor $\vec{n}$, como já foi feito no Capítulo 5.

Sendo a distância percorrida pelo fluido na direção de $\vec{v}$ dada por:

$$ds = vdt$$

então:

$$dh = ds \cos\theta = vdt \cos\theta$$

ou

$$dm = \rho dA v \cos\theta\, dt$$

e como a vazão em massa através do dA é $dQ_m = \dfrac{dm}{dt}$

então:

$$dQVm = \rho v\, dA \cos\theta$$

Note-se que: $\vec{v} \times \vec{n} = v \,.\, 1 \,.\, \cos(\vec{v}, \vec{n}) = v \,.\, \cos\theta = v_n$

então:

$$dQ_m = \rho \vec{v} \times \vec{n} dA = \rho v_n dA$$

onde vVn é a componente da velocidade segundo o versor da normal $\vec{n}$, isto é, v . cos θ.

Logo, a vazão em massa na seção de saída do VC será:

$$Q_{m_s} = \int_{SC_{Saída}} \rho v_n dA = \int_{SC_{Saída}} \rho v \cos\theta \,.\, dA = \int_{SC_{Saída}} \rho \vec{v} \times \vec{n} dA \qquad (10.1)$$

A Figura 10.8 mostra a situação na entrada do VC.

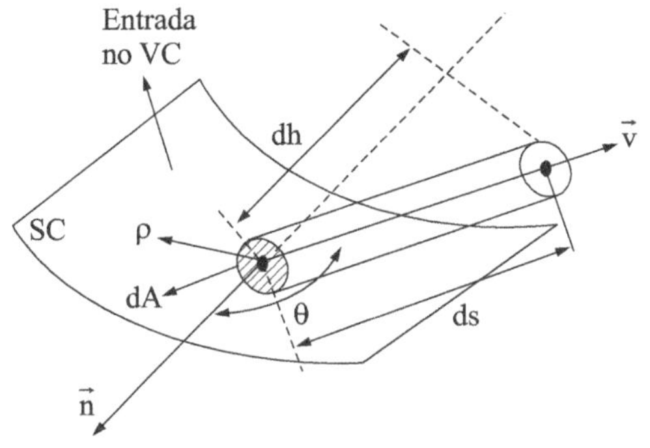

Figura 10.8

Seguindo o mesmo raciocínio, obtém-se:

$$Q_{m_e} = \int_{SC_{entrada}} \rho\vec{v}\times\vec{n}dA = \int_{SC_{entrada}} \rho v_n\, dA = \int_{SC_{entrada}} \rho v \cos\theta\,.\, dA \qquad (10.2)$$

Como $\vec{n}$ é sempre dirigido para fora, no caso da entrada, o ângulo θ será maior que 90°, correspondendo a um cosseno negativo.

É claro que a vazão em si é sempre um valor positivo; entretanto, o sinal indicará se ela é de entrada ou de saída.

Diante disso, a vazão em massa na entrada ou na saída do VC será dada por:

$$Q_m = \int_{SC} \rho\vec{v}\times\vec{n}dA = \int_{SC} \rho v\,.\,\cos\theta\,.\,dA = \int_{SC} \rho v_n\, dA \qquad (10.3)$$

com o sinal determinado pelo cos θ.

Lembrar que a vazão em volume é a vazão em massa dividida pela massa específica ρ; logo:

$$Q = \int_{SC} \vec{v}\times\vec{n}dA = \int_{SC} v\,.\,\cos\theta\,.\,dA = \int_{SC} v_n\, dA \qquad (10.4)$$

Não esqueçer que, se a superfície de controle estiver em movimento, a velocidade $\vec{v}$ deverá ser substituída pela velocidade em relação à SC.

Além disso, a existência de $\vec{v}\times\vec{n}$ diferente de zero, numa seção de entrada ou de saída do VC, caracteriza uma passagem de fluido através da superfície de controle que é denominada fluxo do vetor $\vec{v}$.

10.3 Equação da continuidade na forma integral para volume de controle

Ao generalizar as equações, devem ser eliminadas as suas restrições. No Capítulo 1 definiu-se a massa específica ou densidade como:

$$\rho = \frac{m}{V}$$

Essa definição parte do pressuposto de que a substância seja homogênea, isto é, com ρ uniforme em todo o volume; caso contrário, a massa específica, assim determinada, representaria apenas o valor médio.

Se a massa específica variar de um ponto a outro, a sua definição deverá se referir a um volume infinitesimal em volta de um ponto, isto é:

$$\rho = \frac{dm}{dV} \qquad (10.5)$$

Nesse caso, para determinar a massa do sistema será necessário efetuar uma integração:

$$m_{sis} = \int_{V_{sis}} \rho \, dV \quad \textbf{(10.6)}$$

onde o índice VVsis significa que a somatória, realizada através da integral, deverá ser estendida a todo o volume do sistema.

Seja um trecho de escoamento de fluido que se deseja estudar (Figura 10.9a).

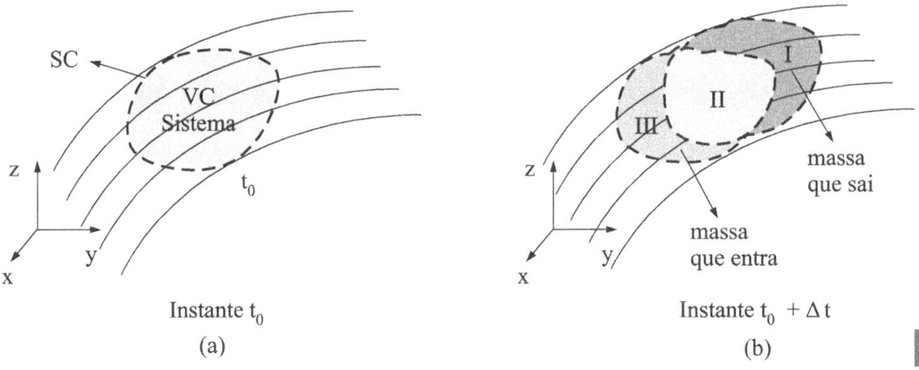

Figura 10.9

Para esse estudo adota-se no instante tV0 um volume de controle adequado às necessidades e, nesse instante, haverá um sistema coincidindo com o volume.

Estando o fluido em movimento no instante tV0 + Δt, o sistema se deslocará em relação ao volume de controle, que poderá ser fixo ou deformável (Figura 10.9b).

O movimento relativo do sistema produz três regiões distintas. A região I representa a porção do sistema que desencontrou com o VC, a região II, a que ainda coincide com o VC no instante tV0 + Δt, e a região III, o novo sistema que ocupa no VC o espaço deixado pelo sistema inicial. Note-se que, ao observar a evolução do sistema ao longo de sua trajetória, usa-se o método lagrangeano, enquanto ao observar os acontecimentos no VC usa-se o método euleriano.

No instante tV0:

$$m_{sis}(t_0) = m_{VC}(t_0) \quad \textbf{(10.7)}$$

onde mVVC (tV0) significa a massa contida no VC no instante tV0, enquanto mVsis(tV0) significa a massa do sistema observada no instante tV0.

No instante tV0 + Δt:

$$m_{VC}(t_0 + \Delta t) = m_{II} + m_{III} \quad \textbf{(10.8)}$$

Mas:

$$m_{II} = m_{sis}(t_0 + \Delta t) - m_I \quad \textbf{(10.9)}$$

Substituindo a Equação 10.9 na Equação 10.8, obtém-se:

$$m_{VC}(t_0 + \Delta t) = m_{sis}(t_0) - m_I + m_{III} \quad \textbf{(10.10)}$$

Logo, a variação da massa contida no VC, no intervalo de tempo Δt, será obtida pela diferença entre as equações 10.10 e 10.7.

$$m_{VC}(t_0 + \Delta t) - m_{VC}(t_0) = m_{sis}(t_0 + \Delta t) - m_I + m_{III}$$

ou

$$m_{sis}(t_0 + \Delta t) - m_{sis}(t_0) = m_{VC}(t_0 + \Delta t) - m_{VC}(t_0) + m_I - m_{III} \quad \textbf{(10.11)}$$

Dividindo a expressão por Δt, para obter as características por unidade de tempo e passando-se ao limite para Δt tendendo a zero, resulta:

$$\lim_{\Delta t \to 0} \frac{m_{sis}(t_0 + \Delta t) - m_{sis}(t_0)}{\Delta t} = \frac{dm_{sis}}{dt}$$

Esse termo representa a variação instantânea da massa do sistema, quando evolui ao longo de sua trajetória. Nesse caso, usa-se o símbolo da derivada total $\frac{d}{dt}$ para indicar que a variação é função da posição (x,y,z) ocupada ao longo da trajetória pelo método lagrangeano.

Por outro lado: $$\lim_{\Delta t \to 0} \frac{m_{VC}(t_0 + \Delta t) - m_{VC}(t_0)}{\Delta t} = \frac{\partial m_{VC}}{\partial t}$$

Nesse caso, utiliza-se o símbolo de derivada parcial $\frac{\partial}{\partial t}$ por se tratar de uma variação local, com o passar do tempo, na região observada pelo método euleriano.

Os outros dois termos $\lim_{\Delta t \to 0} \frac{m_I}{\Delta t}$ e $\lim_{\Delta t \to 0} \frac{m_{III}}{\Delta t}$ representam as tendências de fluxo de massa através da SC, respectivamente, saindo e entrando no VC. Lembre que a massa que passa por unidade de tempo é a vazão em massa QVm.

Logo, após as operações indicadas, a Equação 10.11 fica:

$$\frac{dm_{sis}}{dt} = \frac{\partial m_{VC}}{\partial t} + Q_{m_s} - Q_{m_e} \tag{10.12}$$

onde os índices (s) e (e) representam saída e entrada, respectivamente.

Pelas equações 10.6 e 10.3, a Equação 10.12 também pode ser escrita:

$$\frac{d}{dt}\int_{V_{sis}} \rho\, dV = \frac{\partial}{\partial t}\int_{VC} \rho\, dV + \int_{SC} \rho \vec{v} \times \vec{n} dA \tag{10.13}$$

Lembrar que o termo $\int_{SC} \rho \vec{v} \times \vec{n} dA$ terá seu sinal fixado pelo cos θ, onde θ é o ângulo formado entre $\vec{v}$ e $\vec{n}$ que, nas entradas, é maior que 90°, produzindo um fluxo de sinal negativo, e nas saídas é menor que 90°, resultando num fluxo de sinal positivo.

Pode-se lembrar agora que a massa do sistema é constante, por definição, e, portanto, a variação com o tempo $\frac{d}{dt}\int_{V_{sis}} \rho\, dV$, ao longo da trajetória, será nula.

Por outro lado, $\frac{\partial}{\partial t}\int_{VC} \rho\, dV$ representa a variação da massa dentro do VC que, com o passar do tempo, poderá não ser nula. Isto é, a taxa de variação da massa dentro do VC dependerá dos diferentes sistemas que o ocuparem com o passar do tempo.

Pelas observações anteriores, a equação geral da continuidade resulta em:

$$\frac{\partial}{\partial t}\int_{VC} \rho\, dV + \int_{SC} \rho \vec{v} \times \vec{n} dA = 0 \tag{10.14}$$

Lembrar que se o VC for deformável, isto é, se a SC estiver em movimento, o vetor $\vec{v}$ corresponderá à velocidade relativa observada de um sistema de referência fixo no VC.

Caso o regime seja permanente, as propriedades do fluido não variarão em cada ponto do VC com o passar do tempo e, portanto:

$$\frac{\partial}{\partial t}\int_{VC} \rho\, dV = 0$$

Conseqüentemente, a Equação 10.14 ficará: $\int_{SC} \rho \vec{v} \times \vec{n} dA = 0$

ou, havendo diversas entradas e saídas do VC:

$$\sum_s Q_m - \sum_e Q_m = 0 \quad \text{ou} \quad \sum_e Q_m = \sum_s Q_m$$

No caso em que o fluido seja incompressível, para o qual $\rho = c^{te}$ em todos os pontos, obtém-se:

$$\sum_e Q = \sum_s Q$$

Essas últimas equações correspondem aos resultados obtidos no Capítulo 3 e são casos particulares da Equação 10.14.

EXEMPLO

Uma caldeira tem um volume interno de 3,4 m³, sendo que inicialmente 2,8 m³ são ocupados por água líquida (ρ = 1.000 kg/m³) e o restante é ocupado por vapor (ρ = 65 kg/m³).

Determinar:

a) massa inicial total de líquido e vapor na caldeira;

b) a vazão em massa de água que entra e a vazão em massa que sai;

c) após 10 minutos, qual a massa total (líquido e vapor) contida na caldeira?

Dados: D_1 = 2,5 cm; D_2 = 5 cm; v_1 = 3 m/s; v_2 = 20 m/s. (Quando nada for indicado, supõe-se que as velocidades sejam as médias nas seções e que seus vetores sejam perpendiculares a elas.)

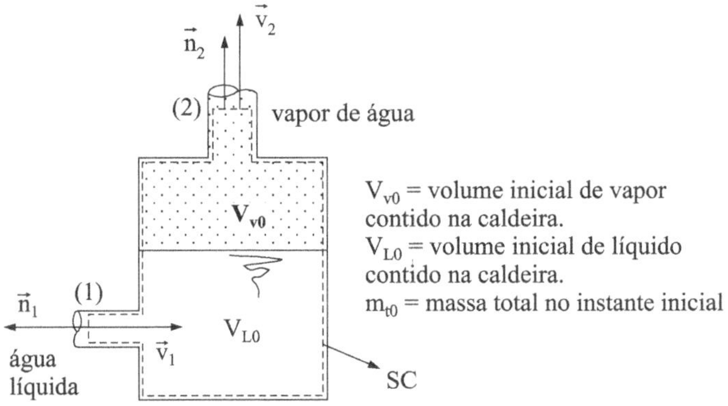

a) $m_{t0} = V_{L0}\rho_1 + V_{v0}\rho_2$

$V_{v0} = V_t - V_{L0} = 3{,}4 - 2{,}8 = 0{,}6\ m^3$

$m_{t0} = 3{,}4 \times 1.000 + 0{,}6 \times 65 = 2.839$ kg

b) $Q_m = \int_{SC} \rho \vec{v} \times \vec{n} dA$

$$Q_{m1} = \int_{A_1} \rho_L v_n \cos\theta\, dA = \rho_L v_1 \cos 180^\circ A_1 = -\rho_L v_1 \frac{\pi D_1^2}{4}$$

No caso do cálculo avulso da vazão, pode-se adotá-la em módulo, não esquecendo o sinal na hora da aplicação na equação da continuidade.

$$|Q_{m1}| = 1.000 \times 3 \times \frac{\pi \times 0{,}025^2}{4} = 1{,}47 \text{ kg/s}$$

$$Q_{m2} = \int \rho_v \vec{v} \times \vec{n} dA = \rho_v v_2 \cos 0^\circ A_2 = \rho_v v_2 \frac{\pi D_2^2}{4}$$

$$Q_{m2} = 65 \times 3 \times \frac{\pi \times 0{,}05^2}{4} = 2{,}55 \text{ kg/s}$$

c) $\frac{\partial}{\partial t}\int_{VC}\rho\, dV + \int_{SC}\rho\vec{v}\times\vec{n}dA = 0$

$$\frac{\partial}{\partial t}\left[\int_{V_L}\rho\, dV + \int_{V_v}\rho\, dV\right] - |Q_{m1}| + Q_{m2} = 0$$

$$\frac{\partial}{\partial t}(m_L + m_v) = Q_{m1} - Q_{m2}$$

$$\frac{\partial}{\partial t}m_t = Q_{m1} - Q_{m2}$$

Como a variação da massa é local, no volume de controle, somente com o passar do tempo a derivada parcial poderá ser confundida com a total e, portanto:

$$dm_t = (Q_{m1} - Q_{m2})\, dt$$

ou: $\int_{m0}^{m_f} dm_t = \int_0^t (Q_{m1} - Q_{m2})dt$

onde: m_f = massa final no volume de controle, e as vazões em massa nas seções de entrada e saída são constantes com o passar do tempo. Logo:

$$m_f - m_{t_0} = (Q_{m1} - Q_{m2})t$$

$$m_f = m_{t_0} + (Q_{m1} - Q_{m2})t$$

$$m_f = 2.839 + (1{,}47 - 2{,}55)\times 10\times 60 = 2.191 \text{ kg}$$

EXEMPLO

Um fluido (ρ = 800 kg/m^3; $\nu = 10^{-5}$m^2/s) escoa lentamente pela tubulação de descarga de um reservatório, com o diagrama de velocidades $v = v_{máx}\left[1 - \left(\frac{r}{0{,}05}\right)^2\right]$. É claro que ao esvaziar o reservatório o $v_{máx}$ diminui com o passar do tempo; entretanto, admite-se que, a partir do nível inicial, em que h_0 = 3 m, e durante 2 min, a velocidade seja aproximadamente constante, com $v_{máx}$ = 0,2 m/s. Sendo a área da seção do tanque A_{tan} = 0,5 m^2, determinar a taxa de variação do nível do tanque $\left(\frac{dh}{dt}\right)$ e, pela hipótese adotada, determinar o novo nível após 2 min.

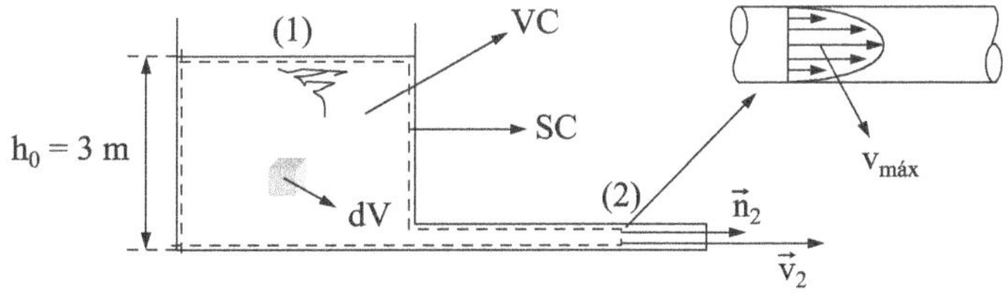

Solução

Num instante qualquer, o VC fixo estará na seguinte situação:

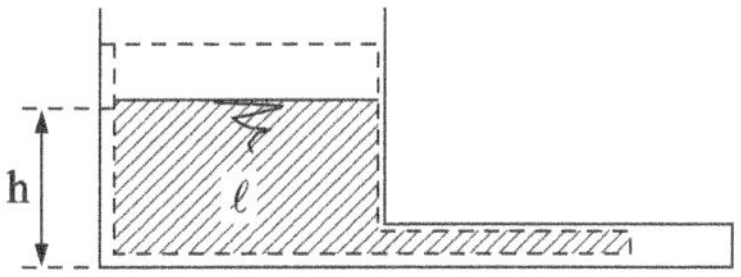

A massa no VC seria:

$$\int_{V_\ell} \rho_\ell \, dV + \int_{V_{ar}} \rho_{ar} \, dV$$

Entretanto, como $\rho_{ar} << \rho_\ell$, o segundo termo pode ser desprezado em relação ao primeiro e pode-se abandonar o índice ℓ, lembrando que os dados sempre serão referidos ao líquido.

Logo:
$$\frac{\partial}{\partial t}\int_V \rho \, dV + \int_{SC} \rho \vec{v} \times \vec{n} dA = 0$$

Como $\rho = c^{te}$ para todos os dV (líquido), o primeiro termo fica assim:

$$\frac{\partial \rho}{\partial t}\int_V dV$$

e como $\rho = c^{te}$ com o passar do tempo, em cada ponto, tem-se: $\rho \frac{\partial V}{\partial t}$

Note-se que o volume de líquido contido no VC varia em cada instante e é, portanto, função do tempo t, não podendo ser colocado para fora da derivada. Como V só é função de t, a derivada local ou parcial pode ser confundida com a total $\frac{d}{dt}$, e como num instante qualquer $V = A_{tan} h$:

$$\frac{\partial}{\partial t}\int_V \rho \, dV = \rho A_{tan} \frac{dh}{dt}$$

O segundo termo da equação resulta em:

$$\int_{SC} \rho \vec{v} \times \vec{n} dA = \rho v_m \cos 0^\circ A = \rho v_m \frac{\pi D^2}{4} = Q_m$$

Sendo que D = 0,1 m, observando a expressão da velocidade, em que R = 0,05 m e $v_m = \frac{v_{máx}}{2} = 0{,}1$ m/s, conforme foi visto no Capítulo 3.

Logo:
$$Q_m = 800 \times 0{,}1 \times \frac{\pi \times 0{,}1^2}{4} = 0{,}628 \text{ kg/s}$$

Como:
$$\rho A_{tan} \frac{dh}{dt} = -Q_m$$

Então:
$$\frac{dh}{dt} = -\frac{Q_m}{\rho A_{tan}} = \frac{0{,}628}{800 \times 0{,}5} = -1{,}57 \times 10^{-3} \text{ m/s}$$

Portanto:
$$\int_{h_0}^{h} dh = \int_0^t (-1{,}57 \times 10^{-3}) dt$$

ou
$$h - h_0 = -1{,}57 \times 10^{-3} t$$
$$h = h_0 - 1{,}57 \times 10^{-3} t$$

Após 2 min: $h = 3 - 1{,}57 \times 10^{-3} \times 2 \times 60 = 2{,}812$ m.

10.4 Relacionamento geral entre as propriedades do sistema e as equações integrais para volume de controle

As propriedades de um sistema podem ser classificadas em extensivas e intensivas.

Propriedades extensivas são as que dependem da quantidade de matéria que constitui o sistema. Exemplos: m, V, EVcin etc.

Propriedades intensivas são as que independem da quantidade de matéria do sistema. As intensivas naturais são a pressão e a temperatura.

Entretanto, qualquer propriedade extensiva por unidade de massa torna-se intensiva. Essas propriedades denominam-se específicas.

Supondo as propriedades homogêneas, o teste para verificar se a propriedade é extensiva ou intensiva pode ser realizado da seguinte forma:

Divide-se o sistema em partes. Se em cada parte a propriedade se reduzir proporcionalmente à massa, então será extensiva; se independer da variação da massa, será intensiva (Figura 10.10).

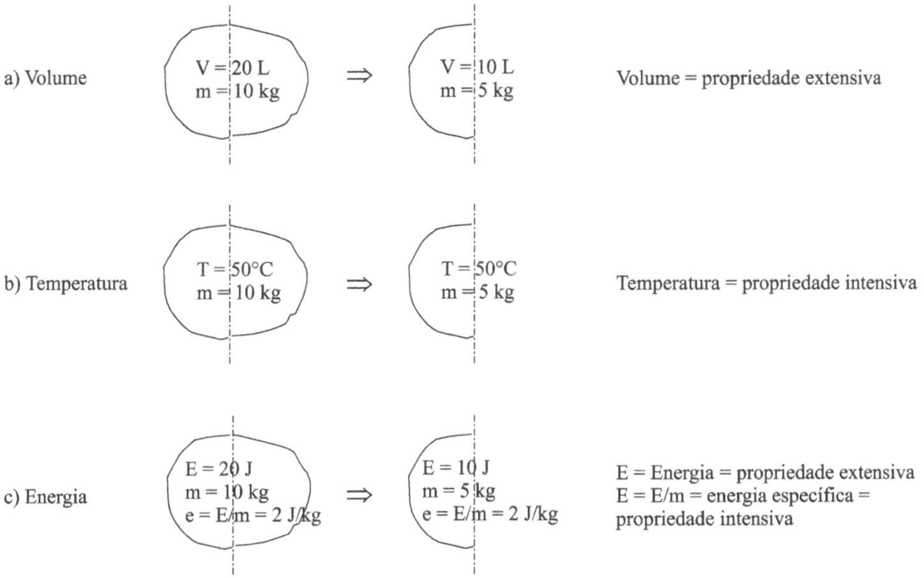

Figura 10.10

A propriedade específica de uma certa propriedade extensiva será representada pelo mesmo símbolo, mas com letra minúscula.

O que se nota da Figura 10.10 é que, por exemplo, a energia é uma propriedade extensiva, mas a energia específica (e), isto é, a energia por unidade de massa, passa a ser uma propriedade intensiva.

Note-se que a operação realizada na Figura 10.10c pode ser realizada indefinidamente, até se chegar a uma massa infinitesimal. Isso faz com que as propriedades intensivas possam ser atribuídas a um ponto de sistema (Figura 10.11).

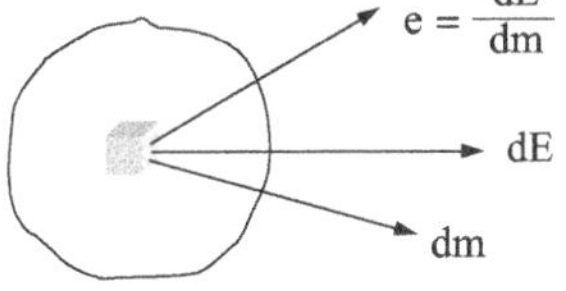

Figura 10.11

Logo:

$$dE = edm = \rho edV \Rightarrow E = \int_{Sis} \rho edV$$

Pelo exposto, pode-se concluir que qualquer propriedade específica de uma extensiva sempre pode ser associada à massa infinitesimal do fluido e a extensiva correspondente pode ser obtida pela operação de integração indicada.

Essa possibilidade permite criar um relacionamento entre qualquer propriedade extensiva do sistema e o VC, com base na Equação 10.13.

Verifica-se que:

A derivada em relação ao tempo de uma propriedade extensiva do sistema é igual à derivada dessa propriedade no volume de controle, mais o fluxo através da superfície de controle.

(Lembrar que o fluxo pode ser positivo ou negativo, dependendo de se tratar de uma saída ou de uma entrada do VC.)

Seja N uma propriedade extensiva qualquer do sistema e n a específica correspondente, isto é:

$$n = \frac{dN}{dm} \Rightarrow dN = ndm = n\rho\, dV$$

Então:

$$\frac{dN_{sis}}{dt} = \frac{\partial N_{VC}}{\partial t} + \int_{SC} n\rho\vec{v} \times \vec{n} dA \tag{10.15}$$

ou:

$$\frac{d}{dt}\int_{Sis} n\rho\, dV = \frac{\partial}{\partial t}\int_{VC} n\rho\, dV + \int_{SC} n\rho\vec{v} \times \vec{n} dA \tag{10.16}$$

Por exemplo, se N = m (massa do sistema), $n = \frac{N}{m} = 1$, logo:

$$\frac{d}{dt}\int_{Sis} \rho\, dV = \frac{\partial}{\partial t}\int_{VC} \rho\, dV + \int_{SC} \rho\vec{v} \times \vec{n} dA$$

que coincide com a Equação 10.13.

Se, por exemplo, $N = m\vec{v}$ (quantidade de movimento do sistema), então $n = \vec{v}$; logo:

$$\frac{d}{dt}\int_{Sis} \rho\vec{v}\, dV = \frac{\partial}{\partial t}\int_{VC} \rho\vec{v}\, dV + \int_{SC} \rho\vec{v}\vec{v} \times \vec{n} dA$$

Considerar que se $\int_{SC} \rho \times \vec{n} dA$ representa o fluxo da massa através da superfície de controle, então $\int_{SC} n\rho\vec{v} \times \vec{n} dA$ representará o fluxo da propriedade N, da qual n é a específica. Assim, no exemplo acima, a parcela $\int_{SC} \rho\vec{v}\vec{v} \times \vec{n} dA$ é o fluxo da quantidade de movimento.

10.5 Equação da energia geral para volume de controle

A forma mais simples de introduzir essa equação é recorrer à primeira lei da Termodinâmica para o processo de um sistema. Lembrando que o sistema tem massa fixa e definida, a variação da sua energia só pode ser provocada por troca de calor e/ou trabalho com o meio, já que essas energias são as únicas que podem ser trocadas sem haver troca de massa.

Em relação aos textos de Termodinâmica, modifica-se a convenção do sinal do trabalho. Neles, normalmente, o trabalho é considerado positivo quando é realizado do sistema contra o meio. Neste estudo, para manter a coerência com o Capítulo 4, no qual se adotou o trabalho da bomba positivo e o da turbina negativo, será mantida essa convenção, que é exatamente a contrária àquela. Dessa forma, para um intervalo de tempo infinitesimal:

$$\delta Q + \delta W = dE$$

onde: δQ = calor trocado entre o sistema e o meio, positivo quando fornecido ao sistema e negativo quando retirado (o símbolo d é utilizado em lugar de d, para lembrar que o calor e o trabalho não são propriedades de estado do sistema, pois dependem do processo através do qual são trocados); δW = trabalho trocado entre o meio e o sistema, com a mesma convenção do calor (lembre o leitor que o calor *Q* está sendo representado pelo símbolo em itálico para não confundi-lo com a vazão em volume Q).

Logo, por unidade de tempo:

$$\frac{\delta Q}{dt}+\frac{\delta W}{dt}=\frac{dE}{dt}$$

onde E é uma propriedade extensiva do sistema e, portanto:

$$E=\int_{Sis}\rho e dV$$

onde: $e=u+\frac{v^2}{2}+gz$ e as parcelas são, respectivamente:

u = energia interna específica do sistema

$\frac{v^2}{2}$ = energia cinética específica do sistema

gz = energia potencial específica do sistema

Logo: $\frac{\delta Q}{dt}+\frac{\delta W}{dt}=\frac{d}{dt}\int_{Sis}\rho\left(u+\frac{v^2}{2}+gz\right)dv$ e, nesse caso, $n=u+\frac{v^2}{2}+gz$ e, pela Equação 10.16, tem-se:

$$\frac{\delta Q}{dt}+\frac{\delta W}{dt}=\frac{\partial}{\partial t}\int_{VC}\rho\left(u+\frac{v^2}{2}+gz\right)dV+\int_{SC}\rho\left(u+\frac{v^2}{2}+gz\right)\vec{v}\times\vec{n}dA$$

O termo $\frac{\delta Q}{dt}$ é o fluxo de calor trocado entre o sistema e o meio.

O termo $\frac{\delta W}{dt}$ é a potência trocada entre o fluido e o meio e compreende:

a) a potência que o fluido troca com a máquina, a qual no Capítulo 4 foi indicada por N;
b) a potência da força de pressão nas entradas e saídas do volume de controle. Adotando-se como sempre a normal para fora, a força de pressão num elemento de área da SC será: $-p\vec{n}dA$.

   A potência será a força de pressão projetada na direção do movimento, multiplicada pela velocidade, ou:

$$-pdA\vec{n}\times\vec{v}=-p\vec{v}\times\vec{n}dA$$

   Dividindo e multiplicando esse termo por ρ, oβτ⌈μ–σε:

$$-\frac{p}{\rho}\rho\vec{v}\times\vec{n}dA$$

   Sobre toda a SC: $-\int_{SC}\rho\frac{p}{\rho}\vec{v}\times\vec{n}dA$

c) a potência dissipada pelas tensões de cisalhamento na SC, a qual será indicada por $-N_\tau$, por ser sempre subtraída da energia útil do sistema. Dessa forma, a equação fica:

$$\frac{\delta Q}{dt}+N-N\tau-\int_{SC}\rho\frac{p}{\rho}\vec{v}\times\vec{n}dA=\frac{\partial}{\partial t}\int_{VC}\rho\left(u+\frac{v^2}{2}+gz\right)dV+\int_{SC}\rho\left(u+\frac{v^2}{2}+gz\right)\vec{v}\times\vec{n}dA$$

ou, juntando o termo da pressão do primeiro membro, com o semelhante do segundo membro:

$$\frac{\delta Q}{dt}+N-N_\tau=\frac{\delta}{\delta t}\int_{VC}\rho\left(u+\frac{v^2}{2}+gz\right)dV+\int_{SC}\rho\left(u+\frac{p}{\rho}+\frac{v^2}{2}+gz\right)\vec{v}\times\vec{n}dA \qquad \textbf{(10.17)}$$

Para a solução de problemas em que os efeitos térmicos não sejam importantes, como já foi feito no Capítulo 4, os termos do fluxo de calor, variação de energia interna e potência das tensões de cisalhamento, serão englobados na potência dissipada, que, em relação ao fluido, será sempre subtraída dos efeitos mecânicos logo:

$$\frac{\delta Q}{dt}+N_\tau-\frac{\partial}{\partial t}\int_{VC}\rho u dV-\int_{SC}\rho u\vec{v}\times\vec{n}dA=-N_{diss}$$

Com essa modificação, a Equação 10.17 ficará:

$$N-N_{diss}=\frac{\partial}{\partial t}\int_{VC}\rho\left(\frac{v^2}{2}+gz\right)dV+\int_{SC}\rho\left(\frac{v^2}{2}+\frac{p}{\rho}+gz\right)\vec{v}\times\vec{n}dA \qquad \textbf{(10.18)}$$

Se o regime for permanente, o termo da variação no VC será nulo:

$$\frac{\partial}{\partial t}\int_{VC}\rho\left(\frac{v^2}{2}+gz\right)dV=0$$

O termo referente ao fluxo pode ser multiplicado e dividido por g, resultando em:

$$\int_{SC}\rho\left(\frac{v^2}{2}+\frac{p}{\rho}+gz\right)\vec{v}\times\vec{n}dA=\int_{SC}\rho g\left(\frac{v^2}{2g}+\frac{p}{\rho g}+z\right)\vec{v}\times\vec{n}dA=$$

$$=\int_{SC}\gamma\left(\frac{v^2}{2g}+\frac{p}{\gamma}+z\right)\vec{v}\times\vec{n}dA$$

Adotando a velocidade média na seção e lembrando que $p/\gamma+z=c^{\underline{te}}$ numa seção de escoamento:

$$\int_{SC}\gamma\left(\frac{v^2}{2g}+\frac{p}{\gamma}+z\right)\vec{v}\times\vec{n}dA=\pm\gamma\left(\alpha\frac{v^2}{2g}+\frac{p}{\gamma}+z\right)Q$$

onde α = coeficiente da energia cinética, como foi definido no item 4.7 do Capítulo 4. O sinal da expressão depende de se tratar de uma entrada (< 0) ou uma saída (> 0). Logo, havendo diversas entradas e saídas, para regime permanente a Equação 10.18 ficará:

$$N-N_{diss}=\sum_s\gamma QH-\sum_e\gamma QH$$

ou

$$\sum_e\gamma QH+N=\sum_s\gamma QH+N_{diss}$$

que é a Equação 4.30 do item 4.8 do Capítulo 4, que para tubo de corrente (uma entrada e uma saída) reduz-se a:

$$HV1 + HVm = HV2 + HVp1,2$$

Conclui-se que a Equação 10.18 é a equação geral que dá origem a todas as equações do Capítulo 4.

EXEMPLO

Supondo fluido ideal, determinar a expressão do nível do fluido num tanque em função do tempo quando ele é descarregado por um orifício.

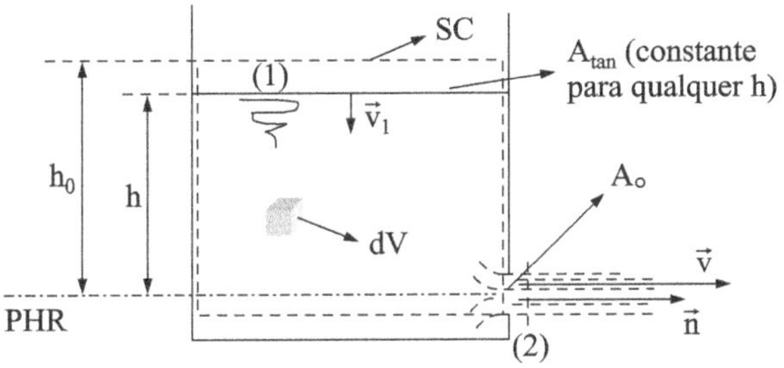

Solução

$$N - N_{diss} = \frac{\partial}{\partial t}\int_{VC} \rho\left(\frac{v^2}{2} + gz\right)dV + \int_{SC} \rho\left(\frac{v^2}{2} + \frac{p}{\rho} + gz\right)\vec{v}\times\vec{n}dA$$

Não havendo máquina e sendo o fluido ideal:

$$\frac{\partial}{\partial t}\int_{VC} \rho\left(\frac{v^2}{2} + gz\right)dV + \int_{SC} \rho\left(\frac{v^2}{2} + \frac{p}{\rho} + gz\right)\vec{v}\times\vec{n}dA = 0$$

Admitindo $\rho_{ar}\rho_{liq}$, ao se adotar uma SC fixa, pode-se desprezar a massa de ar, comparativamente com a do líquido.

Sendo o líquido homogêneo e a seção do tanque constante e relativamente grande, a velocidade v nos elementos de volume internos ao VC pode ser adotada em média como sendo v_1, isto é, a velocidade de descida do nível. Isso só não é verdade num pequeno volume próximo ao orifício, junto à saída.

A cota z média do fluido no VC será em qualquer instante $z_m = \frac{h}{2}$. Logo:

$$\frac{\partial}{\partial t}\int_{VC} \rho\left(\frac{v_1^2}{2} + g\frac{h}{2}\right)dV + \int_{SC} \rho\left(\frac{v_2^2}{2} + \frac{p_2}{\rho} + z_2\right)v_2 dA = 0$$

Note-se que $p_2 = 0$, $z_2 = 0$ e, por se tratar de um jato livre, pode-se admitir que a velocidade seja uniforme na seção.

Como na parcela referente ao VC adotaram-se valores médios no volume, as variações se devem somente ao tempo e pode-se confundir a derivada parcial com a total. Logo:

$$\frac{d}{dt}\left[\rho\left(\frac{v_1^2}{2} + g\frac{h}{2}\right)A_{tan}h\right] = -\rho\frac{v_2^3}{2}A_o$$

Em cada instante, pela equação da continuidade:

$$v_1 A_{tan} = v_2 A_o \Rightarrow v_2 = v_1\frac{A_{tan}}{A_o}$$

Além disso, a velocidade v_1 é exatamente a velocidade de descida do nível:

$$v_1 = -\frac{dh}{dt}$$

Logo:

$$\rho A_{tan}\frac{d}{dt}\left[\left(\frac{1}{2}\left(\frac{dh}{dt}\right)^2 + \frac{g}{2}h\right)h\right] = -\rho\frac{A_o}{2}v_1^3\left(\frac{A_{tan}}{A_o}\right)^3$$

$$\frac{d}{dt}\left[h\left(\frac{dh}{dt}\right)^2 + gh^2\right] = \left(\frac{dh}{dt}\right)^3\left(\frac{A_{tan}}{A_o}\right)^2$$

$$\frac{dh}{dt}\left(\frac{dh}{dt}\right)^2 + 2h\frac{d^2h}{dt^2} + 2gh\frac{dh}{dt} = \left(\frac{dh}{dt}\right)^3\left(\frac{A_{tan}}{A_o}\right)^2$$

$\frac{d^2h}{dt^2}$ é a aceleração das partículas, que pode ser considerada pequena; logo:

$$\left(\frac{dh}{dt}\right)^2 + 2gh = \left(\frac{dh}{dt}\right)^2\left(\frac{A_{tan}}{A_o}\right)^2$$

$$\frac{dh}{dt} = -\sqrt{\frac{2gh}{\left(\frac{A_{tan}}{A_o}\right)^2 - 1}}$$ O sinal negativo corresponde ao esvaziamento.

$$\int_{h_0}^{h}\frac{dh}{\sqrt{h}} = -\int_0^t \frac{\sqrt{2g}}{\sqrt{\left(\frac{A_{tan}}{A_o}\right)^2 - 1}}dt$$

$$2(\sqrt{h} - \sqrt{h_o}) = -\frac{\sqrt{2g}}{\sqrt{\left(\frac{A_{tan}}{A_o}\right)^2 - 1}}t$$

$$\sqrt{h} = \sqrt{h_o} - \frac{\sqrt{2g}}{\sqrt{\left(\frac{A_{tan}}{A_o}\right)^2 - 1}}\frac{t}{2}$$

$$h = \left(\sqrt{h} - \frac{\sqrt{2g}}{\sqrt{\left(\frac{A_{tan}}{A_o}\right)^2 - 1}}\frac{t}{2}\right)^2$$

Note-se que: $v_1 = -\frac{dh}{dt} = \frac{\sqrt{2gh}}{\sqrt{\left(\frac{A_{tan}}{A_o}\right)^2 - 1}}$ e $v_2 = \frac{\sqrt{2gh}}{\sqrt{\left(\frac{A_{tan}}{A_o}\right)^2 - 1}}\frac{A_{tan}}{A_o}$

Se a área do tanque for muito grande, $h \rightarrow h_o$ em qualquer instante e $v_2 = \sqrt{2gh_0}$, como se verifica no Exemplo 4.1 do Capítulo 4.

10.6 Equação da quantidade de movimento para volume de controle

10.6.1 Equação para volume de controle fixo ou móvel com velocidade constante

Para um sistema, a força resultante é:

$$\vec{F} = m\vec{a} = m\frac{d\vec{v}}{dt} = \frac{d(m\vec{v})}{dt}$$

onde $m\vec{v}$ é a quantidade de movimento do sistema e é uma propriedade extensiva do tipo $N = m\vec{v}$.

Nesse caso, a específica $n = \vec{v}$, e a Equação 10.16 resulta em:

$$\vec{F} = \frac{d}{dt}\int_{Sis} \rho\vec{v}\, dV = \frac{\partial}{\partial t}\int_{VC} \rho\vec{v}\, dV + \int_{SC} \rho\vec{v}\vec{v} \times \vec{n} dA$$

Em cada instante, a força resultante $\vec{F}$, que age no sistema, coincide com a força $\vec{F}$ que age no VC, já que em cada instante o VC coincide com o sistema nele contido. Logo, a equação da quantidade de movimento para VC será:

$$\vec{F} = \frac{\partial}{\partial t}\int_{VC} \rho\vec{v}\, dV + \int_{SC} \rho\vec{v}\vec{v} \times \vec{n} dA \tag{10.19}$$

A força $\vec{F}$ resultante que age no VC compõe-se de forças de contato ou de superfície ($\vec{F}_C$), causadas pela ação do meio na SC, e forças de campo ou a distância, provocadas por um campo que aje no sistema contido no VC. Em geral, o campo considerado será o da gravidade e essa força será o peso ($\vec{G}$) do sistema, contido no VC em cada instante. Logo:

$$\vec{F} = \vec{G} + \vec{F}_c = \frac{\partial}{\partial t}\int_{VC} \rho\vec{v}\, dV + \int_{SC} \rho\vec{v}\vec{v} \times \vec{n} dA \tag{10.20}$$

Nos problemas, é muito importante selecionar a SC de forma a facilitar a solução, fazendo aparecer na Equação 10.20 forças de contato de fácil determinação e visualização.

Por exemplo, no Capítulo 5, o VC foi escolhido como sendo um tubo de corrente, de forma que a força de contato resultou (Figura 10.12) em:

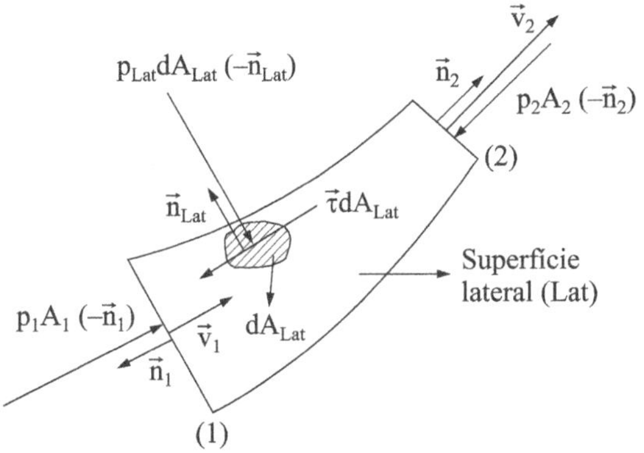

Figura 10.12

$$\vec{F}_c = -p_1 A_1 \vec{n}_1 - p_2 A_2 \vec{n}_2 + \vec{F}_S'$$

onde: $\vec{F}_S' = \int_{SC} -p_{Lat}\, dA_{Lat}\, \vec{n}_{Lat} + \int_{SC} \vec{\tau} dA_{Lat}$ no Capítulo 5 foi adotado como sendo a resultante das pressões e tensões de cisalhamento na superfície lateral do fluido (tubo de corrente). Dessa forma, a Equação 10.20 resulta em:

$$\vec{G} - p_1 A_1 \vec{n}_1 - p_2 A_2 \vec{n}_2 + \vec{F}_S' = \frac{\partial}{\partial t}\int_{VC} \rho\vec{v}\, dV + \int_{SC} \rho\vec{v}\vec{v} \times \vec{n} dA$$

Supondo $\vec{v}_1$ e $\vec{v}_2$ uniformes ou adotando a velocidade média nas seções, obtém-se:

$$\vec{G} - p_1 A_1 \vec{n}_1 - p_2 A_2 \vec{n}_2 + \vec{F}_S' = \frac{\partial}{\partial t}\int_{VC} \rho \vec{v}\, dV + \vec{v}_2 Q_{m_2} - \vec{v}_1 Q_{m_1}$$

Recorde que $\int_{SC} \rho \vec{v} \times \vec{n} dA$ é a vazão em massa e que $\vec{v} \times \vec{n} > 0$ na saída e $\vec{v} \times \vec{n} < 0$ na entrada. Lembrar também que, no caso em que haja diversas entradas e saídas, as parcelas das vazões serão apresentadas como somatórias.

No Capítulo 5 admitiu-se que $\vec{F}_S'$ fosse a resultante do contato de uma superfície sólida com a superfície lateral do fluido, e nesse caso:

$$\vec{F}_S' = \frac{\partial}{\partial t}\int_{VC} \rho \vec{v}\, dV + p_1 A_1 \vec{n}_1 + p_2 A_2 \vec{n}_2 + \vec{v}_2 Q_{m2} - \vec{v}_1 Q_{m1} - \vec{G}$$

Querendo, então, determinar a força resultante do fluido com a parede sólida com a qual está em contato entre (1) e (2), é necessário lembrar que pelo princípio da ação e reação $\vec{F}_S = -\vec{F}_S'$ e, portanto:

$$\vec{F}_S = -\frac{\partial}{\partial t}\int_{VC} \rho \vec{v}\, dV - p_1 A_1 \vec{n}_1 - p_2 A_2 \vec{n}_2 + \vec{v}_1 Q_{m1} - \vec{v}_2 Q_{m2} + \vec{G} \qquad \textbf{(10.21)}$$

No caso em que o regime seja permanente:

$$\frac{\partial}{\partial t}\int_{VC} \rho \vec{v}\, dV = 0 \quad \text{e} \quad Q_{m1} = Q_{m2} = Q_m$$

Logo:

$$\vec{F}_S = -[p_1 A_1 \vec{n}_1 + p_2 A_2 \vec{n}_2 + Q_m(\vec{v}_2 - \vec{v}_1)] + \vec{G}$$

que é exatamente a equação deduzida e utilizada no Capítulo 5.

Isso significa que a Equação 10.21 é a geral, dentro das considerações admitidas no Capítulo 5, agora válida também para regime variado.

Não esquecer que, se o VC estiver em movimento com velocidade constante, as velocidades que deverão ser utilizadas são as relativas e, portanto, a Equação 10.21 será:

$$\vec{F}_S = -\frac{\partial}{\partial t}\int_{VC} \rho \vec{v}_r\, dV - p_1 A_1 \vec{n}_1 - p_2 A_2 \vec{n}_2 + \vec{v}_{1r} Q_{m_{ap1}} - \vec{v}_{2r} Q_{m_{ap2}} + \vec{G} \qquad \textbf{(10.22)}$$

Na Equação 10.22, $Q_{m_{ap}}$ é a vazão em massa aparente, conforme foi visto no Capítulo 5, isto é, a vazão calculada com a velocidade relativa.

Não esqueça o leitor que, dependendo do problema, pode ser interessante que a SC não envolva somente o fluido e corte alguma superfície sólida. Nesses casos, é interessante aplicar a Equação 10.21 geral e fazer a análise da força $\vec{F}_s$ de contato, observando em cada ponto a ação do meio na SC.

EXEMPLO

Seja um jato que atinge um desviador em regime permanente. Adota-se uma SC que corta o suporte de fixação do desviador. Determinar a força (F_d) que age na seção do suporte, cortada pela SC.

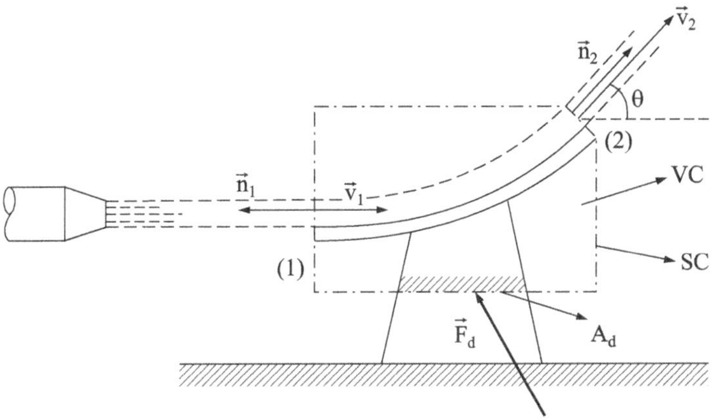

Solução

Isolando o VC

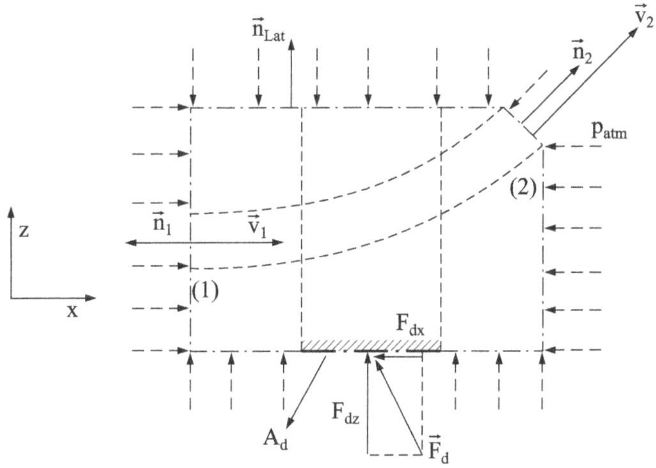

$\vec{G}$ = peso de todo o material contido no VC

$\vec{G}_\ell$ = peso do líquido de (1) a (2)

$\vec{G}_d$ = peso do desviador contido no VC

$\vec{G}_{ar}$ = peso do ar contido no VC (desprezível)

$$\vec{G} = \vec{G}_\ell + \vec{G}_d + \vec{G}_{ar}$$

$\vec{F}_c$ = força de contato com o meio (lembrar que a pressão atmosférica compensa-se em todos os pontos, menos no trecho onde a SC corta o suporte do desviador). Logo:

$$\vec{F}_c = \vec{F}_d - p_{atm} A_d \vec{n}_{Lat}$$

Pela Equação 10.22, $\vec{G} + \vec{F}_c = \frac{\partial}{\partial t} \int_{VC} \rho \vec{v}\, dV + \int_{SC} \rho \vec{v} \vec{v} \times \vec{n} dA$ com a hipótese de regime permanente:

$$\vec{G}_\ell + \vec{G}_d + \vec{F}_d - p_{atm} A_d \vec{n}_{Lat} = \vec{v}_2 Q_m - \vec{v}_1 Q_m$$

ou

$$\vec{F}_d = Q_m(\vec{v}_2 - \vec{v}_1) - \vec{G}_\ell - \vec{G}_d + p_{atm} A_d \vec{n}_{Lat}$$

Projetando segundo x: $F_{d_x} = Q_m(v_2 \cos\theta - v_1)$

Projetando segundo z: $F_{d_z} = Q_m(v_2 \text{sen}\,\theta - v_1) + G_\ell + G_d + p_{atm}A_d$

Seja agora um novo VC, adotando como SC o tubo de corrente constituído pelo jato em contato com o desviador, para determinar a força que o jato aplica nele. Isola-se o VC, como é mostrado na figura.

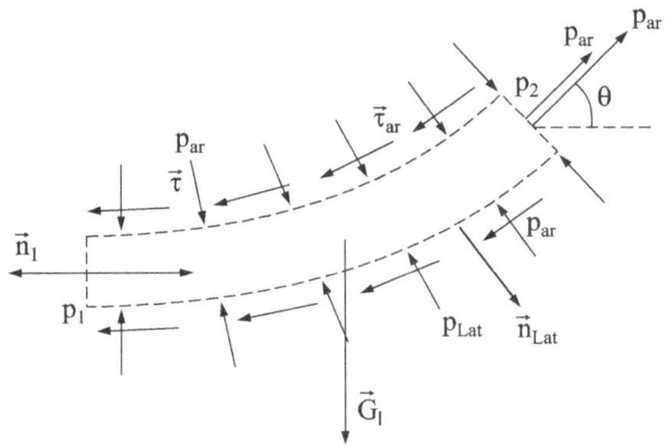

Nesse caso, a única força de campo é o peso do líquido do jato entre (1) e (2). As forças de contato constituem-se das normais em cada ponto, resultantes da distribuição das pressões, e das tangenciais, resultantes das tensões de cisalhamento, que podem ser divididas nas aplicadas pelo ar ($\vec{\tau}_{ar}$) e nas aplicadas pela superfície do desviador ($\vec{\tau}_d$).

Nesse caso, descontando a pressão atmosférica em cada ponto, pode-se trabalhar com a escala efetiva e, portanto, $p_1 = p_2 = p_{ar} = 0$ e $p_{Lat} = p_{Lat}$ (ef).

Logo, as forças de contato serão:

Força de atrito do ar: $\vec{F}_{at_{ar}} = \int_{A_{ar}} \vec{\tau}_{ar} dA_{ar}$

Resultante da superfície sólida em contato com o fluido: $\vec{F}'_S = \int_{A_d} \vec{\tau}_d dA_d + \int -p_{Lat_{ef}} \vec{n}_{Lat} dA_d$

Logo: $$\vec{F}_{at_{ar}} + \vec{F}'_S + \vec{G}_\ell = \frac{\partial}{\partial t}\int_{VC} \rho\vec{v}\, dA + \int_{SC} \rho\vec{v}\vec{v} \times \vec{n} dA$$

Sendo o regime permanente:

$$\vec{F}_{at_{ar}} + \vec{F}'_S + \vec{G}_\ell = \vec{v}_2 Q_m - \vec{v}_1 Q_m \quad \text{ou} \quad \vec{F}'_S = Q_m(\vec{v}_2 - \vec{v}_1) - \vec{F}_{at_{ar}} - \vec{G}_\ell$$

Nesse caso, a força que age no desviador: $\vec{F}_S = -\vec{F}'_S$ ou $\vec{F}_S = Q_m(\vec{v}_1 - \vec{v}_2) + \vec{F}_{at_{ar}} + \vec{G}_\ell$

Projetando na direção de x, obtém-se: $F_{S_x} = Q_m(v_1 - \cos\theta) + F_{at_{ar}}$

Projetando na direção de z, tem-se: $F_{S_z} = -Q_m v_2 \text{ sen}\,\theta + F_{at_{ar_z}} - G_\ell$

Note que, ao desprezar o atrito do ar e o peso do líquido, chega-se exatamente aos resultados obtidos no Capítulo 5.

10.6.2 Equação para volume de controle acelerado

Seja um sistema que pertença a um sistema de referência (x,y,z) acelerado em relação a um sistema de referência inercial (X,Y,Z) (Figura 10.13).

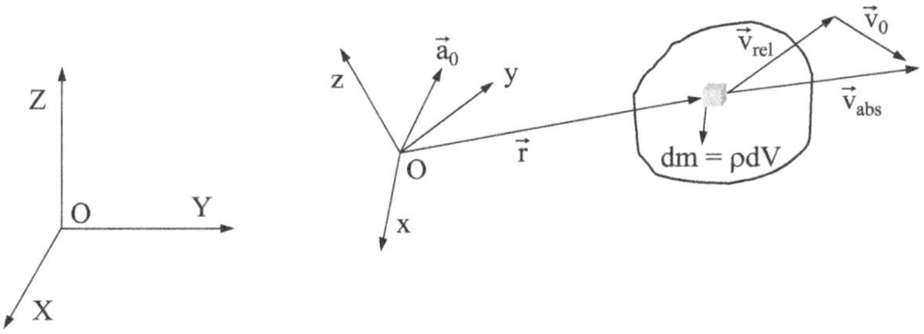

Figura 10.13

Sabe-se que $\vec{F} = m\vec{a}$, onde $\vec{a}$ é a aceleração absoluta. Da Física, sabe-se que a aceleração absoluta é dada por:

$$\vec{a} = \vec{a}_{rel} + \vec{a}_0 + 2\vec{\omega} \wedge \vec{v}_{rel} + \dot{\vec{\omega}} \wedge \vec{r} + \vec{\omega} \wedge (\vec{\omega} \wedge \vec{r})$$

$\vec{a}_{rel}$ = aceleração do sistema em relação a Oxyz
$\vec{a}_0$ = aceleração de arrastamento (do sistema de referência Oxyz)
$2\vec{\omega} \wedge \vec{v}_{rel}$ = aceleração complementar ou de Coriolis
$\dot{\vec{\omega}} \wedge \vec{r}$ = aceleração tangencial
$\vec{\omega} \wedge (\vec{\omega} \wedge \vec{r})$ = aceleração centrípeta

Obviamente, as acelerações que contêm $\vec{\omega}$ só existem se o sistema tem movimento de rotação.

Pela expressão da aceleração desenvolvida, tem-se:

$$\vec{F} = m\,(\vec{a}_{rel} + \vec{a}_o + 2\vec{\omega} \wedge \vec{v}_{rel} + \dot{\vec{\omega}} \wedge \vec{r} + \vec{\omega} \wedge (\vec{\omega} \wedge \vec{r}))$$

ou, em relação ao sistema de referência móvel:

$$\vec{F} - m\,[\vec{a}_o + 2\vec{\omega} \wedge \vec{v}_{rel} + \dot{\vec{\omega}} \wedge \vec{r} + \vec{\omega} \wedge (\vec{\omega} \wedge \vec{r})] = m\vec{a}_{rel}$$

Como $\vec{a}_{rel} = \frac{d\vec{v}_{rel}}{dt}$, então $m\vec{a}_{rel} = \frac{dm\vec{v}_{rel}}{dt} = \frac{d}{dt}\int_{V_{Sis}} \rho \vec{v}_{rel}\, dV$

Como em cada instante o VC coincide com o sistema, então:

$$\vec{F} - \int_{VC} \rho\,[\vec{a}_o + 2\vec{\omega} \wedge \vec{v}_{rel} + \dot{\vec{\omega}} \wedge \vec{r} + \vec{\omega} \wedge (\vec{\omega} \wedge \vec{r})]\ \rho dV = \frac{\partial}{\partial t}\int_{VC} \rho \vec{v}_{rel}\, dV + \int_{SC} \rho \vec{v}_{rel} \vec{v}_{rel} \times \vec{n} dA$$

EXEMPLO

Dispara-se um foguete, partindo do repouso, ao longo de uma trajetória retilínea, a partir de uma estação espacial. O foguete queima β kg/s de combustível e tem inicialmente uma massa m_0. Após o disparo, a massa varia segundo a lei: m = mV0 – βt.

A velocidade de descarga dos gases em relação ao foguete é v_s constante, assim como a pressão p_s e a massa específica ρ_s.

Qual é a velocidade absoluta do foguete v_f em relação à Terra, considerada inercial?

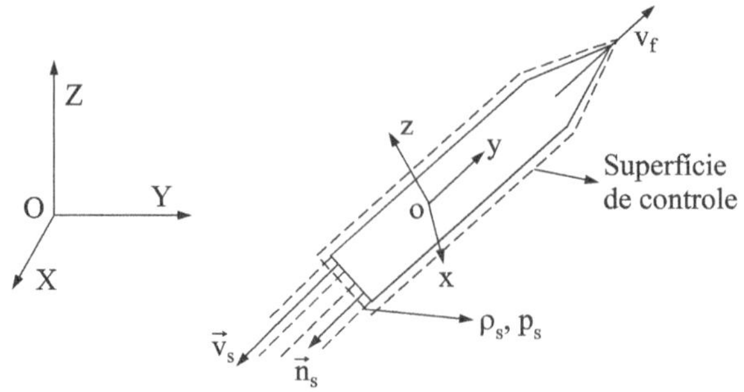

Solução

Como não há rotação, todos os termos que contêm $\vec{\omega}$ são nulos.

Sendo o foguete disparado de uma estação espacial, pode-se desprezar a resistência do ar $(\vec{R}_{ar})$ e o efeito da gravidade (peso $\vec{G}$).

Logo, não há forças de campo, e das forças de contato sobra só a de pressão na saída.

$$\vec{F} = \vec{G} + \vec{R}_{ar} + \int_{A_s} -p_s \vec{n}_s dA_s = -p_s A_s \vec{n}_s$$

Das parcelas da aceleração sobra somente $\int_{VC} \rho \vec{a}_0 dV = m\vec{a}_0$

Logo:
$$-p_s A_s \vec{n}_s - m\vec{a}_0 = \frac{\partial}{\partial t}\int_{VC} \rho \vec{v}_r \, dV + \int_{SC} \rho \vec{v}_r \vec{v}_r \times \vec{n} dA$$

$\frac{\partial}{\partial t}\int \rho \vec{v}_r \, dV \cong 0 \Rightarrow$ Esse termo refere-se ao movimento do VC em relação ao sistema de referência Oxyz fixo no foguete. A parte sólida não tem movimento relativo e a parte fluida tem velocidade relativa razoável somente no bocal de saída, e essa massa é muito pequena em cada instante.

Logo: $-p_s A_s \vec{n}_s - m\vec{a}_0 = -\rho_s v_s A_s \vec{v}_s$, e projetando todos os vetores na direção do eixo do foguete:

$$+ p_s A_s - m a_0 = -\rho_s v_s^2 A_s$$

m = mV0 βt, logo: pVsAVs – (mV0 – βt) aV0 = –ρVs v_s^2V AVs

Como:
$$a_0 = \frac{dv_f}{dt} \Rightarrow (m_0 - \beta t)\frac{dv_f}{dt} = \rho_s v_s^2 A_s + p_s A_s$$

$$\int_0^{v_f} dv_f = \int_0^t (\rho_s v_s^2 A_s + p_s A_s)\frac{dt}{m_0 - \beta t}$$

$$v_f = (\rho_S v_S^2 A_S + p_s A_S)\frac{1}{-\beta}\ell n\,(m_0 - \beta t)\Big|_0^t$$

$$v_f = \frac{\rho_s v_s^2 A_s + p_s A_s}{\beta}\ell n \frac{m_0}{m_0 - \beta t}$$

Como $\beta = \rho_s v_s A_s$, então: $v_f = \left(v_s + \frac{p_s A_s}{\beta}\right)\ell n \frac{m_0}{m_0 - \beta t}$

10.7 Equação do momento da quantidade de movimento para volume de controle

Da Mecânica sabe-se que:

A derivada em relação ao tempo do momento da quantidade de movimento de um sistema, em relação a um ponto, é igual, em cada instante, ao momento da resultante das forças externas que agem no sistema, em relação ao mesmo ponto.

A Figura 10.14 mostra o esquema para a determinação do momento da força externa resultante que age no sistema em relação a um ponto qualquer.

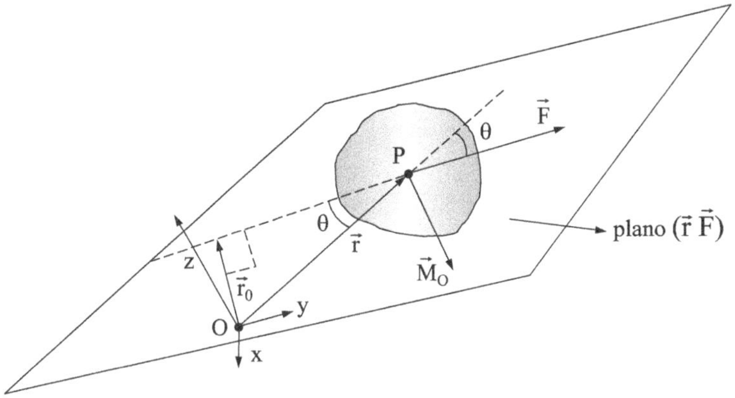

Figura 10.14

Notar que a força resultante $\vec{F}$ compõe-se das forças de contato e do peso, já que não se consideram outros campos senão o da gravidade.

A partir do ponto O, escolhido para o cálculo do momento, traça-se o vetor posição $\overrightarrow{OP} = \vec{r}$, que localiza o ponto de aplicação da força $\vec{F}$.

O momento $\vec{M}_O$ em relação ao ponto O será um vetor cuja direção é perpendicular ao plano$(\vec{r}\vec{F})$, cujo sentido pode ser determinado pela regra da mão direita e definido por:

$$\vec{M}_O = \vec{r} \wedge \vec{F} \tag{10.23}$$

cujo módulo é:

$$M_O = rF \operatorname{sen} \theta \tag{10.24}$$

onde θ = ângulo formado pelas direções positivas dos vetores $\vec{r}$ e $\vec{F}$.

Pela Figura 10.14 observa-se que $r \operatorname{sen} \theta = r_0$, que é a distância do ponto O à linha de ação da força $\vec{F}$, comumente denominado braço da força F em relação ao ponto O.

A Figura 10.15 mostra a determinação do momento da quantidade de movimento $(d\vec{\Gamma})$ de um elemento de massa do sistema em relação ao ponto O.

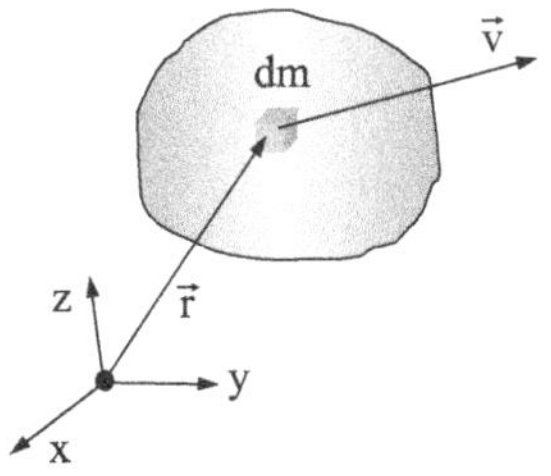

Figura 10.15

$$d\vec{\Gamma} = (\vec{r} \wedge \vec{v})dm$$

Para o sistema todo, o momento da quantidade de movimento será:

$$\vec{\Gamma} = \int_{Sis} (\vec{r} \wedge \vec{v}) dm$$

e pode-se observar que é uma propriedade extensiva, passível da aplicação do teorema que permite a transformação para o estudo com VC.

Pelo teorema do momento da quantidade de movimento apresentado no início deste item, pode-se escrever:

$$\vec{M}_O = \frac{d}{dt} \int_{V_{sis}} \rho\,(\vec{r} \wedge \vec{v})\, dV$$

e portanto:

$$\vec{M}_O = \frac{\partial}{\partial t} \int_{VC} \rho\,(\vec{r} \wedge \vec{v})\, dV + \int_{SC} \rho\,(\vec{r} \wedge \vec{v})(\vec{v} \times \vec{n}) dA \qquad \textbf{(10.25)}$$

Essa expressão, válida para um VC inercial, como já foi discutido na equação da quantidade de movimento, pode ser utilizada para um VC em movimento sem aceleração, usando a velocidade relativa. Também pode ser usada para um VC acelerado, desde que se acrescentem os termos dos momentos das acelerações, isto é:

$$\vec{M}_O - \int \rho \vec{r}\; [\vec{a}_o + 2\vec{\omega} \wedge \vec{v}_{rel} + \dot{\vec{\omega}} \wedge \vec{r} + \vec{\omega} \wedge (\vec{\omega} \wedge \vec{r})]\, dV = \frac{\partial}{\partial t} \int_{VC} \rho\,(\vec{r} \wedge \vec{v}_{rel})\, dV +$$

$$+ \int_{SC} \rho\,(\vec{r} \wedge \vec{v}_{rel})(\vec{v}_{rel} \wedge \vec{n}) dA \qquad \textbf{(10.26)}$$

Na grande maioria dos problemas, interessa a determinação do momento da força em relação a um eixo. Com essa finalidade, o vetor momento deverá ser projetado na direção do eixo selecionado.

Seja um sistema de coordenadas cilíndricas (r, θ, z) orientado pelos vetores $\vec{e}_r, \vec{e}_\theta, \vec{e}_z$.

Para simplificar, o estudo será realizado para um VC fixo.

Passa-se o eixo z pelo ponto O, adotado como origem, e faz-se o eixo z coincidir com o eixo em relação ao qual se deseja determinar o momento da força $\vec{F}$ (Figura 10.16).

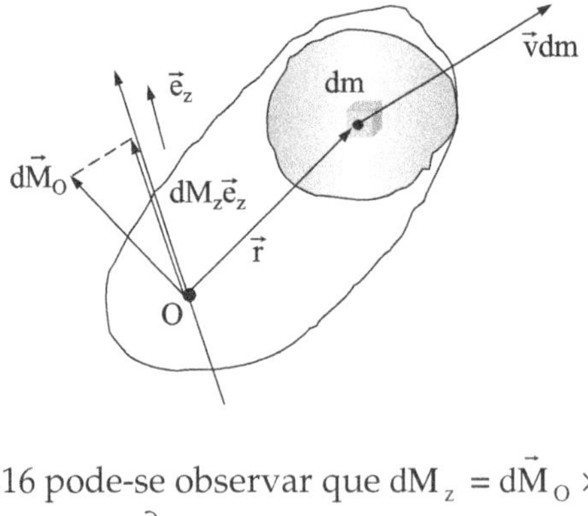

Figura 10.16

Pela Figura 10.16 pode-se observar que $dM_z = d\vec{M}_O \times \vec{e}_z$.

Logo: $M_Z = \vec{M}_O \times \vec{e}_Z = \frac{\partial}{\partial t} \int_{VC} \rho\,(\vec{r} \wedge \vec{v})\, dV \times \vec{e}_z + \int_{SC} \rho\,(\vec{r} \wedge \vec{v})(\vec{v} \times \vec{n} dA) \times \vec{e}_z$

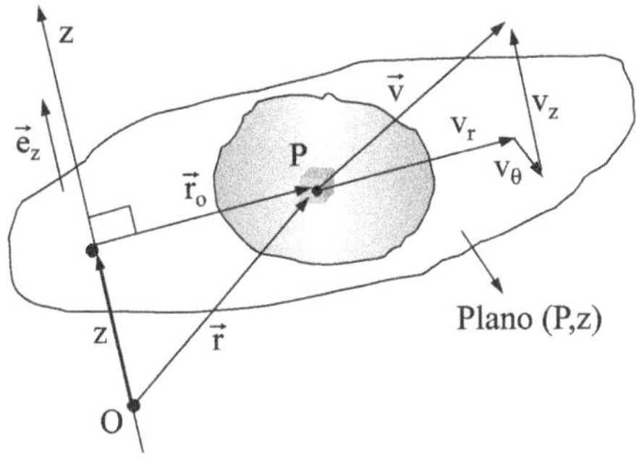

Figura 10.17

Pela Figura 10.17 verifica-se que os vetores $\vec{r}$ e $\vec{v}$ envolvidos em coordenadas cilíndricas são dados por:

$$\vec{r} = r_0\vec{e}_r + z\vec{e}_z$$

$$\vec{v} = v_r\vec{e}_r + v_\theta\vec{e}_\theta + v_z\vec{e}_z$$

$$\vec{r} \wedge \vec{v} = \begin{vmatrix} \vec{e}_r & \vec{e}_\theta & \vec{e}_z \\ r_0 & 0 & z \\ v_r & v_\theta & v_z \end{vmatrix} = -v_\theta z\vec{e}_r + (v_r z - r_0 v_z)\,\vec{e}_\theta + r_0 v_\theta \vec{e}_z$$

Logo, lembrando que o produto escalar de vetores perpendiculares é nulo:

$$(\vec{r} \wedge \vec{v}) \times \vec{e}_z = r_0 v_\theta \tag{10.27}$$

Assim:

$$M_z = \frac{\partial}{\partial t}\int_{VC} \rho r_0 v_\theta dV + \int \rho r_0 v_\theta (\vec{v} \times \vec{n} dA) \tag{10.28}$$

No caso de um sistema de referência acelerado, não esquecer as acelerações da Equação 10.26 e que a velocidade deverá ser a relativa.

EXEMPLO

O irrigador da figura é alimentado com uma vazão de 4 L/s de água (ρ = 1.000 kg/m^3). As seções de saída têm uma área de 20 cm^2. Determinar o momento em relação ao eixo z:

a) com o irrigador em repouso;

b) com o irrigador girando com uma rotação de 10 rpm constante.

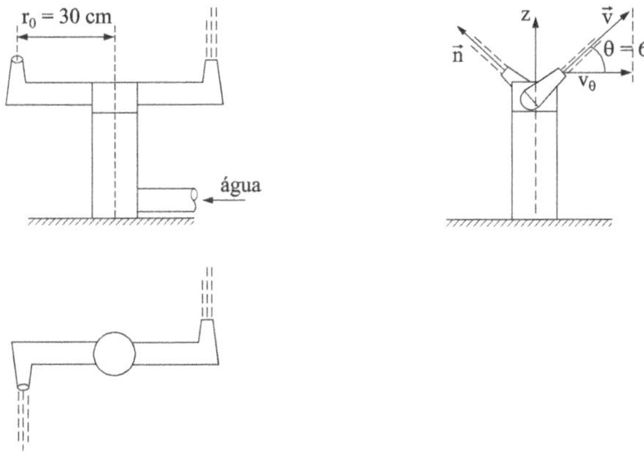

Solução

a) Supondo regime permanente

$$M_z = \int_{SC} \rho v_\theta r_0 \vec{v} \times \vec{n} dA$$

$$M_z = 2\rho v_\theta r_0 \frac{Q}{2} = \rho v_\theta r_0 Q = \rho v \cos 60^\circ r_0 Q$$

$$M_z = \frac{\rho \cos 60^\circ r_0 Q^2}{2A} = \frac{1.000 \times 0{,}5 \times 0{,}3 \times (4 \times 10^{-3})^2}{2 \times 20 \times 10^{-4}} = 0{,}6 \text{ N.m}$$

Esse é o momento segundo z da força resultante que age no fluido. No irrigador, pelo princípio da ação e reação, o momento será:

$$M_z' = -M_z = -0{,}6 \text{ N.m}$$

b) Fixando o VC no fluido, ele girará com velocidade angular ω em relação ao eixo z.

A equação aplicável, agora, é a 10.26, com cada aceleração projetada segundo z.

$$M_z - \int_{VC} \rho \vec{r} \wedge [\vec{a}_0 + 2\vec{\omega} \wedge \vec{v}_{rel} + \dot{\vec{\omega}} \wedge \vec{r} + \vec{\omega} \wedge (\vec{\omega} \wedge \vec{r})] dV \times \vec{e}_z =$$

$$= \frac{\partial}{\partial t} \int_{VC} \rho r_0 v_{\theta_{rel}} dV + \int_{SC} \rho r_0 v_{\theta_{rel}} \vec{v}_{rel} \times \vec{n} dA$$

O regime é permanente e, portanto, o termo referente a $\frac{\partial}{\partial t}$ será nulo, e como o VC não tem translação nem aceleração angular, então:

$$\vec{a}_0 = 0 \text{ e } \dot{\vec{\omega}} \wedge \vec{r} = 0$$

Como $\vec{\omega}$ tem a direção de z e $\vec{r}$ é radial, $\vec{\omega} \wedge (\vec{\omega} \wedge \vec{r})$ produz um vetor perpendicular a plano$(\vec{\omega}, \vec{r})$ e, portanto, não tem componente segundo $\vec{e}_z$, e a equação reduz-se a:

$$M_z - \int_{VC} \rho \vec{r} \wedge (2\vec{\omega} \wedge \vec{v}_{rel}) dV \times \vec{e}_z = \int_{SC} \rho r_0 v_{\theta_{rel}} \vec{v}_{rel} \times \vec{n} dA$$

No trecho radial da tubulação:

$$\int_{VC} \rho \vec{r} \wedge (2\vec{\omega} \wedge \vec{v}_{rel}) dV \times \vec{e}_z = \int_0^{r_0} \rho r \vec{e}_r \wedge (2\omega \vec{e}_z \wedge v_{rel} \vec{e}_r) A dr \times \vec{e}_z =$$

$$= \int_0^{r_0} \rho r \vec{e}_r \wedge (2\omega v_{rel} \vec{e}_\theta) A dr \times \vec{e}_z = \int_0^{r_0} \rho A (2r\omega v_{rel}) \vec{e}_z dr \times \vec{e}_z =$$

$$= \int_0^{r_0} \rho A (2r\omega v_{rel}) dr = \frac{2\rho A \omega v_{rel} r_0^2}{2} = \rho A \omega v_{rel} r_0^2$$

Nos borrifadores:

$$\int_{VC} \rho \vec{r} \wedge (2\vec{\omega} \wedge \vec{v}_{rel}) dV \times \vec{e}_z = \int_{VC} \rho r \vec{e}_r \wedge (2\omega \vec{e}_z \wedge v_{rel} \vec{e}_\theta) A r d\theta \times \vec{e}_z =$$

$$= \int_{VC} \rho r \vec{e}_r \wedge (-2\omega v_{rel} \vec{e}_r) \times \vec{e}_z = 0$$

A integral de fluxo através da SC será:

$$\int \rho r_0 v_{\theta_{rel}} \vec{v}_{rel} \times \vec{n} dA = 2\rho r_0 v_{\theta_{rel}} \frac{Q}{2} = \rho r_0 v_{rel} Q \cos\theta$$

Logo:

$$M_z = \rho r_0 v_{rel} Q \cos\theta - \rho A v_{rel} r_0^2$$

$$M_z = \rho r_0 v_{rel} Q \cos\theta - \rho \omega r_0^2 Q = \rho r_0 Q (v_{rel} \cos\theta - \omega r_0)$$

A velocidade relativa v_{rel} é a velocidade vista pelo observador fixo no VC que gira com o irrigador, que do ponto de vista do observador é como se estivesse parado; logo:

$$v_{rel} = \frac{Q}{2A} = \frac{4 \times 10^{-3}}{2 \times 20 \times 10^{-4}} = 1 \text{ m/s}$$

Logo: $$M_z = 1.000 \times 0,3 \times 4 \times 10^{-3}\left(1 \times \cos 60^\circ - 2\pi \times \frac{30}{60} \times 0,3\right) = 0,22 \text{ N.m}$$

e $$M_z' = -0,22 \text{ N.m}$$

Outra solução pode ser obtida adotando-se um VC fixo. Nesse caso:

$$M_z = \frac{\partial}{\partial t}\int_{VC} \rho r_0 v_\theta dV + \int_{SC} \rho v_\theta \vec{v} \times \vec{n} dA$$

A parcela da variação com o tempo no VC é nula. No termo do fluxo será necessário determinar a velocidade absoluta.

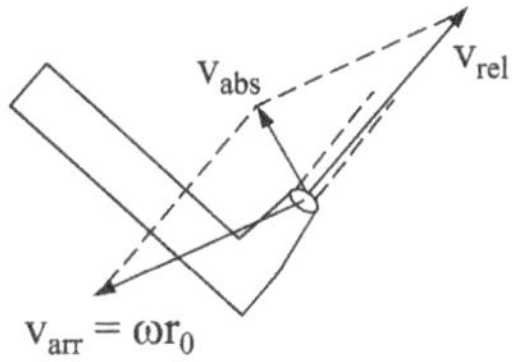

$$\vec{v}_{rel} = \frac{Q}{2A}\vec{n} \quad \Rightarrow \quad v_{\theta_{rel}} = \frac{Q}{2A}\cos\theta$$

$$\vec{v}_{arr} = \omega r_0 \vec{e}_\theta \quad \Rightarrow \quad v_{\theta_{arr}} = -\omega r_0$$

$$v_{\theta_{abs}} = \frac{Q}{2A}\cos\theta - \omega r_0$$

$$M_z = 2\rho r_0 \frac{Q}{2}\left(\frac{Q}{2A}\cos\theta - \omega r_0\right) = \rho r_0 Q\left(\frac{Q}{2A}\cos\theta - \omega r_0\right)$$

$$M_z = 1.000 \times 0,3 \times 4 \times 10^{-3}\left(\frac{4 \times 10^{-3}}{2 \times 20 \times 10^{-4}}\cos 60^\circ - 2\pi \times \frac{10}{60} \times 0,3\right) = 0,22 \text{ N.m}$$

$$M_z' = -0,22 \text{ N.m}$$

Aplicação ao rotor de uma bomba centrífuga

Hipóteses:

- regime permanente;
- fluido incompressível;
- infinitas pás de espessura nula, para garantir que as partículas percorram exatamente o perfil das pás;
- sem atrito.

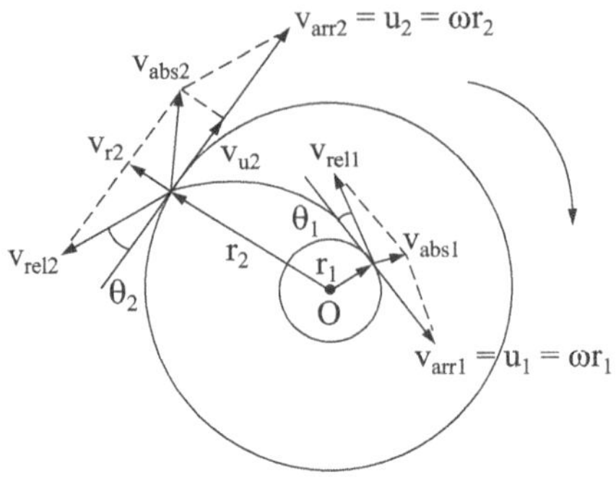

Seja z um eixo perpendicular ao plano do desenho, passando por O.

$$M_z = \frac{\partial}{\partial t}\int_{VC} \rho r_0 v_\theta dV + \int_{SC} \rho r_0 v_\theta \vec{v} \times \vec{n} dA$$

Pela hipótese de regime permanente e fluido incompressível:

$$M_z = \rho r_2 v_{u_2} Q - \rho r_1 v_{u_1} Q = \rho Q (v_{u_2} r_2 - v_{u_1} r_1)$$

Não havendo perdas por atrito, a potência transmitida ao fluido é igual à potência no eixo do rotor, que é calculada por:

$$N = M_z \omega$$

$$N = \rho Q (v_{u_2} r_2 - v_{u_1} r_1)\,\omega = \rho Q (v_{u_2} u_2 - v_{u_1} u_1)$$

Representando por $H_{t\infty}$ a carga ou altura manométrica da bomba para infinitas pás de espessura nula e sem atrito, isto é, para as hipóteses dadas, então a potência transmitida ao fluido será:

$$N = \gamma Q H_{t\infty} = \rho Q (v_{u_2} u_2 - v_{u_1} u_1)$$

$$g H_{t\infty} = v_{u_2} u_2 - v_{u_1} u_1$$

Essa última é a equação fundamental para o estudo das máquinas hidráulicas de fluxo. Para esse estudo o leitor deverá recorrer aos livros especializados no assunto.

Exercícios

Todos os exercícios dos capítulos 3, 4 e 5 podem ser resolvidos com as equações gerais apresentadas neste capítulo, adotando as hipóteses convenientes para a sua simplificação. Lembrar que a hipótese básica estabelecida neles foi a de regime permanente, como consta nos títulos. Nesse ponto, em que o leitor já deverá estar familiarizado com a Mecânica dos Fluidos, será um aprendizado interessante partir de uma equação mais geral e analisar as hipóteses do problema para utilizá-la na solução. Neste conjunto de exercícios serão incluídos apenas os que podem ser resolvidos somente pela aplicação das equações gerais apresentadas neste capítulo.

10.1 Um reservatório contém um gás e tem uma válvula que controla a sua saída de forma que a pressão interna seja reduzida segundo a lei:

$$p = p_0 (1 - \alpha t^2)$$

Sabe-se que durante a descarga a temperatura do gás do reservatório mantém-se constante (processo isotérmico: $p/\rho = c^{te}$) e que no instante t = 10 s a passagem de abertura da válvula tem uma área de 0,5 m^2. Determinar para o instante t = 10 s:

a) a vazão em massa do gás;

b) a vazão em volume;

c) a velocidade média na seção de saída;

d) a massa do gás que resta no reservatório;

e) o tempo de esvaziamento do reservatório;

f) a massa do gás no reservatório após o esvaziamento;

g) traçar a curva de esvaziamento do reservatório $m = m(t)$ e verificar que a área debaixo da curva representa a massa que sai até o instante considerado.

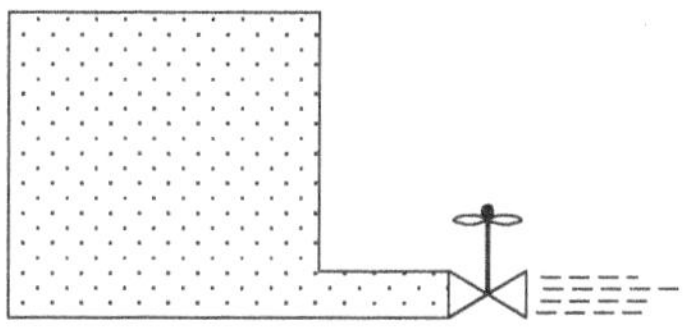

Dados:
$V = 10\ m^3$;
$\rho_0 = 5\ kg/m^3$;
$p_0 = 10\ kgf/cm^2$ (abs);
$\alpha = 0{,}005\ s^{-2}$.

Resp.: a) 5 kg/s; b) 2 m^3/s; c) 4 m/s; d) 25 kg; e) 13,4 s; f) 5,11 kg

10.2 Água escoa de um tanque por um tubo lateral, conforme a figura. A velocidade do escoamento na seção do tubo de descarga é dada por: $v = v_{máx}\left[1 - \left(\frac{r}{R}\right)^2\right]$

Determinar:

a) a taxa de variação com o tempo, no instante t_0, da massa de água contida no tanque, sendo nesse instante $v_{máx} = v_{máx_0}$;

b) a velocidade de descida do nível da água no tanque no instante inicial.

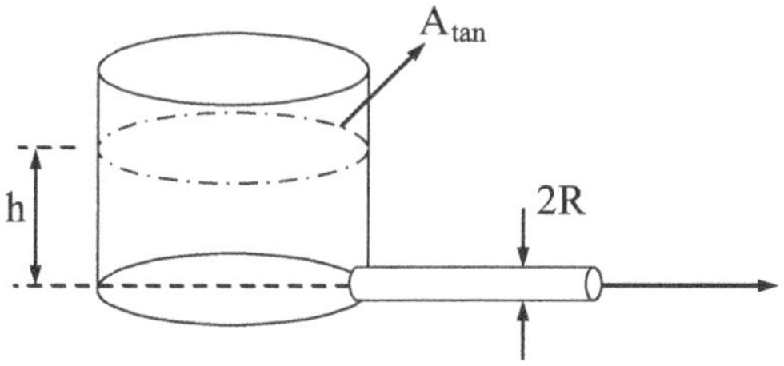

Resp.: a) $-\rho v_{máx_0}\frac{\pi R^2}{2}$; b) $v_{máx_0}\frac{\pi R^2}{2A_{tan}}$

10.3 A figura mostra uma seringa para injeções, com as respectivas dimensões. Se a velocidade do êmbolo é 0,25 cm/s e a velocidade do líquido na agulha é 25 cm/s, qual a porcentagem de líquido desperdiçada através da folga entre o êmbolo e o cilindro? (Desprezar o volume contido na agulha.)

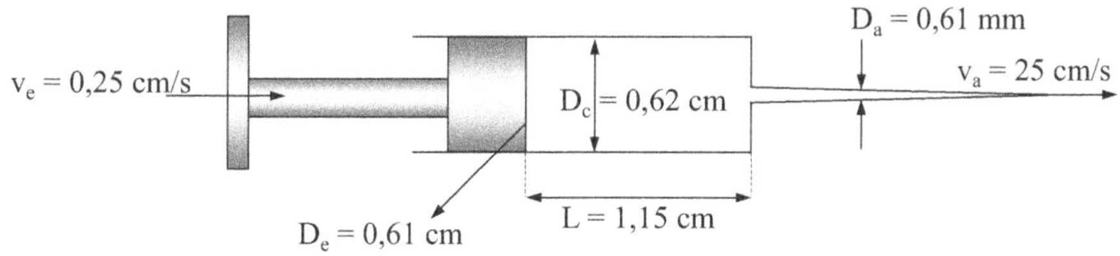

Resp.: 3,25%

10.4 A massa de gás no interior de um botijão varia segundo a lei:
$m(t) = m_0 - \beta t$, onde $\beta = c^{\underline{te}}$.
Sendo ρ_s a massa específica do gás na seção de saída, calcular a velocidade média nessa seção, cuja área é A_s.

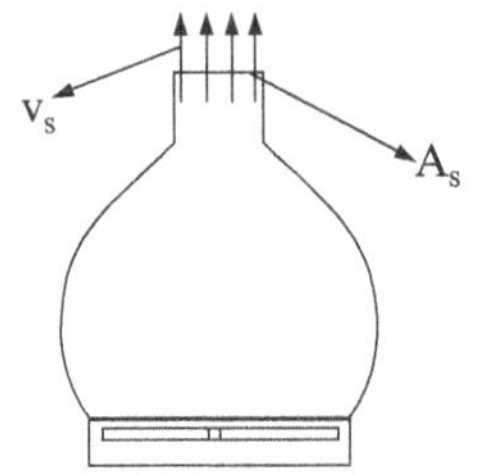

Resp.: $v_s = \dfrac{\beta}{\rho_s A_s}$

10.5 Após a seção de entrada (1) de um conduto de seção quadrada de 0,3 m× 0,3 m, existem duas paredes porosas. A vazão de água na entrada é 300 L/s. Pela parede porosa superior (2) há uma vazão de entrada que varia parabolicamente, por unidade de largura, desde 0 L/s.m na seção (1) até 80 L/s.m, junto à seção (4). Na outra face porosa (3), a água sai com uma vazão que varia linearmente, por unidade de largura, desde 150 L/s.m, junto à seção (1), até 0 L/s.m, junto à seção (4). Determinar a vazão na seção (4) de saída do conduto, localizada a 50 cm da entrada (1).

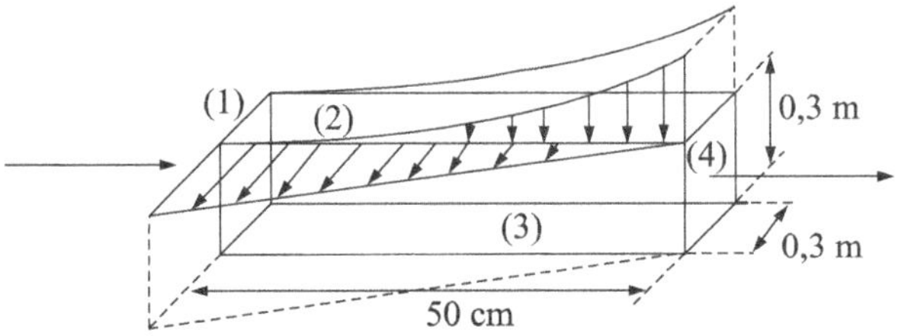

Resp.: $Q_4 = 292{,}8$ L/s

10.6 O amortecedor hidráulico do sistema de aterrissagem de um avião suporta o peso G quando é acionado. No instante do pouso na pista, a pressão do ar é pV0, e seu volume é z_0A, onde A é a área da seção transversal do cilindro. Verificar, aplicando a equação da energia para regime variado, que a velocidade do pistão é dada pela equação diferencial: $\dfrac{dv^2}{dz} = \dfrac{2g}{h}\left(-\dfrac{p_0 z_0}{\gamma z} - h + \dfrac{G}{\gamma A}\right)$. Admitir:

a) ar a temperatura constante;

b) atrito desprezível.

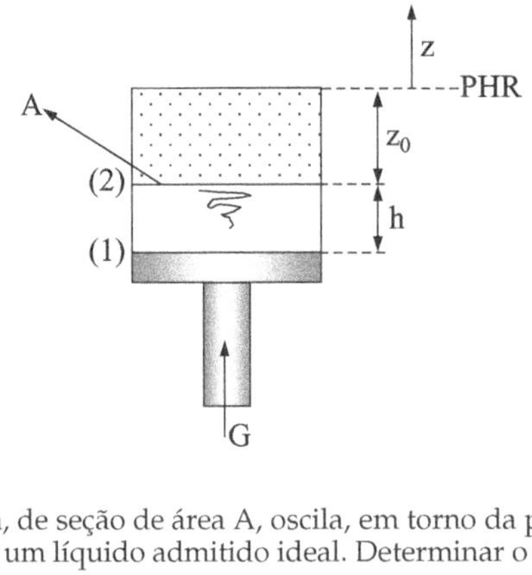

10.7 No tubo em U da figura, de seção de área A, oscila, em torno da posição de equilíbrio, uma coluna de comprimento total L de um líquido admitido ideal. Determinar o período T da oscilação.

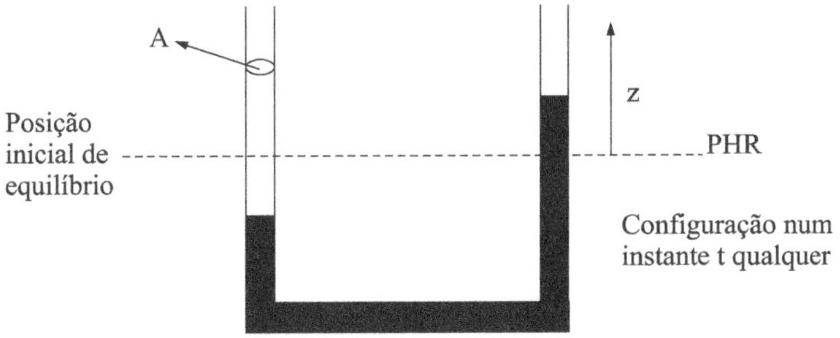

Resp.: $T = 2\pi\sqrt{\dfrac{L}{2g}}$

10.8 Um veículo de massa $m_0 = 900$ kg move-se com uma velocidade de 30 m/s em relação a um inercial, sob a ação de uma força constante de 4.500 N. No instante t = 0 surge um vazamento no tanque de combustível, de forma que este é perdido verticalmente com uma vazão de 4,5 kg/s. O veículo continua a se mover sob a ação da força inicial constante. Qual será a velocidade do veículo após 20 s do início do vazamento?

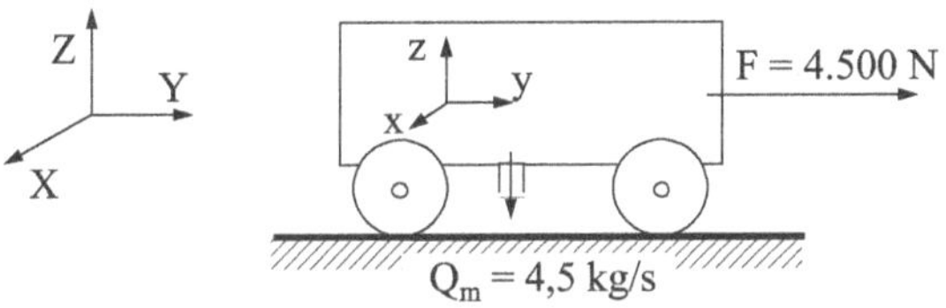

Resp.: v = 39,5 m/s

10.9 Na instalação, a vazão de 100 L/s divide-se igualmente nos dois ramais. Qual é o momento em relação ao eixo z devido somente à ação da água? Dados: $A_2 = A_3 = 2 \times 10^{-3}$ m^2; $p_1 = 100$ Pa; $\gamma = 10^4$ N/m^3.

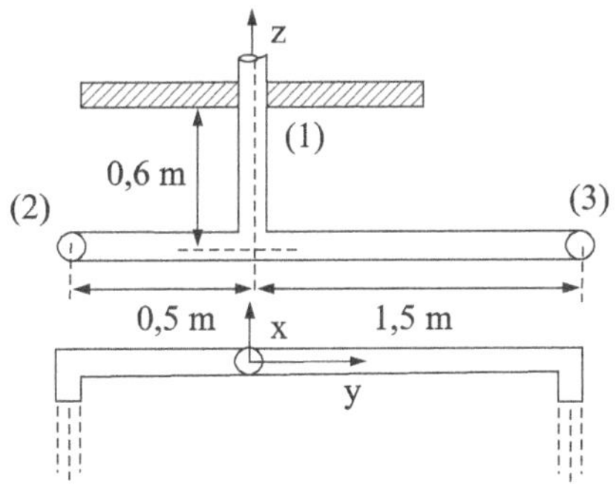

Resp.: 1.250 N.m

10.10 Água escoa horizontalmente para fora de um tubo, através de uma fenda de 3 mm de largura e 1,8 m de comprimento. A vazão é 28 L/s e a velocidade varia linearmente desde $v_{máx}$ até zero no fim da fenda. Determinar o momento em relação ao eixo vertical, provocado pelo escoamento do fluido ($\rho_{H_2O} = 1.000$ kg / m^3).

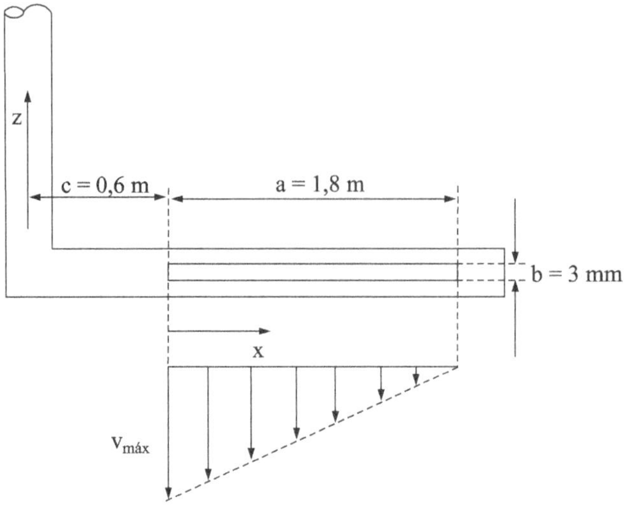

Resp.: $M_z = 114$ N.m

10.11 Uma bomba centrífuga tem pás com ângulo de entrada de 15° e de saída de 25°. A rotação é 1.720 rpm e os diâmetros de entrada e saída são, respectivamente, de 10 cm e 25 cm. Sendo $v_{u1} = 0$ e $v_{r1} = v_{r2}$, determinar:

a) os diagramas de velocidades;

b) a altura manométrica teórica para infinitas pás.

Resp.: a) $u_1 = 9$ m/s; $w_1 = 9{,}33$ m/s; $u_2 = 22{,}51$ m/s; $v_{u2} = 17{,}34$ m; $w_2 = 5{,}70$ m/s; $v_2 = 17{,}51$ m/s; b) $H_{t\infty} = 39{,}8$ m

10.12 Deseja-se uma bomba que, acoplada a um motor de 3.450 rpm, produza uma altura manométrica teórica de 80 m. O ângulo de entrada das pás deve ser de 15° e o de saída, de 30°. Sendo $d_1 = 10$ cm, quanto deve ser d_2, supondo $v_{r1} = v_{r2}$ e $v_{u1} = 0$?

Resp.: $d_2 = 180$ mm

CAPÍTULO 11

Análise diferencial

11.1 Introdução

Nos capítulos anteriores, o estudo foi dedicado à análise integral e empírica.

Na análise integral, procurou-se estabelecer expressões algébricas que representassem o comportamento e as propriedades de um conjunto de partículas de fluido agrupadas no sistema que, num dado instante, ocupa a região de interesse denominada volume de controle.

A análise empírica permitiu relacionar as grandezas que influem num dado fenômeno através da análise dimensional, estabelecendo, a partir de modelos teóricos, os critérios para a determinação de coeficientes experimentais que corrijam esses modelos para que possam representar os resultados reais.

O objetivo deste capítulo é o de estabelecer o equacionamento para o estudo do comportamento de partículas individuais do fluido, se bem que ainda com uma certa característica de conjunto. Isso significa que mesmo o escoamento turbulento, em que existe certa aleatoriedade no movimento, será estudado por um comportamento médio das partículas, sem levar em conta as suas flutuações.

A esta altura, é interessante definir o conceito de partícula fluida, já que essa entidade foi citada em diversas ocasiões, sem a sua definição formal.

Seja um sistema para o qual se deseja definir a massa específica num ponto P (Figura 11.1).

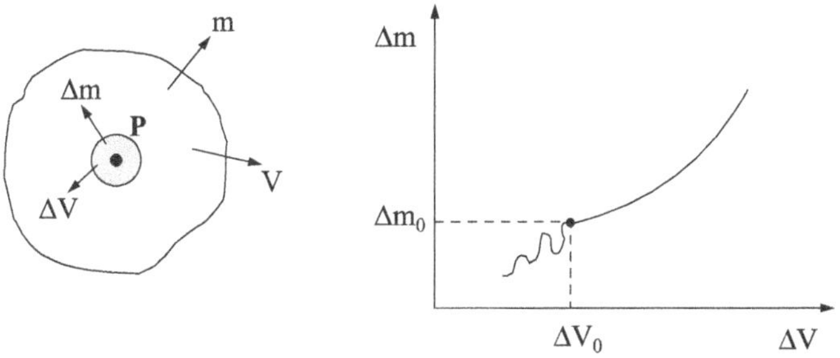

Figura 11.1

Adota-se um volume ΔV, que contém uma massa Δm, no entorno do ponto P. A massa específica média será definida por:

$$\rho_m = \frac{\Delta m}{\Delta V}$$

Para se obter a massa específica no ponto, passa-se ao limite para ΔV tendendo a zero em volta do ponto P.

Entretanto, quando o volume chega a um certo valor ΔV_0, nota-se que, devido à agitação molecular, a massa contida no volume adquire valores que variam de um instante para outro, havendo uma descontinuidade na função.

Partícula fluida é a de volume ΔV_0 para o qual o gráfico da Figura 11.1 não sofre descontinuidade. Isto é:

$$\rho_P = \lim_{\Delta V \to \Delta V_0} \frac{\Delta m}{\Delta V}$$

Se o fluido não é um gás rarefeito, admite-se que:

$$\lim_{\Delta V \to \Delta V_0} \frac{\Delta m}{\Delta V} \cong \lim_{\Delta V \to 0} \frac{\Delta m}{\Delta V} = \frac{dm}{dV}$$

Nesse caso, os fluidos são confundidos com um contínuo, permitindo o estudo por análise diferencial.

11.2 Cinemática da partícula

11.2.1 Sistemas de coordenadas

11.2.1.1 Coordenadas cartesianas

Deslocamento (Figura 11.2)

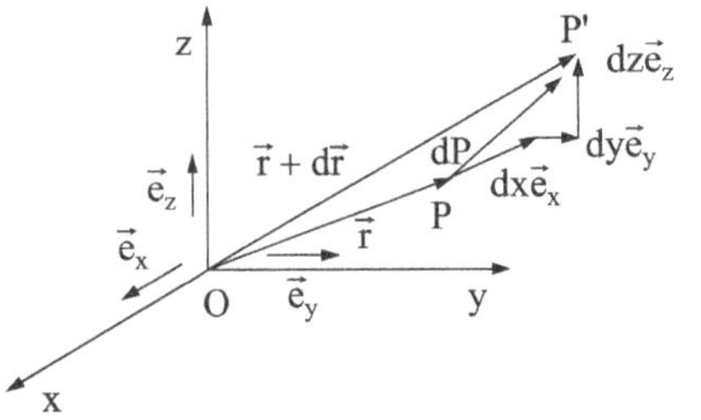

$\vec{r} = P - O = x\vec{e}_x + y\vec{e}_y + z\vec{e}_z$ = vetor posição

$d\vec{r} = dP = d(P - O) =$

$= dx\vec{e}_x + dy\vec{e}_y + dz\vec{e}_z$ = deslocamento elementar

Figura 11.2

Velocidade

$$\vec{v} = \frac{dP}{dt} = \frac{d(P-O)}{dt} = \frac{dx}{dt}\vec{e}_x + \frac{dy}{dt}\vec{e}_y + \frac{dz}{dt}\vec{e}_z = v_x\vec{e}_x + v_y\vec{e}_y + v_z\vec{e}_z$$

Logo:

$$v_x = \frac{dx}{dt}$$

$$v_y = \frac{dy}{dt}$$

$$v_z = \frac{dz}{dt}$$

Aceleração

$$\vec{a} = \frac{d^2P}{dt^2} = \frac{d\vec{v}}{dt} = \frac{dv_x}{dt}\vec{e}_x + \frac{dv_y}{dt}\vec{e}_y + \frac{dv_z}{dt}\vec{e}_z = \frac{d^2x}{dt^2}\vec{e}_x + \frac{d^2y}{dt^2}\vec{e}_y + \frac{d^2z}{dt^2}\vec{e}_z = a_x\vec{e}_x + a_y\vec{e}_y + a_z\vec{e}_z$$

Logo:

$$a_x = \frac{dv_x}{dt} = \frac{d^2x}{dt^2}$$

$$a_y = \frac{dv_y}{dt} = \frac{d^2y}{dt^2}$$

$$a_z = \frac{dv_z}{dt} = \frac{d^2z}{dt^2}$$

11.2.1.2 Coordenadas cilíndricas

Deslocamento (Figura 11.3)

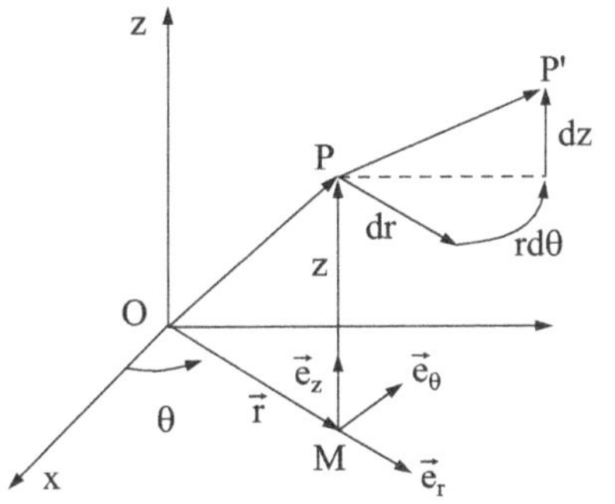

$$P - O = (P - M) + (M - O) = r\vec{e}_r + z\vec{e}_z$$
$$P' - P = d\vec{P} = d(r\vec{e}_r) + d(z\vec{e}_z)$$
$$d\vec{P} = dr\vec{e}_r + r\,d\vec{e}_r + dz\vec{e}_z$$
$$\vec{e}_r = \cos\theta\,\vec{e}_x + \text{sen}\,\theta\,\vec{e}_y$$
$$d\vec{e}_r = -\,\text{sen}\,\theta\,d\theta\,\vec{e}_x + \cos\theta\,d\theta\,\vec{e}_y$$
$$d\vec{e}_r = d\theta\,\vec{e}_\theta$$
$$d\vec{P} = dr\vec{e}_r + r\,d\theta\,\vec{e}_\theta + dz\vec{e}_z$$

Figura 11.3

Velocidade

$$\vec{v} = \frac{dP}{dt} = \frac{dr}{dt}\vec{e}_r + r\frac{d\theta}{dt}\vec{e}_\theta + \frac{dz}{dt}\vec{e}_z = v_r\vec{e}_r + v_\theta\vec{e}_\theta + v_z\vec{e}_z$$

Logo:

$$v_r = \frac{dr}{dt}$$

$$v_\theta = r\frac{d\theta}{dt}$$

$$v_z = \frac{dz}{dt}$$

Aceleração

Sendo $\vec{a} = \frac{d\vec{v}}{dt}$, pode-se verificar que:

$$a_r = \frac{dv_r}{dt} - \frac{v_\theta^2}{r}$$

$$a_\theta = \frac{dv_\theta}{dt} + \frac{v_r v_\theta}{r}$$

$$a_z = \frac{dv_z}{dt} = \frac{d^2z}{dt^2}$$

11.3 Geometria do movimento

No Capítulo 3 definiram-se trajetórias e linhas de corrente como uma forma de visualizar o movimento, mas nesse capítulo não houve a preocupação com a determinação daquelas linhas, a não ser intuitiva ou experimentalmente. Neste item podem-se complementar aqueles conhecimentos obtendo-se suas equações matemáticas.

Trajetória

É o lugar geométrico dos pontos ocupados por uma partícula, com o passar do tempo.

A partícula selecionada é individualizada por suas coordenadas iniciais (a; b; c).

A trajetória pode ser obtida pela integração das equações paramétricas do movimento que, em coordenadas cartesianas, são:

$$dx = v_x dt$$

$$dy = v_y dt$$

$$dz = v_z dt$$

Eliminando o tempo entre essas equações, obtêm-se as equações em coordenadas cartesianas que representam a linha geométrica percorrida pela partícula.

EXEMPLO

Dado o campo de velocidades de um fluido em movimento, $v_x = \frac{x}{1+t}; v_y = 1; v_z = 0$; determinar a expressão da trajetória e traçar a trajetória da partícula que no instante inicial $t_0 = 0$ está no ponto (2; 2; 0).

Solução

$$v_x = \frac{dx}{dt} = \frac{x}{1+t} \rightarrow \frac{dx}{x} = \frac{dt}{1+t}$$

Integrando: $\ell nx = \ell n\,(1+t) + \ell nC_1 \Rightarrow x = C_1\,(1+t)$

$$v_y = \frac{dy}{dt} = 1 \rightarrow dy = dt$$

Integrando: $y = t + C_2$

$$v_z = \frac{dz}{dt} = 0 \rightarrow dz = 0$$

Integrando: $z = C_3$

Se para t = 0 a partícula ocupa as coordenadas iniciais (a; b; c), então:

Se $x = C_1\,(1 + t)$, para $t = 0 \rightarrow C_1 = a \rightarrow x = a\,(1 + t)$

Se $y = t + C_2$, para $t = 0 \rightarrow C_2 = b \rightarrow y = t + b$

Se $z = C_3$, para $t = 0 \rightarrow C_3 = c \rightarrow z = c$

Eliminando o tempo entre as duas primeiras equações:

$$t = y - b \rightarrow x = a\,(1 + y - b) \text{ ou } x - ay = a - ab$$

Essa equação representa retas em planos paralelos ao Oxy, cada um com a cota z = c.

A partícula, com as coordenadas iniciais indicadas no enunciado, seguirá a trajetória dada por $x - 2y = -2$, no plano Oxy, já que z = 0. A partícula e sua trajetória são mostradas na figura.

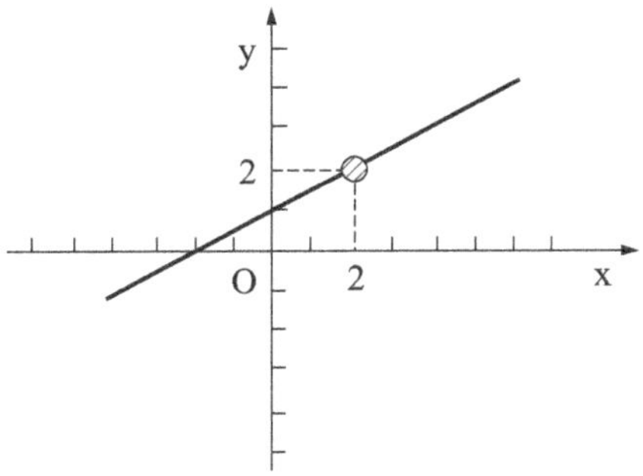

Linhas de corrente

Como foi visto no Capítulo 3, *linha de corrente é a linha tangente aos vetores da velocidade nos seus pontos de aplicação, num certo instante*. Essa característica é representada pela expressão:

$$dP \wedge \vec{v} = 0$$

Tal equação em coordenadas cartesianas é dada por:

$$dP = dx\,\vec{e}_x + dy\,\vec{e}_y + dz\,\vec{e}_z$$

$$\vec{v} = v_x\vec{e}_x + v_y\vec{e}_y + v_z\vec{e}_z$$

$$dP \wedge \vec{v} = \begin{vmatrix} \vec{e}_x & \vec{e}_y & \vec{e}_z \\ dx & dy & dz \\ v_x & v_y & v_z \end{vmatrix} = (v_z dy - v_y dz)\,\vec{e}_x + (v_x dz - v_z dx)\vec{e}_y + (v_y dx - v_x dy)\vec{e}_z$$

Logo:

$$v_z dy - v_y dz = 0 \rightarrow \frac{dy}{v_y} = \frac{dz}{v_z}$$

$$v_x dz - v_z dx = 0 \rightarrow \frac{dx}{v_x} = \frac{dz}{v_z}$$

$$v_y dx - v_x dy = 0 \rightarrow \frac{dx}{v_x} = \frac{dy}{v_y}$$

EXEMPLO

Determinar as linhas de corrente para o campo de velocidades do exemplo anterior: $v_x = \frac{x}{1+t}$; $v_y = 1$; $v_z = 0$.

Solução

Lembrar que $t = c^{te} = \bar{t}$, já que as linhas de corrente são traçadas para um certo instante.

$$\frac{dx}{v_x} = \frac{dy}{v_y} \rightarrow \frac{dx}{\frac{x}{1+\bar{t}}} = \frac{dy}{1} \rightarrow (1+\bar{t})\frac{dx}{x} = dy$$

Integrando: $(1+\bar{t})\,\ell nx = y + C \rightarrow x = Ke^{\frac{y}{1+\bar{t}}}$

Como o regime é variado, pois é função de t, a configuração das linhas de corrente do escoamento varia de instante para instante. Por exemplo, no instante inicial, quando $\bar{t} = 0$:

$$x = Ke^{y}$$

e, para cada K, pode ser traçada uma linha de corrente, de modo que, qualitativamente, o escoamento terá o aspecto da figura a seguir.

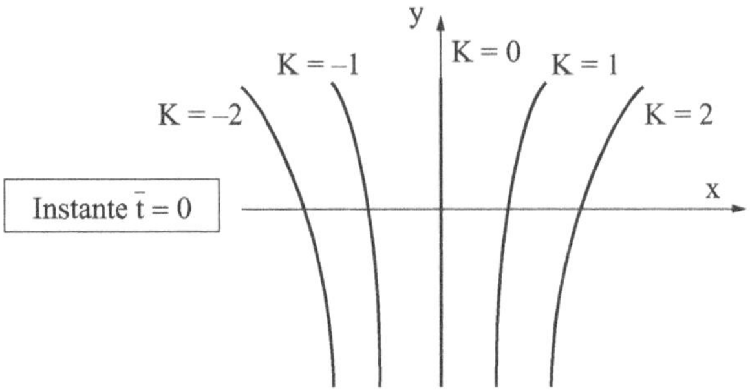

11.4 Variação das grandezas de um ponto a outro do fluido

No espaço ocupado por um fluido, em cada ponto localizado por um sistema de coordenadas, as grandezas assumem diferentes valores e poderão variar com o passar do tempo se o regime não for permanente.

O objetivo deste item é estabelecer uma expressão matemática que, a partir de um ponto onde as grandezas sejam conhecidas, permita determiná-las nos outros pontos do campo.

Com essa finalidade, pode-se efetuar o estudo da variação das grandezas de duas maneiras diferentes, mas equivalentes.

Uma das formas é pelo método de Lagrange, já descrito na forma integral para sistemas.

Por esse método, dada uma partícula de fluido, pode-se acompanhá-la ao longo de sua trajetória no espaço, verificando o valor das grandezas a ela associadas em cada ponto.

Nesse caso, é importante notar que existem duas causas para a variação das grandezas da partícula. A primeira se deve ao fato de que ela mesma evolui de um ponto a outro do campo, onde as grandezas têm diferentes valores, e a segunda é que, para chegar ao novo ponto, a partícula leva um certo tempo, durante o qual as propriedades, em cada ponto, poderão variar se o regime não for permanente.

Para se ter um conhecimento detalhado da variação das grandezas associadas à partícula, é necessário que estabelecer a variação para deslocamentos infinitesimais, pois, adotando um deslocamento finito, seriam desconhecidos os acontecimentos nos pontos intermediários entre os pontos de partida e de chegada.

A Figura 11.4 mostra a descrição pelo método de Lagrange.

Pela figura, observa-se que a escolha da partícula cuja evolução se deseja estudar, é definida pela sua posição no instante considerado inicial. Acompanha-se, então, a partícula ao longo de sua trajetória, que será percorrida até o ponto P, num certo intervalo de tempo, durante o qual as grandezas do próprio campo poderão ter variado.

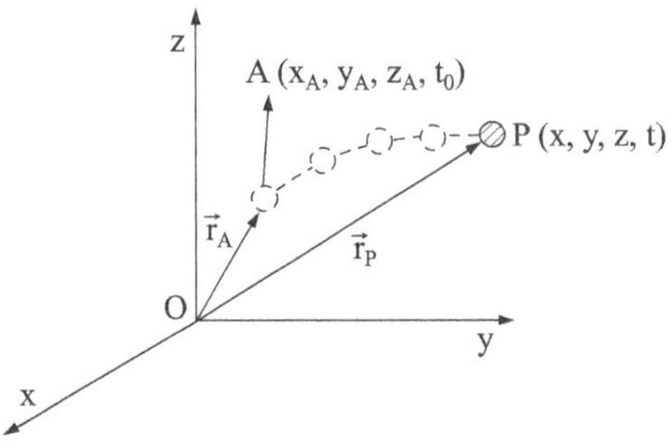

Figura 11.4

Nesse caso, a variação da grandeza G, associada à partícula, de um ponto a outro da trajetória, será:

$$\Delta G = G(P_2, t_2) - G(P_1, t_1)$$

sendo P_1 e P_2 os pontos ocupados pela partícula, respectivamente, nos instantes t_1 e t_2.

Dividindo pelo intervalo de tempo $\Delta t = t_2 - t_1$ e passando ao limite para Δt tendendo a zero, será obtida a variação da propriedade de um ponto a outro, infinitamente próximos, e, portanto, a variação de forma contínua ao longo da trajetória.

$$\ell im_{\Delta t \to 0} \frac{G(P_2, t_2) - G(P_1, t_1)}{\Delta t} = \frac{dG}{dt} \qquad (11.1)$$

A derivada assim obtida será denominada 'derivada total', já que expressa a variação de G com o passar do tempo, de um ponto a outro, isto é, a variação de G ocorrerá seja com o tempo, seja com as coordenadas do ponto do campo.

O outro método de estudo da variação das grandezas associadas às partículas do fluido é o método de Euler, também já visto anteriormente no estudo de sistemas.

Por esse método, o observador não acompanha a partícula ao longo da sua trajetória, mas se preocupa com o valor das grandezas nos pontos do campo, não se importando se a partícula está ou não ocupando o ponto observado. Dessa forma, o método permite a determinação de dois tipos de variações:

a) Observa-se a variação da grandeza G de um ponto a outro no mesmo instante (obviamente os dois pontos serão ocupados por partículas diferentes) (Figura 11.5). Nesse caso, a variação da grandeza G será devida à posição de duas partículas distintas no espaço e será: $G(P_2, t_1) - (P_1, t_1)$

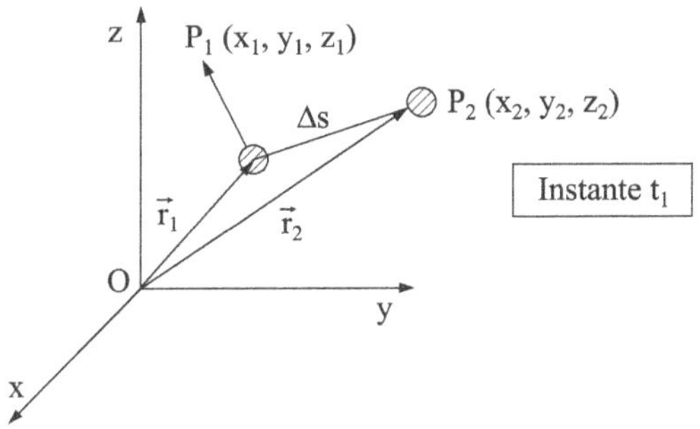

Figura 11.5

Dividindo pela distância Δs e passando ao limite para Δs tendendo a zero, obtém-se:

$$\ell im_{\Delta t \to 0} \frac{G(P_2, t_1) - G(P_1, t_1)}{\Delta s} = \frac{\partial G}{\partial s} \qquad (11.2)$$

Essa derivada denomina-se convectiva e é parcial, pois, mesmo que G seja função do tempo, este será considerado fixo, considerando-se apenas a variação de um ponto a outro no mesmo instante.

b) Observa-se a variação da grandeza G num ponto com o passar do tempo. Nesse caso, o observador fixa um ponto do espaço e verifica a variação da grandeza com o passar do tempo. É óbvio que, se o fluido estiver em movimento, em cada instante uma partícula diferente ocupará aquele ponto.

Nesse caso, a variação da grandeza G será: $G(P_1, t_2) - G(P_1, t_1)$
ou, dividindo por Δt e passando ao limite para Δt tendendo a zero:

$$\lim_{\Delta t \to 0} \frac{G(P_1, t_2) - G(P_1, t_1)}{\Delta t} = \frac{\partial G}{\partial t} \tag{11.3}$$

Também se trata de uma derivada parcial, pois, mesmo que G varie de um ponto a outro do campo, sendo a variação no mesmo ponto, com o passar do tempo, as coordenadas do ponto serão consideradas fixas quando se efetuar a derivada.

EXEMPLO

Uma partícula A passa pelo ponto O (0; 0; 0) no instante t = 0, com uma temperatura T = 1°C, e passa pelo ponto P_1 (5; 0; 0), com T = 4°C no instante t_1 = 1 s. Uma outra partícula B passa pelo ponto O (0; 0; 0) no instante t_1 = 1 s, com T = 2°C.

Usando aproximação por variações finitas, determinar:

a) a derivada total;

b) a derivada local;

c) a derivada convectiva (medidas em cm);

d) a velocidade na origem.

e) Verificar que $\frac{dG}{dt} = \frac{\partial G}{\partial t} + v\frac{\partial G}{\partial s}$.

Solução

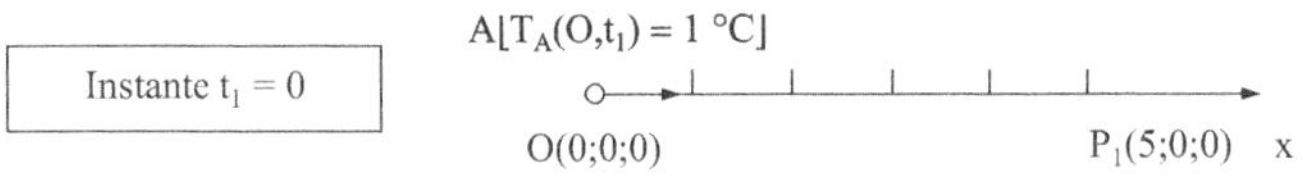

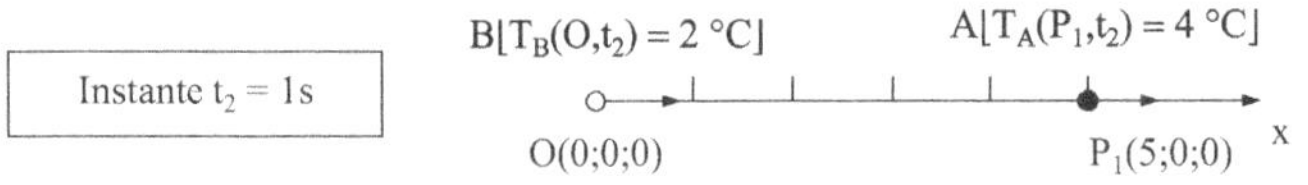

a) $\frac{dT}{dt} = \frac{T_A(P_1, t_2) - T_A(O, t_1)}{t_2 - t_1} = \frac{4-1}{1} = 3^\circ C/s$

b) $\frac{\partial T}{\partial t} = \frac{T_B(O, t_2) - T_A(O, t_1)}{t_2 - t_1} = \frac{2-1}{1} = 1^\circ C/s$

c) $\frac{\partial T}{\partial s} = \frac{T_A(P_1, t_2) - T_B(O, t_2)}{\Delta s} = \frac{4-2}{5} = 0{,}4^\circ C/cm$

d) $v = \frac{\Delta s}{\Delta t} = \frac{5}{1} = 5$ cm/s

e) $\frac{\partial T}{\partial t} + v\frac{\partial T}{\partial s} = 1 + 5 \times 0{,}4 = 3^\circ C/s = \frac{dT}{dt}$

Não será efetuada a demonstração, mas pode-se verificar a validade da seguinte equação, ilustrada pelo exemplo anterior:

$$\frac{dG}{dt} = \frac{\partial G}{\partial t} + (\vec{v} \times \nabla)\, G \tag{11.4}$$

O símbolo ∇ (nabla) é um operador, apresentado a seguir em coordenadas cartesianas e cilíndricas.

Coordenadas cartesianas:

$$\nabla = \vec{e}_x \frac{\partial}{\partial x} + \vec{e}_y \frac{\partial}{\partial y} + \vec{e}_z \frac{\partial}{\partial z} \tag{11.5}$$

Coordenadas cilíndricas:

$$\nabla = \vec{e}_r \frac{\partial}{\partial r} + \vec{e}_\theta \frac{\partial}{r\partial \theta} + \vec{e}_z \frac{\partial}{\partial z} \tag{11.6}$$

Note-se que a grandeza G pode ser escalar ou vetorial e que $\vec{v} \times \nabla$ forma um novo operador.

Coordenadas cartesianas:

$$\vec{v} \times \nabla = v_x \frac{\partial}{\partial x} + v_y \frac{\partial}{\partial y} + v_z \frac{\partial}{\partial z} \tag{11.7}$$

Coordenadas cilíndricas:

$$\vec{v} \times \nabla = v_r \frac{\partial}{\partial r} + \frac{v_\theta}{r} \frac{\partial}{\partial \theta} + v_z \frac{\partial}{\partial z} \tag{11.8}$$

EXEMPLO

Seja o escoamento de um fluido em que o campo de velocidades num plano xy é dado por: $v_x = xt^2$; $v_y = xyt$. Determinar as componentes a_x e a_y do campo de acelerações:

a) pela derivada total;

b) pelo segundo membro da Equação 11.4.

Solução

a) $a_x = \dfrac{dv_x}{dt} = t^2 \dfrac{dx}{dt} + x2t = t^2 v_x + 2xt = xt^4 + 2xt$

$a_y = \dfrac{dv_y}{dt} = yt\dfrac{dx}{dt} + xt\dfrac{dy}{dt} + xt = ytv_x + xtv_y + xy = xyt^3 + x^2yt^2 + xy$

b) Na Equação 11.4 deve-se fazer $G = v_x$ e $G = v_y$.

$$a_x = \frac{dv_x}{dt} = \frac{\partial v_x}{\partial t} + (\vec{v} \times \nabla) v_x$$

$$a_x = \frac{dv_x}{dt} = \frac{\partial v_x}{\partial t} + \left(v_x \frac{\partial}{\partial x} + v_y \frac{\partial}{\partial y} \right) v_x$$

$$a_x = \frac{dv_x}{dt} = \frac{\partial v_x}{\partial t} + v_x \frac{\partial v_x}{\partial x} + v_y \frac{\partial v_x}{\partial y}$$

$$a_x = \frac{dv_x}{dt} = 2xt + xt^2t^2 + xyt\,(0) = xt^4 + 2xt$$

Analogamente:

$$a_y = \frac{dv_y}{dt} = \frac{\partial v_y}{\partial t} + v_x \frac{\partial v_y}{\partial x} + v_y \frac{\partial v_y}{\partial y}$$

$$a_y = \frac{dv_y}{dt} = xy + xt^2yt + xytxt = xyt^3 + x^2yt^2 + xy$$

Note-se que as duas formas são equivalentes.

11.5 Análise dos movimentos de uma partícula fluida

Para efeito de simplificação, a análise será feita no plano, sendo que no espaço seria suficiente acrescentar os termos referentes a mais uma coordenada.

As coordenadas adotadas são cartesianas e para melhor visualização será adotada uma partícula fluida com um formato geométrico regular (Figura 11.6).

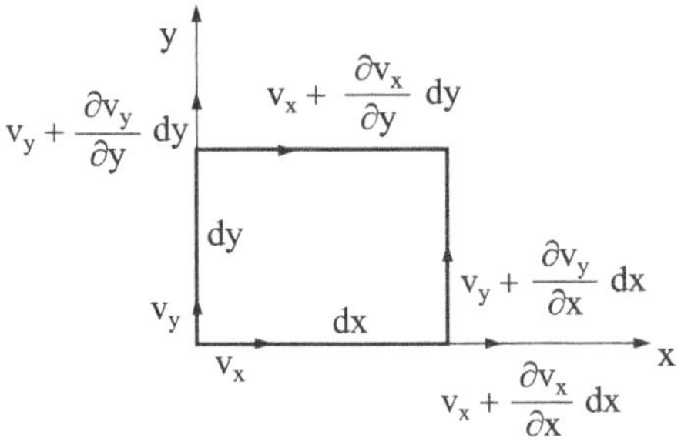

Figura 11.6

$\frac{\partial v_x}{\partial x}$ = taxa de variação de v_x na direção de x.

$\frac{\partial v_y}{\partial y}$ = taxa de variação de v_y na direção de y.

$\frac{\partial v_x}{\partial y}$ = taxa de variação de v_x na direção de y.

$\frac{\partial v_y}{\partial x}$ = taxa de variação de v_y na direção de x.

O efeito das velocidades e das suas respectivas variações pode ser analisado de forma independente.

a) Translação

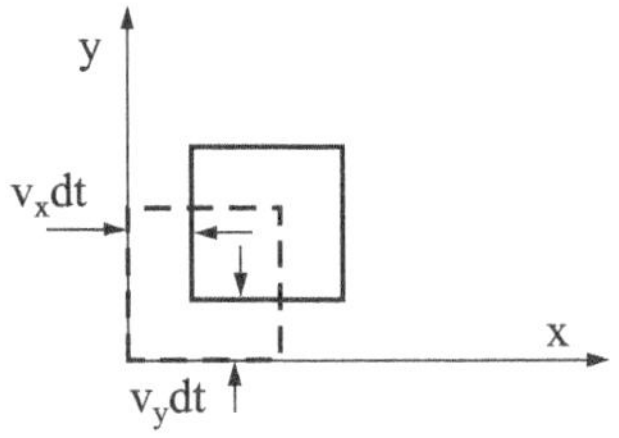

Figura 11.7

b) Deformação linear

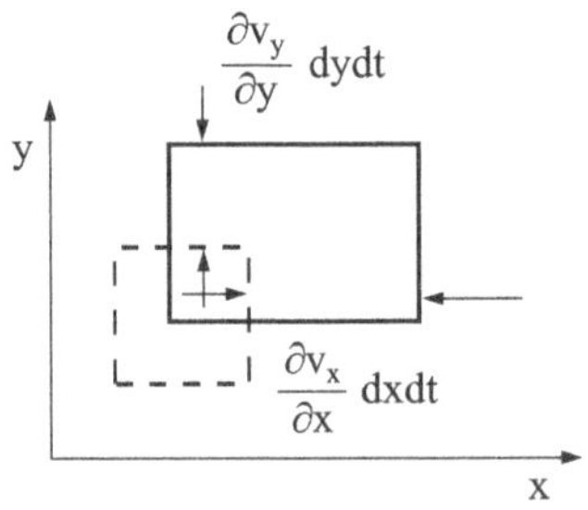

Figura 11.8

c) Deformação angular

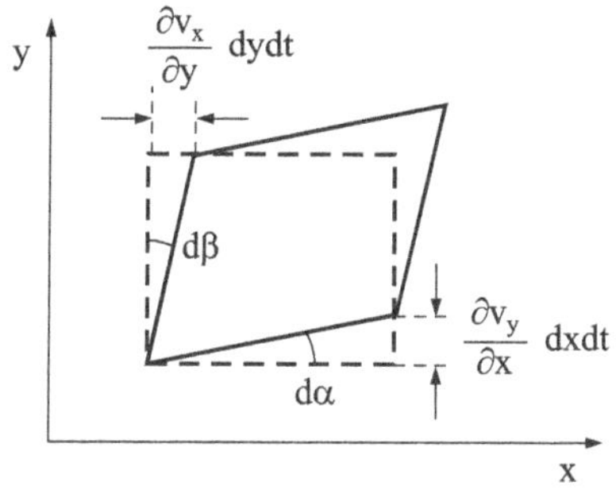

Por convenção, o ângulo é positivo quando gira no sentido anti-horário. Sendo os ângulos pequenos (dt):

$$d\alpha = \frac{\partial v_y}{\partial x}\,dt$$

$$d\beta = \frac{\partial v_x}{\partial y}\,dt$$

Figura 11.9

O ângulo de deformação total será:

$$d\alpha - d\beta = \left(\frac{\partial v_y}{\partial x} + \frac{\partial v_x}{\partial y}\right) dt$$

d) Rotação

Se dα e δβ tiverem o mesmo sinal e o mesmo valor, a partícula sofrerá apenas uma rotação.

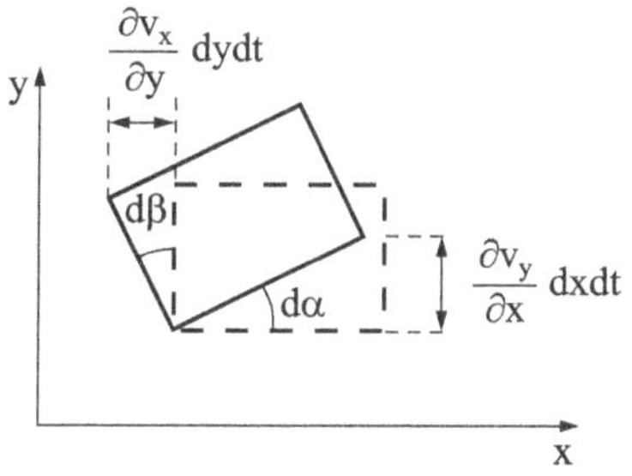

Figura 11.10

Se os ângulos forem diferentes, o ângulo médio de rotação será:

$$\frac{d\alpha + d\beta}{2} = \frac{1}{2}\left(\frac{\partial v_y}{\partial x} - \frac{\partial v_x}{\partial y}\right) dt$$

e a velocidade ângular de rotação será:

$$\Omega = \frac{1}{2}\left(\frac{\partial v_y}{\partial x} - \frac{\partial v_x}{\partial y}\right)$$

Superpondo todos esses efeitos em três dimensões, pode-se verificar que a velocidade de uma partícula é dada por três parcelas:

$$\vec{v} = \vec{v}_0 + \frac{1}{2}\nabla\Phi + \vec{\Omega} \wedge \vec{r} \qquad \textbf{(11.9)}$$

Na Equação 11.9, $\vec{v}_0$ é a velocidade de translação.

$$\nabla\Phi = \text{grad}\,\Phi = \frac{\partial\Phi}{\partial x}\vec{e}_x + \frac{\partial\Phi}{\partial y}\vec{e}_y + \frac{\partial\Phi}{\partial z}\vec{e}_z$$

onde Φ é a 'função deformação' e, por exemplo:

$$\frac{\partial \Phi}{\partial x} = 2\frac{\partial v_x}{\partial x}dx + \left(\frac{\partial v_x}{\partial y} + \frac{\partial v_y}{\partial x}\right)dy + \left(\frac{\partial v_x}{\partial z} + \frac{\partial v_z}{\partial x}\right)dz$$

O termo $\frac{\partial v_x}{\partial x}dx$ refere-se à deformação linear na direção de x, e os outros termos referem-se às deformações angulares.

O termo $\vec{\Omega} \wedge \vec{r}$ representa a rotação da partícula, e $\vec{\Omega}$ denomina-se 'vetor turbilhão'. É dado por:

$$\vec{\Omega} = \frac{1}{2}\nabla \wedge \vec{v} = \frac{1}{2}\text{rot}\,\vec{v}$$

Lembrar que em coordenadas cartesianas:

$$\text{rot}\,\vec{v} = \begin{vmatrix} \vec{e}_x & \vec{e}_y & \vec{e}_x \\ \frac{\partial}{\partial x} & \frac{\partial}{\partial y} & \frac{\partial}{\partial z} \\ \vec{v}_x & \vec{v}_y & \vec{v}_z \end{vmatrix} = \left(\frac{\partial v_z}{\partial y} - \frac{\partial v_y}{\partial z}\right)\vec{e}_x + \left(\frac{\partial v_x}{\partial z} - \frac{\partial v_z}{\partial x}\right)\vec{e}_y + \left(\frac{\partial v_y}{\partial x} - \frac{\partial v_x}{\partial y}\right)\vec{e}_z$$

O movimento dos fluidos é irrotacional se $\vec{\Omega} = 0$ ou rot $\vec{v} = 0$. Nesse caso, as partículas do fluido não terão rotação em torno de um eixo próprio.

11.6 Dilatação volumétrica

Na expressão da função deformação Φ do item anterior, verificou-se que o termo $\frac{\partial v_x}{\partial x}$ refere-se à deformação linear na direção de x. O significado de $\frac{\partial v_y}{\partial y}$ e $\frac{\partial v_z}{\partial z}$ será análogo, respectivamente, na direção de y e de z.

Seja δ_x a 'dilatação linear' na direção de x, definida conforme a Figura 11.11.

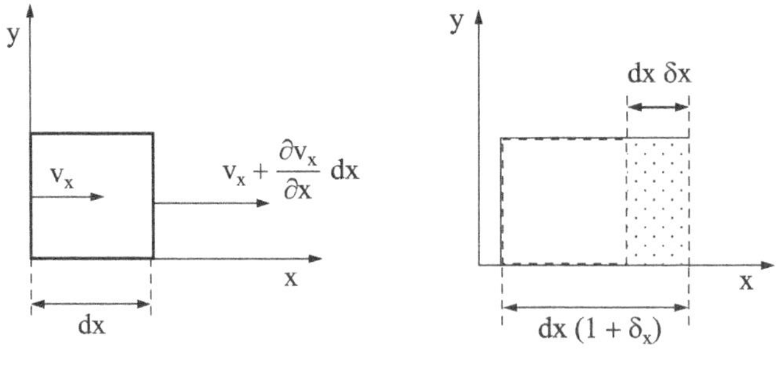

Figura 11.11

Observa-se que: $dx\,(1+\delta_x) - dx = \frac{\partial v_x}{\partial x}dxdt$

Logo: $\delta_x = \frac{\partial v_x}{\partial x}dt$, e $\frac{\delta_x}{dt} = \frac{\partial v_x}{\partial x}$ pode ser chamado de 'velocidade de dilatação linear'.

Considerando a dilatação linear em todas as direções, pode-se obter a dilatação volumétrica (Figura 11.12).

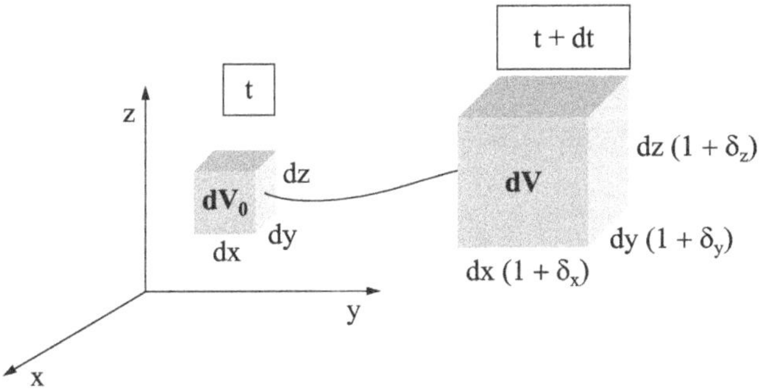

Figura 11.12

Seja: $dV = dV_0(1+\Delta)$, onde Δ = dilatação volumétrica, então:

$$dx\,(1+\delta_x)\,dy\,(1+\delta_y)\,dz\,(1+\delta_z) = dxdydz\,(1+\Delta)$$

Desprezando os termos de maior ordem, obtém-se:

$$\Delta = \delta_x + \delta_y + \delta_z$$

ou

$$\frac{\Delta}{dt} = \frac{\partial v_x}{\partial x} + \frac{\partial v_y}{\partial y} + \frac{\partial v_z}{\partial z} = \nabla \times \vec{v} = \text{div}\,\vec{v}$$

Conclui-se que div $\vec{v}$ pode ser interpretado como a velocidade de dilatação volumétrica.

11.7 Equação da continuidade na forma diferencial

Seja uma partícula de fluido de volume dV e massa ρdV. Essa partícula pode se deformar e se deslocar, mas a massa deverá se conservar com o passar do tempo (Figura 11.13).

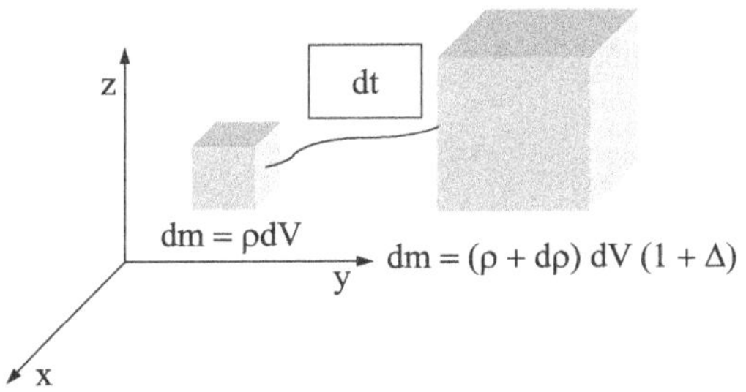

Figura 11.13

Logo:

$$\rho dV = (\rho + d\rho)\,dV\,(1+\Delta)$$

$$\rho = \rho + \rho\Delta + d\rho + d\rho\Delta$$

Desprezando o termo $d\rho\Delta$, que é de segunda ordem, obtém-se $d\rho + \rho\Delta = 0$, ou, dividindo por dt: $\frac{d\rho}{dt} + \rho\frac{\Delta}{dt} = 0$

Portanto:

$$\frac{d\rho}{dt} + \rho\ \text{div}\ \vec{v} = 0 \qquad \textbf{(11.10)}$$

A Equação 11.10 é uma das formas interessantes da equação da continuidade na forma diferencial. Essa equação expressa a possibilidade de deformação de uma partícula com a conservação ou continuidade de sua massa. Logo, em qualquer problema deverá ser obedecida, sendo uma condição imprescindível à existência de um dado escoamento.

Das propriedades do operador ∇ pode-se verificar que:

$$\text{div}\ \rho\vec{v} = \rho\ \text{div}\ \vec{v} + \vec{v} \times \text{grad}\ \rho \tag{11.11}$$

Substituindo a Equação 11.11 na Equação 11.10, obtém-se:

$$\frac{d\rho}{dt} + \text{div}\ \rho\vec{v} - \vec{v} \times \text{grad}\ \rho = 0$$

mas, pela Equação 11.4: $\frac{d\rho}{dt} = \frac{\partial\rho}{\partial t} + \vec{v} \times \nabla\rho = \frac{\partial\rho}{\partial t} + \vec{v} \times \text{grad}\ \rho$

Logo:

$$\frac{\partial\rho}{\partial t} + \text{div}\ \rho\vec{v} = 0 \tag{11.12}$$

que é outra variante interessante da equação da continuidade.

Casos particulares

a) Fluido incompressível $\rightarrow \frac{d\rho}{dt} = 0$

Pela Equação 11.10 $\rightarrow \text{div}\ \vec{v} = 0$ (11.13)

b) Regime permanente $\rightarrow \frac{\partial\rho}{\partial t} = 0$

Pela Equação 11.12 $\rightarrow \text{div}\ \rho\vec{v} = 0$ (11.14)

EXEMPLO

Um jato de fluido, simétrico em relação a um eixo, é dirigido contra um anteparo perpendicular ao eixo do jato, resultando no campo de velocidades:

$$v_x = m(t)x$$
$$v_y = m(t)y$$
$$v_z = -2m(t)z$$

a) O regime é permanente?
b) O fluido é incompressível?
c) Determinar as linhas de corrente.

Solução

a) Como o campo de velocidades é função de t, o regime é variado.

b) $\text{div}\ \vec{v} = \frac{\partial v_x}{\partial x} + \frac{\partial v_y}{\partial y} + \frac{\partial v_z}{\partial z} = m(t) + m(t) - 2m(t) = 0$

Logo, o fluido é incompressível.

c) Linhas de corrente

$$\frac{dx}{v_x} = \frac{dy}{v_y} \rightarrow \frac{dx}{m(t)x} = \frac{dy}{m(t)y}$$

Logo: $\ell n\ x = \ell n\ y + C \Rightarrow x = C_1 y$

que é a equação de um feixe de retas no plano xy, passando pela origem.

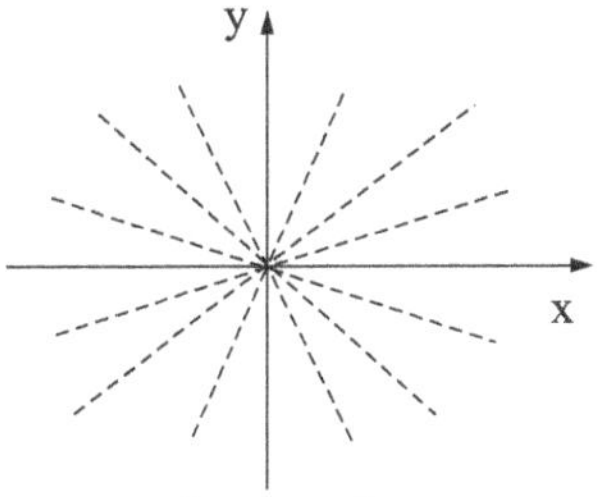

Ainda: $$\frac{dx}{m(t)x} = \frac{dz}{-2m(t)z}$$

Logo: $2\ell nx = -\ell nz + C'$ ou $x^2z = C_2$, que são hipérboles.

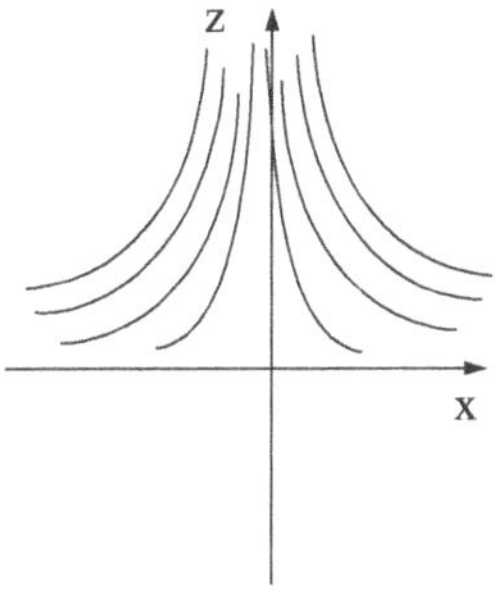

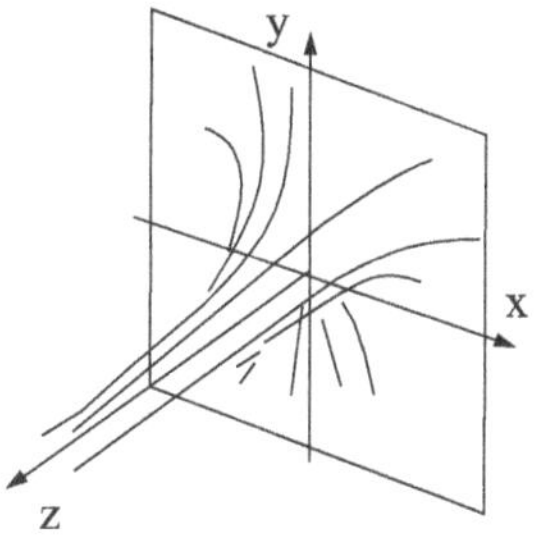

11.8 Equação fundamental do movimento de uma partícula de fluido ideal (equação de Euler)

No Capítulo 1 definiu-se fluido ideal como sendo aquele cuja viscosidade é nula. A ausência da viscosidade e, portanto, das tensões de cisalhamento simplifica sobremaneira a segunda lei da dinâmica de Newton, já que as forças de contato irão se resumir ao efeito das pressões.

As forças de campo serão indicadas para um campo qualquer por $\vec{f}dm$ ou, particularmente, para o campo da gravidade por $\vec{g}dm$.

A força de pressão num ponto qualquer da superfície será dada por $-p\vec{n}dA$, lembrando que o versor da normal no ponto será sempre dirigido para fora.

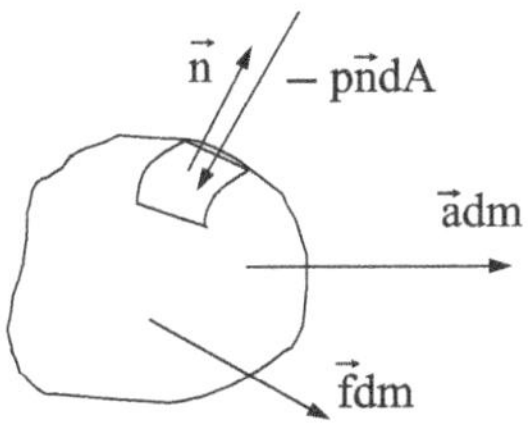

Figura 11.14

Logo: $$\int_V \vec{f}dm - \int_A p\vec{n}dA = \int_V \vec{a}dm$$

Pode-se verificar que: $\int_A p\vec{n}dA = \int_V \text{grad } p \, dV$ e portanto: $\int_V \rho\vec{f}dV - \int_V \text{grad } p \, dV = \int_V \rho\vec{a}dV$

ou, finalmente:
$$\vec{a} = \vec{f} - \frac{1}{\rho}\,\text{grad}\,p \tag{11.15}$$

A Equação 11.15 em coordenadas cartesianas resulta em:

$$\begin{aligned}
a_x &= \frac{\partial v_x}{\partial t} + v_x \frac{\partial v_x}{\partial x} + v_y \frac{\partial v_x}{\partial y} + v_z \frac{\partial v_x}{\partial z} = f_x - \frac{1}{\rho}\frac{\partial p}{\partial x} \\
a_y &= \frac{\partial v_y}{\partial t} + v_x \frac{\partial v_y}{\partial x} + v_y \frac{\partial v_y}{\partial y} + v_z \frac{\partial v_y}{\partial z} = f_y - \frac{1}{\rho}\frac{\partial p}{\partial y} \\
a_z &= \frac{\partial v_z}{\partial t} + v_x \frac{\partial v_z}{\partial x} + v_y \frac{\partial v_z}{\partial y} + v_z \frac{\partial v_z}{\partial z} = f_z - \frac{1}{\rho}\frac{\partial p}{\partial z}
\end{aligned} \tag{11.16}$$

A Equação 11.15 em coordenadas cilíndricas resulta em:

$$\begin{aligned}
a_r &= \frac{\partial v_r}{\partial t} + v_r \frac{\partial v_r}{\partial r} + \frac{v_\theta}{r}\frac{\partial v_r}{\partial \theta} + v_z \frac{\partial v_r}{\partial z} - \frac{v_\theta^2}{r} = f_r - \frac{1}{\rho}\frac{\partial p}{\partial r} \\
a_\theta &= \frac{\partial v_\theta}{\partial t} + v_r \frac{\partial v_\theta}{\partial r} + \frac{v_\theta}{r}\frac{\partial v_\theta}{\partial \theta} + v_z \frac{\partial v_\theta}{\partial \theta} + \frac{v_r v_\theta}{r} = f_\theta - \frac{1}{\rho}\frac{\partial p}{r\partial \theta} \\
a_z &= \frac{\partial v_z}{\partial t} + v_r \frac{\partial v_z}{\partial r} + \frac{v_\theta}{r}\frac{\partial v_z}{\partial \theta} + v_z \frac{\partial v_z}{\partial z} = f_z - \frac{1}{\rho}\frac{\partial p}{\partial z}
\end{aligned} \tag{11.17}$$

No caso geral, essas três equações podem apresentar cinco incógnitas:

a) o campo de velocidades, constituído por v_x, v_y e v_z em coordenadas cartesianas, ou v_r, v_θ e v_z em coordenadas cilíndricas;
b) a distribuição das massas específicas;
c) a distribuição das pressões.

Nesse caso, o sistema de equações apresentado terá necessidade do auxílio de mais duas equações.

Uma delas será a equação da continuidade:

$$\frac{d\rho}{dt} + \rho\,\text{div}\,\vec{v} = 0$$

e a outra deverá ser uma equação de estado que permita saber

$$\rho = f(p,\ T)$$

A equação de estado introduz mais uma variável — a distribuição das temperaturas —, cuja solução exigirá a utilização de mais equações e condições que serão obtidas das disciplinas que tratam os efeitos térmicos.

O que se pode notar é que, dependendo do problema, o número de equações é grande e de difícil solução.

Em alguns casos, as hipóteses impostas para o problema permitem simplificações que tornam a solução mais confortável.

A seguir, serão estudados alguns desses casos para que o leitor possa se familiarizar com o manuseio das equações.

11.8.1 Fluido incompressível em repouso, campo da gravidade

Nesse caso, mesmo que o fluido seja real, não existem tensões de cisalhamento e, portanto, não há manifestações do efeito da viscosidade.

$$\vec{a} = \vec{f} - \frac{1}{\rho}\text{grad } p \quad \text{onde: } \vec{f} = \vec{g}$$

Sabe-se que o campo da gravidade deriva de um potencial escalar U, significando que existe U tal que grad U = $\vec{g}$.

Isto é: $$\frac{\partial U}{\partial x}\vec{e}_x + \frac{\partial U}{\partial y}\vec{e}_y + \frac{\partial U}{\partial z}\vec{e}_z = -g\vec{e}_z$$

ou $$\frac{\partial U}{\partial z} = -g, \quad \text{logo} \quad U = -gz \ (U = 0 \text{ para } z = 0)$$

Nesse caso, a equação de Euler resulta em:

$$\vec{a} = \text{grad } U - \frac{1}{\rho}\text{grad } p \tag{11.18}$$

Como: $$\rho = c^{\underline{te}}, \quad \vec{a} = \text{grad}\left(U - \frac{p}{\rho}\right)$$

Como por hipótese: $$\vec{a} = 0 \Rightarrow \text{grad}\left(U - \frac{p}{\rho}\right) = 0$$

Portanto:

$$\frac{\partial}{\partial x}\left(U - \frac{p}{\rho}\right)\vec{e}_x + \frac{\partial}{\partial y}\left(U - \frac{p}{\rho}\right)\vec{e}_y + \frac{\partial}{\partial z}\left(U - \frac{p}{\rho}\right)\vec{e}_z = 0$$

Logo:

$$\frac{\partial}{\partial x}\left(U - \frac{p}{\rho}\right) = 0 \Rightarrow U - \frac{p}{\rho} = c^{\underline{te}}(x) \Rightarrow -gz - \frac{p}{\rho} = c^{\underline{te}}(x)$$

ou, como $\rho = c^{\underline{te}} \rightarrow p = c^{\underline{te}}(x)$.

O mesmo acontece na direção de y, concluindo-se o que já se sabia pelo teorema de Stevin: que, num plano horizontal, num fluido em repouso, a pressão é constante em todos os pontos.

Obtém-se, ainda: $$-gz - \frac{p}{\rho} = c^{\underline{te}}(z)$$

ou $$p + \gamma z = c^{\underline{te}}$$

que nada mais é do que a expressão do teorema de Stevin.

11.8.2 Equilíbrio relativo para fluido incompressível

Embora esse assunto já tenha sido estudado no Capítulo 2, do ponto de vista da estática dos fluidos, será aqui reexaminado com a utilização da matemática pela equação de Euler.

Entenda-se não como uma repetição, mas como uma forma diferente de análisar o mesmo problema e ao mesmo tempo uma maneira de se familiarizar com o manuseio da equação do capítulo atual.

Lembre o leitor que, nesse caso, apesar de o fluido estar em movimento em relação a um inercial, estará em repouso em relação ao recipiente, no qual se fixará o sistema de referência.

Estando o recipiente acelerado, do ponto de vista do sistema de referência fixo, a aceleração será vista como uma força de inércia, isto é:

$$\vec{f} - \vec{a} - \frac{1}{\rho}\text{grad } p = 0$$

Note-se que, ao passar a aceleração para o outro membro da equação, ela passa a integrar o membro das forças e, sendo a equação igual a zero, pode-se imaginar que, do ponto de vista relativo, o sistema esteja em equilíbrio.

Sendo: $$\vec{f} = \vec{g} \Rightarrow \vec{g} - \vec{a} - \frac{1}{\rho}\text{grad } p = 0$$

ou, como já foi visto, utilizando a noção de potencial escalar:

$$\vec{a} = \text{grad}\left(-gz - \frac{p}{\rho}\right)$$

Portanto: $$a_x = \frac{\partial}{\partial x}\left(-gz - \frac{p}{\rho}\right) \rightarrow -gz - \frac{p}{\rho} = a_x x + C$$

ou $$\frac{p}{\gamma} + z = -\frac{a_x}{g} + C_1$$

e analogamente: $$\frac{p}{\gamma} + z = -\frac{a_y}{g} + C_2$$

$$\frac{p}{\gamma} + z = -\frac{a_z}{g} + C_3$$

EXEMPLO

Seja o tanque da figura, que contém água, submetido a uma aceleração $\vec{a}$ no plano horizontal na direção x. Determinar a inclinação da superfície livre e a pressão nos pontos (A) e (B).

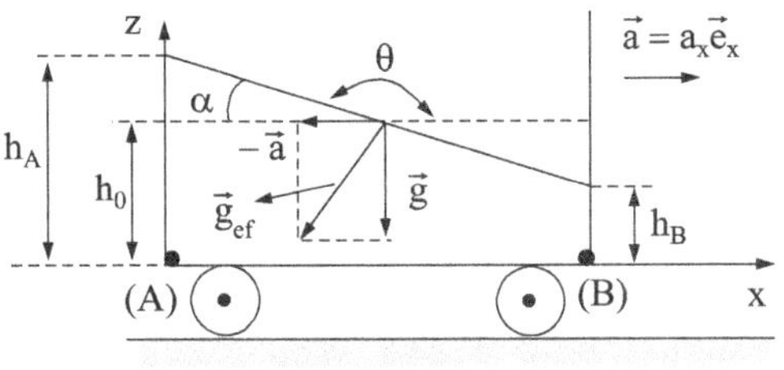

Solução

Nesse caso, $a_y = 0$ e $a_z = 0$.

Logo: $p + \gamma z = C_2$ (segundo y), e como z não varia na direção de y, conclui-se que nessa direção $p = c^{\underline{te}}$ (y é a direção perpendicular à figura).

Segundo z, vale $p + \gamma z = C_3$, o que mostra que na direção de z continua a valer o teorema de Stevin.

Na direção de x: $$\frac{p}{\gamma} + z = -\frac{a_x}{g}x + C_1$$

Na superfície livre, na escala efetiva, p = 0 e, portanto:

$$z = -\frac{a_x}{g}x + C_1$$

que é a equação de uma reta de coeficiente angular $-\frac{a_x}{g}$, isto é, $\text{tg}\,\theta = -\frac{a_x}{g}$.

Analisando diretamente a equação de Euler:

$$\rho(\vec{g} - \vec{a}) = \text{grad}\,p$$

Como grad p é um vetor normal às linhas isobáricas ($p = c^{\underline{te}}$), estas serão perpendiculares ao vetor $(\vec{g} - \vec{a})$, que no Capítulo 2 foi denominado $\vec{g}_{ef}$.

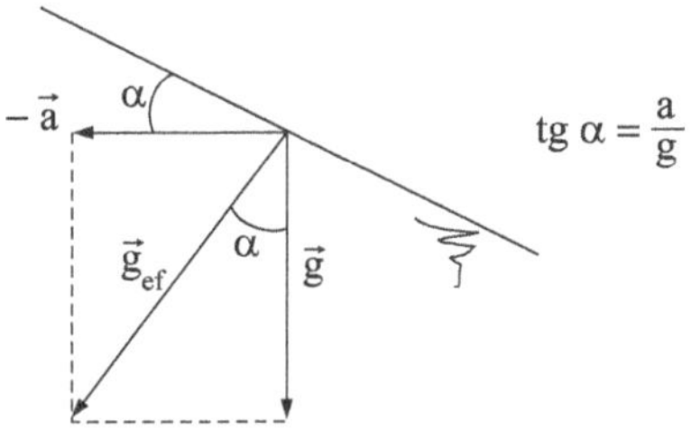

Pelo exposto, $p_A = \gamma h_A$ e $p_B = \gamma h_B$.

EXEMPLO

Determinar a superfície livre de um líquido contido num recipiente cilíndrico em rotação com velocidade angular $\omega = c^{\underline{te}}$.

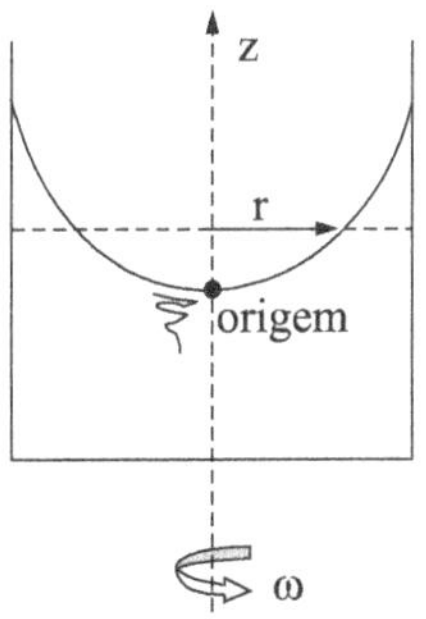

Solução

Nesse caso, é interessante utilizar coordenadas cilíndricas e $\vec{\omega} = \omega\vec{e}_z$.

Logo: $$\vec{g} - \vec{a} = \frac{1}{\rho}\text{grad}\,p \quad \text{ou} \quad \vec{a} = \text{grad}\left(-\frac{p}{\rho} - gz\right)$$

onde $\vec{a}$ = aceleração centrípeta = $-\omega^2 r\vec{e}_r$

Logo: $$\frac{\partial}{r\partial\theta}\left(-\frac{p}{\rho} - gz\right) = 0 \Rightarrow p + \gamma z = C_1(\theta)\ (\text{segundo}\ \theta)$$

$$\frac{\partial}{\partial z}\left(-\frac{p}{\rho}-gz\right)=0 \Rightarrow p+\gamma z=C_2(z)\,(\text{segundo } z)\,(\text{teorema de Stevin})$$

$$\frac{\partial}{\partial r}\left(-\frac{p}{\rho}-gz\right)=-\omega^2 r \Rightarrow p+\gamma z=\frac{\rho\omega^2 r^2}{2}+C_3(r)\,(\text{segundo } r)$$

Na superfície livre, p = 0 na escala efetiva e adotando-se a origem no ponto em que o eixo z a intercepta, para r = 0, z = 0 e p = 0; portanto, $C_3(r) = 0$.

Logo:

$$z=\frac{\rho\omega^2 r^2}{2\gamma}=\frac{\omega^2 r^2}{2g}$$

Essa expressão no espaço é a equação de um parabolóide.

11.8.3 Escoamento em que a massa específica do fluido não depende da temperatura ($\rho = f(p)$)

Nesse caso, o fluido será denominado barotrópico.

Podem ser observados três casos notáveis:

a) fluido incompressível ($\rho = c^{\underline{te}}$);

b) escoamento isotérmico de gás perfeito $\left(\frac{p}{\rho}=c^{\underline{te}}\right)$;

c) escoamento adiabático de gás perfeito $\left(\frac{p}{\rho^k}=c^{\underline{te}}\right)$.

Seja uma função F (p) tal que:

$$F(p)=\int\frac{dp}{\rho}$$

Nesse caso, $dF(p)=\frac{dp}{\rho}$ e portanto $\frac{dF(p)}{dp}=\frac{1}{\rho}$

Logo:

$$\text{grad } F(p)=\frac{\partial F(p)}{\partial x}\vec{e}_x+\frac{\partial F(p)}{\partial y}\vec{e}_y+\frac{\partial F(p)}{\partial z}\vec{e}_z=$$

$$=\frac{dF(p)}{dp}\frac{\partial p}{\partial x}\vec{e}_x+\frac{dF(p)}{dp}\frac{\partial p}{\partial y}\vec{e}_y+\frac{dF(p)}{dp}\frac{\partial p}{\partial z}\vec{e}_z=$$

$$=\frac{dF(p)}{dp}\text{grad } p=\frac{1}{\rho}\text{grad } p$$

Na Equação 11.18, em que $\vec{f}$ deriva de um potencial escalar (caso do campo da gravidade):

$$\vec{a}=\text{grad } U-\frac{1}{\rho}\text{grad } p$$

$$\frac{d\vec{v}}{dt}=\text{grad } U-\text{grad } F(p)$$

$$\frac{d\vec{v}}{dt}=\text{grad}\,(U-F(p)) \tag{11.19}$$

mas verifica-se que:

$$\frac{d\vec{v}}{dt}=\frac{\partial \vec{v}}{\partial t}+(\vec{v}\times\nabla)\vec{v}=\frac{\partial \vec{v}}{\partial t}+\text{grad}\,\frac{v^2}{2}+\text{rot}\,\vec{v}\wedge\vec{v} \tag{11.20}$$

Substituindo a Equação 11.20 na Equação 11.19, tem-se:

$$\frac{\partial \vec{v}}{\partial t}+\text{grad}\,\frac{v^2}{2}+\text{rot}\,\vec{v}\wedge\vec{v}=\text{grad}\,(U-F\,(p))$$

ou

$$\frac{\partial \vec{v}}{\partial t}+\text{grad}\left(\frac{v^2}{2}-U+F\,(p)\right)+\text{rot}\,\vec{v}\wedge\vec{v}=0 \tag{11.21}$$

Casos particulares da Equação 11.21

1) Regime permanente, escoamento irrotacional $\left(\frac{\partial \vec{v}}{\partial t}=0;\ \text{rot}\,\vec{v}=0\right)$

Nesse caso, $\text{grad}\left(\frac{v^2}{2}-U+F\,(p)\right)=0$

Logo: $\frac{v^2}{2}-U+F\,(p)=c^{te}$ para qualquer ponto.

2) Regime permanente, escoamento rotacional $\left(\frac{\partial \vec{v}}{\partial t}=0\right)$

Logo: $\text{grad}\left(\frac{v^2}{2}-U+F\,(p)\right)+\text{rot}\,\vec{v}\times\vec{v}=0$

Multiplicando escalarmente por $\vec{v}$, obtém-se:

$$\text{grad}\left(\frac{v^2}{2}-U+F\,(p)\right)\times\vec{v}+\text{rot}\,\vec{v}\wedge\vec{v}\times\vec{v}=0$$

Das propriedades das operações vetoriais, sabe-se que $\text{rot}\,\vec{v}\wedge\vec{v}\times\vec{v}=0$.

Adotando um versor $\vec{e}_s$, tangente em cada ponto às linhas de corrente, isto é, $\vec{v}=v\vec{e}_s$, obtém-se:

$$\text{grad}\left(\frac{v^2}{2}-U+F\,(p)\right)\times v\vec{e}_s=0 \quad \text{ou} \quad \text{grad}\left(\frac{v^2}{2}-U+F\,(p)\right)\times\vec{e}_s=0$$

Logo: $\frac{v^2}{2}-U+F(p)=c^{te}$ ao longo de uma linha de corrente.

Pelo que foi visto anteriormente:

$$U=-gz \ \text{ e } \ F(p)=\int\frac{dp}{\rho}$$

Logo:

$$\frac{v^2}{2}+gz+\frac{p}{\rho}=C$$

No caso de fluido incompressível $\int\frac{dp}{\rho}=\frac{p}{\rho}$ e resulta em:

$\frac{v^2}{2} + gz + \frac{p}{\rho} = C$ ou $\frac{v^2}{2g} + z + \frac{p}{\gamma} = C$, que é a equação de Bernoulli, vista no Capítulo 4.

Por esse estudo, verifica-se que a equação de Bernoulli para uma partícula é válida para fluido ideal, incompressível, no campo da gravidade, em qualquer ponto, se o escoamento é irrotacional, ou ao longo de uma linha de corrente, se é rotacional.

Uma aplicação interessante da equação de Euler refere-se ao uso de um sistema de coordenadas, denominado natural. Esse sistema é orientado por um terno ortonormal$(\vec{e}_s, \vec{e}_n, \vec{e}_b)$, adotado em cada ponto de uma linha de corrente, onde $\vec{e}_s$ é o versor tangente à linha de corrente em cada ponto, $\vec{e}_n$ é o versor da normal com sentido positivo quando dirigido para o centro de curvatura e $\vec{e}_b$ é o versor da binormal, que forma com os outros dois um terno positivo, isto é, $\vec{e}_b = \vec{e}_s \wedge \vec{e}_n$ (Figura 11.15).

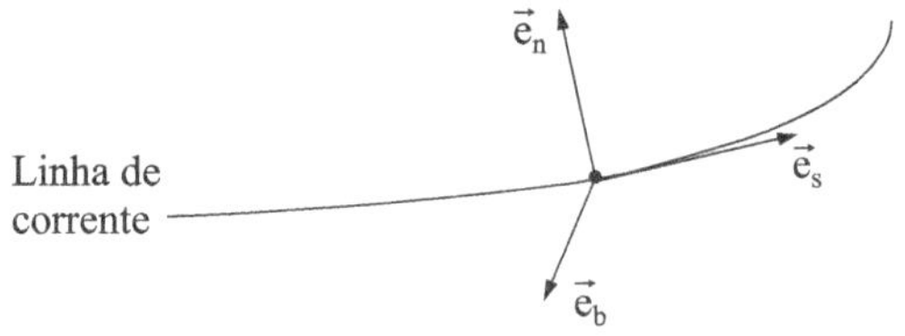

Figura 11.15

Nesse caso:

$$\nabla = \vec{e}_s \frac{\partial}{\partial s} + \vec{e}_n \frac{\partial}{\partial n} + \vec{e}_b \frac{\partial}{\partial b}$$

$$\vec{v} \times \nabla = v \frac{\partial}{\partial s}$$

e

$$(\vec{v} \times \nabla)\vec{v} = v \frac{\partial}{\partial s}(v\vec{e}_s) = v \frac{\partial v}{\partial s}\vec{e}_s + v^2 \frac{\partial \vec{e}_s}{\partial s}$$

Pode-se verificar que $\frac{\partial \vec{e}_s}{\partial s} = \frac{\vec{e}_n}{R}$, onde R é o raio de curvatura da linha de corrente no ponto considerado.

Lembrando que:

$$\frac{d\vec{v}}{dt} = \frac{\partial \vec{v}}{\partial t} + (\vec{v} \times \nabla)\vec{v} = \text{grad}\,(U - F\,(p))$$

obtém-se:

$$\frac{\partial \vec{v}}{\partial t} + v \frac{\partial v}{\partial s}\vec{e}_s + \frac{v^2}{R}\vec{e}_n = \text{grad}\,(U - F\,(p))$$

ou, para regime permanente:

$$\frac{\partial (v^2/2)}{\partial s}\vec{e}_s + \frac{v^2}{R}\vec{e}_n = \frac{\partial}{\partial s}(U - F\,(p))\vec{e}_s + \frac{\partial}{\partial n}(U - F\,(p))\vec{e}_n + \frac{\partial}{\partial b}(U - F\,(p))\vec{e}_b$$

Logo:

$$\frac{v^2}{2} - U + \int \frac{dp}{\rho} = c^{\underline{te}} \text{ (na direção de s)} \tag{11.22a}$$

$$U - \int \frac{dp}{\rho} = c^{\underline{te}} \text{ (na direção de b)} \tag{11.22b}$$

No campo da gravidade e fluido incompressível, a Equação 11.22.1 nada mais é do que a equação de Bernoulli, e a Equação 11.22b mostra que ao longo da binormal vale a distribuição hidrostática $p/\gamma + z = c^{\underline{te}}$.

Na direção da normal $\vec{e}_n$ obtém-se:

$$\left(\frac{p}{\rho}+gz\right)_2-\left(\frac{p}{\rho}+gz\right)_1=-\int_1^2\frac{v^2}{R}\,dn \qquad (11.22.3)$$

Essa expressão permite examinar três casos.

1) Linhas de corrente paralelas $(R \to \infty)$

$$\left(\frac{p}{\rho}+gz\right)_2=\left(\frac{p}{\rho}+gz\right)_1$$

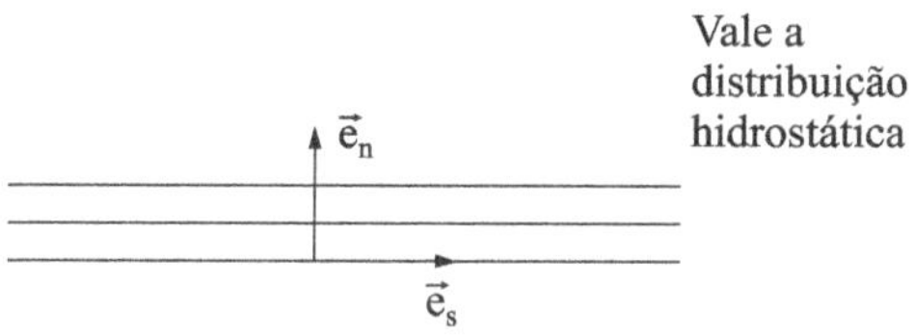

2) Linhas de corrente curvas

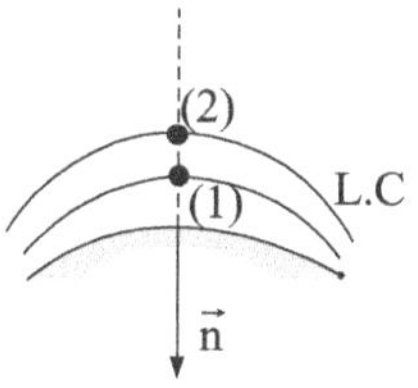

$$dn<0 \to \left(\frac{p}{\rho}+gz\right)_2>\left(\frac{p}{\rho}+gz\right)_1$$

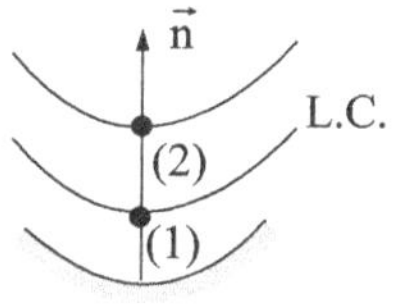

$$dn>0 \to \left(\frac{p}{\rho}+gz\right)_2<\left(\frac{p}{\rho}+gz\right)_1$$

Conclui-se que a distribuição hidrostática, num fluido em movimento, somente é válida para linhas de corrente paralelas; quando isso não acontece, a pressão varia em função da curvatura. Isso, por exemplo, exige cuidados na confecção de tomadas de pressão, para que os manômetros indiquem a verdadeira pressão da seção (ver a figura a seguir).

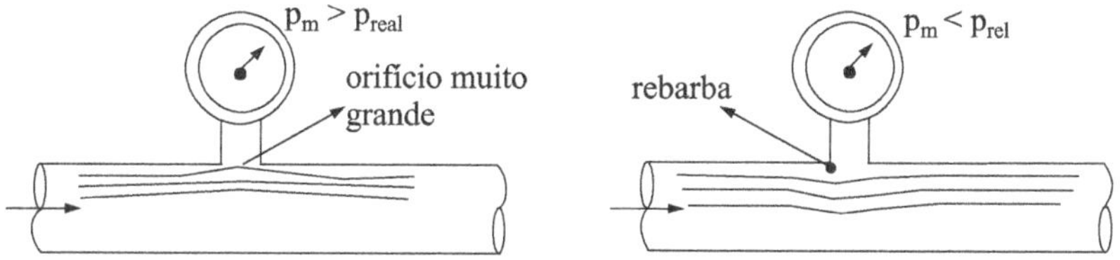

Outros fenômenos podem ser estudados a partir dos conceitos anteriores, e o leitor poderá tirar suas conclusões a partir das idéias desenvolvidas pelas equações apresentadas.

11.9 Escoamento bidimensional de fluido ideal, incompressível

No Capítulo 3 foi visto que, se o escoamento é bidimensional, ele se repete identicamente em planos paralelos ao do desenho (Figura 11.16).

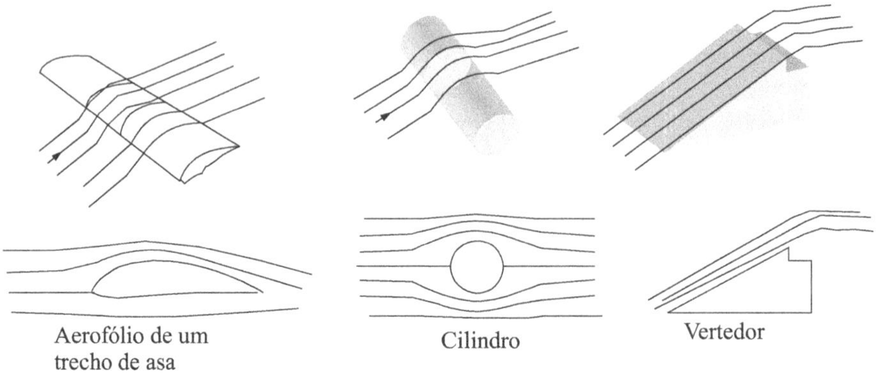

Figura 11.16

Apesar de as hipóteses desse escoamento parecerem discrepantes da realidade, a Figura 11.16 mostra alguns casos em que os resultados do modelo são relativamente compatíveis com os observados.

De qualquer forma, o estudo de modelos pode servir para adquirir conhecimentos sobre o assunto, e as discrepâncias com a realidade podem ser estudadas e contornadas pela análise experimental.

Seja uma equação diferencial do tipo:

$$P(x, y)dx + Q(x, y)dy = 0 \tag{11.23}$$

onde P (x, y) e Q (x, y) têm derivadas parciais contínuas em qualquer ponto. O primeiro membro da Equação 11.23 diz-se diferencial exata se coincide com o diferencial dF (x,y) de alguma função F (x, y), isto é:

$$P(x, y)dx + Q(x, y)dy = \frac{\partial F}{\partial x}dx + \frac{\partial F}{\partial y}dy = dF(x, y)$$

Nesse caso, a solução da Equação 11.23 será:

$$dF(x, y) = 0 \rightarrow F(x, y) = c^{\underline{te}}$$

Conclui-se que:

$$P(x, y) = \frac{\partial F(x, y)}{\partial x} \quad \text{ou} \quad \frac{\partial P(x, y)}{\partial y} = \frac{\partial^2 F}{\partial y \partial x}$$

$$Q(x, y) = \frac{\partial F(x, y)}{\partial y} \quad \text{ou} \quad \frac{\partial Q(x, y)}{\partial x} = \frac{\partial^2 F}{\partial x \partial y}$$

Logo:

$$\frac{\partial P(x, y)}{\partial y} = \frac{\partial Q(x, y)}{\partial x} \tag{11.24}$$

A Equação 11.24 é a condição para que a expressão da Equação 11.23 seja uma diferencial exata.

Pode-se verificar que a integração de uma diferencial exata independe do caminho.

EXEMPLO

Seja a equação diferencial $(2xy+1)dx+(x^2+4y)dy=0$.

Verificar se o primeiro membro é uma diferencial exata e integrá-la desde o ponto (0, 0) até o ponto (x, y).

Solução

Verificação

$$P(x, y)=2xy+1 \Rightarrow \frac{\partial P}{\partial y}=2x$$

$$Q(x, y)=x^2+4y \Rightarrow \frac{\partial Q}{\partial x}=2x$$

Portanto:

$$\frac{\partial P}{\partial y}=\frac{\partial Q}{\partial x}$$

Seja a integração pelo caminho da figura:

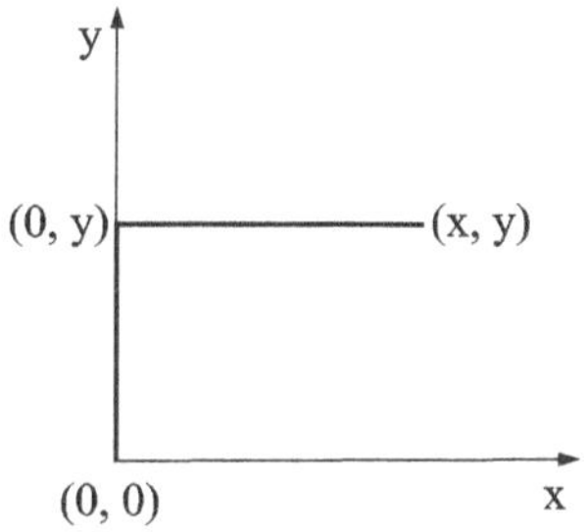

$$F(x, y)=\int_{\substack{y=0\\x=0}}^{y}(0^2+4y)\,dy+\int_{\substack{x=0\\y=c^{te}}}^{x}(2xy+1)\,dx=c^{\underline{te}}$$

$$F(x, y)=\frac{4y^2}{2}\Bigg|_0^y+\left(\frac{2x^2y}{2}+x\right)\Bigg|_0^x=c^{\underline{te}}$$

$$F(x, y)=2y^2+x^2y+x=c^{\underline{te}}$$

Por outro caminho:

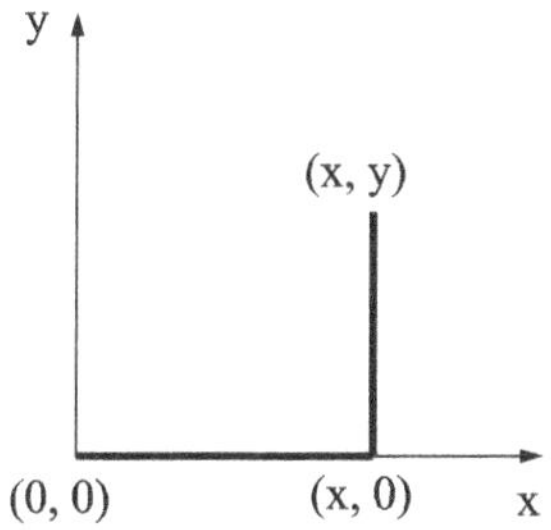

$$F(x, y)=\int_{\substack{x=0\\y=0}}^{x}1dx+\int_{\substack{y=0\\x=x}}^{y}(x^2+4y)\,dy=c^{\underline{te}}$$

$$F(x, y)=x\Big|_0^x+\left(x^2y+\frac{4y^2}{2}\right)\Bigg|_0^y=c^{\underline{te}}$$

$$F(x, y)=x+x^2y+2y^2=c^{\underline{te}}$$

De outra forma:

$$dF(x,y)=\frac{\partial F}{\partial x}dx+\frac{\partial F}{\partial y}dy=P(x,y)dx+Q(x,y)dy$$

$$P(x,y)=\frac{\partial F}{\partial x}\Rightarrow F=\int_0^x P(x,y)\,dx+f(y)$$

Como $\frac{\partial F}{\partial x}$ representa a variação de F (x, y) somente com x, a solução é uma constante em relação a x, que pode ser uma função de y (f (y)).

Logo:

$$F(x,y)=\int(2xy+1)\,dx+f(y)$$

$$F(x, y)=2x^2y+x+f(y)$$

Derivando em relação a y, mantendo x constante:

$$\frac{\partial F(x,y)}{\partial y} = 2x^2 + \frac{\partial f(y)}{\partial y}$$

Mas
$$\frac{\partial F(x,y)}{\partial y} = Q(x,y) = x^2 + 4y$$

Portanto:
$$2x^2 + \frac{\partial f(y)}{\partial y} = x^2 + 4y$$

$$\frac{\partial f(y)}{\partial y} = -x^2 + 4y$$

$$f(y) = -x^2 y + \frac{4y^2}{2} + c^{\underline{te}} = -x^2 y + 2y^2 + c^{\underline{te}}$$

Logo:
$$F(x,y) = 2x^2 y + x - x^2 y + 2y + c^{\underline{te}} = x^2 y + x + 2y^2 + c^{\underline{te}}$$

ou, finalmente:
$$F(x,y) = x^2 y + x + 2y^2 = c^{\underline{te}}$$

Pelo que foi visto anteriormente, a equação de uma linha de corrente num plano xy qualquer é dada por:

$$\frac{dx}{v_x} = \frac{dy}{v_y}$$

ou
$$v_x dy - v_y dx = 0 \qquad (11.25)$$

Sendo o fluido incompressível, pela Equação 11.13, $\text{div}\,\vec{v} = 0$.

Logo:
$$\frac{\partial v_x}{\partial x} + \frac{\partial v_y}{\partial y} = 0 \quad \text{ou} \quad \frac{\partial v_x}{\partial x} = -\frac{\partial v_y}{\partial y} \qquad (11.26)$$

Comparando a Equação 11.25 com a Equação 11.23:

$$P(x,y) = -v_y \qquad Q(x,y) = v_x$$

ou

$$\frac{\partial P}{\partial y} = -\frac{\partial v_y}{\partial y} \qquad \frac{\partial Q}{\partial x} = -\frac{\partial v_x}{\partial x}$$

e

$$\frac{\partial P}{\partial y} = \frac{\partial Q}{\partial y}$$

que é válido pela Equação 11.26. Logo, a Equação 11.25 é uma equação diferencial exata, o que significa que existe uma função Ψ tal que:

$$d\Psi = v_x dy - v_y dx = 0 \qquad (11.27)$$

A função Ψ é denominada função de corrente e é tal que, se $d\Psi = 0 \Rightarrow \Psi = c^{\underline{te}}$, que pela Equação 11.27 é a equação de uma linha de corrente.

Pelo exposto, num plano de um escoamento bidimensional, os pontos onde $\Psi = c^{\underline{te}}$ pertencem a uma linha de corrente.

Observe-se o exemplo da Figura 11.17.

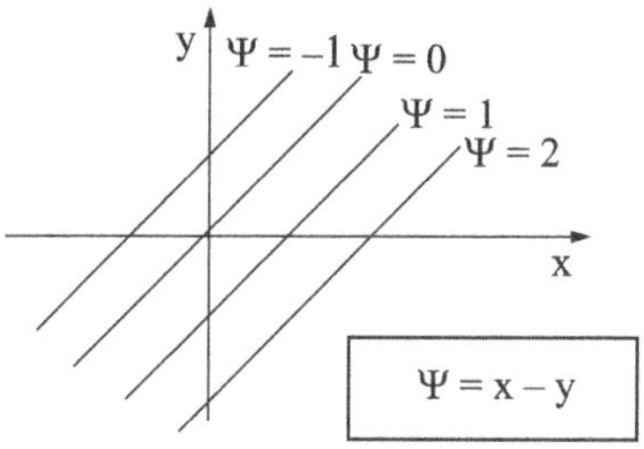

Figura 11.17

O valor da constante denomina-se 'cota da linha de corrente'.

Sejam duas linhas de corrente quaisquer cujas cotas sejam Ψ_1 e Ψ_2 e seja uma profundidade unitária, perpendicular ao plano xy (Figura 11.18).

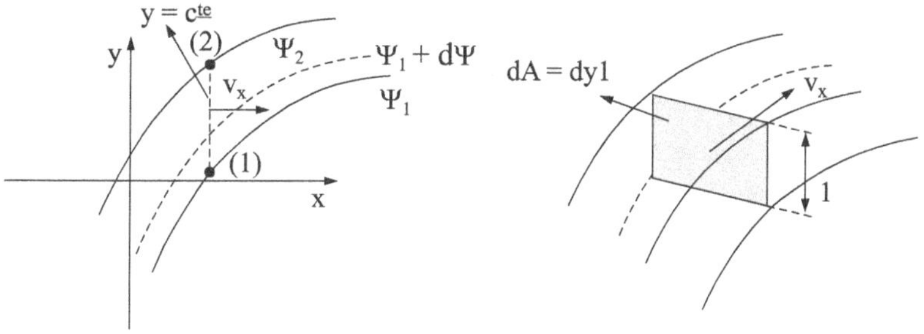

Figura 11.18

Integrando $d\Psi = v_x dy - v_y dx$ de (1) a (2), ao longo da linha $y = c^{\underline{te}}$ ou dx = 0, deve-se obter o mesmo resultado que se obteria ao longo de qualquer caminho, como foi explicado anteriormente.

$$\int_1^2 d\Psi = \int_1^2 v_x dy, \text{ já que } dx = 0$$

Pela figura, observa-se que: $\int_1^2 d\Psi = \int_1^2 dq$, onde dq é a vazão através da área dA = dy1.

Logo:

$$\Psi_2 - \Psi_1 = q_{1,2} \tag{11.28}$$

A Equação 11.28 expressa que a diferença de cotas de duas linhas de corrente é igual à vazão que passa entre elas, por unidade de largura perpendicular ao plano do escoamento.

Outras propriedades de Ψ:

a)

$$\left.\begin{array}{l} d\Psi = v_x dy - v_y dx \\ d\Psi = \dfrac{\partial \Psi}{\partial x} dx + \dfrac{\partial \Psi}{\partial y} dy \end{array}\right. \Rightarrow \begin{array}{l} \dfrac{\partial \Psi}{\partial y} = v_x \\ \dfrac{\partial \Psi}{\partial x} = -v_y \end{array} \tag{11.29}$$

b)

$$\vec{v} = v_x \vec{i} + v_y \vec{j} = v_x (\vec{j} \wedge \vec{k}) + v_y (\vec{k} \wedge \vec{i}) = -\vec{k} \wedge (v_x \vec{j} - v_y \vec{i}) =$$

$$= -\vec{k} \wedge \left(\frac{\partial \Psi}{\partial y} \vec{j} + \frac{\partial \Psi}{\partial x} \vec{i} \right) = -\vec{k} \wedge \text{grad } \Psi$$

Logo:

$$|\vec{v}| = \left| -\vec{k} \wedge \text{grad } \Psi \right|$$

Como grad Ψ é perpendicular às linhas de corrente no plano xy, então o ângulo formado entre $-\vec{k}$ e grad Ψ é $\pi/2$. Logo:

$$|\vec{v}| = |-\vec{k} \wedge \text{grad}\ \Psi| = |\text{grad}\ \Psi| \text{sen}\ \frac{\pi}{2} = \pm |\ \text{grad}\ \Psi|$$

Como grad Ψ é a máxima variação de Y, o grad Ψ representa a variação de Y segundo a normal às linhas de corrente em cada ponto. Logo:

$$|\vec{v}| = \pm |\text{grad}\ \Psi| = \pm \frac{d\Psi}{dn}$$

ou, na Figura 11.19:

$$d\Psi = |\vec{v}|\ dn \qquad (11.30)$$

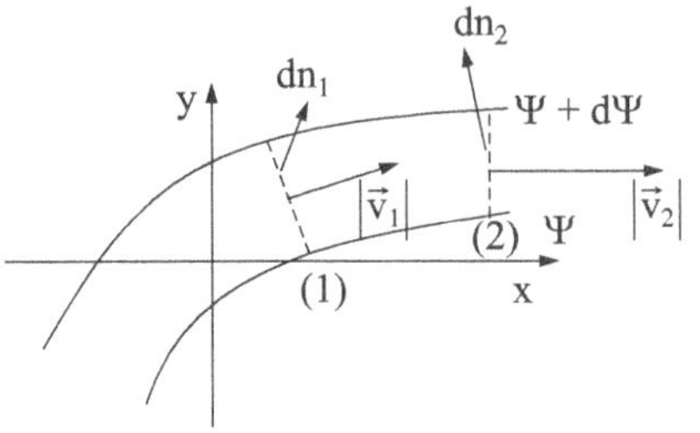

Figura 11.19

Como $d\Psi = dq$ e dq é constante pela equação da continuidade, então, se as linhas de corrente se aproximam, $|\vec{v}|$ aumenta ou vice-versa.

A idéia de função de corrente torna-se ainda mais interessante se o escoamento, além de o regime ser permanente e o fluido incompressível, também é irrotacional.

Nesse caso: $\text{rot}\ \vec{v} = 0$ ou $\dfrac{\partial v_y}{\partial x} - \dfrac{\partial v_x}{\partial y} = 0$

Existe um teorema que garante que, para que o campo de velocidades seja irrotacional, é condição necessária e suficiente que exista uma função ϕ, tal que:

$$\vec{v} = \text{grad}\ \phi$$

A função ϕ denomina-se 'função potencial' escalar das velocidades. Devido a isso, quando o escoamento é rotacional, é dito com potencial de velocidades.

Nesse caso:

$$\vec{v} = v_x \vec{i} + v_y \vec{j} = \frac{\partial \phi}{\partial x}\vec{i} + \frac{\partial \phi}{\partial y}\vec{j}$$

e, portanto:

$$v_x = \frac{\partial \phi}{\partial x} \text{ e } v_y = \frac{\partial \phi}{\partial y} \qquad (11.31)$$

Diante disso, como $\vec{v} \times \text{grad}\ \Psi = 0 \rightarrow \text{grad}\ \phi \times \text{grad}\ \Psi = 0$ e, portanto, as linhas $\phi = c^{\underline{te}}$ e $\Psi = c^{\underline{te}}$ formam uma rede ortogonal, e as linhas $\phi = c^{\underline{te}}$ são denominadas equipotenciais (Figura 11.20).

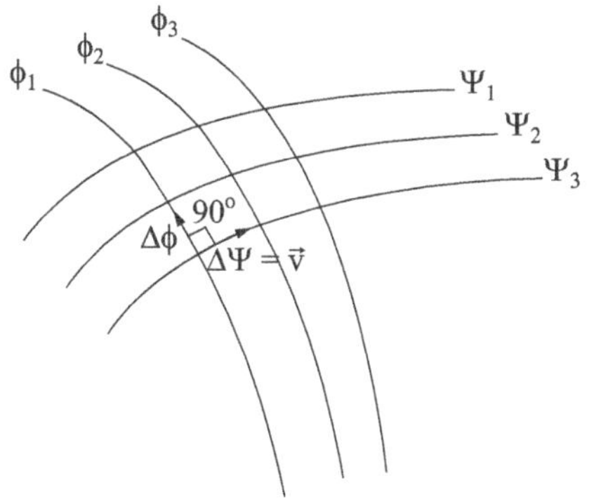

Figura 11.20

Propriedades conjuntas de ϕ ε Ψ

a) No escoamento plano de fluido incompressível, em regime permanente, irrotacional, as linhas de corrente (equicorrentes) e as linhas equipotenciais formam uma rede ortogonal.

b) As funções ϕ ε Ψ obedecem à equação de Laplace, sendo, portanto, funções harmônicas.
De fato:

$$\vec{v} = \text{grad}\ \phi \rightarrow \text{div}\ \vec{v} = \text{div grad}\ \phi = 0; \quad \text{logo:} \quad \nabla^2\phi = 0$$

Analogamente, verifica-se que $\nabla^2\Psi = 0$

c) Pelas relações apresentadas anteriormente, obtém-se:

Coordenadas cartesianas:

$$v_x = \frac{\partial\Psi}{\partial y} = \frac{\partial\phi}{\partial x} \qquad v_y = -\frac{\partial\Psi}{\partial x} = \frac{\partial\phi}{\partial y} \tag{11.32}$$

Coordenadas cilíndricas:

$$v_r = \frac{\partial\Psi}{r\partial\theta} = \frac{\partial\phi}{\partial r} \qquad v_\theta = -\frac{\partial\Psi}{\partial r} = \frac{\partial\phi}{r\partial\theta} \tag{11.33}$$

Coordenadas naturais:

$$v_s = -\frac{\partial\Psi}{\partial n} = \frac{\partial\phi}{\partial s} \tag{11.34}$$

$$v_n = \frac{\partial\Psi}{\partial s} = \frac{\partial\phi}{\partial n} = 0 \tag{11.35}$$

d) Pela Equação 11.34: $\left|\frac{\partial\phi}{\partial s}\right| = \left|\frac{\partial\Psi}{\partial n}\right|$

Conclui-se que a variação de ϕ ao longo de $\vec{s}$ é igual à variação de Ψ ao longo de $\vec{n}$; isso significa que ϕ ε Ψ formam uma rede quadrática.

e) O fato de ϕ ε Ψ obedecerem à equação de Laplace permite superpor soluções e fazer intercâmbios das duas funções.

f) A superfície de contato de um fluido em movimento com um corpo rígido fixo é uma linha de corrente (Figura 11.21).

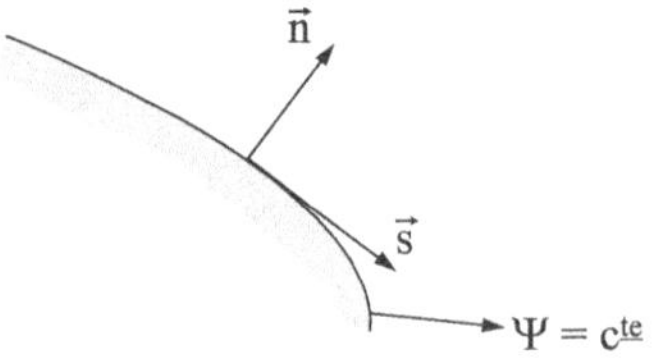

Figura 11.21

De fato, como $\vec{v} \times \vec{n} = 0 \rightarrow$ grad $\phi \times \vec{n} = 0$ ou $\dfrac{\partial \phi}{\partial n} = 0 = -\dfrac{\partial \Psi}{\partial s}$

Logo: $\Psi(s) = c^{\underline{te}}$

g) Corolário
Ao substituir uma linha equicorrente por uma superfície sólida, o escoamento não se altera.

EXEMPLO

Sendo: $v_x = 4x - 6y$
$v_y = ky - f(x)$

Determinar k e f (x) de forma que seja o campo de velocidades de um escoamento irrotacional de um fluido incompressível.

Determinar as funções de corrente e potencial.

Solução

Incompressível: $\text{div}\,\vec{v} = 0 \rightarrow \dfrac{\partial v_x}{\partial x} + \dfrac{\partial v_y}{\partial y} = 0 \rightarrow 4 + k = 0$

$$k = -4$$

Irrotacional: $\text{rot}\,\vec{v} = 0 \rightarrow \dfrac{\partial v_x}{\partial y} - \dfrac{\partial v_y}{\partial x} = 0 \rightarrow -6 + \dfrac{\partial f(x)}{\partial x} = 0$

Como f (x) é uma função só de $x \rightarrow \dfrac{df(x)}{dx} = 6$

$$f(x) = 6x + C$$

Logo: $v_x = 4x - 6y$
$v_y = -6x - 4y + C$

Na origem (0, 0) $\rightarrow \vec{v} = 0$; logo: C = 0

Nesse caso: $d\Psi = \dfrac{\partial \Psi}{\partial x}dx + \dfrac{\partial \Psi}{\partial y}dy = -v_y dx + v_x dy$

Logo: $\dfrac{\partial \Psi}{\partial x} = 4y + 6x \rightarrow \Psi = 3x^2 + 4xy + f(x)$

Então: $\dfrac{\partial \Psi}{\partial y} = 4x + \dfrac{df(y)}{dy} = v_x = 4x - 6y$

Logo: $\dfrac{df(y)}{dy} = -6y$ ou $f(y) = -3y^2 + C$

$$\Psi = 3x^2 + 4xy - 3y^2 + C$$

Se for adotado que na origem (0, 0), $\Psi = 0 \Rightarrow C = 0$ e finalmente:

$$\Psi = 3x^2 + 4xy - 3y^2$$

$$d\phi = \frac{\partial \phi}{\partial x}dx + \frac{\partial \phi}{\partial y}dy = v_x dx + v_y dy$$

Logo: $$\frac{\partial \phi}{\partial x} = v_x = 4x - 6y \rightarrow \phi = 2x^2 - 6xy + f(y)$$

Derivando em relação a y: $$\frac{\partial \phi}{\partial y} = -6x + \frac{df(y)}{dy} = v_y$$

$$-6x + \frac{df(y)}{dy} = -4y - 6x \rightarrow f(y) = -2y^2 + C$$

Logo: $$\phi = 2x^2 - 6xy - 2y^2 + C$$

Adotando $\phi = 0$ na origem (0, 0), finalmente:

$$\phi = 2x^2 - 6xy - 2y^2$$

11.9.1 Análise de alguns tipos de escoamentos planos, irrotacionais, em regime permanente de fluido incompressível

11.9.1.1 Escoamento uniforme

É o caso em que: $$\phi = v_0 x \qquad (11.36)$$

Logo: $$v_x = \frac{\partial \phi}{\partial x} = v_0 \qquad v_y = \frac{\partial \phi}{\partial y} = 0 \qquad (11.37)$$

O escoamento está representado na Figura 11.22.

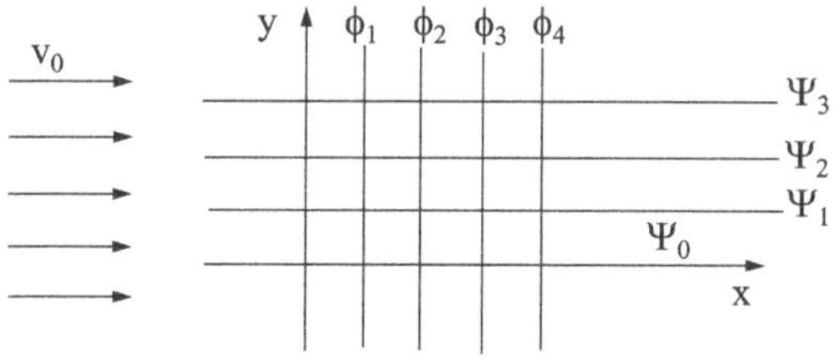

Figura 11.22

As equicorrentes têm: $\frac{\partial \Psi}{\partial x} = -v_y$ e $\frac{\partial \Psi}{\partial y} = v_x$

Logo: $$\frac{\partial \Psi}{\partial y} = v_0 \rightarrow \Psi = v_0 y + C$$

Se para $y = 0$; $\Psi = 0 \rightarrow C = 0$; logo $\Psi = v_0 y$

A vazão por unidade de espessura será dada por: $q = \int_1^2 d\Psi = \int_1^2 v_x dy = v_0(y_2 - y_1)$

11.9.1.2 Fonte ou sorvedouro

Fonte é um ponto que fornece fluido ao plano observado, e sorvedouro é um ponto que absorve o fluido.

No caso da fonte, a função potencial em coordenadas cilíndricas é:

$$\phi = \frac{A}{2\pi}\ell n\, r$$

Campo de velocidades:

$$v_r = \frac{\partial\phi}{\partial r} = \frac{\partial}{\partial r}\left(\frac{A}{2\pi}\ell n\, r\right) = \frac{A}{2\pi}\frac{1}{r}$$

$$v_\theta = \frac{\partial\phi}{r\partial\theta} = 0$$

Conclui-se que o campo de velocidades é radial, isto é:

$$\frac{\partial\Psi}{r\partial\theta} = v_r = \frac{A}{2\pi}\frac{1}{r}$$

$$\Psi = \frac{A}{2\pi}\theta + C$$

Se para $\theta = 0$ adota-se $\Psi = 0$, então $C = 0$.

Logo:

$$\Psi = \frac{A}{2\pi}\theta$$

As linhas de corrente são radiais caracterizadas por: $\frac{A}{2\pi}\theta = c^{\underline{te}}$

$$d\Psi = \frac{A}{2\pi}d\theta$$

e integrando de 0 a 2π obtém-se: $\Psi_2 - \Psi_1 = A$.

Lembrar que a diferença entre duas equicorrentes é a vazão por unidade de espessura, Logo: $A = q$.

Finalmente:

$$\phi = \frac{q}{2\pi}\ell n\, r$$

$$\Psi = \frac{q}{2\pi}\theta$$

$$v_r = \frac{q}{2\pi r}$$

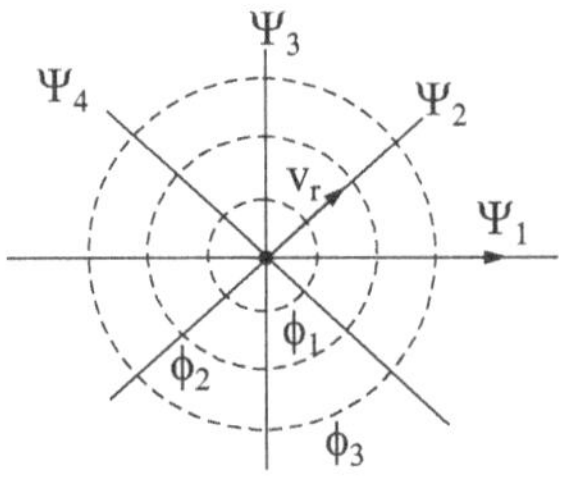

Figura 11.23

No caso do sorvedouro, é só trocar os sinais.

11.9.1.3 Vórtice ideal

Nesse caso: $$\phi = \frac{B}{2\pi}\theta$$

$$\frac{\partial\phi}{r\partial\theta} = v_\theta \rightarrow v_\theta = \frac{B}{2\pi r} \rightarrow v_\theta = -\frac{\partial\Psi}{\partial r} \rightarrow \Psi = -\frac{B}{2\pi}\ell n\, r$$

Logo, as linhas de corrente são linhas de $r = c^{\underline{te}}$; são, portanto, circunferências com centro na origem.

Denomina-se circulação do vetor $\vec{v}$ a $\Gamma = \int \vec{v}dP$.

Nesse caso: $$\Gamma = \int_0^{2\pi} -\frac{B}{2\pi r}\, r d\theta = -B$$

A circulação Γ do vetor $\vec{v}$ é a intensidade do vértice.

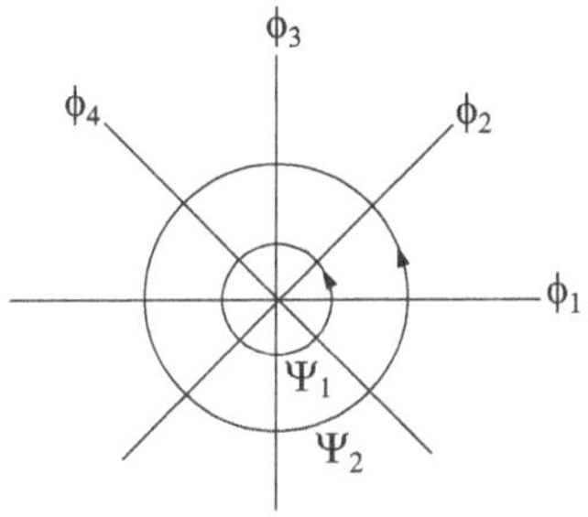

Figura 11.24

11.9.1.4 Dipolo

Foi visto que, pelo fato de ϕ ε Ψ serem funções harmônicas, pode-se invertê-las ou superpor diferentes funções.

O dipolo é a superposição de uma fonte com um sorvedouro de mesma vazão e simétricos em relação à origem (Figura 11.25).

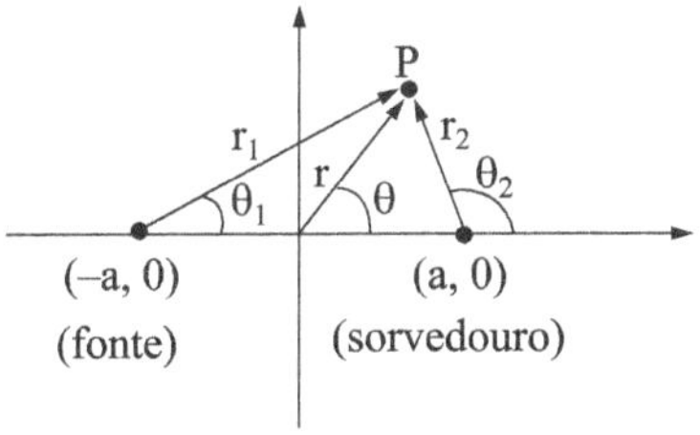

Figura 11.25

A fonte é representada por: $\phi_1 = \frac{q}{2\pi}\ell n\, r_1$ e $\Psi = \frac{q}{2\pi}\theta_1$

e o sorvedouro por: $\phi_2 = -\frac{q}{2\pi}\ell n\, r_2$ e $\Psi_2 = -\frac{q}{2\pi}\theta_2$

Pela superposição dos dois escoamentos, obtém-se:

$$\phi = \phi_1 + \phi_2 = \frac{q}{2\pi}(\ell n\, r_1 - \ell n\, r_2)$$

Mas $$r_1 = \sqrt{r^2 + a^2 + 2ra\cos\theta}$$

e $$r_2 = \sqrt{r^2 + a^2 - 2ra\cos\theta}$$

Logo: $$\phi = \frac{q}{2\pi}\left[\frac{1}{2}\ell n\,(r^2 + a^2 + 2ra\cos\theta) - \frac{1}{2}\ell n\,(r^2 + a^2 - 2ra\cos\theta)\right]$$

Após algumas transformações algébricas e um desenvolvimento em série de potências, obtém-se:

$$\phi = \frac{q}{4\pi}\left[\frac{2ra\cos\theta}{r^2 + a^2} - \frac{2}{3}\left(\frac{2ra\cos\theta}{r^2 + a^2}\right)^3 + \ldots\right]$$

Passa-se ao limite para $a \to 0$, isto é, superpõem-se a fonte e o sorvedouro na origem e ao mesmo tempo faz-se $q \to \infty$ para que $\frac{q}{2\pi}a = m$ seja um número finito. Tem-se:

$$\phi = \frac{m\cos\theta}{r}$$

onde m é a intensidade do dipolo.

Nesse caso: $$v_r = \frac{\partial\phi}{\partial r} = -\frac{m\cos\theta}{r^2}$$

$$v_\theta = \frac{\partial\phi}{r\partial\theta} = -\frac{m\,\text{sen}\,\theta}{r^2}$$

Como: $$\frac{\partial\Psi}{r\partial\theta} = v_r = -\frac{m\cos\theta}{r^2}$$

$$\Psi = \int -\frac{m\cos\theta}{r}d\theta + f(r) = -\frac{m\,\text{sen}\,\theta}{r} + f(r)$$

$$\frac{\partial\Psi}{\partial r} = \frac{m\,\text{sen}\,\theta}{r^2} + \frac{df(r)}{dr} = -v_\theta = \frac{m\,\text{sen}\,\theta}{r^2}$$

Logo: $$\frac{df(r)}{dr} = 0 \quad \text{ou} \quad f(r) = c^{\underline{te}}$$

Adotando a constante igual a zero, obtém-se:

$$\Psi = -\frac{m\,\text{sen}\,\theta}{r}$$

Passando para coordenadas cartesianas: $\cos\theta = \frac{x}{r}$ e $\text{sen}\,\theta = \frac{y}{r}$. Logo:

$$\frac{x^2}{r^2} + \frac{y^2}{r^2} = 1 \quad \text{ou} \quad r^2 = x^2 + y^2$$

resultando em: $\phi = \frac{mx}{r^2} = \frac{mx}{x^2 + y^2}$ e $\Psi = \frac{my}{r^2} = \frac{my}{x^2 + y^2}$

Para $\phi = c^{\underline{te}}$ e $\Psi = c^{\underline{te}}$, essas expressões representam circunferências passando pela origem (Figura 11.26).

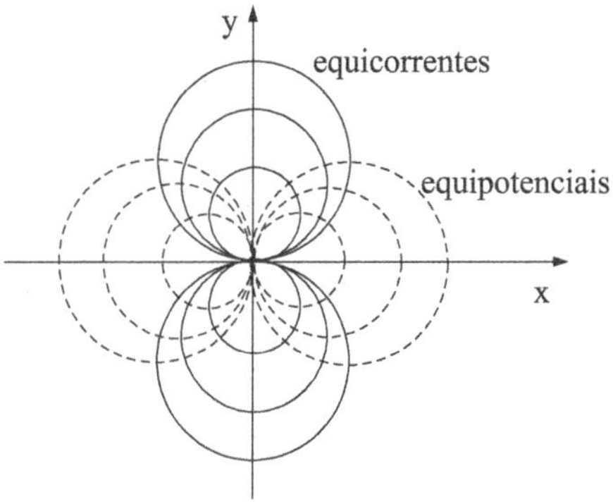

Figura 11.26

11.9.1.5 Superposição de um escoamento uniforme com um dipolo (Figura 11.27)

A superposição terá:

$$\phi = v_0 x + \frac{m \cos\theta}{r}$$

$$\Psi = v_0 - \frac{m \operatorname{sen}\theta}{r}$$

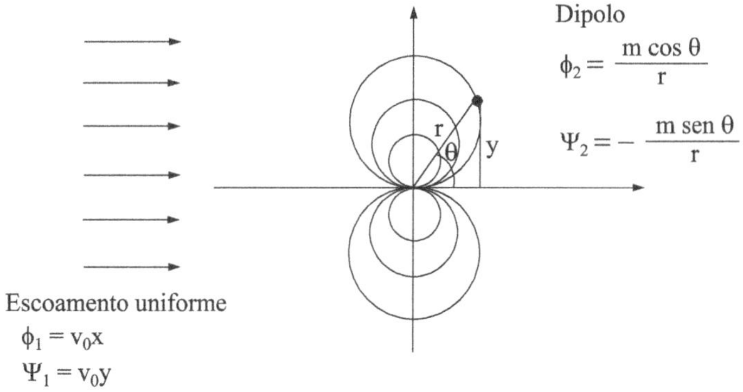

Figura 11.27

O objetivo é encontrar a linha de corrente para a qual $\Psi = 0$, lembrando que ela pode ser substituída por uma superfície sólida.

$$v_0 y = \frac{m \operatorname{sen}\theta}{r} \quad \text{e pela figura} \quad y = r \operatorname{sen}\theta$$

Logo:

$$v_0 r \operatorname{sen}\theta = \frac{m \operatorname{sen}\theta}{r} \quad \text{ou} \quad v_0 r \operatorname{sen}\theta - \frac{m \operatorname{sen}\theta}{r} = 0$$

$$\operatorname{sen}\theta \left(v_0 r - \frac{m}{r} \right) = 0$$

Logo:

$$\operatorname{sen}\theta = 0 \Rightarrow \begin{cases} \theta = 0 \\ \theta = \pi \end{cases}$$

ou $v_0 r - \frac{m}{r} = 0$; logo: $r = \sqrt{\frac{m}{v_0}}$, que é uma circunferência de centro na origem, com esse raio.

Conclui-se que esse escoamento representa o escoamento uniforme em volta de um cilindro de raio r (Figura 11.28).

Na Figura 11.28, é interessante determinar o significado dos pontos (A) e (B).

$$\phi = v_0 x + \frac{m \cos\theta}{r} = v_0 r \cos\theta + \frac{m \cos\theta}{r}$$

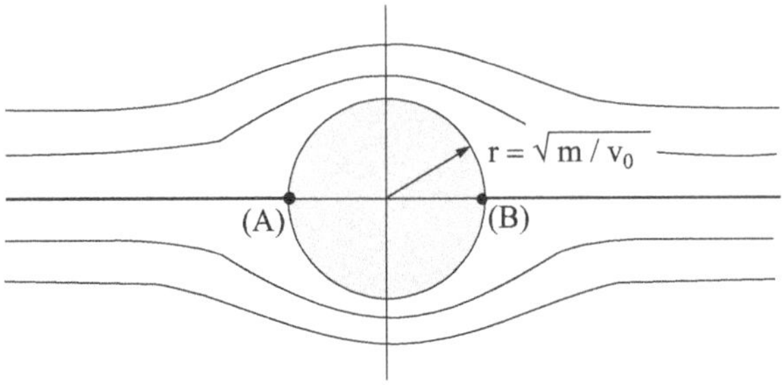

Figura 11.28

$$v_r = \frac{\partial\phi}{\partial r} = v_0 \cos\theta - \frac{m \cos\theta}{r^2}$$

$$v_\theta = \frac{\partial\phi}{r\partial\theta} = -v_0 \operatorname{sen}\theta - \frac{m \operatorname{sen}\theta}{r^2}$$

$$\text{Ponto (A)} \rightarrow \left(r = \sqrt{\frac{m}{v_0}}; \theta = \pi\right) \Rightarrow v_r = v_0 \cos\pi - \frac{m \cos\pi}{\frac{m}{v_0}} = 0$$

$$v_\theta = -v_0 \operatorname{sen}\pi - \frac{m \operatorname{sen}\pi}{\frac{m}{v_0}} = 0$$

Logo, no ponto (A), $\vec{v} = 0$, sendo um ponto de parada ou de estagnação. A mesma conclusão pode ser obtida para o ponto (B).

EXEMPLO

É dado o escoamento de um fluido incompressível, ideal ($\rho = 1.000\ kg/m^3$), em torno de um cilindro vertical de diâmetro 0,2 m. Determinar:

a) a pressão nos pontos (1) e (2) da figura, sabendo que a velocidade ao longe é $v_0 = 10$ m/s e a pressão é $p_0 = 0$;

b) a equação da linha de corrente que passa no ponto (2).

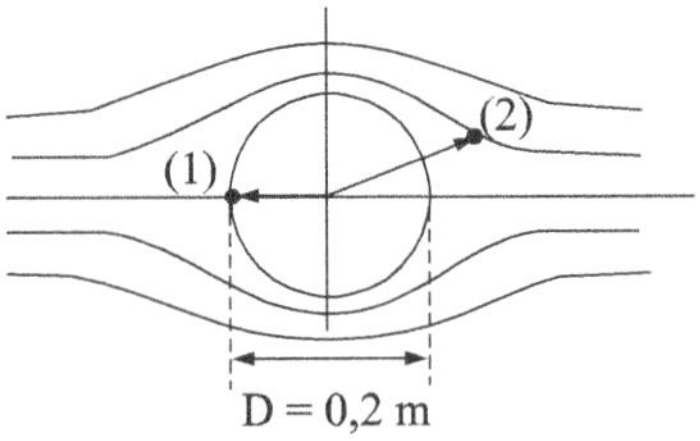

Ponto (1)
($r_1 = 0{,}1$ m; $\theta_1 = 180^\circ$)

Ponto (2)
($r_2 = 0{,}2$ m; $\theta_2 = 30^\circ$)

Solução

Escoamento uniforme:

$$\phi = v_0 x = v_0 r \cos\theta$$
$$\Psi = v_0 y = v_0 r \,\text{sen}\,\theta$$

Dipolo:

$$\phi = \frac{m\cos\theta}{r}$$
$$\Psi = -\frac{m\,\text{sen}\,\theta}{r}$$

Escoamento sobre o cilindro:

$$\phi = v_0 r\cos\theta + \frac{m\cos\theta}{r}$$
$$\Psi = v_0 r\,\text{sen}\,\theta - \frac{m\,\text{sen}\,\theta}{r}$$

$$v_r = \frac{\partial\phi}{\partial r} = v_0\cos\theta - \frac{m\cos\theta}{r^2} = \left(v_0 - \frac{m}{r^2}\right)\cos\theta$$
$$v_\theta = \frac{\partial\phi}{r\partial\theta} = -v_0\,\text{sen}\,\theta - \frac{m\,\text{sen}\,\theta}{r^2} = -\left(v_0 + \frac{m}{r^2}\right)\text{sen}\,\theta$$

Para $\Psi = 0 \;\rightarrow\; v_0 r = \frac{m}{r} \rightarrow m = v_0 r^2 = 10\times 0{,}1^2 = 0{,}1\ \text{m}^3/\text{s}$

Portanto:

$$\phi = 10r\cos\theta + \frac{0{,}1\cos\theta}{r^2}$$
$$\Psi = 10r\,\text{sen}\,\theta - \frac{0{,}1\,\text{sen}\,\theta}{r^2}$$
$$v_r = \left(10 - \frac{0{,}1}{r^2}\right)\cos\theta$$
$$v_\theta = -\left(10 + \frac{0{,}1}{r^2}\right)\text{sen}\,\theta$$

a) Para o ponto (1): $\theta = 180^\circ$ e $r = 0{,}1$ m.

$$v_{r_1} = \left(10 - \frac{0{,}1}{0{,}1^2}\right)\cos 180^\circ = 0$$
$$v_{\theta_1} = -\left(10 + \frac{0{,}1}{0{,}1^2}\right)\text{sen}\,180^\circ = 0$$

Para o ponto (2): $\theta = 30^\circ$ e $r = 0{,}2$ m.

$$v_{r_2} = \left(10 - \frac{0{,}1}{0{,}2^2}\right)\cos 30^\circ = 6{,}5\ \text{m/s}$$
$$v_{\theta_2} = -\left(10 + \frac{0{,}1}{0{,}2^2}\right)\text{sen}\,30^\circ = -6{,}25\ \text{m/s}$$

Logo:

$$\vec{v} = 6{,}5\,\vec{e}_r - 6{,}25\,\vec{e}_\theta \Rightarrow |\vec{v}| = \sqrt{6{,}5^2 + 6{,}25^2} = 9\ \text{m/s}$$

Sendo o fluido ideal e incompressível e sendo o escoamento irrotacional, vale a equação de Bernoulli entre qualquer par de pontos. Lembrando que o plano mostrado é horizontal, portanto, $\Delta z = 0$, tem-se:

$$\frac{v_0^2}{2g} + \frac{p_0}{\gamma} = \frac{v_1^2}{2g} + \frac{p_1}{\gamma}$$
$$p_1 = \frac{\rho v_0^2}{2} = \frac{1.000\times 10^2}{2} = 5\times 10^4\ \text{Pa} = 50\ \text{kPa}$$
$$\frac{v_0^2}{2g} + \frac{p_0}{\gamma} = \frac{v_2^2}{2g} + \frac{p_2}{\gamma}$$

$$p_2 = \frac{\rho}{2}(v_0^2 - v_2^2) = \frac{1.000}{2}(10^2 - 9^2) = 9.500 \text{ Pa} = 9{,}5 \text{ kPa}$$

b) Lembrar que a linha de corrente é a linha para a qual $\Psi = c^{\underline{te}}$.

Deve-se, então, determinar a constante correspondente ao ponto (2).

$$\Psi = v_0 v_2 \text{sen}\,\theta_2 - \frac{m \text{ sen}\,\theta_2}{r_2} = 10 \times 0{,}2 \times \text{sen } 30^\circ - \frac{0{,}1 \text{ sen } 30^\circ}{0{,}2} = 0{,}75$$

Logo: $10r \text{ sen}\,\theta - \frac{0{,}1 \text{ sen}\,\theta}{r} = 0{,}75$ ou $\left(10r - \frac{0{,}1}{r}\right)\text{sen}\,\theta = 0{,}75$

Portanto: $r^2 - \frac{0{,}075}{\text{sen}\,\theta} r - 0{,}01 = 0$ e, para cada θ, pode-se determinar o valor de r, permitindo o traçado da linha de corrente.

11.10 Equação de Navier-Stokes

A equação de Euler (Equação 11.15), vista anteriormente, é uma forma da equação da quantidade de movimento limitada a aplicações em que não haja efeitos da viscosidade.

Para aplicações com fluidos reais, torna-se necessário considerar esses efeitos que produzem tensões de cisalhamento proporcionais às velocidades relativas entre duas partículas do fluido.

Lembrar do Capítulo 1, que a existência de um escorregamento entre as partículas provoca o aparecimento das tensões de cisalhamento, naquela ocasião descrita pela lei de Newton da viscosidade.

No item 11.5, ao analisar o movimento das partículas do fluido, verificou-se que o deslizamento pode ser devido à translação, à rotação ou à deformação.

A previsibilidade desses movimentos das partículas só pode ser relativamente precisa em escoamentos bem comportados, como o laminar.

O equacionamento dos escoamentos turbulentos, em que existe uma aleatoriedade dos movimentos das partículas, exige um tratamento estatístico que foge das finalidades deste estudo.

A equação de Navier-Stokes, que será introduzida a seguir, só permite descrever escoamentos laminares, ou pelo menos previsíveis de alguma forma.

Embora a equação utilize conceitos já introduzidos, não está nas finalidades deste desenvolvimento a sua dedução, sendo apresentado apenas o seu resultado, que representa a dinâmica da partícula, isto é, a equação da quantidade de movimento, agora com todos os seus termos.

$$\vec{a} = \frac{d\vec{v}}{dt} = \vec{f} - \frac{1}{\rho}\text{grad } p + \frac{1}{3}\nu \text{ grad}(\text{div } \vec{v}) + \nu\nabla^2\vec{v} \qquad \textbf{(11.38)}$$

As primeiras parcelas do segundo membro provêm da equação de Euler, como foi visto no item 11.8; as duas últimas são a contribuição do efeito da viscosidade existente nos fluidos reais.

A forma da terceira e quarta parcelas do segundo membro depende de hipóteses admitidas, necessárias para a dedução.

Observa-se, experimentalmente, que essas hipóteses são exatas para gases e aproximadas para líquidos.

O uso da equação de Navier-Stokes para casos gerais é de grande complexidade, exigindo métodos numéricos de integração que fogem do escopo deste estudo.

Pode-se amenizar a complexidade aplicando-a para fluidos incompressíveis, já que para eles $\text{div } \vec{v} = 0$ e a Equação 11.38 reduz-se a:

$$\vec{a} = \vec{f} - \frac{1}{\rho}\,\text{grad}\,p + \nu\nabla^2\vec{v} \qquad (11.39)$$

onde ∇^2 é o operador laplaceano, dado por:

$$\nabla^2 = \frac{\partial^2}{\partial x^2} + \frac{\partial^2}{\partial y^2} + \frac{\partial^2}{\partial z^2} \text{ em coordenadas cartesianas e}$$

$$\nabla^2 = \frac{\partial^2}{\partial r^2} + \frac{1}{r}\frac{\partial}{\partial r} + \frac{1}{r^2}\frac{\partial^2}{\partial \theta^2} + \frac{\partial^2}{\partial z^2} \text{ em coordenadas cilíndricas}$$

Observar que a Equação 11.39 reduz-se à equação de Euler se o fluido for ideal, isto é, se $\nu = 0$, e no caso de escoamento irrotacional em que rot $\vec{v} = 0$ e, conseqüentemente, $\nabla^2\vec{v} = 0$.

Lembrando que no campo da gravidade $\vec{f} = \vec{g} = -g\vec{e}_z$ (supondo o plano xy horizontal), em coordenadas cartesianas a equação de Navier-Stokes resulta em:

$$\frac{\partial v_x}{\partial t} + v_x\frac{\partial v_x}{\partial x} + v_y\frac{\partial v_x}{\partial y} + v_z\frac{\partial v_x}{\partial z} = -\frac{1}{\rho}\frac{\partial p}{\partial x} + \nu\left(\frac{\partial^2 v_x}{\partial x^2} + \frac{\partial^2 v_x}{\partial y^2} + \frac{\partial^2 v_x}{\partial z^2}\right) \qquad (11.40a)$$

$$\frac{\partial v_y}{\partial t} + v_x\frac{\partial v_y}{\partial x} + v_y\frac{\partial v_y}{\partial y} + v_z\frac{\partial v_y}{\partial z} = -\frac{1}{\rho}\frac{\partial p}{\partial y} + \nu\left(\frac{\partial^2 v_y}{\partial x^2} + \frac{\partial^2 v_y}{\partial y^2} + \frac{\partial^2 v_y}{\partial z^2}\right) \qquad (11.40b)$$

$$\frac{\partial v_z}{\partial t} + v_x\frac{\partial v_z}{\partial x} + v_y\frac{\partial v_z}{\partial y} + v_z\frac{\partial v_z}{\partial z} = -g - \frac{1}{\rho}\frac{\partial p}{\partial z} + \nu\left(\frac{\partial^2 v_z}{\partial x^2} + \frac{\partial^2 v_z}{\partial y^2} + \frac{\partial^2 v_z}{\partial z^2}\right) \qquad (11.40c)$$

Em coordenadas cilíndricas, supondo z vertical, a equação resulta em:

$$\frac{\partial v_r}{\partial t} + v_r\frac{\partial v_r}{\partial r} + \frac{v_\theta}{r}\frac{\partial v_r}{\partial \theta} + v_z\frac{\partial v_r}{\partial z} - \frac{v_\theta^2}{2} = -\frac{1}{\rho}\frac{\partial p}{\partial r} +$$
$$+\nu\left(\frac{\partial^2 v_r}{\partial r^2} + \frac{1}{r}\frac{\partial v_r}{\partial r} + \frac{1}{r^2}\frac{\partial^2 v_r}{\partial \theta^2} + \frac{\partial^2 v_r}{\partial z^2} - \frac{2}{r^2}\frac{\partial v_\theta}{\partial \theta} - \frac{v_r}{r^2}\right) \qquad (11.41a)$$

$$\frac{\partial v_\theta}{\partial t} + v_r\frac{\partial v_\theta}{\partial r} + \frac{v_\theta}{r}\frac{\partial v_\theta}{\partial \theta} + v_z\frac{\partial v_\theta}{\partial z} + \frac{v_r v_\theta}{r} = -\frac{1}{\rho}\frac{\partial p}{r\partial \theta} +$$
$$+\nu\left(\frac{\partial^2 v_\theta}{\partial r^2} + \frac{1}{r}\frac{\partial v_\theta}{\partial r} + \frac{1}{r^2}\frac{\partial^2 v_\theta}{\partial \theta^2} + \frac{\partial^2 v_\theta}{\partial z^2} + \frac{2}{r^2}\frac{\partial v_r}{\partial \theta} - \frac{v_\theta}{r^2}\right) \qquad (11.41b)$$

$$\frac{\partial v_z}{\partial t} + v_r\frac{\partial v_z}{\partial r} + \frac{v_\theta}{r}\frac{\partial v_z}{\partial \theta} + v_z\frac{\partial v_z}{\partial z} = -g - \frac{1}{\rho}\frac{\partial p}{\partial z} +$$
$$+\nu\left(\frac{\partial^2 v_z}{\partial r^2} + \frac{1}{r}\frac{\partial v_z}{\partial r} + \frac{1}{r^2}\frac{\partial^2 v_z}{\partial \theta^2} + \frac{\partial^2 v_z}{\partial z^2}\right) \qquad (11.41c)$$

11.11 Algumas aplicações da equação de Navier-Stokes

Para mostrar o manuseio da equação de Navier-Stokes serão apresentados a seguir alguns problemas de solução relativamente simples.

EXEMPLO 1

Dado o escoamento laminar, em regime permanente, de um fluido incompressível entre duas placas planas, horizontais, fixas, de dimensões infinitas, determinar a expressão do diagrama de velocidades e a perda de pressão ao longo do escoamento.

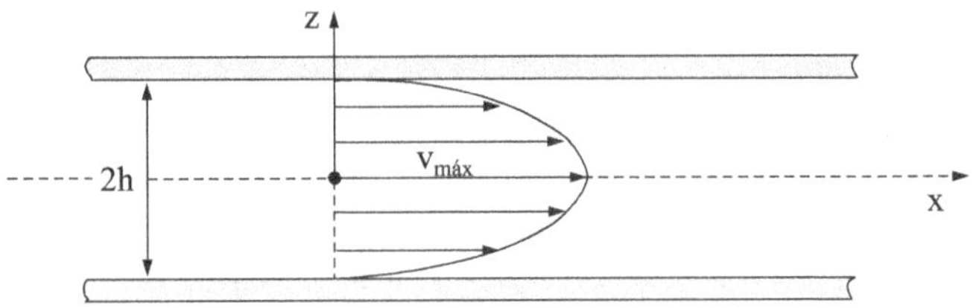

Solução

Pela figura, observa-se que $\vec{v} = v_x \vec{e}_x$ e que $v_x = f(z)$.

Como o regime é permanente e $v_y = 0$ e $v_z = 0$, as Equações 11.40 resultam em:

a) $v_x \dfrac{\partial v_x}{\partial x} = -\dfrac{1}{\rho}\dfrac{\partial p}{\partial x} + \nu \dfrac{\partial^2 v_x}{\partial z^2}$

b) $\dfrac{\partial p}{\partial y} = 0 \Rightarrow p = c^{\underline{te}}(y)$

c) $\dfrac{\partial p}{\partial z} + \rho g = 0 \Rightarrow p = -\rho g z + f(x)$ ou $p + \rho g z = f(x)$

Esse resultado mostra que, para cada seção $x = c^{\underline{te}}$, vale o teorema de Stevin, e para facilidade algébrica abrevia-se $p + \rho g z = p^*$, e $\dfrac{\partial p^*}{\partial x}$ é função só de x.

Além disso, como $v_x = f(z)$, implica que $\dfrac{\partial v_x}{\partial x} = 0$.

Logo, a equação (a) resulta em: $\dfrac{\partial p^*}{\partial x} = \mu \dfrac{\partial^2 v_x}{\partial z^2}$, e como p^* só é função de x $\dfrac{dp^*}{dx} = \mu \dfrac{\partial^2 v_x}{\partial z^2}$.

Além disso, como $v_x = f(z)$, então: $\dfrac{dp^*}{dx} = \mu \dfrac{d^2 v_x}{dz^2}$.

Como o primeiro membro só é função de x e o segundo membro só é função de z, conclui-se que na realidade ambos correspondem a uma constante e podem ser integrados separadamente. Logo:

$$\mu \frac{d^2 v_x}{dz^2} = \beta$$

$$\frac{dp^*}{dx} = \beta$$

Assim, $\dfrac{d^2 v_x}{dz^2} = \dfrac{\beta}{\mu}$ ou $\dfrac{dv_x}{dz} = \dfrac{\beta}{\mu} z + C_1$ ou $v_x = \dfrac{\beta z^2}{2\mu} + C_1 z + C_2$

$p^* = \beta x + C_3$

Condições de contorno

1) Para $z = \pm h \Rightarrow v_x = 0$, logo:

$$\left.\begin{aligned} 0 &= \frac{\beta h^2}{2\mu} + C_1 h + C_2 \\ 0 &= \frac{\beta h^2}{2\mu} - C_1 h + C_2 \end{aligned}\right. \Rightarrow \begin{cases} C_2 = -\dfrac{\beta h^2}{2\mu} \\ C_1 = 0 \end{cases}$$

2) Para $z = 0 \Rightarrow v_x = v_{máx} \Rightarrow v_{máx} = C_2$

Logo: $v_{máx} = -\dfrac{\beta h^2}{2\mu} \Rightarrow \beta = -\dfrac{2\mu v_{máx}}{h^2}$

Finalmente: $v_x = -\dfrac{2\mu v_{máx}}{h^2}\dfrac{z^2}{2\mu} + \dfrac{2\mu v_{máx}}{h^2}\dfrac{h^2}{2\mu} \Rightarrow v_x = v_{máx}\left(1 - \dfrac{z^2}{h^2}\right)$

A expressão resultante mostra que o diagrama de velocidades é parabólico.

Da outra equação diferencial: $p^* = \beta x + C_3$

Logo: $p^* = -\dfrac{2\mu v_{máx}}{h^2} x + C_3$

Adotando para uma coordenada inicial $x = 0 \Rightarrow C_3 = p_0^*$, obtém-se: $p_0^* - p^* = \Delta p^* = \dfrac{2\mu v_{máx}}{h^2} x$

O escoamento analisado denomina-se 'escoamento de Poiselle'.

EXEMPLO 2

No exemplo anterior, admitir a placa inferior fixa e a superior móvel, com velocidade v_0. Determinar o diagrama de velocidades supondo $\dfrac{dp}{dx} = 0$.

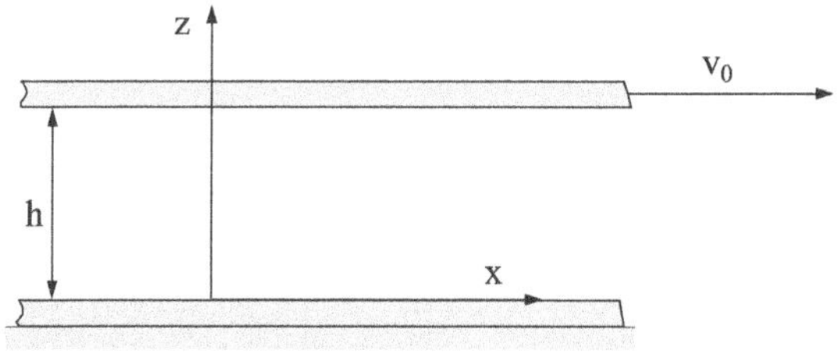

Solução

A primeira parte coincide com o problema anterior, resultando em:

$$\mu \frac{d^2 v_x}{dz^2} = 0$$

que integrada resulta em: $\dfrac{dv_x}{dz} = C_1 \Rightarrow v_x = C_1 z + C_2$

Condições de contorno

1) Para $z = 0 \Rightarrow v_x = 0 \Rightarrow C_2 = 0$

2) Para $z = h \Rightarrow v_x = v_0 \Rightarrow v_0 = C_1 h \Rightarrow C_1 = \dfrac{v_0}{h}$

Finalmente: $v_x = \frac{v_0}{h} z$

Nesse caso, o diagrama é linear e o escoamento denomina-se 'escoamento de Couette'.

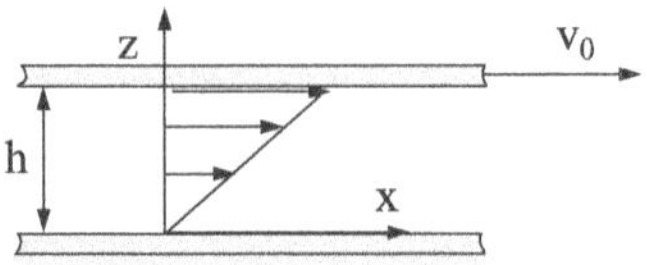

EXEMPLO 3

Um líquido escoa num plano inclinado com escoamento laminar, em regime permanente, dinamicamente estabelecido a uma certa distância do reservatório. Supondo escoamento bidimensional e desprezando o atrito com o ar, determinar a vazão em massa para uma largura b.

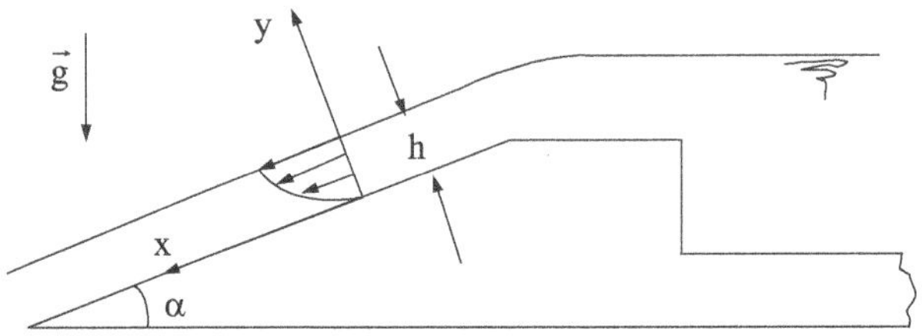

Solução

Se o escoamento é dinamicamente estabelecido $\frac{\partial v_x}{\partial x} = 0$.

Simplificando os termos das equações 11.40, obtém-se:

a) $0 = g \text{ sen } \alpha - \frac{1}{\rho}\frac{\partial p}{\partial x} + \nu \frac{\partial^2 v_x}{\partial y^2}$

b) $0 = -g \cos \alpha - \frac{1}{\rho}\frac{\partial p}{\partial y}$

c) $0 = \frac{\partial p}{\partial z}$

De c) $p = c^{te}(z)$ (z é o eixo perpendicular ao plano da figura).

De b) $p = -\rho g y \cos \alpha + f(x)$

Para $y = h \Rightarrow p = 0 \Rightarrow 0 = -\rho g h \cos \alpha + f(x)$ ou $f(x) = \rho g h \cos \alpha = c^{te}$

De a) $\frac{\partial^2 v_x}{\partial y^2} = -\frac{g \text{ sen } \alpha}{\nu} + \frac{1}{\mu}\frac{\partial p}{\partial x}$ mas $\frac{\partial p}{\partial x} = 0$; logo: $\frac{\partial^2 v_x}{\partial y^2} = -\frac{\rho g \text{ sen } \alpha}{\mu}$

Integrando:

$$\frac{\partial v_x}{\partial y} = -\frac{\rho g \text{ sen } \alpha}{\mu} y + C_1$$

$$v_x = -\frac{\rho g \text{ sen } \alpha}{\mu}\frac{y^2}{2} + C_1 y + C_2$$

Condições de contorno

1) Para $y = 0 \Rightarrow v_x = 0 \Rightarrow C_2 = 0$

2) Para y = h, ao desprezar o atrito com o ar, $\tau = 0$ e, portanto:

$$\mu\frac{\partial v_x}{\partial y} = \tau = 0 \Rightarrow \frac{\partial v_x}{\partial y} = 0, \text{ logo } C_1 = \frac{\rho gh \text{ sen } \alpha}{\mu} = \frac{gh \text{ sen } \alpha}{\nu}$$

Portanto: $v_x = -\frac{gy^2 \text{sen } \alpha}{2\nu} + \frac{ghy \text{ sen } \alpha}{\nu}$

Finalmente: $v_x = \frac{gy \text{ sen } \alpha}{\nu}\left(h - \frac{y}{2}\right)$

A velocidade média, numa seção transversal ao escoamento, é dada por (Capítulo 3):

$$v_m = \frac{1}{A}\int v dA = \frac{1}{bh}\int_0^h \frac{gy \text{ sen } \alpha}{\nu}\left(h - \frac{y}{2}\right) bdy = \frac{g \text{ sen } \alpha}{\nu h}\int_0^h \left(yh - \frac{y^2}{2}\right)dy =$$

$$= \frac{g \text{ sen } \alpha}{\nu h}\left(\frac{y^2 h}{2} - \frac{y^3}{6}\right)_0^h = \frac{g \text{ sen } \alpha}{\nu h}\left(\frac{h^3}{2} - \frac{h^3}{6}\right) = \frac{gh^3 \text{sen } \alpha}{3\nu h}$$

$$v_m = \frac{gh^2 \text{sen } \alpha}{3\nu}$$

Portanto, a vazão em massa será:

$$Q_m = \rho v_m A = \rho \frac{gh^2 \text{sen } \alpha}{3\nu} bh$$

Finalmente:

$$Q_m = \frac{\rho gbh^3 \text{ sen } \alpha}{3\nu}$$

EXEMPLO 4

Determinar o diagrama de velocidades numa seção do escoamento laminar de um fluido incompressível, em regime permanente, dinamicamente estabelecido num conduto de seção circular. Determinar a perda de carga entre duas seções do escoamento.

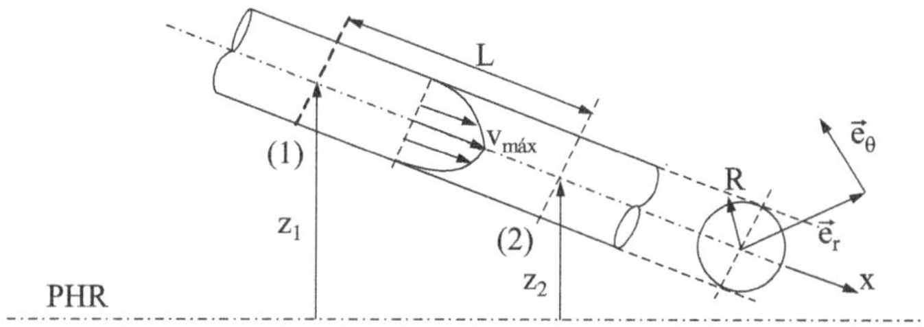

Solução

Adotando coordenadas cilíndricas: $\vec{v} = v_r\vec{e}_r + v_\theta\vec{e}_\theta + v_x\vec{e}_x$

Observe que $v_r = 0$ e $v_\theta = 0 \Rightarrow \vec{v} = v_x\vec{e}_x$

Pela equação da continuidade, div $\vec{v} = 0$, que em coordenadas cilíndricas fica:

$$\frac{1}{r}\frac{\partial(rv_r)}{\partial r} + \frac{1}{r}\frac{\partial v_\theta}{\partial \theta} + \frac{\partial v_x}{\partial x} = 0 \Rightarrow \frac{\partial v_x}{\partial x} = 0$$

Admite-se, ainda, por simetria que $\frac{\partial v_\theta}{\partial \theta} = 0$.

Examinando as equações 11.41, tem-se:

a) $\dfrac{\partial p^*}{\partial r} = 0$

b) $\dfrac{\partial p^*}{\partial \theta} = 0$

c) $\dfrac{\partial p^*}{\partial x} = \mu\left(\dfrac{\partial^2 v_x}{\partial r^2} + \dfrac{1}{r}\dfrac{\partial v_x}{\partial r}\right)$

onde $p^* = p + \rho g z$, como no primeiro exemplo.

Como o primeiro membro só é função de x e o segundo só de r, então as derivadas parciais confundem-se com as totais e o resultado dos dois membros deve coincidir com uma constante β.

(1) $\dfrac{dp^*}{dx} = \beta$

(2) $\mu\left(\dfrac{d^2 v_x}{dr^2} + \dfrac{1}{r}\dfrac{dv_x}{dr}\right) = \beta$

Integrando a (1) tem-se: $p_2^* - p_1^* = \beta(x_2 - x_1) = \beta L$ (3)

A (2) resulta em: $\dfrac{1}{r}\dfrac{d}{dr}\left(r\dfrac{dv_x}{dr}\right) = \dfrac{\beta}{\mu}$ ou $\dfrac{d}{dr}\left(r\dfrac{dv_x}{dr}\right) = \dfrac{\beta r}{\mu}$

Integrando uma primeira vez:

$$r\frac{dv_x}{dr} = \frac{\beta r^2}{2\mu} + C_1$$

Para $r = 0 \rightarrow C_1 = 0$, e pela lei de Newton da viscosidade, como

$$\tau = -\mu\left(\frac{dv_x}{dr}\right), \text{ então } \left(\frac{dv_x}{dr}\right)_{r=0} = -\frac{\tau}{\mu} \neq 0$$

O sinal negativo vem do fato de que o y da lei de Newton da viscosidade é medido a partir da menor velocidade, enquanto r é medido a partir do centro da tubulação, onde a velocidade é máxima.

Logo: $\dfrac{dv_x}{dr} = \dfrac{\beta r}{2\mu}$ e integrando novamente $v_x = \dfrac{\beta r^2}{4\mu} + C_2$

Para $r = R \rightarrow v_x = 0$, pelo princípio da aderência.

Logo: $0 = \dfrac{\beta R^2}{4\mu} + C_2$

Para $r = 0 \rightarrow v_x = v_{máx} \Rightarrow C_2 = v_{máx}$ e $\beta = -\dfrac{v_{máx} 4\mu}{R^2}$

Portanto, $v_x = -v_{máx}\dfrac{r^2}{R^2} + v_{máx}$ e finalmente:

$$v_x = v_{máx}\left[1 - \left(\frac{r}{R}\right)^2\right]$$

Esse resultado já é conhecido do Exemplo 3.1 do Capítulo 3, onde foi admitido sem nenhuma demonstração.

Voltando à equação (3): $p_2^* - p_1^* = -\dfrac{v_{máx} 4\mu L}{R^2}$

ou $$p_1^* - p_2^* = \frac{4\mu v_{máx} L}{R^2}$$

Lembrando que no escoamento laminar $v_m = \dfrac{v_{máx}}{2}$ e que $R = \dfrac{D}{2}$:

$$p_1^* - p_2^* = \frac{32\mu v_m L}{D^2} \quad \text{ou} \quad (p_1 + \gamma z_1) - (p_2 + \gamma z_2) = \frac{32\mu v_m L}{D^2}$$

Aplicando na equação da energia, com as hipóteses adotadas (Capítulo 4), a perda de carga de (1) a (2), tem-se:

$$H_{p_{1,2}} = \left(\frac{p_1}{\gamma} + z_1\right) - \left(\frac{p_2}{\gamma} + z_2\right), \text{ já que } v_{m_1} = v_{m_2}$$

Logo:
$$H_{p_{1,2}} = \frac{32\mu v_m L}{\gamma D^2}$$

Como a perda de carga de (1) a (2) é somente do tipo distribuída:

$$h_{f_{1,2}} = f\frac{L}{D}\frac{v_m^2}{2g} = \frac{32\mu v_m L}{\gamma D^2}$$

ou $f = \frac{64\mu g}{\rho g D v_m} = \frac{64\nu}{v_m D}$, e como $\frac{\nu}{v_m D} = \frac{1}{Re}$, obtém-se: $f = \frac{64}{Re}$,

verificando-se a expressão já vista e utilizada no Capítulo 7 para o escoamento laminar em condutos.

EXEMPLO 5

Um viscosímetro de cilindros coaxiais utiliza um cilindro que gira no interior de outro. Admitindo que:

a) o movimento entre os dois cilindros é laminar, quando o cilindro interno gira;

b) as componentes radial e axial da velocidade são nulas;

c) o escoamento não varia segundo o eixo z;

d) despreza-se o efeito da base.

Determinar o diagrama de velocidades e o momento causado pelas tensões de cisalhamento no cilindro externo, que é fixo.

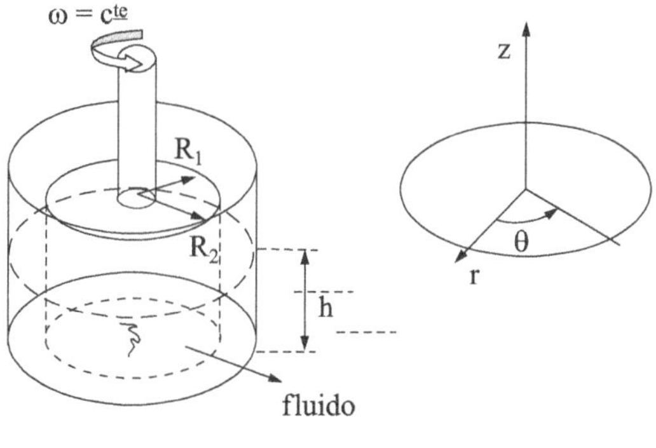

Solução

$v_r = 0; v_z = 0; \Rightarrow \vec{v} = v_\theta \vec{e}_\theta$

Pela equação da continuidade para fluido incompressível:

$$\text{div } \vec{v} = \frac{1}{r}\frac{\partial (r v_r)}{\partial r} + \frac{1}{r}\frac{\partial v_\theta}{\partial \theta} + \frac{\partial v_z}{\partial z} = 0 \Rightarrow \frac{\partial v_\theta}{\partial \theta} = 0$$

Esse resultado mostra que v_θ independe de θ e, como por hipótese independe de z, então $v_\theta = f(r)$.

A equação de Navier-Stokes segundo θ resulta em:

$$0 = \frac{\partial^2 v_\theta}{\partial r^2} + \frac{1}{r}\frac{\partial v_\theta}{\partial r} - \frac{v_\theta}{r^2}$$

Como v_θ só é função de r, as derivadas parciais coincidem com as totais e a expressão é equivalente a:

$$\frac{d}{dr}\left(\frac{dv_\theta}{dr}+\frac{v_\theta}{r}\right)=0 \quad \text{ou} \quad \frac{dv_\theta}{dr}+\frac{v_\theta}{r}=C_1$$

O primeiro membro equivale a: $\frac{1}{r}\frac{d(v_\theta r)}{dr}$, logo:

$$\frac{d(v_\theta r)}{dr}=C_1 r \quad \text{ou} \quad v_\theta r=\frac{C_1 r^2}{2}+C_2, \quad \text{resultando em} \quad v_\theta=\frac{C_1 r}{2}+\frac{C_2}{r}$$

Para $r = R_1 \rightarrow v_\theta = \omega R_1 \Rightarrow \omega R_1 = \frac{C_1 R_1}{2}+\frac{C_2}{R_1}$

Para $r = R_2 \rightarrow v_\theta = 0 \Rightarrow 0 = \frac{C_1 R_2}{2}+\frac{C_2}{R_2}$

Resolvendo o sistema, tem-se:

$$C_1 = -\frac{2\omega R_1^2}{R_2^2 - R_1^2}$$

$$C_2 = \frac{\omega R_1^2 R_2^2}{R_2^2 - R_1^2}$$

Logo: $v_\theta = -\frac{\omega R_1^2}{R_2^2 - R_1^2} r + \frac{\omega R_1^2 R_2^2}{R_2^2 - R_1^2}\frac{1}{r}$

ou $v_\theta = \frac{\omega R_1^2 R_2^2}{R_2^2 - R_1^2}\frac{1}{r}\left[1-\left(\frac{r}{R}\right)^2\right]$

Como $\tau = -\mu\frac{dv_\theta}{dr} \Rightarrow \tau = \frac{\mu\omega R_1^2 R_2^2}{R_2^2 - R_1^2}\frac{1}{r^2}\left[1+\left(\frac{r}{R_2^2}\right)\right]$

Para $r = R_2$, isto é, junto ao cilindro externo:

$$\tau = \frac{2\mu\omega R_1^2}{R_2^2 - R_1^2}$$

A força resultante das tensões de cisalhamento junto ao cilindro externo é:

$$F_\tau = \frac{2\mu\omega R_1^2}{R_2^2 - R_1^2}2\pi R_2 h$$

e o momento:

$$M_\tau = \frac{4\pi\mu\omega h R_1^2 R_2^2}{R_2^2 - R_1^2}$$

Exercícios

11.1 Dado o campo de velocidades $v_x = \alpha x$; $v_y = \beta y$; $v_z = 0$, determinar as trajetórias e as linhas de corrente.

Resp.: Trajetórias: $x = x_0 e^{\alpha t}$; $y = y_0 e^{\beta t}$; $z = z_0$

Linhas de corrente: $x = C_1 y^{\frac{\alpha}{\beta}}$; $z = C_2$

11.2 Dado o campo de velocidades $\vec{v}(P,t) = 6x\vec{e}_x + 6y\vec{e}_y - 7t\vec{e}_z$, determinar:
a) a velocidade e a aceleração no ponto (3; 2; z), no instante t = 1;
b) as linhas de corrente no instante t = 6/7;
c) a trajetória para P_0 (1; 1; 0), no instante t = 0.

Resp.: a) $\vec{v} = 18\vec{e}_x + 12\vec{e}_y - 7\vec{e}_z$; $\vec{a} = 108\vec{e}_x + 72\vec{e}_y - 7\vec{e}_z$
b) $x = C_1 y$; $x = e^{-z}$
c) $x = e^{6t}$; $y = e^{6t}$; $z = -3{,}5t^2$

11.3 Dado o escoamento cujo campo de velocidades é:

$v_x = \frac{x}{t}$; $v_y = \frac{y}{t}$; $v_z = 0$, determinar:

a) a equação da linha de corrente que passa pelo ponto P_1 (2; 1; 2);
b) a equação da trajetória que passa por P_1, no instante t = 1;
c) a aceleração num instante t qualquer, no ponto P_1.

Resp.: a) x = 2y; z = 2; b) x = 2y; z = 2; c) $\vec{a} = -\frac{1}{t^2}(2\vec{e}_x + \vec{e}_y)$

11.4 Sendo $v_x = x^2 + z^2 + 5$; $v_y = y^2 + z^2$, determinar a forma mais simples da componente v_z que satisfaça a equação da continuidade para um fluido incompressível.

Resp.: $v_z = -2z(x + y)$

11.5 Dadas as componentes das velocidades de dois escoamentos de fluidos incompressíveis:

$$(A)\ \begin{cases} v_x = x^2 - y \\ v_y = x^3 - 2xy \end{cases} \qquad (B)\ \begin{cases} v_x = y^3 - 3x^2y \\ v_y = 3xy^2 - x^3 \end{cases}$$

a) Verificar se os dois escoamentos são possíveis.
b) Verificar se são rotacionais ou irrotacionais.
c) No movimento rotacional, determinar o lugar geométrico dos pontos, tal que: $\vec{\Omega} = 1/2\,\vec{e}_z$.

Resp.: a) ambos são possíveis; b) (A) é rotacional; (B) é irrotacional; c) $3x^2 - 2y = 0$

11.6 Um fluido escoa em condições tais que sua massa específica ρ é função somente do tempo. Sendo o campo de velocidades $v_x = 4x$; $v_y = -2y$, determinar:

a) a expressão de ρ (t) para que o escoamento seja possível;
b) a equação das linhas de corrente.

Resp.: a) $\rho = Ke^{-2t}$; $xy^2 = C$

11.7 No funil da figura, escoa um líquido com o campo de velocidades $\vec{v} = -v_r\vec{e}_r$.

A vazão varia linearmente de 1 m^3/s até zero entre o instante inicial e o final, atingido após 2 min. Determinar:

a) as componentes da velocidade;
b) a equação das trajetórias;
c) a aceleração.

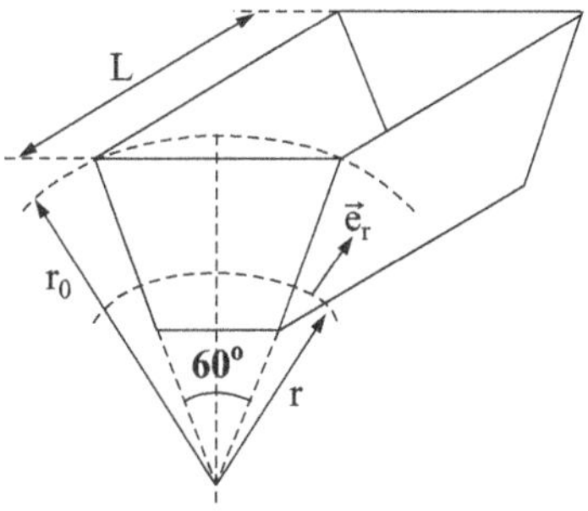

Resp.: a) $v_r = \frac{3}{\pi r L}\left(1 - \frac{t}{120}\right)$; $v_\theta = 0$; $v_z = 0$

b) $r = \sqrt{\left[\frac{6}{\pi L}\left(t - \frac{t^2}{240}\right) + r_0^2\right]}$

c) $\vec{a} = -\left[\frac{1}{40\pi L r} - \frac{9}{\pi^2 L^2 r^3}\left(\frac{t}{120} - 1\right)^2\right]\vec{e}_r$

11.8 Num plano, o escoamento de um fluido é definido por:
$v_x = v_{0_x} + at$; $v_y = v_{0_y}$.
Determinar:
a) as linhas de corrente;
b) as trajetórias.

Resp.: a) $x = \left(\frac{v_{0_x} + at}{v_{0_y}}\right) y + C$

b) $x = x_0 + v_{0_x} t + \frac{at^2}{2}$; $y = v_{0_y} t + y_0$

11.9 Dado o campo de velocidades: $\vec{v} = (16x^2 + y)\,\vec{e}_x + 10\vec{e}_y + yz^2\vec{e}_z$

a) Qual é a velocidade angular do elemento fluido na posição definida pelo vetor $\vec{r} = 6\vec{e}_x + 3\vec{e}_y + 2\vec{e}_k$?

b) É possível ser o escoamento de um fluido incompressível?

Resp.: a) $2\vec{e}_x - \frac{1}{2}\vec{e}_z$; b) não

11.10 As partículas de um fluido movem-se no plano xy com trajetórias definidas por: $x = x_0 + t$; $y = y_0 + t^2$.

a) Obter a equação e desenhar a trajetória da partícula que, no instante t = 0, encontra-se em P (0; 0).

b) Determinar a equação das linhas de corrente.

c) Obter a equação e desenhar a linha de corrente que passa por P (0; 0), no instante t = 0,5.

d) O movimento é permanente ou variado?

Resp.: a) $x^2 = y$; b) $x = \frac{y}{2t} + C$; c) $x = y$.

11.11 Um fluido ideal incompressível escoa ao longo de duas paredes que formam um ângulo reto. O campo de velocidades é dado por: $v_x = 2ax$; $v_y = -2ay$. Determinar:

a) a equação das linhas de corrente;

b) as linhas isovelocidades ($\vec{v} = c^{te}$);

c) a distribuição das pressões ao longo de Ox;

d) a distribuição das pressões ao longo da bissetriz.

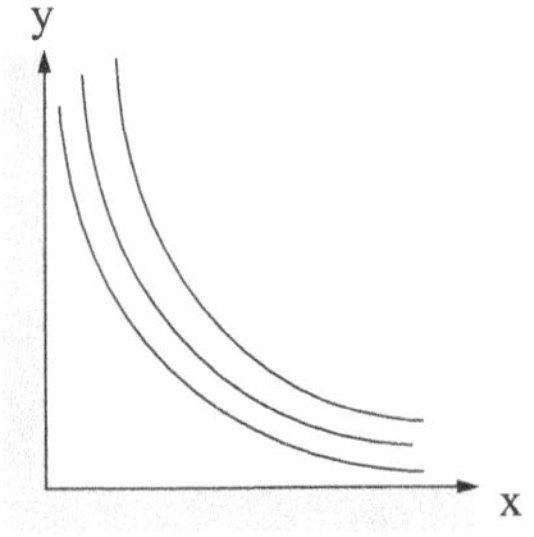

Resp.: a) $xy = C$; b) $x^2 + y^2 = \frac{v^2}{4a^2}$; c) $p = p_0 - 2a^2\rho x^2$; d) $p = p_0 - 4a^2\rho x^2$

11.12 O movimento de um fluido incompressível de peso desprezível realiza-se segundo o campo de velocidades $v_x = ax$; $v_y = by$; $v_z = cz$.

a) Determinar as condições para as quais o movimento é possível.

b) Verificar a possibilidade de aplicar a equação de Bernoulli.

c) Calcular a resultante da força de pressão sobre a placa de vértices A (–m; 0; m); B (m; 0; –n); C (m; 0; n); D (–m; 0; n). Admitir que, no ponto (0; 0; 0), $p = p_0$.

Resp.: a) a + b + c = 0; b) possível; c) $F = 2n\left(2mp_0 - \frac{\rho a^2 m^3}{3}\right)$

11.13 O cilindro da figura gira em torno de seu eixo com rotação constante ω. O líquido nele contido forma a superfície livre indicada e, a fim de determinar o desnível h, aplicou-se a equação de Bernoulli entre (1) e (2), obtendo-se $h = -\frac{(\omega R)^2}{2g}$, quando se sabe que o resultado correto é $h = \frac{(\omega R)^2}{2g}$. Explicar, aplicando a equação de Euler, por que a equação de Bernoulli falha ao determinar o resultado.

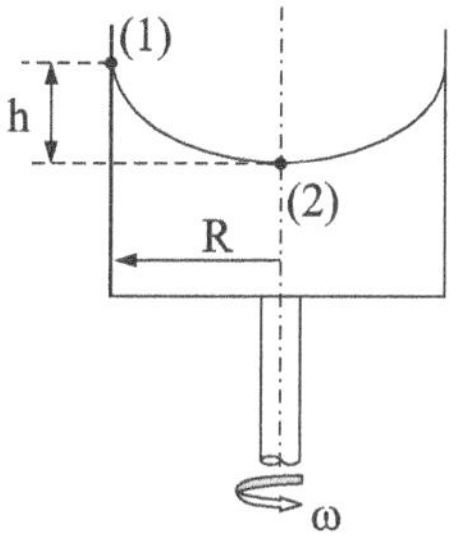

11.14 Sendo $v_x = 4x - 6y$; $v_y = ky - f(x)$, determinar k e f (x) para que este seja o campo de velocidades de um escoamento irrotacional de um fluido incompressível. Determinar as funções de corrente e potencial.

Resp.: $k = -4$; $f(x) = 6x + C$; $\phi = 2x^2 - 6xy - 2y^2 + C$; $\Psi = 3x^2 + 4xy - 3y^2 + C$

11.15 Seja um meteorito que penetra na atmosfera. Admitir em primeira aproximação que o escoamento seja bidimensional e irrotacional na região próxima ao ponto de estagnação. Sabe-se que o escoamento pode ser representado pela superposição de uma fonte de intensidade q, com origem em (O), com um escoamento uniforme de velocidade v_0 na direção mostrada na figura.

a) Determinar as expressões das funções potencial e de corrente correspondentes à superposição, em coordenadas polares.

b) Determinar a expressão das componentes da velocidade em função de v_0, q, θ e r.

c) Se v_0 = 1.000 m/s e o corpo tem raio de 1 m, determinar a intensidade da fonte para que se tenha o escoamento desejado.

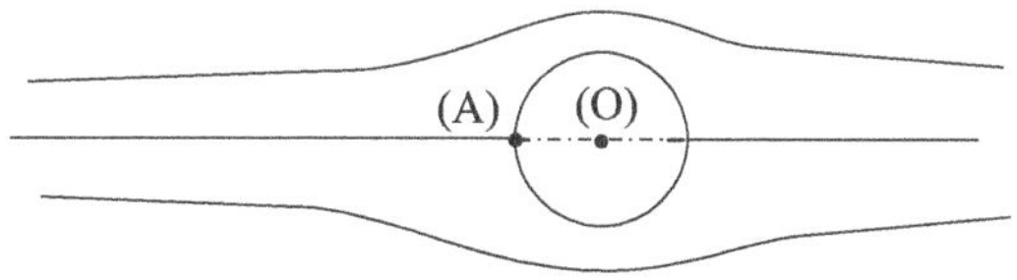

Resp.: a) $\Psi = \frac{q}{2\pi}\theta + v_0 r \operatorname{sen}\theta$; $\phi = \frac{q}{2\pi}\ell n\, r + v_0 r\cos\theta$

b) $v_r = \frac{q}{2\pi r} + v_0\cos\theta$; $v_\theta = -v_0 \operatorname{sen}\theta$; c) $q = 2.000\pi\ m^3/s/m$

11.16 Dada a função de corrente $\Psi = ar - b\theta$, para $r \neq 0$, onde a e b são constantes positivas:

a) determinar a equação das trajetórias;

b) calcular a vazão em volume através de uma superfície semicircular de raio r e centro na origem, de espessura unitária;

c) verificar se o movimento é irrotacional e, se for, determinar a função potencial.

Resp.: a) Se para t = 0, r = 0 e θ = 0 → $r = \frac{2b\theta}{a}$; b) $q = -\pi b$; c) $\phi = -b\ell n\, r - ar\theta$

11.17 A função de corrente de um escoamento plano de um fluido incompressível, entre duas placas infinitas, paralelas, é dada por:

$$\Psi = \frac{v_0}{2L} y^2$$

a) Determinar o diagrama de velocidades e representá-lo graficamente.

b) Verificar se o escoamento é possível.

c) O movimento é variado ou permanente?

d) O movimento é rotacional ou irrotacional?

e) Determinar a cota do ponto (C) que divide a seção (A) (B) em duas seções (AC) e (CB) de mesma vazão.

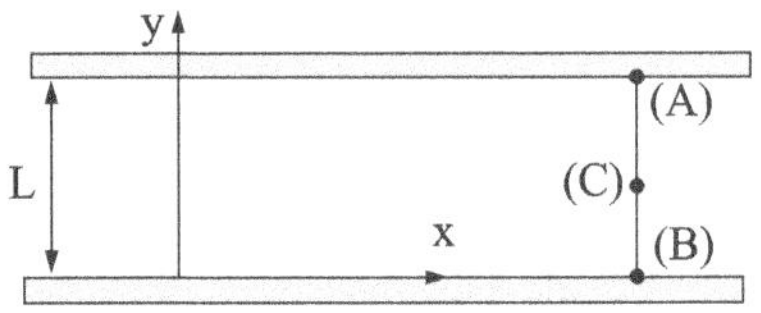

Resp.: a) $v_x = \frac{v_0}{L} x$; b) possível; c) permanente; d) rotacional; e) $y_c = L\frac{\sqrt{2}}{2}$

11.18 Dada a função potencial $\phi = x^2 - y^2$ para um fluido incompressível em movimento plano irrotacional, determinar:

a) a função potencial;

b) o campo de velocidades.

Resp.: a) $\Psi = 2xy + C$; b) $v_x = 2x$; $v_y = -2y$; $v_z = 0$

11.19 No estudo analítico de um furacão, admitiu-se que o escoamento resulte da superposição de um vórtice ideal com um sorvedouro no ponto O. Sendo a função potencial do sorvedouro $\phi = -\frac{q}{2\pi}\ell n\, r$ e a função de corrente do vórtice ideal $\Psi = -\frac{\Gamma}{2\pi}\ell n\, r$, onde $q = 2\times 10^4\ m^3/s.m$ e $\Gamma = 5\times 10^4\ m^2/s$, determinar:

a) a velocidade do escoamento no ponto P dado por $x_P = 300$ m e $y_P = 400$ m;

b) o lugar geométrico dos pontos de mesma pressão que passa por P.

Sabe-se que ao longe $p = p_0$ e $v = v_0$ constantes.

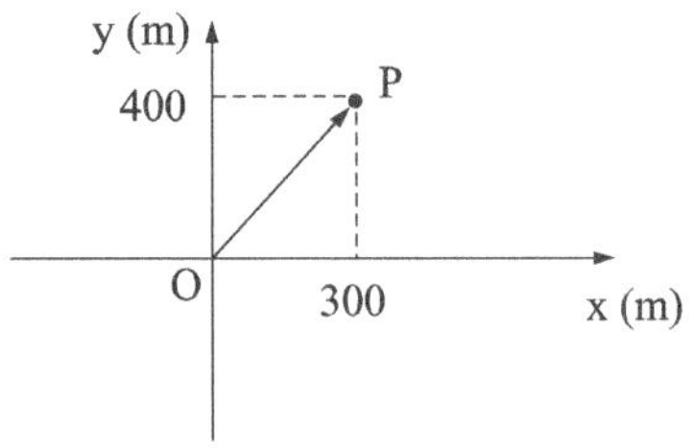

Resp.: a) $\vec{v} = -\frac{20}{\pi}\vec{e}_r + \frac{50}{\pi}\vec{e}_\theta$; b) $r = \sqrt{q^2 + \Gamma^2}\,\frac{1}{2\pi v} = C$

11.20 Seja $\Psi = 9 + 6x - 4y + 7xy$.

a) Verificar se essa função pode ser a função de corrente de um fluido incompressível.

b) Verificar se o escoamento é irrotacional.

c) Determinar a velocidade no ponto (0; 0).

Resp.: a) sim; b) sim; c) $\vec{v} = -4\vec{e}_x - 6\vec{e}_y$

11.21 É dada a função de corrente $\Psi = x^2 + 2xy + 4t^2y$. No instante t = 2 s, determinar:

a) Qual é a vazão por unidade de espessura entre (A) e (B)?
b) Qual é a vazão por unidade de espessura entre (A) e (C)?

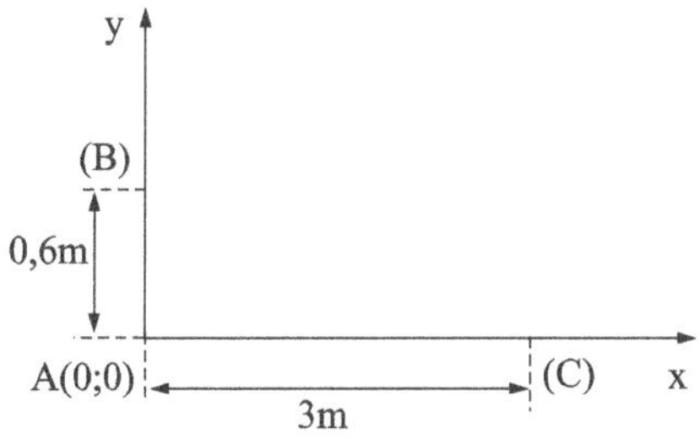

Resp.: a) $q_{BA} = 9{,}6\ m^3/s.m$; $9\ m^3/s.m$

11.22 Dado o campo de velocidades do escoamento plano de um fluido ideal incompressível:

$v_x = 2x^2(2-t) - 6x\, f(y,t)\, \ell n\, t$

$v_y = -6x^2y\,(2-t) + 2y^3(2-t)$

a) Determinar f (y, t) para que o escoamento seja possível.
b) Com a f (y, t) determinada, obter a função de corrente Ψ quando t = 1 s.
c) Se possível, determinar a função ϕ.

Resp.: a) $f(y,t) = \dfrac{y^2(2-t)}{\ell n\, t}$; b) $\Psi = 2x^3y - 2xy^3 + C$; c) $\phi = \dfrac{x^4}{2} - 3x^2y^2 + \dfrac{y^4}{2} + C$

11.23 No escoamento de um fluido incompressível entre duas placas fixas infinitas, o diagrama de velocidades é dado por $v_x = Cy\,(h-y)$, onde C é uma constante, h é a distância entre as duas placas e y é uma coordenada perpendicular às placas, com origem numa delas. Determinar $\dfrac{v_m}{v_{máx}}$ e a vazão em volume por unidade de largura.

Resp.: $\dfrac{v_m}{v_{máx}} = \dfrac{2}{3}$; $Q = \dfrac{Ch^3}{6}$

11.24 Um líquido de viscosidade $\mu = 0{,}3\dfrac{N.s}{m^2}$ escoa entre duas placas paralelas, infinitas, distantes 5 mm, com escoamento laminar. O gradiente de pressões ao longo do escoamento é $2.000\ \dfrac{N}{m^2}/m$. Determinar a tensão de cisalhamento na placa superior e a vazão em volume por unidade de profundidade.

Resp.: $\tau = 2{,}5\ N/m^2$; $Q = 6{,}94 \times 10^{-5}\ m^3/s/m$

11.25 Um fluido incompressível escoa no anel formado entre dois tubos concêntricos de seção circular. O escoamento é laminar e o raio externo do tubo menor é R_1, enquanto o raio interno do maior é R_2.

a) Verificar se a equação do diagrama de velocidades é dada por:

$$\frac{v}{v_m} = 2\,\frac{R_2^2 - r^2 - 2r_{máx}^2\,\ell n\left(\dfrac{R_2}{r}\right)}{R_2^2 + R_1^2 - 2r_{máx}^2}$$

onde: $r_{máx} = \sqrt{\dfrac{R_2^2 - R_1^2}{2\,\ell n\left(\dfrac{R_2}{R_1}\right)}}$

sendo r uma coordenada polar e $r_{máx}$ a coordenada onde ocorre a velocidade máxima.

b) Sendo $R_1 = 10$ cm e $R_2 = 10{,}2$ cm, determinar a coordenada da velocidade máxima e, para uma vazão de 0,1 L/s, obter $v_{máx}$.

Resp.: $r_{máx} = 10{,}1$ cm; $v_{máx} = 0{,}156$ m/s

11.26 Apóia-se um peso sobre um pistão de 10 mm de diâmetro, e a leitura do manômetro da figura é 2 MPa. A viscosidade do fluido é 0,5 N.s/m^2 e o comprimento do pistão é 10 cm. Adotando o modelo de duas placas planas paralelas, determinar a folga entre o pistão e o cilindro para que o pistão desça apenas 2 mm por minuto. Adotar uma queda de pressão linear ao longo do escoamento na folga.

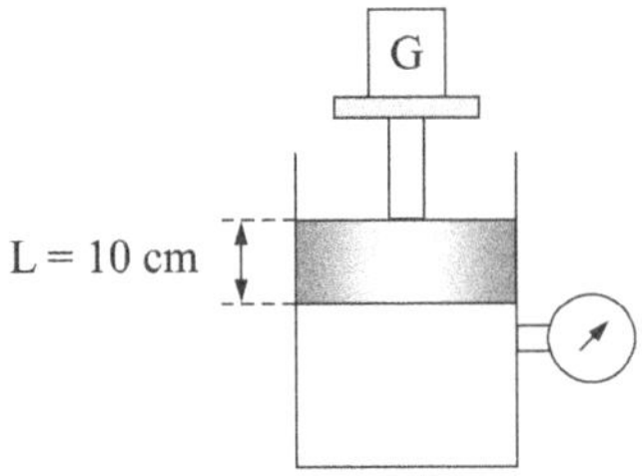

Resp.: $3{,}2 \times 10^{-6}$ m

11.27 Uma chapa fina deve passar de forma contínua num banho de tinta contido num reservatório, como mostra a figura. Em regime permanente, o diagrama de velocidades bidimensional $v_z = f(x)$ é tal que, numa seção, a vazão é nula, já que parte da tinta sobe arrastada pela chapa e parte retorna por gravidade, mantendo a espessura constante. Como a velocidade da chapa é baixa, admite-se que o atrito com o ar (τ) é desprezível. Determinar:

a) a expressão do diagrama de velocidades;

b) a velocidade de subida da chapa para que a espessura da camada de tinta seja h = 0,3 mm.

Dados: $\nu_{tinta} = 5 \times 10^{-5}$ m^2/s; g = 10 m/s^2.

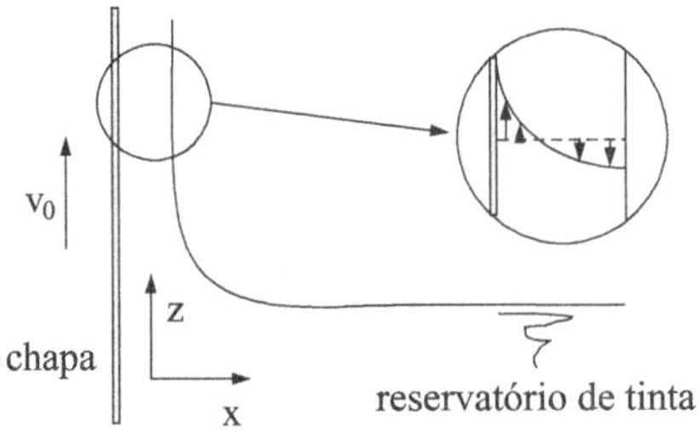

Resp.: a) $v_z = \dfrac{gh}{\nu} y\left(\dfrac{y}{2h} - 1\right) + v_0$; b) $v_0 = 6 \times 10^{-3}$ m/s.

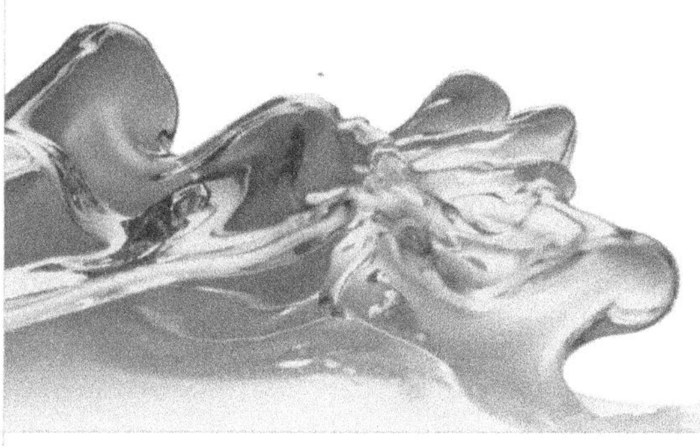

CAPÍTULO 12

Escoamento compressível

12.1 Introdução — Hipóteses — Conceitos fundamentais

No Capítulo 1, definiu-se fluido incompressível como sendo o que tem massa específica ρ constante em todos os pontos do escoamento. Logo, fluido compressível é aquele cuja massa específica varia de um ponto a outro.

Na realidade, nenhum fluido, tampouco os sólidos, são perfeitamente incompressíveis; entretanto, se a variação da massa específica ρ for pequena e compatível com a precisão desejada, será lícito desprezar essa variação e equacionar o escoamento com a hipótese de ρ constante.

Nesse caso, as equações básicas da continuidade, da energia e da quantidade de movimento têm um desenvolvimento relativamente simples, conforme foi visto nos capítulos 3, 4 e 5 deste estudo.

Entretanto, ao equacionar os fluidos como incompressíveis, quando a massa específica varia sensivelmente, chega-se a conclusões quantitativas e até qualitativas que não condizem com as observações práticas, assim como não é possível prever acontecimentos como a onda de choque e o bloqueio dos condutos.

A massa específica é uma função da pressão e da temperatura e, junto com os fenômenos equacionados pela Mecânica dos Fluidos, será necessário fazer uma análise dos efeitos térmicos estudados pela Termodinâmica.

Nesse caso, o estudo realizado até aqui, que apenas em certas ocasiões esbarrou na consideração de efeitos térmicos, deverá ser adaptado ao uso das variáveis e conceitos tipicamente utilizados nos cursos de Termodinâmica, como energia interna, entalpia, entropia e outras.

A complexidade, causada por efeitos térmicos no estudo dos escoamentos pela Mecânica dos Fluidos, pode ser atenuada admitindo-se algumas hipóteses simplificadoras que, até certo ponto, pouco influirão na modelagem.

Essas hipóteses são:

a) O escoamento é unidimensional ou uniforme nas seções.
   Como este estudo irá se referir a gases em velocidades relativamente altas, os elevados números de Reynolds indicarão uma uniformização dos diagramas de velocidades, com exceção de uma camada muito fina junto à parede sólida, devido ao princípio da aderência. Dessa forma, a hipótese adotada aproxima-se bastante da realidade. Por outro lado, seria possível utilizar a velocidade média na seção, e para o cálculo da energia cinética o coeficiente α será aproximadamente unitário, conforme descrito no Capítulo 4.
b) O regime é permanente.
c) O fluido que escoa é um gás perfeito.

Na prática, nenhum gás obedece perfeitamente ao modelo de gás perfeito; entretanto, numa larga faixa de pressões e temperaturas, essa hipótese aproxima suficientemente os resultados aos observados na prática, simplificando as expressões matemáticas e permitindo uma análise qualitativa mais clara.

As hipóteses descritas anteriormente serão sempre válidas no estudo a seguir, podendo ser ressaltado que ele irá se referir ao escoamento unidimensional, em regime permanente de um gás perfeito.

12.2 Definições

Apesar de os capítulos anteriores conterem termos que permitem considerar os efeitos térmicos, a ênfase, seja nos conceitos, seja nos exercícios de aplicação, foi sempre voltada para o estudo do escoamento de fluidos incompressíveis, sem explicitar os possíveis efeitos térmicos.

Utilizando esse enfoque, a equação da energia, até o item 4.8, apresentou apenas parcelas mecânicas como energia cinética, potencial e pressão, cujo estudo tornou-se mais interessante ao considerá-las por unidade de peso e ao denominá-las cargas. Lembrar que os termos foram escritos $\frac{v^2}{2g}$, z e $\frac{p}{\gamma}$ e sua unidade resultou em metro, já que ao dividir energia por peso obtém-se unidade de comprimento.

O atual entrelaçamento da Mecânica dos Fluidos com a Termodinâmica faz com que seja mais interessante trabalhar com energias por unidade de massa, denominadas específicas.

De uma forma geral, a transformação de uma grandeza por unidade de peso para a respectiva por unidade de massa é realizada pela seguinte expressão:

$$\frac{\text{Grandeza}}{\text{Massa}} \quad \text{ou Grandeza específica} = \frac{\text{Grandeza}}{\text{Peso}} \times g \tag{12.1}$$

Assim, por exemplo:

Energia cinética específica $= \frac{v^2}{2}$

Energia potencial específica = gz

Energia de pressão específica $= \frac{p}{\gamma} \times g = \frac{p}{\rho g} \times g = \frac{p}{\rho}$

A unidade será: $\frac{J}{kg} = \frac{N.m}{kg} = \frac{m}{s^2}.m = \frac{m^2}{s^2}$

A seguir, serão definidas as grandezas termodinâmicas necessárias a este estudo.

12.2.1 Energia interna (I)

Embora um significado mais amplo dessa grandeza possa ser obtido dos livros de Termodinâmica, para as finalidades deste estudo, será confundida com energia térmica e será função apenas da temperatura, representando o estado térmico do sistema.

A energia interna específica será:

$$u = \frac{I}{m}$$

12.2.2 Entalpia (H)

Definida por: H = I + pV

Por unidade de massa será: $\frac{H}{m} = \frac{I}{m} + \frac{pV}{m}$

e lembrando que $\frac{V}{m} = \frac{1}{\rho} = \overline{v}$ (volume específico)

$$h = u + \frac{p}{\rho} = u + p\overline{v}$$

12.2.3 Entropia (S)

A variação de entropia é definida por:

$$dS = \left(\frac{d\tilde{Q}}{T}\right)_{rev}$$

onde: $\tilde{Q}$ = calor trocado pelo sistema (o símbolo é utilizado para que não haja confusão com o símbolo da vazão em volume)

T = temperatura absoluta

O índice 'rev' significa 'processo reversível'.

É interessante lembrar da Termodinâmica que um processo é reversível quando pode ser invertido e ao voltar ao estado inicial não haverá vestígios de sua realização no Universo. Todos os processos práticos são irreversíveis e algumas causas das irreversibilidades são: atrito, trocas de calor entre diferenças finitas de temperaturas, expansões e compressões bruscas, reações químicas e, de uma forma geral, a rapidez dos processos.

Por unidade de massa: $ds = \frac{dS}{m} = \left(\frac{d\tilde{Q}/m}{T}\right)_{rev} = \left(\frac{dq}{T}\right)_{rev}$

Se o processo for irreversível, verifica-se que: $ds > \frac{dq}{T}$

Se o processo for adiabático (sem troca de calor), dq = 0 e ds > 0, o que mostra que, se não há troca de calor durante o processo, a entropia deve aumentar e, de certa forma, representa a irreversibilidade dele. A unidade será: $\frac{J}{kg.K} = \frac{m^2}{s^2.K}$.

12.3 Gás perfeito

No estudo a ser realizado neste capítulo, gás perfeito será o modelo matemático utilizado e caracterizado pelas propriedades a seguir:

a) Equação de estado

$$\frac{p}{\rho} = RT \qquad (12.2)$$

onde: p = pressão na escala absoluta

ρ = massa específica

T = temperatura absoluta

R = constante do gás

Indicando por θ a grandeza fundamental temperatura, para não confundir com T, que ao longo do texto indicou a grandeza fundamental tempo:

$$R = \frac{p}{RT} \Rightarrow [R] = \frac{FL^{-2}}{FL^{-4}T^2\theta} = L^2T^{-2}\theta$$

Logo, a unidade de R será: $\dfrac{m^2}{s^2.K}$

Por exemplo: $R_{ar} = 287\dfrac{J}{kg.k}$ ou $\dfrac{m^2}{s^2.K}$

Para obter o valor de R para outros gases, será necessáriorecorrer a textos de Termodinâmica ou lembrar que: $R = \dfrac{\overline{R}}{M_{mol}}$, de forma que basta dividir o valor da constante universal dos gases $\overline{R} = 8.314{,}5\dfrac{J}{mol}$ pelo valor numérico da massa molecular do gás em estudo.

b) A energia interna e a entalpia são funções somente da temperatura, isto é: $u = f(T)$ e $h = f(T)$

c) Os calores específicos a volume constante (c_v) e a pressão constante (c_p) são constantes do gás.

Lembrar que: $c_v = \left(\dfrac{\partial u}{\partial T}\right)_{V=c^{\underline{te}}}$ para qualquer substância.

Para u = f(T) pode-se confundir a derivada parcial com a total e, portanto:

$$c_v = \left(\frac{du}{dT}\right)_{V=c^{\underline{te}}}$$

Apesar de c_v ser determinado por um processo a volume constante, uma vez estabelecido, torna-se uma propriedade do gás, utilizável em qualquer caso em que for necessário.

Integrando a expressão anterior, ao longo de um processo:

$$\int_1^2 du = \int_1^2 c_v \, dT$$

e ao considerar $c_v = c^{\underline{te}}$:

$$u_2 - u_1 = c_v(T_2 - T_1) \text{ ou } \Delta u = c_v \Delta T \qquad \textbf{(12.3a)}$$

Observa-se que a hipótese de $c_v = c^{\underline{te}}$ simplifica sobremaneira a determinação das variações de energia interna dos gases ou a própria determinação da energia interna se for adotada uma origem. Esse modelo elimina a necessidade do uso de tabelas e, embora prejudique a precisão dos resultados quantitativos, permite interpretar mais facilmente os resultados qualitativos, facilitando a compreensão dos fenômenos que, de outra forma, se perderia no emaranhado das complicações matemáticas e nos dados das tabelas.

Da mesma forma: $c_p = \left(\dfrac{\partial h}{\partial T}\right)_{p=c^{\underline{te}}}$, mas ao se adotar h = f (T) e $c_p = c^{\underline{te}}$:

$$c_p = \left(\frac{dh}{dT}\right)_{p=c^{te}} \text{ e } \Delta h = c_p \Delta T \qquad \textbf{(12.3b)}$$

Se a origem da medida de u e h for adotada para T = 0, também se pode escrever:

$$u = c_v T$$

$$h = c_p T \qquad \textbf{(12.3c)}$$

A partir dos calores específicos, podem ser obtidas as seguintes expressões úteis:

$$k = \frac{c_p}{c_v}, \text{ denominada constante adiabática} \qquad \textbf{(12.4)}$$

$$R = c_p - c_v \qquad \textbf{(12.5)}$$

$$c_v = \frac{R}{k-1} \tag{12.6}$$

$$c_p = \frac{kR}{k-1} \tag{12.7}$$

12.4 Problema geral e equações básicas

A solução de um problema de escoamento de um fluido visa, dadas as propriedades do fluido numa seção e as condições de contorno, determinar as propriedades do fluido em outra seção.

As variáveis de interesse normalmente são: v, p, T, ρ, h, u, s.

Como existem sete variáveis, no problema mais geral, seriam necessárias sete equações. Entretanto, como u, h = f (T), serão necessárias apenas cinco (Figura 12.1).

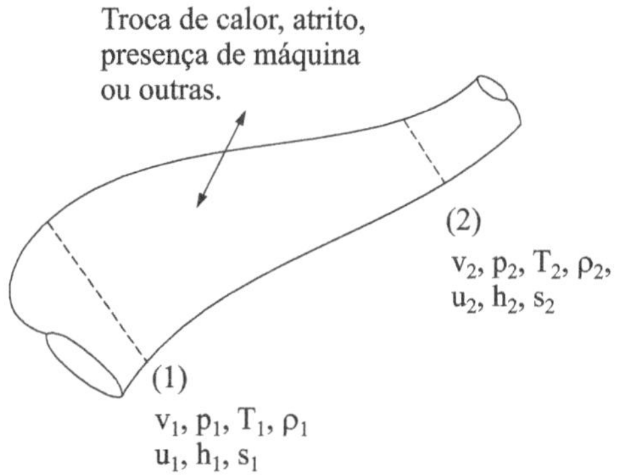

Figura 12.1

É claro que o problema pode ser invertido. Dadas as variáveis da seção (1), determinar as da seção (2); dadas as condições intermediárias ou as variáveis da seção (2), determinar as da seção (1) ou, também, dadas as variáveis das duas seções, verificar as condições intermediárias.

Para a solução desses problemas, serão apresentadas a seguir as equações básicas disponíveis, a maioria já citada nos capítulos anteriores e algumas derivadas da Termodinâmica.

Não esquecer que, pelas hipóteses fundamentais, o escoamento é unidimensional em regime permanente de um gás perfeito.

12.4.1 Equação da continuidade

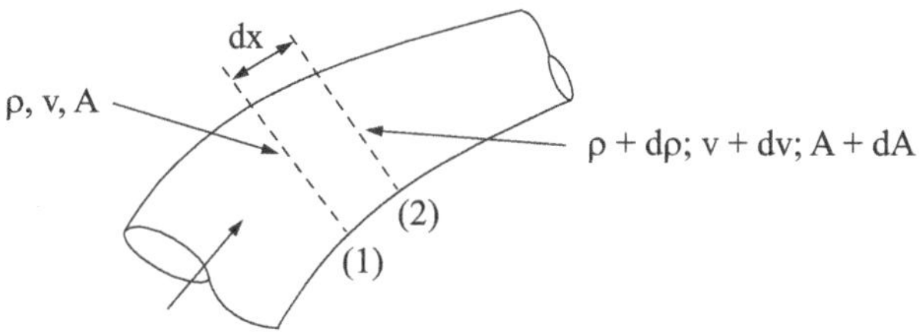

Figura 12.2

Dadas duas seções quaisquer do escoamento, lembrar que, para regime permanente (Capítulo 3, Equação 3.12):

$$Q_{m_1} = Q_{m_2} \tag{12.8}$$

$$\rho_1 v_1 A_1 = \rho_2 v_2 A_2 \tag{12.9}$$

Além das equações que relacionam as propriedades em duas seções quaisquer, deseja-se também obter o relacionamento entre as propriedades em duas seções vizinhas, a uma distância infinitesimal (dx) (Figura 12.2). As equações diferenciais resultantes permitem analisar qualitativamente as tendências de cada variável, dependendo da hipótese adotada. As variáveis envolvidas serão representadas a montante (seção (1) no sentido do escoamento) pelo seu símbolo e a jusante (seção (2) no sentido do escoamento) pelo seu símbolo, somado a um diferencial, que pode ser positivo, negativo ou nulo, dependendo das condições entre (1) e (2).

Por exemplo:

Seção (1) ⇒ a área é A

Seção (2) ⇒ a área é A + dA

Se dA > 0, o conduto é divergente ⇒

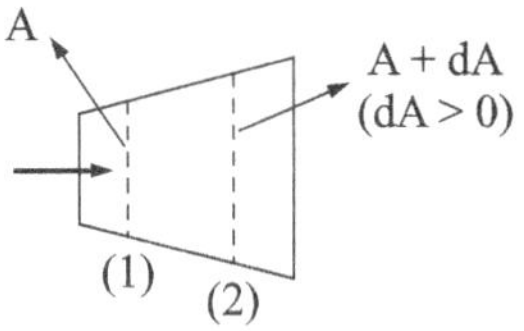

Se dA < 0, o conduto é convergente ⇒

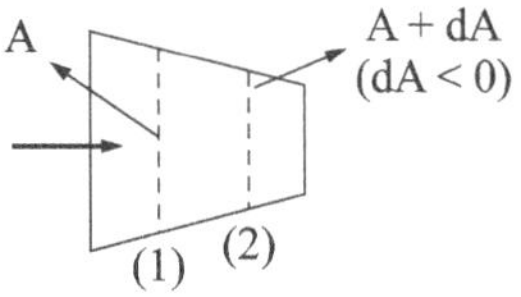

Se dA = 0, o conduto é de seção constante ⇒

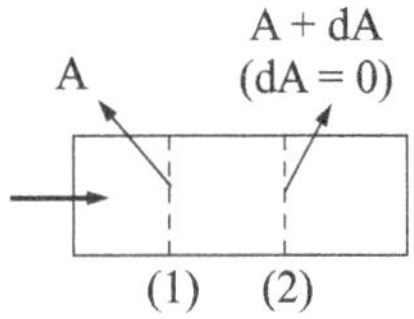

As equações diferenciais assim construídas facilitam a análise da variação qualitativa das propriedades ao longo do escoamento.

No caso da Figura 12.2:

$$\rho v A = (\rho + d\rho)(v + dv)(A + dA)$$

Efetuando o produto do segundo membro e desprezando os infinitésimos de segunda e terceira ordem, obtém-se:

$$\rho v A = \rho v A + \rho A dv + \rho v dA + v A d\rho$$

Simplificando e dividindo tudo por ρ, tem-se:

$$\frac{d\rho}{\rho} + \frac{dv}{v} + \frac{dA}{A} = 0 \qquad \textbf{(12.10)}$$

Note-se que a equação da continuidade é uma função f (ρ, v, A) = 0, que permite relacionar massas específicas, velocidades e áreas de duas seções do escoamento. Dada a geometria do escoamento, isto é, A_1 e A_2, essa equação cria apenas uma relação entre massa específica e velocidade, sem permitir a obtenção de seus valores numéricos.

Lembrar que, ao estudar fluidos incompressíveis, como $\rho_1 = \rho_2$, era possível obter v_2 em função de v_1, desde que a geometria do conduto fosse conhecida.

12.4.2 Equação da energia

No Capítulo 4 obteve-se a Equação 4.37, que por unidade de massa resulta em:

$$\frac{\alpha_1 v_1^2}{2}+\frac{p_1}{\rho_1}+u_1+gz_1+gH_M+q=\frac{\alpha_2 v_2^2}{2}+\frac{p_2}{\rho_2}+u_2+gz_2$$

Como o escoamento é unidimensional, $\alpha_1 = \alpha_2 = 1$.

Por se tratar de um gás, a variação de energia potencial pode ser desprezada em comparação com os outros termos, e lembrando que $u+\frac{p}{\rho}=h$, obtém-se:

$$\frac{v_1^2}{2}+h_1+gH_M+q=\frac{v_2^2}{2}+h_2 \tag{12.11}$$

Se entre as seções (1) e (2) não houver máquina:

$$\frac{v_1^2}{2}+h_1+q=\frac{v_2^2}{2}+h_2 \tag{12.12}$$

Se o escoamento entre (1) e (2) for adiabático:

$$\frac{v_1^2}{2}+h_1=\frac{v_2^2}{2}+h_2 \tag{12.13}$$

A Equação 12.13 mostra que, se entre (1) e (2) não houver fornecimento ou retirada de energia do fluido, a soma da energia cinética com a entalpia deverá ser constante em todas as seções do escoamento.

Na forma diferencial, pela Figura 12.3, obtém-se:

$$\frac{v^2}{2}+h+dq=\frac{(v+dv)^2}{2}+h+dh$$

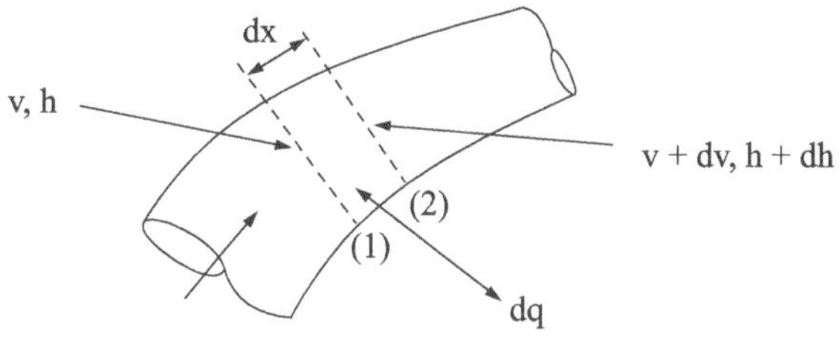

Figura 12.3

Simplificando e desprezando o termo de segunda ordem:

$$dq = vdv + dh \tag{12.14}$$

No caso em que o escoamento seja adiabático ($dq = 0$):

$$vdv = -dh \quad \text{ou} \quad vdv = -c_p dT \tag{12.15}$$

o que mostra que as variações de v e T são contrárias, isto é, se v aumenta, h e T devem diminuir, ou vice-versa.

Note-se que h engloba as energias térmica e de pressão e, pela conservação da energia, um aumento da velocidade deverá ser obtido em detrimento da pressão e da temperatura.

Pelo exposto, a equação da energia é uma função que relaciona v e h ou v e T, isto é:

$$f(v, h) = 0 \text{ ou } f(v, t) = 0$$

Junto com a equação da continuidade, a equação da energia forma um sistema de duas equações com três variáveis: ρ, v, T.

12.4.3 Equação da quantidade de movimento

Para facilidade algébrica, aplica-se a equação para um conduto reto de seção constante (Figura 12.4).

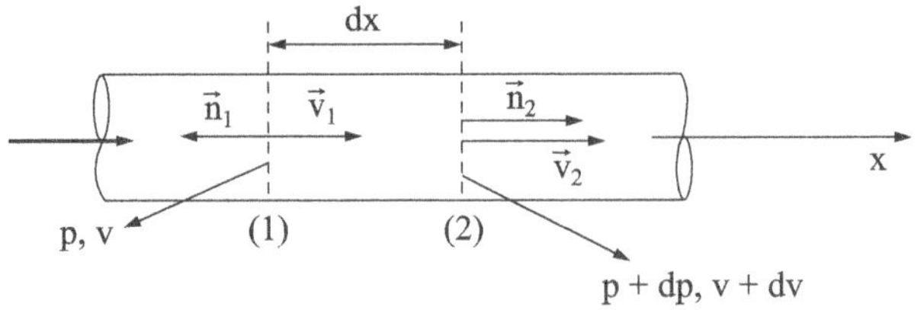

Figura 12.4

Sendo o regime permanente, do Capítulo 5 obtém-se:

$$\vec{F}_S = -[p_1 A_1 \vec{n}_1 + p_2 A_2 \vec{n}_2 + Q_m(\vec{v}_2 - \vec{v}_1)]$$

Projetando na direção x:

$$F_{S_x} = p_1 A_1 - p_2 A_2 + Q_m(v_1 - v_2)$$

e para uma distância infinitesimal dx:

$$dF_{S_x} = pA - (p + dp) A + \rho v A \, [v - (v + dv)]$$

ou

$$\frac{dF_{S_x}}{A} = -dp - \rho v dv$$

Lembrando que F_{S_x} é a resultante das pressões e tensões de cisalhamento do fluido na parede sólida entre (1) e (2), supondo o escoamento sem atrito ($\tau = 0$), então $dF_{S_x} = 0$ e:

$$dp = -\rho v dv \tag{12.16}$$

que é do tipo: $f(p, \rho, v) = 0$, que acrescenta uma equação ao sistema, mas introduz a variável p.

12.4.4 Equação de estado

Pela hipótese de gás perfeito: $\frac{p}{\rho} = RT$

que é do tipo $f(p, \rho, T) = 0$.

Essa expressão completa quatro equações para quatro variáveis, v, ρ, T, p, tornando o sistema proposto determinado.

12.4.5 Variação de entropia

Quando a variação de entropia é importante, pode-se lançar mão das expressões da Termodinâmica para um gás perfeito, aqui introduzidas sem dedução.

$$ds = c_v \frac{dT}{T} - R\frac{d\rho}{\rho} \quad \text{ou} \quad ds = c_p \frac{dT}{T} - R\frac{dp}{p} \tag{12.17}$$

Essas equações são do tipo $f(s, T, \rho) = 0$ ou $f(s, T, p) = 0$ e acrescentam apenas a variável entropia como nova, mantendo o sistema determinado.

Dessa forma, obtém-se o sistema de cinco equações a cinco incógnitas, necessário para a análise qualitativa das tendências ao longo do escoamento, ou das soluções quantitativas, quando necessário.

12.5 Velocidade do som

É a velocidade de propagação de uma perturbação da pressão causada num fluido.

A velocidade de propagação é função do estado do fluido e, portanto, é uma propriedade que pode ser relacionada com outras e é de grande utilidade no estudo do escoamento compressível.

Para melhor compreender o fenômeno, suponha-se o modelo matemático constituído de um fluido perfeitamente incompressível (Figura 12.5).

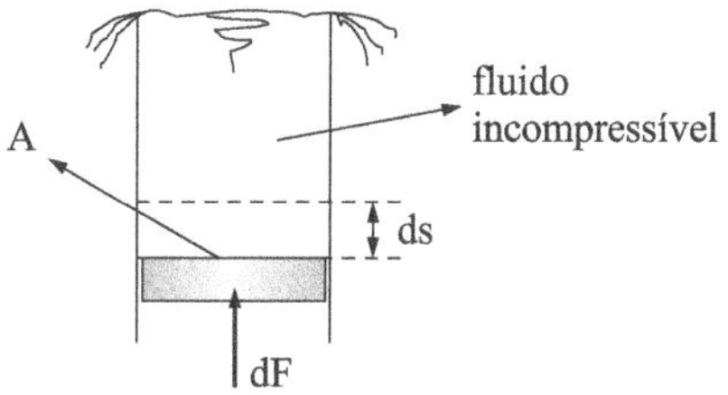

Figura 12.5

A partir da situação de equilíbrio, aplica-se no pistão uma força dF, provocando no fluido um aumento de pressão $dp = \frac{dF}{A}$. Se o fluido for perfeitamente incompressível, o aumento de pressão dp se transmitirá imediatamente para a seção seguinte, desta para a próxima, e assim por diante, de forma que, instantaneamente, a camada de fluido mais afastada será submetida ao aumento da pressão e imediatamente o fluido será derramado.

Essa descrição mostra que num fluido incompressível a 'mensagem' de que ele foi perturbado numa seção (aplicação do dp) transmite-se instantaneamente para todas as seções, propagando-se com velocidade infinita.

Quando o fluido é compressível, ao deslocar o pistão, cria-se uma compressão na camada adjacente à sua face, que fica com uma pressão maior que a seguinte, expandindo-se contra ela. Esta, então, ficará mais comprimida que a próxima, expandindo-se contra a seguinte comprimindo-a, e assim por diante.

Nota-se que esse processo de compressões e expansões sucessivas leva um tempo finito e, portanto, a 'mensagem' da aplicação do dp propaga-se com uma velocidade finita que será denominada 'velocidade de propagação da perturbação da pressão'. Como esse fenômeno é semelhante ao fenômeno acústico de propagação do som, a velocidade de propagação da perturbação da pressão é denominada 'velocidade do som' e será representada daqui para a frente pelo símbolo c.

Pelo que foi explicado, fluido incompressível pode ser definido como o que tem $\rho = c^{\underline{te}}$ ou $c = \infty$, o que abre uma nova perspectiva para o estudo dos fluidos, já que a grandeza c passa a ser um valor representativo da compressibilidade deles.

Neste ponto, é importante determinar relações entre a nova propriedade c e as propriedades já conhecidas dos fluidos, para que a velocidade do som possa ter alguma utilidade na interpretação dos fenômenos.

Com essa finalidade, observar o modelo da Figura 12.6, em que o pistão se desloca com velocidade elementar dv, transmitindo ao fluido uma variação dp da pressão, cuja velocidade de propagação já vimos que é c.

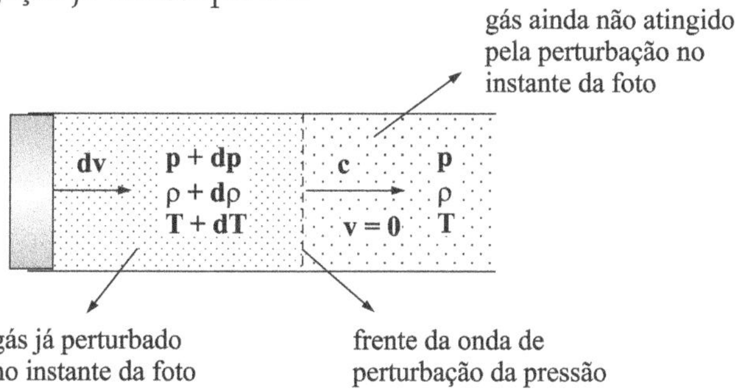

Figura 12.6

Numa fotografia instantânea seria observado o fluido na situação indicada pela Figura 12.6. A região à esquerda, já tendo recebido a 'notícia' da perturbação, assumirá a velocidade dv e novas propriedades (p + dp, ρ + dρ, T + dT), enquanto a região à direita da frente da onda, ainda não atingida por ela, que se desloca com velocidade c, terá as propriedades iniciais (v = 0, p, ρ, T).

Adotando um tubo de corrente estacionário, haverá pontos em que, num certo instante, as propriedades seriam as iniciais e em outro instante o novo valor, o que caracteriza um regime variado, já que a situação varia de um instante a outro.

Para caracterizar um regime permanente, será adotado um referencial móvel, isto é, um VC fixo na frente de onda, que se desloca com ela. A Figura 12.7 mostra o modelo adotado, em que o VC tem comprimento nulo, apenas envolvendo a onda.

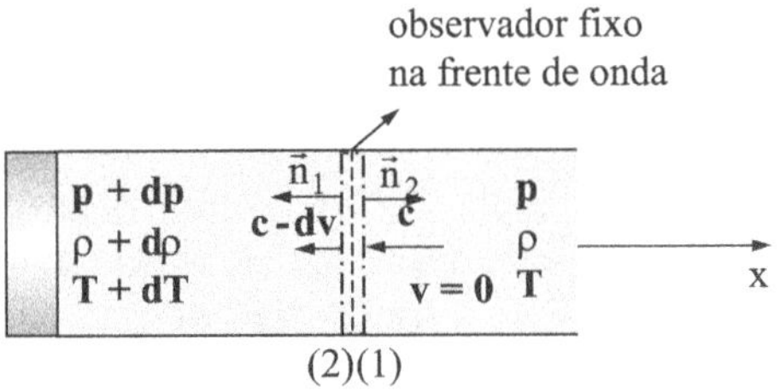

Figura 12.7

Para o observador da figura, o fluido penetrará sempre pela seção (1), com velocidade c e com as propriedades iniciais, e sairá sempre pela seção (2), com velocidade c – dv e com as novas propriedades. Essa constância das propriedades caracteriza um regime permanente, permitindo a aplicação das equações básicas.

Equação da continuidade

$$Q_{m_1} = Q_{m_2}$$

$$\rho A c = (\rho + d\rho)\, A\, (c - dv)$$

$$\rho c = \rho c - \rho dv + c d\rho - d\rho dv$$

Simplificando e desprezando o termo de segunda ordem:

$$dv = c\frac{d\rho}{\rho} \qquad \textbf{(12.18)}$$

Equação da quantidade de movimento

$$\vec{F}_S = -[p_1 A_1 \vec{n}_1 + p_2 A_2 n_2 + Q_m(\vec{v}_2 - \vec{v}_1)]$$

Projetando na direção de x:

$$dF_{S_x} = -[pA\,(1) + (p + dp)\,A(-1) + \rho A c\,(-c + (c - dv))]$$

Como F_{S_x} é a resultante das pressões e das tensões de cisalhamento na superfície lateral do VC, e esta tem área nula, pois o comprimento é nulo, então $dF_{S_x} = 0$, resultando em:

$$0 = -pA + pA - dpA + \rho A c dv$$

Logo:

$$dv = \frac{dp}{\rho c} \qquad \textbf{(12.19)}$$

Igualando a Equação 12.18 com a Equação 12.19:

$$c\frac{d\rho}{\rho} = \frac{dp}{\rho c}$$

e, portanto:

$$c^2 = \frac{dp}{d\rho}$$

ou

$$c = \sqrt{\frac{dp}{d\rho}} \qquad (12.20)$$

Essa equação, que não admitiu nenhuma hipótese, é válida numa seção do escoamento de qualquer fluido e mostra que a velocidade do som está relacionada com a variação da massa específica causada pela variação de pressão.

No caso limite de fluido incompressível, qualquer que seja dp, dρ será nulo, resultando em $c = \infty$.

Um caso de grande interesse é a determinação da velocidade do som numa seção, quando se considera a hipótese de isoentrópico ($s = c^{\underline{te}}$ ou $ds = 0$).

Como $ds = 0$, as Equações 12.17 resultam em:

$$c_p \frac{dT}{T} = R \frac{dp}{p}$$

$$c_v \frac{dT}{T} = R \frac{d\rho}{\rho}$$

Dividindo uma pela outra e lembrando que $\frac{c_p}{c_v} = k$, obtém-se:

$$\frac{dp}{d\rho} = k \frac{p}{\rho} \qquad (12.21)$$

Como $\frac{p}{\rho} = RT$, então $\frac{dp}{d\rho} = kRT$ e substituindo na Equação 12.20:

$$c = \sqrt{kRT} \qquad (12.22)$$

12.6 Número de Mach ($\mathcal{M}$)

É a relação entre a velocidade do fluido numa seção e a velocidade do som na mesma seção.

Logo:

$$\mathcal{M} = \frac{v}{c} \qquad (12.23)$$

O número de Mach permite classificar os escoamentos nos seguintes tipos:

- $\mathcal{M} < 0{,}2$ — escoamento incompressível
- $0{,}2 < \mathcal{M} < 1$ — escoamento subsônico
- $\mathcal{M} = 1{,}0$ — escoamento sônico
- $\mathcal{M} > 1{,}0$ — escoamento supersônico

Esses escoamentos têm características distintas, conforme será visto mais adiante.

Pelo exposto, os fluidos incompressíveis deveriam ter $\mathcal{M} = 0$, pois $c = \infty$; entretanto, como nenhuma substância é perfeitamente incompressível quando sujeita a uma perturbação da pressão, faz-se, então, uma concessão à precisão até $\mathcal{M} \leq 0{,}2$, por razões que serão justificadas posteriormente. Assim, os escoamentos com baixos números de Mach podem ser estudados com a utilização das equações válidas para as hipóteses de fluido incompressível, isto é, supondo $\rho \cong c^{\underline{te}}$.

12.7 Estado de estagnação – Relações entre as propriedades do fluido e as propriedades do estado de estagnação

Como já foi visto, a energia por unidade de massa de um fluido compõe-se de:

- Energia cinética: $\frac{v^2}{2}$
- Energia potencial: gz
- Energia de pressão: $\frac{p}{\rho}$
- Energia interna ou térmica: $u = c_v T$

No caso do estudo de gases, já foi visto anteriormente que a variação de energia potencial, em geral, pode ser desprezada comparativamente à variação das outras energias.

Logo, a energia total específica de um gás em movimento é dada por:

$$\frac{\text{Energia total}}{\text{massa}} = \frac{v^2}{2} + \frac{p}{\rho} + u = \frac{v^2}{2} + \frac{p}{\rho} + c_v T = \frac{v^2}{2} + h \quad (12.24)$$

Lembrando a equação da energia (Equação 12.11) entre duas seções (1) e (2) do escoamento:

$$\frac{v_1^2}{2} + \frac{p_1}{\rho_1} + c_v T_1 + q + gH_M = \frac{v_2^2}{2} + \frac{p_2}{\rho_2} + c_v T_2$$

ou

$$\left(\frac{v_2^2}{2} + \frac{p_2}{\rho_2} + c_v T_2\right) - \left(\frac{v_1^2}{2} + \frac{p_1}{\rho_1} + c_v T_1\right) = q + gH_M \quad (12.25)$$

ou

$$\left(\frac{\text{Energia total}}{\text{Massa}}\right)_2 - \left(\frac{\text{Energia total}}{\text{Massa}}\right)_1 = q + gH_M \quad (12.26)$$

A Equação 12.26 mostra que a variação da energia total do fluido só pode ocorrer quando há troca de calor ou trabalho com o meio. Se não existir nenhum desses dois efeitos, a energia total deverá se manter constante em todas as seções, isto é:

$$\left(\frac{\text{Energia total}}{\text{Massa}}\right)_1 = \left(\frac{\text{Energia total}}{\text{Massa}}\right)_2 \quad (12.27)$$

$$\frac{v_1^2}{2} + \frac{p_1}{\rho_1} + c_v T_1 = \frac{v_2^2}{2} + \frac{p_2}{\rho_2} + c_v T_2 \quad (12.28a)$$

ou

$$\frac{v_1^2}{2} + h_1 = \frac{v_2^2}{2} + h_2 \quad (12.28b)$$

Nessas equações, observa-se mais facilmente que variações da velocidade de uma seção a outra são possíveis à custa de variações da pressão e temperatura ou da entalpia, quando não há máquina nem trocas de calor.

Denomina-se estado de estagnação de um fluido, numa seção do escoamento, o estado que se atinge ou se atingiria ao parar o fluido isoentropicamente, isto é, sem perdas de energia. Nota-se pela definição que o estado de estagnação será atingido quando se obtiver numa seção a transformação da energia cinética $\frac{v^2}{2}$ em energia de pressão (p) e térmica (T).

O estado de estagnação não precisa, necessariamente, ser medido, já que, conhecendo a velocidade, ele pode ser calculado, tendo em vista que numa certa seção:

$$\frac{v^2}{2}+\frac{p}{\rho}+c_v T=\frac{p_0}{\rho_0}+c_v T_0=h_0 \quad \text{ou} \quad \frac{v^2}{2}+h=h_0 \qquad (12.29)$$

Daqui para a frente o índice (0) será utilizado para representar as propriedades do estado de estagnação: h_0, p_0, T_0, ρ_0.

Obviamente, a pressão e a temperatura de estagnação se constituem na maior pressão e na maior temperatura que poderiam ser atingidas numa seção do escoamento, se toda a energia cinética fosse transformada em energia de pressão e térmica.

Por sua vez, a entalpia de estagnação representa a máxima energia disponível para a obtenção de energia cinética $\frac{v^2}{2}$.

A Figura 12.8 mostra como poderiam ser concebidas as medidas da pressão e da temperatura de estagnação.

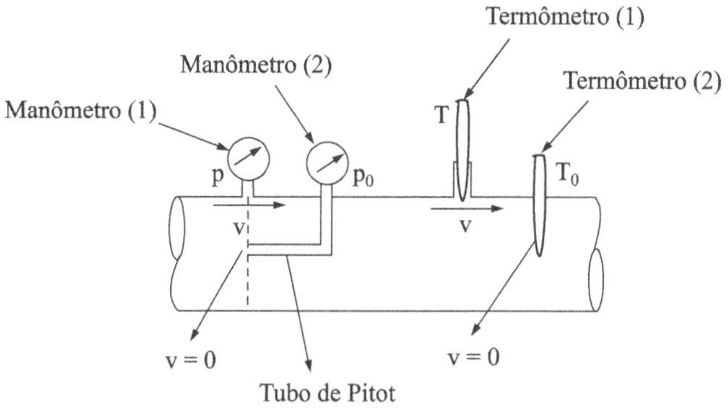

Figura 12.8

O manômetro (1), cuja tomada de pressão é perpendicular às linhas de corrente do escoamento, registra apenas a pressão p das partículas do fluido que passam sucessivamente com velocidade v junto à tomada. Nota-se que essas partículas conservam a sua energia cinética.

O manômetro (2) é ligado a um tubo de Pitot que faz a tomada de pressão na direção das linhas de corrente. As partículas de fluido, que incidem no tubo de Pitot sucessivamente, transmitem ao manômetro (2) não somente a mesma pressão registrada pelo manômetro (1), mas também o efeito da energia cinética $\frac{v^2}{2}$, de maneira que $p_0 > p$.

Da mesma forma, as partículas que passam pelo termômetro (1) conservam a sua energia cinética e o termômetro registra somente a temperatura do fluido em movimento. Já o termômetro (2) registra a temperatura do fluido, mais o efeito da energia cinética, pois as partículas de fluido, ao atingirem o bulbo, adquirem $v = 0$, transformando a sua energia cinética em energia térmica e, assim, $T_0 > T$.

O estado de estagnação será usado como referência da energia disponível em cada seção do escoamento do fluido.

O conceito é válido também para fluidos incompressíveis, se bem que, nesse caso, o efeito da energia térmica é secundário.

Aplicando a equação de Bernoulli na Figura 12.9, obtém-se:

$$\frac{v_1^2}{2g}+\frac{p_1}{\gamma}+z_1=\frac{v_2^2}{2g}+\frac{p_2}{\gamma}+z_2, \text{ onde: } z_1=z_2; v_2=0; p_2=p_0$$

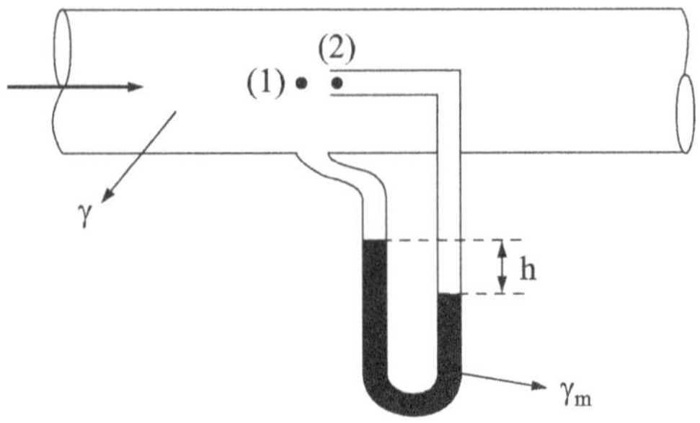

Figura 12.9

Portanto: $$\frac{p_0}{\gamma} = \frac{v_1^2}{2g} + \frac{p_1}{\gamma}$$

ou, num ponto genérico: $$p_0 = \frac{\rho v^2}{2} + p \qquad (12.30)$$

o que mostra que a pressão registrada pelo manômetro diferencial deve-se à energia cinética, já que:

$$p_0 - p = \frac{\rho v^2}{2} = h\,(\gamma_m - \gamma)$$

ou $$v = \sqrt{\frac{2h}{\rho}(\gamma_m - \gamma)} = \sqrt{2gh\left(\frac{\gamma_m}{\gamma} - 1\right)}$$

Para fluidos compressíveis o conceito é o mesmo, mas devem ser considerados os efeitos térmicos.

Aplicando a Equação 12.13, na ausência de troca de calor, já que o processo é isoentrópico:

$$\frac{v_1^2}{2} + h_1 = \frac{v_2^2}{2} + h_2 \qquad (12.31)$$

Numa seção genérica, o estado de estagnação corresponde a v = 0, logo:

$$\frac{v^2}{2} + h = h_0$$

$$\frac{v^2}{2} + c_p T = c_p T_0$$

Dividindo por c_pT: $$\frac{T_0}{T} = 1 + \frac{v^2}{2c_p T}$$

Pela Equação 12.8: $$\frac{T_0}{T} = 1 + \frac{(k-1)v^2}{2kRT}$$

Mas, pela Equação 12.22: $$\frac{T_0}{T} = 1 + \frac{k-1}{2}\frac{v^2}{c^2}$$

ou $$\frac{T_0}{T} = 1 + \frac{k-1}{2}\mathcal{M}^2 \qquad (12.32)$$

A Equação 12.32 mostra que $\frac{T_0}{T}$ ou $\frac{T}{T_0} = f\,(k, \mathcal{M})$ e, portanto, como k é função apenas do fluido, uma vez escolhido o gás, $\frac{T}{T_0} = f\,(\mathcal{M})$.

Pela Equação 12.21, pode-se deduzir que para processos isoentrópicos:

$$\frac{p_0}{\rho_0^k} = \frac{p}{\rho^k} \quad \text{ou} \quad \frac{\rho_0}{\rho} = \left(\frac{p_0}{p}\right)^{\frac{1}{k}} \tag{12.33}$$

mas
$$\frac{p}{\rho} = RT \;\text{ e }\; \frac{p_0}{\rho_0} = RT_0 \Rightarrow \frac{p}{p_0}\frac{\rho_0}{\rho} = \frac{T}{T_0} \Rightarrow \frac{T}{T_0} = \frac{p_0}{p}\frac{\rho}{\rho_0}$$

na Equação 12.32:
$$\frac{p_0}{p}\frac{\rho}{\rho_0} = 1 + \frac{k-1}{2}$$

e pela Equação 12.33:
$$\frac{p_0}{p} = \left(1 + \frac{k-1}{2}\mathcal{M}^2\right)^{\frac{k}{k-1}} \tag{12.34}$$

Analogamente:
$$\frac{\rho_0}{\rho} = \left(1 + \frac{k-1}{2}\mathcal{M}^2\right)^{\frac{1}{k-1}} \tag{12.35}$$

Desenvolvendo a Equação 12.35 em série de potências, obtém-se:

$$p_0 = p + \frac{\rho v^2}{2}\left(1 + \frac{\mathcal{M}^2}{4} + \frac{2-k}{24}\mathcal{M}^2 + \ldots\right) \tag{12.36}$$

Se $\mathcal{M}$ for pequeno, então a Equação 12.36 reduz-se a:

$$p_0 = p + \frac{\rho v^2}{2}$$

que coincide com a Equação 12.30 para fluidos incompressíveis.

Se $\mathcal{M} \leq 0{,}2$, verifica-se que o desvio da Equação 12.36 para a Equação 12.30 é pouco maior que 1%, de forma que, nesse caso, o fluido pode ser considerado incompressível.

As equações 12.33, 12.34 e 12.35 permitem obter os valores de $\frac{p}{p_0}, \frac{\rho}{\rho_0}, \frac{T}{T_0}$ para cada valor de $\mathcal{M}$, uma vez escolhido um certo gás ou, em outras palavras, escolhido o k (Apêndice – Tabela 1 – para k = 1,4). Assim, para cada seção do escoamento, pode-se obter a função $f\left(\frac{p}{p_0}, \frac{\rho}{\rho_0}, \frac{T}{T_0}, \mathcal{M}\right) = 0$ numericamente.

12.8 Algumas aplicações da teoria

12.8.1 Medida da velocidade de um gás com tubo de Pitot em escoamento subsônico

A Figura 12.10 mostra um tubo de Pitot básico, ou tubo de impacto.

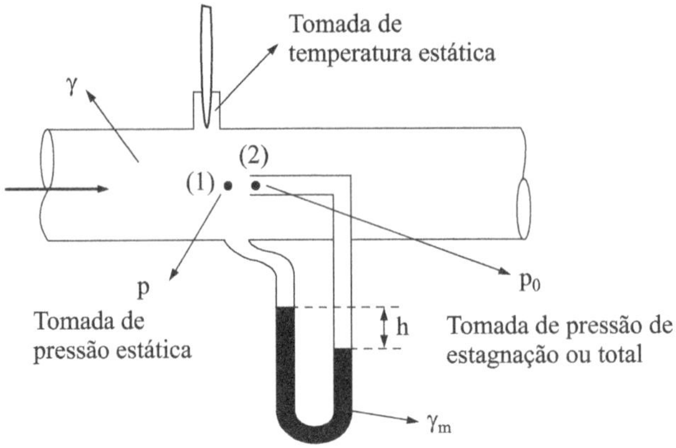

Figura 12.10

Pela Equação 12.34, tem-se:

$$\frac{p_0}{p} = \left(1 + \frac{k-1}{2}\mathcal{M}^2\right)^{\frac{k}{k-1}}$$

ou, lembrando que $\mathcal{M} = \frac{v}{c}$ e $c = \sqrt{kRT}$ e isolando v, tem-se:

$$v = \sqrt{\frac{2k}{k-1}RT\left[\left(\frac{p_0}{p}\right)^{\frac{k-1}{k}} - 1\right]} \tag{12.37}$$

A Equação 12.37 mostra a maior complexidade das expressões quando se envolve a compressibilidade do fluido.

A equação manométrica escreve-se como foi explicado no Capítulo 2; entretanto, como o fluido que escoa é um gás cujo $\gamma << \gamma_m$, obtém-se:

$$p_0 - p = \gamma_m h \quad \text{ou} \quad \frac{p_0}{p} = \frac{\gamma_m h}{p} - 1$$

Substituindo na Equação 12.37:

$$v = \sqrt{\frac{2k}{k-1}RT\left[\left(1 + \frac{\gamma_m h}{p}\right)^{\frac{k-1}{k}} - 1\right]} \tag{12.38}$$

12.8.2 Venturi em escoamento subsônico – Coeficiente de compressibilidade

Como foi visto anteriormente, o Venturi é um conduto convergente/divergente por meio do qual se cria uma diferença de pressão entre duas seções que permite, por exemplo, medir a vazão que escoa.

Ao considerar o fluido compressível, a expressão final resultante difere sensivelmente daquela válida para incompressíveis, vista anteriormente.

A Figura 12.11 mostra esquematicamente um Venturi em que escoa um gás subsonicamente.

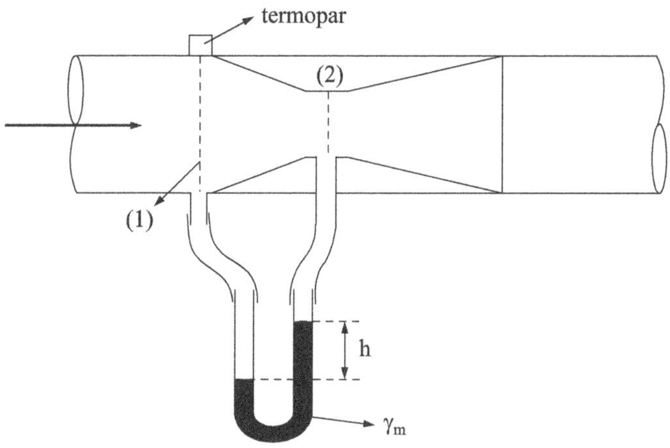

Figura 12.11

Pela equação da continuidade: $\rho_1 v_1 A_1 = \rho_2 v_2 A_2$

ou $$v_1 = v_2 \frac{A_2}{A_1}\frac{\rho_2}{\rho_1}$$

e, supondo o escoamento isoentrópico: $$\frac{\rho_2}{\rho_1} = \left(\frac{p_2}{p_1}\right)^{\frac{1}{k}}$$

Logo: $$v_1 = v_2 \frac{A_2}{A_1}\left(\frac{p_2}{p_1}\right)^{\frac{1}{k}} \qquad (12.39)$$

Mas $$\frac{v_1^2}{2} + h_1 = \frac{v_2^2}{2} + h_2$$

ou $$\frac{v_1^2}{2} + c_p T_1 = \frac{v_2^2}{2} + c_p T_2$$

Portanto: $$v_2^2 - v_1^2 = 2c_p T_1\left(1 - \frac{T_2}{T_1}\right)$$

$$v_2^2 - v_1^2 = \frac{2kR}{k-1}\frac{p_1}{R\rho_1}\left(1 - \frac{T_2}{T_1}\right)$$

mas como: $$\frac{T_2}{T_1} = \left(\frac{p_2}{p_1}\right)^{\frac{k-1}{k}}$$

então: $$v_2^2 - v_1^2 = \frac{2k}{k-1}\left[\frac{p_1}{\rho_1}\left(1 - \left(\frac{p_2}{p_1}\right)^{\frac{k-1}{k}}\right)\right] \qquad (12.40)$$

Substituindo a Equação 12.39 na Equação 12.40, obtém-se:

$$v_2 = \sqrt{\frac{\frac{2k}{k-1}\frac{p_1}{\rho_1}\left[1-\left(\frac{p_2}{p_1}\right)^{\frac{k-1}{k}}\right]}{1-\left(\frac{A_2}{A_1}\right)^2\left(\frac{p_2}{p_1}\right)^{\frac{2}{k}}}}$$

A vazão em massa teórica, pois o escoamento foi considerado isoentrópico, será:

$$Q_{m_T} = \rho_2 v_2 A_2 = \rho_2 A_2 \sqrt{\frac{\frac{2k}{k-1}\frac{p_1}{\rho_1}\left[1-\left(\frac{p_2}{p_1}\right)^{\frac{k-1}{k}}\right]}{1-\left(\frac{A_2}{A_1}\right)^2\left(\frac{p_2}{p_1}\right)^{\frac{2}{k}}}}$$

E, após algumas transformações, obtém-se:

$$Q_{m_T} = \frac{p_1}{\sqrt{RT_1}}\left(\frac{p_2}{p_1}\right)^{\frac{1}{k}} A_2 \sqrt{\frac{\frac{2k}{k-1}\left[1-\left(\frac{p_2}{p_1}\right)^{\frac{k-1}{k}}\right]}{1-\left(\frac{A_2}{A_1}\right)^2\left(\frac{p_2}{p_1}\right)^{\frac{2}{k}}}} \quad (12.41)$$

Supondo $\rho_1 = \rho_2$, isto é, escoamento incompressível, a Equação 12.41 simplifica-se para:

$$Q'_{m_T} = \frac{p_1}{\sqrt{RT_1}} A_2 \sqrt{\frac{2\left(1-\frac{p_2}{p_1}\right)}{1-\left(\frac{A_2}{A_1}\right)^2}} \quad (12.42)$$

onde Q'_{m_T} é a vazão em massa que se obteria supondo o escoamento de um gás perfeito, mas sem a variação de ρ. Logo, a relação entre Q_{m_T} e Q'_{m_T} fornece o desvio entre as vazões, ao se considerar o gás compressível e incompressível.

$$\phi = \frac{Q_{m_T}}{Q'_{m_T}}$$

Esse coeficiente é denominado 'coeficiente de compressibilidade' e a sua expressão é obtida pelo quociente entre as equações 12.41 e 12.42.

$$\phi = \left(\frac{p_2}{p_1}\right)^{\frac{1}{k}} \sqrt{\frac{\frac{k}{k-1}\left[1-\left(\frac{p_2}{p_1}\right)^{\frac{k-1}{k}}\right]\left[1-\left(\frac{A_2}{A_1}\right)^2\right]}{\left[1-\left(\frac{A_2}{A_1}\right)^2\left(\frac{p_2}{p_1}\right)^{\frac{2}{k}}\right]\left(1-\frac{p_2}{p_1}\right)}} \qquad (12.43)$$

No caso particular em que a seção (1) seja o ambiente e, portanto, um reservatório de grandes dimensões, $A_1 = \infty$, logo:

$$\phi = \left(\frac{p_2}{p_1}\right)^{\frac{1}{k}} \sqrt{\frac{\frac{k}{k-1}\left[1-\left(\frac{p_2}{p_1}\right)^{\frac{k-1}{k}}\right]}{1-\frac{p_2}{p_1}}} \qquad (12.44)$$

Assim:

$$Q_{m_T} = \phi Q'_{m_T} = \phi \frac{p_1}{\sqrt{RT_1}} A_2 \sqrt{\frac{2\left(1-\frac{p_2}{p_1}\right)}{1-\left(\frac{A_2}{A_1}\right)^2}} \qquad (12.45)$$

É importante lembrar que essas equações foram obtidas supondo o escoamento isoentrópico, portanto adiabático e reversível. Retirando-se a hipótese de reversível, considerando o atrito, a vazão real pode ser calculada utilizando-se o coeficiente de vazão ou de descarga (C_D), valor experimental definido no Capítulo 8.

$$C_D = \frac{Q_m}{Q_{m_T}} \text{ ou } Q_m = C_D Q_{m_T}$$

Logo:

$$Q_m = C_D \phi \frac{p_1}{\sqrt{RT_1}} A_2 \sqrt{\frac{2\left(1-\frac{p_2}{p_1}\right)}{1-\left(\frac{A_2}{A_1}\right)^2}} \qquad (12.46)$$

ou, no caso em que a seção (1) pertença ao ambiente:

$$Q_m = C_D \phi A_2 \sqrt{2\rho_1(p_1 - p_2)} \qquad (12.47)$$

onde ϕ é dado pela Equação 12.44.

12.8.3 Descarga de um gás para a atmosfera por um orifício de um reservatório de grandes dimensões

Seja o reservatório da Figura 12.12, onde o orifício é de bordo delgado.

Pelos mesmos conceitos utilizados no caso de líquidos (Capítulo 8), forma-se a veia contraída, e, na seção (C), a área é a área contraída A_C e a velocidade do jato é v_C.

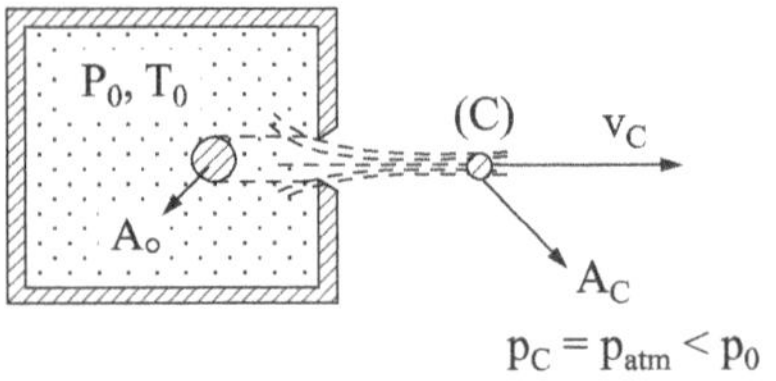

Figura 12.12

Supondo o escoamento isoentrópico, pela equação da energia:

$$\frac{v_C^2}{2} = h_0 - h_C = c_p(T_0 - T_C)$$

$$\frac{v_C^2}{2} = c_p T_0\left(1 - \frac{T_C}{T_0}\right) = \frac{kR}{k-1} T_0\left[1 - \left(\frac{p_C}{p_0}\right)^{\frac{k-1}{k}}\right]$$

Logo:

$$v_C = \sqrt{\frac{2k}{k-1} R T_0\left[1 - \left(\frac{p_C}{p_0}\right)^{\frac{k-1}{k}}\right]} \qquad (12.48)$$

A vazão em massa teórica será:

$$Q_{m_T} = A_C \rho_C v_C = A_C \rho_0 \left(\frac{p_C}{p_0}\right)^{\frac{1}{k}} v_C$$

A vazão real será obtida considerando-se o coeficiente de descarga, como foi feito no Venturi, lembrando, ainda, que no caso do orifício existe a contração do jato, que também é computada no coeficiente de descarga. Lembrar do Capítulo 8 que $C_D = C_v C_c$.

Logo:

$$Q_m = C_D A_O \rho_0 \left(\frac{p_C}{p_0}\right)^{\frac{1}{k}} v_C \qquad (12.49)$$

Se na Equação 12.48 for considerado:

$$\left(\frac{p_C}{p_0}\right)^{\frac{k-1}{k}} = \left[1 - \left(\frac{p_0 - p_C}{p_0}\right)\right]^{\frac{k-1}{k}}$$

Expandindo em série de potências, resulta:

$$\left(\frac{p_C}{p_0}\right)^{\frac{k-1}{k}} = 1 - \frac{k-1}{k}\left(\frac{p_0 - p_C}{p_0}\right) - \frac{1}{2k}\left(\frac{k-1}{k}\right)\left(\frac{p_0 - p_C}{p_0}\right)^2 - \left(\frac{k+1}{6k^2}\right)\left(\frac{k-1}{k}\right)\left(\frac{p_0 - p_C}{p_0}\right)^3 + \ldots$$

Supondo que $p_0 - p_C$ seja pequeno comparado com p_0, então:

$$\left(\frac{p_C}{p_0}\right)^{\frac{k-1}{k}} \cong 1 - \frac{k-1}{k}\left(\frac{p_0 - p_C}{p_0}\right)$$

e substituindo na Equação 12.48:

$$v_C = \sqrt{\frac{2}{\rho_0}(p_0 - p_C)} \qquad (12.50)$$

que é a mesma expressão que se obteria para um líquido.

Entretanto, no caso em que $p_0 - p_C$ não seja suficientemente pequeno para permitir que se despreze o segundo termo da série, tem-se:

$$v_C = \sqrt{\frac{2}{\rho_0}(p_0 - p_C)}\sqrt{1 + \frac{1}{2k}\frac{p_0 - p_C}{p_0}} \qquad (12.51)$$

Comparando as equações 12.51 e 12.50, verifica-se que o erro que se comete ao considerar o gás incompressível corresponde ao segundo fator da expressão.

12.8.4 Propagação de uma onda de pressão num meio compressível homogêneo a partir de um ponto emissor

Neste item mostram-se as primeiras diferenças entre os escoamentos subsônicos e supersônicos. O fenômeno analisado será a propagação de ondas de pressão a partir de um ponto emissor localizado no espaço, ocupado por um fluido de propriedades homogêneas. Do ponto de vista relativo, é indiferente que o fluido esteja em movimento ou em repouso em relação a um inercial. O que se irá supor é que o sistema de referência esteja fixo no fluido, de tal forma que seja sempre observado apenas o movimento do ponto emissor em relação ao fluido.

Será analisada a propagação de ondas com a velocidade do som, a partir de um único ponto, em todas as direções, a partir do ponto emissor, formando frentes de onda esféricas, que no plano da figura serão vistas como circunferências.

Por outro lado, as emissões serão observadas em instantes sucessivos, em intervalos de tempo discretos e iguais.

a) Ponto em repouso ($\mathcal{M} = 0$)

Se o ponto estiver em repouso, as ondas, emitidas em instantes sucessivos e iguais, irão se propagar radialmente, como é mostrado na Figura 12.13, e todas as esferas serão concêntricas no ponto P.

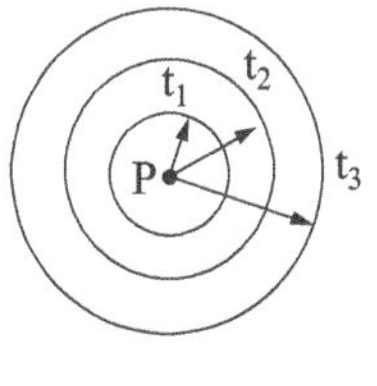

Figura 12.13

Suponha-se, por exemplo, que no instante t_4 o sistema seja fotografado. Nesse instante, a onda emitida no instante t_1 distará do ponto emissor P de um raio c $(t_4 - t_1) = 3c\Delta t$, onde $\Delta t = t_2 - t_1 = t_3 - t_2 = t_4 - t_3$. A onda emitida no instante t_2 distará $2c\Delta t$ do ponto P, a onda emitida no instante t_3 distará $c\Delta t$ e, a do instante t_4 ainda não terá se propagado no instante da fotografia (t_4).

A configuração do evento é mostrada na Figura 12.13, onde, devido ao repouso do ponto, ele será o centro comum a todas as esferas.

O processo da propagação é facilmente explicado. Quando o ponto P aumenta localmente a pressão, o fluido nessa posição fica mais comprimido que o vizinho, contra o qual irá se expandir. Essa expansão, por sua vez, irá comprimir a camada vizinha, que se expandirá contra a próxima, e assim por diante, provocando a propagação da variação da pressão através do fluido.

Se o ponto está em repouso, a propagação é igual em todas as direções, fazendo com que a região perturbada continue com suas propriedades distribuídas homogeneamente (supondo emissões contínuas e não discretas), isto é, os mesmos p, T, ρ em todos os pontos da região perturbada, embora diferentes da região ainda não atingida.
O mesmo poderia ser concluído se a velocidade v do ponto fosse bem menor que a velocidade c da propagação, isto é, se $v/c = \mathcal{M}$ fosse pequeno.
A seguir, serão analisados os acontecimentos quando a velocidade do ponto emissor não for desprezível comparativamente com a velocidade de propagação da perturbação, isto é, se $\mathcal{M}$ atingir valores mais elevados.

b) Ponto emissor com movimento subsônico ($\mathcal{M}$ 1)
Para facilitar a compreensão, será adotado um valor particular do número de Mach, isto é, $\mathcal{M} = v/c = 0{,}5$, portanto $v = 0{,}5c$.
Isso significa que a velocidade do ponto emissor é a metade da velocidade de propagação da onda de pressão ou, por outro lado, no mesmo intervalo de tempo, a onda emitida num certo instante percorrerá o dobro da distância percorrida pelo ponto no mesmo intervalo de tempo.
Da mesma forma que no caso do ponto em repouso, suponha-se a emissão de ondas sucessivas em intervalos de tempo iguais e que o sistema seja fotografado no instante t_4 (Figura 12.14).

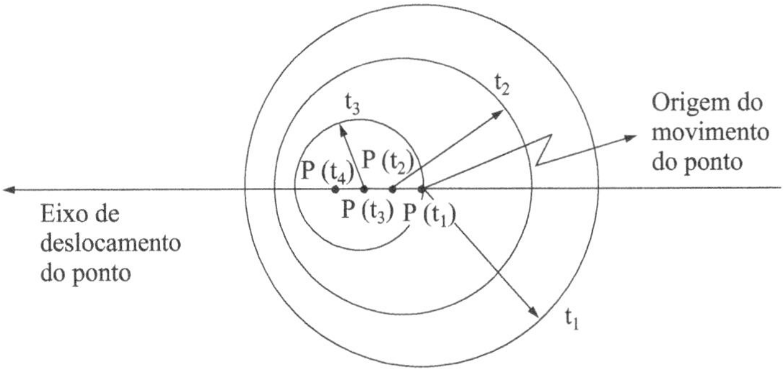

Figura 12.14

Na fotografia, o ponto estaria na posição P (t_4), tendo percorrido a distância $3v\Delta t$. As outras posições não apareceriam na fotografia e representam o seu passado.
A onda emitida no instante t_1, no intervalo de tempo em que o ponto se desloca para P (t_4) (instante da fotografia), percorrerá o dobro da distância percorrida pelo ponto, já que $c = 2v$.
A onda emitida no instante t_2 propaga-se a partir do ponto P (t_2) no intervalo de tempo em que o ponto se desloca para P (t_4), percorrendo o dobro da distância percorrida pelo ponto.
Analogamente para a onda propagada a partir de P (t_3).
A onda emitida a partir do ponto P (t_4) não aparece na foto, pois esse é o instante em que ela foi disparada e ainda não houve propagação.
Na figura, nota-se perfeitamente a aproximação das ondas no sentido do movimento e um afastamento em sentido contrário, dando origem ao efeito Doppler. Além disso, a aproximação das ondas no sentido do movimento e o afastamento em sentido contrário alteram a distribuição das propriedades p, T e ρ do fluido na zona perturbada, diferentemente do caso em que o número de Mach era nulo ou muito pequeno.

c) Ponto emissor com movimento sônico ($\mathcal{M} = 1$)
Nesse caso, a velocidade do ponto emissor é igual à velocidade do som, isto é, da onda de perturbação que se propaga a partir dele.

Na realidade, no sentido do movimento do ponto não haverá propagação, pois sendo v = c todas as perturbações se acumularão no próprio ponto, criando uma região de alta pressão denominada 'barreira do som' (Figura 12.15).
A explicação para a construção é análoga à do item anterior.

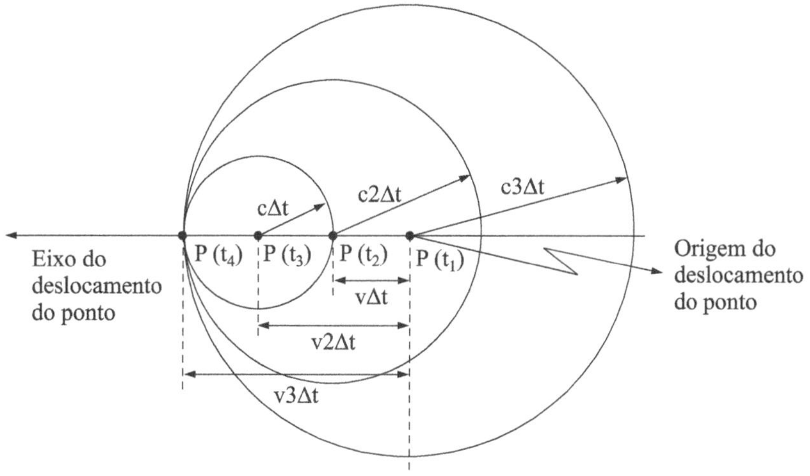

Figura 12.15

d) Ponto emissor com movimento supersônico ($\mathcal{M}$ 1)
Para facilidade de raciocínio, admite-se, por exemplo, $\mathcal{M} = 2$, isto é, v = 2c. Nesse caso, a velocidade do ponto é maior que a velocidade de propagação da onda de pressão causada no meio. Por causa disso, o ponto se desloca à frente das ondas que se propagam após a passagem do ponto (Figura 12.16).

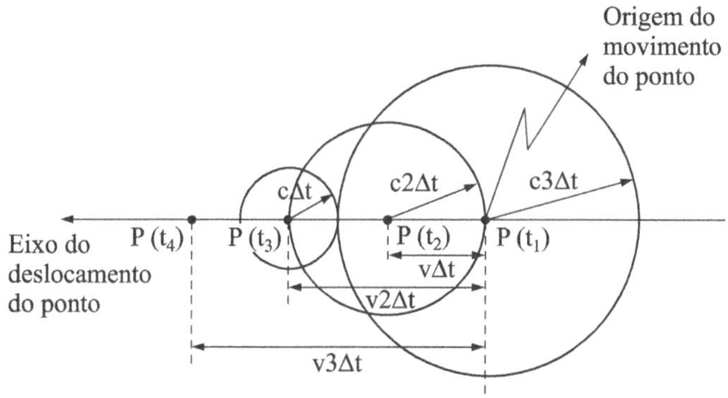

Figura 12.16

Nesse caso, o meio não recebe o 'aviso'da passagem do ponto com antecedência pela propagação das ondas de pressão à sua frente, como no caso do subsônico. O ponto passa de repente pelo fluido e a propagação da perturbação acontece posteriormente. Esse fenômeno cria efeitos bastante sensíveis de compressibilidade e fenômenos não estudados no escoamento de fluidos incompressíveis ou subsônicos, como, por exemplo, o aparecimento de ondas de choque, cujo estudo será feito posteriormente. Na Figura 12.17 verifica-se que as esferas propagadas na passagem do ponto têm como superfície envolvente comum um cone, denominado cone de Mach.

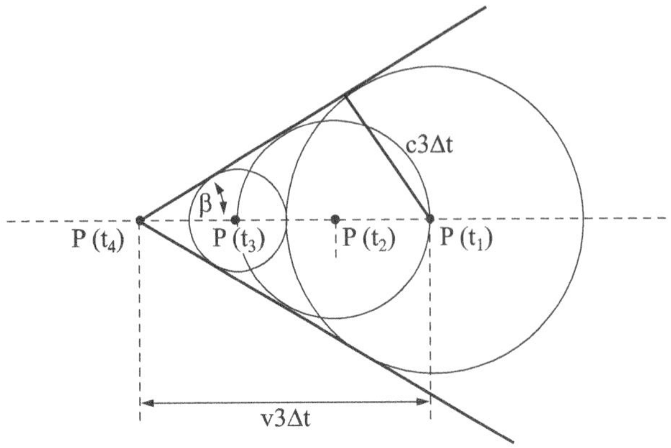

Figura 12.17

Pela Figura 12.17, verifica-se que:

$$\text{sen}\,\beta = \frac{c3\Delta t}{v3\Delta t} = \frac{c}{v} = \frac{1}{\mathcal{M}}$$

ou o seno do semi-ângulo do cone de Mach é igual ao inverso do número de Mach do movimento.

Nota-se que o espaço fica dividido em duas regiões distintas: uma interna ao cone, em que o meio está perturbado pela passagem do ponto, e outra externa, denominada zona de silêncio, em que o fluido ainda não foi perturbado.

Na análise de efeitos sonoros, um observador somente perceberia a passagem do ponto quando viesse a ter contato com o cone de Mach.

EXEMPLO

Um avião é considerado um ponto que voa a uma altitude de 500 m com $\mathcal{M} = 2$. Quanto tempo levará para que um observador na terra ouça a perturbação a partir do instante em que o avião passou verticalmente acima de sua cabeça? Dados para o ar: k = 1,4; $R = 287\frac{m^2}{s^2K}$ e T = 300 K.

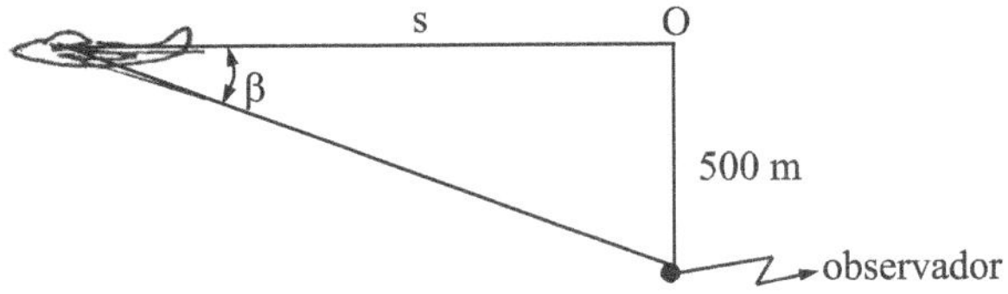

Solução

Como o escoamento é supersônico, o observador perceberá a perturbação somente quando for atingido pelo cone de Mach.

$$\text{sen}\,\beta = \frac{1}{\mathcal{M}} = \frac{1}{2} \Rightarrow \beta = 30°$$

Logo:

$$s = \frac{h}{\text{tg}\,\beta} = \frac{500}{\text{tg}\,30°} = 866 \text{ m}$$

Como:

$$\mathcal{M} = \frac{v}{c} \text{ então } v = \mathcal{M}.c$$

Mas $$c = \sqrt{kRT} = \sqrt{1{,}4 \times 287 \times 300} = 347\ m/s$$

Logo: $$v = \mathcal{M}.c = 2 \times 347 = 694\ m/s$$

e, portanto: $$t = \frac{s}{v} = \frac{866}{694} = 1{,}2\ s$$

12.9 Escoamento unidimensional em regime permanente, isoentrópico, de um gás perfeito, em conduto de seção variável

12.9.1 Introdução

No item 12.2.3 foi visto que a variação de entropia por unidade de massa é dada por:

$$ds = \left(\frac{dq}{T}\right)_{rev}$$

Pela definição, conclui-se que, para que o escoamento seja isoentrópico, são necessárias duas condições:

a) processo reversível (sem atrito, sem expansões bruscas, sem trocas de calor entre diferenças finitas de temperaturas etc.);

b) processo adiabático (q = 0).

Logo, para ser isoentrópico o processo precisa ser adiabático, reversível.

É óbvio que, adotando essas hipóteses ao pé da letra, em condições práticas, nunca o escoamento seria isoentrópico. Entretanto, dentro de uma certa aproximação, esse tipo de escoamento será válido se os efeitos de irreversibilidades e trocas de calor forem relativamente pequenos.

Os escoamentos reais terão uma boa aproximação com esse modelo se:

a) as paredes do conduto forem isoladas termicamente;

b) a área das paredes for relativamente pequena, não possibilitando grandes trocas de calor;

c) a viscosidade do fluido for relativamente pequena, não produzindo grandes tensões de cisalhamento e, portanto, atrito intenso.

Muitos escoamentos práticos podem ser estudados por esse modelo, cujas hipóteses, aplicadas nas equações básicas, conduzem a um trabalho algébrico relativamente simples e a conclusões de fácil visualização.

Dessa forma, muitos escoamentos observados na prática podem ser resolvidos matematicamente e as equações obtidas poderão ser corrigidas por coeficientes empíricos, obtidos pela comparação dos resultados experimentais com os teóricos.

Note-se que o estudo dos fluidos, em geral, e dos fluidos compressíveis, em particular, devido à sua complexidade, terá normalmente esse tipo de abordagem, isto é, o estabelecimento de hipóteses simplificadoras numa primeira aproximação e uma correção empírica posterior para a adaptação à realidade, já que o equacionamento exato é praticamente impossível pelo grande número de variáveis envolvidas. Dessa forma, o leitor deve ter consciência da importância da análise dimensional no estudo da Mecânica dos Fluidos.

12.9.2 Variação das propriedades do fluido ao longo do escoamento em função da variação da área da seção do conduto e do número de Mach

Neste item será verificado que, quando o fluido escoa ao longo de um conduto de seção variável, convergente ou divergente, as suas propriedades irão variar ao longo do escoamento e, dependendo de o escoamento ser sub ou supersônico, essa variação terá características opostas. Por outro lado, o fato de o escoamento ser isoentrópico implica a exigência da variação da área da seção, pois, de outra forma, as propriedades seriam constantes ao longo do escoamento, não existindo razões para o seu estudo.

Como foi descrito no item 12.4, a solução do escoamento implicará a solução do sistema formado pelas equações básicas. Neste item, essa aplicação será realizada num trecho infinitesimal ao longo de um conduto convergente ou divergente (Figura 13.18).

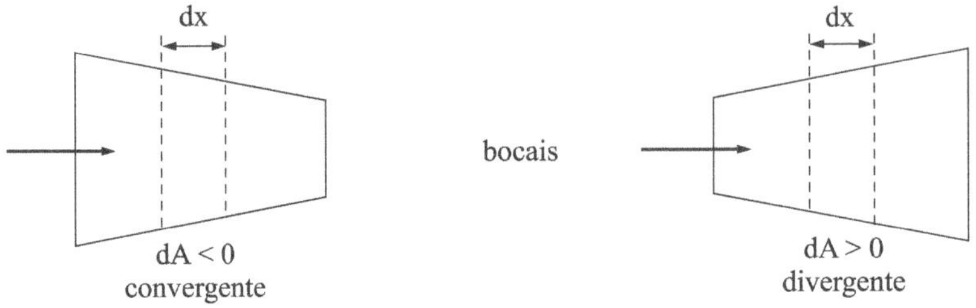

Figura 12.18

Pela equação da continuidade (Equação 12.10)

$$\frac{dA}{A} = -\frac{dv}{v} - \frac{d\rho}{\rho} \tag{12.52}$$

Da Equação 12.17:
$$ds = c_p \frac{dT}{T} - R\frac{dp}{p}$$

ou
$$Tds = c_p dT - \frac{RT}{p} dp$$

Mas como:
$$c_p dT = dh \text{ e } \frac{RT}{p} = \frac{1}{\rho}$$

então:
$$Tds = dh - \frac{dp}{\rho}$$

Como nesse caso o escoamento é isoentrópico, ds = 0, e obtém-se:

$$dh = \frac{dp}{\rho} \tag{12.53}$$

A equação da energia para escoamento adiabático (Equação 12.15) é:

$$dh = -vdv \tag{12.54}$$

Igualando as equações 12.53 e 12.54 tem-se:

$$\frac{dp}{\rho} = -vdv \text{ ou } \frac{dp}{\rho v^2} = -\frac{dv}{v} \tag{12.55}$$

Substituindo a Equação 12.55 na Equação 12.52, tem-se:

$$\frac{dA}{A} = \frac{dp}{\rho v^2} - \frac{d\rho}{\rho}$$

ou
$$\frac{dA}{A} = \frac{dp}{\rho v^2}\left(1 - v^2 \frac{d\rho}{dp}\right)$$

mas, pela Equação 12.20, $\frac{dp}{d\rho} = c^2$, logo:

$$\frac{dA}{A} = \frac{dp}{\rho v^2}\left(1 - \frac{v^2}{c^2}\right)$$

$$\frac{dA}{A} = \frac{dp}{\rho v^2}(1 - \mathcal{M}^2) \tag{12.56}$$

A Equação 12.56 é a equação fundamental para o escoamento em estudo. Pela equação, verifica-se imediatamente que $\mathcal{M} = 1$ é uma fronteira para uma modificação de comportamento do escoamento.

Assim, se $\mathcal{M} < 1$, dA e dp têm o mesmo sinal, evidenciando que, se a área diminuir (convergente), a pressão deverá diminuir, mas se a área aumentar no sentido do escoamento (divergente), a pressão deverá aumentar.

Por outro lado, se $\mathcal{M} > 1$, $(1 - \mathcal{M}^2) < 0$, dA e dp terão sinais contrários, evidenciando que, no convergente, a pressão aumentará ao longo do escoamento, enquanto, no divergente, a pressão diminuirá.

Pela Equação 12.55, observa-se que dp e dv têm sempre sinais contrários, logo a variação da pressão e da velocidade ao longo dos escoamentos é sempre contrária, isto é, se p aumenta, v diminui e vice-versa, independentemente do número de Mach.

Por essa observação, conclui-se que, nos escoamentos subsônicos ($\mathcal{M} < 1$) ao longo de um convergente, a pressão diminui e a velocidade aumenta, enquanto num divergente acontece o contrário.

Isso mostra que os escoamentos subsônicos têm um comportamento qualitativo semelhante ao dos fluidos incompressíveis, que na realidade são um caso particular de escoamento subsônico em que $\mathcal{M} < 0{,}2$.

Já os escoamentos supersônicos têm um comportamento qualitativo bem distinto, já que, ao longo do convergente, a pressão aumenta e a velocidade diminui, acontecendo o contrário no escoamento ao longo do divergente.

Para o leitor habituado a firmar seu raciocínio na visualização do escoamento de líquidos, já que não se enxergam os gases, esse comportamento deve parecer bastante estranho.

Entretanto, não se deve esquecer que, no caso de líquidos, não há variação de ρ e, pela equação da continuidade, ao longo do escoamento, $vA = c^{\underline{te}}$.

Nos escoamentos supersônicos, a variação da densidade ao longo do escoamento é muito grande e a equação da continuidade $\rho vA = c^{\underline{te}}$ sofre uma influência muito acentuada do ρ.

Dessa forma, mesmo que A diminua ao longo do escoamento, a densidade aumenta de tal forma que a velocidade terá de diminuir.

Se A aumentar, o ρ diminui de tal forma que a velocidade deverá aumentar.

A seguir, reúnem-se as equações necessárias à análise qualitativa da variação das propriedades ao longo do escoamento:

$$\frac{dA}{A} = \frac{dp}{\rho v^2}(1 - \mathcal{M}^2) \tag{12.57}$$

$$\frac{dp}{\rho v^2} = -\frac{dv}{v} \tag{12.58}$$

$$dh = \frac{dp}{\rho} \quad \text{ou} \quad c_p dT = \frac{dp}{\rho} \tag{12.53}$$

$$c = \sqrt{kRT} \tag{12.22}$$

$$c^2 = \frac{dp}{d\rho} \quad \text{ou} \quad d\rho = \frac{dp}{c^2} \tag{12.20}$$

$$\mathcal{M} = \frac{v}{c} \qquad (12.23)$$

As equações 12.53, 12.22 e 12.20 mostram que dp, dρ e dT têm o mesmo sinal dentro das hipóteses impostas e, portanto, p, ρ e T têm a mesma tendência de variação ao longo do escoamento e, como c é proporcional a $\sqrt{T}$, a velocidade do som tem a mesma característica.

Pela Equação 12.58, nota-se que dp e dv têm sinais contrários, o que permite concluir que p e v têm tendências opostas.

Pode-se então concluir que, sempre que p aumenta, ao longo do escoamento, T, ρ e c irão aumentar e v diminuir e, portanto, $\mathcal{M} = \frac{v}{c}$ diminui. Ao contrário, sempre que p diminui, T, ρ e c diminuem e v aumenta e, portanto, $\mathcal{M} = \frac{v}{c}$ aumenta.

A Tabela 12.1 resume essas conclusões.

Caso \ Propriedade	A	p	v	T	ρ	c	$\mathcal{M}$
$\mathcal{M} < 1$ 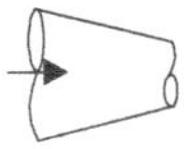	↓	↓	↑	↓	↓	↓	↑
$\mathcal{M} < 1$ 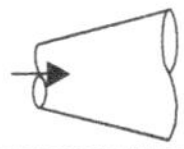	↑	↑	↓	↑	↑	↑	↓
$\mathcal{M} > 1$ 	↓	↑	↓	↑	↑	↑	↓
$\mathcal{M} > 1$ 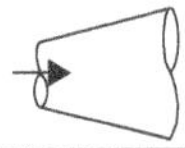	↑	↓	↑	↓	↓	↓	↑
Equação utilizada	—	12.57	12.58	12.53	12.20	12.22	12.23

Tabela 12.1 Variação das propriedades ao longo do escoamento isoentrópico em conduto de seção variável (↑ aumenta, ↓ diminui).

No caso em que $\mathcal{M} = 1$, pela Equação 12.57, observa-se que dA = 0. Como por hipótese a área é variável, conclui-se que o escoamento sônico só pode acontecer ou numa seção de área máxima ou numa de área mínima. Será mostrado a seguir que, se existir $\mathcal{M} = 1$, ele será possível somente na mínima seção de um bocal convergente.

a) $\mathcal{M} < 1$ 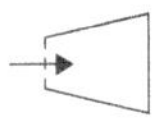 Verifica-se pela Tabela 12.1 que $\mathcal{M}$ diminui ao longo do escoamento e, portanto, não poderá atingir $\mathcal{M} = 1$ na seção de saída, que é a máxima.

b) $\mathcal{M} > 1$ 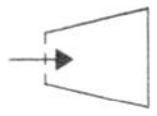 Verifica-se pela Tabela 12.1 que $\mathcal{M}$ aumenta ao longo do escoamento e, portanto, não poderá atingir $\mathcal{M} = 1$ na seção de saída, que é a máxima.

c) $\mathcal{M} < 1$ 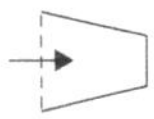 Verifica-se pela Tabela 12.1 que $\mathcal{M}$ aumenta ao longo do escoamento e poderá atingir $\mathcal{M} = 1$ na seção de saída, que é a mínima.

d) $\mathcal{M} > 1$ 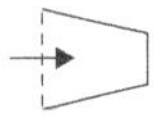 Verifica-se pela Tabela 12.1 que $\mathcal{M}$ diminui ao longo do escoamento e poderá atingir $\mathcal{M} = 1$ na seção de saída, que é a mínima.

Chega-se assim a uma conclusão muito importante:

Se existir $\mathcal{M} = 1$ no escoamento, isso deverá acontecer na mínima seção de um bocal convergente (Figura 12.19).

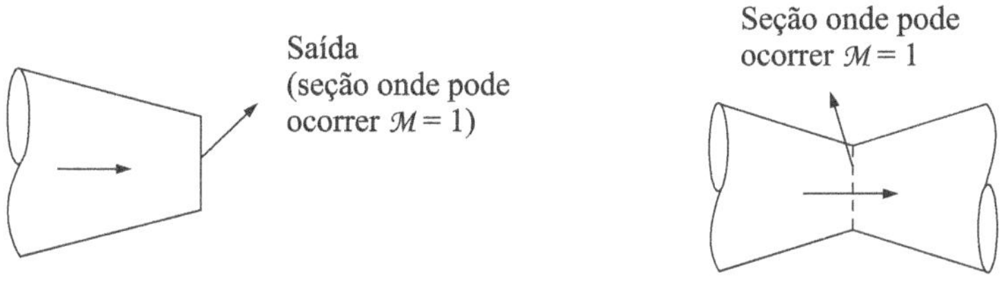

Figura 12.19

A Figura 12.20 mostra que, se o convergente continuar a partir da condição em que $\mathcal{M} = 1$ na saída, esta deixará de ser a seção mínima e novamente o $\mathcal{M} = 1$ se deslocará para a nova seção de saída, alterando-se toda a distribuição dos números de Mach a montante do escoamento.

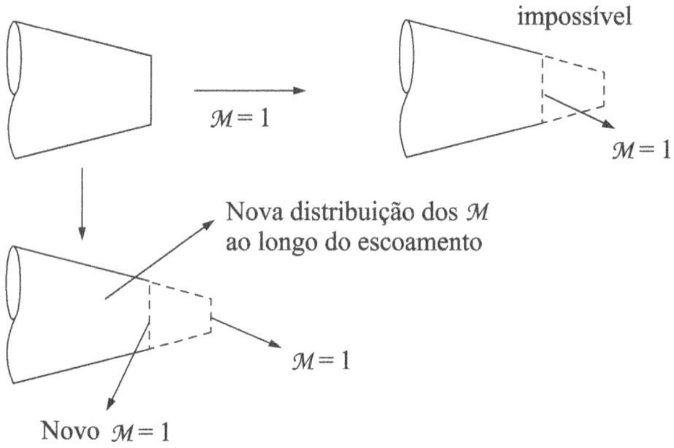

Figura 12.20

A partir da Equação 12.57, supondo que dA = 0 e, portanto, A = $c^{\underline{te}}$, conclui-se que, para $\mathcal{M} \neq 1$, obrigatoriamente dp = 0 e, portanto, p = $c^{\underline{te}}$. Mas, se p = $c^{\underline{te}}$, pelas outras equações conclui-se que todas as outras propriedades serão constantes ao longo do escoamento. Logo, ao considerar o escoamento isoentrópico, não tem sentido considerar o conduto de seção constante, pois todas as propriedades seriam idênticas ao longo do escoamento e não haveria o que estudar. Na prática, os escoamentos são irreversíveis por causa do atrito e, portanto, mesmo num conduto de seção constante haverá variação das propriedades. Isso permite fazer o estudo da variação das propriedades ao longo de um conduto de seção constante por um modelo matemático que considere ds ≠ 0, como se abordará mais adiante.

12.9.3 Estado crítico

Estado crítico é o estado que corresponde a $\mathcal{M} = 1$.

As propriedades do fluido correspondentes ao estado crítico serão representadas por um asterisco (p^* T^*, ρ^*, A^* etc.), denominando-se, respectivamente: pressão crítica, temperatura crítica, massa específica crítica, área crítica etc.

Pelo que se disse no item anterior, se ao longo do escoamento existir o estado crítico, este corresponderá à mínima seção do escoamento; entretanto, a mínima seção não será obrigatoriamente a área crítica, pois não terá, necessariamente, atingido na mesma $\mathcal{M} = 1$.

Pelo exposto, mesmo que no escoamento não se tenha atingido $\mathcal{M} = 1$, o estado crítico ainda pode ser definido e corresponderia a uma seção imaginária, em que, nas condições dadas, seria possível atingir $\mathcal{M} = 1$ (Figura 12.21).

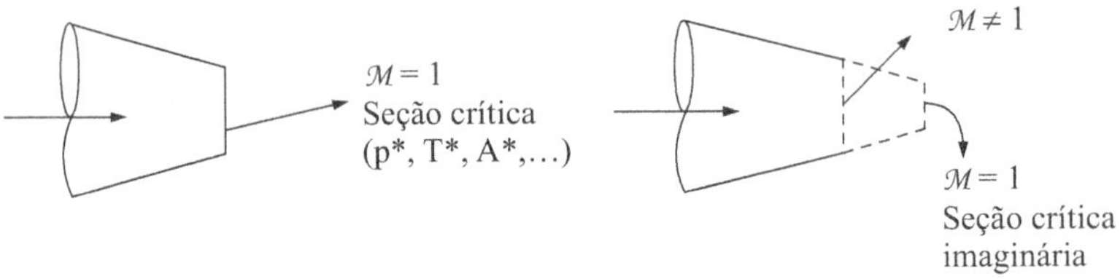

Figura 12.21

12.9.4 Estado de estagnação no escoamento isoentrópico

No escoamento isoentrópico não há troca de calor, nem perdas de energia por ser reversível. Não havendo máquina no trecho estudado, a energia total deverá se conservar ao longo do escoamento, isto é, todas as transformações de energia cinética em energia de pressão e térmica, ou vice-versa, serão perfeitamente reversíveis.

Disso se conclui que o estado de estagnação é comum a todas as seções e será uma referência que permitirá relacionar os estados de todas as seções do escoamento (Figura 12.22).

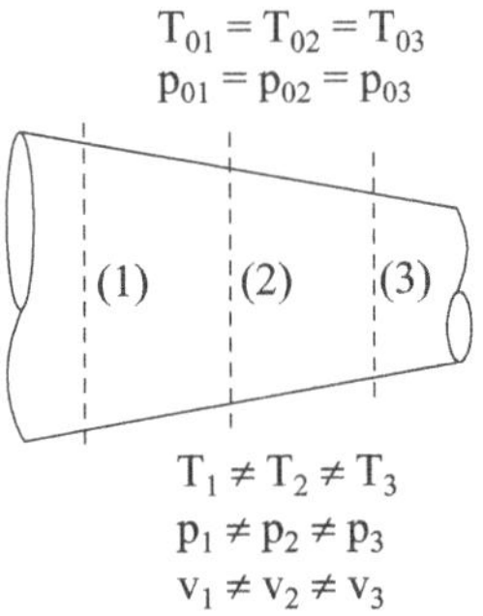

Figura 12.22

Se o conduto for alimentado por um reservatório de grandes dimensões, como neste v = 0, o estado do fluido será o de estagnação e se repetirá em todas as seções do escoamento.

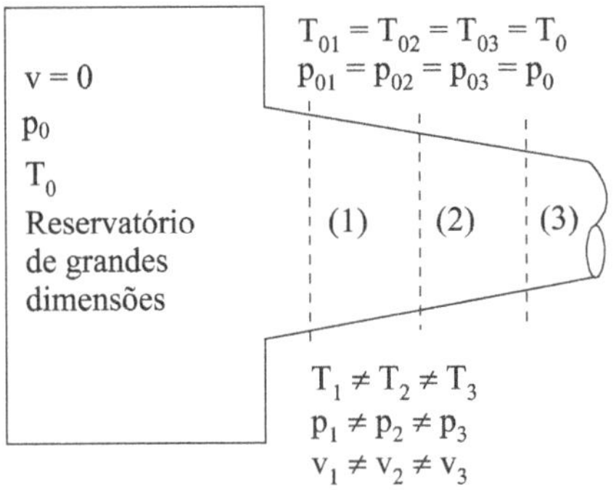

Figura 12.23

A Tabela 1 do Apêndice apresentada no item 12.7, que relaciona $\mathcal{M}$, $\frac{p}{p_0}$, $\frac{T}{T_0}$, $\frac{\rho}{\rho_0}$, é de grande utilidade para a solução de problemas de escoamento isoentrópico, pois, determinados T_0, p_0, ρ_0 em qualquer ponto, estes servirão de referência para qualquer seção.

EXEMPLO

Um compressor alimenta um reservatório de grandes dimensões em que o ar mantém-se constantemente com uma pressão de 1 MPa (abs) e uma temperatura de 30° C. O ar escapa com uma vazão de 0,3 kg/s por um conduto convergente, sem trocas de calor e com atrito desprezível. Numa seção do conduto está instalado um manômetro que registra 0,6 MPa (abs). Determinar ρ, v, A e T nesta seção. Dados para o ar: k = 1,4; R = 287 $m^2/s^2.K$.

Solução

Com $\frac{p}{p_0} = \frac{6}{10} = 0{,}6$ sem efetuar interpolação, da Tabela 1 do Apêndice obtém-se $\mathcal{M} = 0{,}88$ e $\frac{T}{T_0} = 0{,}8659$.

Logo: $$T = 0{,}8659 \times T_0 = 0{,}8659 \times (30 + 273) = 262{,}4\ K = -10{,}6°C$$

Como: $$c = \sqrt{kRT}$$

então: $$v = \mathcal{M}\sqrt{kRT}$$

Logo: $$v = 0{,}88\ \sqrt{1{,}4 \times 287 \times 262{,}4} = 286\ m/s$$

A massa específica pode ser obtida pela equação de estado:

$$\frac{p}{\rho} = RT \quad \text{ou} \quad \rho = \frac{p}{RT} = \frac{0{,}6 \times 10^6}{287 \times 262{,}4} = 8\ kg/m^3$$

Como: $$Q_m = \rho A v$$

então: $$A = \frac{Q_m}{\rho v}$$

$$A = \frac{0{,}3}{8 \times 286} = 1{,}31 \times 10^{-4}\ m^2 = 1{,}31\ cm^2$$

12.10 Escoamento isoentrópico em conduto convergente a partir de um reservatório de grandes dimensões

Para melhor compreender os fenômenos que acontecem ao longo do escoamento isoentrópico de um fluido por um conduto de seção variável, será discutido o que acontece quando se varia a pressão a jusante do conduto, de forma a simular todas as possibilidades (Figura 12.24).

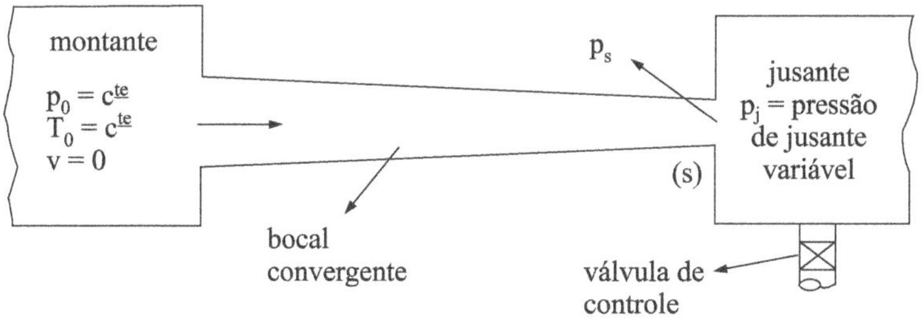

Figura 12.24

Suponha-se que a válvula de descarga permita ajustar a pressão de jusante (p_j) no valor desejado e que o escoamento no bocal se estabeleça subsônico.

Com essas premissas, analisa-se a variação da pressão ao longo do escoamento, quando se diminui p_j desde p_0 até zero.

Para melhor ilustrar, a Figura 12.25 mostra o gráfico de $\frac{p}{p_0} = f(x)$, onde x é a coordenada do eixo do conduto e $\frac{p}{p_0}$ é a relação entre a pressão numa seção na coordenada x e a pressão de estagnação que, como já foi visto, é constante ao longo de todo o escoamento.

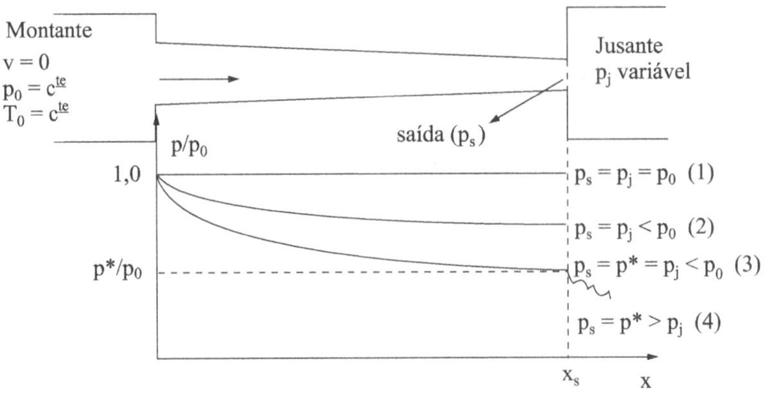

Figura 12.25

1) A pressão a jusante é igual a p_0 e não haverá escoamento. A pressão coincide em todos os pontos com p_0.
2) Sendo $p_j < p_0$, a diferença de pressão provoca o escoamento para jusante. Sendo o escoamento subsônico, ao longo do escoamento a pressão diminui e a velocidade aumenta. O p_0 e o p_j formam as condições de contorno do escoamento, de tal forma que a partícula que sai com p_0 do reservatório de montante terá uma redução de pressão gradativa para que saia com $p_s = p_j$. Essa condição coincide com o que se disse para fluidos compressíveis, para os quais se verificou que o jato na saída tem a pressão do ambiente onde é descarregado.
3) Nessa condição, $p_j = p^*$ e o escoamento se ajusta para que $p_s = p_j = p^*$. Nessa situação, $\mathcal{M}_s = 1$ e, pelo que foi visto anteriormente, essa seção é a crítica, sendo a condição limite do escoamento. Evidentemente, ao diminuir a pressão de jusante, a vazão em massa no bocal vai aumentando, de forma que:

$$Q_{m(1)} < Q_{m(2)} < Q_{m(3)}$$

Como na saída, no máximo $\mathcal{M} = 1$, essa seção passa a regular a vazão, independentemente da diminuição do p_j. Atinge-se então, nessa situação, a máxima vazão em massa que pode escoar no sistema. A máxima vazão em massa denomina-se 'vazão crítica' e o bocal diz-se 'bloqueado'.
4) Reduzindo p_j abaixo de p^*, observa-se que p_s mantém-se igual a p^*, já que $\mathcal{M}_s = 1$ é o limite. Dessa forma, a vazão em massa mantém-se igual à crítica para qualquer $p_j < p^*$.
O jato de fluido que atinge $p_s = p^*$ na seção de saída sofrerá uma expansão brusca no reservatório de jusante para se adaptar à pressão dele.
Lembre que expansões bruscas são irreversíveis e, portanto, o escoamento da seção de saída para o reservatório de jusante não é isoentrópico (Figura 12.26).

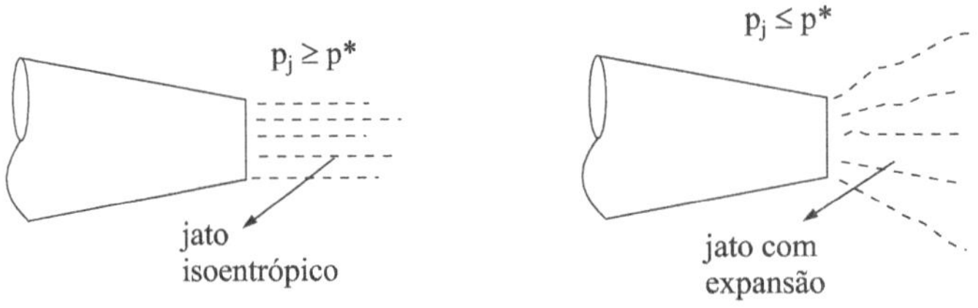

Figura 12.26

Verifica-se a seguir que a velocidade crítica (v^*), ou a máxima velocidade que pode ser atingida no bocal convergente, é função somente das condições de estagnação. Isto é, dado o estado de estagnação, a máxima velocidade que pode ser atingida num bocal convergente com escoamento subsônico já está predestinada.

Da Equação 12.31, relacionando o estado do fluido numa seção com o estado de estagnação:

$$\frac{v^2}{2} + h = h_0$$

ou

$$\frac{v^2}{2} + c_p T = c_p T_0$$

$$\frac{v^2}{2} + \frac{kRT}{k-1} = \frac{kRT_0}{k-1}$$

ou

$$\frac{v^2}{2} + \frac{c^2}{k-1} = \frac{kRT_0}{k-1}$$

Aplicando essa expressão na seção crítica, onde $v^* = c$:

$$v^{*2}\left(\frac{1}{2} + \frac{1}{k-1}\right) = \frac{kRT_0}{k-1}$$

ou

$$v^{*2}\frac{k+1}{2(k-1)} = \frac{kRT_0}{k-1}$$

Finalmente:

$$v^* = \sqrt{\frac{2kRT_0}{k+1}} \tag{12.59}$$

A Equação 12.59 mostra que, dado um fluido e o estado de estagnação, ou o estado do reservatório de montante, a velocidade crítica fica prefixada e, como se sabe, acontecerá na mínima seção do bocal, que passa a ser a seção crítica.

Seja a vazão em massa numa seção qualquer do escoamento:

$$Q_m = \rho v A = \frac{p}{RT} vA$$

Multiplicando e dividindo por p_0, por $\sqrt{T_0}$ e rearranjando:

$$Q_m = \frac{p}{p_0} p_0 \frac{v}{\sqrt{kRT}} \sqrt{\frac{kT_0}{RT}} \frac{A}{\sqrt{T_0}}$$

Lembrando que $\frac{v}{\sqrt{kRT}} = \mathcal{M}$ e pelas equações 12.32 e 12.33:

$$Q_m = \left(1 + \frac{k-1}{2}\mathcal{M}^2\right)^{-\frac{K}{K-1}} p_0 \mathcal{M} \sqrt{\frac{k}{R}\left(1 + \frac{k-1}{2}\mathcal{M}^2\right)} \frac{A}{\sqrt{T_0}}$$

ou

$$Q_m = \sqrt{\frac{k}{RT_0}} p_0 A \mathcal{M}\left(1 + \frac{k-1}{2}\mathcal{M}^2\right)^{-\frac{k+1}{2(k-1)}} \tag{12.60}$$

Essa expressão é válida para qualquer seção e qualquer situação.

Na seção mínima do convergente, quando o escoamento está bloqueado, tem-se: $A = A^*$, $\mathcal{M} = 1$ e $Q_m = Q_{m_c} = Q_{máx}$, então:

$$Q_{m_c} = \sqrt{\frac{k}{RT_0}} p_0 A^* \left(1 + \frac{k-1}{2}\right)^{-\frac{k+1}{2(k-1)}} \qquad (12.61)$$

Dividindo a Equação 12.60 pela Equação 12.61, obtém-se:

$$\frac{Q_m}{Q_{m_c}} = \frac{A}{A^*} \mathcal{M} \left(\frac{1 + \frac{k-1}{2}\mathcal{M}^2}{1 + \frac{k-1}{2}} \right)^{-\frac{k+1}{2(k-1)}} \qquad (12.62)$$

A Equação 12.62 permite obter a relação entre a vazão do fluido numa situação qualquer e a vazão crítica ou máxima do bocal. Por outro lado, também pode ser interpretada como a relação da vazão numa seção qualquer do conduto e a vazão na seção crítica. Nesse caso, pela equação da continuidade, $\frac{Q_m}{Q_{m_c}} = 1$; logo:

$$\frac{A}{A^*} = \frac{1}{\mathcal{M}} \left(\frac{1 + \frac{k-1}{2}\mathcal{M}^2}{1 + \frac{k-1}{2}} \right)^{\frac{k+1}{2(k-1)}} \qquad (12.63)$$

A Tabela 1 do Apêndice mostra os valores de $\frac{A}{A^*} = f(\mathcal{M})$ para k = 1,4.

Lançando os valores dessa função num gráfico, obtém-se o diagrama qualitativo da Figura 12.27.

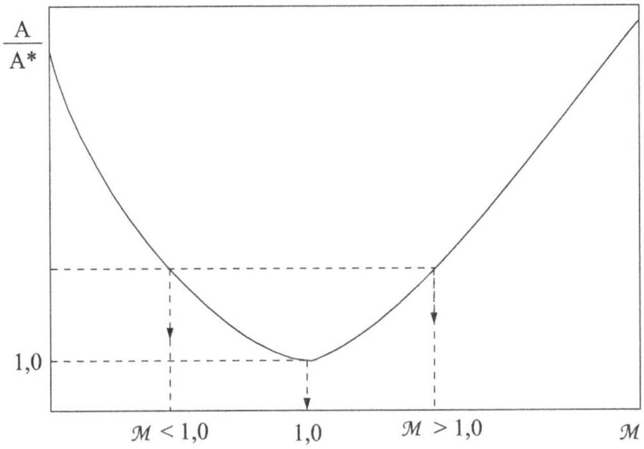

Figura 12.27

O que se nota do diagrama é que, para cada seção do escoamento isoentrópico num conduto de seção variável, existem duas e apenas duas soluções possíveis, uma subsônica e outra supersônica.

O mesmo estudo em que foram deduzidas as equações 12.62 e 12.63, onde $\frac{Q_m}{Q_{m_c}}$ e $\frac{A}{A^*}$ foram obtidos em função do número de Mach, pode ser efetuado em função de $\frac{p}{p_0}$, e as equações resultantes são:

$$\frac{Q_m}{Q_{m_c}} = \frac{A}{A^*}\left(\frac{k+1}{k-1}\right)^{\frac{1}{2}}\left(\frac{k+1}{2}\right)^{\frac{1}{k-1}}\left(\frac{p}{p_0}\right)^{\frac{1}{k}}\sqrt{1-\left(\frac{p}{p_0}\right)^{\frac{k-1}{k}}} \qquad (12.64)$$

$$\frac{A^*}{A} = \left(\frac{k+1}{k-1}\right)^{\frac{1}{2}}\left(\frac{k+1}{2}\right)^{\frac{1}{k-1}}\left(\frac{p}{p_0}\right)^{\frac{1}{k}}\sqrt{1-\left(\frac{p}{p_0}\right)^{\frac{k-1}{k}}} \qquad (12.65)$$

Na mesma seção, a relação entre a vazão em massa que escoa e a vazão em massa crítica é obtida adotando-se $\frac{A}{A^*} = 1$ na Equação 12.64, resultando em:

$$\frac{Q_m}{Q_{m_c}} = \left(\frac{k+1}{k-1}\right)^{\frac{1}{2}}\left(\frac{k+1}{2}\right)^{\frac{1}{k-1}}\left(\frac{p}{p_0}\right)^{\frac{1}{k}}\sqrt{1-\left(\frac{p}{p_0}\right)^{\frac{k-1}{k}}} \qquad (12.66)$$

12.11 Escoamento isoentrópico em conduto convergente/divergente a partir de um reservatório de grandes dimensões

Da mesma forma que no item 12.10, supõe-se o conduto ligado a dois reservatórios, um a montante, com suas propriedades constantes, e outro a jusante em que se pode variar a pressão desde p_0 até zero.

Na Figura 12.28, é mostrado o diagrama da variação da pressão ao longo do convergente/divergente para as diversas pressões a jusante.

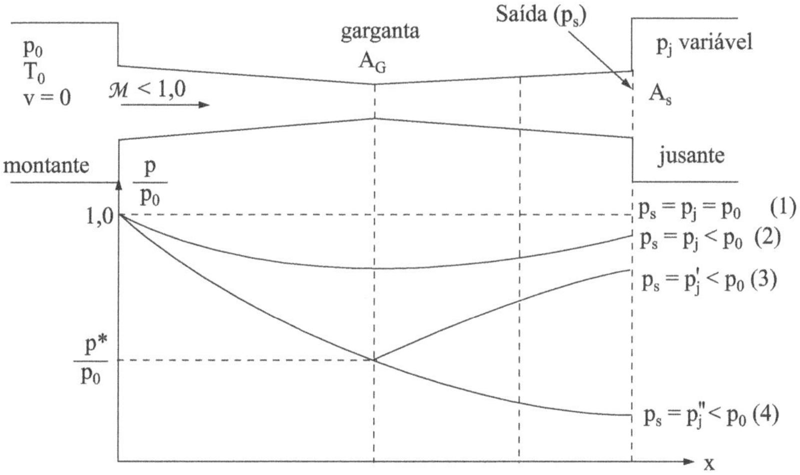

Figura 12.28

1) Quando $p_j = p_0$, não há escoamento no conduto.
2) Quando $p_j < p_0$, processa-se o escoamento. Se $p_G > p^*$, o escoamento mantém-se subsônico ao longo de todo o conduto. No convergente, a velocidade aumenta e, portanto, a pressão diminui. Ao longo do divergente, a velocidade diminui e a pressão aumenta até alcançar $p_s = p_j$. A distribuição das pressões é tal que, ao longo do conduto, ajusta-se às condições de contorno, que são, respectivamente, p_0 a montante e p_j a jusante.

3) e 4) Nessas condições, p_j é tal que, na garganta, atinge-se p^*, isto é, $A_G = A^*$.

Nessa condição, já foi visto que o bocal convergente fica bloqueado e ulteriores reduções da pressão a jusante não provocam mais o aumento da vazão em massa, nem variações ao longo do convergente. Assim, qualquer que seja $p_j \le p'_j$, não se notará nenhuma variação no bocal convergente, estabelecendo-se na garganta p^* e $\mathcal{M} = 1$. O bocal divergente fica, então, sujeito a uma entrada fixa e a uma saída variável. Foi visto anteriormente que, se na seção mínima de um bocal $\mathcal{M} = 1$, em cada seção do bocal existirão duas e apenas duas soluções isoentrópicas, uma subsônica e outra supersônica (Figura 12.27).

Se a jusante for fixado $p_j = p'_j$, o escoamento se processará subsonicamente, de forma que a velocidade no divergente irá diminuir e a pressão irá aumentar até $p_s = p'_j$ na saída. Essa é a denominada primeira solução isoentrópica (caso (3) da Figura 12.28).

Se a jusante for fixado $p_j = p''_j$, o escoamento se processará supersonicamente e no divergente a velocidade aumentará, enquanto a pressão diminuirá até atingir $p_s = p''_j$ na saída (segunda solução isoentrópica, caso (4) da Figura 12.28).

Para qualquer $p_j < p'_j$ e $p_j \ne p''_j$, a jusante da garganta acontecerão fenômenos não-isoentrópicos, tais como ondas de choque e expansões bruscas. Estes são irreversíveis e não podem ser previstos pelo modelo matemático aqui estabelecido. Serão estudados em itens posteriores, com as hipóteses e o tratamento adequado.

EXEMPLO

Num reservatório de grandes dimensões, está armazenado ar $\left(k = 1{,}4,\ R = 287\dfrac{m^2}{s^2K}\right)$, à pressão de 1 MPa (abs) e à temperatura de 300 K. Para a descarga do ar, é instalado um bocal convergente/divergente, com área de saída de 20 cm² e área da garganta de 10 cm².

a) A partir de que pressão a jusante a vazão em massa será máxima?

b) Qual seria a outra pressão a jusante que produziria um escoamento totalmente isoentrópico com $\mathcal{M} = 1$ na garganta?

c) Qual é a vazão em massa máxima?

Resolver o problema sem interpolar na tabela.

Solução

a) Como a vazão é máxima, $A_G = A^*$

$$\frac{A_s}{A_G = A^*} = 2 \Rightarrow \begin{cases} \mathcal{M}_s = 0{,}3 \\ \dfrac{p_s}{p_0} = 0{,}9395 \Rightarrow p_s = 0{,}9395 \times 1 = 0{,}94 \text{ Mpa (abs)} \\ \dfrac{T_s}{T_0} = 0{,}9823 \\ \text{Logo: } p_j = 0{,}94 \text{ MPa (abs)} \end{cases}$$

b) A segunda solução isoentrópica será:

$$\frac{A_s}{A_G} = 2 \Rightarrow \begin{cases} \mathcal{M}_s = 2{,}2 \\ \dfrac{p_s}{p_0} = 0{,}9352 \Rightarrow p_s = 0{,}9352 \times 1 \\ \dfrac{T_s}{T_0} = 0{,}5081 \\ \text{Logo: } p_j = 0{,}94 \text{ MPa (abs)} \end{cases}$$

c) $Q_m = \rho_s v_s A_s$

$T_s = 0{,}9823 \times 300 = 294{,}7\ K$

$$\rho_s = \frac{p_s}{RT_s} = \frac{0{,}94 \times 10^6}{287 \times 294{,}7} = 11{,}11\ kg/m^3$$

$$v_s = \mathcal{M}_s \sqrt{kRT_s} = 0{,}3\ \sqrt{1{,}4 \times 287 \times 294{,}7} = 103{,}2\ m/s$$

Logo: $Q'_m = 11{,}11 \times 103{,}2 \times 20 \times 10^{-4} = 2{,}29\ kg/s$

ou, na segunda solução isoentrópica:

$T_s = 0{,}5081 \times 300 = 152{,}4\ K$

$$\rho_s = \frac{p_s}{RT_s} = \frac{0{,}094 \times 10^6}{287 \times 152{,}4} = 2{,}15\ kg/m^3$$

$$v_s = \mathcal{M}_s \sqrt{kRT_s} = 2{,}2\ \sqrt{1{,}4 \times 287 \times 152{,}4} = 544{,}4\ m/s$$

Logo: $Q''_m = 2{,}15 \times 544{,}4 \times 20 \times 10^{-4} = 2{,}34\ kg/s$

Obviamente, $Q'_m = Q''_m = Q_{m_c}$, já que nas duas situações o bocal está bloqueado. A discrepância numérica deve-se à imprecisão causada pela falta de interpolação na tabela.

12.12 Onda de choque normal

No item 12.11, verificou-se que, para um conduto convergente/divergente, ao se atingir $\mathcal{M} = 1$ na garganta, no divergente só podem existir duas soluções isoentrópicas, uma subsônica e outra supersônica. Essas soluções acontecerão para duas pressões específicas a jusante, que foram simbolizadas por p'_j e p''_j. Para outras pressões de saída entre essas duas, irá acontecer no divergente um fenômeno irreversível denominado onda de choque e que representa uma variação brusca das propriedades ao longo do escoamento.

Essa descontinuidade é causada basicamente pela incompatibilidade das condições de contorno com a possibilidade de um escoamento isoentrópico ao longo do conduto. Lembrar que, ao se atingir $\mathcal{M} = 1$ na garganta, o divergente será alimentado pelo fluido no estado crítico, de forma que é razoável que não seja qualquer pressão de jusante compatível com o escoamento contínuo do fluido. Assim, para pressões a jusante entre p'_j e p''_j será observada uma descontinuidade no escoamento do divergente, na qual, numa espessura de 10^{-7}m, as propriedades do fluido sofrerão uma variação muito brusca para se adaptar às condições energéticas estabelecidas pelo reservatório a jusante.

Pode-se, então, concluir que a onda de choque acontecerá sempre que as condições do fluido, numa certa seção, não forem compatíveis com as condições de contorno.

Ondas de choque podem ser observadas, por exemplo, no movimento supersônico de um avião. Nesse caso, o avião atinge o ar em repouso sem aviso prévio, já que as ondas de propagação da perturbação ficam para trás, não preparando o meio para o impacto da superfície sólida.

Combustões excessivamente rápidas também causam um acúmulo de pressão, gerando a propagação de ondas de choque no meio. Tem-se como exemplos a explosão de bombas e a combustão excessivamente rápida da mistura na câmara de um motor de combustão interna, que origina o fenômeno denominado detonação, provocando a propagação de ondas de choque, cujo ruído característico é denominado popularmente de 'batidas de pino'.

Pelos exemplos apresentados, a onda de choque, em geral, é um fenômeno indesejado, mas, às vezes, o brusco aumento da pressão na frente de onda pode ser utilizado em aplicações interessantes. Como exemplos, podem ser citados a introdução de gases em líquidos, a fabricação de espumas sólidas (polimerização), a calibração de transdutores de pressão em tubos de choque e outros.

Neste item, serão estudadas apenas ondas de choque estacionárias em condutos, e estas serão normais às linhas de corrente do escoamento, embora o estudo de ondas oblíquas siga os mesmos conceitos, envolvendo apenas maiores complicações algébricas no equacionamento.

Além disso, apesar de a espessura das ondas de choque não ser nula, mas da ordem de grandeza do livre caminho médio das moléculas, por ser muito pequena, será tratada como uma descontinuidade matemática, na qual as propriedades do fluido variam sensivelmente através de uma seção. Nesta, as partículas do fluido em alta velocidade irão se chocar com as de baixa velocidade a jusante, dando origem a um fenômeno irreversível, com conseqüente aumento da entropia, o que não permite o estudo pelas hipóteses do escoamento isoentrópico.

12.12.1 Equacionamento matemático da onda de choque

Como já foi dito, o modelo matemático desse fenômeno corresponde à adoção de uma descontinuidade matemática das propriedades do fluido numa seção do escoamento (Figura 12.29).

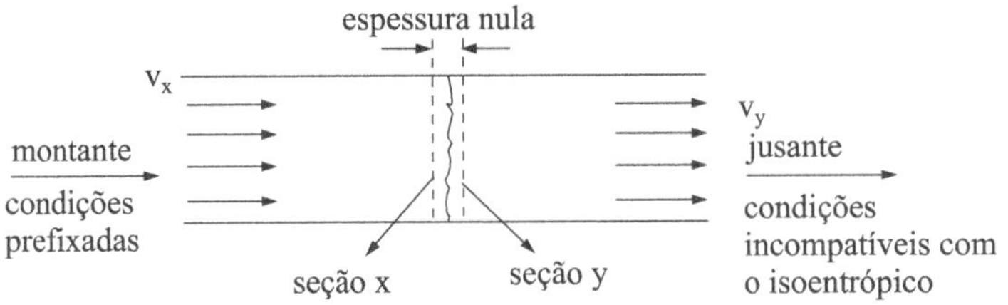

Figura 12.29

O tubo de corrente para a aplicação das equações básicas constitui-se de uma seção de entrada x e uma de saída y, diferenciadas pelas propriedades do fluido, já que geometricamente correspondem à mesma seção, tendo em vista que distam de uma espessura nula. A ausência de área lateral do tubo de corrente implica a impossibilidade de troca de calor com o meio, de forma que o fenômeno será considerado adiabático e irreversível, resultando obrigatoriamente num aumento da entropia do fluido entre as seções x e y ($s_y\ s_x$).

Esse aumento de entropia é o sinal da existência de uma perda de energia que resultará numa alteração irremediável das condições de estagnação, em particular da pressão desse estado, já que a temperatura de estagnação se manterá constante devido ao caráter adiabático do escoamento.

A seguir, serão aplicadas as equações básicas ao modelo adotado.

Equação da continuidade

$$\rho_x v_x A_x = \rho_y v_y A_y$$

mas como $A_x = A_y$, então:

$$\rho_x v_x = \rho_y v_y \quad \text{ou} \quad \frac{\rho_x}{\rho_y} = \frac{v_y}{v_x} \qquad (12.67)$$

Equação da energia (q = 0)

$$\frac{v_x^2}{2} + h_x = \frac{v_y^2}{2} + h_y$$

ou

$$\frac{v_x^2}{2} + c_p T_x = \frac{v_y^2}{2} + c_p T_y \qquad (12.68)$$

Na Equação 12.68, fazendo-se $v_x = 0$, $T_x = T_{0_x}$ e $v_y = 0$, $T_y = T_{0_y}$, conclui-se que:

$$T_{0_x} = T_{0_y} \qquad (12.69)$$

Por outro lado, como $\frac{p}{\rho} = RT$, então, pela Equação 12.69:

$$\frac{p_{0_x}}{\rho_{0_x}} = \frac{p_{0_y}}{\rho_{0_y}} \qquad (12.70)$$

Equação da quantidade de movimento

Pelo fato de a espessura da onda de choque ser nula, $F_{s_x} = 0$; pela falta de área lateral, a equação reduz-se a:

$$(p_x - p_y)A + Q_m(v_x - v_y) = 0 \quad \text{ou} \quad p_x - p_y + \rho_x v_x^2 - \rho_y v_y^2 = 0$$

e, portanto:

$$p_x + \rho_x v_x^2 = p_y + \rho_y v_y^2 \qquad (12.71)$$

Mas

$$\frac{T_0}{T} = 1 + \frac{k-1}{2}\mathcal{M}^2$$

Logo:

$$\frac{T_y}{T_x} = \frac{1 + \frac{k-1}{2}\mathcal{M}_x^2}{1 + \frac{k-1}{2}\mathcal{M}_y^2} \qquad (12.72)$$

Equação de estado

$$\frac{T_y}{T_x} = \frac{p_y}{p_x}\frac{\rho_x}{\rho_y}$$

Substituindo na Equação 12.67, obtém-se:

$$\frac{T_y}{T_x} = \frac{p_y}{p_x}\frac{v_y}{v_x} = \frac{p_y}{p_x}\frac{c_y}{c_x}\frac{\mathcal{M}_y}{\mathcal{M}_x} = \frac{p_y}{p_x}\frac{\mathcal{M}_y}{\mathcal{M}_x}\sqrt{\frac{kRT_y}{kRT_x}}$$

Logo:

$$\frac{T_y}{T_x} = \frac{p_y}{p_x}\frac{\mathcal{M}_y}{\mathcal{M}_x}\sqrt{\frac{T_y}{T_x}} \quad \text{ou} \quad \frac{T_y}{T_x} = \left(\frac{p_y}{p_x}\right)^2\left(\frac{\mathcal{M}_y}{\mathcal{M}_X}\right)^2 \qquad (12.73)$$

Igualando a Equação 12.72 com a Equação 12.73:

$$\frac{p_y}{p_x} = \frac{\mathcal{M}_x}{\mathcal{M}_y}\sqrt{\frac{1 + \frac{k-1}{2}\mathcal{M}_y^2}{1 + \frac{k+1}{2}\mathcal{M}_x^2}} \qquad (12.74)$$

Mas

$$c^2 = k\frac{p}{\rho} = k\frac{p}{\rho}\frac{v^2}{v^2} \quad \text{logo} \quad \rho v^2 = kp\mathcal{M}^2$$

Logo, a Equação 12.71 resulta em:

$$p_x + kp_x\mathcal{M}_x^2 = p_y + kp_y\mathcal{M}_y^2 \quad \text{ou} \quad p_x(1 + k\mathcal{M}_x^2) = p_y(1 + k\mathcal{M}_y^2) \qquad (12.75)$$

Portanto:

$$\frac{p_y}{p_x} = \frac{1 + k\mathcal{M}_x^2}{1 + k\mathcal{M}_y^2}$$

Igualando as equações 12.74 e 12.75, tem-se:

$$\frac{\mathcal{M}_y}{\mathcal{M}_x}\sqrt{\frac{1+\frac{k-1}{2}\mathcal{M}_x^2}{1+\frac{k-1}{2}\mathcal{M}_y^2}}=\frac{1+k\,\mathcal{M}_x^2}{1+k\,\mathcal{M}_y^2}$$

Elevando ao quadrado ambos os membros e resolvendo a equação supondo $\mathcal{M}_y$ como incógnita, chega-se às soluções:

$$\mathcal{M}_x=\mathcal{M}_y$$

$$\mathcal{M}_y=\sqrt{\frac{\mathcal{M}_x^2+\frac{2}{k-1}}{\frac{2k}{k-1}\mathcal{M}_x^2-1}} \tag{12.76}$$

A primeira é a solução trivial, isto é, a inexistência da onda de choque. A segunda solução da Equação 12.75, resolvida para valores numéricos de $\mathcal{M}_x$, mostra que, para valores deste maiores que 1, os valores de $\mathcal{M}_y$ são menores que 1, e vice-versa, o que denota a existência da descontinuidade.

Pela equação de estado:

$$\frac{\rho_y}{\rho_x}=\frac{p_y}{p_x}\frac{T_x}{T_y}$$

e pelas equações 12.72 e 12.74, obtém-se:

$$\frac{\rho_y}{\rho_x}=\frac{\mathcal{M}_x}{\mathcal{M}_y}\sqrt{\frac{1+\frac{k-1}{2}\mathcal{M}_y^2}{1+\frac{k-1}{2}\mathcal{M}_x^2}}=\frac{v_x}{v_y} \tag{12.77}$$

Da Equação 12.70:

$$\frac{p_{0_y}}{p_{0_x}}=\frac{\rho_{0_x}}{\rho_{0_y}}=\frac{\rho_{0_x}}{\rho_x}\frac{\rho_x}{\rho_y}\frac{\rho_y}{\rho_{0_y}}$$

e pelas equações 12.35 e 12.77, obtém-se:

$$\frac{p_{0_y}}{p_{0_x}}=\frac{\left(1+\frac{k-1}{2}\mathcal{M}_x^2\right)^{\frac{1}{k-1}}}{\frac{\mathcal{M}_x}{\mathcal{M}_y}\frac{\left(1+\frac{k-1}{2}\mathcal{M}_y^2\right)^{\frac{1}{2}}}{\left(1+\frac{k-1}{2}\mathcal{M}_x^2\right)^{\frac{1}{2}}}\left(1+\frac{k-1}{2}\mathcal{M}_y^2\right)^{\frac{1}{k-1}}}$$

ou

$$\frac{p_{0_y}}{p_{0_x}}=\frac{\mathcal{M}_y\left(1+\frac{k-1}{2}\mathcal{M}_x^2\right)^{\frac{k+1}{2(k-1)}}}{\mathcal{M}_x\left(1+\frac{k-1}{2}\mathcal{M}_y^2\right)^{\frac{k+1}{2(k-1)}}}$$

Substituindo o valor de $\mathcal{M}_y$ obtido da Equação 12.76, chega-se a:

$$\frac{p_{0_y}}{p_{0_x}} = \left(\frac{\frac{k+1}{2}\mathcal{M}_x^2}{1+\frac{k-1}{2}\mathcal{M}_x^2}\right)^{\frac{k}{k-1}} \left(\frac{2k}{k+1}\mathcal{M}_x^2 - \frac{k-1}{k+1}\right)^{\frac{1}{1-k}} \tag{12.78}$$

A irreversibilidade da onda de choque é medida pela variação da entropia. Como através da onda de choque o escoamento é adiabático, obrigatoriamente $s_y > s_x$.

Pela Equação 12.17, pode-se obter:

$$s_y - s_x = c_p \ell n \frac{T_y / T_x}{(p_y / p_x)^{\frac{k-1}{k}}}$$

mas:

$$\frac{T_0}{T} = 1+\frac{k-1^{2}}{2}\,\mathcal{M}^2$$

e

$$\frac{p_0}{p} = \left(1+\frac{k-1}{2}\mathcal{M}^2\right)^{\frac{k}{k-1}}$$

de forma que:

$$\frac{T_y}{T_x} = \frac{T_{0_y}\left(1+\frac{k-1}{2}M_x^2\right)}{T_{0_x}\left(1+\frac{k-1}{2}M_y^2\right)}$$

e

$$\frac{p_y}{p_x} = \frac{p_{0_y}}{p_{0_x}} \frac{\left(1+\frac{k-1}{2}\mathcal{M}_x^2\right)^{\frac{k}{k-1}}}{\left(1+\frac{k-1}{2}\mathcal{M}_y^2\right)^{\frac{k}{k-1}}}$$

Logo:

$$\frac{\frac{T_y}{T_x}}{\left(\frac{p_y}{p_x}\right)^{\frac{k-1}{k}}} = \frac{\frac{T_{0_y}}{T_{0_x}}\left(\frac{1+\frac{k-1}{2}\mathcal{M}_x^2}{1+\frac{k-1}{2}\mathcal{M}_y^2}\right)}{\left(\frac{p_{0_y}}{p_{0_x}}\right)^{\frac{k-1}{k}}\left(\frac{1+\frac{k-1}{2}\mathcal{M}_x^2}{1+\frac{k-1}{2}\mathcal{M}_y^2}\right)^{\frac{k}{k-1}\cdot\frac{k-1}{k}}} = \frac{\frac{T_{0_y}}{T_{0_x}}}{\left(\frac{p_{0_y}}{p_{0_x}}\right)^{\frac{k-1}{k}}}$$

e, portanto:

$$s_y - s_x = c_p \ell n \frac{T_{0_y} / T_{0_x}}{(p_{0_y} / p_{0_x})^{\frac{k-1}{k}}}$$

mas como $T_{0_y} = T_{0_x}$, então:

$$s_y - s_x = c_p \ell n \frac{1}{\left(\frac{p_{0_y}}{p_{0_x}}\right)^{\frac{k-1}{k}}} = -c_p \frac{k-1}{k} \ell n \frac{p_{0_y}}{p_{0_x}}$$

ou

$$s_y - s_x = -R\, \ell n \frac{p_{0_y}}{p_{0_x}} = R \ell n \frac{p_{0_x}}{p_{0_y}}$$

Logo:

$$\Delta s = R\, \ell n \frac{p_{0_x}}{p_{0_y}} \qquad (12.79)$$

ou

$$\frac{p_{0_x}}{p_{0_y}} = e^{\frac{\Delta s}{R}} \qquad (12.80)$$

A Equação 12.79 é o valor da irreversibilidade do fenômeno e, pela Equação 12.80, como Δs é positivo, nota-se perfeitamente que $p_{0_x} < p_{0_y}$ e que a onda de choque causa uma perda de pressão de estagnação no escoamento, isto é:

$$p_{0_y} < p_{0_x} \qquad (12.81)$$

Pela Equação 12.78, pode-se obter também:

$$\frac{\Delta s}{R} = \frac{k}{k-1}\left[\ell n\left(\frac{k+1}{2}\mathcal{M}_x^2\right) \ell n\left(1+\frac{k-1}{2}\mathcal{M}_x^2\right)\right] + + \frac{1}{k-1}\ell n\left(\frac{2k}{k+1}\mathcal{M}_x^2 - \frac{k-1}{k+1}\right) \qquad (12.82)$$

Fixado o valor do k e dando valores a $\mathcal{M}_x$, obtém-se uma tabela de $\frac{\Delta s}{R}$, que lançada num gráfico resulta, qualitativamente, na Figura 12.30.

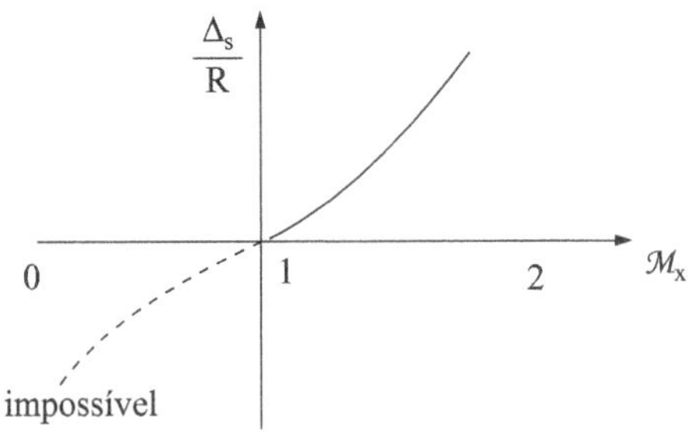

Figura 12.30

Verifica-se, então, a possibilidade de obter ondas de choque para $\mathcal{M}_x < 1$, pois $\Delta s < 0$.

Logo, ondas de choque só podem acontecer em escoamentos supersônicos e, através da onda de choque, o escoamento passará bruscamente para subsônico, conforme se pode concluir pela observação da segunda solução da Equação 12.76.

Após essas conclusões, pode-se explicar fisicamente a existência dessa descontinuidade (Figura 12.31).

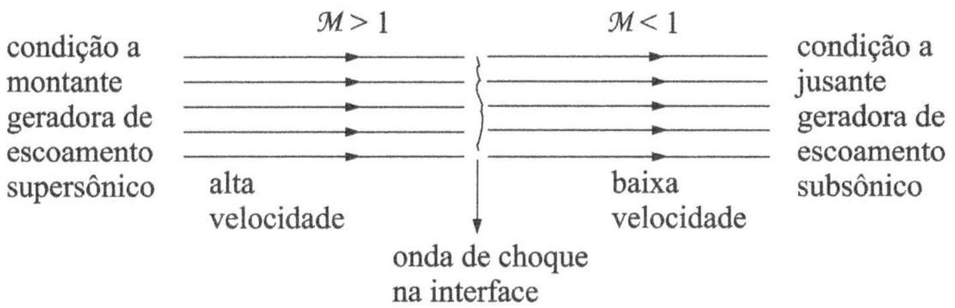

Figura 12.31

Seja um escoamento que a montante tenha condições supersônicas. Se a jusante as condições de contorno forem tais que ele tenha de assumir um escoamento subsônico, as partículas rápidas a montante em alguma seção encontrarão as lentas do escoamento subsônico, provocando um choque na interface. Esse choque provocará uma redução brusca da velocidade, com um conseqüente aumento da pressão, temperatura e densidade do fluido. Como a pressão aumenta e a velocidade diminui, nada se pode concluir sobre a pressão de estagnação; entretanto, como o fenômeno é irreversível, $\Delta s > 0$, logo $p_{0_y} < p_{0_x}$, sendo que Δp_0 representará a perda de energia útil do sistema.

Para um dado gás ($k = c^{te}$):

A Equação 12.76 é do tipo $\mathcal{M}_y = f(\mathcal{M}_x)$

A Equação 12.74 é do tipo $\dfrac{p_y}{p_x} = f(\mathcal{M}_x, \mathcal{M}_y)$

A Equação 12.77 é do tipo $\dfrac{\rho_y}{\rho_x} = f(\mathcal{M}_x, \mathcal{M}_y)$

A Equação 12.72 é do tipo $\dfrac{T_y}{T_x} = f(\mathcal{M}_x, \mathcal{M}_y)$

A Equação 12.78 é do tipo $\dfrac{p_{0_y}}{p_{0_x}} = f(\mathcal{M}_x)$

A Equação 12.82 é do tipo $\Delta s = f(\mathcal{M}_x)$

De forma que, dados os valores a $\mathcal{M}_x > 1$, é possível obter os valores numéricos de: $\mathcal{M}_y < 1$, $\dfrac{p_y}{p_x} > 1, \dfrac{\rho_y}{\rho_x} > 1, \dfrac{T_y}{T_x} > 1, \dfrac{p_{0_y}}{p_{0_x}} < 1, \Delta s > 0$ que, lançados na Tabela 2 do Apêndice, permitem relacionar todas as propriedades através da onda de choque normal.

A intensidade da onda de choque é representada pelo valor da relação $\dfrac{p_y}{p_x}$ dada pela Equação 12.74; logo:

$$Int_{OC} = \frac{p_y}{p_x} = \frac{1 + k\mathcal{M}_x^2}{1 + k\mathcal{M}_y^2} \quad (12.83)$$

12.12.2 Interpretação gráfica da onda de choque

Do item 12.12.1, pode-se observar que as equações básicas utilizadas foram:

Equação da continuidade

$$Q_m = c^{te} \quad \text{ou} \quad \rho_x v_x = \rho_y v_y \quad \text{pois} \quad A_x = A_y \quad \text{que é do tipo } f_1(\rho, v) = 0 \quad (12.84)$$

Equação da energia

$$\frac{v_x^2}{2} + c_p T_x = \frac{v_y^2}{2} + c_p T_y \quad \text{pois} \quad q = 0 \quad \text{que é do tipo } f_2(v, T) = 0 \qquad (12.85)$$

Equação da quantidade de movimento

$$p_x + \rho_x v_x^2 = p_y + \rho_y v_y^2 \quad \text{pois} \quad F_{S_x} = 0 \quad \text{que é do tipo } f_3(p, \rho, v) = 0 \qquad (12.86)$$

Equação de estado

$$\frac{p_x}{p_y}\frac{\rho_y}{\rho_x} = \frac{T_x}{T_y} \quad \text{que é do tipo } f_4(p, \rho, T) = 0 \qquad (12.87)$$

Equação da entropia

$$s_y - s_x = c_p \ell n \frac{T_y / T_x}{\left(\frac{p_y}{p_x}\right)^{\frac{k-1}{k}}} \quad \text{que é do tipo } f_5(s, p, T) = 0 \qquad (12.88)$$

Adotando como conhecidas as propriedades em uma das duas seções, x ou y, esse conjunto forma um sistema de cinco equações a cinco incógnitas: ρ, v, T, p e s.

Adotando as equações:

(1) $f_1(\rho, v) = 0$
(2) $f_2(v, T) = 0$
(4) $f_4(p, \rho, T) = 0$
(5) $f_5(s, T, p) = 0$

o sistema fica com quatro equações, com cinco incógnitas e, portanto, indeterminado.

Adotando um valor de v na (1), obtém-se ρ e, na (2), T. Da (4), com ρ e T, obtém-se p, que, substituído na (5), permite obter s.

Repetindo esse processo para todos os valores de v, obtém-se o conjunto de valores de v, ρ, T, p, s válidos para as quatro equações escolhidas, que admitem: $Q_m = c^{\underline{te}}$, $A = c^{\underline{te}}$, $q = 0$ e $s > 0$, ou seja, um escoamento em conduto de seção constante, sem troca de calor, mas com $s > 0$ e, portanto, irreversível (por exemplo, com atrito).

O conjunto de valores de s = f (T) assim obtido representaria os estados de um escoamento adiabático com atrito em conduto de seção constante. A linha s = f (T) denomina-se linha de Fanno, que, para uma vazão em massa qualquer, teria o aspecto qualitativo da Figura 12.32.

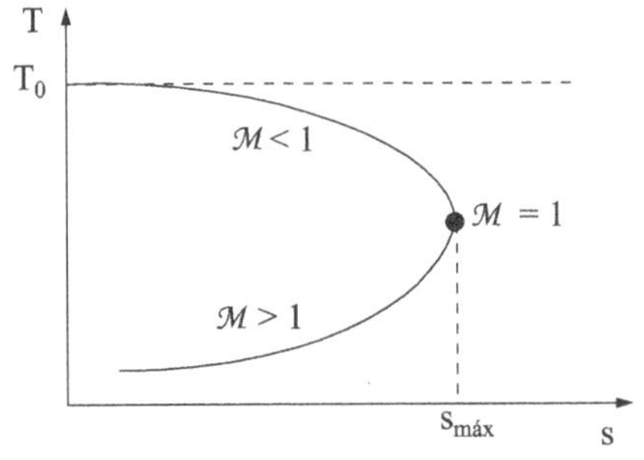

Figura 12.32

O que se pode verificar, pelos valores numéricos obtidos pelo processo indicado, é que a máxima entropia corresponde a $\mathcal{M} = 1$, o ramo superior corresponde aos estados de um escoamento subsônico, e o inferior, aos de um escoamento supersônico.

Como o escoamento é irreversível e adiabático, os estados ao longo do escoamento só podem ser percorridos no sentido das entropias crescentes, isto é, no sentido indicado na Figura 12.32.

Se forem adotadas as equações:

(1) $f_1(\rho, v) = 0$
(3) $f_3(p, \rho, v) = 0$
(4) $f_4(\rho, p, T) = 0$
(5) $f_5(s, p, T) = 0$

pelo mesmo procedimento descrito anteriormente, adota-se v na (1) e obtém-se ρ. Com ρ e v na (3), obtém-se p e, com ρ e p na (4), obtém-se T. Finalmente, com T e p na (5), obtém-se s.

Nesse caso, pela equação (3), em que $F_{s_x} = 0$, supõe-se que não haja atrito; entretanto, pela equação (5), a existência de uma variação de s sugere a existência de trocas de calor ao longo do escoamento. Logo, esse conjunto de valores representa os estados possíveis de um escoamento ao longo de um conduto de seção constante, sem atrito, mas com trocas de calor.

A linha s = f (T) nesse caso denomina-se linha de Rayleight e, para uma certa vazão, num diagrama T-s, terá o aspecto qualitativo mostrado na Figura 12.33.

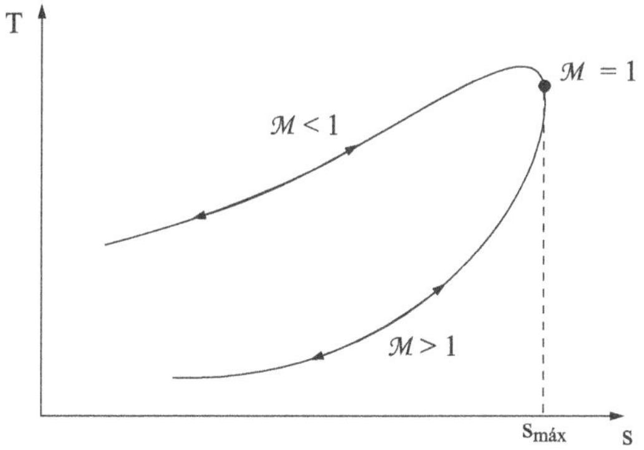

Figura 12.33

O que se pode verificar, pelos valores numéricos obtidos pelo procedimento descrito, é que, novamente, a máxima entropia corresponde a $\mathcal{M} = 1$, o ramo superior corresponde a um escoamento subsônico, e o inferior, a um supersônico.

A diferença em relação ao caso anterior é que, como nesse escoamento existe troca de calor, mas não há atrito, a entropia pode ser crescente ou decrescente ao longo do escoamento, dependendo se o calor é fornecido ao fluido ou dele retirado.

A superposição dos gráficos para uma dada vazão corresponde à solução do sistema de cinco equações que descrevem a onda de choque (Figura 12.34).

O que se nota é que as linhas se cruzam em dois pontos, um correspondente ao estado x e outro ao estado y, respectivamente, a montante e a jusante da onda de choque, como foi descrito anteriormente.

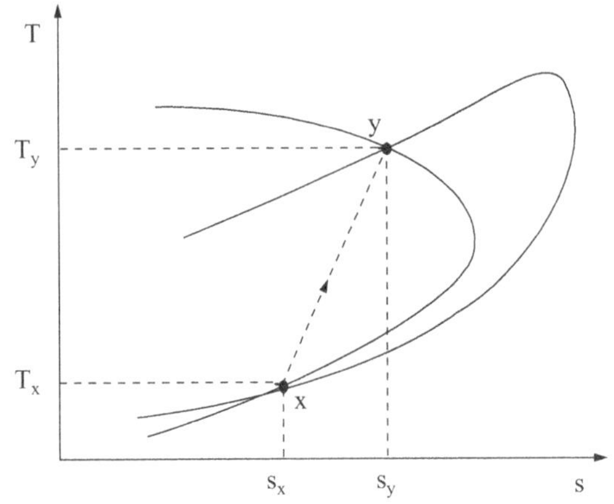

Figura 12.34

Como a onda de choque provoca um aumento de entropia entre a entrada e a saída, o ponto x será o de menor entropia, localizado no ramo supersônico, e o ponto y será o de maior entropia, localizado no ramo subsônico.

Conclui-se, como já havia sido obtido algebricamente, que a onda de choque é um fenômeno que pode acontecer em escoamentos supersônicos e que, através da onda de choque, o escoamento passa para subsônico. Além disso, corresponde a uma descontinuidade em que T cresce e, portanto, p e ρ crescem e v diminui bruscamente.

Acredita-se que essa abordagem gráfica seja mais facilmente compreendida pelo leitor; entretanto, a abordagem algébrica é de utilidade para o estabelecimento quantitativo das variações das propriedades através da onda.

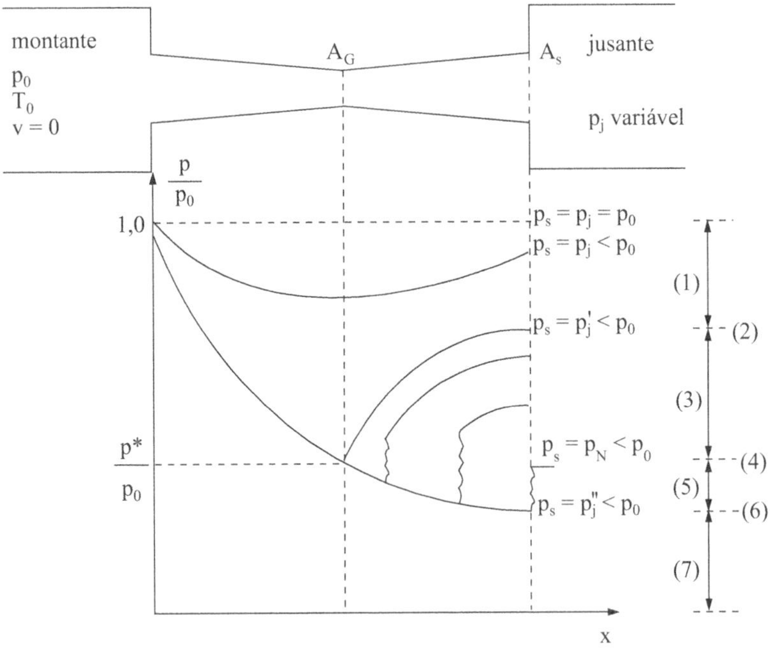

Figura 12.35

12.12.3 Complementação do estudo do escoamento ao longo de um bocal convergente/divergente

No item 12.11, verificou-se que o escoamento ao longo de um conduto convergente/divergente não tinha solução para certas pressões a jusante com as hipóteses do escoamento isoentrópico.

Com o conhecimento da onda de choque, o estudo pode ser completado e é representado na Figura 12.35.

1) $p_0 > p_j > p'_j \rightarrow$ Escoamento subsônico ao longo de todo o bocal. Ao diminuir p_j, a vazão em massa vai aumentando.
2) $p_j = p'_j \rightarrow p_G = p^*$ e $\mathcal{M}_G = 1$. O escoamento torna-se bloqueado e é subsônico ao longo de todo o bocal.
3) $p'_j > p_j > p_N \rightarrow$ O escoamento passa por $\mathcal{M} = 1$ na garganta e tende a adotar a solução supersônica no divergente. Entretanto, essa solução, que é compatível com p''_j na saída, não é válida para pressões maiores. O escoamento mantém-se supersônico ao longo de um certo trecho do divergente e em alguma seção aparece uma onda de choque passando para subsônico, que é o escoamento compatível com a pressão de saída. Ao reduzir p_j, a onda de choque vai caminhando para a seção de saída.
4) $p_j = p_N \rightarrow$ A onda de choque se estabelece exatamente na seção de saída.
5) $p_N > p_j > p''_j \rightarrow$ Nessas pressões, a onda de choque normal vai sendo succionada para o ambiente de jusante, formando uma onda de choque oblíqua já no reservatório. Conforme p_j vai diminuindo, a onda de choque vai sendo succionada cada vez mais para o reservatório, mantendo-se colada no conduto (Figura 12.36).

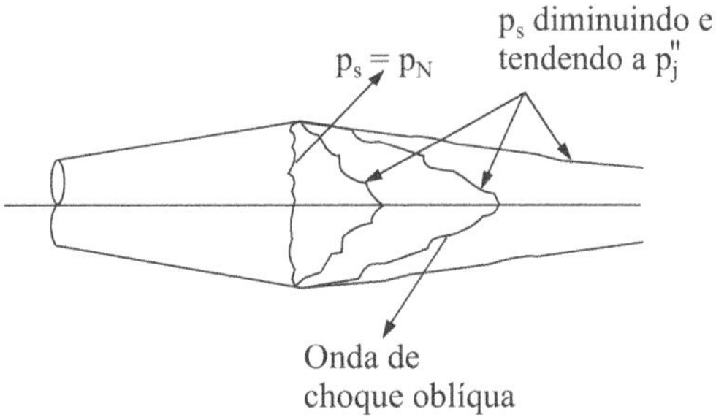

Figura 12.36

6) $p_j = p''_j \rightarrow$ A onda de choque é succionada para o infinito e desaparece, obtendo-se a segunda solução isoentrópica, com escoamento supersônico em todo o divergente e sem ondas de choque.
7) $p_j < p''_j \rightarrow$ O escoamento chega até a saída com $p_s < p''_j$, desembocando com pressão maior que a do ambiente. O reajustamento é feito por uma expansão brusca, não-isoentrópica, no reservatório de jusante.

O que deve ser ressaltado em relação ao escoamento de fluidos incompressíveis é a possibilidade de a pressão na seção de saída ser diferente daquela do ambiente.

A solução de problemas envolvendo bocais convergentes/divergentes ocorre supondo-se o escoamento isoentrópico até a seção da onda de choque (se existir). Ao atravessar a onda de choque, a solução envolve uma variação brusca das propriedades, que pode ser obtida pela Tabela 2 do Apêndice. Da onda de choque em diante, considera-se, novamente, um escoamento isoentrópico, mas com um novo estado de estagnação, pois, apesar de $T_{0_y} = T_{0_x}$, $p_{0_y} < p_{0_x}$, o que altera outras propriedades desse estado. Note-se, por exemplo, que, pela Equação 12.64, $A^* = f(p_0)$. Como $p_{0_y} \neq p_{0_x}$, a seção crítica a jusante da onda de choque altera-se, existindo ao longo do escoamento $A^*_x = A_G$ e A^*_y a jusante da onda, diferente de A^*_x e imaginária.

EXEMPLO

1. Dado o bocal convergente/divergente da figura, determinar o intervalo de pressões a jusante para ter:
   a) escoamento totalmente isoentrópico interna e externamente ao bocal;
   b) ondas de choque oblíquas na saída;
   c) jato com expansão na saída;
   d) onda de choque normal no divergente;

Dados: $A_G = 74{,}6\ cm^2$; $A_s = 100\ cm^2$; $p_0 = 1{,}5$ MPa (abs); $k = 1{,}4$; $R = 287\ m^2/s^2K$. Resolver com as Tabelas do Apêndice, sem interpolações.

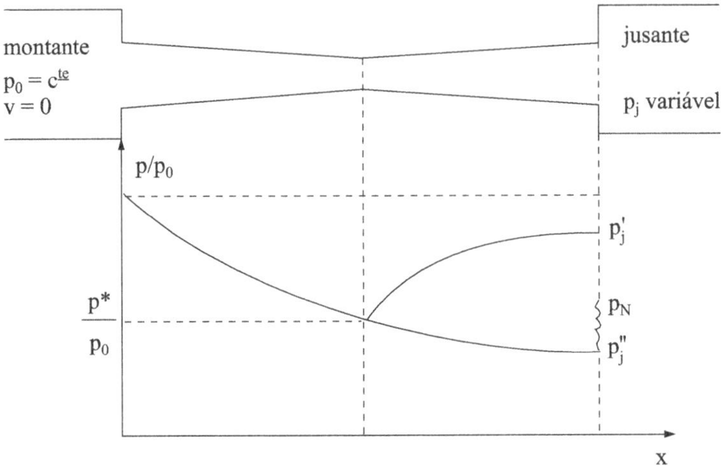

Solução

As condições desejadas são exatamente as descritas pela teoria. Os intervalos são estabelecidos pela determinação de p_j', p_N e p_j'', como mostra a figura.

Com $\frac{A_s}{A^*} = \frac{100}{74{,}6} = 1{,}34$ da Tabela1 do Apêndice, obtêm-se as duas soluções isoentrópicas, a subsônica e a supersônica.

$$\mathcal{M}_s' = 0{,}5$$

$$\frac{p_s'}{p_0} = 0{,}8430 \Rightarrow p_s' = 0{,}8430 \times 1{,}5 = 1{,}264 \text{ MPa (abs)} = p_j'$$

$$\mathcal{M}_s'' = 1{,}7$$

$$\frac{p_s''}{p_0} = 0{,}2026 \Rightarrow p_s'' = 0{,}2026 \times 1{,}5 = 0{,}304 \text{ MPa (abs)} = p_j''$$

A pressão p_N é obtida supondo que o escoamento vá até a saída pela segunda solução isoentrópica, de forma que $p_x = p_j''$ e $p_N = p_y$.

Logo, pela Tabela 2 do Apêndice, para onda de choque, como $\mathcal{M}_s'' = \mathcal{M}_x = 1{,}7$, então:

$$\frac{p_y}{p_x} = 3{,}205 \rightarrow p_y = 3{,}205 \times 0{,}304 = 0{,}974 \text{ MPa (abs)}$$

Assim, as respostas às questões propostas em MPa (abs) são:

a) $1{,}5 > p_j \geq 1{,}264$ e $p_j = 0{,}304$

b) $0{,}974 > p_j > 0{,}304$

c) $0{,}304 > p_j \geq 0$

d) $1{,}264 > p_j > 0{,}974$

2. A temperatura e a pressão do ar de um reservatório que alimenta um convergente/divergente são, respectivamente, 444 K e 0,41 MPa (abs). A área da garganta é 6,25 cm^2 e a de saída é 18,75 cm^2. Nota-se uma onda de choque no divergente numa seção de área 12,5 cm^2.

   a) Quais são os valores da pressão, temperatura e velocidade na seção de saída?

   b) Qual é o máximo valor da pressão de jusante que causa um escoamento totalmente supersônico no divergente?

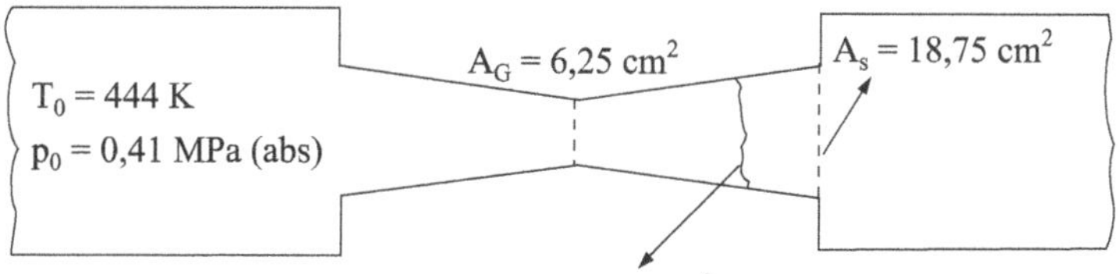

Solução

a) O fato importante na solução deste exercício é que A^* muda de montante para jusante da onda de choque, por causa da variação do estado de estagnação.

Com $$\frac{A_c}{A^*} = \frac{12{,}5}{6{,}25} = 2 \xrightarrow{\text{Tabela 1 (Apêndice)}} \mathcal{M}_X = 2{,}2$$

Apesar de existirem duas soluções para essa relação de áreas, a que interessa é a supersônica, por haver onda de choque.

Com $$\mathcal{M}_x = 2{,}2 \xrightarrow{\text{Tabela 2 (Apêndice)}} \mathcal{M}_y = 0{,}5471$$

e $$\frac{p_{0_y}}{p_{0_x}} = 0{,}6281 \rightarrow p_{0_y} = 0{,}6281 \times 0{,}41 = 0{,}258 \text{ MPa (abs)}$$

Assim, foi possível atravessar a onda de choque e determinar as propriedades a jusante. A partir da seção imediatamente a jusante, o escoamento é novamente isoentrópico, mas a partir da seção y haverá uma nova pressão de estagnação e uma nova área crítica de referência.

Com $$\mathcal{M}_y = 0{,}5471 \xrightarrow{\text{Tabela 1 (Apêndice)}} \frac{A_c}{A_y^*} = 1{,}27 \rightarrow A_y^* = \frac{12{,}5}{1{,}27} = 9{,}84 \text{ cm}^2$$

A relação entre a área de saída e a nova seção crítica é:

$$\frac{A_s}{A_y^*} = \frac{18{,}75}{9{,}84} = 1{,}905 \xrightarrow{\text{Tabela 1(Apêndice)}} \mathcal{M}_s = 0{,}32$$

e $$\frac{p_s}{p_{0_y}} = 0{,}9315$$

$$\frac{T_s}{T_0} = 0{,}9799$$

Note-se que foi selecionada a solução subsônica, já que a jusante da onda de choque o escoamento é subsônico e também $T_{0_x} = T_{0_y}$, bastando escrever T_0. Dessa forma:

$$p_s = 0{,}9315\, p_{0_y} = 0{,}9315 \times 0{,}258 = 0{,}240 \text{ MPa (abs)}$$

$$T_s = 0{,}9799\, T_0 = 0{,}9799 \times 444 = 435 \text{ K}$$

$$v_s = \mathcal{M}_s \sqrt{kRT_s} = 0{,}32\sqrt{1{,}4 \times 287 \times 435} = 134 \text{ m/s}$$

b) A pressão máxima a jusante, que causa escoamento totalmente supersônico no divergente, é aquela que provoca uma onda de choque exatamente na seção de saída (p_N). Dessa forma, até a seção de saída o escoamento será isoentrópico; logo $A^* = A_G$.

$$\frac{As}{A_x^*} = \frac{18{,}75}{6{,}25} = 3 \xrightarrow{\text{Tabela 1(Apêndice)}} \mathcal{M}_x = 2{,}64$$

e

$$\frac{p_{s_x}}{p_{0_x}} = 0{,}04711$$

Logo: $p_{s_x} = 0{,}04711 \times 0{,}41 = 0{,}019 \text{ MPa (abs)}$

Com $\mathcal{M}_x = 2{,}64 \xrightarrow{\text{Tabela 2 (Apêndice)}} \mathcal{M}_{sy} = 0{,}5005$

e

$$\frac{p_{s_y}}{p_{s_x}} = 7{,}965$$

Logo: $p_{s_y} = 7{,}965 \times 0{,}019 = 0{,}151 \text{ MPa (abs)} = p_N$

Para qualquer pressão $p_j < 0{,}151$ MPa (abs), o escoamento será totalmente supersônico no divergente.

12.13 Escoamento adiabático com atrito ao longo de condutos de seção constante (escoamento de Fanno)

Neste item serão mostradas as características de mais um escoamento em função das hipóteses adotadas para a aplicação das equações básicas.

Pelo que já foi visto anteriormente, o fato de o escoamento ser adiabático permite concluir que a temperatura de estagnação mantém-se constante ao longo do escoamento e o fato de ser com atrito garante o aumento da entropia.

Seja um tubo de corrente (1) – (2) ao longo do escoamento (Figura 12.37).

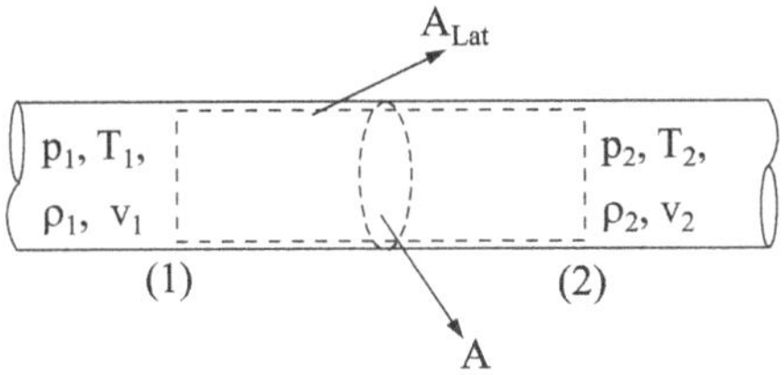

Figura 12.37

As equações básicas resultam em:

1) Continuidade:

$$\rho_1 v_1 = \rho_2 v_2 \rightarrow f(\rho, v) = 0 \quad (12.89)$$

2) Energia:

$$T_{0_1} = T_1 + \frac{v_1^2}{2} = T_2 + \frac{v_2^2}{2} = T_{0_2} \rightarrow f(T, v) = 0 \quad (12.90)$$

3) Quantidade de movimento:

$$\tau A_{Lat} = p_1 A - p_2 A + Q_m(v_1 - v_2) \rightarrow f(\tau, p, v) = 0 \qquad (12.91)$$

4) Equação de estado:

$$\frac{p_1}{p_2} = \frac{\rho_2}{\rho_1}\frac{T_1}{T_2} \rightarrow f(p, \rho, T) = 0 \qquad (12.92)$$

5) Entropia:

$$s_2 > s_1 \qquad (12.93)$$

Excluindo a Equação 12.91, forma-se um sistema de quatro equações e cinco variáveis f (ρ, v, T, p, s) = 0. Substituindo adequadamente uma na outra, pode-se chegar a uma função T = f (s), que já foi visto que dá origem à linha de Fanno, que tem o aspecto qualitativo da Figura 12.38.

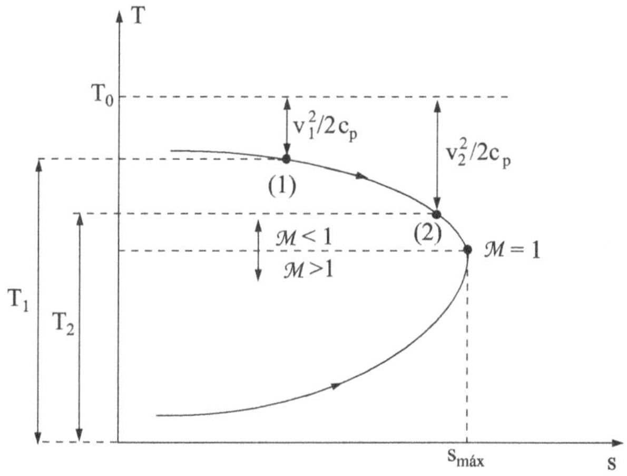

Figura 12.38

Pela Figura 12.38, pode-se observar que em cada ramo da curva os estados só podem variar num sentido, já que a entropia deve obrigatoriamente aumentar ao longo do escoamento. Nota-se, então, que no ramo subsônico a velocidade aumenta ao longo do escoamento e a temperatura diminui; no supersônico acontece o contrário.

Através de um equacionamento adequado, pode-se verificar que para $s_{máx}$ acontece $\mathcal{M} = 1$, bloqueando o escoamento.

Adotando um tubo de corrente de comprimento infinitesimal, pode-se obter a equação da quantidade de movimento na forma diferencial (Figura 12.39).

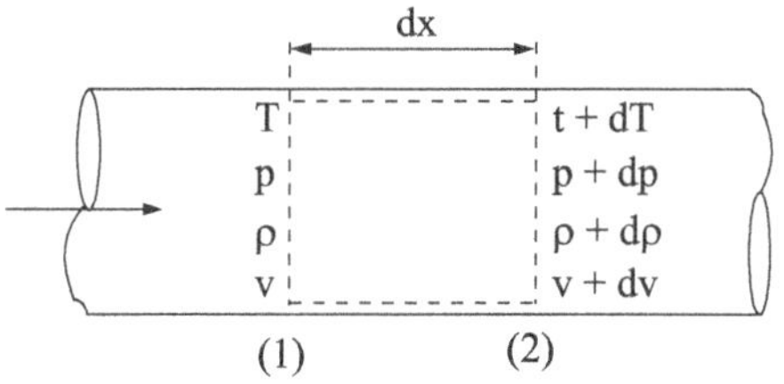

Figura 12.39

resultando em: $$dF_{S_x} = -\,dpA - Q_m dv$$

onde dF_{S_x} será a resultante das tensões de cisalhamento na superfície lateral de área $dA_{Lat} = \sigma dx$, onde σ, como foi visto no Capítulo 7, é o perímetro molhado.

Dessa forma: $$\tau\sigma dx = dpA + \rho A v dv$$

ou $$\frac{\tau\sigma dx}{A} = dp + \rho v dv$$

Lembrando que o diâmetro hidráulico é: $D_H = \dfrac{4A}{\sigma}$

então: $$\frac{4\tau dx}{D_H} = dp + \rho v dv$$

No Capítulo 7, pôde-se observar que: $f = \dfrac{4\tau}{\dfrac{\rho v^2}{2}}$ e, portanto:

$$\frac{fdx}{D_H}\frac{\rho v^2}{2} = dp + \rho v dv$$

Após uma série de transformações, chega-se a:

$$f\frac{dx}{D_H} = \frac{(1-\mathcal{M}^2)d\mathcal{M}^2}{k\mathcal{M}^4\left(1+\frac{k-1^2}{2}\mathcal{M}^2\right)} \tag{12.94}$$

A Equação 12.94 pode ser integrada desde uma seção qualquer do conduto, onde o número de Mach é qualquer um, até a seção do máximo comprimento do conduto, onde $\mathcal{M} = 1$ (lembrar que a curva de Fanno só pode ser percorrida num sentido em cada ramo).

$$\int_x^{x_{máx}} f\frac{dx}{D_H} = \int_{\mathcal{M}}^1 \frac{(1-\mathcal{M}^2)}{k\mathcal{M}^4\left(1+\frac{k-1}{2}\mathcal{M}^2\right)} = \frac{1}{k}\frac{1-\mathcal{M}^2}{\mathcal{M}} + \frac{k+1}{2k}\ell n\frac{\frac{k+1}{2}\mathcal{M}^2}{1+\frac{k-1}{2}\mathcal{M}^2}$$

Como $f = f(Re, D_H/k)$ e a velocidade varia ao longo do escoamento, assim como a viscosidade é função da temperatura, que também varia, então o coeficiente de perda de carga f será uma variável ao longo do conduto. O que é possível, entre x e $x_{máx}$, é adotar um valor médio para f, que será indicado por $\bar{f}$.

Dessa forma: $$\frac{\bar{f}}{D_H}(x_{máx} - x) = f(k, \mathcal{M})$$

O valor de $x_{máx} - x$ pode ser denominado $L_{máx}$ e, adotando o valor de k, pode-se tabelar $\dfrac{\bar{f}L_{máx}}{k}$ em função do número de Mach de qualquer seção adotada como a inicial (Tabela 3 do Apêndice).

Quando se deseja resolver um problema para um comprimento L qualquer entre duas seções (1) e (2), deve-se obter os valores de $\left(\dfrac{\bar{f}L_{máx}}{LD_H}\right)_1$ e $\left(\dfrac{\bar{f}L_{máx}}{D_H}\right)_2$ da Tabela 3 do Apêndice e lembrar que:

$$\frac{\bar{f}L}{D_H} = \left(\frac{\bar{f}L_{máx}}{D_H}\right)_1 - \left(\frac{\bar{f}L_{máx}}{D_H}\right)_2 \tag{12.95}$$

Utilizando as equações básicas, é possível relacionar as propriedades de uma seção qualquer com as propriedades da seção onde $\mathcal{M} = 1$ (lembrar que as propriedades críticas são indicadas por um asterisco), e novamente verifica-se que essas propriedades são funções somente de k e $\mathcal{M}$, permitindo o tabelamento para um dado valor de k (Tabela 3 do Apêndice).

EXEMPLO

Ar escoa de um reservatório de grandes dimensões, através de um convergente, para um conduto de diâmetro 7,5 cm constante, de 15 m de comprimento, isolado termicamente. Na saída, a pressão é atmosférica (100 kPa), a temperatura é 20°C e o número de Mach é 0,9. Admite-se que o coeficiente de perda de carga ao longo do conduto seja em média $\bar{f} = 0{,}02$.

Admitindo-se que no bocal que liga o conduto ao reservatório o escoamento seja isoentrópico, determinar a pressão e a temperatura do ar do reservatório.

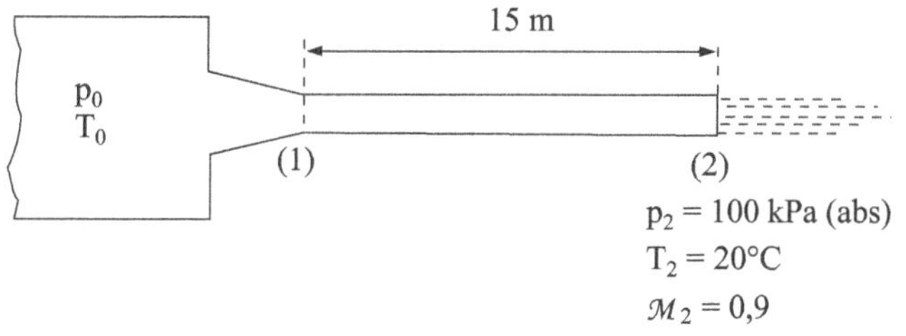

Solução

Lembrar que, do reservatório até a seção (1), o estado de estagnação se conserva. De (1) a (2) mantém-se $T_{0_1} = T_{0_2}$ e $p_{0_2} < p_{0_1}$, devido às perdas por atrito.

Com
$$\mathcal{M}_2 = 0{,}9 \xrightarrow{\text{Tabela 1}} \frac{T_2}{T_0} = 0{,}8606 \rightarrow T_0 = \frac{293}{0{,}8606} = 340 \text{ K}$$

$$\frac{\bar{f}\,L}{D} = \frac{0{,}02 \times 15}{0{,}075} = 4$$

$$\mathcal{M}_2 = 0{,}9 \xrightarrow{\text{Tabela 3}} \begin{cases} \dfrac{p_2}{p^*} = 1{,}12913 \rightarrow p^* = \dfrac{100}{1{,}12913} = 88{,}6 \text{ kPa (abs)} \\ \left(\dfrac{\bar{f}\,L_{máx}}{D}\right)_2 = 0{,}0145 \end{cases}$$

$$\left(\frac{\bar{f}\,L_{máx}}{D}\right)_1 = \left(\frac{\bar{f}\,L}{D}\right) + \left(\frac{\bar{f}\,L_{máx}}{D}\right)_2 = 4 + 0{,}0145 = 4{,}0145$$

$$\left(\frac{\bar{f}\,L_{máx}}{D}\right)_1 = 4{,}0145 \xrightarrow{\text{Tabela 3 (interpolando)}} \mathcal{M}_1 = 0{,}34$$

$$\mathcal{M}_1 = 0{,}34 \xrightarrow{\text{Tabela 3 (interpolando)}} \frac{p_1}{p^*} = 3{,}23 \rightarrow p_1 = 3{,}23 \times 88{,}6 = 286 \text{ kPa (abs)}$$

Logo:
$$p_{0_1} = \frac{p_1}{0{,}9231} = \frac{286}{0{,}9231} = 310 \text{ kPa (abs)}$$

Da mesma forma que nos bocais convergentes/divergentes, partindo-se de um certo estado de estagnação no reservatório a montante, se a pressão a jusante for reduzida aos poucos, a vazão em massa no conduto irá aumentando até se atingir $\mathcal{M} = 1$, quando o escoamento ficará bloqueado.

Como não é possível ultrapassar $\mathcal{M} = 1$, pois haveria uma diminuição da entropia, ulteriores reduções da pressão a jusante causarão uma expansão brusca na saída, fora do conduto (Figura 12.40).

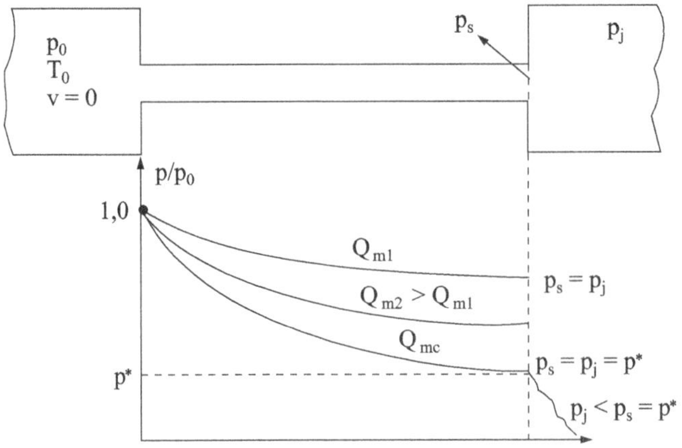

Figura 12.40

EXEMPLO

O ar de um reservatório à pressão de 700 kPa (abs) e uma temperatura de 5°C escoa por um conduto isolado termicamente de 3 cm de diâmetro e 30 m de comprimento. A pressão de saída é 100 kPa (abs) e admite-se que o coeficiente de perda de carga médio seja 0,012. Do reservatório ao conduto, o ar é conduzido por um convergente isoentrópico.

Determinar o número de Mach e a pressão na entrada do conduto.

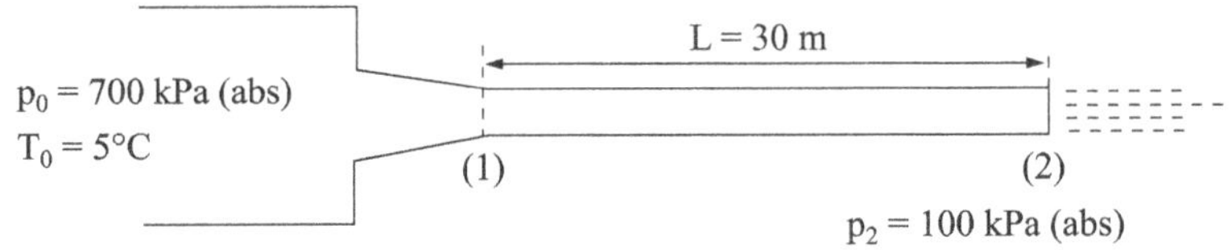

Solução

Para verificar se o escoamento está bloqueado, assume-se que: $L = L_{máx}$, isto é, $L_{máx} = 30$ m.

Logo: $$\left(\frac{\bar{f}\,L_{máx}}{D}\right)_1 = 12 \xrightarrow{\text{Tabela 3 (interp.)}} \begin{cases} \mathcal{M}_1 = 0{,}22 \\ \dfrac{p_{01}}{p_0^*} = 2{,}56 \end{cases}$$

Portanto: $$p_0^* = \frac{p_{0_1}}{2{,}56} = \frac{700}{2{,}56} = 273 \text{ kPa (abs)}$$

Admitindo-se $\mathcal{M}_2 = 1$ pela Tabela 1 do Apêndice, $\dfrac{p_2 = p^*}{p_0^*} = 0{,}528528$

Portanto: $p_2 = 0{,}528528 \times p_0^* = 0{,}528528 \times 273 = 144$ kPa (abs) $> p_2 = 100$ kPa (abs) dado.

Logo, como p_2 para $\mathcal{M}_2 = 1$ é maior que o p_2 dado, que deveria coincidir com p_j, conclui-se que a pressão de saída é menor que a que provocaria $\mathcal{M}_2 = 1$ e, portanto, o conduto está bloqueado.

Nesse caso $L = L_{máx}$ e realmente $\mathcal{M}_1 = 0{,}22$.

Com $\mathcal{M}_1 = 0{,}22 \xrightarrow{\text{Tabela 1}} \dfrac{p_1}{p_{01}} = 0{,}9669 \rightarrow p_1 = 0{,}9669 \times 700 = 677 \text{ kPa (abs)}$

Se o escoamento de Fanno for alimentado por um convergente/divergente em condições supersônicas, os estados do escoamento corresponderão ao ramo inferior da linha de Fanno (Figura 12.38). Nesta se observa que, ao longo do escoamento, a pressão e a temperatura aumentam por causa do atrito e o número de Mach diminui, podendo ser unitário no limite.

Se a jusante a pressão p_j for maior que p^*, acontecerá uma onda de choque em alguma seção do conduto e, como já foi visto, o escoamento passará para subsônico a jusante da onda até a saída. Se a pressão de saída for aumentada gradativamente, a onda de choque caminhará para montante até se instalar no convergente/divergente que alimenta o conduto. Lembrar que, nessa situação, a vazão em massa será sempre a mesma, controlada pela garganta do bocal convergente/divergente. Continuando a aumentar a pressão a jusante, a onda de choque irá desaparecer ao chegar na garganta e finalmente o escoamento ficará totalmente subsônico.

A partir dessa situação, o bocal não estará mais bloqueado e ulteriores aumentos da pressão a jusante provocarão uma redução na vazão em massa a partir do valor crítico.

EXEMPLO

Ar escoa por um bocal convergente/divergente, cuja área da garganta é 20 cm^2. Na saída, o divergente tem um diâmetro de 7,5 cm e alimenta um conduto circular de seção constante, isolado termicamente, de mesmo diâmetro e de 3,6 m de comprimento. O reservatório que alimenta o bocal está a uma pressão de 206 kPa (abs) e a uma temperatura de 60°C.

Observa-se uma onda de choque no conduto a uma distância de 3 m da entrada e supõe-se que $\bar{f} = 0{,}008$. Assumindo que no convergente/divergente o escoamento seja isoentrópico e que no conduto seja de Fanno, determinar a pressão de saída.

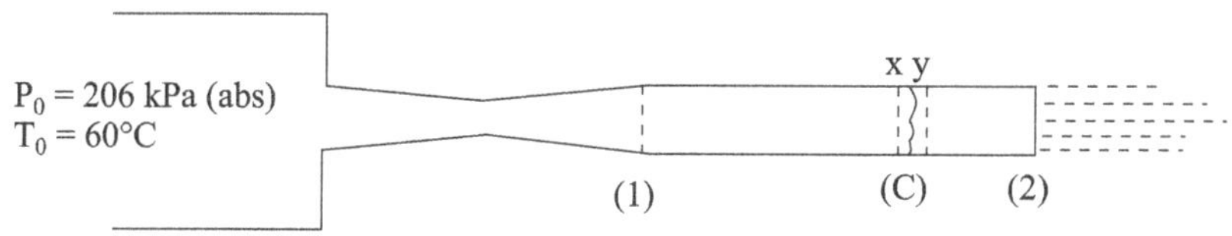

Solução

$$A_1 = \frac{\pi D_1^2}{4} = \frac{\pi \times 7{,}5^2}{4} = 44{,}18 \text{ cm}^2$$

$$\frac{A_1}{A^*} = \frac{44{,}18}{20} = 2{,}209 \xrightarrow{\text{Tabela 1}} \begin{cases} \mathcal{M}_1 = 2{,}32 \\ \dfrac{p_1}{p_0} = 0{,}07751 \rightarrow p_1 = 0{,}07751 \times 206 = 20{,}1 \text{ kPa (abs)} \end{cases}$$

$$\mathcal{M}_1 = 2{,}32 \xrightarrow{\text{Tabela 3}} \begin{cases} \left(\dfrac{\bar{f}\, L_{máx}}{D}\right)_1 = 0{,}39 \\ \dfrac{p_1}{p^*} = 0{,}0332 \rightarrow p^* = \dfrac{20{,}1}{0{,}332} = 60{,}5 \text{ kPa (abs)} \end{cases}$$

$$\left(\frac{\bar{f}\, L}{D}\right)_{1-Cx} = \left(\frac{\bar{f}\, L_{máx}}{D}\right)_1 - \left(\frac{\bar{f}\, L_{máx}}{D}\right)_{Cx}$$

$$\left(\frac{\bar{f}\,L_{máx}}{D}\right)_{Cx} = \left(\frac{\bar{f}\,L_{máx}}{D}\right)_1 - \left(\frac{\bar{f}\,L}{D}\right) = 0{,}39 - \frac{0{,}008 \times 3}{0{,}075} = 0{,}07$$

$$\left(\frac{\bar{f}\,L_{máx}}{D}\right)_{Cx} = 0{,}07 \xrightarrow{\text{Tabela 3}} \begin{cases} \mathcal{M}_x = 1{,}4 \\ \dfrac{p_x}{p^*} = 0{,}6632 \end{cases}$$

$$p_x = 0{,}6632 \times 60{,}5 = 40{,}1 \text{ kPa (abs)}$$

$$\mathcal{M}_x = 1{,}4 \xrightarrow{\text{Tabela 2}} \begin{cases} \mathcal{M}_y = 0{,}7397 \\ \dfrac{p_y}{p_x} = 2{,}12 \end{cases}$$

$$p_y = 2{,}12 \times 40{,}1 = 85 \text{ kPa (abs)}$$

$$\mathcal{M}_y = 0{,}7397 \xrightarrow{\text{Tabela 3}} \begin{cases} \left(\dfrac{\bar{f}\,L_{máx}}{D}\right)_{Cy} = 0{,}12728 \\ \dfrac{p_y}{p^{*'}} = 1{,}3548 \end{cases}$$

$$p^{*'} = \frac{85}{1{,}3848} = 61{,}4 \text{ kPa (abs)}$$

$$\left(\frac{\bar{f}\,L_{máx}}{D}\right)_2 = \left(\frac{\bar{f}\,L_{máx}}{D}\right)_{Cy} - \left(\frac{\bar{f}\,L}{D}\right)_y = 0{,}12728 - \frac{0{,}008 \times 0{,}6}{0{,}075} = 0{,}0633$$

$$\left(\frac{\bar{f}\,L_{máx}}{D}\right)_2 = 0{,}0633 \xrightarrow{\text{Tabela 3}} \begin{cases} \mathcal{M}_2 = 0{,}82 \\ \dfrac{p_y}{p^{*'}} = 1{,}254 \end{cases}$$

$$p_2 = 1{,}254 \times 61{,}4 = 77 \text{ kPa (abs)}$$

Neste item foram abordados apenas idéias básicas e exemplos simples envolvendo o escoamento de Fanno. Para um estudo mais detalhado, o leitor deverá recorrer a textos mais especializados sobre dinâmica dos gases.

Pela mesma razão, deixa-se de analisar o escoamento de Rayleigh, sem atrito, com trocas de calor ao longo de condutos de seção constante, já que uma análise mais profunda foge do escopo deste estudo.

EXERCÍCIOS

12.1 Uma massa de 8 kg de oxigênio sofre uma transformação de um estado (1) (p_1 = 1,3 bar (abs) e T_1 = 10°C) para um estado (2) (p_2 = 5 bar (abs) e T_2 = 95°C). Sabendo que para o oxigênio k = 1,393 e c_p = 921,6 J, determinar:

a) a constante R da equação de estado;
b) o calor específico a volume constante;
c) a variação da energia interna;
d) a variação da entalpia;
e) a massa específica final.

Resp.: a) R = 260 J/kg.K; b) c_v = 661,6 J/kg.K; c) ΔI = 450 kJ; d) ΔH = 627 kJ; e) ρ_2 = 5,226 kg/m^3

12.2 As propriedades do ar são obtidas como uma média ponderada de seus componentes; dessa forma, admite-se que sua massa molecular seja 29. Um recipiente rígido de 2 m^3 contém ar a 20 °C e uma pressão de 2 MPa (abs). O recipiente é aquecido até atingir uma pressão de 5 MPa (abs). Sabe-se que a constante universal dos gases é $\overline{R}$ = 8.315 J/kmol.K e que a constante adiabática de ar é k = 1,4. Determinar:

a) os calores específicos a volume e pressão constantes;
b) a temperatura final em °C;
c) a variação de energia interna;
d) a variação de entalpia.

Resp.: a) c_v = 717 J/kg.K; c_p = 1.004 J/kg.K; b) T_2 = 460°C; c) ΔI = 15 MJ; d) ΔH = 21 MJ

12.3 Ar a 20°C e 103 kPa (abs) é comprimido isoentropicamente de forma que seu volume se reduza a 40% do inicial. Sendo k = 1,4, determinar:

a) a pressão e a temperatura finais;
b) a variação da energia interna específica;
c) a variação da entalpia específica.

Resp.: a) p_2 = 371 kPa (abs); T_2 = 150°C; b) Δu = 93,2 kJ/kg; c) Δh = 130,5 kJ/kg

12.4 Ao longo de uma tubulação escoa vapor de água, considerado gás perfeito, com k = 1,327 e c_p = 1.872 J/kg.K. Numa seção (1), um manômetro indica 0,4 MPa e um termômetro indica 300°C. Em outra seção (2) a jusante, um manômetro indica 0,4 MPa e a temperatura é 150°C. Sendo a pressão atmosférica local 100 kPa, qual é a variação da entropia específica de (1) a (2)?

Resp.: Δs = –568 J/kgK

12.5 Um projétil desloca-se em ar com uma velocidade de 360 km/h. Qual é o tipo de escoamento, se no local a temperatura é 20°C? Dados: k = 1,4 e R = 286 J/kg.K.

Resp.: Escoamento subsônico com $\mathcal{M}$ = 0,29

12.6 Na seção de um escoamento de ar (k = 1,4), o manômetro ligado a um tubo de Pitot indica 20 kPa e um termômetro, mergulhado no escoamento para indicar a temperatura de estagnação, indica 50°C. Sabendo que o número de Mach nessa seção é 0,6 e que a pressão atmosférica local é 100 kPa, determinar a temperatura, a pressão, a massa específica e a velocidade do ar nessa seção.

Resp.: T = 28,3°C; p = –5,9 kPa; ρ = 1,088 kg/m^3; v = 209 m/s

12.7 Numa certa seção do escoamento de ar, a temperatura estática é 20°C. Um tubo de Pitot colocado no fluxo provoca um desnível de 20 mmHg num manômetro diferencial. Sendo a pressão 100 kPa (abs), qual é a velocidade do ar? Qual é o erro cometido ao se considerar o ar como incompressível?

Dados: k = 1,4; R = 287 m^2/s^2K; e γ_{Hg} = 136.000 N/m^3 e p_{atm} = 100 kPa.

Resp.: v = 67,3 m/s; 0,45%

12.8 Mantidos os outros dados do Exemplo 12.7, qual seria o desnível de mercúrio no manômetro diferencial para uma velocidade do ar de 400 m/s? Qual é o erro cometido ao se considerar o ar como incompressível?

Resp.: h = 970 mm; 27,8%

12.9 No Venturi da figura, escoa ar (k = 1,4; R = 287 m^2/s^2.K). Na seção (1) tem-se $p_1 = 10^5$ Pa (abs); T_1 = 20°C e A_1 = 50 cm^2. A seção (2) tem área de 25 cm^2 e o coeficiente de descarga do Venturi é 0,95. Dado γ_{Hg} = 136.000 N/m^3, determinar:

a) o coeficiente de compressibilidade;
b) a vazão em massa;
c) o erro cometido ao se considerar o fluido incompressível.

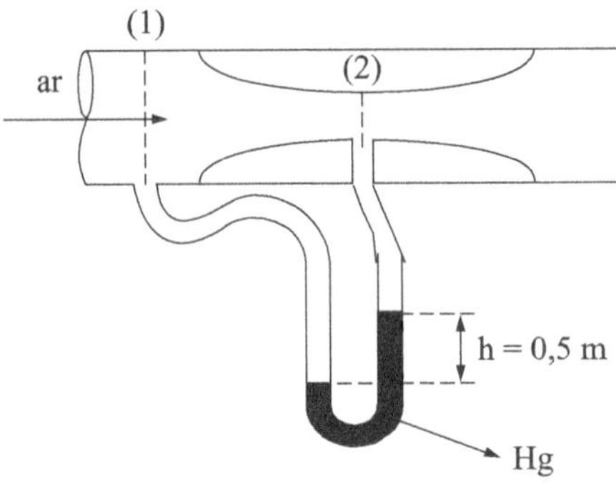

Resp.: a) $\phi = 0{,}47$; b) $Q_m = 0{,}518$ kg/s; erro = 113%

12.10 Hélio escoa através de um Venturi, que tem um diâmetro de aproximação de 15 cm e um diâmetro de garganta de 10 cm. A pressão e temperatura na seção de aproximação são, respectivamente, 200 kPa (abs) e 366 K. Um manômetro diferencial ligado entre as duas seções registra um desnível de 5,1 m, utilizando água como fluido manométrico. Determinar a vazão em massa do hélio. Dados: $k_{He} = 1{,}665$; $c_{p_{He}} = 5.200$ J/kg.K; $C_D = 0{,}95$; $\gamma_{H_2O} = 10^4$ N/m^3.

Resp.: $Q_m = 1{,}151$ kg/s

12.11 Um recipiente de grandes dimensões contém hidrogênio a 1,5 bar (abs) e 550 K. Determinar a velocidade de descarga por um orifício de bordo delgado, para os seguintes casos:

a) a massa específica do gás é considerada constante ao longo do escoamento;
b) a massa específica do gás é variável ao longo do escoamento.
Determinar o erro ao considerar o caso a).

Dados: $k = 1{,}405$; $c_p = 14.532$ J/kg.K; $p_{atm} = 1$ bar; supor $c_v = 1$.

Resp.: a)1.239 m/s; b) 1.328 m/s; c) 6,7%

12.12 Dois aviões equipados com sensores de ondas de pressão deslocam-se na mesma trajetória, um contra o outro, com velocidades de 2.130 km/h (avião 1) e 530 km/h (avião 2). No local do movimento, $T = -55°C$, $k = 1{,}4$ e $R = 287$ m^2/s^{2}K.

a) Qual dos dois sensores registrará primeiro a presença do outro avião?
b) Sabendo que o raio de propagação da onda registrada pelo sensor é 14.800 m, qual é a distância entre os aviões, no instante em que o sensor registra a presença do outro?
c) Sabendo que o tempo mínimo de manobra para mudar a trajetória do avião (1) é 15 s e do avião (2) é 5 s, haverá colisão?

Resp.: b) 7.440 m; c) haverá após 10 s

12.13 Num túnel aerodinâmico, o modelo de um projétil dá origem a uma onda de pressão cônica, cujo ângulo do vértice é 50°. A pressão e temperatura na região externa à onda são, respectivamente, 100 kPa (abs) e 22°C. Calcular a velocidade de escoamento do ar e o número de Mach nas condições indicadas. Dados: $k = 1{,}4$; $R = 287$ m^2/s^2.K.

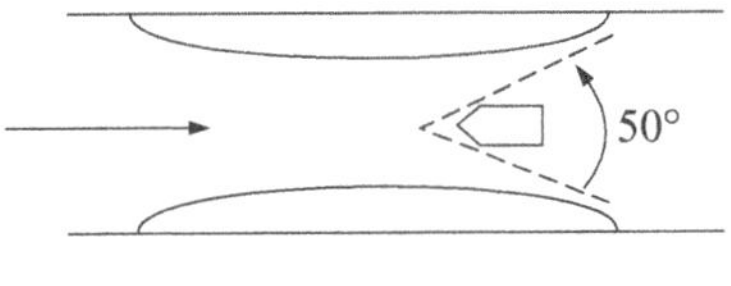

Resp.: $v = 815$ m/s; $\mathcal{M} = 2{,}37$

12.14 Vapor de água escoa de um reservatório de grandes dimensões, onde a pressão é 10^5 Pa (abs) e a temperatura é 130°C, por um bocal, com escoamento isoentrópico. Sendo $k = 1{,}33$ e $R = 462$ m^2/s^2.K, determinar a temperatura, a velocidade, a pressão e a massa específica do estado crítico.

Resp.: $T^* = 346$ K; $v^* = 461$ m/s; $p^* = 54$ kPa (abs); $\rho^* = 0{,}338$ kg/m^3

12.15 Um reservatório de grandes dimensões contém ar à pressão de 1 MPa (abs) e temperatura de 300°C. O ar é descarregado ao ambiente por um bocal convergente de área de saída $A_s = 2 \times 10^{-4}\ m^2$. Supondo que o escoamento seja isoentrópico e bloqueado, qual é a vazão em massa? Dados: $k = 1{,}4$ e $R = 287\ m^2/s^2.K$.

Resp.: 0,338 kg/s

12.16 Na figura, o ar apresenta escoamento isoentrópico, bloqueado. Sabendo que a pressão de estagnação é $2 \times 10^5 Pa$ (abs), determinar A_1. Dados: $k = 1{,}4$; $R = 287\ m^2/s^2.K$; $A_s = 15\ cm^2$; $p_{atm} = 10^5\ Pa$; $\gamma_{Hg} = 136.000\ N/m^3$.

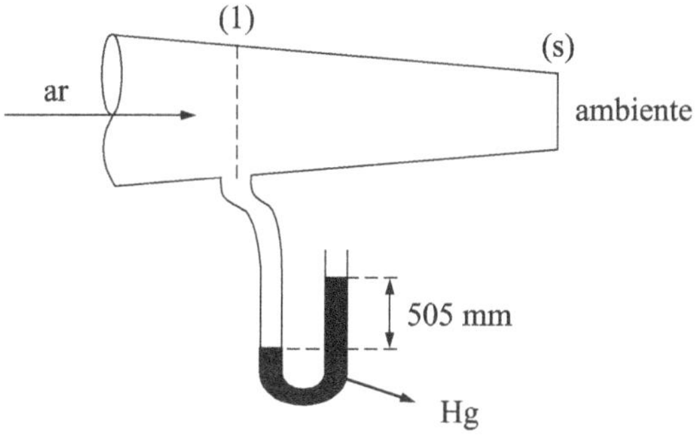

Resp.: $A_1 = 20{,}1\ cm^2$

12.17 O reservatório de grandes dimensões da figura descarrega o ar à atmosfera com escoamento isoentrópico.

a) Qual é a temperatura indicada no termômetro?
b) Qual é a vazão em massa na seção de saída?
c) Qual é a vazão em massa na seção onde $\mathcal{M} = 0{,}3$?
d) Qual é a área da seção onde $\mathcal{M} = 0{,}3$?
e) Qual é a máxima vazão em massa que poderia ser obtida e como poderia ser provocada sem alterar a leitura do termômetro?

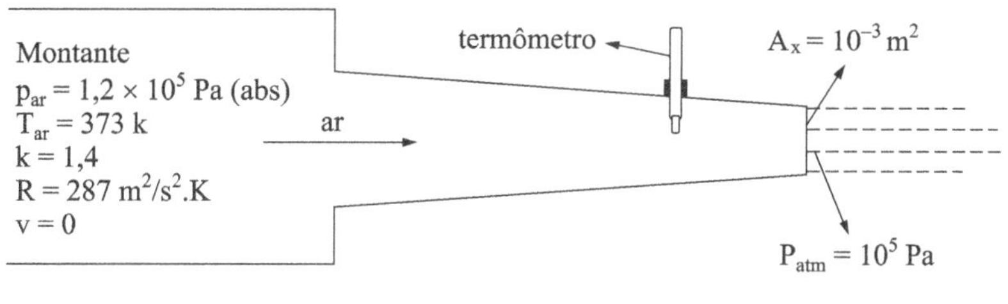

Resp.: a) 373 K; b) 0,193 kg/s; c) 0,193 kg/s; d) 15,6 cm^2; e) 0,396 kg/s

12.18 O reservatório da figura é de grandes dimensões e o escoamento no convergente é isoentrópico. Determinar:

a) a pressão e a temperatura de estagnação;
b) a leitura do manômetro M_2, quando o tubo de Pitot é instalado na seção (A);
c) a velocidade na seção (B);
d) a área da seção crítica;
e) o desnível h do mercúrio ($\gamma_{Hg} = 136.000\ N/m^3$).

Dados: $A_A = 3 \times 10^{-3}\ m^2$; $A_B = 2 \times 10^{-3}\ m^2$; $T_1 = 300$ K; $T_2 = 290{,}7$ K; $p_{M1} = 1{,}79 \times 10^5$ Pa (abs); $p_{M2} = 2 \times 10^5$ Pa (abs).

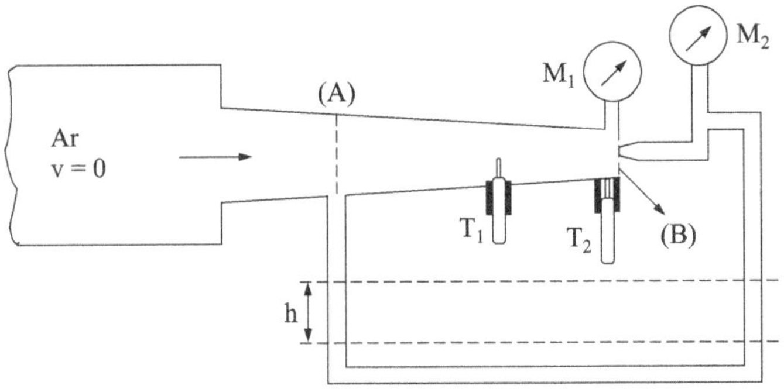

Resp.: a) $T_0 = 300$ K; $p_0 = 2 \times 10^5$ Pa (abs); b) 2×10^5 Pa (abs); c) 136,7 m/s; d)$1{,}26 \times 10^{-3}$ m^2; e) 64 mmHg

12.19 Um conduto para a exaustão do ar de um avião está fixado em sua parte superior. O avião voa com uma velocidade de 180 m/s. A temperatura e a pressão do ar em repouso são, respectivamente, –6°C e 100 kPa (abs). Determinar a velocidade e a temperatura numa seção do conduto onde $\mathcal{M} = 0{,}8$. Adotar escoamento isoentrópico.

Dados: $k = 1{,}4$; $R = 287$ m^2/s^2K.

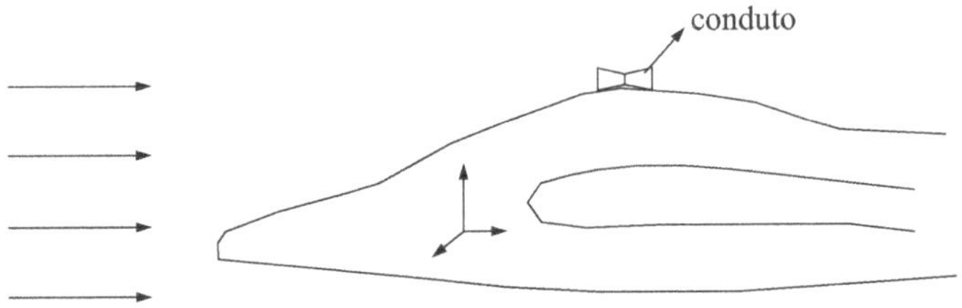

Resp.: $T_2 = 251$ K; $v_2 = 254$ m/s

12.20 Ar escoa isoentropicamente num conduto divergente. A pressão e a temperatura na seção (1) são, respectivamente, 0,34 MPa (abs) e 27°C e a velocidade é 312 m/s. Se $\frac{A_2}{A_1} = 2{,}37$, determinar a pressão, a temperatura e a velocidade na seção (2).

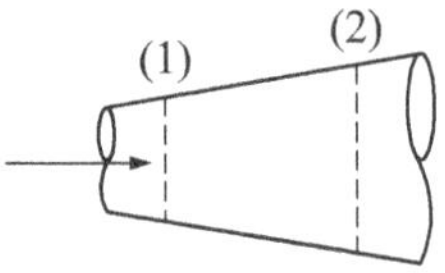

Resp.: $p_2 = 0{,}55$ MPa (abs); $T_2 = 345$ K; $v_2 = 93{,}1$ m/s

12.21 No dispositivo da figura, qual deve ser a rotação do eixo para que o número de Mach na saída seja igual a 1? Dados: o fluido é ar com escoamento isoentrópico, a temperatura ambiente é 293 K, $A_e = 20$ cm^2, $A_s = 10$ cm^2.

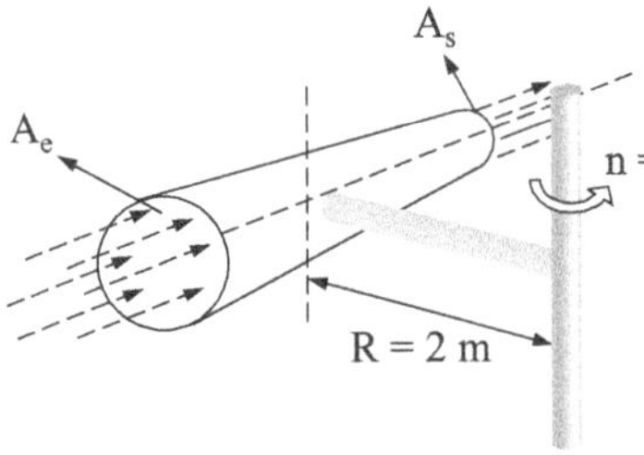

Resp.: 491 rpm e 3.604 rpm

12.22 Um bocal convergente/divergente de seção circular tem a montante um reservatório de grandes dimensões onde o ar tem $p = 10^6$ Pa (abs) e T = 650 K. Sabendo que o escoamento é isoentrópico e bloqueado e dados k = 1,4 e $R = 287\ m^2/s^2.K$, determinar:

a) a pressão, a temperatura e a massa específica na garganta:

b) o diâmetro da garganta para que a vazão em massa seja 34 kg/s;

c) a temperatura e a velocidade na saída do divergente, sabendo que a pressão é 10^5 Pa (abs);

d) a área da seção de saída.

Resp.: a) $p^* = 5{,}28 \times 10^5$ Pa (abs); $T^* = 542$ K; $\rho^* = 3{,}4\ kg/m^3$; b) D = 0,165 m; c) $T_s = 338$ K; $v_s = 792$ m/s; d) $A_s = 410\ cm^2$

12.23 A figura mostra um bocal convergente/divergente, em que o escoamento é isoentrópico, bloqueado e contínuo. O reservatório a montante é de grandes dimensões.

a) Determinar a pressão, a temperatura e a massa específica de estagnação.

b) Determinar a pressão e a temperatura na garganta do bocal.

c) Se o tubo de Pitot for instalado na seção (2), qual será o novo desnível do mercúrio, mantido o outro ramo do manômetro diferencial? (Justifique.)

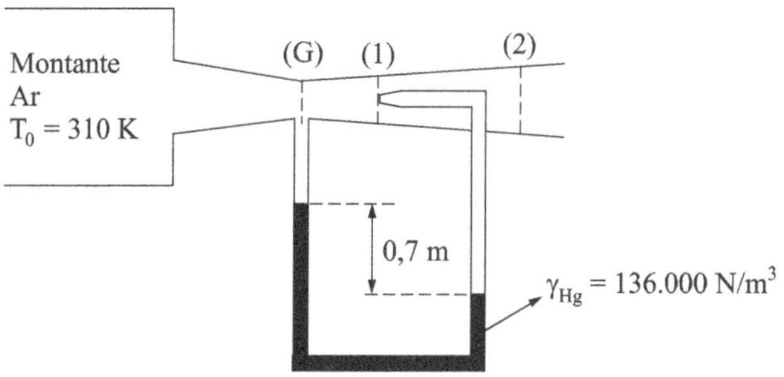

Resp.: a) $T_0 = 310$ K; $p_0 = 201{,}8$ kPa (abs); $\rho_0 = 2{,}27\ kg/m^3$; b) $p^* = 106{,}6$ kPa (abs); $T^* = 258$ K

12.24 Um pequeno foguete é testado num banco de provas. A saída dos gases de combustão é feita por um divergente, em que os gases sofrem uma expansão total até a pressão ambiente. A temperatura e a pressão na câmara de combustão são, respectivamente, 2.730 K e 3,4 MPa (abs) e a câmara de combustão é considerada um reservatório de grandes dimensões. O consumo total de oxidante e combustível é 4,5 kg/s. Supondo o escoamento isoentrópico e dados k = 1,4 e $R = 287\ m^2/s^2.K$, determinar:

a) a força de propulsão indicada no dinamômetro;
b) a área da seção de saída;
c) a área da seção crítica.

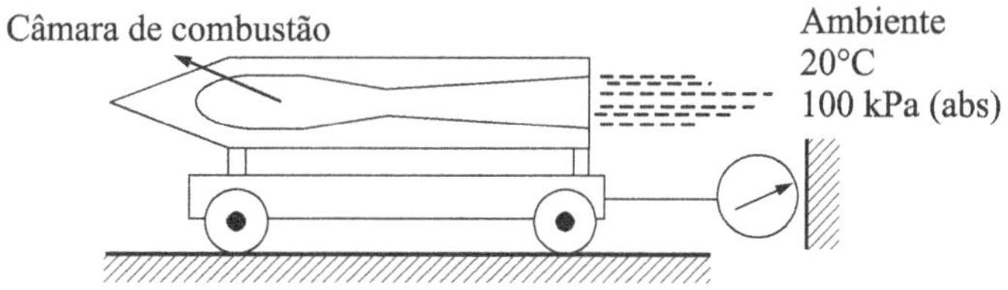

Resp.: a) $F_{S_x} = 8.388$ N;
b) $A_s = 69{,}3\ cm^2$; c) $A^* = 17{,}3\ cm^2$

12.25 Para o bocal convergente/divergente da figura:

a) Quais são os valores da pressão de saída que permitem obter um escoamento totalmente isoentrópico bloqueado?
b) Qual é a máxima vazão em massa?

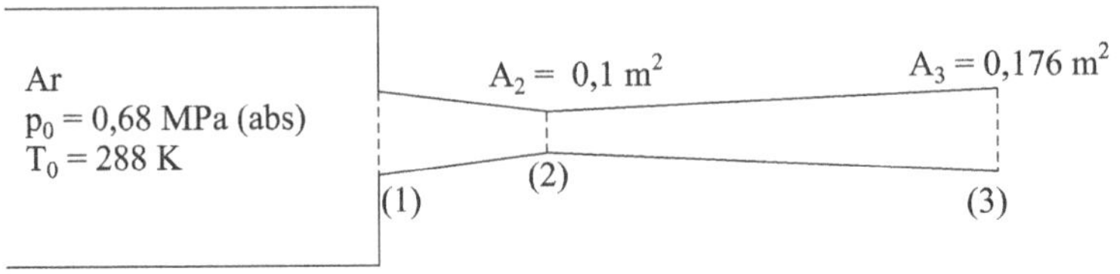

Resp.: a) $p_3' = 0,622$ MPa (abs); $p_3'' = 0,08$ MPa (abs); b) $Q_{m_c} = 164,2$ kg/s

12.26 Um túnel aerodinâmico é projetado para uma vazão de ar de 6,3 kg/s. O número de Mach na seção de testes deverá ser igual a 2, quando a pressão e a temperatura de estagnação forem, respectivamente, 0,1 MPa (abs) e 260 K. Calcular a área da garganta, a de saída e as pressões, temperaturas e velocidades nessas seções, considerando o escoamento isoentrópico.

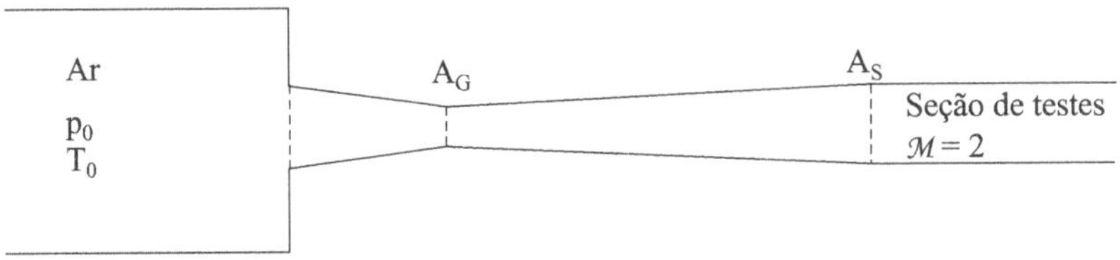

Resp.: $A_G = 251\ cm^2$; $A_s = 424\ cm^2$; $p^* = 52,8$ kPa (abs); $T^* = 217$ K; $v^* = 295$ m/s; $p_s = 12,7$ kPa (abs); $T_s = 144$ K; $v_s = 482$ m/s

12.27 A velocidade dos gases na saída de um foguete é 2.000 m/s. A pressão na câmara de combustão é 1,51 MPa (abs). Sabendo que a área de saída é 319 cm^2 e a da garganta 293 cm^2 e que o escoamento é totalmente isoentrópico, determinar a pressão e a temperatura dos gases na saída do foguete e a força de propulsão. Supor que as propriedades dos gases coincidam com as do ar.

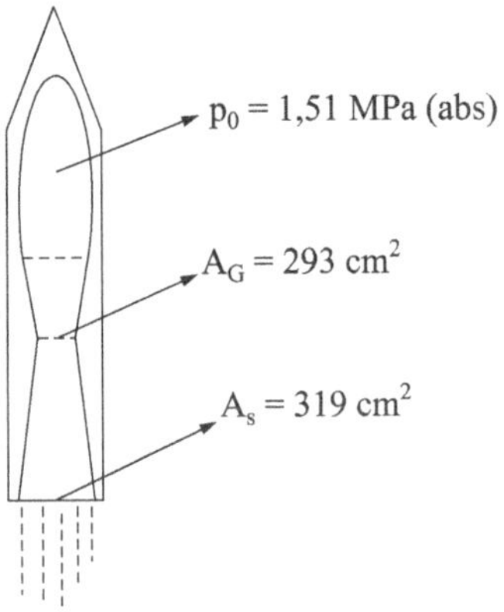

Resp.: $p_s = 0,516$ MPa (abs); $T_s = 5.544$ K; $F_{S_z} = 41.342$N

12.28 Em um bocal convergente/divergente escoa ar ($k = 1,4$; $R = 287\ m^2/s^2.K$), proveniente de um reservatório de grandes dimensões. Numa seção do divergente, nota-se uma onda de choque e, no restante do conduto, supõe-se que o escoamento seja isoentrópico. A relação entre a pressão e a pressão do estado de estagnação na seção a montante da onda de choque é 0,272. Dados: para a saída $p_s = 10^5$ Pa (abs); $T_s = 300$ K; $A_s = 1,35\ A_{Garganta}$; determinar:

a) a intensidade da onda de choque;
b) se $A_x^* \neq A_y^*$;
c) as propriedades de estagnação a montante da onda de choque;
d) a vazão em massa em função da área de saída;
e) o esboço do diagrama do número de Mach em função do comprimento do bocal;
f) a irreversibilidade da onda de choque (Δs).

Resp.: a) $Int_{OC} = 2{,}46$; b) $A_y^* = 1{,}075\ A_x^*$; c) $p_{0_x} = 1{,}3 \times 10^5$ Pa (abs); $T_0 = 317$ K; d) $Q_m = 213{,}6A_s$ kg/s; f) $\Delta s = 20{,}8$ J/kg.K

12.29 No bocal convergente/divergente da figura escoa ar ($k = 1{,}4$; $R = 287\ m^2/s^2.K$).

Dados: $T_s = 300$ K; $A_s = 2{,}0\ A_G$; $p_{atm} = 0{,}9 \times 10^5$ Pa; $\gamma_{Hg} = 1{,}36 \times 10^5\ N/m^3$.

a) Determinar a pressão e a temperatura do reservatório a montante.
b) Determinar o desnível h indicado no manômetro.
c) Completar os valores de p/p_0 indicados no gráfico.

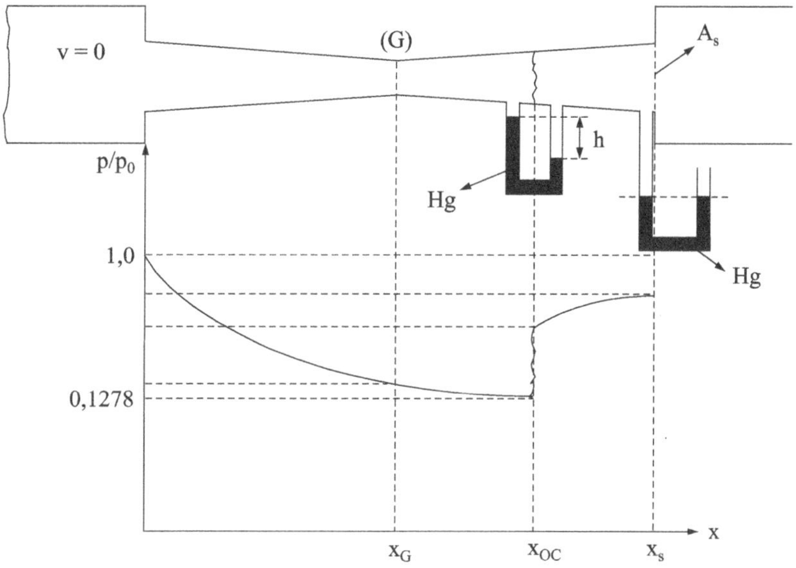

Resp.: a)144 kPa (abs); 313 K; b) 0,474 m

12.30 A descarga de ar de um reservatório de grandes dimensões é feita por um bocal convergente/divergente que tem uma área da garganta de $10^{-3}\ m^2$ e uma área de saída de $2 \times 10^{-3}\ m^2$. Sabendo que o escoamento é bloqueado e que no reservatório a pressão é 10^6 Pa (abs) e na saída $p_s = 7{,}56 \times 10^5$ Pa (abs) e $T_s = 505$ K, pode-se afirmar que ocorre uma onda de choque? Dados: $k = 1{,}4$; $R = 287\ m^2/s^2.K$.

Resp.: Sim

12.31 Se, com os dados do exercício anterior, ocorrer uma onda de choque normal numa seção de área $1{,}4 \times 10^{-3}$, determinar:

a) as propriedades de estagnação na seção de saída do divergente;
b) a variação de velocidade entre a entrada e a saída da onda de choque;
c) a vazão em massa.

Resp.: a) $T_{0y} = 520$ K; $p_{0y} = 830$ kPa (abs); b) $\Delta v = 357$ m/s; c) $Q_m = 1{,}78$ kg/s

12.32 No exercício anterior, determinar as propriedades nas seções de entrada e saída da onda de choque, na garganta e na saída do divergente, e esboçar em função do comprimento do bocal:

a) o diagrama de p/p_0;
b) o diagrama de T/T_0;
c) o diagrama do número de Mach.

12.33 No convergente/divergente da figura, sabe-se que o escoamento imediatamente a montante da seção (1) é supersônico. Pelo desnível do manômetro diferencial, é possivel afirmar que na seção indicada existe uma onda de choque? Justifique.

Dados: $h = 1$ m; $A_1 = 38 \times 10^{-4}\ m^2$; $A_s = 40 \times 10^{-4}\ m^2$; $T_s = 400$ K; $T_{0y} = 429$ K; $\gamma_{Hg} = 1,36 \times 10^5\ N/m^3$.

Determinar:

a) o número de Mach na seção imediatamente a jusante da onda de choque;
b) o número de Mach na seção de saída do bocal;
c) as pressões de estagnação a montante e a jusante da onda de choque.

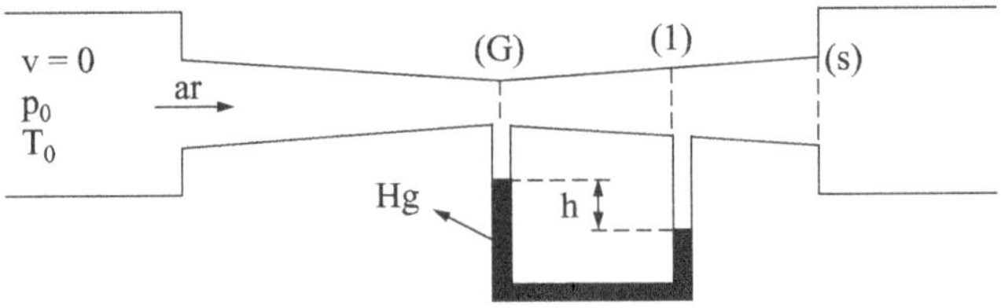

Resp.: a) $\mathcal{M}_y = 0,66$; b) $\mathcal{M}_s = 0,6$; c) $p_{0x} = 1,01 \times 10^6$ Pa (abs); $p_{oy} = 0,9 \times 10^6$ Pa(abs)

12.34 No ensaio de um bocal convergente/divergente, utilizou-se o ar contido num reservatório de grandes dimensões à pressão de $6,8 \times 10^5\ N/m^2$(abs) e à temperatura de 533 K. Para uma vazão em massa de 110 kg/s, obteve-se o diagrama da figura. Determinar:

a) a área crítica;
b) a área onde ocorre a onda de choque;
c) a área da seção de saída.

Esboçar os diagramas $p = f(x)$ e $T = f(x)$, especificando os valores de p e T nas seções de entrada, da garganta, da onda de choque e de saída do bocal.

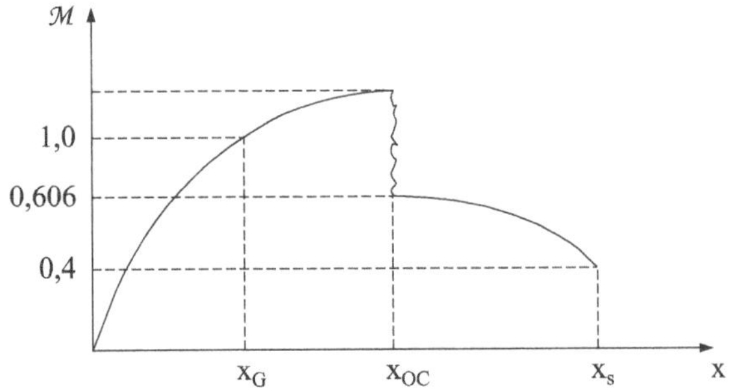

Resp.: a) $A^* = 924\ cm^2$; b) $A_C = 1.371\ cm^2$; c) $A_s = 1.835\ cm^2$

12.35 É dado um bocal convergente/divergente alimentado pelo reservatório da figura. Para uma certa pressão de jusante, a vazão em massa é máxima, a temperatura na seção (1) é 373 K e o escoamento é contínuo em todo o divergente. Modificando as condições a jusante, observa-se uma onda de choque na seção (1). Determinar a diferença de temperatura entre os pontos imediatamente a jusante e a montante da onda de choque e esquematizar a variação de pressão ao longo do bocal para as duas condições de jusante ($k = 1,4$; $R = 287\ m^2/s^2.K$).

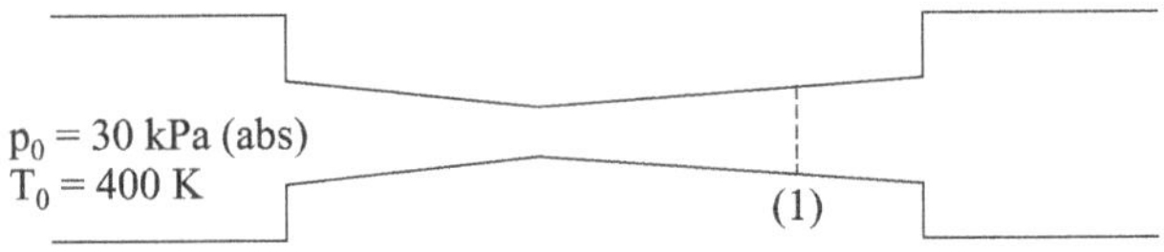

Resp.: $\Delta T = 85$ K

12.36 No bocal da figura escoa ar ($k = 1{,}4$; $R = 287\ m^2/s^2.K$). Numa certa condição, a seção de área mínima é crítica, a massa específica na seção (1), de área $160\ cm^2$, é $1{,}225\ kg/m^3$ e o escoamento até essa seção é isoentrópico. Variando a pressão a jusante, obteve-se uma segunda situação, ocorrendo uma onda de choque na seção (1). Para a segunda situação, determinar:

a) a temperatura a montante da onda de choque;
b) a vazão em massa;
c) $\mathcal{M}$ e v na garganta.

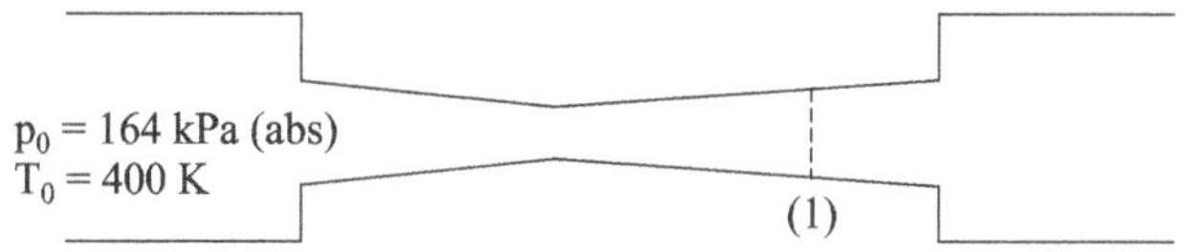

Resp.: a) 267 K; b) 4,29 kg/s; c) $\mathcal{M} = 1$; v = 366 m/s

12.37 Quando a pressão e a temperatura atingem, respectivamente, 1 MPa (abs) e 300 K, entra em funcionamento a válvula de segurança da figura, que descarrega o ar ($k = 1{,}4$; $R = 287\ m^2/s^2K$) para outro reservatório, através de um bocal convergente/divergente. Determinar:

a) os valores de $\mathcal{M}$ e T na seção de saída, onde p = 100 kPa (abs);
b) os valores de $\mathcal{M}$ e T do jato na câmara de jusante, quando se forma uma onda de choque na seção de saída do bocal.

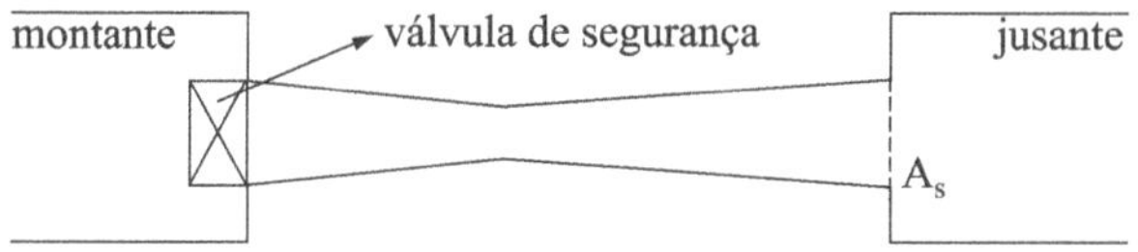

Resp.: a) $\mathcal{M}_s = 2{,}16$; $T_s = 155$ K; b) $\mathcal{M}_y = 0{,}552$; $T_y = 283$ K

12.38 O ar escoa por um convergente/divergente. Numa seção do escoamento, forma-se uma onda de choque normal. As condições são tais que, no manômetro ligado ao tubo de Pitot da figura, o nível do mercúrio é igual nos dois ramos. Qual é a velocidade na seção a jusante da onda de choque?

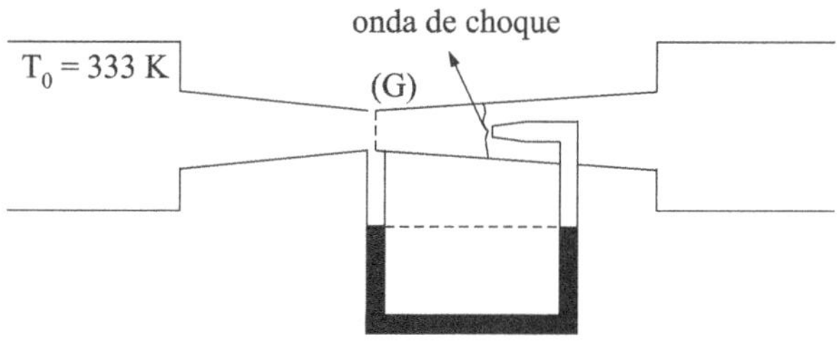

Resp.: v = 185 m/s

12.39 O ar de um reservatório escoa por um tubo isolado termicamente de diâmetro interno 7,5 cm e comprimento 15 m. Na saída, as condições são: $p_2 = 10^5$ Pa (abs); $T_2 = 294$ K e $\mathcal{M}_2 = 0{,}9$. Adota-se que o coeficiente de perda de carga distribuída seja 0,02 constante. Supondo o escoamento isoentrópico e contínuo desde o reservatório até o tubo isolado, determinar a temperatura e a pressão de estagnação no reservatório.

Resp.: $T_0 = 342$ K; $p_0 = 322$ k Pa (abs)

12.40 Seja um conduto isolado termicamente de 13,2 m de comprimento e 2,5 cm de diâmetro. O coeficiente de perda de carga distribuída médio é $\bar{f} = 0{,}008$. Sabendo que na seção de entrada (1) o número de Mach é 0,3 e a pressão é 0,27 MPa (abs) e que o fluido que escoa é ar, determinar a queda de pressão entre a entrada e a saída.

Resp.: $\Delta p = 0{,}011$ MPa

12.41 No esquema da figura, determinar T_2, p_2 e v_2.

Dados: $\mathcal{M}_1 = 0{,}5$; $p_1 = 0{,}14$ MPa (abs) e $\mathcal{M}_2 = 1$.

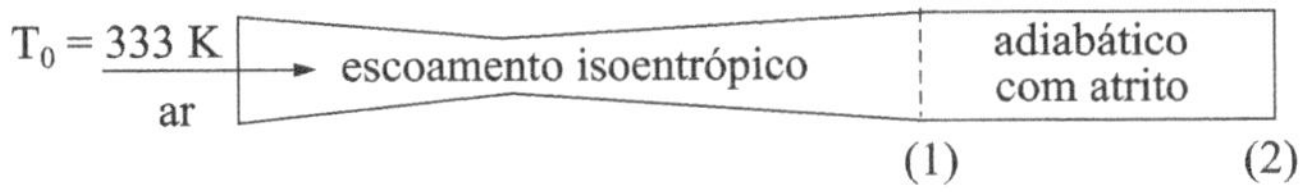

Resp.: $p_2 = 0{,}065$ MPa (abs); $T_2 = 277$ K; $v_2 = 334$ m/s

12.42 Qual deve ser o comprimento de um conduto isolado de diâmetro 10 cm e $\bar{f} = 0{,}012$, para que o ar que nele escoa passe de $\mathcal{M} = 3$ para $\mathcal{M} = 2$?

Resp.: L = 1,8 m

12.43 Ar entra num conduto isolado termicamente de diâmetro 10 cm com $\mathcal{M} = 3$, p = 0,1 MPa (abs) e T = 188 K. Sendo $\bar{f} = 0{,}01$, determinar $L_{máx}$, p^*, T^*, v^*. Determinar também p, v e T na seção onde $\mathcal{M} = 2$, assim como a distância entre a seção de $\mathcal{M} = 3$ e $\mathcal{M} = 2$.

Resp.: $L_{máx} = 5{,}22$ m; $p^* = 0{,}46$ MPa (abs); $T^* = 439$ K; $v^* = 420$ m/s; L = 2,17 m; p = 0,19 MPa (abs); T = 292 K; v = 686 m/s

12.44 Qual é a vazão em massa máxima de ar que pode escoar de um reservatório à temperatura de 15,5°C por um conduto isolado termicamente de 2,5 cm de diâmetro e 6 m de comprimento? O ar é descarregado à atmosfera, cuja pressão é 100 kPa, e o coeficiente de perda de carga distribuída médio é 0,02.

Resp.: $Q_m = 0{,}219$ kg/s

12.45 Ar quente é retirado de uma sala que contém um forno, para manter um reservatório aquecido. A ligação entre a sala e o reservatório é feita por um convergente/divergente (isoentrópico) seguido de um conduto de seção constante (adiabático com atrito). No reservatório estão instalados um termômetro, um manômetro e um ventilador que mantêm o regime permanente. Determinar a leitura do manômetro, a leitura do termômetro e a vazão em massa.

Dados: k = 1,4; R = 287 $m^2/s^2.K$.

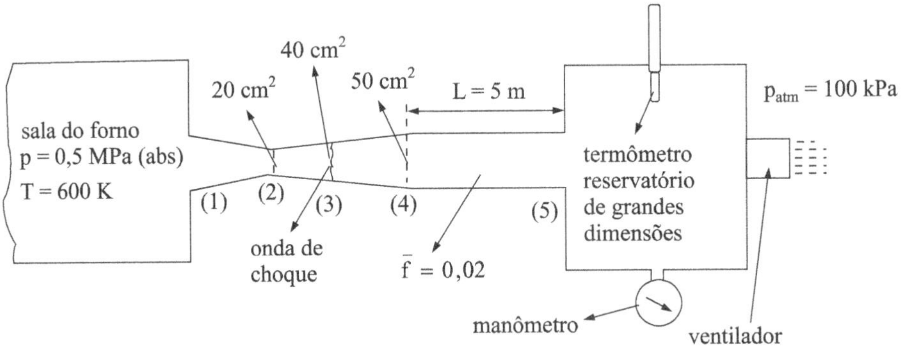

Resp.: p = 0,13 MPa (abs); T = 600 K; $Q_m = 1{,}68$ kg/s

EXERCÍCIOS SELECIONADOS

Os exercícios propostos a seguir envolvem a teoria de diversos capítulos do livro, entretanto, como orientação, ao lado do número do exercício, será indicado o capítulo que ele pretende focalizar.

1. (Cap. 4) Por razões técnicas, pela bomba da instalação da figura devem passar sempre 50 L/s.
   A bomba fornece água ($\gamma = 10^4$ N/m^3) aos tanques de grandes dimensões (1) e (2), com vazões, respectivamente: $Q_1 = 20$ L/s e $Q_2 = 10$ L/s.
   Sendo a área da seção de todos os tubos A = 20 cm^2, $\eta_B = 70\%$ e a potência total dissipada pelos atritos $N_{diss} = 1{,}5$ kW, determinar a potência no eixo da bomba e a sua carga manométrica.

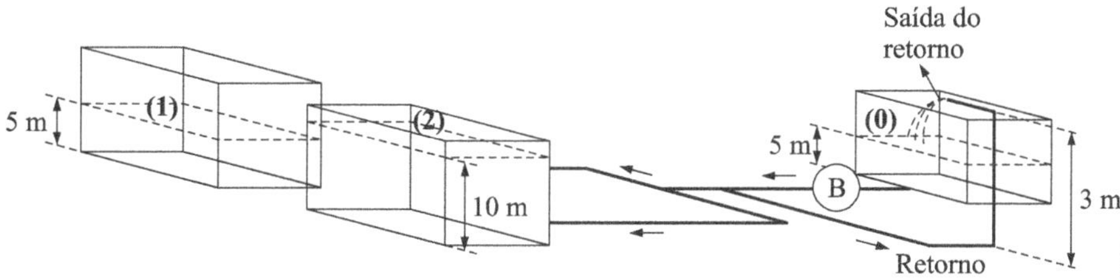

Figura 1

Resp.: $N_B = 5{,}57$ kW; $H_B = 11{,}1$ m

2. (Cap. 4) No processo de produção de um gás líquido, o gás entra pela tubulação (1) ($A_1 = 0{,}8$ m^2) com $p_1 = 100$ kPa(abs), $T_1 = 30^\circ$C, velocidade média na seção de 70 m/s e passa por um compressor e um resfriador, que provocam uma liquefação parcial. O gás líquido dirige-se para a seção (3), enquanto a fração gasosa é separada e desviada por (2) ($A_2 = 200$ cm^2), onde tem uma massa específica de 90 kg/m^3 e uma velocidade média na seção de 10 m/s. O gás líquido é bombeado entre (3) e (4), onde adquire uma energia por unidade de peso de 100 m. Sendo o peso específico do gás líquido 4250 N/m^3, qual a potência em kW que ele recebe da bomba? Dados: $p/\rho = RT$; $R_{gás} = 287$ m^2/s^2.K.

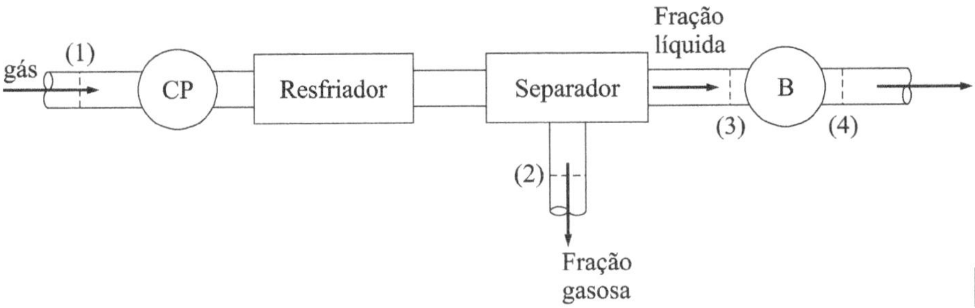

Figura 2

Resp.: N = 46,3 kW

3. (Cap. 4) Na instalação da figura, a turbina recebe água do reservatório (0) e a descarrega no reservatório (3). A turbina aciona diretamente o eixo de uma bomba que eleva a água a 10 m de altura, onde é descarregada na atmosfera, com uma velocidade de 10 m/s. Dados: $H_{p0,1} = 6{,}8$ m; $H_{p3,4} = 1$ m; $H_{p5,6} = 2$ m; $\eta_B = 80\%$; $\eta_T = 0{,}91$; $A_t = 100\ cm^2$ (área da seção dos tubos); $p_1 = 200$ kPa; $\gamma = 10^4\ N/m^3$.
Determinar a carga manométrica da turbina.

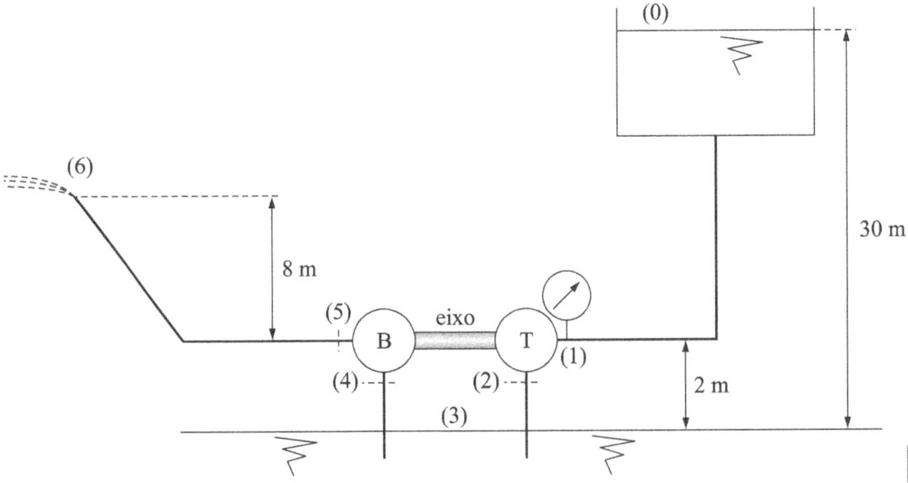

Figura 3

Resp.: $H_T = 30{,}9$ m

4. (Cap. 4) No circuito da figura, a potência fornecida ao fluido pela bomba é 7,5 kW. O fluido é água ($\gamma = 10^4\ N/m^3$) e o fluido manométrico é mercúrio ($\gamma_{Hg} = 1{,}36 \times 10^5$). A instalação está num plano horizontal e a bateria de manômetros, num plano vertical. Despreza-se a perda de carga no Venturi. Determinar:
a) a vazão;
b) a perda de carga na válvula.
c) Substituindo-se a válvula por uma turbina de rendimento 75%, qual a potência que poderia ser extraída de seu eixo, mantido o resto constante?
Dados: $A_1 = A_2 = A_3 = A_4 = A_5 = 10\ cm^2$; $A_6 = 5\ cm^2$.

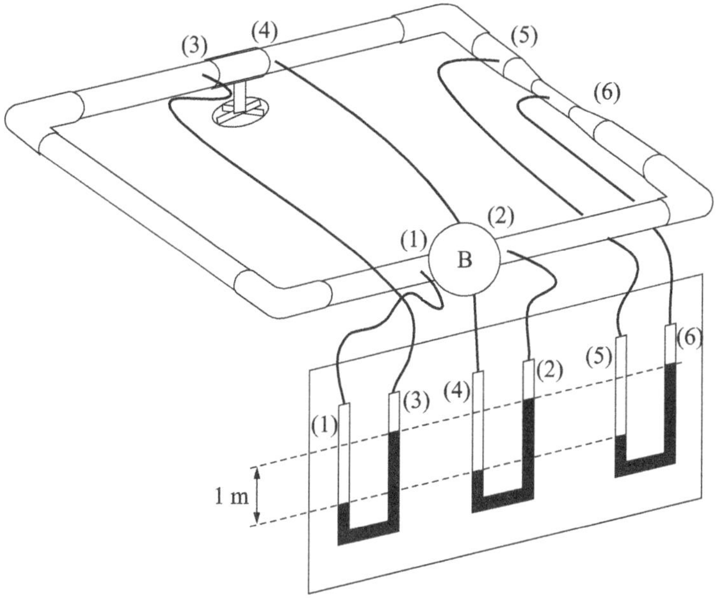

Figura 4

Resp.: a) 9,16 L/s; b) 56,5 m c) 3,9 kW

5. (Cap. 5) O tampão de base circular da figura está colocado concentricamente na tubulação horizontal de seção circular para controlar a vazão de água. Sendo ρ = 1.000 kg/m^3 e desprezando a perda de carga, determinar a força F necessária para segurar o tampão.

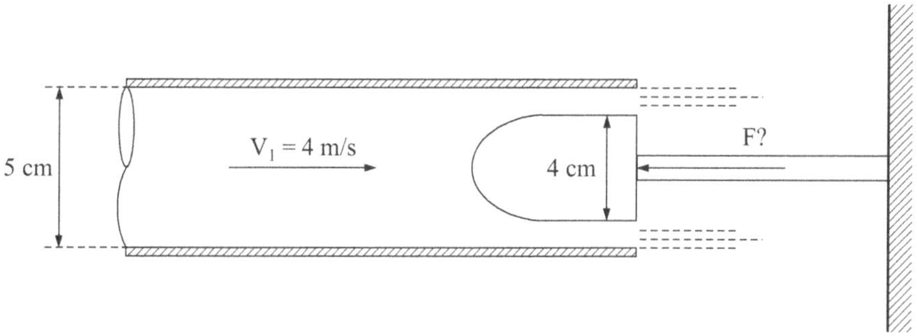

Figura 5

Resp.: F = 49,5 N

6. (Cap. 5) Duas bombas recalcam água ($\gamma = 10^4 N/m^3$) para o sistema da figura, no qual é lançada na vertical para a atmosfera, na seção (4). O tubo de saída é isolado do resto da instalação por uma luva elástica. A bomba B_1 recalca uma vazão de 5 L/s e a bomba B_2 recalca 10 L/s. A potência dissipada total, desde a saída das bombas até (4), é 4,4 kW. Determinar:
a) a velocidade do jato na seção (4);
b) o módulo da força aplicada pela água no trecho de tubulação entre (3) e (4).

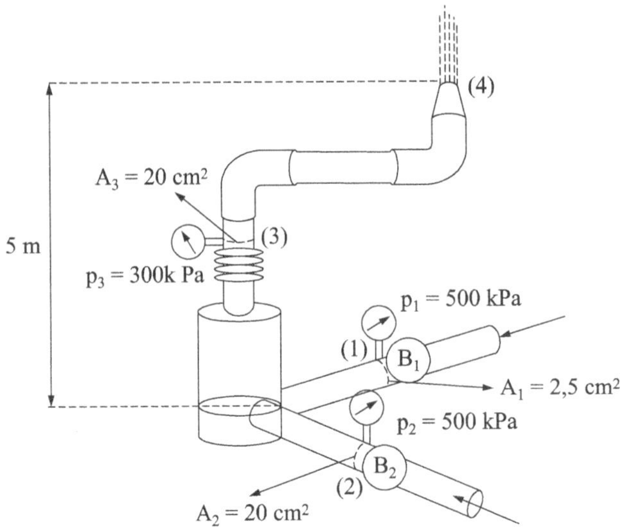

Figura 6

Resp.: $F_{sz} = 346,5$ N

7. (Cap. 5) No dispositivo da figura, o pistão de peso G = 29,4 kN desce muito lentamente dentro do cilindro de área 2 m^2, empurrando a água ($\gamma = 10^4$ N/m^3) pelos dois cotovelos instalados simetricamente. A vazão no cotovelo (1)-(2) é 5,8 L/s e a perda de carga é 2,7 m, enquanto no cotovelo (3)-(4) é 1,2 L/s e a perda de carga é 0,5 m. Determinar:

a) a velocidade na seção (2), sendo $\frac{A_2}{A_4} = 2$.

b) Tampando-se a seção (4), a vazão no cotovelo (1)-(2) passa a valer 6 L/s. Nesta condição, qual o momento torçor no eixo do cilindro?

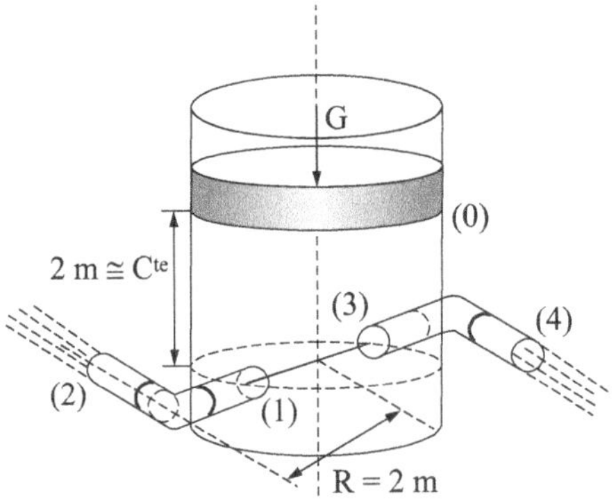

Figura 7

8. (Cap. 7) Numa fábrica constrói-se um trocador de calor, cujos diâmetros de entrada e saída são 10 cm. Para determinar o comprimento equivalente do trocador, constrói-se o circuito da figura, no qual todas as perdas singulares são consideradas desprezíveis, menos a do trocador. Dados: $p_1 = 100$ kPa; $p_2 = 200$ kPa; Q = 5 L/s; o fluido é óleo de viscosidade cinemática $\nu = 10^{-4}$ m^2/s e peso específico $\gamma = 8.000$ N/m^3; as tubulações são de diâmetro constante D = 10 cm; despreza-se o comprimento da bomba. Determinar o comprimento equivalente do trocador.

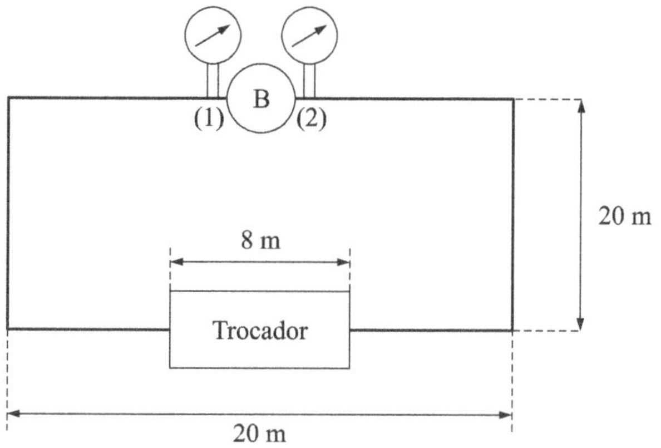

Figura 8

9. (Cap. 7) Na instalação da figura são dados: Q = 4 L/s; área da seção das tubulações A = 20 cm^2; potencia da máquina N_M = 0,19 kW; a perda de carga distribuída é diretamente proporcional ao comprimento da tubulação; as perdas de carga singulares são desprezíveis; o fluido é óleo de peso específico 8.000 N/m^3. Determinar:
a) o sentido do escoamento;
b) a perda de carga na instalação;
c) o tipo de máquina;
d) a diferença de pressão entre a entrada e a saída da máquina;
e) o rendimento da máquina.

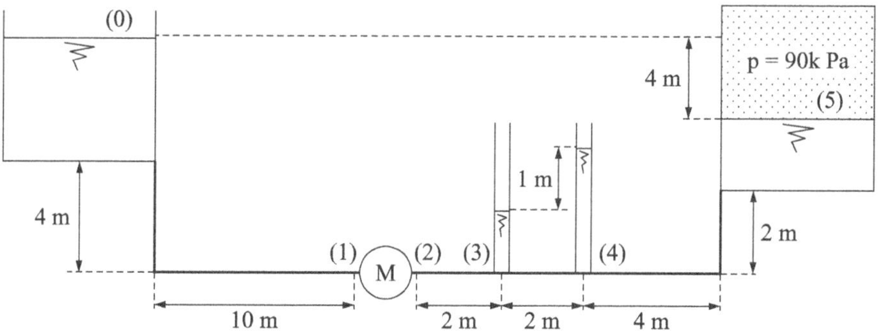

Figura 9

10. (Cap. 6) A perda de pressão no escoamento laminar de um fluido, num conduto de seção circular constante com um certo comprimento, é função da massa específica, da viscosidade cinemática, da velocidade do fluido e do diâmetro do conduto. Verificou-se, experimentalmente, que a relação entre os adimensionais para tubos cujo comprimento é 100 vezes o diâmetro, é $\frac{\pi_1}{\pi_2} = 3200$, onde os adimensionais foram obtidos diretamente pelo teorema π, e π_2 é o adimensional que contém a viscosidade cinemática.
a) Determinar a equação física que permite obter a perda de pressão em tubos nessas condições.
b) Determinar a perda de carga num tubo horizontal nas condições dadas, quando nele escoa água (ρ = 1.000 kg/m^3; í = 10^{-6} m^2/s), sendo D = 2 cm e v = 0,1 m/s.
c) É possível, pela equação determinada, calcular a perda de carga quando o fluido é água, o diâmetro é 10 cm e a velocidade é 10 m/s?

Resp.: a) $\Delta p = 3200\frac{\rho v \nu}{D}$; para L = 100D; b) $h_f = 1{,}6 \times 10^{-3}$ m; c) Não.

11. (Cap. 7) A válvula de um circuito, mostrada na figura, tem $D_1 = 2$ cm e $D_2 = 1$ cm. Pela válvula escoa uma vazão de 1,2 L/s de um fluido muito viscoso ($\nu = 10^{-4}$ m²/s; γ = 8.000 N/m³). Qual o coeficiente de perda de carga singular da válvula?

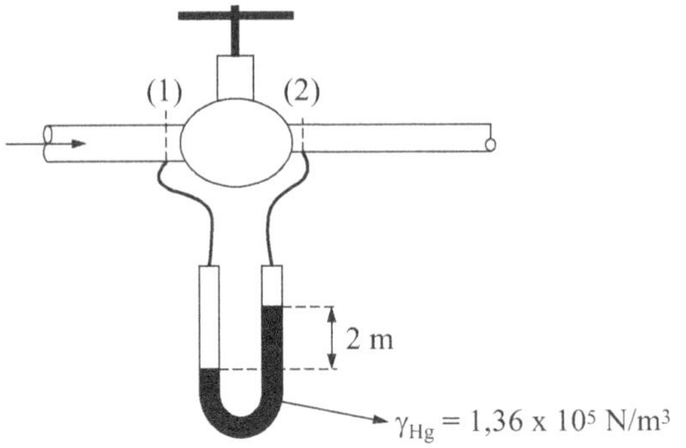

Figura 10

Resp.: $k_s = 0{,}865$

12. (Cap. 7) Num trecho de conduto retangular (20 cm × 40 cm) para ventilação, escoa ar ($\rho = 1{,}2$ kg/m³), considerado incompressível, com uma vazão de 2 m³/s. Determinar:
a) o coeficiente de perda de carga singular da válvula (2);
b) a queda de pressão de (1) a (4) ao longo do conduto.
Dados: $k_{s3} = 10$; $L_{eq3} = 178$ m; $g = 10$ m/s²; desprezar o comprimento das válvulas.

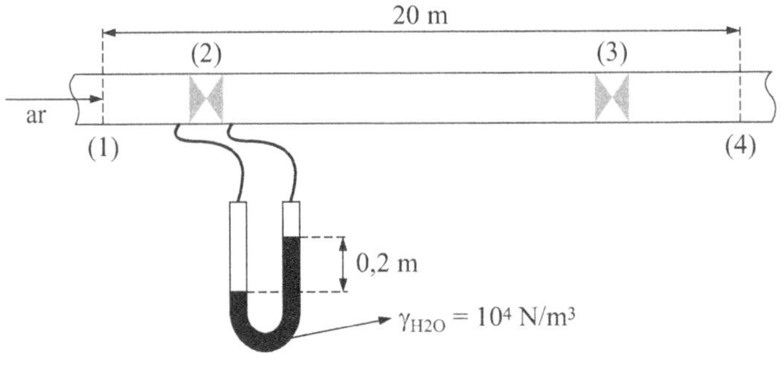

Figura 11

Resp.: a) $k_{s2} = 5{,}33$; b) $\Delta p = 6{,}172$ kPa

13. (Cap. 6) Para testar um pára-quedas no laboratório, prende-se um modelo semelhante, na escala 1/10, numa balança e sopra-se ar para cima com um ventilador, até que a balança indique zero. Sabe-se que a força de arrasto, causada pelo ar, é dada por: $F_a = \frac{C_a \rho v_0^2 \pi D^2}{8}$, onde: D = diâmetro do pára-quedas; ρ = massa específica do ar; v_0 = velocidade do ar em relação ao pára-quedas; C_a = coeficiente de arrasto do pára-quedas (adimensional característico do pára-quedas).
O pára-quedas real, com pára-quedista e seus acessórios, pesa 1.000 N e ao se pendurar o modelo na balança, antes de ligar o ventilador, esta indica 10 kg. Deseja-se que o pára-quedista chegue ao solo com uma velocidade constante de 7 m/s. Com que velocidade do ar do ventilador a balança deverá indicar zero para o modelo?

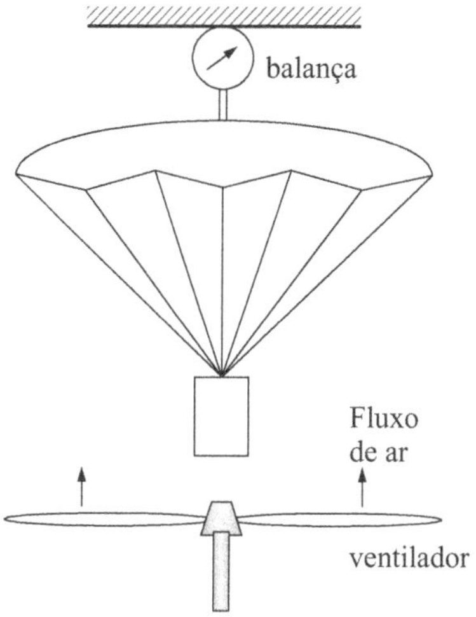

Figura 12

Resp.: $v_m = 22,1$ m/s

14. (Cap. 9) Uma placa plana de espessura desprezível é presa por fios de dimensões e pesos desprezíveis, de forma a não poder girar livremente. Sopra-se ar para cima, com a velocidade na direção da placa com valor crescente, até que a balança indique zero; isto acontece com 10 m/s. O ar tem viscosidade cinemática $10^{-5}m^2/s$, massa específica 1,2 kg/m^3 e se admite que $Re_{cr} = 10^6$.
a) Qual a massa indicada pela balança, que tem precisão até gramas, antes de se ligar o ventilador?
b) Qual a tensão de cisalhamento média que age na placa?
c) Qual a indicação da balança quando o fluxo de ar do ventilador tiver uma velocidade de 6 m/s?

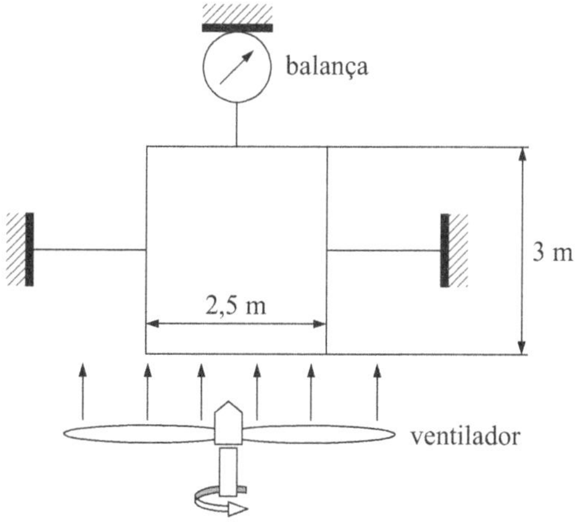

Figura 13

Resp.: a) $m_{pl} = 0,079$ kg; $\tau = 0,0509$ N/m^2; m = 0,061 kg.

15. (Cap. 9) Quando um automóvel se move numa estrada plana, as forças que agem contra o movimento são: a força de arrasto (F_a) e a força de resistência ao rolamento dos pneus (F_{rol}), que se supõe independente da velocidade do veículo.

Coloca-se um automóvel de massa 1.200 kg numa descida cuja rampa é sensivelmente igual a 2° constante e, em ponto morto, deixa-se o veículo descer livremente. O painel é dotado de um acelerômetro calibrado em submúltiplos da aceleração da gravidade **g**, que no local vale 9,8 m/s^2. Ao passar por 40 km/h e ao passar por 100 km/h, registram-se as acelerações indicadas pelo acelerômetro e verifica-se uma diferença de 0,03 g.
A área frontal do automóvel é 2 m^2 e no local a massa específica do ar é 1,12 kg/m^3.
Lembrando que $\vec{F}_{resultante} = m\vec{a}$, qual o coeficiente de arrasto do automóvel?
Resp.: $C_a = 0{,}486$

16. (Cap. 4) Na instalação da figura, a bomba envia 5 L/s de água ($\gamma = 10^4$ N/m^3) para o reservatório superior e uma parte da vazão retorna para o tanque inferior. Dados: $p_6 = 100$ kPa; $H_{p6,0} = 25$ m; $H_{p0,1} = 10$ m; $H_{p2,3} = 5$ m; $H_{p3,4,6} = 0$; potência fornecida ao fluido pela bomba: N = 12 kW; área da seção de todas as tubulações: A = 10 cm^2. Determinar:
a) a vazão que retorna ao tanque inferior (Q_6);
b) a carga manométrica da bomba;
c) a perda de carga de (4) a (5);
d) a potência dissipada em toda a instalação.

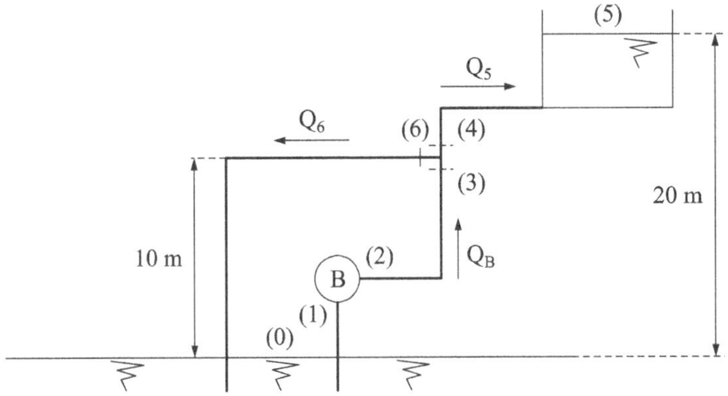

Figura 14

Resp.: a) $Q_6 = 10$ L/s; b) $H_B = 80$ m; c) $H_{p4,5} = 125$ m; d) $N_{diss} = 14$ kW.

17. (Cap. 4) Uma bomba succiona água ($\gamma = 10.000$N/m^3) de um reservatório, cujo nível se encontra a 1,5 m da sua seção de entrada, por um tubo de diâmetro de 50 mm. Na saída da bomba encontra-se um manômetro metálico que indica uma pressão de 750 kPa. A tubulação de recalque tem diâmetro de 50 mm por um comprimento de 30 m e nesse ponto ela se bifurca em dois ramais simétricos de 25 mm de diâmetro e 30 m de comprimento, que formam um ângulo de 30° entre si.
Dados:
- perda de carga nas tubulações de 50 mm de diâmetro: 0,1 m por metro de tubulação;
- perda de carga nas tubulações de 25 mm de diâmetro: 0,14 m por metro de tubulação.

Determinar:
a) a vazão em volume em L/s;
b) a altura ou carga manométrica da bomba.

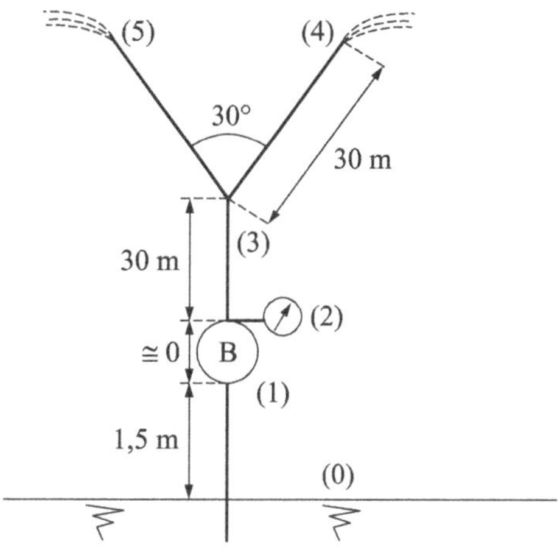

Figura 15

Resp.: a) Q = 15 L/s; b) H_B = 80,5 m

18. (Cap. 6) A função representativa de um certo fenômeno é f (ρ; μ; v; F; c; L) = 0. Onde c = velocidade do som e L é um comprimento característico qualquer. Como no laboratório os ensaios são realizados com baixas velocidades, supõe-se desprezível o efeito da compressibilidade do fluido. Dados:
- para o modelo: $\rho_m = 1.440\ kg/m^3$; $F_m = 1.280\ N$;
- para o protótipo: $\rho_p = 1.000\ kg/m^3$; $F_p = 2.000\ N$.
Determinar a escala das viscosidades dinâmicas.
Resp.: $k_\mu = 0,96$

19. (Cap. 6) Uma bomba B_1, instalada como na figura, fornece uma vazão de 20L/s e uma pressão de saída de 390 kPa, girando com 3.450 rpm. Nessas condições, a potência dissipada na bomba é 2,6 kW. Para a análise dessa bomba dispõe-se da curva $\eta_B = f(\phi)$. Pede-se:
a) o diâmetro do rotor da bomba B_1 em mm.
b) Substituindo o conjunto motobomba por outro que possui uma bomba B_2, completamente semelhante à bomba B_1, determinar a nova carga manométrica, sabendo que a rotação é a mesma da bomba B_1 e que a relação dos diâmetros dos rotores é $D_1 = 1,5D_2$.
Dados: $\gamma_{H_2O} = 10^4\ N/m^3$; $g = 10\ m/s^2$; $H_{p_{0,s}} \cong 0$; $A_s = 40\ cm^2$; $\psi = \frac{gH_B}{n^2D^2}$; $\phi = \frac{Q}{nD^3}$.

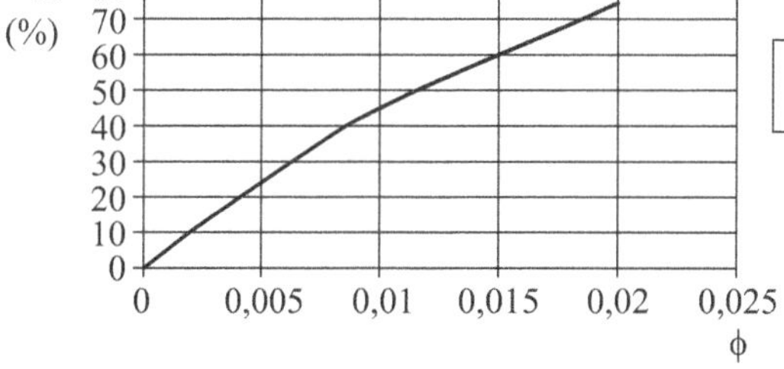

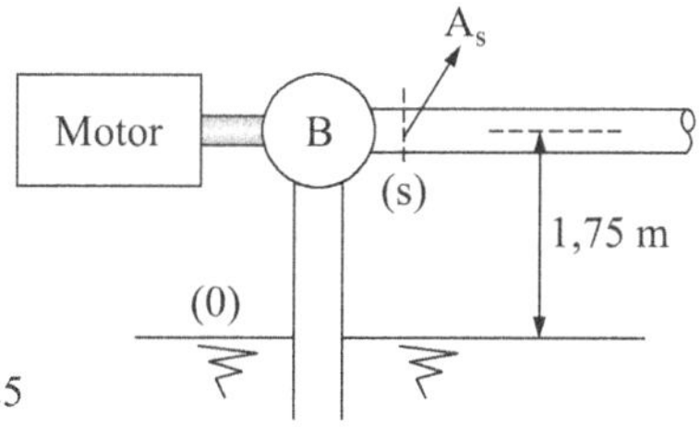

Figura 16

Resp.: a) D = 259 mm; b) H_{B2} = 18,7 m

20. (Cap. 4) Na instalação da figura, a potência trocada entre o fluido e a máquina é 7,14kW. Se o escoamento é perfeitamente isotérmico e o fluxo de calor dissipado entre (0) e (e) é 4,2kW, determinar:
a) o tipo de máquina;
b) o fluxo de calor entre (s) e (1) em kW.
Dados: $\gamma_{H2O} = 10^4\ N/m^3$; Q = 42 L/s; g = 10 m/s²; A = 105 cm² (área da seção da tubulação).

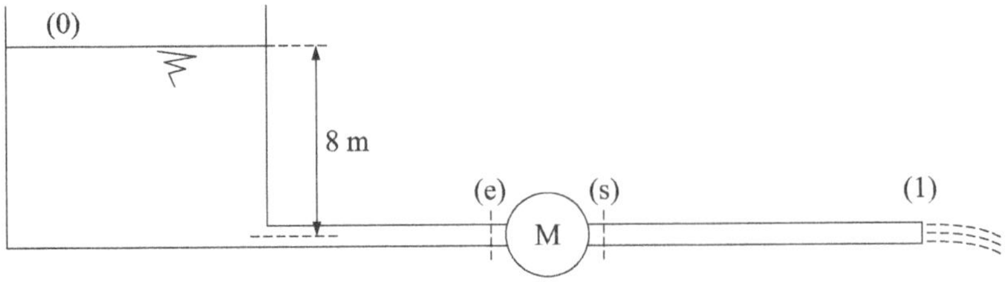

Figura 17

Resp.: a) Bomba; b) $\dot{\tilde{Q}} \cong 6$ kW.

21. (Cap. 6) Um projétil que vai se deslocar em ar ($\gamma = 10\ N/m^3$; $\nu = 10^{-5}\ m^2/s$), é testado com água ($\gamma = 10^4\ N/m^3$; $\nu = 10^{-6}\ m^2/s$) num canal de provas, sendo obtidos os dados da tabela, que relacionam a força de resistência ao avanço com a velocidade do projétil.

V (m/s)	2	4	6	8	10
F (N)	40	100	180	300	450

Dado: F = f(ρ; v; L; μ).
Qual a força que agirá no projétil quando ele se deslocar em ar com 80 m/s?
Resp.: F = 30N

22. (Cap. 4) Num conduto de seção circular escoa água (ρ = 1.000kg/m³). Admite-se que nas seções (A) e (B) os diagramas de velocidades sejam os indicados na figura. Supondo $p_A = p_B$, determinar:
a) a velocidade média na seção;
b) o coeficiente da energia cinética na seção (A);
c) a perda de carga entre (A) e (B).

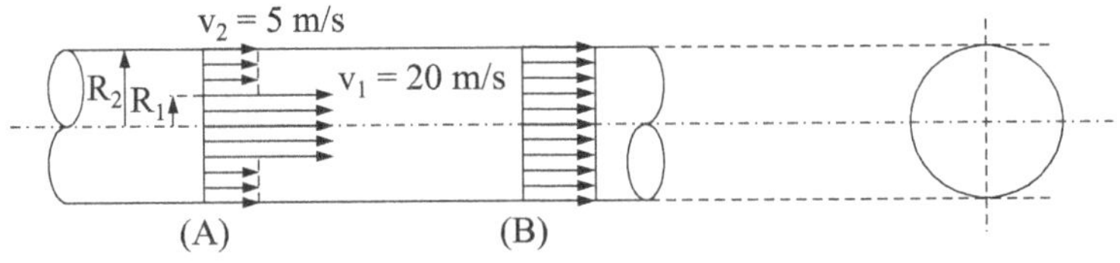

Figura 18

Resp.: a) $v_m = 8{,}75$ m/s; b) $\alpha_A = 3{,}12$; c) $H_{p,A,B} = 8{,}1$ m

23. (Cap. 7) No trecho (1)-(2) do conduto da figura, o escoamento do fluido (γ = 8.000 N/m^3) é laminar, a vazão é 10 L/s, o diâmetro é 8 cm e o Re = 1.000. No trecho (3)-(4) o diâmetro é 6 cm. O coeficiente da perda de carga da singularidade (2)-(3) é 1, referente à maior velocidade. Qual a pressão na seção (1)?

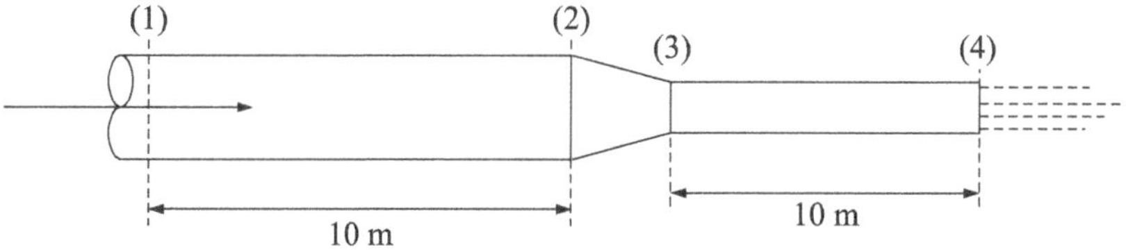

Figura 19

Resp.: p_1 = 65,12 kPa

24. (Cap. 7) No trecho de um conduto que alimenta um queimador de caldeira, escoam ar e combustível por dois tubos concêntricos, como mostra a figura. O ar, de massa específica 2 kg/m^3, é considerado incompressível e percorre o tubo externo, onde se sabe que a perda de carga é 3m por metro de tubulação e que o coeficiente de perda de carga distribuída é 0,01. O combustível tem massa específica 800 kg/m^3 e viscosidade cinemática 10^{-4} m^2/s. A relação ar/combustível em massa deve ser 10/1. Dados: D_1 = 65 mm; D_2 = 70 mm; D_3 = 740 mm, determinar:
a) a velocidade do ar;
b) a velocidade do combustível;
c) a perda de carga do combustível no trecho indicado.

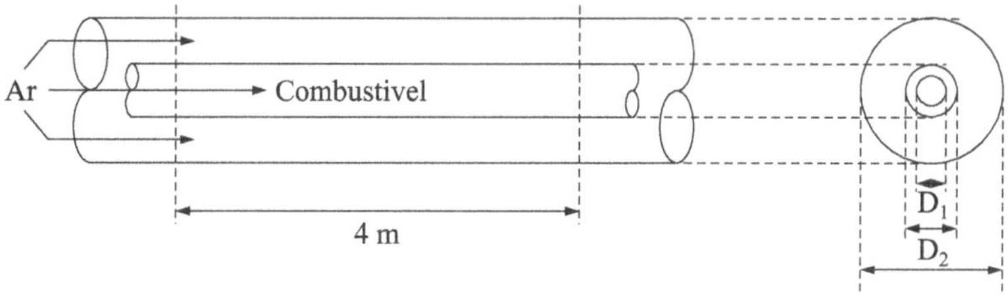

Figura 20

Resp.: a) v_{ar} = 63,4 m/s; b) v_c = 2 m/s: c) h_{f_c} = 0,6 m

25. (Caps. 6 e 7) No escoamento por um tubo de um fluido muito viscoso, a perda de carga é dada por $\frac{H_p}{L} = 51{,}87\pi_1\pi_2$, onde π_1 e π_2 são os adimensionais obtidos de Q = f (D, g) e ν = f (v,D), pelo teorema dos π, usando as bases entre parênteses, e L é o comprimento da tubulação.
Desprezando as perdas de carga singulares, determinar:
a) os adimensionais pelo teorema dos π, usando as bases dadas;
b) a velocidade teórica do fluido na tubulação;
c) a velocidade real do fluido na tubulação;
d) o coeficiente de perda de carga distribuída.

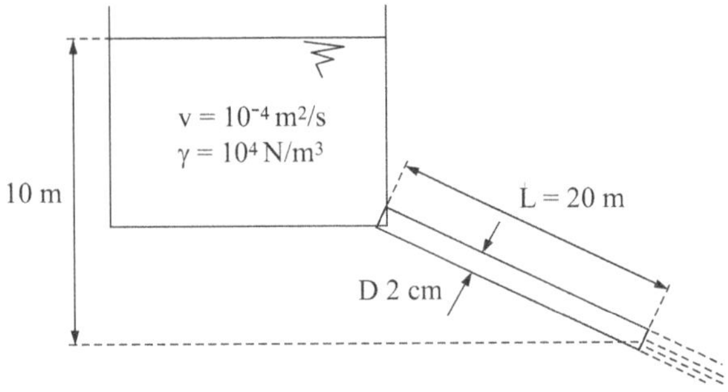

Figura 21

Resp.: b) $v_t = 14{,}1$ m/s; c) $v_r = 0{,}62$ m/s d) $f = 0{,}516$

26. (Cap. 8) No esquema da figura, o nível da água é mantido constante. Determinar:
a) o coeficiente de velocidade;
b) o número de Reynolds teórico;
c) o tempo que a água levará para subir 10 cm ao fechar o registro do bocal;
d) a distância atingida pelo jato, pressurizando-se o tanque com ar comprimido, com $p = 20$ kPa;
e) a perda de carga no bocal, supondo a perda na válvula desprezível.

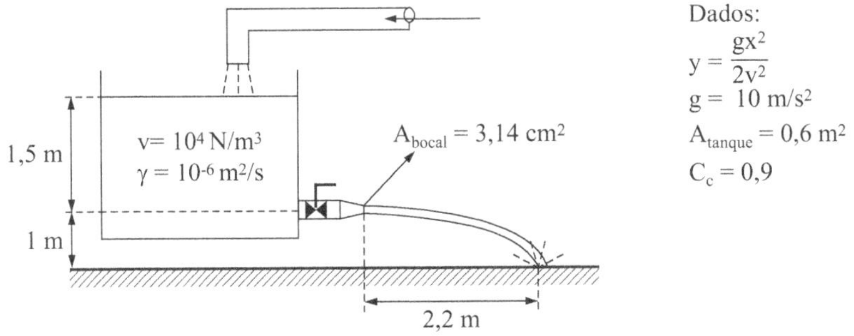

Dados:
$y = \dfrac{gx^2}{2v^2}$
$g = 10$ m/s²
$A_{tanque} = 0{,}6$ m²
$C_c = 0{,}9$

Figura 22

Resp.: a) $C_v = 0{,}9$; b) $Re_t = 1{,}1 \times 10^5$; c) t = 49 s; d) x = 3,37 m; e) $H_p = 0{,}29$ m

27. (Cap. 7) Uma sala de 4m × 6m × 3m é usada como cabine de pintura. Sabe-se que numa cabine de pintura o ar ($\rho = 1{,}2$ kg/m³ (constante); $\nu = 10^{-5}$ m²/s) deve ser trocado, por norma, no mínimo 60 vezes por hora. O ventilador joga o ar à pressão atmosférica e mantém a pressão da sala a –1kPa. O ar de reposição deve ser captado a uma certa distância por um conduto de seção quadrada de chapa de aço, de lados 20 cm. Sendo o comprimento equivalente do alargamento brusco 10 m, qual o comprimento máximo do conduto de captação?

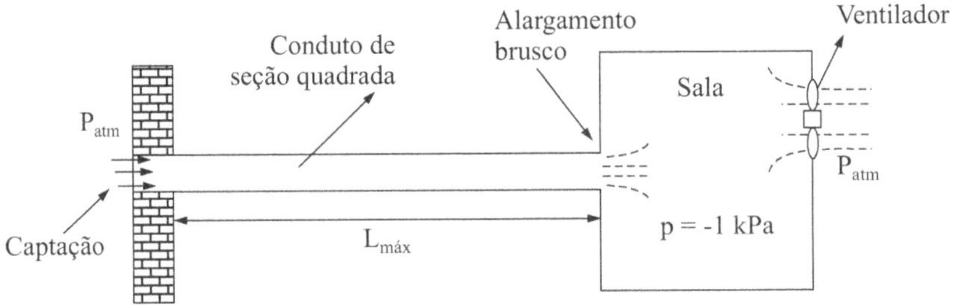

Figura 23

Resp.: $L_{máx} = 28$ m

28. (Cap. 1) O pistão da figura levanta, com velocidade constante, um peso G = 2.000N sob a ação de uma pressão. Entre o pistão e o cilindro existe uma película de lubrificante ($\rho = 800$ kg/m^3; $\nu = 10^{-3}$m^2/s).
Qual a velocidade de subida do peso, supondo desprezíveis os pesos da haste e do pistão?

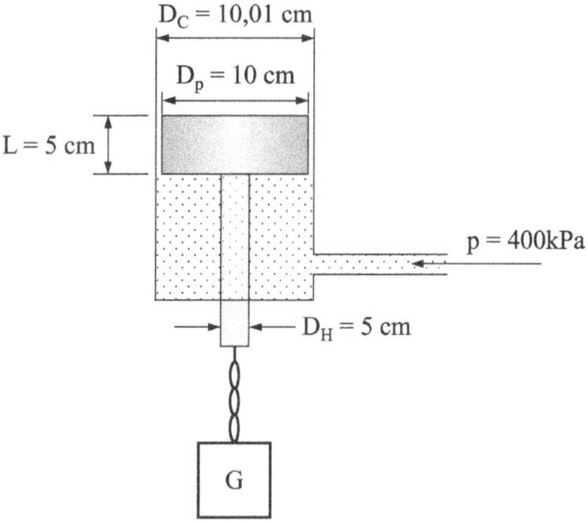

Figura 24

Resp.: v = 1,42 m/s

29. (Cap. 1) O dispositivo da figura gira a 1.200 rpm, acionado por um motor que mantém o torque constante, independentemente da rotação. Para variar a rotação, desloca-se o mancal móvel para a esquerda. Qual a nova rotação atingida, em rpm, deslocando totalmente o mancal? Dado: $v = \pi n D$.

Dados:
D_1 = 20 cm
D_2 = 20,1 cm
d_1 = 5 cm
d_2 = 5,01 cm
L_1 = 0,2 m
L_2 = 0,5 m
$\mu = 10^{-2}$ N.s/m^2

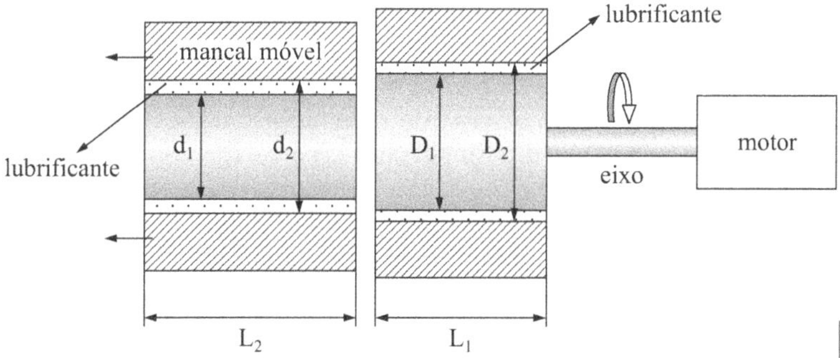

Figura 25

Resp.: n =1.668 rpm

30. (Caps. 5 e 7) A instalação da figura é utilizada num laboratório de hidráulica para medir o coeficiente de perda de carga distribuída (f) em tubulações. O reservatório, de grandes dimensões, é apoiado num dinamômetro eletrônico e, uma vez instalado o sistema, o leitor do dinamômetro é zerado. Ao abrir a tampa, e estabelecido o regime permanente, o leitor do dinamômetro indica 300N.

Dados: $k_{s1} = 1$; $\rho = 1.000\ kg/m^3$; $g = 10\ m/s^2$.
Qual o coeficiente de perda de carga distribuída no escoamento assim estabelecido?

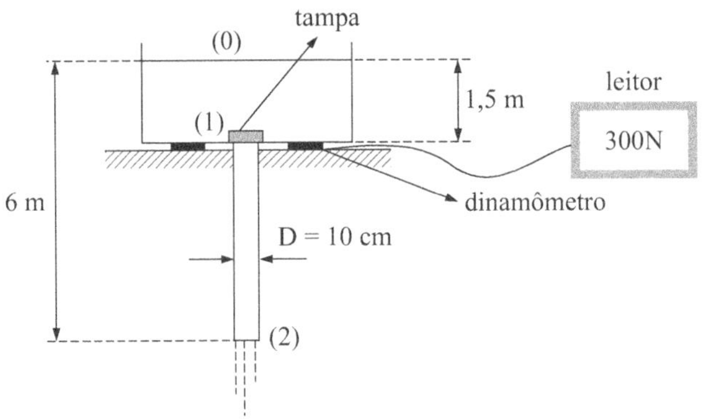

Figura 26

Resp.: $f = 0{,}0254$

31. (Cap. 12) Um tubo Venturi é usado para medir a vazão em massa de ar numa tubulação. O tubo tem 15 cm de diâmetro e a garganta tem 7,5 cm de diâmetro. A pressão e a temperatura na maior seção são respectivamente 400 kPa(abs) e 20°C; e na garganta a pressão é 340 kPa(abs). Sendo dados para o ar: $R = 287\ m^2/s^2.K$; $k = 1{,}4$; $c_p = 1004\ m^2/s^2K$ e considerando o escoamento isoentrópico, pede-se:
a) a vazão em massa;
b) o número de Mach na garganta;
c) o erro cometido ao considerar o fluido incompressível.
Resp.: a) $Q_m = 3{,}1\ kg/s$; b) $M = 0{,}494$; c) $\varepsilon = 11{,}3\%$

32. (Cap. 12) O ar ($R_{ar} = 287\ m^2/s^2.K$; $k=1{,}4$) contido num pneu de bicicleta está inicialmente a 200 kPa(abs) e 30°C. A válvula do pneu quebra e o ar começa a vazar. Supõe-se que a mínima seção da válvula seja a seção de saída, que tem um diâmetro de 2 mm. O ambiente está com 100 kPa e 30°C. Admite-se que durante o vazamento a temperatura do ar do pneu se mantenha constante.
a) A partir de que pressão do ar do pneu a vazão em massa começa a variar?
b) Qual a vazão em massa no instante em que começa a variar?
c) Qual a massa de ar que vazou do pneu, desde o instante do início do vazamento, até o instante em que a vazão em massa começa a variar, considerando que o volume interno do pneu se mantenha $6{,}2 \times 10^{-3} m^3$ aproximadamente constante?
Resp.: a) $p_0 = 189$ kPa(abs); b) $Q_m = 1{,}38 \times 10^{-3}\ kg/s$; c) $\Delta m = 7{,}87 \times 10^{-4}\ kg$

33. (Cap. 7) Ao repor o óleo de um motor no posto de serviços, o frentista mantém o funil sempre constantemente cheio. Como o óleo tem uma elevada viscosidade cinemática ($10^{-5}\ m^2/s$), supõe-se que o escoamento no funil seja laminar e, neste caso, sabe-se que o coeficiente de perda de carga distribuída é dado por $f = \dfrac{64}{Re}$. Admite-se que no escoamento não haja perdas singulares importantes e que a perda de carga distribuída acontece somente no trecho cilíndrico do funil, cujo diâmetro é 8 mm. ($g = 10\ m/s^2$)
a) Quanto tempo levará para repor o óleo, supondo que o carter do motor tenha uma capacidade para 3,5 L?
b) Verificar se o escoamento é realmente laminar.

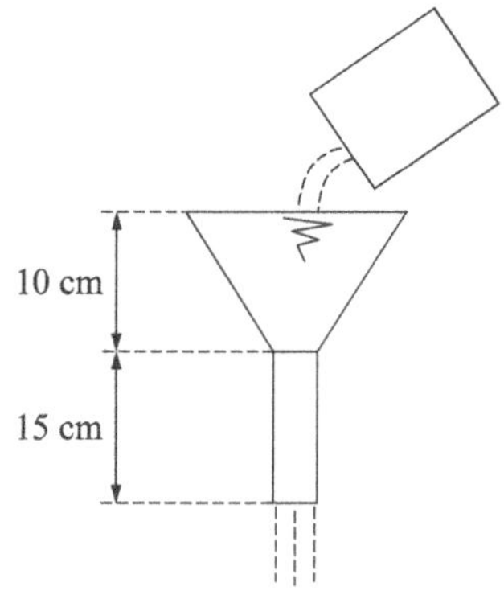

Figura 27

Resp.: a) t = 55,7s; b) Re = 1.000

34. (Cap. 6) O bico injetor de um sistema de injeção eletrônica para motores é constituído de uma agulha que levanta, liberando um orifício que injeta o combustível devido a uma diferença de pressão Δp entre a entrada e a saída. Sabe-se que a vazão em volume Q que escoa pelo orifício é função da viscosidade do fluido μ, do diâmetro do orifício D e de $\frac{\Delta p}{L}$. Adotando como base μ, $\frac{\Delta p}{L}$ e D, sabendo-se que para um dado motor o orifício tem D = 0,5 mm, qual o diâmetro do orifício para outro motor que necessita de 20% a mais de vazão de combustível, mantidas todas as outras variáveis?

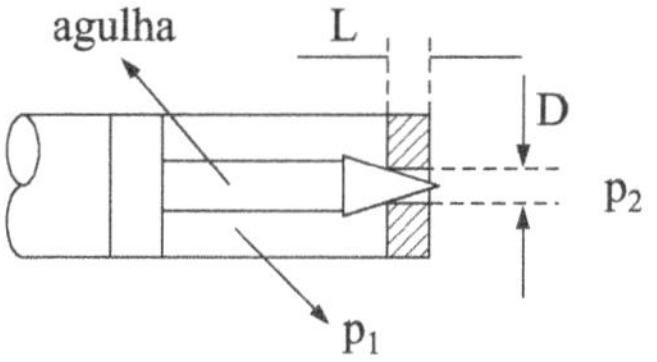

Figura 28

Resp.: D = 0,524mm

35. (Cap. 12) A variação da pressão atmosférica com a altitude pode ser obtida pela expressão $p = p_{NM}\left(1 - \frac{0{,}0065z}{T_{NM}}\right)^{5{,}26}$, onde: p_{NM} = 100 kPa (pressão ao nível do mar), T_{NM} = 298K (temperatura ao nível do mar) e z = altitude em metros.
Um míssil intercontinental é projetado para que voe numa altitude na qual a velocidade dos gases de propulsão, na saída, seja a máxima, sem que haja a perda de energia provocada por ondas de choque.
Os gases são descarregados da câmara de combustão (considerada de grandes dimensões), por um convergente/divergente que tem a área da garganta $A_G = 1{,}13\ m^2$ e a de saída $A_s = 2\ m^2$. Na câmara de combustão a pressão é 200 kPa (abs) e a temperatura é 2.000°C. Determinar:
a) a mínima altitude na qual deverá viajar o míssil;
b) a vazão em massa dos gases de propulsão.
Supor que as propriedades dos gases sejam iguais às do ar: k = 1,4; R = 287 $m^2/s^2.K$.
Resp.: a) z = 11.090 m; b) Q_m = 191 kg/s

36. (Caps. 5 e 9) Um barco tem a propulsão efetuada por uma bomba que succiona água ($\rho = 1.000 \text{ kg/m}^3$) na proa e a descarrega na popa. A área da seção de entrada na proa é suficientemente grande para se poder desprezar a velocidade, e na popa a área da seção de saída da água é 300 cm^2. A velocidade da água no tubo de descarga é medida por um tubo de Pitot que indica 20 m/s. A área frontal do barco é 2 m^2 e o coeficiente de arrasto é 0,35. As bocas de entrada e saída da água são suficientemente próximas do nível da água, para se poder adotar que a pressão seja atmosférica. Determinar a velocidade máxima do barco em km/h.

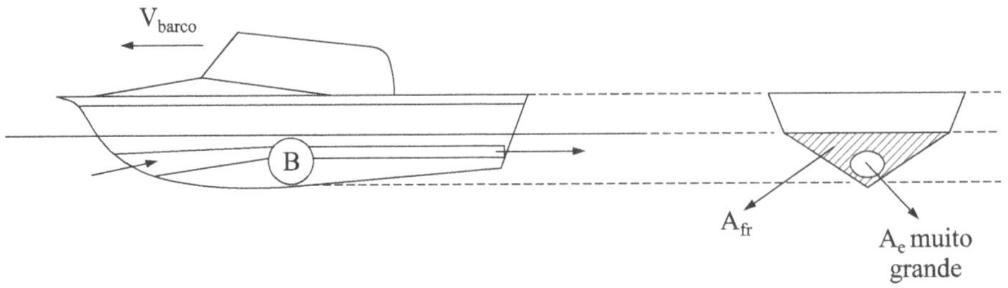

Figura 29

Resp.: $v_b = 5{,}85 \text{ m/s} = 21 \text{ km/h}$

37. (Cap. 12) No bocal da figura, o escoamento está bloqueado e até a seção (1) é isoentrópico. Numa outra situação (não desenhada) diminui-se a pressão a jusante e, até a seção (1), o escoamento continua isoentrópico e se observa que no manômetro a coluna inverte, isto é, fica mais alta do lado direito.

a) Qual a altura do mercúrio na segunda situação?
b) Qual a vazão em massa na seção (1) na primeira situação?
c) Qual a vazão em massa na garganta na segunda situação?

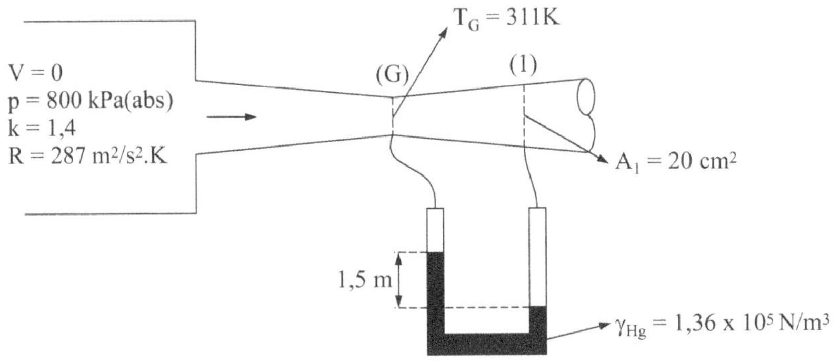

Figura 30

Resp.: a) $h = 1{,}55$ m; b) $Q_m = 2{,}82$ kg/s

38. (Cap. 9) Uma placa plana de espessura desprezível está presa por um fio a uma esfera oca de 10 cm de diâmetro externo e 1mm de espessura. A esfera é de um material de massa específica 7.800 kg/m^3 e flutua no plano diametral num fluido de massa específica 2.500 kg/m^3, como mostra a figura.

Corta-se o fio e a placa desce com velocidade máxima de 0,5 m/s. Supondo desprezível o trecho de camada limite laminar na placa, determinar a viscosidade dinâmica do fluido.

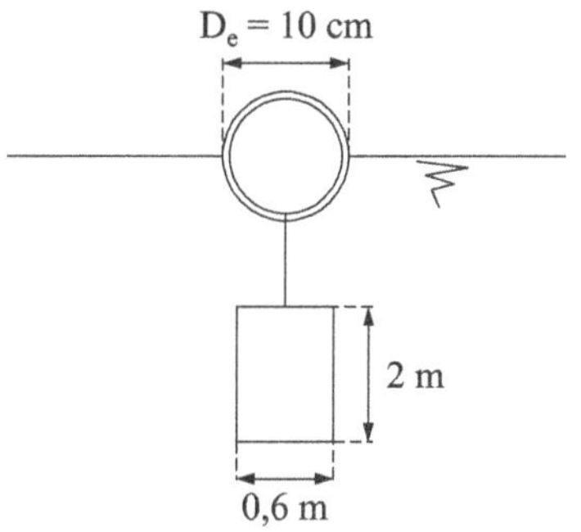

Figura 31

Resp.: $\mu = 5{,}79 \times 10^{-3} N.s/m^2$

39. (Caps. 5 e 12) Uma plataforma de cargas é sustentada por quatro jatos de ar ($R = 287\ m^2/s^2.K$) inclinados, para favorecer a estabilidade e as manobras. Admite-se que, na entrada e na saída, a pressão seja atmosférica e igual a 100 kPa e a temperatura seja 30°C. Admite-se que na entrada a área seja muito grande e na saída o diâmetro seja de 0,6 m. A plataforma é dimensionada para sustentar, em repouso, um total de 10 kN.

a) Qual a mínima vazão em massa que deve ser produzida por cada ventilador?

b) Qual a mínima potência do motor de cada ventilador, se o seu rendimento é 70% e a perda de carga ao longo dos condutos é desprezível?

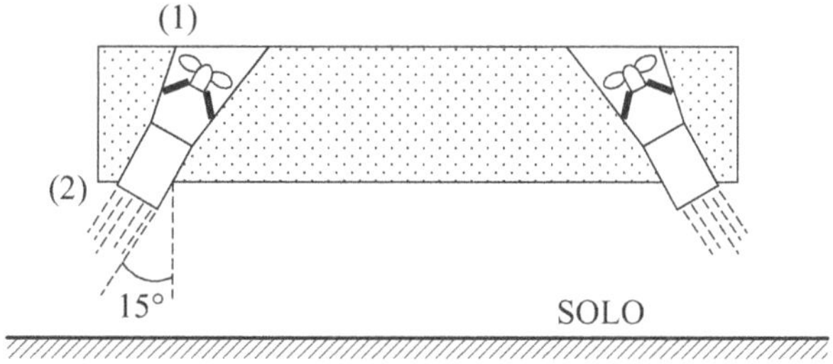

Figura 32

Resp.: a) $Q_m = 29$ kg/s; b) $N_v = 165$ kW

40. (Cap. 12) O esquema mostra um tubo convergente/divergente alimentado por um reservatório de grandes dimensões. Na seção de saída do divergente acontece uma onda de choque e as condições na seção imediatamente a jusante da onda são indicadas pelo termômetro T mergulhado no fluxo e pelos manômetros M_1 e M_2, cujas tomadas são respectivamente na direção do fluxo e a ele tangente. Sendo a pressão indicada pelo manômetro M_1 igual a 0,2 MPa(abs), pelo manômetro M_2 igual a 0,15 MPa(abs), a temperatura indicada pelo termômetro T igual a 127°C e a área da seção da onda de choque igual a 50 cm^2, pede-se:

a) a pressão e a temperatura no reservatório que alimenta o conduto;

b) a área da garganta;

c) a vazão em massa.

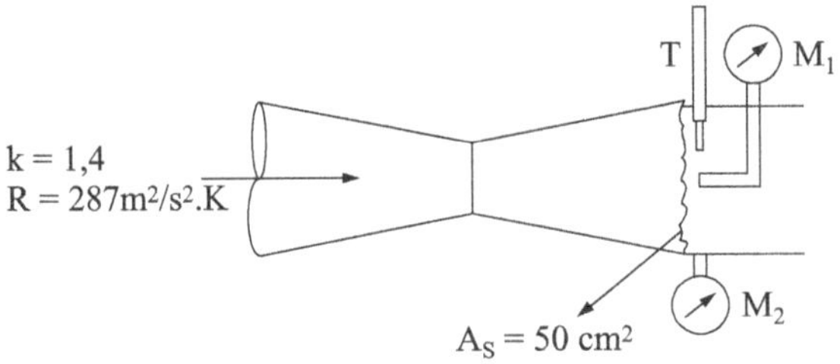

Figura 33

Resp.: a) p_{0x} = 0,225 MPa(abs); T_0 = 400K; b) A_G = 39,5 cm^2; c) Q_m = 1,8kg/s

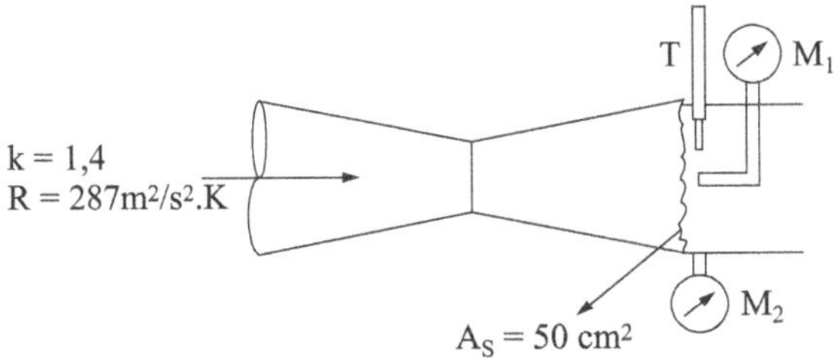

Figura 33

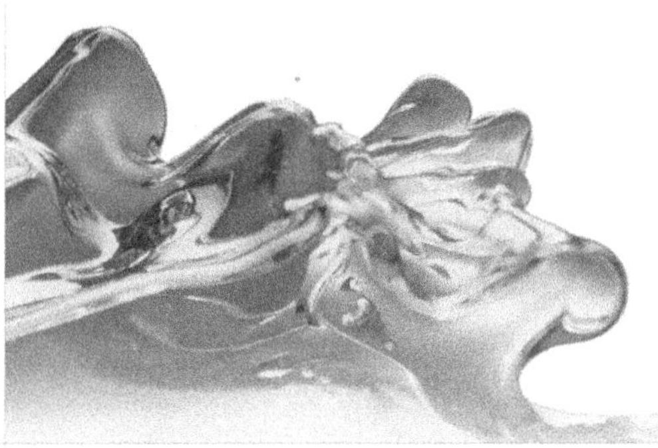

APÊNDICE

Tabelas para a solução de escoamentos de fluidos compressíveis

Tabela 1 – Relações para o escoamento unidimensional, isoentrópico, de um gás perfeito com k = 1,4

$\mathcal{M}$	T/T_0	p/p_0	ρ/ρ_0	A/A^*
0,00	1,0000	1,0000	1,0000	∞
0,02	0,9999	0,9997	0,9998	28,94
0,04	0,9997	0,9989	0,9992	14,48
0,06	0,9993	0,9975	0,9982	9,666
0,08	0,9987	0,9955	0,9968	7,262
0,10	0,9980	0,9930	0,9950	5,822
0,12	0,9971	0,9900	0,9928	4,864
0,14	0,9961	0,9864	0,9903	4,182
0,16	0,9949	0,9823	0,9873	3,673
0,18	0,9936	0,9777	0,9840	3,278
0,20	0,9921	0,9725	0,9803	2,964
0,22	0,9904	0,9669	0,9762	2,708
0,24	0,9886	0,9607	0,9718	2,496
0,26	0,9867	0,9541	0,9670	2,317
0,28	0,9846	0,9470	0,9619	2,166
0,30	0,9823	0,9395	0,9564	2,035
0,32	0,9799	0,9315	0,9506	1,922
0,34	0,9774	0,9231	0,9445	1,823
0,36	0,9747	0,9143	0,9380	1,736
0,38	0,9719	0,9052	0,9313	1,659
0,40	0,9690	0,8956	0,9243	1,590
0,42	0,9659	0,8857	0,9170	1,529
0,44	0,9627	0,8755	0,9094	1,474
0,46	0,9594	0,8650	0,9016	1,425

$\mathcal{M}$	T/T_0	p/p_0	ρ/ρ_0	A/A^*
0,48	0,9560	0,8541	0,8935	1,380
0,50	0,9524	0,8430	0,8852	1,340
0,52	0,9487	0,8317	0,8766	1,303
0,54	0,9449	0,8201	0,8679	1,270
0,56	0,9410	0,8082	0,8589	1,240
0,58	0,9370	0,7962	0,8498	1,213
0,60	0,9328	0,7840	0,8405	1,188
0,62	0,9286	0,7716	0,8310	1,166
0,64	0,9243	0,7591	0,8213	1,145
0,66	0,9199	0,7465	0,8115	1,127
0,68	0,9154	0,7338	0,8016	1,110
0,70	0,9108	0,7209	0,7916	1,094
0,72	0,9061	0,7080	0,7814	1,081
0,74	0,9013	0,6951	0,7712	1,068
0,76	0,8964	0,6821	0,7609	1,057
0,78	0,8915	0,6691	0,7505	1,047
0,80	0,8865	0,6560	0,7400	1,038
0,82	0,8815	0,6430	0,7295	1,030
0,84	0,8763	0,6300	0,7189	1,024
0,86	0,8711	0,6170	0,7083	0,018
0,88	0,8659	0,6041	0,6977	1,013
0,90	0,8606	0,5913	0,6870	1,009
0,92	0,8552	0,5785	0,6764	1,006
0,94	0,8498	0,5658	0,6658	1,003
0,96	0,8444	0,5532	0,6551	1,001
0,98	0,8389	0,5407	0,6445	1,000
1,00	0,8333	0,5283	0,6339	1,000
1,02	0,8278	0,5160	0,6234	1,000
1,04	0,8222	0,5039	0,6129	1,001
1,06	0,8165	0,4919	0,6024	1,003
1,08	0,8108	0,4801	0,5920	1,005
1,10	0,8052	0,4684	0,5817	1,008
1,12	0,7994	0,4568	0,5714	1,011
1,14	0,7937	0,4455	0,5612	1,015
1,16	0,7880	0,4343	0,5511	1,020
1,18	0,7822	0,4232	0,5411	1,025
1,20	0,7764	0,4124	0,5311	1,030
1,22	0,7706	0,4017	0,5213	1,037
1,24	0,7648	0,3912	0,5115	1,043
1,26	0,7590	0,3809	0,5019	1,050
1,28	0,7532	0,3708	0,4923	1,058
1,30	0,7474	0,3609	0,4829	1,066
1,32	0,7416	0,3512	0,4736	1,075

$\mathcal{M}$	T/T_0	p/p_0	ρ/ρ_0	A/A^*
1,34	0,7358	0,3417	0,4644	1,084
1,36	0,7300	0,3323	0,4553	1,094
1,38	0,7242	0,3232	0,4463	1,104
1,40	0,7184	0,3142	0,4374	1,115
1,42	0,7126	0,3055	0,4287	1,126
1,44	0,7069	0,2969	0,4201	1,138
1,46	0,7011	0,2886	0,4116	1,150
1,48	0,6954	0,2804	0,4032	1,163
1,50	0,6897	0,2724	0,3950	1,176
1,52	0,6840	0,2646	0,3869	1,190
1,54	0,6783	0,2570	0,3789	1,204
1,56	0,6726	0,2496	0,3711	1,219
1,58	0,6670	0,2423	0,3633	1,234
1,60	0,6614	0,2353	0,3557	1,250
1,62	0,6558	0,2284	0,3483	1,267
1,64	0,6502	0,2217	0,3409	1,284
1,66	0,6447	0,2152	0,3337	1,301
1,68	0,6392	0,2088	0,3266	1,319
1,70	0,6337	0,2026	0,3197	1,338
1,72	0,6283	0,1966	0,3129	1,357
1,74	0,6229	0,1907	0,3062	1,376
1,76	0,6175	0,1850	0,2996	1,397
1,78	0,6121	0,1794	0,2931	1,418
1,80	0,6068	0,1740	0,2868	1,439
1,82	0,6015	0,1688	0,2806	1,461
1,84	0,5963	0,1637	0,2745	1,484
1,86	0,5911	0,1587	0,2686	1,507
1,88	0,5859	0,1539	0,2627	1,531
1,90	0,5807	0,1492	0,2570	1,555
1,92	0,5756	0,1447	0,2514	1,580
1,94	0,5705	0,1403	0,2459	1,606
1,96	0,5655	0,1360	0,2405	1,633
1,98	0,5605	0,1318	0,2352	1,660
2,00	0,5556	0,1278	0,2301	1,688
2,02	0,5506	0,1239	0,2250	1,716
2,04	0,5458	0,1201	0,2200	1,745
2,06	0,5409	0,1164	0,2152	1,775
2,08	0,5361	0,1128	0,2105	1,806
2,10	0,5314	0,1094	0,2058	1,837
2,12	0,5266	0,1060	0,2013	1,869
2,14	0,5219	0,1027	0,1968	1,902
2,16	0,5173	0,09956	0,1925	1,935
2,18	0,5127	0,09650	0,1882	1,970

$\mathcal{M}$	T/T_0	p/p_0	ρ/ρ_0	A/A^*
2,20	0,5081	0,09352	0,1841	2,005
2,22	0,5036	0,09064	0,1800	2,041
2,24	0,4991	0,08784	0,1760	2,078
2,26	0,4947	0,08514	0,1721	2,115
2,28	0,4903	0,08252	0,1683	2,154
2,30	0,4859	0,07997	0,1646	2,193
2,32	0,4816	0,07751	0,1610	2,233
2,34	0,4773	0,07513	0,1574	2,274
2,36	0,4731	0,07281	0,1539	2,316
2,38	0,4689	0,07057	0,1505	2,359
2,40	0,4647	0,06840	0,1472	2,403
2,42	0,4606	0,06630	0,1440	2,448
2,44	0,4565	0,06426	0,1408	2,494
2,46	0,4524	0,06229	0,1377	2,540
2,48	0,4484	0,06038	0,1347	2,588
2,50	0,4444	0,05853	0,1317	2,637
2,52	0,4405	0,05674	0,1288	2,687
2,54	0,4366	0,05500	0,1260	2,737
2,56	0,4328	0,05332	0,1232	2,789
2,58	0,4289	0,05169	0,1205	2,842
2,60	0,4252	0,05012	0,1179	2,896
2,62	0,4214	0,04859	0,1153	2,951
2,64	0,4177	0,04711	0,1128	3,007
2,66	0,4141	0,04568	0,1103	3,065
2,68	0,4104	0,04429	0,1079	3,123
2,70	0,4068	0,04295	0,1056	3,183
2,72	0,4033	0,04166	0,1033	3,244
2,74	0,3998	0,04039	0,1010	3,306
2,76	0,3963	0,03917	0,09885	3,370
2,78	0,3928	0,03800	0,09671	3,434
2,80	0,3894	0,03685	0,09462	3,500
2,82	0,3860	0,03574	0,09259	3,567
2,84	0,3827	0,03467	0,09059	3,636
2,86	0,3794	0,03363	0,08865	3,706
2,88	0,3761	0,03262	0,08674	3,777
2,90	0,3729	0,03165	0,08489	3,850
2,92	0,3697	0,03071	0,08308	3,924
2,94	0,3665	0,02980	0,08130	3,999
2,96	0,3633	0,02891	0,07957	4,076
2,98	0,3602	0,02805	0,07788	4,155
3,00	0,3571	0,02722	0,07623	4,235
3,10	0,3422	0,02345	0,06852	4,657
3,20	0,3281	0,02023	0,06165	5,121

$\mathcal{M}$	T/T_0	p/p_0	ρ/ρ_0	A/A^*
3,30	0,3147	0,01748	0,05554	5,629
3,40	0,3019	0,01512	0,05009	6,184
3,50	0,2899	0,01311	0,04523	6,790
3,60	0,2784	0,01138	0,04089	7,450
3,70	0,2675	0,009903	0,03702	8,169

Tabela 2 – Relações para onda de choque normal. Gás perfeito com k = 1,4

$\mathcal{M}_x$	$\mathcal{M}_y$	p_{0y}/p_{0x}	T_y/T_x	p_y/p_x	ρ_y/ρ_x
1,00	1,000	1,000	1,000	1,000	1,000
1,02	0,9805	1,000	1,013	1,047	1,033
1,04	0,9620	0,9999	1,026	1,095	1,067
1,06	0,9444	0,9998	1,039	1,144	1,101
1,08	0,9277	0,9994	1,052	1,194	1,135
1,10	0,9118	0,9989	1,065	1,245	1,169
1,12	0,8966	0,9982	1,078	1,297	1,203
1,14	0,8820	0,9973	1,090	1,350	1,238
1,16	0,8682	0,9961	1,103	1,403	1,272
1,18	0,8549	0,9946	1,115	1,458	1,307
1,20	0,8422	0,9928	1,128	1,513	1,342
1,22	0,8300	0,9907	1,141	1,570	1,376
1,24	0,8183	0,9884	1,153	1,627	1,411
1,26	0,8071	0,9857	1,166	1,686	1,446
1,28	0,7963	0,9827	1,178	1,745	1,481
1,30	0,7860	0,9794	1,191	1,805	1,516
1,32	0,7760	0,9757	1,204	1,866	1,551
1,34	0,7664	0,9718	1,216	1,928	1,585
1,36	0,7572	0,9676	1,229	1,991	1,620
1,38	0,7483	0,9630	1,242	2,055	1,655
1,40	0,7397	0,9582	1,255	2,120	1,690
1,42	0,7314	0,9531	1,268	2,186	1,724
1,44	0,7235	0,9477	1,281	2,253	1,759
1,46	0,7157	0,9420	1,294	2,320	1,793
1,48	0,7083	0,9360	1,307	2,389	1,828
1,50	0,7011	0,9298	1,320	2,458	1,862
1,52	0,6941	0,9233	1,334	2,529	1,896
1,54	0,6874	0,9166	1,347	2,600	1,930
1,56	0,6809	0,9097	1,361	2,673	1,964
1,58	0,6746	0,9026	1,374	2,746	1,998
1,60	0,6684	0,8952	1,388	2,820	2,032
1,62	0,6625	0,8876	1,402	2,895	2,065

$\mathcal{M}_x$	$\mathcal{M}_y$	p_{0y}/p_{0x}	T_y/T_x	p_y/p_x	ρ_y/ρ_x
1,64	0,6568	0,8799	1,416	2,971	2,099
1,66	0,6512	0,8720	1,430	3,048	2,132
1,68	0,6458	0,8640	1,444	3,126	2,165
1,70	0,6406	0,8557	1,458	3,205	2,198
1,72	0,6355	0,8474	1,473	3,285	2,230
1,74	0,6305	0,8389	1,487	3,366	2,263
1,76	0,6257	0,8302	1,502	3,447	2,295
1,78	0,6210	0,8215	1,517	3,530	2,327
1,80	0,6165	0,8127	1,532	3,613	2,359
1,82	0,6121	0,8038	1,547	3,698	2,391
1,84	0,6078	0,7947	1,562	3,783	2,422
1,86	0,6036	0,7857	1,577	3,870	2,454
1,88	0,5996	0,7766	1,592	3,957	2,485
1,90	0,5956	0,7674	1,608	4,045	2,516
1,92	0,5918	0,7581	1,624	4,134	2,546
1,94	0,5880	0,7488	1,639	4,224	2,577
1,96	0,5844	0,7395	1,655	4,315	2,607
1,98	0,5808	0,7302	1,671	4,407	2,637
2,00	0,5774	0,7209	1,687	4,500	2,667
2,02	0,5740	0,7115	1,704	4,594	2,696
2,04	0,5707	0,7022	1,720	4,689	2,725
2,06	0,5675	0,6928	1,737	4,784	2,755
2,08	0,5643	0,6835	1,754	4,881	2,783
2,10	0,5613	0,6742	1,770	4,978	2,812
2,12	0,5583	0,6649	1,787	5,077	2,840
2,14	0,5554	0,6557	1,805	5,176	2,868
2,16	0,5525	0,6464	1,822	5,277	2,896
2,18	0,5498	0,6373	1,839	5,378	2,924
2,20	0,5471	0,6281	1,857	5,480	2,951
2,22	0,5444	0,6191	1,875	5,583	2,978
2,24	0,5418	0,6100	1,892	5,687	3,005
2,26	0,5393	0,6011	1,910	5,792	3,032
2,28	0,5368	0,5921	1,929	5,898	3,058
2,30	0,5344	0,5833	1,947	6,005	3,085
2,32	0,5321	0,5745	1,965	6,113	3,110
2,34	0,5297	0,5658	1,984	6,222	3,136
2,36	0,5275	0,5572	2,002	6,331	3,162
2,38	0,5253	0,5486	2,021	6,442	3,187
2,40	0,5231	0,5402	2,040	6,553	3,212
2,42	0,5210	0,5318	2,059	6,666	3,237
2,44	0,5189	0,5234	2,079	6,779	3,261
2,46	0,5169	0,5152	2,098	6,894	3,285

$\mathcal{M}_x$	$\mathcal{M}_y$	p_{0y}/p_{0x}	T_y/T_x	p_y/p_x	ρ_y/ρ_x
2,48	0,5149	0,5071	2,118	7,009	3,310
2,50	0,5130	0,4990	2,137	7,125	3,333
2,52	0,5111	0,4910	2,157	7,242	3,357
2,54	0,5092	0,4832	2,177	7,360	3,380
2,56	0,5074	0,4754	2,198	7,479	3,403
2,58	0,5056	0,4677	2,218	7,599	3,426
2,60	0,5039	0,4601	2,238	7,720	3,449
2,62	0,5022	0,4526	2,259	7,842	3,471
2,64	0,5005	0,4452	2,280	7,965	3,494
2,66	0,4988	0,4379	2,301	8,088	3,516
2,68	0,4972	0,4307	2,322	8,213	3,537
2,70	0,4956	0,4236	2,343	8,338	3,559
2,72	0,4941	0,4166	2,364	8,465	3,580
2,74	0,4926	0,4097	2,386	8,592	3,601
2,76	0,4911	0,4028	2,407	8,721	3,622
2,78	0,4897	0,3961	2,429	8,850	3,643
2,80	0,4882	0,3895	2,451	8,980	3,664
2,82	0,4868	0,3829	2,473	9,111	3,684
2,84	0,4854	0,3765	2,496	9,243	3,704
2,86	0,4840	0,3701	2,518	9,376	3,724
2,88	0,4827	0,3639	2,540	9,510	3,743
2,90	0,4814	0,3577	2,563	9,645	3,763
2,92	0,4801	0,3517	2,586	9,781	3,782
2,94	0,4788	0,3457	2,609	9,918	3,801
2,96	0,4776	0,3398	2,632	10,06	3,820
2,98	0,4764	0,3340	2,656	10,19	3,839
3,00	0,4752	0,3283	2,679	10,33	3,857
3,10	0,4695	0,3012	2,799	11,05	3,947
3,20	0,4644	0,2762	2,922	11,78	4,031
3,30	0,4596	0,2533	3,049	12,54	4,112
3,40	0,4552	0,2322	3,180	13,32	4,188
3,50	0,4512	0,2130	3,315	14,13	4,261
3,60	0,4474	0,1953	3,454	14,95	4,330
3,70	0,4440	0,1792	3,596	15,81	4,395
3,80	0,4407	0,1645	3,743	16,68	4,457
3,90	0,4377	0,1510	3,893	17,58	4,516
4,00	0,4350	0,1388	4,047	18,50	4,571
4,10	0,4324	0,1276	4,205	19,45	4,624
4,20	0,4299	0,1173	4,367	20,41	4,675
4,30	0,4277	0,1080	4,532	21,41	4,723
4,40	0,4255	0,09948	4,702	22,42	4,768
4,50	0,4236	0,09170	4,875	23,46	4,812

$\mathcal{M}_x$	$\mathcal{M}_y$	p_{0y}/p_{0x}	T_y/T_x	p_y/p_x	ρ_y/ρ_x
4,60	0,4217	0,08459	5,052	24,52	4,853
4,70	0,4199	0,07809	5,233	25,61	4,893
4,80	0,4183	0,07214	5,418	26,71	4,930
4,90	0,4167	0,06670	5,607	27,85	4,966
5,00	0,4152	0,06172	5,800	29,00	5,000

Tabela 3 – Relações para o escoamento unidimensional, adiabático com atrito, em conduto com seção constante. Linha de Fanno. Gás perfeito com k = 1,4

$\mathcal{M}$	p_0/p_0^*	T/T^*	p/p^*	V/V^*	$\bar{f}L_{máx}/D_h$
0,00	∞	1,200	∞	0,0000	∞
0,02	28,94	1,200	54,77	0,02191	1778
0,04	14,48	1,200	27,38	0,04381	440,5
0,06	9,666	1,199	18,25	0,06570	193,0
0,08	7,262	1,199	13,68	0,08758	106,7
0,10	5,822	1,198	10,94	0,1094	66,92
0,12	4,864	1,197	9,116	0,1313	45,41
0,14	4,182	1,195	7,809	0,1531	32,51
0,16	3,673	1,194	6,829	0,1748	24,20
0,18	3,278	1,192	6,066	0,1965	18,54
0,20	2,964	1,191	5,456	0,2182	14,53
0,22	2,708	1,189	4,955	0,2398	11,60
0,24	2,496	1,186	4,538	0,2614	9,387
0,26	2,317	1,184	4,185	0,2829	7,688
0,28	2,166	1,182	3,882	0,3044	6,357
0,30	2,035	1,179	3,619	0,3257	5,299
0,32	1,922	1,176	3,389	0,3470	4,447
0,34	1,823	1,173	3,185	0,3682	3,752
0,36	1,736	1,170	3,004	0,3894	3,180
0,38	1,659	1,166	2,842	0,4104	2,706
0,40	1,590	1,163	2,696	0,4313	2,309
0,42	1,529	1,159	2,563	0,4522	1,974
0,44	1,474	1,155	2,443	0,4729	1,692
0,46	1,425	1,151	2,333	0,4936	1,451
0,48	1,380	1,147	2,231	0,5141	1,245
0,50	1,340	1,143	2,138	0,5345	1,069
0,52	1,303	1,138	2,052	0,5548	0,9174
0,54	1,270	1,134	1,972	0,5750	0,7866
0,56	1,240	1,129	1,898	0,5951	0,6736

$\mathcal{M}$	p_0/p_0^*	T/T^*	p/p^*	V/V^*	$\bar{f}L_{máx}/D_h$
0,58	1,213	1,124	1,828	0,6150	0,5757
0,60	1,188	1,119	1,763	0,6348	0,4908
0,62	1,166	1,114	1,703	0,6545	0,4172
0,64	1,145	1,109	1,646	0,6740	0,3533
0,66	1,127	1,104	1,592	0,6934	0,2979
0,68	1,110	1,098	1,541	0,7127	0,2498
0,70	1,094	1,093	1,493	0,7318	0,2081
0,72	1,081	1,087	1,448	0,7508	0,1722
0,74	1,068	1,082	1,405	0,7696	0,1411
0,76	1,057	1,076	1,365	0,7883	0,1145
0,78	1,047	1,070	1,326	0,8068	0,09167
0,80	1,038	1,064	1,289	0,8251	0,07229
0,82	1,030	1,058	1,254	0,8433	0,05593
0,84	1,024	1,052	1,221	0,8614	0,0226
0,86	1,018	1,045	1,189	0,8793	0,03097
0,88	1,013	1,039	1,158	0,8970	0,02180
0,90	1,0089	1,033	1,129	0,9146	0,01451
0,92	1,0056	1,026	1,101	0,9320	0,008913
0,94	1,0031	1,020	1,074	0,9493	0,004815
0,96	1,0014	1,013	1,049	0,9663	0,002057
0,98	1,0003	1,007	1,024	0,9832	0,0004947
1,00	1,0000	1,000	1,000	1,000	0,0000
1,02	1,0003	0,9933	0,9771	1,017	0,0004587
1,04	1,0013	0,9866	0,9551	1,033	0,001769
1,06	1,0029	0,9798	0,9338	1,049	0,003838
1,08	1,0051	0,9730	0,9134	1,065	0,006585
1,10	1,0079	0,9662	0,8936	1,081	0,009935
1,12	1,011	0,9593	0,8745	1,097	0,01382
1,14	1,015	0,9524	0,8561	1,113	0,01819
1,16	1,020	0,9455	0,8383	1,128	0,02298
1,18	1,025	0,9386	0,8210	1,143	0,02814
1,20	1,030	0,9317	0,8044	1,158	0,03364
1,22	1,037	0,9247	0,7882	1,173	0,03942
1,24	1,043	0,9178	0,7726	1,188	0,04547
1,26	1,050	0,9108	0,7574	1,203	0,05174
1,28	1,058	0,9038	0,7427	1,217	0,05820
1,30	1,066	0,8969	0,7285	1,231	0,06483
1,32	1,075	0,8899	0,7147	1,245	0,07161
1,34	1,084	0,8829	0,7012	1,259	0,07850
1,36	1,094	0,8760	0,6882	1,273	0,08550
1,38	1,104	0,8690	0,6755	1,286	0,09259
1,40	1,115	0,8621	0,6632	1,300	0,09974
1,42	1,126	0,8551	0,6512	1,313	0,1069
1,44	1,138	0,8482	0,6396	1,326	0,1142

$\mathcal{M}$	p_0/p_0^*	T/T^*	p/p^*	V/V^*	$\bar{f}L_{máx}/D_h$
1,46	1,150	0,8413	0,6282	1,339	0,1215
1,48	1,163	0,8345	0,6172	1,352	0,1288
1,50	1,176	0,8276	0,6065	1,365	0,1361
1,52	1,190	0,8208	0,5960	1,377	0,1434
1,54	1,204	0,8139	0,5858	1,389	0,1506
1,56	1,219	0,8072	0,5759	1,402	0,1579
1,58	1,234	0,8004	0,5662	1,414	0,1651
1,60	1,250	0,7937	0,5568	1,425	0,1724
1,62	1,267	0,7870	0,5476	1,437	0,1795
1,64	1,284	0,7803	0,5386	1,449	0,1867
1,66	1,301	0,7736	0,5299	1,460	0,1938
1,68	1,319	0,7670	0,5213	1,471	0,2008
1,70	1,338	0,7605	0,5130	1,482	0,2078
1,72	1,357	0,7539	0,5048	1,494	0,2147
1,74	1,376	0,7474	0,4969	1,504	0,2216
1,76	1,397	0,7410	0,4891	1,515	0,2284
1,78	1,418	0,7345	0,4815	1,526	0,2352
1,80	1,439	0,7282	0,4741	1,536	0,2419
1,82	1,461	0,7218	0,4668	1,546	0,2485
1,84	1,484	0,7155	0,4597	1,556	0,2551
1,86	1,507	0,7093	0,4528	1,566	0,2616
1,88	1,531	0,7030	0,4460	1,576	0,2680
1,90	1,555	0,6969	0,4394	1,586	0,2743
1,92	1,580	0,6907	0,4329	1,596	0,2806
1,94	1,606	0,6847	0,4265	1,605	0,2868
1,96	1,633	0,6786	0,4203	1,615	0,2930
1,98	1,660	0,6726	0,4142	1,624	0,2990
2,00	1,688	0,6667	0,4083	1,633	0,3050
2,02	1,716	0,6608	0,4024	1,642	0,3109
2,04	1,745	0,6549	0,3967	1,651	0,3168
2,06	1,775	0,6491	0,3911	1,660	0,3225
2,08	1,806	0,6433	0,3856	1,668	0,3282
2,10	1,837	0,6376	0,3802	1,677	0,3339
2,12	1,869	0,6320	0,3750	1,685	0,3394
2,14	1,902	0,6263	0,3698	1,694	0,3449
2,16	1,935	0,6208	0,3648	1,702	0,3503
2,18	1,970	0,6152	0,3598	1,710	0,3556
2,20	2,005	0,6098	0,3549	1,718	0,3609
2,22	2,041	0,6043	0,3502	1,726	0,3661
2,24	2,078	0,5990	0,3455	1,734	0,3712
2,26	2,115	0,5936	0,3409	1,741	0,3763
2,28	2,154	0,5883	0,3364	1,749	0,3813
2,30	2,193	0,5831	0,3320	1,756	0,3862
2,32	2,233	0,5779	0,3277	1,764	0,3911

$\mathcal{M}$	p_0/p_0^*	T/T^*	p/p^*	V/V^*	$\bar{f}L_{máx}/D_h$
2,34	2,274	0,5728	0,3234	1,771	0,3959
2,36	2,316	0,5677	0,3193	1,778	0,4006
2,38	2,359	0,5626	0,3152	1,785	0,4053
2,40	2,403	0,5576	0,3111	1,792	0,4099
2,42	2,448	0,5527	0,3072	1,799	0,4144
2,44	2,494	0,5478	0,3033	1,806	0,4189
2,46	2,540	0,5429	0,2995	1,813	0,4233
2,48	2,588	0,5381	0,2958	1,819	0,4277
2,50	2,637	0,5333	0,2921	1,826	0,4320
2,52	2,687	0,5286	0,2885	1,832	0,4362
2,54	2,737	0,5239	0,2850	1,839	0,4404
2,56	2,789	0,5193	0,2815	1,845	0,4445
2,58	2,842	0,5147	0,2781	1,851	0,4486
2,60	2,896	0,5102	0,2747	1,857	0,4526
2,62	2,951	0,5057	0,2714	1,863	0,4565
2,64	3,007	0,5013	0,2682	1,869	0,4604
2,66	3,065	0,4969	0,2650	1,875	0,4643
2,68	3,123	0,4925	0,2619	1,881	0,4681
2,70	3,183	0,4882	0,2588	1,887	0,4718
2,72	3,244	0,4839	0,2558	1,892	0,4755
2,74	3,306	0,4797	0,2528	1,898	0,4792
2,76	3,370	0,4755	0,2499	1,903	0,4827
2,78	3,434	0,4714	0,2470	1,909	0,4863
2,80	3,500	0,4673	0,2441	1,914	0,4898
2,82	3,567	0,4632	0,2414	1,919	0,4932
2,84	3,636	0,4592	0,2386	1,925	0,4966
2,86	3,706	0,4553	0,2359	1,930	0,5000
2,88	3,777	0,4513	0,2333	1,935	0,5033
2,90	3,850	0,4474	0,2307	1,940	0,5065
2,92	3,924	0,4436	0,2281	1,945	0,5097
2,94	3,999	0,4398	0,2256	1,950	0,5129
2,96	4,076	0,4360	0,2231	1,954	0,5160
2,98	4,155	0,4323	0,2206	1,959	0,5191
3,00	4,235	0,4286	0,2182	1,964	0,5222
3,50	6,79	0,3478	0,1685	2,064	0,5864
4,00	10,72	0,2857	0,1336	2,138	0,6331
4,50	16,56	0,2376	0,1083	2,194	0,6676
5,00	25,00	0,2000	0,08944	2,236	0,6938

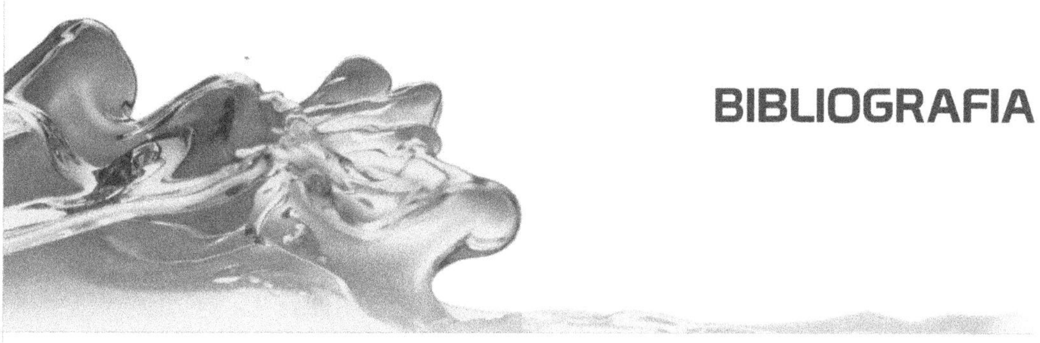

BIBLIOGRAFIA

ÁSSY, T. M. *Mecânica dos fluidos*. São Paulo: Plêiade, 1996.

BALLOFET, A. ; GOTELLI, L. M. & MEOLI, G. A. *Mecânica dos fluidos*. Buenos Aires: Ediar, 1952.

DAUGHERTY, R. L. & FRANZINI, J. B. *Fluid mechanics with engineerig applicatios*. New York: McGraw-Hill, 1965.

HANSEN, A. G. *Fluid mechanics*. New York: John Wiley & Sons, 1967.

HUGHES, W. F. & BRIGHTON, J. A. *Theory and problems of fluid dynamics*. New York: Schaum, 1967.

MARCHI, E. & RUBATTA, A. *Meccanica dei fluidi, principi e applicazioni idrauliche*. Bologna: Unione Tipográfico – Editrice Torinese, 1981.

Notas de aulas da EPUSP, FEI e FEUMC

ROUSE, H. *Elementary mechanics of fluids*. London: John Wiley & Sons, 1946.

SCHLICHTING, H. *Boundary layer theory*. New York: McGraw-Hill, 1960.

SHAMES, I. H. *Mechanics of fluids*. New York: McGraw-Hill, 1962.

SHAPIRO, A. H. *The Dynamics and thermodynamics of compressible fluid flow*. New York: Ronald, 1953.

SOKOLNIKOFF, I. S. & REDHEFFER, R. M. *Mathematics of physics and modern engineering*. McGraw-Hill, New York, 1966.

STREETER, V. L. *Handbook of fluid dynamics*. New York: McGraw-Hill, 1961.

________ . & WYLIE, E. B. *Mecânica dos fluidos*. São Paulo: McGraw-Hill, 1982.

VAN WYLEN, G. J. & SONNTAG, R. E. *Fundamentos da termodinâmica clássica*. São Paulo: Edgard Blücher, 1976.

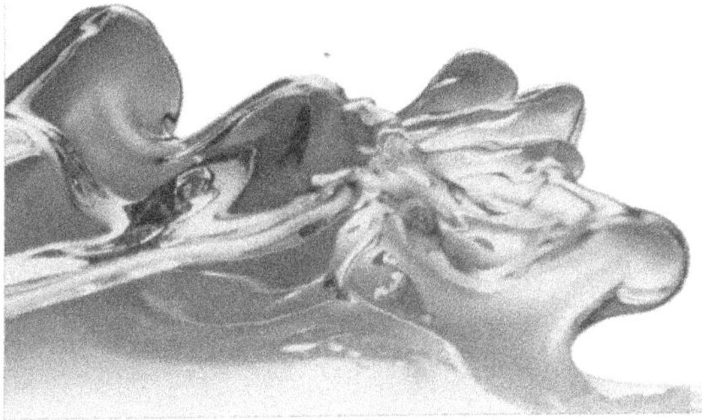

ÍNDICE REMISSIVO

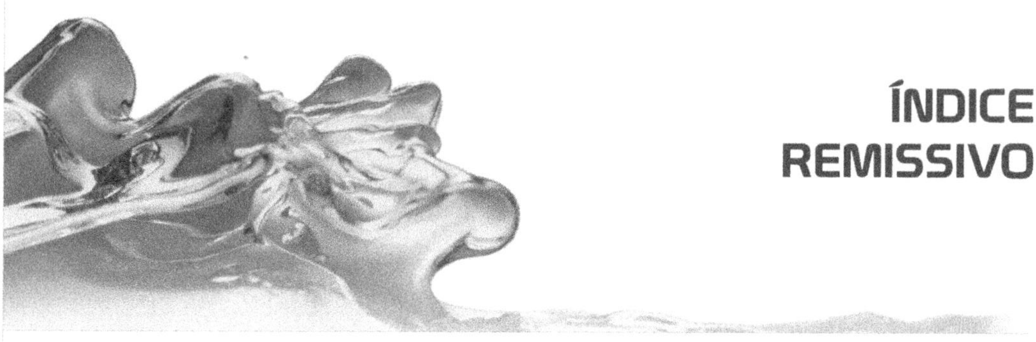

ÍNDICE REMISSIVO

F

Z